HISTOIRE DU QUÉBEC
CONTEMPORAIN

Paul-André Linteau — René Durocher — Jean-Claude Robert

HISTOIRE DU QUÉBEC CONTEMPORAIN

TOME I
De la Confédération à la crise
(1867-1929)

Nouvelle édition refondue et mise à jour

Boréal

Photographie de la couverture: Une rue de Montréal au début du 20ᵉ siècle.
(Archives de la Société de Transport de la Communauté urbaine de Montréal)

© Les Éditions du Boréal
ISBN 2-89052-297-0
Dépôt légal: 3ᵉ trimestre 1989
Bibliothèque nationale du Québec

Diffusion au Canada: Dimedia

Données de catalogage avant publication (Canada)

Linteau, Paul-André, 1946-
Histoire du Québec contemporain
Nouv. éd. rev. —
(Boréal compact; nᵒˢ 14, 15)
Comprend des références bibliographiques.
Sommaire: v. 1: De la Confédération à la crise — v. 2: Le Québec depuis 1930.

ISBN 2-89052-297-0 (v. 1) — ISBN 2-89052-298-9 (v. 2)

1. Québec (Province) — Histoire — 1867- . I. Durocher, René 1938-
II. Robert, Jean-Claude, 1943- . III. Titre. IV. Collection.

FC 2911.L56 1989   971.4'03   C89-096399-1
F 1052.95.L56 1989

UNE NOUVELLE ÉDITION

Le premier tome de l'*Histoire du Québec contemporain* a été publié en 1979. Il a été réimprimé à plusieurs reprises, ce qui a permis d'y effectuer quelques corrections mineures. Mais après dix ans une révision plus considérable s'imposait. Au fil des ans la recherche en histoire du Québec a progressé, élargissant le champ des connaissances. Par ailleurs, notre propre réflexion sur l'évolution de la société québécoise s'est poursuivie et enrichie. La nouvelle édition refondue et mise à jour que nous présentons maintenant en témoigne.

Les recherches récentes ont permis d'ajouter des éléments nouveaux et même parfois de revoir l'interprétation d'un phénomène. Elles nous ont amenés à appuyer encore plus ou, au contraire, à nuancer ou modifier certains propos. L'orientation du livre reste toutefois la même: accent mis sur les processus et les structures, et sur l'adaptation graduelle au changement, prise en compte de la complexité et de la diversité du Québec. Dans une œuvre de synthèse, les nouvelles informations sont nécessairement présentées de façon succincte et ne conduisent pas à l'ajout d'un grand nombre de pages. Certains chapitres ont néanmoins été réécrits de façon substantielle. En outre, le style de l'ensemble du texte a été révisé et de nombreuses formulations ont été allégées ou clarifiées, de sorte qu'il n'est guère de pages qui n'aient fait l'objet d'au moins une modification.

La structure de l'ouvrage et l'ordre des chapitres sont restés inchangés. Nous avons toutefois ajusté l'ensemble au modèle retenu pour le deuxième tome: les introductions de sections ont été remplacées, pour chacune des deux périodes, par une introduction présentant un cadre chronologique et conjoncturel qui facilite la lecture des chapitres thématiques.

François-Marc Gagnon, auteur des pages sur la peinture et la sculpture, et Sylvain Simard, auteur de celles sur la littérature, ont aimablement accepté de réviser leurs propres textes. Par ailleurs, François Ricard, qui a signé avec nous le deuxième tome, a participé au travail de révision et nous a prodigué de très précieux conseils. Nous les remercions tous très vivement.

Paul-André Linteau
René Durocher
Jean-Claude Robert

Juin 1989

PRÉSENTATION

Histoire du Québec contemporain présente, en deux tomes, une synthèse de l'évolution du Québec depuis la Confédération de 1867. Il importe de préciser d'abord les grandes orientations qui ont guidé sa rédaction et de présenter la structure de l'ouvrage.

Les grandes orientations

Trois pôles principaux justifient à la fois le titre et l'œuvre: l'histoire, le Québec, le temps présent.

Nous cherchons à comprendre et à expliquer les grands phénomènes et les transformations majeures qui ont marqué la société québécoise en mettant l'accent sur l'évolution à long terme plutôt que sur la narration chronologique des événements, sur les structures plutôt que sur les conjonctures. Cette histoire se veut ouverte sur l'apport de l'ensemble des sciences humaines et, en l'écrivant, nous avons cherché à tenir compte des divergences d'interprétation entre les auteurs.

Le Québec que nous étudions ici est défini comme un territoire plutôt que d'après l'appartenance ethnique. Nous nous intéressons aux phénomènes qui sont survenus sur le territoire du Québec, aux hommes et aux femmes qui l'ont habité. Tout au long, le mot Québécois est donc employé dans un sens très précis. Il désigne tous les résidants du Québec, que leur ancêtre soit venu du nord-ouest, il y a quelques milliers d'années, qu'il soit arrivé de France à l'époque de Jean Talon, qu'il soit un Écossais ayant traversé l'Atlantique en 1780, un Irlandais fuyant la Grande Famine, un Juif tentant d'échapper aux persécutions de certains pays d'Europe de l'Est ou encore un Italien voulant sortir d'un Mezzogiorno qui a peu à lui offrir... Nous n'écrivons donc pas l'histoire des Canadiens français, bien qu'ils tiennent tout naturellement une grande place dans cette étude. Nous n'écrivons pas non plus une histoire du Canada. Certes, les événements canadiens influencent constamment le cours de l'histoire québécoise. Mais nous nous contenterons de les décrire brièvement et d'en souligner ici les effets sur le Québec;

les lecteurs intéressés trouveront dans les nombreux livres d'histoire du Canada des informations plus complètes sur le contexte canadien.

L'un de nos objectifs est de comprendre comment s'est formé le Québec actuel, de fournir un éclairage pour le temps présent. Or ce Québec contemporain plonge ses racines loin dans le passé. Nous estimons qu'il n'est pas né soudainement avec la Révolution tranquille ou avec la Deuxième Guerre mondiale: il est le produit d'une évolution séculaire. Pour nous, il n'y a pas de coupure nette entre une société qui serait déclarée ancienne et traditionnelle et une autre qui serait étiquetée nouvelle et moderne. La modernisation est vue ici comme un processus, fait à la fois de continuités et de ruptures, d'adaptation aux défis qui se posent à chaque génération, aux pressions du changement technologique, à la venue de l'étranger d'hommes et de femmes, d'idées et de capitaux. Ce processus n'est pas linéaire: il intègre les remises en question, les crans d'arrêt et même les régressions; il est façonné à la fois par des phénomènes qui n'évoluent que très lentement et par des mouvements brusques ou accélérés.

Il s'agit ici d'un travail de synthèse et non d'une étude encyclopédique. Il a donc fallu faire des choix, conditionnés par l'ampleur de la documentation et l'état de l'historiographie mais aussi par la nécessité de faire tenir en deux volumes une période aussi fertile en événements de toutes sortes. De nombreux sujets n'apparaissent pas ou ne peuvent qu'être mentionnés; des milliers d'individus, pendant un temps vedettes de l'actualité, paraîtront relégués aux oubliettes de l'histoire. En ce sens, cette synthèse ne constitue qu'un point de départ et, à la fin de chaque chapitre, une courte bibliographie, très sélective, indique des pistes qui permettront d'aller plus loin.

La structure de l'ouvrage

Chacun des deux tomes est divisé en grandes périodes. Le premier s'ouvre sur des chapitres consacrés aux phénomènes d'espace et de population. Vient ensuite une première partie portant sur la période qui va de la Confédération de 1867 jusqu'à 1896; dans plusieurs chapitres, de brefs rappels historiques font le lien avec l'époque antérieure. L'année 1896 représente un point tournant sur plusieurs plans; elle amorce une nouvelle période qui se prolonge jusqu'à la veille de la grande crise des années 1930. Le deuxième tome compte trois grandes périodes: celle de 1930 à 1945, profondément perturbée par la crise et la guerre;

celle de l'après-guerre, de 1945 à 1960, qui se déroule à l'ombre de Duplessis; celle, enfin, qui s'ouvre en 1960 et qui porte l'empreinte de la Révolution tranquille.

Chacun des chapitres est bâti autour d'un thème. Cette méthode a l'avantage de permettre un examen beaucoup plus systématique et cohérent de chaque dimension de la vie en société. Elle facilite la tâche du lecteur qui s'intéresse plus spécifiquement à certaines questions. De nombreux événements sont multidimensionnels et doivent être signalés dans plus d'un chapitre; leur analyse détaillée est cependant faite une seule fois. L'ampleur de la matière et l'état des recherches en certains domaines font que tous les sujets ne pouvaient pas être abordés de façon distincte pour toutes les périodes. La longueur des chapitres est donc variable et la dernière période a une ampleur plus considérable.

L'ordre des chapitres est semblable pour chacune des périodes, avec de légères variantes entre le premier et le deuxième tome. Sont d'abord présentés les phénomènes démographiques et économiques: industrie, richesses naturelles, agriculture et secteur tertiaire mais aussi les problèmes de dépendance et les politiques économiques. Après l'examen du développement urbain viennent des chapitres consacrés aux groupes sociaux et au monde du travail, aux conditions de vie et aux politiques sociales, et à certains mouvements sociaux. Les questions ethniques et linguistiques, évoquées dans plusieurs chapitres, sont examinées plus spécifiquement au début du premier tome et dans la troisième partie du deuxième. Sont ensuite étudiées deux institutions d'encadrement, l'Église et l'école, ainsi que les courants de pensée (présentés un peu plus loin dans le premier tome). Puis viennent les chapitres relatifs au monde politique: l'État et ses institutions, les partis, les élections et les gouvernements de même que les relations intergouvernementales. Chaque partie se termine par l'examen de l'univers culturel, tant celui de la culture de grande diffusion (pour les périodes plus récentes) que le monde des arts et des lettres.

La mesure des phénomènes pose des problèmes d'homogénéité et de continuité. Dans plusieurs cas, il s'avère impossible de présenter des séries statistiques parfaitement comparables d'un bout à l'autre. Les organismes de cueillette des données, tel Statistique Canada, ont en cours de route raffiné leurs méthodes d'enquête, modifiant les questions posées, les définitions, les regroupements d'informations, ou l'ampleur de la couverture. En outre, plusieurs des données présentées sont tirées d'études spécialisées ne couvrant qu'une période limitée et qui n'ont pas d'équivalent pour les années antérieures ou postérieures.

Quant aux illustrations, nous les considérons comme des témoignages qui aident à comprendre une époque. Elles éclairent le texte et en constituent souvent un précieux complément.

Rappelons en terminant que cet ouvrage est le fruit d'un véritable travail collectif. Le plan de l'ouvrage a été conçu et élaboré en équipe. La répartition des textes à écrire s'est faite en tenant compte des goûts, des spécialités et de la disponibilité de chacun; la participation au travail de rédaction a donc été variable d'un auteur à l'autre. Mais tous les textes ont ensuite été revus, discutés et corrigés en équipe. Cette collaboration a été fructueuse et stimulante pour chacun de nous. Aux trois auteurs initiaux s'est ajouté, pour le deuxième tome, François Ricard, qui a également participé à la révision du premier. En outre, les pages du premier tome consacrées à la peinture et à la sculpture sont l'œuvre de François-Marc Gagnon alors que Sylvain Simard a signé celles qui portent sur la littérature.

Remerciements

Nous tenons à exprimer notre gratitude aux nombreuses personnes qui nous ont appuyés, à un moment ou à un autre, au cours du long cheminement de ce projet. Nous remercions en particulier Antoine Del Busso qui, à titre d'éditeur, a secondé nos efforts pendant douze ans, ainsi que toute l'équipe des éditions du Boréal. Des collègues ont accepté de lire plusieurs chapitres et ont fait de précieux commentaires; ce sont pour le premier tome, Fernand Harvey, Normand Séguin, Jean-Paul Bernard et la regrettée Marta Danylewycz et, pour le deuxième, Fernand Harvey, Gilles Marcotte, Fernande Roy, Normand Séguin, Esther Trépanier et François Vaillancourt. Soulignons également, pour le second tome, la contribution de Lucien Régimbald, celle des recherchistes Danielle Noiseux, Wendy Johnston, Christine Lemaire et Lucia Ferretti et l'appui financier du Secrétariat d'État du Canada. Mentionnons enfin la précieuse collaboration d'un grand nombre de bibliothécaires et d'archivistes.

Paul-André Linteau
René Durocher
Jean-Claude Robert
François Ricard

CHAPITRE PREMIER

L'ESPACE QUÉBÉCOIS

Le Québec occupe le coin nord-est de l'Amérique du Nord; ses grands traits physiques ont été déterminés par les éléments responsables de la formation du continent. Ils expliquent les caractéristiques premières de ses régions naturelles. Cependant, les facteurs démographiques, économiques, politiques et culturels ont joué un rôle dans le mode d'occupation de l'espace et façonné chacune des régions habitées.

Une terre d'Amérique

Quatre formations rocheuses principales structurent le relief de l'Amérique. À l'est d'abord, la chaîne des Appalaches va de la Georgie au Saint-Laurent, qu'elle longe avant de s'affaisser dans le fleuve en Gaspésie. Du côté ouest, les Rocheuses traversent l'ensemble du continent américain, de la Terre de Feu à l'Alaska. Puis, avant d'accéder aux rives du Pacifique, s'élève la chaîne côtière. Ces trois premiers systèmes de relief sont orientés grossièrement nord-sud. Le quatrième, le Bouclier canadien, a la forme d'un fer à cheval contournant la baie d'Hudson.

Outre le relief, le réseau hydrographique a joué un rôle extrêmement important dans l'histoire nord-américaine: les fleuves et les rivières ont formé, dès le début de l'implantation humaine, les voies d'accès privilégiées vers l'intérieur. Deux grands fleuves dominent le réseau, le Saint-Laurent au nord et le Mississippi au sud. Le premier, avec ses nombreux affluents, draine à lui seul les trois cinquièmes du bassin atlantique. Les deux fleuves prennent leur source dans la région des Grands Lacs, qui constituent le pivot central du réseau hydrographique. Il est donc possible de remonter le Saint-Laurent de l'Atlantique vers l'intérieur, puis de passer par un réseau de portages d'un système à l'autre et de rejoindre par le Mississippi le golfe du Mexique. À côté de ces grands fleuves, d'autres, de moindre débit ou de moindre

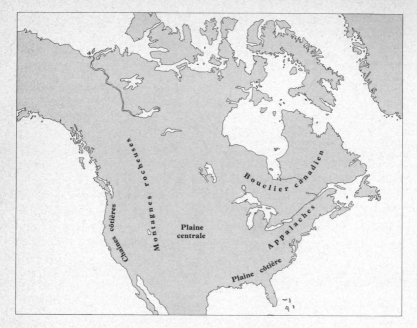

LES RÉGIONS NATURELLES DE L'AMÉRIQUE DU NORD

longueur, ont également joué un rôle dans la pénétration du continent, par exemple l'Hudson, qui se jette dans l'Atlantique à New York et qu'on peut remonter au-delà des Appalaches.

Le relief et l'hydrographie déterminent, à l'échelle continentale, sept grandes régions naturelles, définies par des caractères morphologiques propres: la plaine côtière, le long de l'Atlantique, les Appalaches, la plaine centrale, les Rocheuses, la chaîne côtière, le Bouclier canadien et la vallée du Saint-Laurent. Le territoire du Québec occupe la partie basse de la vallée du Saint-Laurent et il s'étend au nord sur le Bouclier canadien et au sud sur les Appalaches. Ces caractères physiques ont joué un rôle fondamental dans l'histoire du Québec et dans le type de société qui s'y est installée.

Deux réalités géographiques, l'axe du Saint-Laurent et les régions de l'Amérique du Nord, ont servi de support à deux grandes explications de l'histoire du Canada et du Québec, la thèse laurentienne et la thèse Faucher, que nous examinerons plus loin. Disons pour le moment que selon la thèse laurentienne, la vallée du Saint-Laurent crée des lignes de force est-ouest déterminantes, qui expliqueraient tout le développement économique et social du Canada. La thèse Faucher, postulant le développement économique inégal des régions de l'Amérique du Nord en fonction de l'état de la technologie et de la répartition des ressources, met l'accent sur le poids des influences continentales. Complémentaires dans une certaine mesure, ces deux thèses illustrent bien la double influence que subit le Québec: tout en étant intégré par le Saint-Laurent à un axe économique est-ouest, il n'en est pas moins influencé par l'existence des autres axes, continentaux ceux-ci, qui l'attirent fortement vers le sud.

Un pays à occuper

Le territoire du Québec ne constitue pas une entité invariable; il s'est formé en plusieurs étapes et l'évolution de son occupation a amené la formation de régions et leur différenciation progressive.

Des frontières en mouvement

Au moment de la Confédération de 1867, le Québec se voit reconnaître la totalité du territoire du Bas-Canada tel que défini par l'ancienne constitution. Sans entrer dans les détails, précisons qu'à cette époque le Québec ne comprend que la partie sud du territoire actuel; ni l'Abitibi, ni le Nouveau-Québec, ni le Labrador n'en font partie. Cette dernière région se trouve d'ailleurs annexée à Terre-Neuve depuis 1809.

Un an après la Confédération, le gouvernement canadien récupère les territoires de la partie nord du Canada qui appartenaient à la Compagnie de la baie d'Hudson. Il remettra graduellement une partie de ces territoires aux provinces; pour le Québec, le transfert se fait en deux étapes. Lors de la première, en 1898, il reçoit d'Ottawa la région de l'Abitibi jusqu'à la rivière Eastmain et il perd une petite portion de territoire du côté nord-est. La seconde étape, celle de 1912, permet au Québec de s'agrandir jusqu'au détroit d'Hudson; le district de l'Ungava (le Nouveau-Québec) fait maintenant partie intégrante du territoire. La seule question en suspens demeure la frontière avec le Labrador. C'est un problème relativement complexe qui repose sur des divergences de définitions.

Les textes les plus anciens, datant de 1763, attribuent à Terre-Neuve

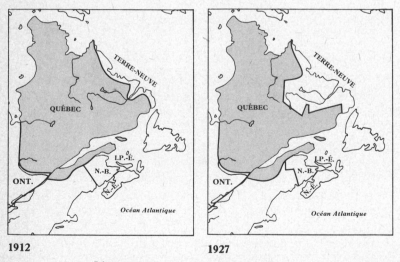

L'ÉVOLUTION DES FRONTIÈRES DU QUÉBEC

la côte du Labrador. La difficulté surgit au moment de définir précisément ce que comprend cette côte: s'agit-il seulement de la zone côtière proprement dite ou de la totalité du territoire drainé par les fleuves qui se jettent dans l'Atlantique le long du Labrador? Le différend est finalement porté devant le Conseil privé de Londres qui, en 1927, opte pour la deuxième définition et attribue à Terre-Neuve un territoire immense d'environ 290 000 kilomètres carrés. La côte ainsi délimitée s'enfonce loin à l'intérieur des terres, atteignant, dans sa partie la plus large, 724 kilomètres. Estimant cette décision injuste, le Québec la refuse officiellement depuis lors, mais, dans les faits, ne peut empêcher Terre-Neuve d'exercer sa juridiction sur le Labrador.

Il importe de souligner que dans tous les cas, les additions ou les soustractions au territoire québécois ont toujours été imposées par des gouvernements extérieurs, qu'il s'agisse de celui de Londres ou de celui d'Ottawa; en d'autres termes, le Québec n'a jamais véritablement eu de contrôle direct sur la formation de son territoire. De plus, dans certains cas, le gouvernement central hésite beaucoup avant de permettre toute extension de ce territoire. Par exemple, à la fin des années 1880, la correspondance de sir John A. Macdonald révèle qu'il n'aurait aucune objection à une extension des frontières de l'Ontario mais qu'en faisant de même pour le Québec, on risquerait de créer un bloc français entre l'Ontario et l'Atlantique. Il écrit: «Je n'ai rien contre les Français en tant que Français ou en tant que catholiques — mais l'obstacle causé par l'introduction des lois françaises et du code civil serait très grand.»

Le territoire actuel du Québec n'en est pas moins immense: 1 550 000 kilomètres carrés, soit trois fois la superficie de la France. Le territoire habité en permanence est beaucoup plus restreint, puisqu'il se réduit à une bande de terre de part et d'autre du Saint-Laurent, correspondant à environ un dixième de la superficie totale.

Six régions naturelles

Les régions naturelles du Québec sont déterminées par une structure morphologique très simple, composée de trois éléments: les Appalaches, le Saint-Laurent et le Bouclier canadien. À ces conditions morphologiques correspondent aussi des conditions climatiques; généralement, plus on monte du Saint-Laurent vers les formations rocheuses, plus la température moyenne baisse, ce qui a une incidence sur la durée de la saison végétative. En effet, l'agriculture peut difficilement se pratiquer avec un nombre de jours sans gelées inférieur à 100; or, au Québec, dès que l'on monte sur les plateaux, qu'il s'agisse des Appalaches ou du Bouclier canadien, ce nombre tombe rapidement en deçà d'un tel minimum. Les conditions climatiques indiquent donc

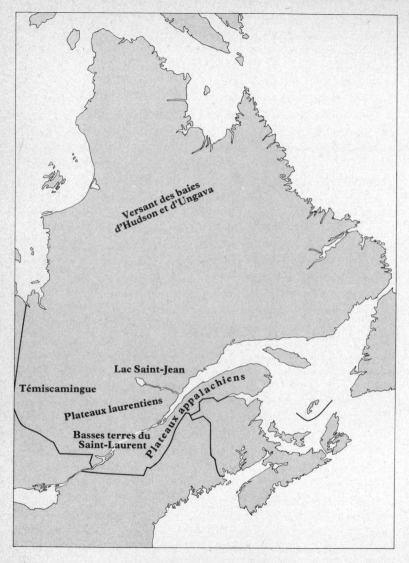

LES RÉGIONS NATURELLES DU QUÉBEC

qu'on peut difficilement pratiquer le même type d'exploitation agricole dans ces régions que dans la plaine.

Le Québec compte six régions naturelles. Les *basses terres du Saint-Laurent* commencent à la pointe de Vaudreuil et s'étendent vers l'est en se rétrécissant; elles sont bornées au nord par les Laurentides, et au sud par les Appalaches. Il s'agit d'une région où la morphologie crée des conditions propices à l'agriculture et au transport. La seconde région, celle des *plateaux laurentiens*, correspond aux contreforts du Bouclier canadien. Cette très vieille formation rocheuse offre un relief assez érodé. La troisième région, les *plateaux appalachiens*, est située dans la partie sud du Québec et s'étend de la frontière américaine dans l'Estrie jusqu'à la Gaspésie; son relief est plus accidenté que celui des Laurentides. Les quatrième et cinquième régions doivent leurs formes à des accidents géologiques d'origine glaciaire; il s'agit de deux profondes échancrures pratiquées dans le Bouclier canadien par la glaciation, le *Lac-Saint-Jean* et le *Témiscamingue*. Les matériaux qu'ont laissés les glaciers en font des zones propices à l'agriculture. La dernière région, la plus vaste du Québec, est celle du *versant des baies d'Hudson et d'Ungava du Bouclier canadien.*

La structuration de l'espace

L'implantation humaine dans les régions naturelles entraîne graduellement une différenciation de l'espace habité. Une région naturelle peut contenir plusieurs régions habitées différentes, qui tireront leur individualité de caractères spécifiques liés au mode et au moment de la première occupation humaine. L'activité économique initiale laisse une empreinte importante que modulent par la suite les transformations de l'économie.

La délimitation des régions habitées pose un certain nombre de problèmes. Leur définition peut varier considérablement selon les critères retenus, qu'ils soient d'ordre historique, économique, administratif ou culturel. Pour la plupart des gens, elles correspondent à un sentiment d'appartenance: c'est la région vécue. Les institutions — gouvernements, Églises, entreprises — imposent quant à elles des découpages territoriaux qui peuvent varier: régions administratives, diocèses, territoire d'exploitation. Au-delà de ces problèmes de définition, un certain nombre d'appellations font l'objet d'un assez large consensus, ce qui

Un relief appalachien, le mont Orford. (Éditeur officiel du Québec)

permet de distinguer une quinzaine de grandes régions habitées (voir la carte).

La première grande période d'installation et de structuration du territoire québécois commence au 18ᵉ siècle et dure jusqu'en 1820 environ; elle porte l'empreinte de l'agriculture. En effet, tandis que la traite des fourrures n'impliquait pas une intervention humaine significative dans le paysage, l'agriculture provoque une modification profonde de l'espace: des arbres sont abattus, des chemins tracés, des bâtiments construits. Cette période est caractérisée par un certain nombre de phénomènes: la division des basses terres de la vallée du Saint-Laurent en seigneuries, la façon dont ces seigneuries se développent et le type d'agriculture qu'on y pratique. L'implantation du système seigneurial crée, dans le centre du Québec, une zone homogène et détermine la forme du paysage. Partout, on suit à peu près un même modèle: la seigneurie est généralement de forme rectangulaire, aboutissant par un de ses petits côtés à un cours d'eau. Les seigneuries ont été concédées ainsi sous le régime français, de part et d'autre du Saint-Laurent et de certains de ses affluents comme la Richelieu. Il ne faut pas oublier qu'à l'origine, les cours d'eau, de quelque taille qu'ils

Cette photo aérienne de la région de Joliette illustre le découpage des rangs. Notons d'abord la forme caractéristique des lots, très étroits et allongés, ainsi que la présence de boisés, relégués souvent au bout des terres. Au premier plan, à gauche, on aperçoit un rang double, caractérisé par des bâtiments érigés des deux côtés du chemin et, vers le centre, on peut voir un rang simple. (Ministère des Terres et Forêts, Service de la cartographie)

soient, forment le réseau de base des communications. Cette contrainte détermine également la forme et l'orientation des terres concédées au sein de la seigneurie. L'accès au cours d'eau étant fondamental, on tente de le permettre à un plus grand nombre de censitaires, en découpant un premier rang de terres en rectangles étroits prenant sur la berge par un de leurs petits côtés et s'allongeant vers l'intérieur de la seigneurie. Lorsque ce premier rang est entièrement concédé, on trace à l'arrière un nouveau rang et ainsi de suite jusqu'à ce qu'on atteigne le haut de la seigneurie. Cependant, dans ces cas, il faut que tous les habitants

Paysage caractéristique de la plaine près de Saint-Barthélémy.

des nouveaux rangs construisent ensemble le chemin de rang de manière à permettre les communications; on trace également au moins un chemin de ligne, perpendiculaire aux chemins de rang, qui permet aux divers rangs de communiquer entre eux et d'aboutir au cours d'eau qui borne l'avant de la seigneurie.

Le rang constitue une des unités élémentaires de la société québécoise; la forme même des terres et la facilité des communications font que les habitations se construisent toutes au même bout des terres, près du rivage ou des chemins de rang. Ainsi, les maisons sont rapprochées les unes des autres, n'étant séparées que par la largeur de la terre (environ 200 mètres), ce qui donne naissance à la forme particulière d'habitat rural du Québec, cette apparence de village-rue qui s'allonge le long d'un cours d'eau. Dans les rangs de l'arrière, on reproduit le même modèle, qui est plus accentué dans le cas des rangs doubles, regroupant face à face les habitations de deux rangs le long d'un seul chemin.

Ce type d'occupation du sol détermine le paysage de la partie centrale du Québec: terres étroites et allongées, maisons et bâtiments de fermes construits près de la route et à proximité les uns des autres,

Les Laurentides dans la région de Saint-Sauveur-des-Monts.

réseau régulier de chemins de rang et de chemins de lignes. Le développement et l'implantation des villages à partir de la fin du 18e siècle ponctuent ce paysage d'agglomérations de tailles variées. Le type d'agriculture laisse aussi sa marque; ainsi, la culture des céréales entraîne la disparition rapide des forêts dans l'aire seigneuriale.

La seconde période importante pour la formation des régions est celle de la montée de la colonisation agricole sur les plateaux. À partir de 1820, sous la pression de la poussée démographique dans les seigneuries, il se produit un phénomène de débordement des vieilles paroisses vers les plateaux laurentiens et appalachiens. Ce mouvement présente un caractère particulier en ce qu'il s'accompagne d'une activité d'appoint importante, celle de la coupe du bois, qui exerce une influence déterminante sur l'agriculture et le mode de vie. Cette période diffère également de la première par le mode de concession des terres. Après la conquête, on ne crée pratiquement plus de seigneuries et les territoires qui sont situés hors de l'aire seigneuriale sont découpés en cantons. À l'origine, les terres dans les cantons sont plutôt de forme carrée et les bâtiments sont habituellement construits assez loin de la route. On peut voir ce type de paysage rural en Ontario et dans les

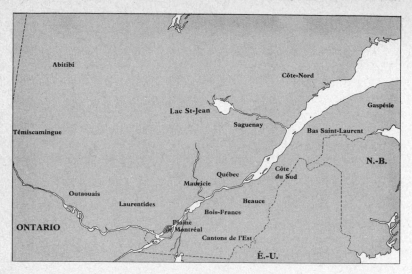

LES RÉGIONS HABITÉES DU QUÉBEC

zones du Québec où les colons d'origine britannique se sont installés. À ces premiers caractères s'ajoutent un type d'agriculture qui s'est très rapidement tourné vers l'élevage et un type d'architecture rurale différent. Mais, en s'implantant dans les cantons, la population canadienne-française y transpose le type de découpage et d'occupation du sol des seigneuries: les terres y prennent la forme rectangulaire et le rang y joue un rôle social plus grand.

Le type d'agriculture qui se pratique sur les plateaux constitue un autre élément de différenciation; le climat et une activité complémentaire, la coupe du bois, interviennent pour imposer leur marque au paysage. La durée réduite de la saison végétative détermine le genre de culture qu'on peut y faire. Quant à l'activité forestière, elle favorise le maintien de grandes étendues boisées, entrecoupées de petites zones défrichées.

De 1850 jusqu'à 1900 environ, on finit d'occuper les plateaux et on commence aussi à peupler le Témiscamingue et le Saguenay-Lac-Saint-Jean. Enfin, après 1900, on commence à s'intéresser au versant opposé du Bouclier canadien, celui de la baie d'Hudson; c'est la colonisation de l'Abitibi, où les activités agricoles côtoient les activités forestières et minières.

D'abord relativement isolées, les régions habitées du Québec tendent à s'articuler de plus en plus les unes aux autres entre 1867 et 1929. Au début, dans la mesure où s'y pratique une agriculture d'auto-suffisance, elles entrent peu en contact. C'est par un double mouvement que s'effectue peu à peu l'ouverture du système. Il y a d'abord le rattachement de l'agriculture à un marché régional, puis provincial, qui stimule la production; il y a ensuite le développement de l'exploitation des richesses naturelles, qui intègre les différentes régions dans des réseaux de relation plus vastes et souvent dirigés de l'extérieur. La mise en place de nouveaux moyens de transport, particulièrement le chemin de fer, accélère ces phénomènes.

Le phénomène d'articulation débouche sur celui de la polarisation, c'est-à-dire la création de centres urbains contrôlant une partie de l'activité économique d'une région. On voit ainsi pendant la période, un peu partout sur le territoire du Québec, des villages se transformer en petites villes, en véritables centres régionaux d'échanges et de services. Certaines en viennent à polariser un espace aux dimensions assez considérables: Sherbrooke en Estrie, Chicoutimi au Saguenay, Hull dans l'Outaouais. Au sommet de ce réseau, viennent Québec et surtout Montréal, dont le poids s'accroît de façon sensible. Enfin, deux centres polarisateurs hors du Québec jouent parfois un rôle important; Ottawa pour la région québécoise de l'Outaouais et Toronto pour la région de l'Abitibi-Témiscamingue.

Ainsi, à partir de la Confédération, on assiste à une double évolution. D'une part, les frontières du Québec délimitent un territoire de plus en plus grand et, d'autre part, les diverses régions, nées et façonnées par l'histoire de l'occupation du territoire, tendent à s'articuler de plus en plus entre elles et à se polariser en fonction du développement économique.

ORIENTATIONS BIBLIOGRAPHIQUES

BLANCHARD, Raoul. *Le Canada français*. Montréal, Librairie Arthème Fayard (Canada) Ltée, 1960. 314 p.

COURVILLE, Serge. «Le développement québécois de l'ère pionnière aux conquêtes post-industrielles», *Le Québec statistique. Édition 1985-1986*. Québec, 1985, p. 37-55.

GOUROU, Pierre, Fernand GRENIER et Louis-Edmond HAMELIN. *Atlas du monde contemporain*. Montréal, Éditions du Renouveau pédagogique, 1967.

Le Québec tel quel. Québec, ministère des Communications, 1973. 254 p.

CHAPITRE 2

LA POPULATION

Entre 1760 et 1960, la population mondiale s'est multipliée par trois, celle de souche européenne par cinq et celle de souche française au Canada par quatre-vingts et ce, malgré un faible apport de l'immigration et une forte émigration vers les États-Unis. Cet accroissement, en apparence phénoménal, a amené plusieurs commentateurs à évoquer la proverbiale fécondité du peuple canadien-français et le miracle de sa survivance.

En 1871, lors du premier recensement tenu après la Confédération, les quelque 60 000 Canadiens français de 1760 sont devenus un peuple de 1 082 940, soit 31,1% de la population du nouveau dominion. La très grande majorité d'entre eux (85,5%) réside au Québec. Il y en a donc un peu plus de 150 000 qui habitent dans les autres provinces canadiennes. De plus, on estime que de 1840 à 1870 environ 200 000 Québécois (très majoritairement francophones) ont déjà émigré aux États-Unis.

De 1760 à 1850, la population canadienne-française a doublé environ tous les vingt-cinq ans; pourtant, certains ne manquent pas de s'inquiéter de sa faiblesse numérique relative et d'en redouter les conséquences socio-économiques et politiques. Pendant le 19e siècle, les Canadiens français se perçoivent comme majoritaires sur leur territoire, le Bas-Canada jusqu'en 1840, le Canada-Est jusqu'en 1867, puis le Québec, et ils tiennent à le demeurer. C'est pourquoi les dirigeants politiques protestent contre l'immigration massive en provenance de la Grande-Bretagne après 1815, de même qu'ils dénoncent l'accaparement des terres par les Britanniques. Dans un cas comme dans l'autre, ils craignent d'être submergés et exigent que la Grande-Bretagne leur reconnaisse une place prépondérante dans les institutions politiques coloniales.

Les concepts de majorité et de minorité sont constamment présents dans les débats politiques opposant Canadiens français et Britanniques

dans le Bas-Canada des années 1830. Après la Rébellion de 1837, Lord
Durham, appuyant le point de vue de la minorité, recommande dans son
célèbre rapport d'unir le Bas et le Haut-Canada (Ontario) afin de mettre
en minorité les Canadiens français et de favoriser leur assimilation.
L'historien François-Xavier Garneau ne peut manquer, comme la
plupart de ses compatriotes des années 1840-1850, d'être traumatisé
par cette politique exprimée avec une franchise brutale. Le thème du
«petit peuple minoritaire» revient à plusieurs reprises dans son *Histoire
du Canada*. Cette question du nombre sera jugée déterminante dans
l'histoire du peuple canadien-français, comme le rappelleront les historiens et les hommes politiques de chaque génération. Nous reviendrons
sur ce point dans le prochain chapitre, en étudiant la structuration
ethnique et linguistique. Il importe d'abord d'analyser les facteurs
internes et externes de l'évolution de l'ensemble de la population
québécoise et non seulement du groupe canadien-français.

TABLEAU 1

POPULATION DU QUÉBEC ET DU CANADA, 1871-1931

Année	Québec		Autres provinces et territoires		Canada	
	Population	Accroissement décennal (%)*	Population	Accroissement décennal (%)*	Population	Accroissement décennal (%)*
1871	1 191 516	7,2	2 497 741	17,9	3 689 257	14,2
1881	1 359 027	14,1	2 965 783	18,7	4 324 810	17,2
1891	1 488 535	9,5	3 344 704	12,8	4 833 239	11,8
1901	1 648 898	10,8	3 722 417	11,3	5 371 315	11,1
1911	2 005 776	21,6	5 200 867	39,7	7 206 643	34,2
1921	2 360 510	17,7	6 427 439	23,6	8 787 949	21,9
1931	2 874 662	21,8	7 502 124	16,7	10 376 786	18,1

* Depuis le recensement précédent.

Source: M. C. Urquhart et K. Buckley, *Historical Statistics of Canada*, p. 14.

De 1871 à 1931, la population du Québec passe de 1 191 516 à
2 874 662 habitants, tandis que celle du reste du Canada progresse de
2 497 741 à 7 502 124 (tableau 1). La population du Québec s'accroît
moins rapidement que celle du Canada, sauf dans la dernière décennie.
Le Québec, qui représente 32,4% de la population du Canada en 1871,
n'en compte plus que 27,6% en 1931. Bref, les Québécois progressent
numériquement, mais dans un monde qui croît plus rapidement.

Dans l'ensemble, le Québec comme le Canada connaissent une progression lente dans les dernières décennies du 19e siècle et une augmentation beaucoup plus rapide dans les trois premières du 20e. Ainsi, de 1871 à 1901 la population du Québec s'accroît d'un faible 38,2% et celle des autres parties du Canada de 49,0%; de 1901 à 1931 la progression est respectivement de 74,8% et de 101,5%. L'augmentation ou la diminution d'une population dépendent, d'une part, de l'accroissement naturel (natalité et mortalité) et, d'autre part, des mouvements migratoires (immigration et émigration), que nous examinerons successivement.

L'accroissement naturel

Une population féconde

Le Québec bénéficie d'un taux de natalité (rapport des naissances à l'ensemble de la population) élevé entre 1867 et 1929, comme nous le montre une comparaison avec le taux de l'Ontario (tableau 2). Dans les

TABLEAU 2

TAUX DE NATALITÉ*
QUÉBEC ET ONTARIO, 1866-1930

Période	Québec	Ontario
1866-1876	43,2	44,8
1876-1886	42,0	37,2
1886-1896	39,3	31,3
1896-1906	38,3	28,8
1906-1916	38,0	29,1
1916-1926	36,3	26,3
1926-1930	30,5	21,0

* Nombre de naissances par 1000 habitants.

Sources: J. Henripin, *Tendances et facteurs de la fécondité au Canada*, p. 370; J. Henripin, «Québec and the Demographic Dilemma», dans D.C. Thomson, *Quebec Society and Politics*, p. 163.

deux provinces on observe une baisse importante des taux de natalité de 1866 à 1930. La baisse est cependant beaucoup plus forte en Ontario, en particulier dans les dernières décennies du 19e siècle. Le taux de natalité est une mesure simple qui rend compte d'une manière grossière de l'intensité de la procréation chez les couples d'une population donnée. Il ne tient pas compte de la composition par âge et par sexe de la population, qui peut influer grandement sur la reproduction. On peut éviter en bonne partie cet écueil par l'utilisation d'une mesure plus raffinée qu'on appelle taux global de fécondité générale (tableau 3).

TABLEAU 3

TAUX DE FÉCONDITÉ GÉNÉRALE*
QUÉBEC ET ONTARIO, 1871-1931

Année	Québec	Ontario
1871	180	191
1881	173	149
1891	163	121
1901	160	108
1911	161	112
1921	155	98
1931	116	79

*Nombre annuel de naissances pour 1000 femmes âgées de 15 à 49 ans.

Source: J. Henripin, *Tendances et facteurs de la fécondité au Canada*, p. 21.

La tendance à la baisse observée dans l'évolution du taux de natalité se confirme. À noter, cependant, la résistance tenace du taux de fécondité québécois qui, de 1871 à 1921, ne baisse que de 14% tandis qu'en Ontario la chute est de 49%. La fécondité diminue de 1871 à 1891 puis se stabilise pendant les trois décennies suivantes avant de chuter brusquement pendant les années 1920.

Ces taux globaux masquent certaines réalités, comme les différences entre Canadiens français et Canadiens d'origine britannique. D'une manière générale, nous savons que les premiers ont une fécondité plus élevée, bien que les sources disponibles ne permettent pas d'effectuer cette comparaison. Une étude des démographes J. Henripin et Y. Péron calcule la fécondité de ce groupe suivant son type d'habitat et son âge, ce qui permet de mieux comprendre les transformations de la fécondité des Canadiennes françaises d'une génération à l'autre (tableau 4).

Il en ressort que les femmes de langue maternelle française du Québec vivant à la ferme et âgées de plus de 65 ans en 1961, donc nées avant 1897, ont eu en moyenne 8,3 enfants, ce qui est presque autant

TABLEAU 4

NOMBRE D'ENFANTS NÉS VIVANTS PAR FEMME DE LANGUE MATERNELLE
FRANÇAISE DÉJÀ MARIÉE, SUIVANT LE TYPE D'HABITAT ET L'ÂGE,
QUÉBEC, 1961

Âge en 1961	Ensemble du Québec	Urbain	Rural non agricole	Rural agricole
65 ans et plus	6,40	5,90	7,25	8,32
60-64 ans	5,59	4,95	6,59	8,18
55-59 ans	5,06	4,33	6,06	7,82
50-54 ans	4,58	3,82	5,51	7,52
45-49 ans	4,31	3,56	5,46	7,27
40-44 ans	4,34	3,66	5,59	6,86

Source: J. Henripin et Y. Péron, «La transition démographique...», dans H. Charbonneau, *La population du Québec*, p. 40.

que leurs ancêtres du 18e siècle. Leurs cadettes nées vers 1915 ont eu en moyenne 7,3 enfants. Si on considère à la fois les femmes des milieux urbains et ruraux, nées vers 1915 (âgées de 45 à 49 ans en 1961), elles ont eu, en moyenne, 4,3 enfants, ce qui est un nombre relativement élevé. Pour atteindre ces moyennes, il faut de nombreuses familles de 15 ou 20 enfants. On comprend que certains aient parlé de fécondité proverbiale. Il ne fait pas de doute que la pratique du catholicisme a influencé profondément la fécondité des Canadiens français. Henripin et Péron ont pu écrire: «Peut-être nulle part dans le monde, l'idéal catholique d'une nombreuse famille a-t-il été observé avec plus d'efficacité.» Mais les pressions cléricales n'expliquent pas tout. En milieu agricole, les enfants constituent un investissement et fournissent une main-d'œuvre à bon marché alors qu'en milieu urbain ils représentent des coûts additionnels pour la famille. Au caractère rural du Québec et au retard en éducation de sa population, s'ajoute la propagande nationaliste en faveur de la «revanche des berceaux».

Une famille nombreuse au début du 20ᵉ siècle. (Alex Girard, *La province de Québec*, 1905)

Du berceau à la tombe

Les statistiques relatives à la mortalité avant 1921 sont très déficientes. Pour la période 1884-1930, nous disposons tout de même de séries cohérentes pour l'ensemble du Québec (tableau 5). Globalement, la baisse du taux de mortalité de 22,3 à 13,5 pour mille en 45 ans est assez importante. Contrairement à la natalité, qui baisse davantage avant 1891, c'est à partir de 1901 que la mortalité commence à diminuer. La chute sensible dans les années 1920 indique que les efforts tardifs, mais réels, pour améliorer les conditions sanitaires portent fruit.

Les séries dont nous disposons ne permettent pas de comparer systématiquement le Québec et l'Ontario ou encore les Canadiens d'origine française et ceux d'origine britannique. Il est cependant admis que le taux de mortalité est plus élevé chez les premiers que chez les seconds. Les premières statistiques fiables, celles des années 1926 à 1930, montrent que le taux de mortalité est de 13,5 pour mille dans l'ensemble de la population québécoise contre 14,2 chez les Québécois d'origine française.

On observe aussi une évolution significative dans les causes de décès. Dans le dernier tiers du 19ᵉ siècle, les maladies contagieuses exercent des ravages, notamment à Montréal. En 1885-1886, par

TABLEAU 5

TAUX ANNUELS MOYENS DE MORTALITÉ* AU QUÉBEC, 1884-1930

Période	Taux	Période	Taux
1884-1885	22,3	1906-1910	18,5
1886-1890	21,9	1911-1915	17,4
1891-1895	21,9	1916-1920	18,0
1896-1900	21,6	1921-1925	12,9
1901-1905	18,7	1926-1930	13,5

* Nombre de décès par 1000 habitants.

Source: J. Henripin et Y. Péron, «La transition démographique...», dans H. Charbonneau, *La population du Québec*, p. 44.

exemple, une épidémie de variole y fait plus de 3000 morts. Même si à l'époque la vaccination est connue, une partie de la population canadienne-française refuse d'y recourir. Il faut dire que cette technique n'est pas encore parfaitement au point et que son application fait l'objet de controverses chez les médecins. Un certain nombre d'entre eux, francophones comme anglophones, s'y opposent carrément, à l'instar de plusieurs de leurs collègues dans d'autres pays occidentaux. À la fin du siècle, toutefois, cette résistance s'affaiblit et la vaccination se généralise, en même temps que s'améliore la qualité des vaccins et que progressent les conditions sanitaires. La variole cesse dès lors de représenter un problème de santé publique.

La tuberculose qu'on appelle à l'époque «peste blanche» ou «consomption» dévaste le Québec puisqu'elle fait en moyenne 3000 morts chaque année, après 1901. Pendant la période, Montréal est la ville la plus touchée parmi les grandes villes d'Amérique du Nord. La maladie touche davantage de Canadiens français et son incidence est aggravée par la piètre qualité de l'environnement dans certains quartiers ouvriers. Devant ce phénomène le gouvernement québécois met sur pied une Commission royale d'enquête qui remet son rapport en 1909. Mais les autorités sont lentes à mettre en place des mesures de prévention et de traitement. Il faut attendre les années 1920 et 1930 pour que se multiplient les tentatives de dépistage de la maladie et que s'ouvrent des sanatoriums. Ce n'est qu'après la Deuxième Guerre

Lors de l'épidémie de variole de 1885, le conseil municipal de Montréal décrète la vaccination obligatoire. Devant la résistance d'une partie de la population, les forces de l'ordre doivent intervenir pour faire appliquer la mesure. (Collection Walker, Musée McCord)

mondiale que la tuberculose cessera d'être une cause importante de décès.

La mortalité infantile, c'est-à-dire le décès avant l'âge d'un an d'enfants nés vivants, est une des composantes majeures de la mortalité de l'époque. Entre 1901 et 1929, elle est responsable de 12,6% à 17,0% de tous les décès au Québec. Le taux de mortalité infantile est si élevé qu'au début du 20e siècle Montréal est une des villes les plus meurtrières au monde, plus du quart des enfants y mourant avant d'avoir atteint l'âge d'un an.

Le problème de la mortalité infantile demeure l'un des plus graves pour l'ensemble du Québec, notamment dans les villes, où il est plus élevé que dans les campagnes; l'écart se rétrécit toutefois à la fin des années 1920. Une grande partie de cette mortalité est attribuée aux maladies gastro-intestinales. Entre 1906 et 1915, d'après l'historien Terry Copp, 42% de tous les décès d'enfants de 0 à 2 ans à Montréal sont dus à ce qu'on appelle alors la «diarrhée infantile»; en 1927, elle est encore responsable de 33% des décès chez ce même groupe. Ces affections dépendent, en bonne partie, de la mauvaise qualité de l'eau et du lait consommés à Montréal.

Dans les années 1910, il semble que le problème de l'eau soit à peu près réglé grâce à la chloration et à la filtration. Mais il faut attendre la décennie suivante avant que la pasteurisation du lait ne soit généralisée. La mise sur pied, peu avant la Première Guerre, de centres de puériculture appelés «Gouttes de lait» où l'on distribue du lait non contaminé, des soins médicaux et des conseils aux mères, a des effets bénéfiques. En 1914, on calcule que les enfants inscrits dans ces «Gouttes de lait» ont un taux de mortalité quatre fois moindre que ceux qui ne le sont pas. Les médecins responsables du Bureau d'hygiène du Québec et du Service de santé de Montréal sont très conscients de la gravité de la situation et ne manquent pas de proposer des remèdes pour réduire la mortalité infantile. Mais ils se heurtent souvent à l'incurie des dirigeants politiques. Par exemple, le Service de santé de Montréal prépare dès 1914 un règlement rendant obligatoire la pasteurisation du lait. Mais il ne sera adopté qu'en 1925.

TABLEAU 6

TAUX ANNUEL MOYEN DE MORTALITÉ INFANTILE*
QUÉBEC ET VILLE DE MONTRÉAL, 1871-1929

Période	Ensemble du Québec	Montréal
1871	150,0	294,0
1891	179,4	212,7
1900-1904	143,0	274,9
1905-1909**	152,5	268,6
1910-1914	170,0	220,2
1915-1919	147,0	183,0
1920-1924	134,0	160,6
1925-1929	126,2	126,9

* Nombre de décès d'enfants avant l'âge d'un an pour 1000 naissances vivantes.

** Statistiques pour les seules années 1906, 1908, 1909.

Sources: J. Hamelin et Y. Roby, *Histoire économique du Québec, 1851-1896*, p. 55; G. Langlois, *Histoire de la population canadienne-française*, p. 263-264; A. Groulx, *Union médicale du Canada*, 1943, p. 1415.

À la fin des années 1920, la situation s'améliore sensiblement, notamment à Montréal. Pourtant, encore en 1927, Montréal ne dépense que 0,39$ per capita pour la santé publique, c'est-à-dire la moitié de ce que dépensent douze autres grandes villes nord-américaines; cette somme est toutefois haussée dans les années qui suivent pour atteindre 0,64$ en 1931. Malgré les insuffisances du financement public, le taux de mortalité infantile à Montréal baisse au cours des années 1920 (tableau 6). Mais le niveau reste encore plus élevé que dans les autres grandes villes. Une simple politique de santé publique ne peut d'ailleurs résoudre entièrement ce problème, qui dépend en grande partie des conditions socio-économiques: qualité de l'habitat, conditions de travail, insuffisance de revenu, éducation, etc.

Les épidémies, les maladies contagieuses et la tuberculose reculent lentement, de même que la mortalité infantile. Cependant, on voit progressivement augmenter la proportion de décès dus aux maladies dites de dégénérescence tels le cancer (7% des décès en 1931) et les affections cardiaques (10,1% en 1931) qui prendront de plus en plus d'importance par la suite.

La transition démographique

Dans tous les pays, l'industrialisation et l'urbanisation provoquent une modification importante des comportements démographiques. Ce passage de la démographie de l'ère préindustrielle à celle de l'époque industrielle a été qualifié de révolution ou transition démographique.

Selon le démographe Hubert Charbonneau, le Québec a vécu, jusqu'en 1875, une période de stabilité démographique caractérisée par une natalité, une fécondité et une nuptialité élevées, qui permettaient à la population de doubler tous les 25 ans malgré une mortalité assez forte. À partir de 1875, s'ouvre une deuxième phase au cours de laquelle survient une baisse des taux de natalité et de mortalité. La transition démographique, qui se poursuit jusqu'en 1930 et au-delà présente quelque originalité au Québec. En effet, selon le modèle habituel, le mouvement de baisse apparaît d'abord dans les taux de mortalité, à cause de la réduction des épidémies et de l'amélioration des conditions sanitaires. Cette baisse est suivie plus ou moins rapidement d'une chute de la natalité. Au bout du processus les taux de natalité et de mortalité se retrouvent à un niveau beaucoup plus bas qu'au point de départ. La transition au Québec s'est faite d'une manière un peu différente puisque la natalité et la mortalité ont diminué à peu près parallèlement, et aussi parce que cette baisse a été plus lente qu'ailleurs.

L'enseignement de l'Église catholique sur la limitation des naissances, le niveau d'instruction de la population et la propagande nationaliste en faveur de la «revanche des berceaux» sont quelques-uns des facteurs qui ont ralenti la chute de la natalité. De même la mortalité est restée fort élevée en raison du retard dans l'adoption de mesures efficaces de santé publique. Quoi qu'il en soit, la transition s'est faite au Québec comme ailleurs. Et par la suite, les comportements démographiques s'y aligneront sur ceux du monde occidental industrialisé.

De 1867 à 1929, malgré cette transition démographique, le Québec conserve donc un rythme d'accroissement naturel élevé. Les taux de natalité et de mortalité sont respectivement de 39 et de 22 pour mille à la fin du 19ᵉ siècle, de 37 et 18 entre 1900 et 1920 et de 33 et 13 dans la décennie 1920-1930. Ceci permet de dégager des excédents substantiels d'environ 17 à 20 pour mille. Pourtant, la croissance totale de la population québécoise est inférieure à ce rythme d'accroissement naturel, surtout dans la période 1871-1901. La différence vient des mouvements migratoires.

Les mouvements migratoires

La «grande hémorragie»

Pour chacune des décennies de la période 1871 à 1931, le solde migratoire est négatif: plus de personnes quittent le Québec qu'il n'y en a qui s'y établissent. Les contemporains non seulement constatent le phénomène, mais sont traumatisés par l'ampleur du mouvement d'émigration vers les États-Unis. Le célèbre curé Labelle déclare que l'émigration sera «le cimetière de la race». Au 20ᵉ siècle, le géographe Raoul Blanchard parle d'hémorragie et de dilapidation des excédents démographiques.

Le phénomène de l'émigration a une réelle ampleur, qui semble justifier les cris d'alarme des élites canadiennes-françaises. En effet, de 1840 à 1930, plus de 900 000 Québécois doivent quitter leur pays (tableau 7). La grande majorité de ces émigrants (entre les quatre cinquièmes et les deux tiers selon les années) sont canadiens-français.

Dès les années 1830, un certain nombre de Québécois franchissent la frontière canado-américaine pour travailler à la fenaison dans le Vermont ou à l'abattage du bois dans le Maine. Une partie de cette première émigration est saisonnière ou temporaire. Mais après 1860, le phénomène prend une nouvelle ampleur avec le développement industriel des États-Unis. L'émigration devient permanente pour un très grand nombre, et elle touche davantage des familles que des individus. Les pyramides des âges de 1871 et 1901 (graphique 1) ne montrent pas d'irrégularités qui seraient causées par un départ massif de jeunes hommes. La majorité des émigrants trouvent en effet des emplois dans les usines de textiles de la Nouvelle-Angleterre qui embauchent hommes, femmes et enfants.

TABLEAU 7

ÉMIGRATION NETTE VERS LES ÉTATS-UNIS,
NOMBRES APPROXIMATIFS, CANADA ET QUÉBEC, 1840-1940

	Canada*		Québec		Québec/Canada
Période	En milliers	% de la pop.	En milliers	% de la pop.	(%)
1840-1850	75	4,3	35	5,4	47
1850-1860	150	7,0	70	7,8	47
1860-1870	300	10,7	100**	—	—
1870-1880	375	11,0	120	10,1	32
1880-1890	450	11,3	150	11,3	33
1890-1900	425	9,7	140	9,6	33
1900-1910	325	6,4	100	6,0	31
1910-1920	259	4,0	80	4,0	32
1920-1930	450	6,0	130	5,6	29
1930-1940	25	0,3	—	—	—
1840-1940	2800	—	925	—	32

* Pour la période préconfédérative: Amérique du Nord britannique; après 1867: territoire du Canada actuel moins Terre-Neuve.

** Ce chiffre n'est qu'une hypothèse plausible; l'auteur ne dispose pas de données pour cette période.

Source: Y. Lavoie, «Les mouvements migratoires des Canadiens entre leur pays et les États-Unis au XIXᵉ et au XXᵉ siècles», dans H. Charbonneau, *La population du Québec*, p. 78.

La période d'émigration la plus intense se situe dans les trois dernières décennies du 19ᵉ siècle, alors que le Québec perd environ 10% de sa population (tableau 7). Au début du 20ᵉ siècle, le nombre de départs reste élevé, malgré une plus forte croissance économique du Québec, mais il représente un pourcentage moindre de la population totale. La crise économique des années 1930 mettra fin brusquement à ce mouvement quand le gouvernement américain décidera de restreindre sévèrement l'immigration.

Les contemporains tentent d'analyser les causes de ce mouvement qui leur paraît désastreux. Pour certains, le phénomène vient du manque de terres et des déficiences de l'agriculture. On blâme fréquemment le gouvernement pour l'insuffisance de chemins, pour son préjugé en faveur des marchands de bois et des spéculateurs. D'aucuns reprochent à l'habitant de se laisser séduire par les attraits illusoires de la ville ou de succomber à des goûts de luxe malsains. En 1868, un comité de l'assemblée législative émet l'opinion, souvent reprise par la suite, que les deux principales causes de cette inquiétante situation sont l'absence de manufactures et le manque de connaissances agricoles. Les dirigeants politiques québécois ont tendance à se reposer sur l'initiative privée et sur le gouvernement fédéral pour développer le commerce et l'industrie, mais ils tentent par divers moyens de moderniser l'agriculture. Par la suite, malgré des moyens très limités, ils se lancent dans une audacieuse politique ferroviaire dont les retombées, espèrent-ils, freineront l'émigration vers les États-Unis. Ces mesures sont insuffisantes et, dans certains cas, favorisent même l'exode rural. Les historiens Jean Hamelin et Yves Roby ont d'ailleurs émis l'hypothèse que la modernisation de l'agriculture libère de la main-d'œuvre et que celle-ci n'a d'autre choix que d'émigrer pour survivre.

Au début du 20e siècle, les gouvernements libéraux de Parent, Gouin et Taschereau voient dans le développement des ressources naturelles et l'industrialisation la solution à ce problème. Les investissements étrangers sont perçus comme une bénédiction: en important des capitaux on évite d'exporter des Québécois. Quant au clergé, il prône avec insistance, tout au long de la période, l'ouverture de nouvelles régions de colonisation qui pourraient absorber les surplus démographiques des vieilles paroisses.

Même si les Québécois de l'époque n'en sont pas conscients, le mouvement d'émigration ne se limite pas au Québec. Le Canada dans son ensemble est lourdement touché (tableau 7), même si toute sa politique est orientée vers le peuplement du pays. D'ailleurs, il s'agit d'un phénomène nord-atlantique: entre 1846 et 1914, 60 000 000 d'émigrants quittent l'Europe et 60% d'entre eux choisissent les États-Unis, alors que seulement 8,7% viennent au Canada.

Selon Albert Faucher, la mécanisation de l'agriculture et les nouvelles techniques de transport, chacune à leur façon, favorisent les déplacements massifs de population au cours de ces années. Les États-Unis, avec leurs terres de bonne qualité et leur potentiel économique remarquable, attirent la plus grande partie des émigrants. Ceux-ci, sauf exception, quittent leur pays d'abord pour des raisons économiques et les Québécois obéissent, eux aussi, à cette impulsion. En outre, si on replace le Québec dans son contexte nord-américain, on constate, dit Faucher, qu'il est une région marginale dans un espace économique où existent des inégalités de développement et de niveau de vie. Pendant que les travailleurs de la Nouvelle-Angleterre se déplacent vers les centres industriels du Midwest, les Québécois en difficulté ou qui espèrent améliorer leurs conditions de vie se dirigent vers la Nouvelle-Angleterre qui leur offre des emplois industriels. Ces «Chinese of the East», ainsi qu'on appelle les Franco-Américains, sont habitués à un bas niveau de vie et acceptent les emplois à bas salaire, requérant peu de qualifications, qu'on leur offre dans les usines de textiles ou de chaussures.

Plusieurs autres facteurs favorisent cette émigration vers le sud. Le Bouclier canadien rend l'expansion vers le nord ou l'ouest difficile et oriente la migration le long de la plaine laurentienne dans la direction sud-ouest. La frontière canado-américaine est très perméable et, grâce à l'orientation d'une bonne partie du réseau ferroviaire, il est facile pour les Québécois d'émigrer dans les États américains situés à quelques dizaines ou centaines de kilomètres. C'est ainsi qu'Albert Faucher, par son approche continentaliste, insiste sur les facteurs géo-économiques et les disparités interrégionales, qu'il voit comme explication fondamentale de cet épisode important de l'histoire du Québec.

L'émigration fait évidemment perdre au Québec une partie importante de sa population. En 1901, il y a presque autant de Canadiens français hors du Québec qu'à l'intérieur. L'exode est massif, d'où l'inquiétude qu'il provoque. Causé par des difficultés économiques au Québec, le déracinement des émigrés Canadiens français est rendu moins pénible par l'existence de milieux d'accueil en Nouvelle-Angleterre. Dans plusieurs villes, en effet, leur concentration est si grande qu'ils ont leurs paroisses, leurs écoles et leurs journaux. Et une majorité d'entre eux restent attachés à leur identité française. Cela implique pour eux un coût en termes de promotion sociale, comme l'a montré Léon Bouvier en comparant l'évolution de groupes irlandais, polonais, italiens et canadiens-français immigrés aux États-Unis.

Un phénomène intéressant, mais encore peu étudié, est la grande mobilité géographique de plusieurs de ces émigrants et leur va-et-vient entre le Québec et les États-Unis. Certains, après un séjour qui leur a permis d'accumuler du capital et d'éponger leurs dettes, reviennent au Québec et se remettent à l'agriculture; ceux qui échouent retournent en Nouvelle-Angleterre et cette succession de tentatives peut se répéter à quelques reprises au cours d'une vie. D'autres, qui ont pris goût au travail industriel reviennent mais s'installent dans les villes. Parmi eux se trouvent des chefs syndicaux francophones, qui ont exercé leur métier aux États-Unis pendant quelques années et y ont été initiés au syndicalisme américain. Le déclin de l'industrie cotonnière de la Nouvelle-Angleterre, à compter des années 1920, réduit d'ailleurs les perspectives d'emploi et incite des francophones à revenir au pays. La mobilité ne touche pas que les ouvriers: elle se manifeste aussi chez quelques hommes d'affaires, membres des professions libérales ou journalistes, tel Honoré Beaugrand. Les rapatriés ramènent avec eux soit du capital, soit un bagage de connaissances qui profitent à la société québécoise. Bien que l'ampleur du phénomène de retour reste à mesurer, il est certain qu'il ne touche qu'une minorité des émigrants. L'historien Bruno Ramirez a relevé une enquête américaine de 1919 montrant qu'environ la moitié des travailleurs francophones dans les usines de coton de la Nouvelle-Angleterre ne sont jamais retournés dans leur pays d'origine. Beaucoup de Franco-Américains conservent toutefois des liens avec leur parenté du Québec et les échanges restent fréquents. Envoient-ils des fonds à leur famille restée derrière, comme le font bon nombre d'émigrants ailleurs dans le monde, et contribuent-ils ainsi à l'amélioration de la situation économique des Québécois, c'est une question qui reste à élucider. Les Franco-Américains apportent certainement à leurs proches du monde rural une vision de la société industrielle et urbaine, comme l'illustre le discours que l'auteur de *Maria Chapdelaine* met dans la bouche de Lorenzo Surprenant. La société franco-américaine représente aussi un marché pour le Québec, en particulier pour sa production culturelle. Ce phénomène touche probablement plus les élites, dont les liens avec la mère-patrie restent importants, que la masse des travailleurs.

Quoi qu'il en soit, cette émigration contribue à alléger la pression démographique qui s'exerce sur le Québec. Une croissance naturelle élevée comme celle du Québec comporte en effet des coûts importants : construction de logements, éducation, santé, création d'emplois, ce qui exige un accroissement des ressources économiques équivalant à la croissance démographique. Comme ce n'est pas le cas dans le Québec de l'époque, il paraît évident que sans l'émigration le niveau de vie y aurait été encore plus bas et la misère plus répandue.

L'appel de la ville et des terres neuves

La population québécoise se déplace aussi vers les autres provinces du Canada, de même que d'une région à l'autre du Québec. Au début, le clergé en particulier tente de décourager l'émigration. Peu à peu il doit s'y résigner et il cherche à orienter ou tout au moins à encadrer le mouvement en envoyant des prêtres auprès des Franco-Américains. Il invite ceux qui doivent partir à se diriger vers l'Ouest du Canada. Cette propagande a peu d'effet. L'historien Arthur Silver a tenté d'expliquer le peu d'empressement des Canadiens français à s'exiler dans l'Ouest par leur conservatisme et leur peur de l'aventure. Quand on sait que Winnipeg est à quelque 3200 kilomètres de Montréal et la frontière canado-américaine à environ 60 kilomètres, on hésite à recourir à de telles explications de type psychologique. Les facteurs géo-économiques invoqués par Faucher paraissent plus convaincants.

Quoi qu'il en soit, en 1901, selon Hamelin et Roby, on ne dénombre que 84 465 Québécois, francophones et anglophones, établis dans les autres provinces. De ce nombre, 61 776 résident en Ontario, 17 315 dans l'Ouest et 4 293 au Nouveau-Brunswick. L'émigration vers les autres provinces se dirige surtout vers l'Ontario où se développent des communautés canadiennes-françaises dans quelques comtés du sud-ouest et dans l'est près de la frontière québécoise. Le curé Labelle, visionnaire toujours prêt à s'enflammer, se prend à rêver avec quelques autres d'un Royaume du Nord majoritairement français qui relierait le nord du Québec à Winnipeg. Quant à la colonisation de nouvelles régions du Québec prônée par certaines élites, elle n'a qu'un succès mitigé.

En fait, c'est vers les villes du Québec qu'émigrent ceux qui se déplacent ailleurs que vers les États-Unis. L'urbanisation étant étudiée plus loin, indiquons seulement que la population urbaine représente 22,8% de la population totale en 1871 et 63,1% en 1931. C'est l'île de Montréal qui en absorbe la plus grande partie. D'ailleurs, la population québécoise se montre très mobile, de sorte que l'ensemble de ces mouvements migratoires aboutit à un immense brassage de population qui provoque des changements profonds dans la répartition des Québécois sur leur territoire (tableau 8).

TABLEAU 8

RÉPARTITION TERRITORIALE DE LA POPULATION,
QUÉBEC, 1871, 1901 ET 1931

Région	1871		1901		1931	
	Nombre	%	Nombre	%	Nombre	%
Gaspésie et Bas-Saint-Laurent	134 001	11,2	172 815	10,5	270 363	9,4
Saguenay et Lac-Saint-Jean	22 980	1,9	37 028	2,3	105 977	3,7
Région et ville de Québec	236 563	19,9	268 595	16,3	400 256	13,9
Trois-Rivières et Mauricie	98 294	8,3	124 328	7,5	193 173	6,7
Cantons-de-l'Est	138 960	11,7	208 164	12,6	281 494	9,8
Région de Montréal (moins l'île)	352 673	29,6	358 936	21,8	422 560	14,7
Île de Montréal	153 516	12,9	371 086	22,5	1 020 018	35,5
Outaouais	54 439	4,6	89 998	5,5	114 357	4,0
Abitibi-Témiscamingue	—	—	6 685	0,4	44 301	1,5
Côte-Nord et Nouveau-Québec	—	—	11 263	0,7	22 161	0,8

Sources: *Recensement du Canada*, 1901, I, p. 4-5; *Annuaire du Québec* 1955, p. 46-47.

Même s'il est impossible de mesurer avec précision le flux migratoire interrégional, on constate que le poids relatif des régions fluctue sensiblement. Ainsi, entre 1871 et 1901, outre l'île de Montréal dont le pouvoir d'attraction augmente considérablement, certaines régions de colonisation comme le Saguenay-Lac-Saint-Jean et l'Outaouais de même que les Cantons-de-l'Est connaissent une croissance plus forte que les autres; à l'opposé, la région entourant Montréal ainsi que la région et la ville de Québec n'arrivent pas à conserver leur poids antérieur. Les mêmes tendances se poursuivent entre 1901 et 1931, sauf pour les Cantons-de-l'Est et l'Outaouais qui déclinent.

Les immigrants

De 1871 à 1901, il vient au Canada quelque 1 550 154 immigrants. Cependant, des centaines de milliers d'entre eux n'y restent pas en permanence, soit qu'ils retournent dans leur pays d'origine, soit qu'ils utilisent le Canada comme étape vers les États-Unis.

Nous ne disposons pas de données pour le Québec, pendant cette période, mais il reçoit sa part de ces milliers d'immigrants. La plupart d'entre eux viennent des Îles britanniques ou des États-Unis. En 1851,

Immigrants à Québec, 1911. (ANC, PA10270)

10,4% de la population québécoise était née à l'étranger tandis qu'en 1901 ce groupe ne représente plus que 5,5%, ce qui tend à démontrer que le Québec attire peu d'immigrants dans les dernières décennies du 19e siècle.

De 1901 à 1931, avec le rétablissement de la prospérité économique, le Canada attire un très grand nombre d'immigrants. Pendant ces trente années, il entre au Québec 684 582 étrangers, dont 292 296 dans les seules années 1910 à 1915. Pourtant, pendant cette période, le solde migratoire du Québec est négatif. Selon N. Keyfitz, les émigrants sont au nombre de 822 582, en ne tenant compte que des personnes âgées de dix ans et plus. C'est dire que plusieurs milliers d'immigrants ne font que transiter par le Québec. Certains s'y établissent cependant puisque la population née à l'étranger grimpe de 5,5% à 8,7% de la population totale entre 1901 et 1931. Comme nous le verrons plus loin, cette immigration contribue à la diversification ethnique du Québec.

La constitution de 1867 stipule que l'immigration constitue un domaine à compétence partagée entre le fédéral et les provinces, mais précise aussi qu'en cas de conflit entre les deux niveaux de gouvernement le fédéral a la prééminence. Au lendemain de la Confédération, le Québec essaie d'exercer son activité dans ce domaine en retenant les services de quelques agents à l'étranger et en publiant des brochures à l'intention des futurs immigrants. En 1875, pour des raisons financières et à cause de la conjoncture économique, il abandonne, à toutes fins utiles, son action directe dans ce domaine. Il se contente d'un sous-agent au bureau fédéral d'immigration en Angleterre jusqu'en 1883 et de quelques actions sporadiques.

Le gouvernement canadien, de son côté, se montre fort actif dans le secteur de l'immigration qui constitue pour lui une priorité. De 1871 à 1901, il réussit à attirer près de 1,5 million d'immigrants, mais comme environ 2 millions de personnes quittent le Canada, sa politique ne paraît guère couronnée de succès, du moins jusqu'au début du 20e siècle, alors que la conjoncture s'améliore. Le gouvernement fédéral, avec l'appui des compagnies de chemin de fer et de navigation qui y trouvent leur profit, attire de 1901 à 1931 près de 4 600 000 immigrants, dont plus de 400 000 pour la seule année 1913, ce qui permet au Canada d'avoir un solde migratoire positif. Les immigrants se recrutent non seulement en Grande-Bretagne, mais à peu près dans toutes les régions de l'Europe de l'Est et du Sud.

Les syndicats canadiens dénoncent l'ampleur du mouvement, craignant que cet afflux massif de main-d'œuvre exerce une influence négative sur les salaires. D'autres redoutent les difficultés à intégrer ces nouveaux venus à la vie canadienne. Les Chinois, les Japonais, les Noirs suscitent une vive hostilité et on met en œuvre une politique visant à en limiter strictement le nombre.

Dans cette même veine, certains nationalistes canadiens-français, tels Henri Bourassa et Armand Lavergne, protestent contre la piètre sélection des immigrants et dénoncent l'absence quasi totale d'immigrants belges et français. Pour eux, cette politique menace l'équilibre ethnique anglo-français du pays. Dans ce contexte, chez les Canadiens français comme chez les Canadiens d'origine britannique, des signes de racisme et de xénophobie se manifestent.

Au Québec on voit cependant d'un œil favorable les efforts du gouvernement fédéral pour rapatrier les Canadiens établis aux États-Unis. Si au 19e siècle les résultats ne sont guère encourageants, la situation s'améliore au 20e siècle, surtout dans les années 1920. Au total, on estime que de 1900 à 1940, plus de 400 000 Canadiens

La pyramide des âges au Québec, 1871, 1901, 1931
(en % de la population totale)

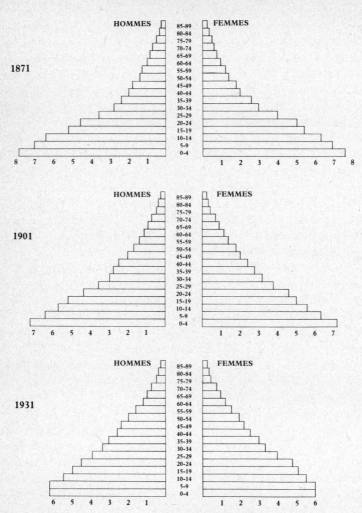

reviennent au pays, auxquels s'ajoutent quelques dizaines de milliers d'Américains nés de parents canadiens. Nous ignorons combien de Canadiens français font partie de ce contingent. Cependant, nous savons que parmi les immigrants américains recensés en 1931 au Canada, 55 000 sont d'origine française.

Le gouvernement québécois essaie lui aussi à divers moments de participer à cette politique de rapatriement. Dès 1871, il délègue un prêtre recruteur au Massachusetts. De 1875 à 1879, il dépense un peu plus de 100 000$ à cette fin, mais les résultats sont décevants. Ce qui réduit considérablement l'efficacité de ces efforts et de ceux qui suivront, c'est leur orientation vers la colonisation agricole, qui ne répond guère aux besoins ou aux désirs des Franco-Américains déjà urbanisés. Pendant une dizaine d'années, surtout à l'époque de Mercier et de son sous-ministre de l'agriculture, le curé Labelle, on tente d'attirer des Français et des Belges au Québec. Les quelques milliers qu'on réussit à recruter ne représentent qu'une infime minorité parmi les immigrants qui entrent au Canada. En 1928, le gouvernement québécois essaie de rapatrier des Franco-Américains mais, comme par le passé, les espoirs sont déçus: à la fin de 1931 on a dépensé, à cette fin, près de 400 000$ pour ne recruter que 9920 candidats.

De 1871 à 1931 les mouvements migratoires se soldent au Québec par des bilans négatifs, mais en contrepartie le taux d'accroissement naturel est très élevé. L'augmentation de la population québécoise provient donc surtout de sa croissance naturelle, tandis que celle de l'Ontario reçoit un apport important de l'immigration. La population québécoise vieillit quelque peu, comme l'indique la configuration de la pyramide des âges de 1931 comparée à celle de 1871 (graphique 1), mais elle reste plus jeune que celle de l'Ontario. Ce phénomène a une assez grande importance au point de vue économique. La structure par âge de l'Ontario est plus favorable que celle du Québec puisqu'elle compte des effectifs plus importants dans sa population active, c'est-à-dire dans le groupe d'âge de 15 à 64 ans. En 1931, il y a 392 personnes actives pour 1000 habitants en Ontario contre 357 au Québec. Cela a pour effet, comme l'a montré J. Henripin, d'abaisser le revenu per capita au Québec en comparaison avec celui de l'Ontario.

De 1871 à 1931, le comportement démographique du Québec tend à se rapprocher du comportement général de l'Amérique du Nord. Son retard à le faire lui est profitable du point de vue quantitatif; reste à savoir s'il est aussi avantageux quant à la qualité de la vie de ses habitants.

ORIENTATIONS BIBLIOGRAPHIQUES

ANCTIL, Pierre. *Aspects of Class Ideology in New England Ethnic Minority: The Franco-Americains of Woonsocket, Rhode Island (1865-1929)*. Thèse de Ph.D., New School for Social Research, 1980.

BOURBEAU, Robert et Jacques LÉGARÉ. *Évolution de la mortalité au Canada et au Québec: essai de mesure par génération*. Montréal, Presses de l'Université de Montréal, 1982. 141 p.

BOUVIER, Léon F. «La stratification sociale du groupe ethnique canadien-français aux États-Unis», *Recherches sociographiques*, 5, 3 (sept.-déc. 1964): 371-379.

BRAULT, Gérard J. *The French-Canadian Heritage in New England*. Kingston et Montréal, McGill-Queen's University Press, 1986. 282 p.

BRETON, Raymond et Pierre SAVARD, dir. *The Quebec and Acadian Diaspora in North America*. Toronto, Multicultural History Society of Ontario, 1982. 199 p.

CHARBONNEAU, Hubert. *La population du Québec: études rétrospectives*. Montréal, Boréal Express, 1973. 110 p.

COPP, Terry. *Classe ouvrière et pauvreté*. Montréal, Boréal Express, 1978. 213 p.

EARLY, Frances H. *French Canadian Beginnings in an American Community: Lowell, Massachusetts, 1868-1886*. Thèse de Ph.D. (histoire), Université Concordia, 1979.

FAUCHER, Albert. «L'émigration des Canadiens français au XIX⁰ siècle: position du problème et perspectives», *Recherches sociographiques*, 5, 3 (sept.-déc. 1964): 277-318.

GROULX, Adélard. «La mortalité maternelle et la mortalité infantile à Montréal», *Union médicale du Canada* (déc. 1943): 1415-1417.

HAMELIN, Jean. «Québec et le monde extérieur», *Annuaire du Québec 1968-1969*. (Québec, Éditeur officiel, 1970): 2-36.

HAMELIN, Jean et Yves ROBY. *Histoire économique du Québec 1851-1896*. Montréal, Fides, 1971. Chap. 2.

HAREVEN, Tamara K. et Randolph LANGENBACK. *Amoskeag. Life and Work in an American Factory City*. New York, Pantheon Books, 1978. 395 p.

HENRIPIN, Jacques. *Le coût de la croissance démographique*, Montréal, PUM, 1968. 43 p.

— «Population et main-d'œuvre», André RAYNAULD, *Croissance et structure économiques de la province de Québec*, (Québec, ministère de l'Industrie et du commerce, 1961): 247-267.

— «Quebec and the Demographic Dilemma of French-Canadian Society», Dale C. THOMSON, dir., *Quebec Society & Politics*, (Toronto, Mc Clelland and Stewart, 1973): 155-166.

— *Tendances et facteurs de la fécondité au Canada*. Ottawa, Bureau fédéral de la statistique, 1968. 425 p.

LANGLOIS, Georges. *Histoire de la population canadienne-française*. Montréal, Éditions Albert Lévesque, 1935. 309 p.

MORIN, Rosaire. *L'immigration au Canada*. Montréal, Action nationale, 1966. 172 p.

RAMIREZ, Bruno. *Les premiers Italiens de Montréal. L'origine de la Petite Italie du Québec*. Montréal, Boréal Express, 1984. 136 p.

ROUILLARD, Jacques. *Ah les États! Les travailleurs canadiens-français dans l'industrie textile de la Nouvelle-Angleterre d'après le témoignage des derniers migrants*. Montréal, Boréal Express, 1985. 155 p.

SILVER, Arthur I. «French Canada and the Prairie Frontier, 1870-1890», *Canadian Historical Review*, 50, 1 (mars 1969): 11-36.

Télé-Université. *Histoire du Québec d'aujourd'hui: Population et société*.

Chapitre 3

LES GROUPES ETHNIQUES
ET LINGUISTIQUES

Tout en étant majoritairement d'origine et de langue françaises, la population du Québec n'est pas homogène sur le plan ethnique et linguistique, et cette réalité joue un rôle fondamental dans son histoire. À l'époque de la Confédération la diversité ethnique est encore limitée, mais elle s'accroît au début du 20ᵉ siècle. En outre, malgré leur situation majoritaire, les francophones doivent lutter pour faire reconnaître la place de leur langue.

La structuration linguistique

Tout au cours du 19ᵉ siècle, le thème majorité-minorité a une grande importance dans les débats politiques au Canada. Les Canadiens français ont été mis en minorité par l'Union des deux Canadas en 1840-1841, et d'aucuns craignent que la Confédération, qui accentue leur statut minoritaire, n'ait des conséquences politiques néfastes pour la collectivité. D'autres, au contraire, estiment que le nouveau régime, étant de type fédéral, donne plus de force politique aux Canadiens français. Ils prétendent que la seule solution de rechange est l'annexion aux États-Unis, où les francophones seraient complètement submergés.

Certains porte-parole de la minorité britannique du Québec sont inquiets de l'avenir car, avec le nouveau régime, les Britanniques dépendent, du moins pour certains aspects de leur vie collective, d'une majorité canadienne-française, ce qui les incite à réclamer de solides protections constitutionnelles.

Il n'en est pas de même pour les 150 000 Canadiens français hors du Québec, toujours soumis aux aléas des politiques de leurs provinces respectives, majoritairement anglophones. Au cours de la période ces francophones voient leurs droits scolaires et linguistiques brimés. C'est successivement le cas au Nouveau-Brunswick, au Manitoba, dans les

Territoires du Nord-Ouest — lorsqu'on y découpe les provinces de
Saskatchewan et d'Alberta — et en Ontario. Le poids numérique des
francophones est un facteur déterminant dans ce phénomène. Ainsi la
loi créant le Manitoba, favorable à l'égalité des francophones et des
anglophones, est votée en 1870, lorsque les deux groupes sont à peu
près égaux en nombre dans cette province; mais les droits des francophones sont abolis dans les années 1890, lorsqu'ils ne constituent plus
qu'environ un septième de la population. De même, en Ontario, la crise
entre les deux groupes éclate lorsque les Franco-Ontariens passent, en
quelques décennies (1881-1911), de 5% à 10% de la population totale
de la province.

La minorité canadienne-française continue cependant à croire à la
possibilité d'un Canada fondé sur une large acceptation de la dualité
ethnique et linguistique.

Le poids du nombre

Entre 1871 et 1931, malgré l'expansion territoriale du Canada et des
mouvements migratoires qui leur sont défavorables, les Canadiens français réussissent partiellement à conserver leur importance numérique
relative (tableau 1). Jusqu'en 1901 leur proportion oscille entre 30% et
31%, puis perd deux points de pourcentage sous l'effet de la vague
d'immigration du début du 20e siècle. Le rapport entre la population du
Québec et celle du Canada suit le même mouvement, avec une baisse
un peu plus marquée.

TABLEAU 1

POPULATION DU CANADA, DU QUÉBEC ET DES CANADIENS FRANÇAIS,
1871-1931

Année	Canada	Québec	Québec/ Canada (%)	Canadiens français	Canad. fr./ Canada (%)
1871	3 869 257	1 191 516	32,3	1 082 940	31,1
1881	4 324 810	1 359 029	31,4	1 298 929	30,0
1891	4 833 239	1 488 535	30,8	—	—
1901	5 371 315	1 648 898	30,7	1 649 371	30,7
1911	7 206 643	2 005 776	27,8	2 061 719	28,6
1921	8 787 919	2 360 510	26,9	2 452 743	27,9
1931	10 376 786	2 874 662	27,7	2 927 990	28,2

Source: *Recensements du Canada.*

La proportion des Canadiens français vivant à l'extérieur du Québec monte régulièrement, passant de 14,2% en 1871 à un maximum de 22,9% en 1921, pour commencer à décliner par la suite. Ce phénomène paraît confirmer la thèse d'un grand Canada français, exprimée par l'idéologie nationaliste. Certes, le Québec reste le «foyer du Canada français», mais les 658 798 Canadiens français hors du Québec en 1931 ne peuvent laisser indifférent. Quant aux Franco-Américains, on ne peut plus croire comme au 19e siècle qu'ils font encore partie du Canada français, même si en certains lieux on suit avec beaucoup d'intérêt leurs querelles avec les Irlandais catholiques de Nouvelle-Angleterre.

La composition ethnique

La situation au Québec semble plus favorable aux Canadiens français puisque pendant la période étudiée leur proportion se maintient autour de 80% (tableau 2). Avant 1871, les recensements canadiens ne mesuraient pas l'origine ethnique, sauf pour les Canadiens français. À partir de 1871, on relève l'origine ethnique de tous les individus; celle-ci est définie par la nationalité du premier ancêtre de sexe masculin arrivé en Amérique.

Au milieu du 19e siècle le Québec n'est qu'aux trois quarts français; par la suite, les Canadiens français raffermissent leur emprise. En un

TABLEAU 2

RÉPARTITION DE LA POPULATION QUÉBÉCOISE
SELON L'ORIGINE ETHNIQUE, 1851-1931

Année	Français		Britanniques		Autres	
	Nombre	%	Nombre	%	Nombre	%
1851	669 528	75,2	—	—	—	—
1861	847 615	76,2	—	—	—	—
1871	929 817	78,0	243 041	20,4	18 658	1,6
1881	1 075 130	79,1	260 538	19,1	23 359	1,8
1901	1 322 115	80,2	290 169	17,6	36 614	2,2
1911	1 606 535	80,1	318 799	15,9	80 442	4,0
1921	1 889 269	80,0	356 943	15,1	114 453	4,9
1931	2 270 059	79,0	432 726	15,0	171 877	6,0

Source: *Annuaires du Québec.*

demi-siècle, ils passent de 75,2% à 80,2%. Puis leur position se stabilise pendant une vingtaine d'années, à une époque où l'immigration est
intense, avant de baisser à 79% (tableau 2).

Le groupe britannique

Certaines régions du Québec ont d'abord été colonisées par des Britanniques venus directement de Grande-Bretagne ou après un détour
par les États-Unis, comme ce fut le cas des Loyalistes et d'agriculteurs
américains à la recherche de bonnes terres. Ils se sont d'abord installés
dans les villes de Québec et de Montréal. Avec la venue des Loyalistes
puis surtout de la grande vague d'immigration après 1815, on en retrouve de fortes concentrations dans les Cantons de l'Est, l'Outaouais,
la Gaspésie et dans la plaine au sud de Montréal.

Au milieu du 19e siècle les Britanniques forment près du quart de la
population totale du Québec. Ils sont majoritaires dans la ville de
Montréal, les Cantons de l'Est et l'Outaouais. À partir des années 1860,
la chute de l'immigration contribue à ralentir leur taux de croissance.
Même si leurs effectifs augmentent à chaque recensement de 1871 à
1931, leur part dans la population québécoise diminue régulièrement et
n'est plus que de 15% en fin de période (tableau 2).

Pendant plusieurs décennies les Cantons de l'Est sont l'une de leurs
principales régions d'implantation: en 1851 ils y forment 66% de la
population. Mais à compter de cette époque les Canadiens français se
dirigent de plus en plus vers cette région si bien qu'ils y deviennent
majoritaires dès 1871. Ils constituent 73% de la population en 1901;
seuls les comtés de Brome, Missisquoi et Stanstead ont encore une
majorité de Britanniques. Ceux-ci tentent de réagir en créant des
sociétés de colonisation pour attirer des compatriotes, mais sans grand
succès. Les entreprises industrielles qui s'installent dans les villes des
Cantons amènent avec elles un personnel d'origine britannique, ce qui
renforce ce groupe dans des centres comme Granby, Waterloo et
Magog. Mais les besoins en main-d'œuvre attirent aussi les francophones, si bien qu'en 1931 les Canadiens français forment 84% de la
population et dominent en nombre partout, sauf dans Brome. Majoritairement ruraux, les 52 000 Britanniques de la région se retrouvent en
quelques endroits particuliers tels Sherbrooke, Lennoxville où ils ont
fondé une université (Bishop), North Hatley ou les lacs Massawippi ou
Memphrémagog où ils vivent du tourisme. Les agriculteurs britan-

niques constituent une population vieillissante, dont les jeunes ont tendance à émigrer. Faute de relève les plus âgés vendent leurs terres à des Canadiens français et se retirent dans les villages.

Pour les Britanniques, ce renversement démographique est difficile à accepter et certains y voient une conspiration de l'Église catholique. Robert Sellar dans l'ouvrage *The Tragedy of Quebec: The expulsion of its protestant farmers,* dénonce avec virulence cette invasion canadienne-française. Déjà en 1876, le *Daily Witness,* un journal de Montréal, critique le gouvernement québécois qui a voté 50 000$ pour le rapatriement des Franco-Américains. Selon ce journal, cet argent sert en fait à recruter des colons canadiens-français dans les vieilles paroisses pour les installer dans les Cantons. L'auteur ajoute: «No English, Irish, Scotch or German need apply».

L'affaiblissement de la communauté britannique des Cantons de l'Est s'explique aussi par le départ de plusieurs hommes d'affaires vers Montréal, Toronto et même l'Ouest canadien et par l'absorption d'institutions économiques régionales par de plus grandes entreprises. C'est le cas, notamment, des chemins de fer régionaux, intégrés au Canadien Pacifique, ou de la Eastern Townships Bank, achetée par la Banque canadienne de Commerce en 1912.

L'Outaouais de 1851 pourrait être qualifié de petite Irlande, au dire de Raoul Blanchard, puisque les Irlandais constituent presque 50% de la population et qu'au total les Britanniques comptent pour 70%. Dès 1881 pourtant, les Canadiens français, attirés par les chantiers, deviennent majoritaires; en 1931 ils représentent 70% de la population. Les Britanniques y résistent mieux que dans les Cantons de l'Est, sans doute parce que l'immigration britannique s'y poursuit plus tard.

En Gaspésie, dès le début du 19e siècle, les Britanniques sont majoritaires. Cette population est formée de Loyalistes et d'immigrants de Grande-Bretagne. Quelques marchands venus des îles anglo-normandes tels les Robin dominent le secteur des pêcheries. Mais peu à peu les Canadiens français du Bas-du-fleuve viennent se joindre à leurs compatriotes et aux Acadiens déjà établis, pour finalement faire de la Gaspésie une région française à 80% en 1931.

Dans la plaine au sud de Montréal, on trouve 41 000 Britanniques en 1851; dans les comtés de Huntingdon et de Beauharnois vivent des groupes importants d'Écossais. En 1931, les Canadiens français se sont imposés dans tous les comtés et leurs effectifs sont de 238 000 contre 22 000 Britanniques.

Outre ces renversements démographiques dans plusieurs régions, un autre phénomène s'amorce au milieu du 19e siècle: les Britanniques de partout au Québec refluent vers Montréal. Le pourcentage des Britanniques qui résident sur l'île de Montréal, qui est de 22,5% en 1871, atteint 39,3% en 1901 et 61,0% en 1931. Cette année-là il ne reste plus que 168 947 Britanniques hors de l'île de Montréal, perdus dans une masse de 1 665 232 Canadiens français. Ils ne conservent la majorité que dans les comtés de Pontiac, Huntingdon et Brome. Le reflux vers Montréal ne suffit pas cependant à conserver la majorité dans la ville car l'exode rural y amène un nombre encore plus élevé de Canadiens français.

Le groupe québécois d'origine britannique n'est pas un bloc homogène. Il est formé d'Anglais, d'Écossais, d'Irlandais, de Gallois, de natifs des possessions britanniques et d'Américains, même si dans les recensements, ces derniers ne sont pas dénombrés comme tels puisqu'ils doivent déclarer l'origine ethnique de leur ancêtre paternel à son arrivée en Amérique. Les trois premiers groupes, qui sont de loin les plus importants numériquement, ont chacun leur rythme propre (tableau 3).

TABLEAU 3

PROPORTION DE QUÉBÉCOIS D'ORIGINE ANGLAISE,
ÉCOSSAISE ET IRLANDAISE (%), 1871, 1901 ET 1931

Origine	1871	1901	1931
Anglais	5,9	7,0	8,2
Écossais	4,2	3,6	3,0
Irlandais	10,4	7,0	3,8

Sources: H. Charbonneau et R. Maheu, *Les aspects démographiques de la question linguistique*; *Recensements du Canada*.

En 1871, les Irlandais forment plus de la moitié des effectifs britanniques et représentent 10,4% de la population du Québec. Par la suite ils entrent dans une phase de déclin, si bien qu'en 1931, ils ne constituent que le quart des effectifs britanniques et 3,8% de la population totale.

Les Irlandais sont venus surtout dans la première moitié du 19e siècle, chassés de leur pays par la misère qui y règne, accentuée par la Grande Famine dans les années 1840. Ils arrivent très démunis et sont, avec les Canadiens français, les premiers prolétaires du Québec. On les retrouve très nombreux dans les chantiers de construction de canaux et de chemins de fer, dans l'industrie forestière, dans les ports de Québec et de Montréal et autour du canal Lachine. Les Irlandais, pour des raisons qui tiennent à leur histoire et à leur religion, n'entretiennent pas toujours les relations les plus cordiales avec les autres Britanniques. D'autre part, même si le catholicisme devrait les rapprocher des Canadiens français, la langue les en sépare. La concurrence sur le marché du travail tend à opposer ces deux groupes, qui se disputent les emplois de manœuvres. Cette rivalité dégénère en conflits ethniques marqués par des batailles, aussi bien dans les ports que dans les chantiers. L'Église catholique du Québec tente tant bien que mal d'apaiser ces tensions. Les Irlandais de Montréal ont leur propre paroisse, Saint-Patrick, dirigée par des prêtres de leur nationalité. Sur le plan scolaire, ils obtiennent la création de classes ou d'écoles au sein du réseau catholique. Dès 1888 ils ont accès au cours classique en anglais, d'abord au Collège Sainte-Marie puis en 1896 au Collège Loyola dirigé par des jésuites anglophones.

Si, au Québec, les deux groupes réussissent à coexister pacifiquement, dans le cadre institutionnel de l'Église catholique, ce n'est pas le cas en Ontario et en Nouvelle-Angleterre, où catholiques irlandais et canadiens-français s'opposent avec vigueur pour le contrôle des églises et des écoles. Au niveau individuel, la communauté de religion a facilité les mariages entre Irlandais et Canadiens français, bien qu'il ne soit pas possible de mesurer avec précision l'ampleur du phénomène.

Les Écossais commencent à s'installer au Québec dès la conquête et dominent rapidement l'activité commerciale. Mais il ne faudrait pas croire que tous les Écossais sont, comme les McTavish ou les McGillivray, des magnats de la fourrure. On retrouve au sein de ce groupe de nombreux agriculteurs. Le pourcentage d'Écossais diminue au Québec, alors que celui des Anglais augmente considérablement, représentant plus de la moitié des effectifs britanniques à la fin de la période. En nombre absolu, les Québécois d'origine anglaise passent de 69 822 à 234 739 en 1931.

Parmi le groupe anglo-écossais il y a des agriculteurs, des manœuvres, des journaliers et des domestiques. Plusieurs d'entre eux étaient des pauvres des grandes villes anglaises que les sociétés charitables expédient au Canada pour réduire le fardeau social en Angleterre. On retrouve aussi plusieurs travailleurs qualifiés qui œuvrent dans des

entreprises comme le Grand-Tronc, les usines Angus, Montreal Locomotive Works, Canadian Steel Foundries, Canadian Vickers, etc. En
1931, les travailleurs d'origine britannique comptent pour 28% des travailleurs dans le fer et l'acier, alors qu'ils ne représentent que 17% de
la main-d'œuvre masculine non agricole. De même, selon l'historien
Ronald Rudin, ils occupent 44% des emplois de bureau. Et il y a la
haute bourgeoisie qui habite le *Golden Square Mile* à Montréal; le
groupe formé par les Van Horne, Smith, Holt, Stephen et autres contrôle, au début du siècle, une grande partie de la richesse du Canada.
Globalement, le bloc d'origine anglo-écossaise occupe une position
dominante dans l'économie. Cette situation permet à ses membres de se
constituer une classe moyenne solide où les possibilités de promotion
sociale sont nombreuses. De plus, cette minorité dispose de richesses
qui lui permettent de se doter d'institutions sociales et culturelles
répondant à ses besoins.

Les autres groupes

Même si en nombre absolu les effectifs des groupes ethniques autres
que français et britanniques sont peu nombreux, passant de 18 658 en
1871 à 171 877 en 1931 (tableau 4), ils constituent une véritable mosaïque. Dans les trente premières années, leur nombre double à peine tandis que dans les trente suivantes, coïncidant avec la vague d'immigration du début du siècle, il arrive presque à quintupler.

TABLEAU 4

LES GROUPES ETHNIQUES D'ORIGINE AUTRE
QUE FRANÇAISE ET BRITANNIQUE AU QUÉBEC, 1871, 1901, 1931

Origine	1871	1901	1931
Amérindiens	6 988	10 142	12 312
Inuit	—	—	1 159
Allemands	7 963	6 923	10 616
Juifs	74	7 607	60 087
Italiens	539	2 805	24 845
Autres	3 094	9 137	62 858
TOTAL	18 658	36 614	171 877

Sources: H. Charbonneau et R. Maheu, *Les aspects démographiques de la question
linguistique*, p. 309, 311 et 314.

En 1871 la composition ethnique n'est guère diversifiée; les Amérindiens et les Allemands forment 80% des groupes autres que français ou britanniques. En 1901 les Juifs et les Italiens prennent quelque importance et les quatre principaux groupes représentent 75% de l'ensemble. Trente ans plus tard, alors que les Amérindiens et les Allemands n'ont guère progressé, les Juifs et les Italiens voient leurs effectifs augmenter considérablement. La diversité ethnique du Québec s'est élargie puisque les quatre principaux groupes ne représentent plus que 63% de l'ensemble du groupe «autres». Pour compléter le tableau de 1931, on pourrait mentionner 18 autres groupes ethniques qui ont de 1600 à 9500 membres.

Les Amérindiens et les Inuit

Même si les Amérindiens, tout au long de la période étudiée, ne représentent qu'environ 0,5% de la population totale du Québec, ils ont droit à une attention particulière en raison de leur titre d'autochtones. À l'arrivée des Blancs, on estime qu'environ 220 000 Amérindiens habitaient le territoire actuel du Canada. Le choc provoqué par l'arrivée des Européens fut tel qu'on a cru en certains milieux que les indigènes allaient pratiquement disparaître. Au recensement de 1901, on ne dénombre que 93 460 Amérindiens au Canada et cette régression démographique indique bien les difficultés subies par ces premiers habitants du territoire.

Au Québec le nombre d'Amérindiens est relativement peu élevé puisqu'en 1901 les 976 Métis et les 9166 Amérindiens ne représentent plus que 2,8% et 9,8% de l'ensemble de ces deux groupes au Canada. Il en va de même en 1931 puisque les 13 471 Amérindiens et Inuit constituent 10,5% de la population autochtone du Canada.

La grande majorité des Amérindiens du Québec vivent dans des réserves disséminées sur l'ensemble du territoire. Les plus fortes concentrations amérindiennes sont situées dans le nord du Québec, où elles vivent de la chasse, mais on en retrouve aussi à proximité des villes de Québec et de Montréal (Lorette, Kahnawake et Oka).

Au recensement de 1931, on dénombre 1159 Inuit résidant tous dans le nord du Québec et vivant principalement de la pêche. Les Inuit forment un groupe homogène tant par l'habitat que par le genre de vie et ont moins de contact avec les Blancs que les Amérindiens. Ces derniers sont au nombre de 12 312 et ils se divisent en deux grandes familles: Algonquins et Iroquois, elles-mêmes subdivisées en plusieurs nations: Naskapis, Cris, Montagnais, Micmacs, Hurons, etc. Plusieurs de ces nations ont des modes de vie assez différents et cela contribue à les isoler les uns des autres. Ainsi les Cris et les Montagnais de la Côte-Nord continuent la vie de leurs ancêtres orientée vers la chasse. Leur saison de chasse se poursuit pendant 8 à 10 mois. Lorsqu'ils quittent la réserve ils n'y laissent que les vieillards, amenant femmes et enfants. Cette existence précaire provoque entre autres une mortalité infantile élevée. Les Micmacs de Bonaventure, eux, vivent comme les Blancs et pratiquent la pêche et l'agriculture. Les Iroquois de Kahnawake à proximité de la métropole subissent lourdement l'influence de la ville. Plusieurs d'entre eux œuvrent dans la construction soit à Montréal, soit en Ontario ou aux États-Unis. Ceux qui restent sur la réserve, ne pratiquant guère l'agriculture, tentent de vivre du tourisme. Bref, le groupe amérindien n'est guère homogène et sa faible croissance démographique témoigne d'une manière éloquente de sa misère et de sa vulnérabilité.

Les Amérindiens du Québec n'entretiennent guère de rapports avec le gouvernement québécois pendant la période étudiée. Il est vrai qu'au terme de la constitution ils dépendent du gouvernement fédéral. La Loi des Indiens de 1876 dictera pour de nombreuses décennies la ligne de conduite du gouvernement fédéral vis-à-vis des Amérindiens. Cette législation très paternaliste repose sur le postulat qu'il faut protéger les Amérindiens contre les Blancs en les parquant dans des réserves où l'on essaiera progressivement de les «civiliser». Le système des réserves, qui existait dans les faits avant 1867, prend une nouvelle ampleur avec la négociation de plusieurs traités entre le gouvernement fédéral et diverses tribus indiennes en Ontario et dans le territoire de l'Ouest entre 1871 et 1923. Par ces traités, les Amérindiens cèdent au gouvernement fédéral d'immenses territoires en retour de droits garantis sur leurs réserves et quelques très maigres avantages matériels. Même s'il existait au Québec de nombreuses réserves dont certaines remontent au régime français, aucun traité n'avait été négocié avec les autochtones du Québec. En 1912, lorsque l'Ungava (Nouveau-Québec) est intégré au Québec, il est stipulé dans l'entente fédérale-provinciale que le gouvernement québécois devra négocier avec les Amérindiens l'extinction de leurs droits sur ce territoire. Le gouvernement Gouin et les gouvernements subséquents, par indifférence ou incurie, négligeront de s'acquitter de ce devoir. Cette question des droits des Amérindiens et

Un groupe de Montagnais à Pointe-Bleue vers 1890. (ANQ, N675-6)

des Inuit se posera avec force à l'occasion de l'aménagement de la baie James dans les années 1970.

Les Allemands

Du milieu du 18ᵉ siècle à la Confédération, il est venu beaucoup d'Allemands dans les colonies anglaises d'Amérique du Nord puisqu'en 1871 on en dénombre 202 991 au Canada, dont 158 608 en Ontario et 31 942 en Nouvelle-Écosse. Au Québec, même s'il n'y a que 7963 Allemands, ils constituent le groupe ethnique le plus important après les Canadiens français et les Britanniques.

Les Allemands se sont établis dans les endroits où prédominait l'élément britannique: on en trouve 1315 à Montréal, 3023 dans quatre comtés des Cantons de l'Est, 862 dans l'ouest du Québec et 500 dans trois des comtés de la plaine au sud de Montréal. De 1871 à 1931, très peu d'entre eux choisiront le Québec car on n'en dénombre que 10 616 à cette dernière date.

Les Juifs

En 1871, seulement 74 Québécois se déclarent d'origine ethnique juive, mais 579 se disent de religion juive. Que l'on prenne l'une ou l'autre mesure, ce sont des effectifs assez restreints. Ces Juifs, dont les ancêtres ont émigré de Grande-Bretagne ou des États-Unis après la Conquête, mènent une existence relativement discrète. Ils se sont progressivement dotés d'institutions communautaires et se regroupent au sein de deux congrégations orthodoxes, l'une sépharade fondée en 1768 et l'autre ashkénaze, en 1846. Plusieurs sont des commerçants, ils parlent anglais et essaient de se fondre dans la société ambiante, tout en maintenant leur identité et leurs traditions religieuses.

La situation change à compter des années 1880 alors que s'amorce un mouvement migratoire qui vient accroître les effectifs et qui transforme profondément la communauté. Un grand nombre de Juifs, victimes de persécutions dans l'empire russe, émigrent alors vers l'Amérique et certains d'entre eux s'orientent vers le Québec, qui en 1901 compte 7607 personnes d'origine ethnique juive. Dans les trois décennies suivantes, le mouvement s'accélère à cause des milliers de Juifs qui fuient l'Europe de l'Est. En 1911, on recense au Québec 30 648 Juifs et, en 1931, 60 087, dont les quatre cinquièmes sont à Montréal. Au début du siècle, ils représentent donc le groupe ethnique le plus important autre que français ou britannique. À Montréal les Juifs représentent 6% à 7% de la population entre 1911 et 1931. Leur concentration dans certains quartiers, dans l'axe de la rue Saint-Laurent, leur permet de développer une vie communautaire intense et de faire élire des représentants aux parlements d'Ottawa et de Québec, de même qu'au Conseil municipal.

Cette immigration de la fin du 19e et du début du 20e siècle a des caractéristiques socio-culturelles bien différentes de la précédente. Les Juifs qui arrivent d'Europe de l'Est parlent le dialecte juif de cette région — le yiddish — et sont pour la plupart démunis et tiraillés entre plusieurs courants idéologiques, religieux et politiques.

Les Juifs, malgré leurs divergences, s'organisent et tentent d'unir leurs efforts. Le Congrès juif canadien, fondé en 1919, se fait le porte-parole de la communauté. Il s'efforce de regrouper toutes les organisations juives: sociétés de bienfaisance, associations communautaires et organisations politiques. Les immigrants, malgré une période d'adaptation difficile, reçoivent l'appui de la communauté, ce qui facilite la conservation de leurs traditions religieuses et culturelles de même que leur insertion dans la vie économique et leur mobilité sociale.

Les études de Louis Rosenberg nous révèlent qu'en 1931 les Juifs se retrouvent proportionnellement plus nombreux dans certains emplois que les gens d'autres origines. Ainsi, 26,5% des Juifs de Montréal sur le marché du travail œuvrent dans l'industrie du vêtement contre 5,7% des travailleurs montréalais d'autres origines. On estime qu'environ 10% des Juifs travaillant dans le vêtement sont propriétaires de leur entreprise. Les autres sont employés et souvent exploités. Les Juifs sont d'ailleurs très actifs dans le développement du syndicalisme, notamment dans l'industrie du vêtement.

Les Juifs sont surreprésentés dans le secteur commercial: commerce de détail, commerce de gros, vendeurs, colporteurs. En 1931, à Montréal, 31% des personnes d'origine juive sur le marché du travail œuvrent dans ce secteur, contre 12% des personnes d'autres origines. Cependant, dans le domaine de la finance, les Juifs sont presque absents. Selon Rosenberg, on ne dénombre au milieu des années 1930 que six corporations financières au Canada ayant des Juifs à leur conseil d'administration, dont une seule a quelque importance. De plus, aucun Juif n'occupe un poste au conseil d'une banque à charte.

Les Juifs n'ont rien d'un groupe dominant, mais ils présentent l'image d'une communauté laborieuse, dynamique, entreprenante et qui, au-delà de ses divergences idéologiques et religieuses, tient à maintenir son identité.

Au Québec, comme ailleurs, les Juifs sont victimes de discrimination. L'antisémitisme des Anglo-Québécois s'exprime de manière discrète, par exemple en établissant des quotas sur le nombre d'étudiants admissibles dans certaines facultés à McGill, ou en excluant les Juifs du monde de la haute finance ou de la direction des écoles protestantes.

Chez les Franco-Québécois, l'antisémitisme est plus explicite. Certains ultramontains du 19e siècle et leurs héritiers idéologiques du 20e dénoncent les Juifs comme alliés des francs-maçons ou des communistes, conspirant contre l'Église catholique. Certains nationalistes, surtout au moment où les Juifs arrivent en grand nombre, les accusent d'être inassimilables, donc dangereux pour l'avenir du pays.

Mais dans l'ensemble, jusque dans les années 1930, l'antisémitisme, larvé ou explicite, ne donne pas lieu à des expressions de violence physique, sauf en 1910 à Québec, où de jeunes exaltés endommagent des biens appartenant à des Juifs. Cependant, le débat sur les écoles juives et surtout la crise des années 1930 et la montée du racisme dans le monde occidental annoncent des jours dramatiques pour la communauté juive.

Les Italiens

Le Québec ne compte que peu d'Italiens au 19e siècle. Il s'agit surtout d'hommes d'affaires ou d'artisans statuaires trouvant un bon marché pour leurs produits dans les églises et les institutions religieuses. Ce noyau initial donnera à la communauté ses premiers notables. Vers la fin du siècle, toutefois, s'amorce un changement important avec le début de l'immigration de masse. C'est l'époque où les Italiens, tout en continuant à fournir une abondante main-d'œuvre à l'Europe du Nord, commencent à prendre la route des Amériques et de l'Océanie. Ceux qui viennent au Québec ne représentent qu'une mince partie de ce vaste mouvement migratoire, qui amène des millions d'Italiens, surtout en provenance du Sud, à fuir la misère qui règne dans leur pays.

Le flux migratoire vers le Québec est amorcé par des agents d'emploi fournissant aux grandes compagnies de chemins de fer les milliers de manœuvres dont elles ont besoin en cette période d'intense construction. Eux-mêmes originaires d'Italie, ils y recrutent des paysans espérant accumuler le capital nécessaire à l'achat d'une terre et qui voient leur migration comme temporaire. Ces agents d'emploi, les *padroni*, exploitent de multiples façons une main-d'œuvre connaissant mal les conditions prévalant dans le pays d'accueil. Le plus célèbre est Antonio Cordasco, que ses hommes consacrent roi des travailleurs italiens de Montréal en 1904. Ses agissements provoquent d'ailleurs, la même année, la mise sur pied d'une commission d'enquête par le gouvernement fédéral.

Avec les années, au fur et à mesure que les effectifs de la communauté italienne augmentent, le monopole des *padroni* s'effrite. La migration s'organise de plus en plus dans le cadre de réseaux familiaux, ceux qui sont déjà installés à Montréal faisant venir leurs parents et leurs amis et les prenant en charge à leur arrivée. On assiste ainsi, comme le souligne l'historien Bruno Ramirez, au passage de la migration temporaire à l'installation permanente. En témoigne la création successive par l'Église catholique, en 1905 et 1910, de deux paroisses nationales pour les Italiens. La population d'origine italienne de Montréal atteint déjà 7000 en 1911 et plus de 20 000 en 1931. Elle vient principalement de deux régions du sud de l'Italie, le Molise et la Campanie. La majorité des nouveaux venus sont des travailleurs agricoles sans qualifications professionnelles; au Québec, ils occupent surtout des emplois de manœuvres dans la construction. Au début, la migration est essentiellement masculine. Les nouveaux venus qui choisissent de s'installer font ensuite venir leur épouse ou leur fiancée. Mais avec le temps, comme le montre l'historienne Sylvie Taschereau, une proportion croissante d'immigrants épousent des jeunes filles d'origine italienne nées ou élevées au Québec. Ainsi se complète la transition d'une communauté immigrante à une communauté ethnique. En effet, même si les Italiens ont, dans leurs principaux lieux d'implantation, des institutions qui leur sont propres, églises, épiceries, cafés, ils s'insèrent dans la société ambiante et, d'Italiens, deviennent des Québécois d'origine italienne. Ils constituent le deuxième groupe en importance, après les Juifs, qui ne soit pas d'origine française ou britannique.

À la fin de la période, Mussolini, au pouvoir en Italie depuis 1922, cherche à étendre son emprise sur la diaspora. Une partie de la communauté s'identifie au fascisme, ce qui est source de tensions et de divisions et entraînera l'internement d'un certain nombre de personnes pendant la Deuxième Guerre mondiale.

Montréal, ville cosmopolite

Un trait caractéristique de tous les groupes ethniques autres que français et autochtone est leur forte concentration sur l'île de Montréal

TABLEAU 5

RÉPARTITION DES EFFECTIFS DES GROUPES ETHNIQUES
ENTRE L'ÎLE DE MONTRÉAL ET LE RESTE DU QUÉBEC, 1871, 1901, 1931

	1871		1901		1931	
Origine	Île de Montréal	Reste du Québec	Île de Montréal	Reste du Québec	Île de Montréal	Reste du Québec
Française	9,3	91,7	17,4	82,6	26,6	73,4
Britannique	22,6	77,4	39,3	60,7	61,0	39,0
Autre	12,7	87,3	44,3	55,7	78,7	21,3
Pop. totale	12,0	88,0	21,9	78,1	35,9	64,1

Source: H. Charbonneau et R. Maheu, *Les aspects démographiques de la question linguistique.*

TABLEAU 6

COMPOSITION ETHNIQUE DE LA POPULATION DE L'ÎLE DE MONTRÉAL,
1871, 1901, 1931

	1871		1901		1931	
Origine	Nombre	%	Nombre	%	Nombre	%
Française	86 846	60,3	230 217	63,9	604 827	60,2
Britannique	54 824	38,1	113 897	31,6	263 779	26,3
Autre	2 374	1,6	16 233	4,5	135 262	13,5
TOTAL	144 044	100,0	360 347	100,0	1 003 868	100,0

Source: H. Charbonneau et R. Maheu, Les aspects démographiques de la question linguistique, p. 369.

(tableau 5). L'industrialisation du Québec jointe à l'exode rural attirera les Canadiens français vers les villes où ils deviendront la majorité. Dans la métropole, où se concentre la plus grande partie de l'activité économique, ils n'arrivent guère à dépasser 60% (tableau 6), notamment parce que les Britanniques et les groupes ethniques «autres» y concentrent très fortement la plus grande partie de leurs effectifs.

Au milieu du 19e siècle les Canadiens français étaient minoritaires à Montréal et même dans la ville de Québec ils ne constituaient que 60% de la population. Le reflux vers Montréal des Britanniques et la concentration des groupes «autres» dans cette même ville a pour effet de façonner une métropole cosmopolite haute en couleur. Aux quartiers massivement français de l'Est, s'ajoutent des quartiers aux allures victoriennes, des quartiers juifs, un Griffintown irlandais, un quartier chinois et un ghetto noir dans le quartier Saint-Antoine près de la gare Bonaventure où plusieurs membres de ce groupe trouvent à s'employer.

Un Québec français

Au milieu du 19e siècle les Canadiens français forment les trois quarts de la population totale du Québec et ils sont concentrés dans la zone seigneuriale de la vallée du Saint-Laurent. La situation qui prévaut vers 1851 est ainsi décrite par le géographe Raoul Blanchard: «Le groupe canadien-français a l'air d'être enserré, enfermé par le cordon britannique tendu autour des établissements du fleuve et que renforcent certains nœuds épais, l'Ottawa, le sud-ouest de Montréal, les Cantons de l'Est, tandis qu'au cœur même du dispositif français les deux villes sont fortement entamées. Mais l'expansion canadienne-française, elle aussi, est en pleine action; elle va faire sauter toutes les barrières, envahir la Province toute entière, s'épancher même au-delà.» À partir des années 1840-1850, les vieilles paroisses ne peuvent plus absorber les abondants surplus démographiques de la prolifique population canadienne-française et celle-ci s'infiltre dans les zones occupées par les Britanniques. Parallèlement, ils s'installent dans les nouvelles régions ouvertes à la colonisation: Saguenay-Lac-Saint-Jean, Témiscamingue, nord de Montréal. En 1931, les Canadiens français dominent numériquement partout, sauf dans trois comtés (Brome, Huntingdon et Pontiac).

La gestion des rapports ethniques

Jusqu'à la fin du 19e siècle, la diversité ethnique au Québec reste donc limitée, puisque quatre groupes — français, irlandais, anglais et écossais — rassemblent près de 98% de la population totale. C'est tout de même suffisant pour poser très tôt la question de la gestion des rapports entre ces groupes. Les solutions adoptées ailleurs au Canada ou même aux États-Unis, l'assimilation ou le *melting pot*, ne conviennent pas puisque le Québec présente un cas unique de double majorité-minorité: les Canadiens français sont majoritaires au Québec et minoritaires au Canada, tandis que c'est l'inverse pour les Britanniques. L'assimilation à un seul groupe est impossible et les élites ont opté assez tôt pour une stratégie de développement séparé. Celle-ci vise aussi à éviter la répétition des conflits violents qui opposent périodiquement les Canadiens français aux Canadiens anglais, et les Irlandais aux Anglais.

On choisit donc la voie du cloisonnement institutionnel basé à la fois sur l'ethnie et la religion. Chacun des grands groupes sera encadré par des institutions distinctes: églises, écoles, collèges, universités, hôpitaux, institutions d'assistance, sociétés charitables, journaux, sociétés nationales, etc. Le morcellement est poussé à l'extrême dans le cas des sociétés charitables ou autres organisations de nature privée. Il est simplifié dans le cas du système d'enseignement public, que l'on divise officiellement en deux, mais pratiquement en trois: d'un côté, le réseau anglo-protestant, de l'autre, le réseau catholique avec un rameau principal pour les francophones et un rameau de langue anglaise pour les Irlandais.

Ainsi voit-on se multiplier les institutions parallèles, qui se développent de façon indépendante les unes des autres. C'est donc une stratégie qui est aux antipodes du *melting pot*. Sans visées assimilatrices affichées, elle tend à réduire les frictions entre les groupes, à limiter les contacts et à assurer que chacun puisse, s'il le veut, se développer à l'abri des influences extérieures et selon ses propres normes.

L'arrivée de nouveaux groupes, au début du 20e siècle, ne remet pas en question cette stratégie. Les Juifs ont développé, à la suite d'expériences séculaires de persécutions en Europe, un ensemble d'institutions qu'ils transposent à Montréal. Sans être aussi bien structurés, les Italiens, comme d'autres groupes catholiques, peuvent compter sur l'Église, qui leur fournit un encadrement spécifique et des prêtres de leur nationalité. Les synagogues et les paroisses catholiques nationales s'ajoutent ainsi à la diversité institutionnelle et prennent en charge les divers services sociaux et culturels. On n'est cependant pas prêts à morceler le système scolaire, bien que cette solution soit envisagée dans le cas des Juifs. Les nouveaux venus doivent donc intégrer leurs enfants à l'un des réseaux existants, ce qui, à long terme, posera le problème de l'assimilation. Mais avant 1930, les élites ne sont guère sensibilisées à cette question; elles continuent à valoriser le cloisonnement institutionnel et le développement séparé.

L'évolution linguistique

Les recensements canadiens comportent deux rubriques sur l'aspect linguistique de la population. Depuis le recensement de 1901 on interroge les Canadiens sur leur connaissance de l'anglais et du français, les deux langues officielles. Pour les fins du recensement, les seules personnes bilingues sont celles qui déclarent pouvoir entretenir une conversation en anglais et en français; ainsi, un Canadien qui parle l'italien et le français est classé comme unilingue. La deuxième rubrique a trait à la langue maternelle de la population c'est-à-dire la première langue apprise et encore parlée au moment du recensement. Cette question est apparue pour la première fois en 1921 et ne touchait que les personnes âgées de 10 ans et plus. Au recensement de 1931 on effectue ce dénombrement pour l'ensemble de la population en prenant pour acquis que les enfants de moins de 10 ans ont pour langue maternelle celle qui est parlée par leurs parents à la maison.

L'information relative à la langue maternelle, mise en rapport avec l'origine et la langue des répondants, est fort intéressante car elle permet d'esquisser la mesure de phénomènes tels l'assimilation d'un groupe par l'autre, les transferts linguistiques des divers groupes ethniques et la force d'attraction comparée de l'anglais et du français.

Le recensement de 1931 nous révèle que dans chacune des provinces du Canada, sauf le Québec dont nous reparlerons, il y a moins de Canadiens de langue maternelle française que d'origine française. Cela signifie que plusieurs Canadiens d'origine française ne parlent plus le français ou encore que ce n'est pas la première langue qu'ils ont apprise. Poussant l'analyse un peu plus loin, on découvre que 127 086 Canadiens d'origine française ont pour langue maternelle l'anglais et que 5210 déclarent une autre langue maternelle que le français ou l'anglais. Bref, le groupe français, hors du Québec, a perdu de fait 20% de ses effectifs.

Au Québec, la situation des Canadiens d'origine française est différente puisque le nombre de personnes de langue maternelle française (2 292 193) est supérieur à celui des personnes d'origine ethnique française (2 270 059). Ceci signifie que les Canadiens français restent fidèles à leur langue et même qu'ils réussissent à la transmettre à des personnes d'origine ethnique britannique ou autre. En fait, on constate que seulement 12 653 Canadiens français ont pour langue maternelle l'anglais et 665 une langue «autre», soit une très faible proportion du groupe, environ 0,6%. D'autre part, 24 465 personnes d'origine britannique et 10 987 des groupes ethniques «autres» ont pour langue maternelle le français. Le bilan est donc positif pour la langue française: 35 452 gains contre 13 318 pertes (tableau 7).

TABLEAU 7

LANGUE MATERNELLE DES GROUPES ETHNIQUES
AU QUÉBEC, 1931

Origine ethnique	Anglais	Français	Autre	TOTAL
Britannique	406 833	24 465	1 428	432 726
Française	12 653	2 256 741	665	2 270 059
Autres	10 127	10 987	150 356	171 470
TOTAL	429 613	2 292 193	152 449	2 874 255

Source: H. Charbonneau et R. Maheu, *Les aspects démographiques de la question linguistique*, p. 258.

Du côté de la langue anglaise, il y a moins de personnes de langue maternelle anglaise (429 613) que d'origine ethnique britannique (432 726); le solde (3 113) est donc légèrement négatif (tableau 7). Il est étonnant de noter que les Canadiens français ont réussi à assimiler deux fois plus de Britanniques que ceux-ci de Français, 24 465 contre 12 653. Le fait s'explique assez bien par l'isolement des Britanniques dans les régions rurales du Québec et probablement par les mariages entre Français et Irlandais catholiques d'où les O'Neil, Johnson et Ryan qui sont devenus des Québécois de langue maternelle française, même si aux fins du recensement leur origine ethnique demeure britannique. Cependant le groupe britannique n'a rien d'un groupe faible et on le voit par sa capacité d'absorber les membres des groupes «autres». En effet, sur les 21 114 membres des groupes «autres» qui ont comme langue maternelle l'une des deux langues officielles, 10 127 ont choisi l'anglais et 10 987 le français. Les Canadiens français qui constituent 79% de la population totale attirent 52% des nouveaux Québécois et les Britanniques qui ne constituent que 15% de la population en attirent 48%. C'est là un indice de la grande force d'attraction de l'anglais.

Les groupes «autres» sont perdants dans ces échanges avec 152 449 parlant une langue autre pour une population d'origine ethnique autre de 171 470, soit un solde négatif de 19 021 (tableau 7). Si le nombre de gens qui ont déclaré une langue maternelle autre reste assez élevé c'est que l'immigration a été intense dans les trois premières décennies du siècle. Ce sont leurs enfants ou leurs petits-enfants qui déclareront comme langue maternelle le français ou l'anglais. Les divers groupes ethniques manifestent une propension plus ou moins grande à choisir le français. Ainsi en 1931, on note que 77% des Italiens et 41,8% des Allemands le choisissent tandis que c'est le cas de seulement 7,5% des Néerlandais et 18,2% des Juifs.

La force d'attraction de l'anglais nous est aussi révélée par l'analyse des données relatives aux langues officielles. L'auteur de l'introduction au recensement de 1901 ne doutait pas de cette force lorsqu'il écrivait: «comme l'anglais est aujourd'hui, dans une large mesure, la langue du commerce dans le monde entier, il est également désirable de connaître le nombre de citoyens d'origine française qui peuvent le parler».

Des quatre recensements de 1901 à 1931 se dégagent quelques constantes à propos du bilinguisme au Canada. D'abord le taux de bilinguisme, c'est-à-dire le rapport entre le nombre de personnes pouvant parler le français et l'anglais sur la population, n'est pas très élevé. Les

Le caractère anglais de Montréal est particulièrement évident dans l'affichage. (Archives de la ville de Montréal, 38-406)

taux sont pour chacun des recensements: 13,9%, 7,4%, 16,7% et 15,1%. En 1911, sans doute à cause de l'immigration intense d'allophones, le taux baisse, puis en 1921 il a plus que doublé sous l'effet probablement de la Première Guerre mondiale avant de revenir en 1931 à un niveau assez près de celui du début du siècle. Dans chacun des recensements où il est possible de le calculer, le bilinguisme des Canadiens d'origine française est presque dix fois plus grand que celui des Canadiens d'origine britannique.

Le Québec est de loin la province la plus bilingue du pays avec un taux de 29,3% en 1931 (tableau 8). Selon des calculs effectués par Charbonneau et Maheu pour obtenir des pourcentages standardisés, comparables d'un recensement à l'autre, 23,3% des Québécois d'origine britannique sont bilingues tandis que 30,6% de ceux d'origine française le sont en 1931. Dans toutes les autres provinces, la minorité présente toujours un taux de bilinguisme beaucoup plus élevé que la majorité et cela se comprend. Au Québec, même si les Britanniques sont davantage bilingues que leurs compatriotes des autres provinces, il n'en reste pas moins que la majorité française l'est encore plus. On

TABLEAU 8

RÉPARTITION DE LA POPULATION QUÉBÉCOISE
SELON LES LANGUES OFFICIELLES PARLÉES, 1931

Langue	Nombre	%
Anglais seulement	395 995	13,8
Français seulement	1 615 155	56,2
Anglais et français	842 369	29,3
Ni anglais ni français	20 736	0,7

Source: H. Charbonneau et R. Maheu, *Les aspects démographiques de la question linguistique*, p. 24.

devine pourquoi les Québécois francophones acceptent ou sont contraints en si grand nombre de parler l'anglais lorsqu'on découvre la corrélation très forte qui existe entre le bilinguisme et la vie économique au Québec. La proportion de bilingues varie de manière très significative selon les sexes et les groupes d'âges. Ainsi en 1931, les garçons et les filles ont à peu près le même taux de bilinguisme de 0 à 14 ans; de 15 à 19 ans qui est l'âge d'entrée sur le marché du travail le taux passe de 21% à 36% chez les garçons et de 20,5% à 33% chez les filles; de 20 à 34 ans il montera jusqu'à 50% chez les hommes et à 36% seulement chez les femmes puis il redescendra progressivement tout en restant beaucoup plus élevé pour les hommes car ils sont plus nombreux sur le marché du travail et ils ont besoin de l'anglais pour obtenir des promotions. C'est pourquoi, même s'il n'y a que 432 726 Québécois d'origine britannique, la langue anglaise est parlée par 1 238 364 Québécois.

Les statistiques, pour éloquentes qu'elles soient, ne disent pas tout. Il est bien connu que pendant la période étudiée l'anglais jouit d'un énorme prestige. L'élite canadienne-française prêche la nécessité de l'anglais et se targue de bilinguisme. Un observateur étranger, André Siegfried, est choqué par le caractère anglais affiché par Québec et Montréal, au début du siècle. Il observe qu'à Québec «l'anglais semble être la langue des dirigeants et le français celle des inférieurs». À Montréal, écrit-il: «certains étrangers peuvent y séjourner des semaines entières, y fréquenter les hôtels, les banques, les magasins, les gares, sans se douter le moins du monde que la ville est en grande majorité française. La société britannique affecte de l'ignorer et elle vit et se comporte comme si elle n'avait pas de voisins. Cent mille des siens regardent Montréal comme leur appartenant.» Comment expliquer ce phénomène? «Considérez les *civil servants* des Indes et vous comprendrez mieux les maîtres du Canada», de conclure Siegfried. La situation qui prévaut dans les petites villes du Québec ne paraît guère meilleure. À Sherbrooke, en 1912, alors que la population est très majoritairement francophone, non seulement le conseil municipal délibère en anglais mais tous les fonctionnaires municipaux sont anglophones et ne parlent que leur langue. À l'école technique de Shawinigan, l'essentiel des études consiste à apprendre l'anglais qui est le seul moyen pour un travailleur canadien-français d'obtenir une promotion dans les grandes usines de la ville. Jusqu'en 1925, nous rappelle Michel Brunet, les chèques émis par le gouvernement provincial sont rédigés en anglais seulement.

Au 19e siècle, quelques francs-tireurs comme Arthur Buies, Jules-Paul Tardivel et Edmond de Nevers, pour n'en mentionner que quelques-uns, essaient tant bien que mal de dénoncer cette déchéance du français mais sans grand succès. Au début du 20e siècle, le combat pour la défense du français prend plus d'ampleur et s'appuie sur des mouvements comme la Société du bon parler français, la Ligue nationaliste canadienne, l'Association catholique de la jeunesse canadienne-française, la Ligue des droits du français et l'Action française. Les principales revendications de ces organisations qu'on qualifie de nationalistes se regroupent autour de trois thèmes: respect des droits scolaires et linguistiques des minorités françaises, application du bilinguisme à Ottawa et présence équitable des Canadiens français dans la fonction publique fédérale et finalement refrancisation du Québec.

Sur le premier point, ils verront tour à tour la Saskatchewan, l'Alberta, l'Ontario et le Manitoba mettre en vigueur des lois qui briment sérieusement les minorités françaises. Toutefois, en 1927, après 15 ans de combats acharnés, ils auront la satisfaction de voir l'Ontario abroger le célèbre règlement 17. Quant au bilinguisme fédéral, le seul résultat se ramène à deux petites victoires puisqu'il fait son apparition sur les timbres d'accise en 1923 et sur les timbres postaux en 1927.

Finalement, leurs efforts pour refranciser la langue des Québécois et le visage de leur pays ne semblent guère couronnés de succès car leur combat est toujours à recommencer. La seule victoire importante — encore qu'elle soit modeste — sera le vote de 1910 de ce qu'on a appelé «la Loi Lavergne». Armand Lavergne, jeune député élu à Ottawa en 1904 et disciple d'Henri Bourassa, propose à deux reprises un projet de loi pour rendre obligatoire le français dans les services publics. Même si son projet est appuyé par une pétition signée par 433 845 personnes, il n'est pas accepté par la Chambre des communes. Élu député à Québec, il revient à la charge en 1909. Ce n'est qu'à sa deuxième tentative, l'année suivante, que le projet est accepté. Il a réussi, avec l'appui de l'opinion publique, à surmonter les réserves des libéraux apeurés à l'idée de déplaire aux milieux d'affaires anglophones. La loi prévoit que les compagnies de chemins de fer, de navigation, de téléphone, de télégraphe et d'électricité devront utiliser au Québec le français et l'anglais dans leurs communications avec le public.

Si ces modestes victoires témoignent en faveur de l'ardeur de ces défenseurs du français, elles indiquent aussi l'état d'infériorité et le peu de prestige dont jouit la langue de la majorité des Québécois.

ORIENTATIONS BIBLIOGRAPHIQUES

ANCTIL, Pierre et Gary CALDWELL. *Juifs et réalités juives au Québec.* Québec, Institut québécois de recherche sur la culture (IQRC), 1984. 371 p.

ANCTIL, Pierre. *Le rendez-vous manqué. Les Juifs de Montréal face au Québec de l'entre-deux-guerres.* Québec, IQRC, 1988. 366 p.

ANCTIL, Pierre. *«Le Devoir», les Juifs et l'immigration. De Bourassa à Laurendeau.* Québec, IQRC, 1988. 170 p.

ARÈS, Richard. *Les positions ethniques, linguistiques et religieuses des Canadiens français à la suite du recensement de 1971.* Montréal, Bellarmin, 1975. 210 p.

BRUNET, Michel. *Québec/Canada anglais. Deux itinéraires, un affrontement.* Montréal, HMH, 1968. p. 185-204.

CALDWELL, Gary et Eric WADDELL, dir. *Les anglophones du Québec: de majoritaires à minoritaires.* Québec, IQRC, 1982. 482 p.

CALDWELL, Gary. *Les études ethniques au Québec. Bilan et perspectives.* Québec. IQRC, 1983. 108 p.

CHARBONNEAU, Hubert, dir. *La population du Québec: études rétrospectives.* Montréal, Boréal Express, 1973. 110 p.

CHARBONNEAU, Hubert et Robert MAHEU. *Les aspects démographiques de la question linguistique.* Synthèse (S3) réalisée pour le compte de la Commission d'enquête sur la situation de la langue française et sur les droits linguistiques au Québec. Québec, Éditeur officiel, 1973. 438 p.

DOMINIQUE, Richard et Jean-Guy DESCHÊNES. *Cultures et sociétés autochtones du Québec. Bibliographie critique.* Québec, IQRC, 1985. 221 p.

HELLY, Denise. *Les Chinois à Montréal, 1877-1951*. Québec, IQRC, 1987. 315 p.

JEDWAB, Jack. «Uniting Uptowners and Downtowners: The Jewish Electorate and Quebec Provincial Politics: 1927-1939», *Canadian Ethnic Studies/Éudes ethniques au Canada*, 18, 2 (1986): 7-19. Numéro spécial sur le pluralisme au Québec.

LANGLAIS, Jacques et David Rome. *Juifs et Québécois français, 200 ans d'histoire commune*. Montréal, Fides, 1986. 286 p.

LINTEAU, Paul-André. «La montée du cosmopolitisme montréalais», *Questions de culture*, 2, (1982): 23-53,

LINTEAU, Paul-André. «Les Italo-Québécois: acteurs et enjeux des débats politiques et linguistiques au Québec», *Studi Emigrazione/Études migrations*, XXIV, 86 (giugno 1987): 187-204.

MCNICOLL, Claire. *L'évolution spatiale des groupes ethniques à Montréal. 1871-1981*. Thèse de doctorat (géographie). École des hautes études en sciences sociales, 1986. 945 p.

RAMIREZ, Bruno. *Les premiers Italiens de Montréal. L'origine de la petite Italie du Québec*. Montréal, Boréal Express, 1984. 136 p.

ROME, David, Judith NEFSKY et Paule OBERMEIR. *Les Juifs du Québec. Bibliographie rétrospective annotée*. Québec, IQRC, 1981. 381 p.

ROSENBERG, Louis. *Canada's Jews: A Social and Economic Study of the Jews in Canada*. Montréal, Bureau of Social and Economic Research, Canadian Jewish Congress, 1939. 418 p.

RUDIN, Ronald. *Histoire du Québec anglophone, 1759-1980*. Québec, IQRC, 1986. 332 p.

SELLAR, Robert. *The Tragedy of Quebec. The Expulsion of its Protestant Farmers*. Toronto, University of Toronto Press, 1974. 374 p. 1ʳᵉ édition 1907.

TASCHEREAU, Sylvie. *Pays et patries. Mariages et lieux d'origine des Italiens de Montréal, 1906-1930*. Montréal, Études italiennes, Université de Montréal. 146 p.

PREMIÈRE PARTIE

AJUSTEMENTS ET TENSIONS
1867-1896

INTRODUCTION

La période de l'histoire du Québec qui s'ouvre en 1867 en est une d'ajustements à des réalités nouvelles. Sur le plan politique, il faut mettre en place les institutions créées par la nouvelle constitution et en assurer le fonctionnement. Sur le plan économique et social, il faut s'adapter au nouveau contexte engendré par l'industrialisation et l'urbanisation, pendant que le monde agricole cherche à sortir du marasme des décennies précédentes. Ces ajustements s'accompagnent de difficultés et de tensions: crise économique, émigration, conflits nationaux, débats idéologiques. Les espoirs de croissance et de prospérité suscités par la Confédération tardent donc à se matérialiser.

La signification de 1867

La Confédération de 1867 est un événement dont les retombées sont considérables et diverses. Pour les francophones du Québec, elle a une double signification. D'une part, leur mise en minorité dans un pays britannique, amorcée avec l'Union de 1840, est confirmée et accentuée. D'autre part, leur emprise sur le Québec est mieux assurée grâce à la création d'un État provincial qui sera le maître d'œuvre dans des domaines qu'ils ont cherché à préserver depuis plus d'un siècle: l'éducation, la culture et les lois civiles françaises.

En instituant un régime fédéral, à deux paliers, la nouvelle constitution veut régler les problèmes de gouvernement qui ont caractérisé les dernières années du régime de l'Union. Le palier fédéral jouira désormais de la primauté, mais les provinces obtiennent d'importantes responsabilités. Le partage des compétences, qui paraît clairement défini dans l'Acte de l'Amérique du Nord britannique, suscite bientôt des difficultés et des problèmes d'interprétation que les dirigeants politiques arrivent mal à résoudre et qui doivent faire l'objet de décisions judiciaires.

La Confédération est d'ailleurs plus qu'un texte constitutionnel. Elle est aussi porteuse d'un projet économique ambitieux: celui de créer un vaste ensemble intégré au nord des États-Unis. L'achat des Territoires du Nord-Ouest, puis l'adhésion de la Colombie britannique et de l'Île-du-Prince-Édouard confirment bientôt cet objectif. Pour développer cet immense territoire et pour unifier un marché vaste et dispersé, on mise sur la construction de grandes voies ferrées reliant le Canada central aux provinces de l'Atlantique puis à la côte du Pacifique. C'est une tâche à laquelle s'appliquent les gouvernements canadiens entre 1867 et 1885. L'expansion vers l'ouest et la construction ferroviaire forment les deux premiers volets de ce qu'on appelle la Politique nationale. Un troisième s'ajoute bientôt: la volonté de favoriser l'industrialisation du pays au moyen de tarifs protecteurs.

La Confédération marque donc un point tournant, le début d'une ère nouvelle. Ce n'est cependant pas un point de rupture. La vie poursuit son cours. Ainsi certains phénomènes apparus avant 1867 continuent à se faire sentir. C'est le cas du processus d'industrialisation, amorcé au milieu du siècle, et qui poursuit son évolution. La hausse de l'urbanisation, qui s'est manifestée à la même époque, continue sur sa lancée. Les questions idéologiques qui ont enflammé les esprits pendant les années précédentes alimentent toujours les débats, même si leur virulence paraît atténuée. La civilisation traditionnelle du monde rural évolue à son rythme propre, en absorbant graduellement le changement. Les difficultés qu'elle connaît depuis de nombreuses années accélèrent un vaste mouvement migratoire vers les États-Unis. Continuités et ruptures, tel est éminemment le lot de l'histoire du Québec pendant les dernières décennies du 19ᵉ siècle.

Bâtir pour l'avenir

Les premières années du régime confédératif sont celles de la mise en place des institutions et de l'élaboration des stratégies. Le Parti conservateur est bien en selle, tant à Ottawa qu'à Québec. Sous la direction du premier ministre P.-J.-O. Chauveau, le nouveau gouvernement québécois organise ses services en s'appuyant sur l'héritage de l'administration de l'Union. Il élabore une politique de développement économique centrée sur l'aide à la construction ferroviaire. Il poursuit l'œuvre de structuration du système d'éducation en créant un ministère de l'Instruction publique. Il fait adopter le Code municipal pour encadrer l'action des administrations locales qui, par l'ampleur de leurs interventions et de leurs dépenses, représentent alors un niveau de gouvernement très important.

Le gouvernement québécois doit cependant manœuvrer avec prudence. Ses ressources financières sont limitées et l'incertitude persiste quant à la portion de la dette du Canada-Uni dont il héritera. L'heure n'est pas aux actions d'éclat ni aux investissements spectaculaires.

Sur le plan économique, le climat est néanmoins à l'optimisme. De nombreux projets ferroviaires voient le jour. Le gouvernement fédéral fait construire l'Intercolonial, qui dessert l'est du Québec ainsi que le Nouveau-Brunswick et la Nouvelle-Écosse. Il lance le projet du siècle: la construction d'une voie ferrée jusqu'au Pacifique. Au Québec, on discute abondamment de lignes régionales qui sortiront les régions de colonisation de leur isolement et qui permettront de mieux relier les principales villes. Les réalisations se font souvent attendre, mais la volonté d'utiliser cet instrument privilégié de développement est présente partout. Les promoteurs de toutes sortes s'activent, mettant sur pied des banques et des entreprises commerciales, industrielles ou ferroviaires. La grande richesse naturelle du Québec, sa forêt, fait l'objet d'une exploitation active. La situation est cependant moins brillante en ce qui concerne les ressources humaines: l'immigration est faible, même si elle augmente quelque peu au début des années 1870, et ses effets sont annulés par la forte émigration des Québécois qui prennent le chemin de la Nouvelle-Angleterre.

La grande crise

Les espoirs suscités en 1867 s'effondrent quand une grave crise économique s'abat sur le monde atlantique en 1873. Le Québec en ressent durement les effets à partir de 1874 et le marasme se prolonge jusqu'en 1879.

Les faillites nombreuses et le chômage élevé ont raison de l'optimisme des années précédentes. L'exode vers les États-Unis s'accélère. L'exploitation forestière se fait au ralenti, ce qui réduit les revenus de l'État. Les compagnies ferroviaires n'arrivent plus à trouver les capitaux nécessaires à leurs investissements. L'État doit venir à la rescousse des projets les plus importants: le Québec prend à sa charge la construction de la ligne reliant, par la rive nord, Québec, Montréal et Ottawa; le gouvernement fédéral fait aménager certains tronçons du chemin de fer du Pacifique.

La crise a des répercussions politiques. L'administration du premier ministre conservateur Boucherville est remplacée en 1878 par le gouvernement libéral de Joly, à son tour renversé en 1879 par les conservateurs ayant à leur tête J.-A. Chapleau. À Ottawa, John A. Macdonald perd le pouvoir en 1873, à la suite du scandale du Pacifique, et son successeur libéral Alexander Mackenzie doit gouverner en période d'austérité; il est répudié par les électeurs en 1878.

La crise est l'occasion d'une prise de conscience des milieux d'affaires, en particulier des industriels, qui se déclarent en faveur de l'adoption de tarifs protecteurs beaucoup plus élevés. Le Parti conservateur s'empare de l'idée et en fait l'un des thèmes de sa campagne électorale de 1878. Conséquemment, le gouvernement Macdonald met en place, dès 1879, une politique douanière destinée à protéger l'industrie canadienne de la concurrence étrangère, surtout américaine. Au Québec, cette nouvelle stratégie est accueillie avec enthousiasme, tant par les hommes d'affaires que par les ouvriers. Elle est perçue comme la meilleure façon de sortir de la crise. Comme son adoption coïncide avec l'amorce de la reprise économique, elle paraît efficace.

À part cette mesure tardive, les gouvernements ne font à peu près rien pour aider les travailleurs victimes de la crise. Le principe sacrosaint du laisser faire oriente toute l'action étatique. L'aide aux chômeurs relève avant tout de la solidarité familiale et communautaire. Les institutions religieuses et les sociétés charitables ont la lourde tâche d'aider les démunis en s'appuyant sur la générosité des mieux nantis.

L'Église catholique continue d'ailleurs à exercer son emprise sur une société dont plus de 85% des membres sont ses fidèles. En 1875, le gouvernement Boucherville lui cède le contrôle à peu près total sur l'éducation catholique en abolissant le ministère de l'Instruction publique. Craignant la résurgence du radicalisme exprimé par les rouges avant la Confédération, une partie du clergé intervient ouvertement dans les débats politiques et manifeste son hostilité aux libéraux. Cette «influence indue» suscite des réactions chez ces derniers, qui font appel au Vatican et aux tribunaux pour que cessent ces pratiques. Au sein du Parti conservateur, l'aile ultramontaine gagne en influence, ce qui provoque des luttes intestines dont l'effet se fera sentir jusqu'à la fin du siècle. Il en est de même dans l'Église, déchirée par des conflits internes dont les échos retentissent jusqu'à Rome.

L'essor des années 1880

La reprise économique se fait sentir dès le début des années 1880. La relance des investissements ferroviaires y joue un rôle important. Un groupe d'hommes d'affaires montréalais prend en mains la construction du Canadien Pacifique, qui est terminée en 1885. Le rôle de Montréal comme centre ferroviaire principal du Canada est ainsi accentué. Par ailleurs, plusieurs lignes régionales sont complétées au cours de la décennie, de sorte que le territoire québécois se trouve beaucoup mieux desservi et que la mobilité des personnes et des marchandises est rendue beaucoup plus facile, y compris dans les régions de colonisation, jusque-là très isolées.

Freinée par la crise, l'industrialisation reprend son cours. La politique protectionniste favorise l'essor de l'industrie textile qui, en quelques années, parsème le Québec de ses filatures. L'industrie du fer et de l'acier et du matériel roulant profite des retombées de la construction ferroviaire. Dans la plupart des secteurs industriels, la croissance est significative; la valeur de la production manufacturière fait un bond de 50% au cours de la décennie.

L'urbanisation s'en trouve stimulée, de sorte qu'en 1891 près de 29% des Québécois vivent dans un milieu urbain. Montréal profite particulièrement de cet essor et voit se multiplier les petites villes de banlieue. Dans les Cantons-de-l'Est plusieurs villes connaissent un bon rythme de croissance grâce à l'industrie. Par contre, Québec et Trois-Rivières vivent une période de relative stagnation.

Même l'agriculture profite d'une conjoncture plus favorable. Elle entreprend alors un virage fondamental, avec la conversion à la production laitière. Plus spécialisés, les cultivateurs deviennent plus productifs et s'intègrent aux circuits commerciaux. Certes, l'agriculture de subsistance reste importante dans les régions de colonisation, où elle est encore dépendante de l'exploitation forestière, mais dans les paroisses de la plaine du Saint-Laurent le changement qui s'amorce est significatif.

Cependant, la croissance économique ne suffit pas à absorber les surplus de main-d'œuvre du monde rural. Le niveau de l'émigration vers les États-Unis reste donc élevé. En outre, la répartition des bénéfices de la prospérité est très inégale. Celle-ci profite surtout à la bourgeoisie montréalaise, qui accroît son pouvoir et sa richesse. Les travailleurs doivent pour leur part se contenter de maigres revenus, souvent incertains. Ils travaillent dans des conditions pénibles et vivent dans un milieu malsain. Le chômage saisonnier et la misère, la maladie et la mortalité élevée, les logements délabrés et l'environnement insalubre sont le lot d'un grand nombre de familles ouvrières. Le mouvement syndical connaît alors son véritable démarrage, grâce aux Chevaliers du travail et aux unions de métiers d'origine américaine. Il ne rejoint cependant qu'une minorité de travailleurs, en général des ouvriers qualifiés. Il réussit néanmoins à attirer l'attention des gouvernements et à obtenir quelques interventions, encore bien modestes.

Aux tensions sociales s'ajoutent les tensions ethniques. La rébellion des Métis et la pendaison de Louis Riel, les émeutes de la vaccination à Montréal ou le règlement de la question des biens des jésuites représentent autant de situations où francophones et anglophones s'affrontent. Il en résulte un sursaut du nationalisme canadien-français au Québec qu'avivent les prises de position de Honoré Mercier et qui se répercute sur la scène politique.

Le Québec a d'ailleurs à sa tête, pendant cette décennie, les deux premiers ministres les plus flamboyants de toute la période: Joseph-Adolphe Chapleau et Honoré Mercier. Le premier exerce le pouvoir de 1879 à 1882 en tentant d'écarter les ultramontains. Il quitte cependant son poste pour faire carrière à Ottawa. Le second, grand artisan de la remontée des libéraux, prend le pouvoir à la suite de l'affaire Riel en s'alliant à des ultramontains nationalistes au sein du Parti national. Mercier pratique une politique expansionniste et augmente substantiellement les investissements de l'État. Le scandale de la baie des Chaleurs vient cependant briser sa carrière en 1891.

Les années de morosité

En succédant à Mercier, les conservateurs héritent d'une situation financière difficile et doivent pratiquer l'austérité tout en augmentant les impôts. Les premiers ministres Boucherville, Taillon et Flynn dirigent des gouvernements qui paraissent assez ternes à côté de ceux de Chapleau et de Mercier.

Il faut dire que le contexte économique est difficile. Une partie des années 1890 est en effet caractérisée par un ralentissement de l'économie qui, sans être aussi grave que la crise des années 1870, crée tout de même un climat de morosité. La croissance des investissements est faible et bon nombre d'entreprises fonctionnent au ralenti. La production forestière connaît des difficultés.

Le monde agricole commence cependant à profiter des effets de la spécialisation dans l'élevage laitier. Le gouvernement québécois fait d'ailleurs porter le gros de ses efforts économiques vers l'aide à l'agriculture. Mais avec les ressources modestes de l'État, il ne peut entreprendre d'actions de grande envergure.

Les conservateurs subissent les contrecoups de ces temps difficiles et baissent dans la faveur populaire. Le Parti libéral a maintenant le vent dans les voiles, grâce en particulier à Wilfrid Laurier, devenu chef au niveau fédéral en 1887. Laurier prend le pouvoir à Ottawa aux élections de 1896. Il est alors en mesure de préparer le terrain en vue d'une victoire libérale aux élections québécoises de 1897. C'est le début de la fin pour les conservateurs, qui ont dominé la politique québécoise depuis la Confédération. Leur déconfiture marque aussi la fin d'une époque, celle des espoirs déçus. Le nouveau siècle arrive et, avec lui, l'aube d'une période de croissance exceptionnelle pour le Québec.

Chapitre 4

LE DÉVELOPPEMENT ÉCONOMIQUE : LE CONTEXTE GÉNÉRAL

Le cadre impérial et canadien

L'évolution économique du Québec entre 1867 et 1896 s'explique en partie par des facteurs propres à la société québécoise, mais en partie aussi par son insertion dans les grands courants économiques qui se manifestent à l'échelle mondiale. Particulièrement importantes à cet égard, à la fin du 19e siècle, sont la montée des impérialismes et l'articulation de toutes les parties de la planète à des blocs économiques dominés par un petit nombre de puissances impérialistes, au premier rang desquelles se place la Grande-Bretagne.

Entre Londres et New York

Au milieu du 19e siècle, la Grande-Bretagne atteint une position dominante, même hégémonique, dans l'économie mondiale. Elle est devenue une grande nation industrielle, exportant partout à travers le monde ses biens manufacturés. Sa technologie est en avance sur celle des autres pays et sa marine lui assure la domination du commerce international.

Si la Grande-Bretagne exporte les produits de ses usines, elle doit importer en grande quantité des matières premières. À l'exception du fer et du charbon, la Grande-Bretagne possède peu de ressources naturelles. Pouvant de moins en moins nourrir sa population, elle doit faire venir de l'étranger ses denrées alimentaires. Elle doit aussi importer d'autres matières premières comme le bois et le coton. Ce dernier est particulièrement important puisque les textiles représentent les principaux produits de l'industrie britannique. Ainsi la Grande-Bretagne achète des matières premières et vend en retour des produits manufacturés. Ce système d'échanges fonctionne d'abord au sein de l'Empire. L'Empire britannique s'est constitué graduellement au cours du siècle précédent. On y distingue deux sortes de colonies. D'une part les «colonies blanches», ou de peuplement, installées principalement dans le nord de l'Amérique, en Océanie et dans le sud de l'Afrique. D'autre part, les autres colonies, comme l'Inde, qui, à cause de leur population autochtone considérable, sont surtout intéressantes comme marché pour l'industrie britannique. L'administration des premières coûte cher et, à partir du milieu du siècle, Londres assouplit ses liens politiques en accordant une certaine autonomie aux coloniaux. Dans le cas du second type de colonies, la métropole maintient une domination beaucoup plus directe.

À côté de cet empire formel, il y en a un autre, plus informel, selon l'expression de l'historien Hobsbawm, que la Grande-Bretagne domine économiquement sans exercer un contrôle colonial direct. Il s'agit surtout de l'Amérique du Sud et de l'Asie, qui ont été entraînées dans l'orbite britannique au cours du 19e siècle.

À partir de 1873, la situation de la Grande-Bretagne sur l'échiquier mondial se modifie. La montée d'autres grandes nations industrielles — principalement la France, l'Allemagne et les États-Unis — fait apparaître une concurrence qui érode l'hégémonie britannique. La Grande-Bretagne voit donc se ralentir le rythme de croissance de ses exportations de biens manufacturés. Comme elle continue d'importer à un niveau élevé, elle équilibre sa balance de paiements avec les revenus des capitaux et des services qu'elle fournit à l'étranger. Ainsi l'exportation des capitaux devient une donnée fondamentale de l'impérialisme britannique à la fin du 19e siècle. Une part croissante de ces capitaux est dirigée soit vers les colonies blanches, maintenant appelées *dominions*, soit vers l'Amérique latine.

L'hégémonie britannique est aussi remise en question d'une autre façon. Les autres nations industrialisées voudront, elles aussi, se bâtir un empire colonial pour s'assurer un approvisionnement en matières premières et pour se créer un marché d'exportation. C'est l'époque de la «course aux colonies» qui aboutit au partage de l'Afrique et de l'Asie. Cette situation force la Grande-Bretagne à resserrer les liens au sein de son Empire et à contrôler politiquement certains pays qui, jusque-là, faisaient partie de son empire informel. Les colonies deviennent ainsi un élément important des luttes entre les grandes puissances capitalistes.

De ces nouveaux empires en formation, celui des États-Unis affecte plus directement le Canada et le Québec. Jusqu'à la fin du siècle, l'impérialisme américain prend la forme de l'expansionnisme territorial qui se fait surtout au détriment du Mexique et secondairement de la Grande-Bretagne (territoire de l'Orégon). En 1898, toutefois, les États-Unis obtiennent leurs premières colonies en s'emparant des restes de l'empire espagnol, en Amérique (principalement Cuba) et dans la région du Pacifique (les Philippines). Les Américains arrivent sur le tard dans cette course aux colonies et leur empire formel restera de dimensions restreintes. Cependant, leur empire informel s'étend considérablement au tournant du siècle, surtout en Amérique latine où les intérêts américains dominent l'économie de plusieurs pays et où s'installent des régimes politiques sympathiques aux États-Unis.

Dans le cadre impérial, le Canada a, comme les autres colonies, une fonction précise: fournir la métropole en matières premières et constituer un marché pour ses produits manufacturés. C'est d'ailleurs son rôle depuis la Nouvelle-France. Le poisson, la fourrure, le bois et le blé ont été successivement ou simultanément les grands produits d'exportation du Canada et une base essentielle de son économie.

À l'époque de la Confédération, la situation évolue. Le pays s'est peuplé et l'économie s'est diversifiée. L'assouplissement des contraintes politiques et économiques au sein de l'Empire britannique permet un certain développement autochtone. Les liens économiques avec les États-Unis prennent de plus en plus d'importance par rapport à ceux qui existent avec la Grande-Bretagne. Ces changements sont lents et, à bien des égards, l'économie canadienne reste une économie de type colonial. Il n'est pas possible d'isoler les données sur le Québec puisque les statistiques des échanges extérieurs concernent tout le Canada, mais il est évident que le Québec s'insère dans ce courant d'ensemble.

Pendant la période que nous étudions, la balance commerciale du Canada est généralement déficitaire, la valeur des importations dépassant celle des exportations. Le Canada continue d'être un exportateur de matières premières: les produits animaux et agricoles ainsi que le bois représentent plus des trois quarts de la valeur des exportations. Dans certains cas — le bois scié et les produits laitiers, par exemple — on opère une transformation sur place, mais celle-ci reste à un niveau primaire. Le principal client du Canada est le Royaume-Uni qui, en 1896, achète 57% de la production exportée; il est suivi par les États-Unis (34%); le marché est donc peu diversifié.

La Grande-Bretagne est toutefois en perte de vitesse comme fournisseur puisque sa part des importations canadiennes en 1896 (31%) est
inférieure à celle des États-Unis (51%). Pendant cette période, le
Canada importe surtout des fibres et des textiles, des produits agricoles
et des produits du fer.

Si la domination de la Grande-Bretagne dans l'échange de marchandises est de moins en moins grande, il n'en est pas de même pour les
capitaux. Entre 1867 et 1900, l'investissement étranger au Canada
passe de 200 à 1305 millions de dollars. La part de la Grande-Bretagne
décline, passant de 92% à 82%, mais elle reste toujours dominante. Les
Britanniques font surtout de l'investissement indirect au Canada en
achetant principalement des obligations des compagnies de chemins de
fer et des gouvernements. L'investissement américain, encore peu
important en 1867 (15 millions) atteint 205 millions de dollars en 1900,
soit 16% du total. Il s'agit surtout, dans ce cas, d'investissements
directs dans les entreprises. Pour le capital américain, ce n'est qu'un
modeste début. Après 1900, l'impérialisme économique de ces deux
grandes puissances, manifesté par leurs exportations de capitaux,
deviendra beaucoup plus net au Canada.

L'élaboration de la Politique nationale

Inséré dans l'orbite économique de la Grande-Bretagne et des États-
Unis, le Canada doit néanmoins trouver des orientations qui lui sont
propres et qui lui assureront un certain degré d'autonomie et de croissance économique. Pendant la seconde moitié du 19e siècle, les dirigeants politiques et les hommes d'affaires — deux groupes alors étroitement associés — tentent ainsi de définir une stratégie de développement économique pour le pays. Trois avenues s'offrent à eux.

La première consiste à viser l'important marché britannique, mais se
heurte à la concurrence de nombreux autres pays. Il faut donc obtenir
de la métropole qu'elle réduise cette concurrence en accordant une
protection douanière aux produits importés de ses colonies. Or Londres
a précisément éliminé une telle politique en établissant graduellement
le libre-échange dans les années 1840, et les tentatives subséquentes du
Canada pour obtenir une préférence tarifaire dans l'Empire échouent.
Une seconde direction est possible: viser un marché nord-américain en
pleine expansion. Il faut pour cela que le Canada et les États-Unis
s'octroient des concessions tarifaires réciproques. L'expérience est ten-

tée avec le traité de réciprocité, signé en 1854; les droits de douane entre les deux pays sont supprimés, pour les matières premières et les produits agricoles. Pendant une dizaine d'années, le volume des échanges entre les deux pays s'accroît. Mais sous les pressions des industriels américains, de plus en plus protectionnistes, le gouvernement des États-Unis annonce, en 1865, qu'il n'a pas l'intention de renouveler le traité, qui expire ainsi en 1866. Dans les années qui suivent, le gouvernement canadien tente, mais sans succès, de le faire revivre.

Une troisième solution s'impose alors: imiter les États-Unis et construire un vaste marché intérieur protégé de la concurrence étrangère. Pendant la seconde moitié du 19e siècle, une stratégie est mise en place pour réaliser cet objectif économique. Elle implique la participation de l'État et comporte trois éléments principaux: l'extension du marché intérieur, l'établissement d'une infrastructure qui facilitera les échanges et l'élaboration d'une politique tarifaire qui appuiera l'industrialisation.

Pour assurer un développement minimum, il importe d'accroître le nombre de consommateurs et de producteurs en agrandissant le territoire et en augmentant la population. L'extension géographique du marché se fait en cinq étapes. La première remonte à 1840, alors qu'on a unifié le Haut et le Bas-Canada (Ontario et Québec). Ce Canada-Uni devient la base sur laquelle se grefferont de nouveaux territoires. D'abord à l'est, où la Confédération de 1867 permet d'ajouter au Canada-Uni deux provinces de l'Atlantique (Nouveau-Brunswick et Nouvelle-Écosse) et quelques centaines de milliers de consommateurs. Ensuite à l'ouest et au nord, où, en 1869, le gouvernement du Canada obtient, de la Compagnie de la Baie d'Hudson, la terre de Rupert et les Territoires du Nord-Ouest. Il s'agit d'un espace immense, qu'habitent les Amérindiens, les Métis et les Inuit. On espère répéter au Canada l'expérience des États-Unis, où le peuplement de Plaines de l'Ouest constitue un important moteur de développement. Cette expansion vers l'ouest doit se compléter d'un accès au Pacifique; d'où les négociations qui aboutissent, en 1871, à l'entrée dans la Confédération canadienne de la Colombie britannique. L'expansion territoriale est complétée en 1873, quand l'Île-du-Prince-Édouard joint les rangs de la Confédération. Ainsi, en moins d'une décennie, tous les territoires britanniques d'Amérique du Nord, à l'exception de Terre-Neuve, sont réunis dans une même structure économique et politique.

Ce marché agrandi, il faut aussi l'étendre démographiquement. Là

L'entrée du canal Lachine. (Archives de la ville de Montréal, 38-1791)

encore l'exemple américain sert de modèle. On tente de stimuler l'immigration européenne en distribuant du matériel publicitaire et en accordant des primes aux entreprises qui transportent des immigrants; on donne gratuitement une terre (*homestead*) au colon qui s'établit dans l'Ouest. Ces mesures ne sont cependant mises en place que lentement et donnent peu de résultats avant la fin du siècle.

Pour unifier ce marché très dispersé géographiquement et pour attirer de nouveaux habitants dans les régions peu peuplées, il faut une infrastructure de transport: axe fluvial et réseaux ferroviaires. L'axe du Saint-Laurent et des Grands Lacs est depuis longtemps la principale voie de communication. La navigation y étant cependant parsemée d'embûches, dès la première moitié du siècle la bourgeoisie montréalaise met tout en œuvre pour le canaliser. Ce projet est important pour faire de Montréal le principal relais entre l'intérieur du continent nord-américain et les ports européens. L'Union de 1840 permet l'uniformisation et l'organisation du réseau de canaux, une tâche qui est complétée en 1848. Plus tard, dans les dernières décennies du 19[e]

Donald Smith pose le dernier boulon du chemin de fer du Canadien Pacifique en 1885. (ANC, C3693)

siècle, on agrandira les différents canaux, sans modifier la structure du réseau.

Après 1850, le chemin de fer devient le principal instrument d'unification des territoires. Laissons de côté le grand nombre de lignes secondaires ou locales pour nous en tenir aux réseaux majeurs. Le Canada en construit trois en une trentaine d'années. Le premier, celui du Grand-Tronc, vise à renforcer l'union du Haut et du Bas-Canada: terminé en 1854, il relie Sarnia en Ontario à Rivière-du-Loup au Québec. Le second, l'Intercolonial, vient appuyer l'expansion vers l'est, au moment de la Confédération ; construit entre 1868 et 1876, il relie le Québec, le Nouveau-Brunswick et la Nouvelle-Écosse. Le troisième, le Canadien Pacifique, s'articule à l'expansion vers l'Ouest: terminé en 1885, il relie les provinces centrales à l'océan Pacifique.

Notons au passage que le gouvernement canadien joue un rôle important dans le financement de ces grands travaux: il prend à sa charge les canaux et l'Intercolonial et subventionne généreusement les entreprises privées propriétaires des deux autres chemins de fer.

Avec le refus des Américains de revenir au libre-échange, le gouvernement canadien est amené à imposer des droits de douane plus élevés sur les produits fabriqués à l'étranger. Un tel tarif a un double objectif: procurer des revenus à l'État fédéral et protéger les industries canadiennes contre la concurrence. Un premier tarif a été mis en place sous l'Union, en 1857. Encore peu protectionniste, il visait surtout à procurer des revenus accrus à l'État. À la suite de la crise de 1873-1878, le gouvernement fédéral en vient à imposer, en 1879, un tarif protectionniste qui taxe la plupart des produits manufacturés importés à un taux d'environ 25% à 30%. Ce tarif élevé est en vigueur pendant le reste de la période.

Voilà donc mis en place les éléments formant ce qu'on a appelé la Politique nationale. Leur interaction doit, en principe, entraîner un développement considérable. Le tarif protège l'industrie et, par les revenus qu'il procure au gouvernement fédéral, permet de subventionner la construction ferroviaire. Le chemin de fer facilite la mise en valeur de nouveaux territoires, permet la distribution des produits de l'Ouest vers les ports et, via le réseau fluvial, vers les marchés d'exportation. L'ouverture de nouveaux territoires (surtout l'Ouest) crée un marché pour l'industrie, assure la rentabilité des chemins de fer et plus généralement stimule la croissance de l'économie canadienne.

Une telle politique devrait donc donner au Canada et à sa bourgeoisie une plus grande autonomie. Il ne faut pas oublier cependant qu'elle répond aussi aux besoins de la bourgeoisie métropolitaine qui, pour hausser ses profits, cherche à exporter des capitaux.

Cette Politique nationale de développement économique est graduellement mise en place dans les premières années du régime confédératif et même dans la période antérieure. Quels sont les effets de son application? Cette question est au cœur des grands débats historiographiques canadiens.

Les historiens n'ont pas mis longtemps à reconnaître que cette politique n'a guère eu de succès entre 1873 et 1896. Les travaux historiques menés par la Commission Rowell-Sirois, dans les années 1930, concluent à l'échec relatif de la Politique nationale pour cette période. On y constate que le peuplement de l'Ouest, qui constituait une pièce fondamentale de ce projet, s'est fait à un rythme très lent, ce qui a réduit l'utilisation et la rentabilité des chemins de fer et limité la croissance de la production industrielle. Cette interprétation est contestée dans les années 1960. Le débat porte alors sur le niveau de développement économique du Canada et sur l'ampleur de ce qu'on a appelé la *Great Depression* de la période 1873-1896. Les historiens ne remettent pas en question la politique de développement elle-même. Ils constatent simplement que des conditions économiques défavorables l'ont empêché de produire les résultats escomptés avant 1896.

Cependant, d'autres analystes soulèvent le problème de la nature de cette politique et de ses effets. Ils constatent que son application n'a pas nécessairement mené à la réalisation des objectifs visés. Parmi ces critiques, il faut relever les noms de John H. Dales et d'Alfred Dubuc, qui formulent plusieurs réserves à l'endroit de la Politique nationale. Ils contestent d'abord la relation harmonieuse devant exister entre les divers éléments de cette politique. Par exemple, les investissements massifs dans les chemins de fer, en canalisant l'épargne de ce côté, ont pu freiner plutôt que stimuler la croissance du secteur manufacturier. Au niveau régional, la politique adoptée n'a pas permis un fonctionnement équilibré des diverses parties du Canada; en favorisant la spécialisation des régions, elle a accentué les disparités régionales et la concentration des pouvoirs économiques aux mains des grandes institutions du Canada central.

La politique tarifaire est plus particulièrement visée par ces critiques qui soulignent entre autres l'ambiguïté d'un tarif qui devait à la fois procurer des revenus au gouvernement et protéger l'industrie locale. Par ailleurs, en soutenant des entreprises non compétitives, on a sacrifié la qualité à la quantité et, si l'on a réussi à élever le revenu national global, c'est au prix d'une baisse du niveau de vie, encourageant ainsi paradoxalement l'émigration vers les États-Unis. La demande consécutive de travailleurs aurait pu entraîner une hausse des salaires et donc du niveau de vie; on a préféré une politique d'immigration massive exerçant une pression à la baisse sur les salaires. En outre, le tarif a permis une pénétration accrue du capital américain au Canada. Ne pouvant écouler librement sur le marché canadien leurs produits fabriqués aux États-Unis, les entrepreneurs américains ont choisi d'installer des filiales au Canada.

Ces éléments critiques, et d'autres, permettent à plusieurs auteurs de déclarer que la Politique nationale n'a pas réalisé ses objectifs et qu'elle a provoqué un développement anarchique, plutôt qu'harmonieux, du Canada.

L'ensemble des éléments formant la Politique nationale a un impact considérable sur le Québec. Stratégiquement situé au sein de l'ensemble canadien, et de son réseau de transport, le Québec renferme, avec l'Ontario, l'une des plus fortes concentrations de population de ce vaste marché intérieur et l'une des deux zones de concentration industrielle. D'ailleurs, pendant la période qui nous occupe, Montréal est encore le cœur de l'économie canadienne. La grande bourgeoisie y est fortement implantée et là sont installées les grandes institutions qui soutiennent la Politique nationale, notamment la Banque de Montréal et le Canadien Pacifique. Il faut cependant évaluer les effets spécifiques des politiques canadiennes de développement sur le Québec. Là aussi, les avis sont partagés.

L'économiste Jean-Yves Rivard analyse les effets de la politique tarifaire, qu'il estime très positifs. Il déclare que «la politique tarifaire a permis, en longue période, le développement, ou du moins la survivance de plusieurs des industries importantes du Québec». Il constate que cette politique a permis l'émergence de grandes entreprises là où auparavant n'existaient que de petits établissements d'envergure locale. Les historiens Jean Hamelin et Yves Roby partagent cet avis. Ils voient dans le tarif douanier de 1879 un facteur important de l'industrialisation du Québec.

Si, globalement, cette politique a permis une croissance industrielle du Québec, on peut toutefois s'interroger sur ses effets à l'échelle régionale et sur le plan des contrôles. Il faut aussi tenir compte des autres éléments de cette politique: construction ferroviaire et peuplement de l'Ouest. Ainsi, l'économiste François-Albert Angers s'est, quant à lui, penché sur une autre dimension, la politique d'investissements. Il soutient que l'accent mis sur l'Ouest a ralenti le développement économique du Québec en détournant au profit du premier des investissements qui revenaient au second. De fait, si l'on excepte le cas de Montréal, le Québec a beaucoup moins profité que l'Ontario des investissements dans les chemins de fer. L'historien Gaétan Gervais calcule qu'entre 1867 et 1896 le Québec ne reçoit que 13,8% de toutes les subventions fédérales aux chemins de fer alors que l'Ontario en reçoit 28%. La Politique nationale semble avoir accentué l'écart entre Montréal et le reste du Québec, provoquant ainsi d'importantes inégalités de développement. Ronald Rudin montre que les grandes banques de Montréal ne se sont pas intéressées au développement du Québec et ont préféré investir en Ontario et dans l'Ouest. À long terme, en accentuant la concentration des entreprises, la Politique nationale a pu contribuer à une certaine marginalisation de la bourgeoisie canadienne-française.

Dans l'ensemble, les critiques estiment donc que la Politique nationale a favorisé un certain développement du Québec, mais qu'il s'agit d'un développement peu harmonieux, qui a maintenu ou accentué la marginalisation de certaines régions.

Deux interprétations du développement canadien

Au-delà du débat historiographique sur la Politique nationale, deux thèses cherchent à expliquer globalement l'histoire du développement économique du Canada et, partant, du Québec. Nous en avons déjà signalé l'existence lors de l'étude des aspects géographiques. Il importe maintenant d'examiner d'un peu plus près la thèse laurentienne et la thèse Faucher.

La thèse laurentienne

La thèse laurentienne constitue la plus importante de toutes celles qui ont été appliquées au développement du Canada. Elle a dominé sans partage pendant longtemps toute l'interprétation de l'histoire économique et sociale du Canada. Comme toutes les thèses historiographiques, elle est intimement liée à la société qui l'a inspirée, dans les années 1920-1930, à la faveur de la montée du nationalisme canadien-anglais.

Depuis la fin du 19e siècle, divers auteurs avaient soutenu que le Canada était une construction fragile. Ainsi l'essayiste Goldwin Smith voyait dans le Canada une création artificielle parce qu'il cherchait à substituer à des lignes de force dominantes sud-nord une seule ligne qui serait orientée est-ouest. L'auteur présentait donc le Canada comme une absurdité géographique destinée tôt ou tard à disparaître et à se fusionner avec les États-Unis. Quelques années plus tard, en 1906, le politologue français André Siegfried reprenait une partie de l'argumentation de Smith.

La thèse laurentienne réagit à cette façon de voir. Non seulement le Canada n'est-il plus perçu comme une aberration géographique, mais on soutient que sa cohésion s'inscrit dans sa géographie. La vallée du Saint-Laurent, par le système de mise en valeur qu'elle suppose, fonde l'existence du Canada comme économie puis comme pays. Cette thèse est formulée pour la première fois dans les travaux d'Harold A. Innis et de W.A. Mackintosh, dès les années 1920; Donald G. Creighton est probablement le plus connu des historiens de l'économie canadienne qui l'ont utilisée; la parution de sa magistrale étude de 1937, *The Commercial Empire of the St. Lawrence, 1760-1850*, consacre la thèse laurentienne comme élément d'explication fondamental du passé canadien. Pendant longtemps, tous les historiens de l'économie se réclament plus ou moins de cette thèse; Fernand Ouellet, dans son *Histoire économique et sociale du Québec, 1760-1850*, s'en inspire. Cependant, au cours des années 1970, la thèse perd graduellement son rôle de commun dénominateur.

Résumée dans ses grandes lignes, la thèse fait de la vallée du Saint-Laurent une sorte de système constitué autour d'un *staple*, c'est-à-dire d'une ressource naturelle facilement exploitable et trouvant preneur sur le marché mondial — d'où l'importance du réseau de transport. L'exploitation de ce *staple* crée des capitaux qui, investis dans le système, assurent la croissance de l'économie. Le développement économique du Canada aurait ainsi reposé sur l'exploitation successive de quelques ressources: produits de la pêche, fourrure, bois et blé.

C'est la bourgeoisie canadienne — essentiellement montréalaise et torontoise — qui soutient par ses projets le système du Saint-Laurent. Quand disparaît le commerce des fourrures comme activité dominante, elle se tourne vers l'exportation du bois et du blé. Mais elle ne s'arrête pas là: très tôt au 19e siècle, elle cherche à contrôler l'ensemble des échanges extérieurs. La croissance du Midwest américain, par exemple, en stimulant les activités d'import-export, l'amène à promouvoir la canalisation du Saint-Laurent puis la construction de chemins de fer. Plus tard, devant l'insuccès relatif de ces diverses mesures, la bourgeoisie cherchera par la Confédération à créer un marché intérieur lui assurant des bases économiques solides.

Fait remarquable, dans tous ces projets successifs, c'est la vallée du Saint-Laurent, de l'Atlantique aux Grands Lacs, qui forme la base territoriale du système; même l'expansion vers l'Ouest ne fera que traduire une volonté d'articuler les nouveaux territoires à l'axe principal, au moyen surtout du chemin de fer. Les centres directeurs de l'économie ont d'ailleurs toujours été situés en des points stratégiques de la vallée du Saint-Laurent: Québec, jusqu'au 19e siècle, Montréal et enfin Toronto, qui établira sa domination vers le milieu du 20e siècle.

Tels sont donc les principaux éléments de cette interprétation. Elle pose un certain nombre de problèmes quand on cherche à l'appliquer à l'histoire du Québec. En premier lieu, cette thèse vise d'abord et avant tout à expliquer le développement interne du Canada, plus particulièrement l'articulation des différentes régions qui le composent. Dans sa vision de l'évolution de l'économie canadienne, elle ne s'attache qu'aux phénomènes de désenclavements régionaux, c'est-à-dire ce qui met en relation les régions les unes avec les autres. Pourtant il se produit durant toute l'histoire du Canada une succession de phénomènes inverses d'enclavement ou de faiblesse d'articulation, comme ce que Fernand Ouellet appelle le décrochage de l'agriculture du Bas-Canada avant 1850. L'impuissance de la thèse à expliquer ces événements en constitue une faiblesse. D'autre part, dans l'optique laurentienne, le Québec n'a d'intérêt que comme élément du système plus global et on risque alors de réduire le «pays utile» aux seules villes de Montréal et de Québec.

Le développement interne du Québec est en effet éludé par la thèse laurentienne. Elle n'explique aucunement la croissance de l'économie ou de la société québécoise; précisons au passage que cette critique vaut pour toutes les régions du Canada, puisque la thèse ne s'intéresse vraiment qu'aux articulations des régions entre elles. Enfin, comme l'accent est mis sur un seul produit, tout déplacement de l'aire de provenance de ce produit ou tout changement du produit venant d'une autre région entraîne un déplacement géographique de l'intérêt historique et une sous-estimation relative de l'importance économique des autres régions.

La thèse laurentienne permet donc de mettre en évidence les projets de la bourgeoisie canadienne, ses réalisations et surtout la manière dont elle est arrivée à ses fins. Elle permet aussi de justifier son projet économique au nom des intérêts supérieurs d'un nationalisme canadien. Derrière cette thèse se profile également un portrait ambigu de la bourgeoisie canadienne. Le modèle implicite qui a été appliqué à cette classe correspond au type d'entrepreneur dynamique qu'on retrouve dans le développement de l'économie britannique. Certains auteurs contestent cette application au cas canadien, faisant valoir que les marchands et les fabricants canadiens n'ont pas toujours su faire preuve du même dynamisme.

D'autre part, si la notion d'espace économique ne manque pas d'intérêt, il ne faut pas perdre de vue qu'elle ne se résume pas à la seule dimension géographique: le type d'activité dominante et les moyens de transport, entre autres, en constituent également des variables importantes. Dans ce sens, toute modification de l'économie ou des moyens de transport entraîne obligatoirement une redéfinition de l'espace économique. En somme, la thèse du *staple* se révèle bien imparfaite quand on cherche à l'utiliser comme théorie du développement économique. En outre, elle arrive mal à intégrer des phénomènes, comme les mouvements migratoires, qui relèvent souvent de conditions extérieures au pays.

D'autres limites de la thèse apparaissent si l'on considère qu'elle ne tient aucun compte de la diversification économique et qu'elle semble de plus en plus difficile à utiliser après 1850. En fait, elle correspond à la description de la base de l'économie canadienne avant cette date: celle d'une économie de cueillette, qu'il s'agisse de fourrure, de bois et même de blé, puisque la première exploitation agricole de cette céréale s'apparente, par ses techniques rudimentaires, à une simple cueillette.

Intéressante par la mise en lumière du rôle de la bourgeoisie des villes de Montréal et de Toronto dans la création et le développement de l'économie canadienne, elle ne peut donc prétendre tout expliquer et surtout pas le développement d'une économie complexe.

La thèse Faucher

Du nom d'un de ses auteurs, Albert Faucher, historien et économiste, cette thèse a été exposée pour la première fois en 1952 dans une communication préparée en collaboration avec Maurice Lamontagne. Par la suite, Faucher a repris seul certains des éléments pour les expliciter.

Faucher, qui fut étudiant d'Harold Innis à Toronto, oppose à la thèse laurentienne une vision continentale qui postule le caractère déterminant de la technologie sur le développement économique. À son avis, la croissance ou la stagnation d'un espace économique donné repose en dernière analyse sur l'état de la combinaison technologie-ressources naturelles. Il se forme ainsi des espaces économiques dont les frontières ne coïncident pas nécessairement avec celles des entités politiques. Ceci l'amène à distinguer quatre grands espaces économiques nord-américains: le Québec et les Maritimes, la Nouvelle-Angleterre et les États de l'Atlantique moyen, l'Ontario et le Midwest américain, le Nord-Ouest et l'Ouest canadiens et américains. L'inégalité de ces espaces en termes de ressources naturelles et l'évolution générale de la technologie expliquent leurs rythmes de croissance différents.

Ainsi, pour Faucher, l'histoire économique de l'Amérique du Nord est marquée par le déplacement du centre de gravité, des villes portuaires vers l'intérieur. Les villes portuaires de l'Est ont vu leur prospérité se fonder sur une économie dominée par le commerce, où les transports maritimes jouaient un rôle fondamental. Avec l'industrialisation, le fer et le charbon deviennent les éléments clés de la croissance économique, de sorte que les pôles de développement se déplacent vers les régions de l'intérieur qui possèdent ces minerais. Au début du 20e siècle, le charbon et le fer sont en partie remplacés par l'électricité et les nouveaux alliages, ce qui permet l'essor de régions mieux dotées sous ce rapport.

Dans cette conjoncture, le Québec, qui, avant 1866, vit une ère commerciale caractérisée par la prédominance du commerce et une technologie reposant sur l'eau et le vent, subit un ralentissement de croissance durant la seconde période. Celle-ci, qui, selon Faucher, dure de 1866 à 1911, consacre le triomphe de la machine à vapeur et du fer, ce qui place à l'écart un Québec mal pourvu en fer et en charbon. À partir de 1911, débute une nouvelle ère au cours de laquelle le Québec pourra se développer à un rythme accru parce qu'il possède un des éléments de la nouvelle combinaison ressources-technologie, la production hydro-électrique. Soulignant que le Québec ne réagit pas différemment des autres régions de l'espace économique dont il fait partie, Faucher en conclut que son industrialisation n'est que la manifestation locale, régionale, d'une évolution économique séculaire à l'échelle nord-américaine.

Cette thèse a joué un très grand rôle dans l'historiographie québécoise. Albert Faucher dépasse l'explication traditionnelle de l'infériorité économique des Canadiens français qui privilégiait les facteurs culturels et replace le Québec dans son cadre continental nord-américain.

Cependant, on peut lui reprocher certaines lacunes. Son analyse des facteurs de production tend à surestimer les ressources naturelles et la technologie au détriment d'autres facteurs tout aussi importants, qu'il s'agisse de la main-d'œuvre ou des capitaux. Le facteur culturel est évacué un peu rapidement, car une croissance économique est inséparable des éléments de la société où elle agit. Albert Faucher sous-estime l'ampleur et l'effet de l'industrialisation du Québec dans la seconde moitié du 19e siècle et la périodisation qu'il retient est remise en question par les recherches les plus récentes. De plus, il exagère l'importance de la métallurgie du fer dans l'industrialisation et, quand il mesure le poids de ce secteur au Québec, il sous-estime l'industrie du fer et de l'acier implantée à Montréal. Malgré ces limites, la thèse demeure utile pour comprendre certaines lenteurs du développement du Québec et son mode d'articulation à l'économie nord-américaine.

Une conjoncture difficile

Dans cet ouvrage, nous insisterons sur l'évolution des structures de l'économie du Québec, telles l'industrialisation ou la spécialisation de l'agriculture. En ce domaine, les transformations majeures ne se font pas d'un seul coup; elles s'étalent sur une longue période et se réalisent par étapes. Elles sont affectées par les mouvements de la conjoncture économique dont les cycles peuvent en ralentir ou en accélérer le rythme.

Il existe divers types de cycles économiques, mais les historiens se sont surtout intéressés à deux d'entre eux: les cycles à long terme et les cycles à court terme. On distingue, dans l'histoire des pays capitalistes, des cycles à long terme qui s'étalent sur près d'un demi-siècle. Pour la période qui nous intéresse, on peut relever un cycle de cette nature qui s'étend de 1850 à 1896. Il se décompose en deux phases: une première, de hausse des prix, qui va de 1850 à 1873 et une autre, de baisse des prix, qui dure de 1873 à 1896. L'histoire du Québec de 1867 à 1896 se situe donc presque entièrement dans cette deuxième phase.

Cette tendance à long terme est périodiquement perturbée par des cycles à plus court terme ayant chacun des phases de hausse et de baisse. Dans leur *Histoire économique du Québec*, Hamelin et Roby en ont relevé cinq pour la période 1867-1896 (tableau 1).

Sans examiner en détail chacun de ces cycles, soulignons en premier lieu la plus grave crise économique de la période, celle de 1873 à 1879. Il s'agit d'une crise d'envergure internationale qui débute avec la faillite de banques autrichiennes et américaines. Le Québec commence à en subir les contrecoups en 1874. Le système bancaire canadien est sérieusement ébranlé. La plupart des banques traversent de graves difficultés; certaines — la Mechanics, la Stadacona, la Consolidated — font faillite; plusieurs autres doivent suspendre leurs paiements pendant un certain temps et même, comme la Banque Jacques-Cartier, procéder à une réorganisation financière. De nombreuses entreprises font faillite. Des industriels doivent réduire ou même suspendre pendant un certain temps leur production. Le chômage est élevé et les employeurs réduisent les salaires; à Québec, en 1878, une telle mesure provoque une grève des travailleurs de la construction qui dégénère en émeute.

Cette crise amène employeurs et travailleurs à réclamer une politique tarifaire qui protégerait l'industrie canadienne. Comme le soulignent Hamelin et Roby, «la crise de 1873-1879 marque profondément la société québécoise. [...] Elle amorce des orientations nouvelles: la fermeture des marchés extérieurs et le dumping ont suscité un mouvement protectionniste tenace; les besoins en beurre et en fromage relativement stables du marché anglais orientent l'agriculture québécoise vers l'industrie laitière». Ce sont là des orientations que nous examinerons plus loin.

TABLEAU 1

LES CYCLES ÉCONOMIQUES AU QUÉBEC, 1862-1896

Cycle	Hausse	Baisse
1862-1869	1862-1867	1867-1869
1870-1879	1870-1873	1873-1879
1880-1885	1880-1882	1882-1885
1886-1891	1886-1888	1888-1891
1891-1896	1891-1894	1894-1896

Source: J. Hamelin et Y. Roby, *Histoire économique du Québec*, p. 84-97.

Soulignons également la phase de reprise qui suit cette longue crise. Quoique brève (1880-1882), elle amorce une vague d'industrialisation au Québec. L'adoption d'une nouvelle politique douanière par le gouvernement Macdonald, en 1879, stimule les implantations industrielles, en particulier dans le secteur du textile. La reprise des travaux de construction du Canadien Pacifique et un certain élan de la colonisation au Manitoba ont des effets positifs sur la demande.

Au-delà de ces périodes de crise et de prospérité se pose le problème de la tendance à long terme qui, de 1873 à 1896, est dans une phase de baisse des prix. Les historiens divergent d'opinion sur l'interprétation de ce phénomène. Certains qualifient de «grande dépression» l'ensemble de cette période; d'autres y voient au contraire des progrès significatifs grâce à la mise en place d'une économie industrielle. C'est un des grands débats au sein de l'historiographie canadienne et nous allons tenter de présenter brièvement les positions des uns et des autres.

Pour un grand nombre d'historiens canadiens, la période 1873-1896 est celle des espoirs déçus. Les objectifs économiques de la Confédération semblent ne pas se réaliser. La population s'accroît à un rythme lent et, qui plus est, au-delà de un million de Canadiens émigrent aux États-Unis. La colonisation de l'Ouest, qui devait accentuer les liens économiques est-ouest et stimuler la production du Canada central, tarde à se faire. Le processus d'industrialisation semble ne se réaliser que lentement. Cette lenteur de la croissance canadienne est mise en rapport avec le dynamisme américain à la même époque: là, l'expansion vers l'Ouest se fait à un rythme trépidant, le pays s'industrialise rapidement et des millions d'immigrants s'y installent. On compare également cette période avec celle qui suit, de 1896 à 1914, alors que le Canada connaît une forte croissance et semble enfin réaliser les objectifs de la Confédération; la période antérieure apparaît d'autant plus sombre que la suivante est brillante. Cette interprétation de la «grande dépression» est dominante dans l'historiographie canadienne jusque dans les années 1960.

Le premier à la remettre en cause est l'économiste Gordon Bertram. S'intéressant à la production industrielle il fait valoir qu'entre 1870 et 1890 le Canada a connu une croissance industrielle substantielle, bien que d'un rythme inférieur à celui de la période 1900-1910. Pour Bertram, il n'y a pas de rupture brusque en 1896. Des études historiques récentes tendent à confirmer son hypothèse. Dans le cas du Québec, Hamelin et Roby, sans s'insérer directement dans le débat sur l'interprétation de la «grande dépression», n'en présentent pas moins un ensemble de faits qui illustrent l'ampleur de l'industrialisation des années 1880.

Il est maintenant reconnu que les trois dernières décennies du 19e siècle ne sont pas aussi noires qu'on l'a d'abord cru. Le Québec connaît alors une industrialisation significative ainsi qu'une transformation profonde de son agriculture. La croissance économique de cette époque reste cependant inférieure à celle des États-Unis pendant la même période ou à celle que connaîtra le Québec entre 1896 et 1914; elle est en outre insuffisante — en termes de création d'emplois — pour retenir les surplus de population.

ORIENTATIONS BIBLIOGRAPHIQUES

ANGERS, François-Albert. «L'évolution économique du Canada et du Québec depuis la Confédération», *Revue d'histoire de l'Amérique française*, XXI, 3a (1967): 637-655.

ARMSTRONG, Robert. *Structure and Change: An Economic History of Quebec*. Toronto, Gage, 1984. 295 p.

BERGER, Carl. *The Writing of Canadian History: Aspects of English-Canadian Historical Writing since 1900*. 2e édition. Toronto, University of Toronto Press, 1986. 364 p.

BERTRAM, Gordon W. «Economic Growth in Canadian Industry, 1870-1915: The Staple Model», W.T. Easterbrook et M.H. Watkins, dir., *Approaches to Canadian Economic History*, (Toronto, McClelland and Stewart, 1967): 74-98.

CAVES, Richard F. et Richard H. HOLTON. *The Canadian Economy. Prospect and Retrospect*. Cambridge, Harvard University Press, 1961. 676 p.

CREIGHTON, Donald G. *The Commercial Empire of the St. Lawrence, 1760-1850*. Toronto, Ryerson Press, 1937. 441 p.

DALES, J.H. *The Protective Tariff in Canada's Development*. Toronto, University of Toronto Press, 1966. 168 p.

DUBUC, Alfred. «Développement économique et politique de développement: Canada 1900-1940», Robert COMEAU, dir., *Économie québécoise*, (Montréal, PUQ, 1969): 175-217.

EASTERBROOK, W.T. et Hugh G.J. AITKEN. *Canadian Economic History*. Toronto, Macmillan, 1967. 606 p.

FAUCHER, Albert et Maurice LAMONTAGNE. «Histoire de l'industrialisation», René DUROCHER et Paul-André LINTEAU, dir., *Le retard du Québec et l'infériorité économique des Canadiens français*, (Montréal, Boréal Express, 1971): 25-42.

FAUCHER, Albert. *Histoire économique et unité canadienne*. Montréal, Fides, 296 p.

— *Québec en Amérique au XIXe siècle. Essai sur les caractères économiques de la Laurentie*. Montréal, Fides, 1973. 247 p.

FORSTER, Ben. *A Conjunction of Interests: Business, Politics and Tariffs, 1825-1879*. Toronto, University of Toronto Press, 1986. 288 p.

GERVAIS, Gaétan. *L'expansion du réseau ferroviaire québécois (1875-1895)*. Thèse de Ph.D. (histoire), Université d'Ottawa, 1978. 538 p.

GRIMAL, Henri. *De l'empire britannique au Commonwealth*. Paris, Armand Colin, 1971. 416 p.

HAMELIN, Jean et Yves ROBY. *Histoire économique du Québec, 1851-1896*. Montréal, Fides, 1971. 436 p.

HEINTZMAN, Ralph, dir. «The National Policy, 1879-1979. Le centenaire de la politique canadienne de développement économique», numéro thématique de *Revue d'études canadiennes/Journal of Canadian Studies*, 14, 3 (automne 1979): 1-147.

HOBSBAWM, Eric J. *Industry and Empire*. Londres, Weidenfeld and Nicolson, 1968. 336 p.

MACKINTOSH, W.A. *Le fondement économique des relations entre le Dominion et les provinces*. Étude préparée pour la Commission royale des relations entre le Dominion et les provinces. Ottawa, Imprimeur du roi, 1939. 111 p.

MARR, William L. et Donald G. PATERSON. *Canada: An Economic History*. Toronto, Gage, 1980. 539 p.

MELODY, William H., dir. *Culture, Communication and Dependency: The Tradition of H.A. Innis*. Norwood (N.J.), Ablex, 1981.

POMFRET, Richard. *The Economic Development of Canada*. Toronto, Methuen, 1981. 215 p.

Rapport de la Commission royale des relations entre le Dominion et les provinces. Volume I: *Canada: 1867-1939*. Ottawa, 1940. 285 p. (Rapport Rowell-Sirois).

RIVARD, Jean-Yves. *La politique nationale et le développement industriel du Québec, 1870-1910*. Thèse de M.A. (sciences économiques), Université de Montréal, 1960. 108 p.

RUDIN, Ronald. *Banking en français. Les banques canadiennes-françaises, 1835-1925*. Montréal, Boréal, 1988. 244 p.

Chapitre 5

LE DÉVELOPPEMENT ÉCONOMIQUE : LES FACTEURS INTERNES

Ce sont les secteurs agricole et industriel qui dominent le paysage économique entre 1867 et 1896. Pour comprendre leur évolution, il importe d'examiner quelques éléments du contexte proprement québécois: le marché intérieur, le réseau des transports, les instruments commerciaux et financiers et les politiques économiques.

Un marché en expansion

Dans le Québec du dernier tiers du 19ᵉ siècle, la croissance de la production agricole et industrielle s'appuie sur une expansion du marché intérieur. En principe, le Québec profite de l'accès au marché canadien étendu que procure le régime confédératif. Les agriculteurs et industriels québécois peuvent vendre dans les provinces de l'Atlantique, en Ontario et dans l'Ouest. En contrepartie, les produits des autres régions du Canada ont accès au Québec. L'accent mis par les historiens sur le développement de l'Ouest et sur les exportations a parfois fait oublier l'importance du marché québécois, qui rassemble pourtant 30% des consommateurs canadiens. Il est alors en pleine expansion, non seulement aux niveaux géographique et démographique, mais également sur le plan qualitatif.

Géographiquement, il s'étend dans toutes les directions. On assiste à l'ouverture de nouvelles régions sous la poussée de la colonisation et de l'exploitation du bois. Les zones encore inhabitées de la plaine du Saint-Laurent, surtout du côté des Bois-Francs, sont occupées. Des régions comme le Témiscamingue, le Saguenay-Lac-Saint-Jean, le Témiscouata sont ouvertes au peuplement permanent. Le marché s'accroît aussi sur le plan démographique puisque, malgré les nombreux départs vers les États-Unis, la population du Québec augmente de 38,3% entre 1871 et 1901; une hausse peu spectaculaire mais qu'il ne faut pas pour autant négliger.

Plus importante encore reste la transformation qualitative. En effet, la spécialisation intègre de plus en plus les Québécois à l'économie de marché: de petits producteurs indépendants visant à une certaine auto-suffisance, ils se transforment à la fois en producteurs spécialisés et en consommateurs. Ainsi, l'urbanisation (la population urbaine augmente de 140,6% entre 1871 et 1901) accroît le nombre de consommateurs de biens manufacturés et en même temps crée un débouché pour les produits de l'agriculteur, qui est incité à mieux organiser sa production. Le monde rural est affecté également; Hamelin et Roby indiquent que la spécialisation agricole fournit des revenus accrus qui permettent aux ruraux d'acheter les produits qu'ils ont cessé de fabriquer.

Ces transformations se font de façon lente et graduelle, à un rythme variable selon les régions. On est loin de la croissance rapide de certains États américains à la même époque. Il y a tout de même une expansion du marché qui permet d'appuyer une croissance de la production et une diversification de l'industrie.

Mais encore faut-il pouvoir rejoindre de façon efficace les consommateurs. Dans les dernières décennies du siècle, un réseau de communication amélioré, de nouveaux modes de distribution et de nouvelles techniques de vente permettent la mise en marché sur une plus grande échelle des produits de l'industrie mécanisée. Voyons d'un peu plus près ces transformations.

Le réseau des transports

L'intensification des échanges, dans un pays aussi vaste que le Québec, s'appuie sur l'amélioration des moyens de communication. Les routes, les rivières et les voies ferrées sont mises à contribution. Toutefois, en cette seconde moitié du 19e siècle, le rail jouit de la faveur populaire. Le chemin de fer devient le principal moyen de transport en même temps qu'un secteur d'investissement privilégié.

La fièvre des chemins de fer

La mise en service de ce nouveau moyen de transport représente une percée technologique importante. Pour la première fois de l'histoire, l'homme a trouvé une façon rapide de voyager sur un parcours terrestre. La réduction draconienne du temps de déplacement des hommes et des marchandises constitue une transformation majeure. De plus, le train, moins soumis que ses concurrents aux variations climatiques, assure une régularité d'approvisionnement inconnue jusque-là. Enfin, par sa taille, par son réseau de gares et d'installations, par le nombre de ses employés, par sa structure financière (société par actions), la compagnie ferroviaire inaugure l'ère de la grande entreprise.

Le Québec a été un pionnier en ce domaine puisque le premier service de train dans les colonies britanniques d'Amérique du Nord, inauguré en 1836, joignait La Prairie à Saint-Jean. Cette avance est de courte durée. La fièvre ferroviaire de la fin des années 1840 et du début des années 1850 atteint beaucoup plus l'Ontario que le Québec.

En 1867, le réseau québécois est encore peu développé, avec seulement 925 km de voies ferrées, alors que l'Ontario en possède déjà plus du double (2241 km). Il se réduit à une ligne principale, le Grand-Tronc, et à quelques petites lignes au sud et au sud-est de Montréal.

Le Grand-Tronc domine vraiment le paysage ferroviaire. Formée en 1853, cette compagnie acquiert quelques lignes existantes et construit d'autres tronçons pour mettre en place une voie principale reliant Sarnia, en Ontario, à Rivière-du-Loup, au Québec. La construction est terminée en 1860. Au Québec, la voie du Grand-Tronc suit la rive nord du Saint-Laurent, de la frontière de l'Ontario jusqu'à Montréal. De là, elle traverse le fleuve sur le pont Victoria (ouvert en 1859) et s'éloigne de la rive sud du Saint-Laurent, en passant par Saint-Hyacinthe et Richmond. À ce dernier endroit, un important embranchement, passant par Sherbrooke, relie la voie principale à la ville de Portland, dans le Maine (É.-U.), qui devient ainsi le port d'hiver de Montréal. De Richmond, la ligne du Grand-Tronc remonte jusqu'à Lévis, puis longe le fleuve jusqu'à Rivière-du-Loup. Un autre embranchement joint Arthabaska à la rive sud du fleuve, en face de Trois-Rivières.

Au sud et au sud-est de Montréal, plusieurs petites lignes relient la métropole à la frontière des États-Unis, où elles se raccordent aux lignes américaines se dirigeant vers New York et Boston. Ces voies forment un réseau ferroviaire dans l'axe du Richelieu et du lac Champlain; c'est d'ailleurs la seule région du Québec où on trouve une concentration significative de voies ferrées, si l'on excepte le chemin de fer Saint-Laurent et Industrie, d'une longueur de 19 km, qui relie le village d'Industrie (Joliette) à Lanoraie. Fonctionnant seulement pendant l'été, il sert surtout au transport du bois.

Cet ensemble de voies ferrées est bien insuffisant pour le Québec. Seule Montréal est avantagée dans ce système. La métropole occupe un

point stratégique sur la voie principale du Grand-Tronc et peut étendre
son emprise sur le Canada central. Elle est aussi en relation étroite avec
les villes de la côte est des États-Unis par des lignes qui deviennent la
voie royale de l'émigration des Canadiens français vers la Nouvelle-
Angleterre. Ces voies ont été conçues principalement pour le trafic
interprovincial et international, et leurs propriétaires se préoccupent peu
du développement local ou régional. Certes, les centres situés le long
de la voie, comme Saint-Hyacinthe et Lévis, en bénéficient, mais l'effet
de cette croissance est limité. Des villes importantes comme Québec ou
Trois-Rivières sont tenues à l'écart et de vastes régions — la rive nord,
l'Outaouais, la Beauce — n'ont aucun chemin de fer. Le long des voies
principales, les embranchements sont peu nombreux et, à l'exception de
la vallée du Richelieu, il n'y a nulle part de véritable réseau ferroviaire.

Au début de l'époque confédérative, cette insuffisance d'équipement
ferroviaire suscite des réactions chez les dirigeants politiques et les
hommes d'affaires québécois. La fin des années 1860 est témoin du
lancement de nouveaux projets de construction ou de la réactivation de
quelques autres dont les plans dormaient sur les tablettes. Le gouvernement du Québec choisit de participer au financement de ces entreprises et il élabore peu à peu une véritable politique d'aide aux chemins
de fer. Les liens étroits entre le personnel politique et les entrepreneurs
en construction ferroviaire facilitent les choses. La crise économique de
1873-1879 compromet plusieurs des projets, mais la reprise, vers 1880,
et un effort gouvernemental accru permettent de les compléter pour
l'essentiel.

Ces projets sont de deux types. Il y a d'abord les chemins de fer
régionaux. On les appelle chemins de colonisation car ils sont orientés
vers les zones neuves où ils répondent aux besoins du commerce du
bois et de la colonisation. Ces chemins de fer constituent un instrument
privilégié de développement dans certaines régions périphériques. Ils
sont construits avec une aide substantielle du gouvernement québécois.
Il y a, d'autre part, de nouvelles lignes principales qui résultent le plus
souvent d'une initiative fédérale: l'Intercolonial et le Canadien Pacifique. Une exception toutefois, le Québec, Montréal, Ottawa et Occidental (QMOO), construit par le gouvernement du Québec et qui
répond à des objectifs beaucoup plus spécifiquement québécois.

Parmi ces lignes principales, la première à être mise en chantier est
celle de l'Intercolonial. Les discussions en vue de relier par chemin de
fer les provinces de l'Atlantique au Québec duraient depuis plusieurs

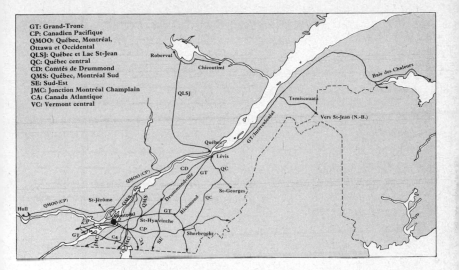

LES PRINCIPAUX CHEMINS DE FER AU QUÉBEC À LA FIN DU 19ᵉ SIÈCLE

années et les représentants du Nouveau-Brunswick et de la Nouvelle-Écosse avaient fait de la construction de cette voie ferrée une condition de leur entrée dans la Confédération. L'Acte de l'Amérique du Nord britannique obligeant le gouvernement fédéral à réaliser le projet, celui-ci entreprend les travaux dès 1868. Construit et administré par le gouvernement, l'Intercolonial est terminé en 1876. Il relie Rivière-du-Loup, terminus du Grand-Tronc, à Halifax, en Nouvelle-Écosse. Sur le territoire québécois, la voie longe le fleuve, passant par Rimouski, puis elle emprunte la vallée de la Matapédia. En 1879, l'Intercolonial est prolongé vers l'ouest par l'achat de la ligne Lévis-Rivière-du-Loup, appartenant au Grand-Tronc. Ainsi, à la fin de la décennie, tout le transport ferroviaire dans l'est du Québec est assuré par une entreprise dont le principal objectif est le transport direct entre Montréal et Halifax. Sauf pendant la période de construction, qui stimule temporairement l'économie, l'Intercolonial ne contribue que de façon limitée au développement régional de l'est du Québec. Il y subit d'ailleurs la concurrence du cabotage, très important dans cette région. Les effets positifs les plus directs se manifestent à Rivière-du-Loup, seul centre ferroviaire important. L'intercolonial contribue toutefois à briser l'isolement séculaire du Bas-Saint-Laurent et de la Gaspésie. Il facilite les déplacements, y compris l'émigration aux États-Unis, mais il faut attendre le début du 20e siècle pour percevoir ses effets sur l'exploitation forestière et sur la commercialisation des produits agricoles.

Plus importante est l'aventure du Québec, Montréal, Ottawa et Occidental. À l'origine de cette entreprise, on trouve deux projets distincts: le chemin de colonisation du nord de Montréal et le chemin de fer de la rive nord. Le premier est lancé en 1869 par le curé Labelle, apôtre de la colonisation dans les Laurentides. En construisant une ligne entre Montréal et Saint-Jérôme, Labelle et ceux qui l'appuient veulent favoriser la colonisation et surtout permettre l'approvisionnement de Montréal en bois de chauffage. Labelle n'hésite pas à poser des gestes spectaculaires. En janvier 1872, il descend à Montréal à la tête d'une caravane de 24 traîneaux chargés de bois de chauffage qu'il distribue aux pauvres et il en profite pour demander à la ville de Montréal de verser un octroi de un million de dollars à son chemin de fer. Mais, plus que le pittoresque, l'action des financiers s'avère déterminante. Un groupe d'hommes d'affaires, ayant à sa tête le richissime armateur Hugh Allan, s'associe au projet et en fait celui d'un chemin de fer reliant Montréal et Ottawa par la rive nord du Saint-Laurent, avec embranchement vers Saint-Jérôme, et devant ultimement s'intégrer au futur chemin de fer du Pacifique. La compagnie du chemin de colonisation du nord de Montréal devient le point de ralliement des intérêts montréalais opposés au Grand-Tronc et, en 1872, la ville de Montréal promet un octroi à l'entreprise. Mais le scandale du Pacifique, qui compromet Allan, et la crise économique qui sévit à compter de 1873 empêchent l'obtention du capital requis en Angleterre et l'entreprise reste en panne.

Le second projet est l'œuvre de la bourgeoisie de Québec et vise à relier la capitale à Montréal par la rive nord du Saint-Laurent. Lancé au début des années 1850, il demeure en veilleuse pendant une vingtaine d'années. Réactivée vers 1870, la compagnie tente de mener à bien la construction du chemin de fer. La ville de Québec promet un octroi de un million de dollars et la compagnie peut compter sur des subventions en terres publiques qui lui avaient été accordées par le gouvernement du Canada-Uni. Or, ce projet menace de créer une sérieuse concurrence au Grand-Tronc. Les représentants de cette dernière entreprise mènent une cabale sur la place financière de Londres en dénigrant la compagnie de chemin de fer de la rive nord. Celle-ci s'avère incapable d'obtenir le capital requis en Angleterre et les maigres fonds dont elle dispose ne lui permettent pas de pousser très loin la construction.

En 1874, le gouvernement du Québec considère comme prioritaire la réalisation de ces deux projets. Devant les échecs répétés des promoteurs pour obtenir un financement à Londres, il décide de prendre l'affaire en main. Les deux projets sont unifiés sous le nom de Québec, Montréal, Ottawa et Occidental et la construction est placée sous la responsabilité d'une commission gouvernementale. L'État en assume les frais, à l'exception d'une somme de 2,5 millions de dollars promise par diverses municipalités dont Montréal et Québec. C'est là une décision audacieuse, en pleine crise économique, alors que les revenus gouvernementaux déclinent. Elle montre toute l'importance qu'attache à cette entreprise l'équipe ministérielle. Les travaux sont menés rondement: la liaison Montréal-Hull est établie en 1877 et celle de Montréal à Québec en 1879. Le choix du tracé dans la région de Montréal suscite de vives controverses. Doit-on établir la jonction entre les lignes est et ouest à Montréal même ou à Sainte-Thérèse? Dans le second cas, il n'y aurait qu'un embranchement vers Montréal et la ligne principale permettrait d'orienter vers Québec une partie du trafic de l'Ouest. Dans le premier cas, Montréal profiterait davantage de ce chemin de fer et Québec n'obtiendrait que le trafic local. Le gouvernement choisit le tracé qui favorise Québec, ce qui provoque de vives protestations à Montréal.

Quoi qu'il en soit, le chemin de fer est prêt en 1879. Sa construction a coûté près de 14 millions de dollars. Il est à peine terminé que le gouvernement annonce son intention de le vendre à l'entreprise privée. En 1880, le premier ministre Chapleau nomme son ami Louis-Adélard Sénécal gérant du Québec, Montréal, Ottawa et Occidental. Sénécal est un homme d'affaires prospère; il jouera un rôle important dans les transactions qui viennent. Chapleau et Sénécal tentent de vendre le chemin de fer au Canadien Pacifique, mais cette compagnie n'est intéressée qu'à la section Ottawa-Montréal. En mars 1882, une transaction est conclue: le Canadien Pacifique achète la section Ottawa-Montréal pour 4 millions et un groupe d'hommes d'affaires, dirigé par Sénécal, achète pour le même montant la section Montréal-Québec. Les réactions sont vives; les adversaires de Chapleau l'accusent de favoriser son ami Sénécal et traitent ses partisans de «sénécaleux». Sénécal, de son côté, ne perd pas de temps; quelques mois plus tard il vend au Grand-Tronc la majorité de ses actions et réalise un bon profit. La bourgeoisie de Québec proteste énergiquement: par cet achat, le Grand-Tronc a le monopole du transport entre Montréal et Québec, tant sur la rive sud que sur la rive nord, et la capitale n'aura aucun lien direct avec le nouveau transcontinental. Les représentants de la région de Québec réclament le transfert au Canadien Pacifique du chemin de fer de la rive nord. Ils exercent des pressions sur le gouvernement fédéral de John A. Macdonald. En 1885, ce dernier oblige le Grand-Tronc à lui vendre la section Montréal-Québec et il la revend ensuite au Canadien Pacifique. Quant au gouvernement du Québec, il a dû céder, lors de la transaction de 1882, les deux sections à un prix inférieur d'environ 6 millions au coût de construction. D'autre part, il n'a pas obtenu, contrairement aux autres entreprises ferroviaires de cette importance, de subventions du gouvernement fédéral. Les députés québécois à Ottawa font pression et obtiennent en 1884, soit cinq ans après la fin des travaux, que 2,4 millions soient versés par le gouvernement fédéral. Ce qui réduit à un peu plus de 3 millions la valeur du cadeau du Québec au Canadien Pacifique.

Ainsi, la troisième voie principale, le Canadien Pacifique (CPR), constitue d'abord son ossature par l'acquisition du Québec, Montréal, Ottawa et Occidental. C'est là le maillon québécois d'un immense réseau qui, en 1885, joint Montréal à Vancouver. Le projet de construire un transcontinental est élaboré à la suite de l'entrée de la Colombie britannique dans la Confédération, en 1871. Le contrat est accordé en 1873 à un groupe dirigé par Hugh Allan. Mais l'affaire est entourée de malversations dont la révélation provoque le «scandale du Pacifique» et la chute du gouvernement conservateur. Pendant la crise de 1873-1878, le gouvernement libéral décide de construire lui-même certains tronçons de ce transcontinental. De retour au pouvoir, les conservateurs choisissent de confier le tout à l'entreprise privée, d'autant plus que la situation économique s'est améliorée. C'est ainsi qu'un groupe d'hommes d'affaires montréalais, liés de près à la Banque de Montréal, forment en 1880 une compagnie qui construira et administrera le transcontinental. Ils obtiennent un plantureux contrat leur accordant des octrois de 25 millions de dollars, de 25 millions d'acres de terre, des exemptions de taxes à perpétuité, un monopole pour 20 ans dans l'Ouest, etc. Forte de cet appui gouvernemental, la nouvelle compagnie termine la construction du chemin de fer pour ensuite l'exploiter avec profit. Le CPR établit son terminus à Montréal, ce qui réduit presque à néant les prétentions de la bourgeoisie de Québec de

Louis-Adélard Sénécal, 1829-1887, homme d'affaires et promoteur de chemins de fer. (*L'Opinion publique*, 19 février 1880)

détourner vers la vieille capitale une partie du trafic de l'Ouest. Le tronçon Montréal-Québec acquiert dès lors une fonction surtout régionale tout en permettant un lien plus étroit entre les économies de Québec et de Montréal. Le CPR a certes des visées du côté de la façade atlantique du continent, mais ce lien ne se fera pas par Québec. La compagnie préfère le tracé le plus direct qui, de Montréal, passe par les Cantons de l'Est, puis par le nord du Maine, en territoire américain, pour atteindre Saint John, au Nouveau-Brunswick. Cette ligne est inaugurée en 1890.

Les grandes voies ont surtout pour effet d'accentuer l'emprise de la métropole montréalaise sur un vaste hinterland situé en bonne partie à l'extérieur du Québec. D'autres entreprises ferroviaires sont toutefois créées pour tenter de développer des régions du Québec; ce sont les «chemins de colonisation». Tous ces projets rencontrent de sérieuses difficultés financières, malgré les promesses de subventions gouvernementales, et il faudra plusieurs années pour les exécuter. Pour construire ces chemins de colonisation, les promoteurs cherchent à réduire les coûts et, quand un entrepreneur américain propose, en 1868, l'utilisation de rails de bois, il reçoit un accueil enthousiaste. En quelques mois, les projets de «chemins à lisses de bois» se multiplient. Une première expérience, au nord de Québec, refroidit les ardeurs. Après un an de service, on se rend compte que les rails résistent mal aux rigueurs du climat et qu'ils deviennent rapidement inutilisables. On en revient donc au procédé conventionnel.

Le cas le plus connu est celui du chemin de fer de Québec et du lac Saint-Jean. L'entreprise commence avec le chemin à lisses de Québec à Gosford. Longue de 40 km, la voie est inaugurée en 1870 et permet d'approvisionner la capitale en bois de chauffage et de construction. L'échec des lisses de bois provoque la faillite de l'entreprise. Elle est réorganisée en 1880 dans le but de relier Québec au lac Saint-Jean. Après de nombreuses difficultés de financement, la voie principale atteint Roberval en 1888. Un embranchement vers Chicoutimi est terminé en 1892. Sa construction, qui aura coûté près de 8,7 millions, est subventionnée à 45% par les gouvernements provincial, fédéral et municipal. Tout en facilitant le désenclavement de la région, ce chemin de fer sera un instrument privilégié permettant à Québec d'annexer à son hinterland le Saguenay-Lac-Saint-Jean et d'imposer sa domination économique à la bourgeoisie locale.

L'autre chemin de fer d'importance est celui du Québec Central qui établit une liaison Lévis-Sherbrooke via la Beauce. À l'origine il y a deux entreprises distinctes: le Lévis et Kennebec, dont la ligne relie Lévis à Saint-Joseph-de-Beauce en 1876, et le Québec Central, dont la construction commence en 1870 et qui joint Sherbrooke à Beauce-Jonction en 1880. L'année suivante, cette entreprise fait l'acquisition du Lévis et Kennebec et le réseau porte dès lors le nom de Québec Central. Un embranchement vers Lac-Mégantic est ouvert à la circulation en 1895. Ainsi le Québec Central est présent dans le nord de la Beauce et dans la partie orientale des Cantons de l'Est.

D'autres compagnies ferroviaires construisent des voies dans diverses régions du Québec. Il y a, par exemple, le chemin de fer de la baie des Chaleurs qui passe le long de la baie, reliant l'Intercolonial à Gaspé. Sa construction débute en 1882 et dure plusieurs années; les transactions louches qui accompagnent le projet mènent au «scandale de la baie des Chaleurs» qui provoque la chute du gouvernement Mercier. Il y a également un ensemble de petites compagnies, lancées par des promoteurs différents, qui construisent des lignes dans la région des Laurentides, entre Hawkesbury et Québec, comme le chemin de fer des Basses Laurentides, le Grand Nord ou le Chateauguay et Nord; au début du 20e siècle, ces lignes seront intégrées au réseau du Canadien Nord. Quant à la rive sud du Saint-Laurent, elle est dotée de plusieurs petites lignes, principalement dans la vallée du Richelieu et dans les Cantons de l'Est; certaines de ces constructions se font avec l'appui d'entreprises ferroviaires américaines qui veulent un accès au marché québécois. C'est ainsi que se développent, entre autres, le Vermont-Central, le Montréal-Portland-Boston, le Québec-Montréal-Sud, le Sud-Est et le Jonction-Lac-Champlain-Saint-Laurent; ces entreprises régionales sont graduellement intégrées à l'un ou l'autre des grands réseaux.

Ces efforts dans le domaine du rail portent fruit puisqu'en 1901 le Québec possède 5600 km de voies ferrées; Hamelin et Roby en évaluent le coût total de construction à 104 430 000$ dont près de 60% sont payés par les divers niveaux de gouvernement.

Des routes impraticables

Pendant la seconde moitié du 19e siècle, le chemin de fer est devenu le moyen de communication privilégié, aux yeux du gouvernement et des hommes d'affaires, et le réseau routier fait figure de parent pauvre. Les investissements considérables dans la construction ferroviaire restreignent la part consacrée à la voirie.

Le problème en est à la fois un de quantité et de qualité. L'expansion territoriale et l'intégration au marché exigent l'ouverture d'un grand nombre de petites routes. Or l'État, qui consacre ses énergies au chemin de fer, n'investit pas les sommes requises, de sorte que plusieurs régions ou sous-régions restent isolées, mal articulées à l'ensemble. Il ne suffit d'ailleurs pas de tracer des voies, encore faut-il qu'elles soient carrossables. Les routes québécoises du 19e siècle sont dans un état pitoyable; mal entretenues, elles se transforment en bourbier dès que la pluie paraît. Plusieurs routes ne sont utilisables efficacement qu'en hiver, alors que le froid et la neige aplanissent les difficultés.

Habitants sautant la barrière de péage, de Cornelius Krieghoff. (ANC, C11223)

Les conditions varient d'ailleurs selon les types de voie. Les routes provinciales qui relient les villes principales ou les régions sont parfois mieux construites. Mais comme, pour les grands trajets, on a souvent le choix du rail, l'incitation à améliorer les routes est faible, et les sommes consacrées à cet objectif sont nettement insuffisantes après 1867.

La situation des chemins ruraux est plus déplorable car il n'y a pas de solution de rechange. En effet, le réseau ferroviaire québécois est surtout constitué de voies principales et les voies locales sont insuffisantes. Or, la commercialisation de l'agriculture exige la construction et l'entretien de bons chemins ruraux. De même, la demande de chemins de colonisation se fait pressante dans les dernières décennies du 19e siècle. Mais là encore les ressources financières sont insuffisantes et mal distribuées. Agronomes et colonisateurs réclament en vain une amélioration de la situation.

Les voies urbaines et péri-urbaines connaissent un meilleur sort. Dans les villes comme Montréal et Québec, la densité de la population et des échanges provoque le macadamisage des principales artères sous la responsabilité d'administrations municipales mieux dotées financièrement. La situation est cependant loin d'être parfaite et les rues boueuses sont encore le lot de plusieurs quartiers urbains à la fin du 19e siècle. Aux abords des grandes villes, on a établi des routes à péage appelées «chemins à barrières», administrées par des sociétés autonomes. À cause de leur importance pour l'accès aux centres urbains, et grâce aux revenus du péage, ces routes sont habituellement mieux entretenues que les autres types de voie.

Dans l'ensemble, le réseau routier québécois est donc le parent pauvre de l'infrastructure de transport et les faiblesses à ce niveau affectent la qualité et l'intensité des échanges et constituent un frein au développement des régions rurales.

Le réseau fluvial

Le transport par eau joue, tout au long du 19e siècle, un rôle de premier plan dans les échanges économiques du Québec. Cela n'est guère surprenant. Traversé par cette voie royale qu'est le Saint-Laurent, le pays est parsemé de lacs et de rivières navigables.

Le port de Montréal en 1875. (*L'Opinion publique*, 19 août 1875)

Sa situation coloniale et ses liens étroits avec les métropoles européennes ont, depuis l'époque de la Nouvelle-France, marqué la dépendance du Québec face aux transports maritimes. Point de départ des matières exportées vers l'Europe, le Québec s'est articulé au grand commerce international. Depuis le début du 19e siècle, la bourgeoisie montréalaise souhaite faire de Montréal la plaque tournante des échanges entre l'Europe et l'Amérique du Nord. Sans réaliser complètement ses ambitions, elle réussit tout de même à faire de Montréal un des grands ports du continent et le plus important au Canada.

Pour en arriver là, il a fallu surmonter plusieurs obstacles. En effet, même si le Saint-Laurent est une voie d'accès magnifique, la navigation y présente de nombreux dangers. En aval de Montréal, on trouve ici et là des récifs et des hauts-fonds, causes de nombreux naufrages; en outre, la plupart des océaniques ne peuvent s'aventurer au delà de Québec. Pour réduire le nombre d'accidents et pour attirer les navires jusqu'à Montréal, il faudra creuser un chenal. Les milieux d'affaires montréalais prennent les choses en mains et font construire en 1850-1851, entre Montréal et Québec, un premier chenal qui a une profondeur de 3,8 m et une largeur de 22,8 m. Agrandi régulièrement par la suite, il atteint des dimensions de 8,4 m sur 137 m à la fin du siècle.

Entre Montréal et les Grands Lacs, les obstacles sont d'une autre nature: de nombreux rapides rendent nécessaire la construction de canaux. Cette canalisation du Saint-Laurent est terminée au milieu du 19e siècle mais l'accroissement du trafic incitera à réaménager le réseau à la fin du siècle. C'est ainsi que le canal de Soulanges (1899) remplace celui de Beauharnois et que le canal Lachine est agrandi.

Dans ce système, Montréal représente toujours un point de rupture de charge. Les océaniques à fort tirant d'eau ne peuvent aller plus loin ; les marchandises destinées à l'Ontario et à l'Ouest doivent être déchargées à Montréal pour être mises à bord de navires construits spécialement pour la navigation dans les canaux. Le port de la métropole joue donc un rôle important et une Commission du havre veille à le doter d'installations suffisantes. Un vaste plan d'aménagement portuaire est réalisé à partir de 1877.

À côté de l'axe principal du Saint-Laurent, orienté à la fois vers l'Europe et les provinces de l'Atlantique et vers le sud de l'Ontario et le Midwest américain, on trouve deux axes complémentaires, tous deux canalisés au cours du 19e siècle. Il y a d'abord celui de l'Outaouais qui dessert le nord-est de l'Ontario et l'ouest du Québec et permet le transport du bois et des produits agricoles. Il y a aussi celui du Richelieu qui, par le lac Champlain et l'Hudson, conduit à New York. C'est pendant longtemps la principale voie de communication avec les États-Unis, et la ville de Saint-Jean forme la plaque tournante des échanges Montréal-New York. Les transports maritimes par cette voie sont cependant en déclin dans le dernier quart du 19e siècle. Ceci s'explique probablement par les faibles dimensions des canaux et par la concurrence des chemins de fer.

Le transport maritime ne se limite pas au commerce interprovincial ou international. Il existe un important trafic local prenant la forme du cabotage. On sait cependant peu de choses à ce sujet, mais les nombreux quais construits ici et là par le gouvernement fédéral témoignent d'un certain dynamisme. Dans certaines régions éloignées, pas ou mal desservies par les chemins de fer, la navigation est le principal moyen de transport.

Entre 1867 et 1896, l'infrastructure de transport s'étend mais sa croissance n'est pas équilibrée. À la fin du siècle, le Québec est doté d'excellentes communications avec l'extérieur, mais les communications intérieures sont dans un état de sous-développement évident. Il y a déséquilibre entre les moyens de transport, le rail étant favorisé face à la route. Dans tous les cas, l'effort est mis sur les artères principales et on néglige les voies locales. Déséquilibre aussi entre les régions; la plaine de Montréal s'en tire assez bien alors que les régions périphériques sont sous-équipées.

Depuis le milieu du siècle, Montréal est devenue le principal nœud de communications du Canada. Sa position stratégique sur le Saint-Laurent lui donne un avantage initial. Les travaux de canalisation et l'aménagement du port confirment cette avance. À Montréal convergent plusieurs chemins de fer allant vers l'est, le sud et l'ouest. Les deux grands chemins de fer du Canada, le Grand-Tronc et le Canadien Pacifique, y installent le siège de leurs administrations et leurs ateliers d'entretien. Par son contrôle des réseaux de communication, Montréal accentue son emprise métropolitaine et, conséquemment, accroît le déséquilibre face à sa rivale de toujours, Québec, et à plus forte raison avec les autres villes du territoire dont plusieurs deviennent des satellites du grand centre.

Commerce et finance

Le développement des systèmes de transport est en relation avec l'évolution des circuits commerciaux. Là aussi, le Québec connaît des mutations importantes au cours de la période. On le voit en examinant le commerce extérieur. Jusqu'au milieu du siècle, les échanges se faisaient surtout avec la Grande-Bretagne. Mais peu à peu celle-ci cède le pas aux États-Unis. Hamelin et Roby établissent à 65% la part des importations québécoises en provenance de Grande-Bretagne en 1871, et à 20% celle des États-Unis; en 1901 la proportion est devenue de 32% pour la première et de 45% pour les seconds. Il y a aussi une légère diversification géographique, en particulier du côté de l'Allemagne, de la France et des Antilles. À l'exception du commerce du bois vers la Grande-Bretagne, qui passe en partie par Québec, la plus

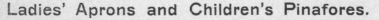

Une page du catalogue Eaton en 1901-1902.

L'intérieur du grand magasin montréalais Savage & Lyman en 1876. (*Canadian Illustrated News*, 25 décembre 1876)

grande part de ce commerce international est dirigée de Montréal. L'importance accrue des relations avec les États-Unis et l'utilisation du chemin de fer accentuent cette domination montréalaise.

La pénétration du chemin de fer dans les différentes régions du Québec transforme aussi le commerce intérieur en assurant une plus grande régularité d'approvisionnement. Pour acheminer leurs commandes et leurs paiements, les marchands locaux peuvent utiliser un moyen devenu efficace et peu coûteux: la poste, administrée depuis 1851 par le gouvernement canadien. Le télégraphe, apparu au pays en 1846, étend peu à peu ses réseaux de fils et de poteaux sur le territoire; plus onéreux que la poste, il permet néanmoins des communications encore plus rapides. Quant au téléphone, inventé en 1876 par Alexander Graham Bell, il commence à se répandre dans les années 1880 mais, au début, son usage est surtout confiné au milieu urbain. L'amélioration des communications favorise l'apparition, dans les années 1870-1880, d'un nouvel instrument de vente, le catalogue, qui permet aux marchands des grandes villes de vendre directement aux consommateurs des régions rurales.

Le marchand local reste tout de même le principal responsable de la vente au détail. Il s'agit le plus souvent d'un marchand général qui offre à sa clientèle des vêtements, des produits d'épicerie et de quincaillerie et même des médicaments. Il joue un rôle très important au sein de sa communauté car il vend généralement à crédit, ce qui fait de lui le créancier principal d'un bon nombre de chefs de famille. Cela le rend vulnérable aux aléas de la conjoncture, d'autant plus qu'il existe une forte concurrence dans le commerce de détail.

Les relations entre ces marchands et les fournisseurs se transforment pendant la période. Hamelin et Roby soulignent l'importance du voyageur de commerce qui «fait son apparition dans le Québec des années 1850». Avec ses échantillons, il présente au marchand ses plus récents produits et prend les commandes. Dans les villes, on voit se développer le phénomène du grand magasin ou magasin à rayons. De nouvelles techniques de vente sont utilisées. À Montréal, Dupuis Frères et W.H. Scroggie amorcent dans les années 1880 l'installation du commerce de détail le long de la rue Sainte-Catherine; ils sont bientôt imités par les autres principaux marchands. De nouvelles techniques de distribution et de mise en marché des produits, souvent d'inspiration américaine, sont donc implantées au Québec dans les dernières années du siècle et, graduellement, elles commencent à transformer en profondeur les méthodes commerciales.

Le secteur financier est dominé par les banques. Le système bancaire canadien s'est constitué graduellement au cours du 19e siècle. Il se caractérise par un nombre assez restreint de banques, régies par la loi des Banques et créées par des lois du Parlement fédéral (d'où leur nom de banques à charte), qui étendent leurs opérations au delà de leurs villes d'origine, en créant des succursales.

Ce système bancaire est lui-même dominé par une grande entreprise: la Banque de Montréal. Fondée en 1817, elle est la plus ancienne du Canada. On y trouve, à titre d'actionnaires et d'administrateurs, les plus éminents membres de la bourgeoisie canadienne. En 1867, elle possède 15,7% du capital et 25,8% de l'actif des banques à charte canadiennes. Cependant, elle subit une concurrence croissante, en particulier des banques ontariennes, de sorte qu'en 1896, même si sa part du capital des banques canadiennes est passée à 16,3%, sa part de l'actif a baissé à 18,6%. Si on la compare aux banques ayant leur siège social au Québec, ces pourcentages atteignent 32,5% du capital et 37,4% de l'actif. La Banque de Montréal est le principal bailleur de fonds du gouvernement québécois et elle a son mot à dire dans le choix du ministre qui occupe le poste de trésorier provincial.

La rue Saint-Jacques en 1891. Le siège social de la Banque de Montréal occupe l'édifice à colonnes au centre. (Archives Notman, Musée McCord)

Au début de la période, plusieurs nouvelles banques sont fondées au Québec (tableau 1). La crise de 1873-1878 met fin à ce mouvement et en place certaines dans une position financière précaire. La réputation de stabilité du système bancaire canadien a d'ailleurs été contestée par l'économiste Naylor qui, dans *History of Canadian Business*, met en lumière le nombre élevé de faillites et les malversations qui les accompagnent.

À côté des grandes institutions comme la Banque de Montréal, il existe au Québec plusieurs banques d'envergure moyenne dont les activités ont une portée surtout régionale. Parmi celles-ci se trouvent les banques canadiennes-françaises: on en compte jusqu'à sept pendant la période. Leur création répond au besoin d'établissements bancaires qu'expriment à de nombreuses reprises les hommes d'affaires canadiens-français, mal desservis ou ignorés par les banques à direction anglophone. La croissance de ces institutions témoigne à la fois de la vitalité des milieux d'affaires francophones et du potentiel d'épargne accumulée par les Canadiens français, tant à la ville qu'à la campagne.

La plus ancienne est la Banque du Peuple, fondée en 1835 par des hommes d'affaires proches du Parti patriote; une administration défi-

TABLEAU 1

BANQUES À CHARTE AYANT LEUR SIÈGE AU QUÉBEC, 1867-1896

Banque	Ville	Année de fondation	Actif en 1896 en milliers de $
Bank of Montreal	Montréal	1817	59 289
Bank of British North America	Montréal	1836	12 687
Banque du Peuple	Montréal	1835	4 852
Banque Jacques-Cartier	Montréal	1861	3 040
Banque Ville-Marie	Montréal	1872	1 745
Banque d'Hochelaga	Montréal	1874	5 642
Molsons Bank	Montréal	1853	14 990
Merchants Bank of Canada	Montréal	1861	23 895
Banque Nationale	Québec	1859	4 975
Quebec Bank	Québec	1818	11 205
Union Bank of Canada	Québec	1865	7 531
Banque de St-Jean	St-Jean	1873	528
Banque de St-Hyacinthe	St-Hyacinthe	1873	1 597
Eastern Townships Bank	Sherbrooke	1859	6 705
Mechanic's Bank	Montréal	1865	*
Metropolitan Bank	Montréal	1871	*
Exchange Bank of Canada	Montréal	1872	*
Stadacona Bank	Québec	1873	*

* Institutions ayant cessé leurs activités en 1896.

Sources: *Annuaires du Canada; Documents de la session; Gazette officielle du Canada.*

ciente entraîne sa disparition en 1895. Le même sort attend la Banque Ville-Marie dont le contrôle passe aux mains d'un groupe d'hommes d'affaires anglophones, même si sa clientèle reste francophone; à la suite des malversations de ses dirigeants, l'institution doit fermer ses portes en 1899. Cette situation entraîne aussitôt un mouvement de retrait généralisé et soudain, qu'on appelle *run* bancaire, à la Banque Jacques-Cartier, qui doit aussi cesser ses activités; elle sera réorganisée en 1900 sous le nom de Banque Provinciale. La Banque d'Hochelaga et la Banque Nationale réussissent mieux que les autres à surmonter les diverses crises et abordent la croissance du début du 20e siècle en bonne santé financière. Quant aux deux autres banques francophones, celles de Saint-Jean et de Saint-Hyacinthe, elles sont plus marginales et disparaîtront en 1908.

Dans le domaine de l'assurance, seules l'assurance-incendie et l'assurance-vie connaissent des développements importants au

Le siège social de la Banque Jacques-Cartier. (*Canadian Illustrated News*, 7 juin 1873)

19ᵉ siècle. La plupart des sociétés sont des filiales de compagnies britanniques. Notons toutefois la création en 1865, par des représentants de la haute bourgeoisie montréalaise, de Sun Life qui occupera rapidement une place de premier plan. On pourrait penser aussi aux sociétés de secours mutuel dont il sera question à propos des organisations charitables.

Signalons enfin la fondation, en 1881, du Crédit Foncier Franco-Canadien. Il s'agit d'une entreprise franco-québécoise pilotée par le premier ministre Chapleau. Même si les administrateurs sont québécois, les principaux bailleurs de fonds sont français (notamment la Banque de Paris et des Pays-Bas). Cette société se spécialise dans le prêt hypothécaire et son action se fait sentir dans les zones rurales. Dans son étude sur Hébertville au Lac-Saint-Jean, Normand Séguin constate que le Crédit Foncier remplace les marchands locaux comme principal prêteur.

Les politiques économiques

Il faut compléter cet examen du contexte du développement du Québec en abordant l'intervention de l'État. Peut-on parler de politique économique québécoise à la fin du 19ᵉ siècle? Bien qu'il n'y ait pas de véritable action planificatrice de l'État, une volonté politique s'exprime et une certaine orientation inspire les interventions gouvernementales. Dans ce sens, on peut parler, en utilisant ce vocable avec précaution, d'une première politique économique. Celle-ci s'inscrit dans le cadre dominant du libéralisme économique. C'est dire que le gouvernement s'en remet d'abord et avant tout à l'initiative privée. Les grandes décisions sont prises par le capital privé qui oriente l'économie et, en quelque sorte, la planifie. Ce que le capital attend de l'État, c'est une action complémentaire: fixer des cadres politiques et juridiques qui permettront à l'entreprise privée de s'exprimer sans trop de contraintes, prendre en charge certaines dépenses d'infrastructure ou subventionner les entreprises privées qui les réalisent.

Cette faible marge de manœuvre du gouvernement québécois est en outre rétrécie par deux contraintes institutionnelles. La première tient à la répartition des responsabilités au sein de la fédération canadienne. En effet, les grands pouvoirs de nature économique sont attribués au gouvernement fédéral: monnaie et banques, commerce, droits de douane. L'intervention du gouvernement provincial est limitée aux travaux de

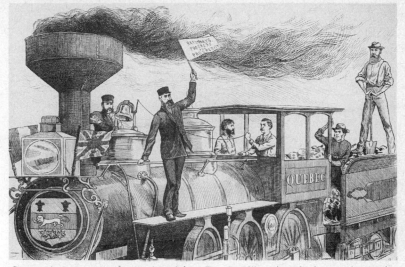

Cette caricature montre le premier ministre Boucherville agitant le drapeau du progrès et de la prospérité, monté sur une locomotive du Québec, Montréal, Ottawa et Occidental. (*Canadian Illustrated News*, 18 décembre 1875)

nature locale. De plus, la faiblesse financière chronique de l'État québécois, pendant les trente premières années de la Confédération, limite encore davantage sa capacité d'intervention.

Malgré ces contraintes, l'État québécois intervient dans l'économie. Il n'est pas tout à fait à court de ressources. Il a la capacité d'emprunter, et il le fait pour financer les grands travaux. Il dispose de la propriété des richesses naturelles: les terres de la couronne et leur couvert forestier, les chutes d'eau, les droits miniers. Il lui est en outre possible de voter des lois qui n'impliquent pas de grandes dépenses gouvernementales mais qui permettent de réglementer des activités à incidence économique.

L'historien Marcel Hamelin a bien montré que les hommes politiques placent au premier rang de leurs préoccupations le développement économique du Québec. Ils attribuent un rôle moteur à la construction de chemins de fer pour stimuler à la fois le commerce, l'industrie, l'exploitation forestière, l'agriculture et la colonisation. Comme plusieurs députés et ministres sont également administrateurs ou actionnaires de sociétés ferroviaires, ils se trouvent dans l'agréable situation d'être à la fois distributeurs et bénéficiaires des largesses gouvernementales.

Le gouvernement distribue des subventions en argent ou des octrois de terres de la couronne au gré de ses disponibilités financières et effectue des emprunts pour financer cette politique. De 1867 à 1875, l'aide du gouvernement du Québec aux chemins de fer ne dépasse pas 200 000$; en 1896, le total cumulatif atteint 14,5 millions, soit un peu plus du double du montant investi pendant la même période par le gouvernement de l'Ontario. C'est là un effort financier considérable qui draine les ressources gouvernementales et limite les possibilités d'intervention dans d'autres secteurs.

La propriété des terres de la couronne permet toutefois au gouvernement d'agir sur le développement du secteur agro-forestier. Comme c'est là une source importante de revenus, on favorise l'expansion de l'exploitation forestière. Ainsi que nous le verrons plus loin, l'État se contente de fournir un cadre institutionnel en laissant les entrepreneurs exploiter à leur guise la forêt québécoise.

Dans le secteur agricole, le gouvernement a une politique visant à moderniser l'agriculture et à diffuser de nouvelles techniques. Là encore, il se limite à appuyer les initiatives des autres: agronomes, sociétés d'agriculture ou de colonisation. Il verse des subventions à ces sociétés; il contribue à la construction de chemins ruraux. Mais les investissements publics dans l'agriculture restent faibles tout au long de la période, ce qui contribue probablement à ralentir les transformations de ce secteur.

Les politiques gouvernementales trouvent un certain complément dans l'action des municipalités. Dès l'époque de l'Union, le gouvernement canadien a permis aux municipalités d'investir dans des chemins de fer traversant leur territoire. Le gouvernement provincial maintient cette politique après 1867. C'est ainsi que la ville de Montréal accorde une subvention de un million pour le chemin de fer de colonisation du nord de Montréal et que la ville de Québec offre le même montant pour le chemin de fer de la rive nord. Au total, les subventions aux chemins de fer versées par les municipalités du Québec s'établissent à 4,3 millions de dollars en 1896. Dans ce cas, on est encore loin du montant de 11,3 millions versé par les municipalités d'Ontario.

À partir des années 1880, les municipalités cherchent de plus en plus à favoriser un autre type d'investissement: l'industrie. L'implantation d'une entreprise industrielle apparaît, aux yeux des promoteurs et des politiciens locaux, le moyen idéal pour assurer la croissance d'une ville ou d'un village, pour y attirer une nouvelle population et pour permettre aux grands propriétaires des profits rapides.

L'aide des municipalités à l'entreprise privée prend deux formes principales: la subvention en argent et l'exemption de taxes municipales (pour une durée n'excédant pas 20 ans). Cette aide devient l'objet d'une surenchère entre des municipalités qui veulent attirer une entreprise sur leur territoire. Les entrepreneurs le savent bien et n'hésitent pas à profiter de cette situation pour obtenir le plus d'avantages possible. Dans la plupart des cas, cette aide municipale est un pur cadeau à des entreprises qui, de toute façon, s'établiraient au Québec. Ce sont les contribuables, locataires et petits propriétaires, qui en font les frais. Dans l'état actuel des recherches, il est impossible de mesurer l'ampleur de cet investissement municipal dans les entreprises industrielles. Quelques sondages faits ici et là indiquent toutefois que ce système fonctionne sur une grande échelle.

Ainsi, les politiques économiques, aussi bien du gouvernement provincial que des municipalités, sont orientées vers l'appui à la modernisation et au développement du Québec. Elles sont cependant conçues pour soutenir et encadrer l'initiative privée et non pour la diriger.

ORIENTATIONS BIBLIOGRAPHIQUES

GAGNON, Rodolphe. *Le chemin de fer de Québec au Lac Saint-Jean (1854-1900)*. Thèse de D.E.S. (histoire), Université Laval, 1968. 219 p.

GERVAIS, Gaétan. *L'expansion du réseau ferroviaire québécois (1875-1895)*. Thèse de Ph.D. (histoire), Université d'Ottawa, 1978. 538 p.

GERVAIS, Gaétan. «Le commerce de détail au Canada (1870-1880)», *Revue d'histoire de l'Amérique française*, 33,4 (mars 1980): 521-556.

GLAZEBROOK, G.P. de T. *A History of Transportation in Canada*. Toronto, McClelland and Stewart, 1967. 2 vol.

HAMELIN, Jean et Yves ROBY. *Histoire économique du Québec, 1851-1896*. Montréal, Fides, 1971. 436 p.

HAMELIN, Marcel. *Les premières années du parlementarisme québécois (1867-1878)*. Québec, PUL, 1974. 386 p.

LINTEAU, Paul-André. *Maisonneuve ou comment des promoteurs fabriquent une ville, 1883-1918*. Montréal, Boréal Express, 1981. 280 p.

LORD, Kathleen. «Nineteenth Century Corporate Welfare: Municipal Aid and Industrial Development in Saint-Jean, Quebec, 1848-1914», *Urban History Review/Revue d'histoire urbaine*, XIII, 2 (oct. 1984): 105-115.

NAYLOR, Tom. *The History of Canadian Business, 1867-1914*. Toronto, James Lorimer, 1975. 2 vol.

PROVOST, Honorius. *Sainte-Marie de la Nouvelle-Beauce. Histoire civile*. Québec, Éditions de la Nouvelle-Beauce, 1970. Chap. XXXI et XXXII.

RUDIN, Ronald. *The Development of Four Quebec Towns, 1840-1914. A Study of Urban and Economic Growth in Quebec*. Thèse de Ph.D., Université York, 1977.

RUDIN, Ronald. *Banking en français. Les banques canadiennes-françaises, 1835-1925*. Montréal, Boréal, 1988. 244 p.

SÉGUIN, Normand. *La conquête du sol au 19ᵉ siècle*. Montréal, Boréal Express, 1977. 295 p.

STEVENS, G.R. *Canadian National Railways*. Toronto, Clarke Irwin, 1960-1962. 2 vol.

STEWART, Michel. *Le Québec, Montréal, Ottawa et Occidental: une entreprise d'État, 1875-1882*. Thèse de Ph.D. (histoire), Université Laval, 1984. 511 p.

YOUNG, Brian J. *Promoters and Politicians: The North-Shore Railways in the History of Quebec, 1854-1885*. Toronto, University of Toronto Press, 1978. 193 p.

Chapitre 6

L'AGRICULTURE ET LA FORÊT

Au 19ᵉ siècle, l'agriculture est le secteur d'activité économique qui occupe le plus grand nombre de Québécois. Même s'il perd graduellement de son importance relative au profit des autres secteurs, il n'en connaît pas moins des progrès significatifs. Le domaine agricole est en pleine expansion, grâce au développement des marchés, à la spécialisation de la production et à l'essor de la colonisation. Les considérations de nature idéologique qui se greffent sur cette activité tendent à en donner une image idéalisée, qui contraste avec les difficultés réelles que vivent de nombreux agriculteurs.

En effet, c'est dans la seconde moitié du siècle que se développe, dans certains milieux, l'idée de la vocation agricole des Canadiens français. Ainsi, en 1895, Benjamin-Antoine Testard de Montigny, auteur d'un livre sur la colonisation, écrit avec une superbe assurance: « Oui, l'agriculture est l'état de ce peuple, qui s'est implanté si mystérieusement dans nos quelques arpents de neige. [...] On s'est quelquefois demandé si notre pays est un pays agricole et si l'agriculture y offre autant d'avantages que l'industrie manufacturière ou commerciale. Il faut poser en principe incontestable que le sol de la province de Québec est d'une fertilité prodigieuse; et tandis qu'en Europe il faut des mois et des saisons pour mûrir les grains que l'on confie à la terre même à l'automne, ici, les semences se font en avril, ou mai et même juin, et en août et septembre tout est mûr et cueilli.» Ce genre d'attitude est très répandu parmi les élites québécoises bien que pour certains individus, comme le curé Labelle, l'idée de la colonisation soit beaucoup plus complexe et débouche sur une vision intégrée du développement de l'agriculture, de l'industrie et des petites villes. Néanmoins, dans certains milieux, on est prêt à tenter de cultiver toute zone qui semble fertile, sans penser aux contraintes climatiques qui réduisent la saison végétative en deçà d'un seuil minimal dès que l'on quitte les basses terres du Saint-Laurent.

De nombreux représentants des élites, journalistes, agronomes, missionnaires colonisateurs, hommes politiques, interviennent pour orienter le développement agricole alors que les principaux intéressés, les cultivateurs, commencent à peine à s'organiser. Graduellement, le gouvernement, par le biais du ministère de l'Agriculture et de ses premiers programmes, en vient à jouer un rôle de plus en plus important.

L'agriculture

Au moment de la Confédération, le Québec a une population massivement rurale: 77,2% en 1871. Les statistiques ne permettent pas cependant de distinguer la population agricole proprement dite, résidant dans les fermes, de celle qui habite les villages. Vingt ans plus tard, le poids du monde rural demeure appréciable, formant encore 66,4% de la population québécoise. En dépit de cette diminution relative, la population rurale continue à s'accroître, en chiffres absolus, augmentant de 7,5% entre 1871 et 1891. Vers la fin du siècle, le Québec compte très probablement encore une majorité de sa population qui vit sur la ferme.

Dans le contexte nord-américain, l'agriculture québécoise est ancienne. Implantée dès le 17e siècle dans certaines parties de la vallée du Saint-Laurent, elle a été marquée par une série d'adaptations successives qui culminent, à la fin du 19e siècle, avec l'émergence d'une agriculture mixte axée sur l'exploitation laitière.

Durant la seconde moitié du 18e siècle, l'agriculture pratiquée au Québec demeurait traditionnelle et se trouvait peu intégrée à une économie de marché, d'où son caractère d'autoconsommation, qui orientait la production en fonction des besoins de la famille. Dans l'ensemble, les pratiques agricoles étaient anciennes et la production peu diversifiée: attachement à la culture du blé, faible quantité de bétail. Les terres étaient mal entretenues parce qu'on manquait de fumier et que la mise en jachère était encore rudimentaire. Les surplus servaient à payer les redevances seigneuriales et à acheter les quelques produits qu'on ne fabriquait pas soi-même. Cependant, même à cette époque, certaines régions du Québec avaient une production qui dépassait les besoins locaux et commençait à s'articuler au marché.

Vers la fin du 18e siècle et au début du 19e, l'agriculture du Bas-Canada pouvait être qualifiée d'extensive, comme c'était le cas ailleurs en Amérique du Nord. En raison de l'abondance de terres, il était facile

La récolte à Saint-Prime. (ANQ, N1173-131)

d'accroître la production simplement en augmentant la superficie en culture. Par la suite toutefois, cette agriculture n'a pas suivi aussi rapidement la même évolution que le reste de l'agriculture nord-américaine: l'écart ne sera que partiellement comblé à la fin du siècle.

Avant 1850, l'agriculture québécoise a connu des moments difficiles; on a parlé à ce propos de véritable crise agricole. En fait, il semble qu'on ait assisté à une période d'ajustements, parfois pénibles, rendus nécessaires par la concurrence de l'agriculture du Haut-Canada sur le marché impérial, par l'essor du marché intérieur, par les problèmes de production liés aux insuffisances des pratiques agricoles et par la croissance démographique rapide qui a amené une surpopulation relative des seigneuries. Ces problèmes ont été exacerbés par des années de mauvaises récoltes et par l'invasion de la mouche à blé. Une enquête de 1850 fait le point sur la question : «le sol et le climat du Bas-Canada sont favorables à l'exploitation agricole, — le peuple est laborieux, intelligent, et cependant ce peuple ne retire pas de la terre plus du quart de ce qu'elle peut produire. La cause, c'est que le système de cultiver est mauvais. Les défauts principaux de ce système, sont:*(1)* le manque de rotation appropriée dans les semences; *(2)* le manque ou la mauvaise application des engrais; *(3)* le peu de soin donné à l'élève et à la tenue du bétail; *(4)* le défaut d'assèchement dans certains endroits; *(5)* le peu d'attention donnée aux prairies et à la production de légumes pour la nourriture des troupeaux; *(6)* la rareté des instruments perfectionnés d'agriculture.»

Malgré tout, la production avait déjà commencé à se réorienter: on avait abandonné le blé pour adopter des cultures comme la pomme de terre et l'avoine qui répondaient mieux aux conditions du marché local. L'ampleur des difficultés variait d'ailleurs considérablement selon les régions et les types d'exploitation, ce qui amène à nuancer l'image répandue d'un marasme généralisé.

À compter du milieu du siècle, la conjoncture s'améliore. Le mouvement de colonisation et l'émigration vers les États-Unis soulagent la pression démographique. L'amélioration des transports facilite l'accès des cultivateurs aux divers marchés. Le développement rapide du marché américain, stimulé par l'urbanisation, par le traité de réciprocité de 1854 et par les besoins durant la guerre de Sécession (1861-1865), crée une demande importante, renforcée à son tour par l'essor de l'urbanisation québécoise. L'agriculture entre ainsi dans une phase de progrès et de consolidation qui se traduit par un début de mécanisation des exploitations, par l'amélioration de la production et par une sensibilité aux nouveaux marchés. Au moment de la Confédération, le secteur est en meilleure posture. Même s'il subsiste des problèmes de production, des zones où domine encore l'autoconsommation, il s'est développé un secteur dynamique, attentif à l'évolution des besoins et prêt à s'y adapter.

C'est après la Confédération que s'organise la production laitière, qui caractérisera pour longtemps l'agriculture québécoise. Déjà, vers 1850, la région des Cantons de l'Est avait amorcé une spécialisation dans la fabrication de beurre destiné principalement au marché de la Nouvelle-Angleterre. C'est d'ailleurs dans l'Estrie que s'ouvrent la première fabrique de fromage, en 1865, et la première fabrique de beurre, en 1869. D'après Hamelin et Roby, ce serait vers 1875 que les agronomes et hommes politiques québécois choisissent d'orienter l'agriculture dans ce sens; le ministre de l'Agriculture écrit dans son rapport annuel de cette année-là: «On ne saurait donner trop d'importance au développement de cette industrie qui devrait devenir nationale.»

En vingt ans, cette spécialisation transforme l'agriculture du Québec. Les cultivateurs se tournent d'abord vers la fabrication du fromage puis, après 1880, vers la fabrication du beurre. La dernière décennie du siècle voit monter en flèche le nombre des fabriques: en 1886, on

La foire agricole de Montréal en 1870. (*Canadian Illustrated News*, 24 septembre 1870)

compte 162 fabriques de beurre et de fromage; le nombre fait plus que quadrupler pour atteindre 728 vers 1890 et 1992 dix ans plus tard. Entre 1860 et 1890, la production du beurre progresse de 89,3% tandis que celle du fromage fait un bond, passant d'une moyenne de 585 000 livres pour 1860-1880 à 4 261 000 en 1890. Mais, pour spectaculaire qu'elle soit, cette hausse ne va pas sans problèmes; il semble bien que la qualité des produits finis soit déficiente: les négociants reprochent au beurre du Québec sa mollesse, son aspect huileux et une certaine propension à rancir rapidement.

La majorité de ces problèmes surviennent à l'étape de la transformation. La production domestique recule graduellement pour disparaître ensuite devant la montée des fabriques. Or, au Québec, on implante de petites fabriques rurales plus faciles à atteindre pour les cultivateurs, compte tenu du mauvais état des chemins ruraux. Ce n'est pas la situation en Ontario, par exemple, où l'on construit des établissements plus importants. La petite fabrique est aux prises avec un double problème: souvent elle n'a pas assez d'argent pour se payer un «fabricant» compétent, et sa production n'est pas étalée sur l'année, car beaucoup de cultivateurs cessent leurs livraisons en novembre faute de réserves de fourrage vert. L'avilissement des prix des produits laitiers en 1895 et 1896 suscite une prise de conscience des carences de la production et de nombreuses petites fabriques ferment leurs portes. La Société d'industrie laitière, fondée en 1882, joue un rôle important dans la sensibilisation des agriculteurs et du gouvernement. Malgré ces difficultés, la production laitière fait des progrès durables.

Cette spécialisation provinciale marque un virage majeur de l'agriculture québécoise. Elle touche toutes les régions et a d'importants effets d'entraînement. C'est ainsi que se développe l'élevage porcin, qui utilise des sous-produits du lait. Du côté des grandes cultures, le blé et les pois — naguère productions dominantes — reculent au profit de l'avoine et du foin, servant à nourrir le bétail et qui trouvent facilement un marché pour l'alimentation des chevaux, dans les villes ou dans les chantiers, et ce, jusqu'aux États-Unis.

En outre, des spécialisations régionales apparaissent. Les Cantons de l'Est joignent à la production laitière l'élevage et l'horticulture; le comté de Chambly élève des chevaux pour le marché américain. Dans Bellechasse et Montmagny, on s'adonne à l'élevage du bétail; les ceintures rurales de Montréal et de Québec se spécialisent dans la culture maraîchère et dans la région de Joliette commence à s'étendre la culture du tabac. L'agriculture québécoise présente donc un aspect varié, celui d'une agriculture mixte où domine la production laitière.

Vers la fin de la période, le sort de l'agriculteur québécois s'est nettement amélioré. Son revenu demeure composite: à la production laitière, il joint les revenus de l'élevage, ceux de l'horticulture et ceux de l'exploitation des boisés de ferme. Ces derniers jouent notamment un grand rôle dans l'approvisionnement des villes en bois de chauffage. Enfin, il ne faut pas sous-estimer la production que le fermier destine à sa famille. L'autoconsommation est encore un objectif primordial du monde agricole québécois.

Ces modifications de la production agricole et les améliorations des techniques qui les sous-tendent ne sont pas uniformes à l'échelle du Québec. Les régions qui sont davantage articulées aux marchés progressent le plus. Ainsi, le mouvement vers l'élevage laitier se fait dans les régions qui desservent des marchés; à côté de celles-là, on trouve les régions de colonisation où l'agriculture est encore pratiquée selon le modèle traditionnel avec notamment une forte production céréalière. Hamelin et Roby signalent par exemple l'importance, encore en 1871, de la culture du blé dans les régions de Chicoutimi, de Rimouski et de Charlevoix.

Le nombre de fermes recensées augmente considérablement entre

Manège à chevaux utilisé pour actionner de la machinerie agricole (fabriqué par Mathew Moody à Terrebonne).

1871 et 1891, passant de 118 086 à 174 996; ce mouvement témoigne de l'ampleur de la colonisation agricole. La superficie moyenne des exploitations reste stable, se situant légèrement au-dessus de 91 acres, dont un peu moins de 50 en culture. L'agriculture familiale domine et 80 % des exploitants sont propriétaires de leur ferme.

Les progrès de l'agriculture québécoise sont dus également à l'action gouvernementale d'encadrement. Tandis que les premières sociétés d'agriculture végétaient dans la première moitié du siècle, elles connaissent une croissance et une extension plus grande après 1850; la formation des cercles agricoles, à partir de 1862, permet d'œuvrer non plus au niveau du comté, comme les sociétés, mais à celui de la paroisse, ce qui, dans le contexte québécois, est sûrement plus efficace. Le ministère de l'Agriculture fournit de son côté des conférenciers aux cercles agricoles qui n'ont qu'à organiser ensuite les séances dans chacune des paroisses. Il y a également vers la fin du siècle la nomination de missionnaires colonisateurs chargés par l'Église catholique d'épauler les efforts de formation agricole. Celle-ci est assurée également de deux façons: par la création de journaux destinés aux agriculteurs et par l'ouverture d'écoles d'agriculture. Cependant, malgré la floraison de journaux, il semble bien que leur rayonnement n'atteint pas l'ensemble des agriculteurs, car nombre d'entre eux ne savent pas lire. De la même façon, l'organisation des écoles d'agriculture, principalement celles d'Oka, de Saint-Hyacinthe et de La Pocatière, se fait d'une manière un peu anarchique, le gouvernement respectant les droits acquis des maisons fondatrices et se refusant à rationaliser leurs efforts, si bien qu'en définitive elles souffrent d'un manque chronique d'étudiants. Enfin, le gouvernement engage un certain nombre de publicistes agricoles qui sont, en quelque sorte, les premiers agronomes et crée, en 1890, le concours du Mérite agricole pour stimuler l'émulation parmi les cultivateurs. Malgré le caractère limité de ces efforts, il ne faudrait pas en sous-estimer l'importance dans les progrès du monde agricole. Un fonctionnaire important, comme Édouard-A. Barnard, peut donner une centaine de conférences par année dans les paroisses, travailler à susciter la formation de quelque 500 cercles agricoles en quinze ans, promouvoir des cultures industrielles comme la betterave à sucre, tout en s'occupant de journalisme agricole. Du côté de l'outillage, rappelons que la seconde moitié du 19e siècle est marquée par l'invention et la mise au point de machines aratoires diverses; il suffit de jeter un coup d'œil sur des journaux d'époque pour voir la diversité du matériel proposé. Dans la mécanisation comme dans l'amélioration des techniques, l'implantation va de pair avec le degré d'articulation des régions au marché. Les vieilles paroisses plus prospères sont en meilleure posture que les paroisses plus récentes.

En dépit de ces changements structurels, on note une certaine permanence des traits du monde agricole québécois qui sont de trois ordres: la morphologie, les structures agraires et le type d'agriculture. La morphologie rurale est dominée par le rang et la forme typique d'habitat rural qu'il suscite. Ce trait de permanence du paysage est encore visible de nos jours lorsqu'on parcourt la campagne. Deux des éléments qui forment la structure agraire — la paroisse et la famille — ont une importance capitale au Québec. La paroisse n'est pas uniquement une institution d'encadrement religieux; elle devient rapidement l'institution de base de toute la société rurale et même de la société québécoise. Elle regroupe un certain nombre de rangs et donne lieu à un phénomène d'identification sociale et spatiale: on est de telle ou telle paroisse. L'État reconnaît rapidement cette réalité et, lors de la promulgation du premier code municipal, on forme dans les campagnes des municipalités de paroisse, c'est-à-dire des institutions locales dont les charges sont électives et qui doivent régir le territoire de la paroisse.

La famille joue aussi dans le monde rural un rôle fondamental. Elle forme l'unité de production/consommation de base; ses besoins déterminent le volume de la production agricole. Durant toute la période, l'unité familiale rurale se caractérise par le nombre élevé de ses membres.

Le troisième élément est la persistance de l'autoconsommation au moment où l'agriculture se spécialise et améliore ses méthodes. En fait, ce phénomène s'expliquerait par la présence de ceux que l'historien Normand Séguin qualifie de pseudo-exploitants agricoles, c'est-à-dire des personnes vivant sur des terres trop petites pour servir de base à une véritable agriculture et qui, sans doute, sont des cultivateurs à temps partiel. Au recensement de 1891, près de 30% des occupants de terre du Québec sont dans ce cas (moins de 10 acres possédés). À côté, on trouve un groupe plus stable de véritables agriculteurs, responsables de la plus grande partie de la production agricole. Par ailleurs, l'essor de la colonisation crée, dans certaines régions, des conditions qui rendent l'agriculture d'autoconsommation inévitable, du moins pendant les premières années: éloignement des marchés, travail en forêt, dans les mines ou les pêcheries.

La colonisation

Le mot colonisation peut avoir des significations diverses. Dans le contexte québécois du 19e siècle, il a un sens précis qu'a défini Esdras Minville : «coloniser veut dire vouer à l'agriculture une parcelle de terre jusque-là inoccupée, inculte et d'une façon générale boisée. [...] La colonisation apparaît ainsi essentiellement comme le début de l'agriculture, et c'est comme tel qu'elle est conçue, organisée et traitée. Le colon est un agriculteur en puissance.» Au mot colonisation sont associées étroitement les expressions «défrichement», «terres neuves», «faire de la terre».

Le rêve: l'extension de l'agriculture

La colonisation agricole est un phénomène très ancien au Québec puisqu'elle remonte à la première installation permanente des Blancs. Dans le siècle qui suit la conquête de 1760, on assiste à une accentuation du mouvement d'occupation de terres neuves. Ce mouvement s'accomplit naturellement, par le débordement du surplus de population des vieilles paroisses vers les zones encore inoccupées.

Vers le milieu du 19e siècle, se situe un point de rupture. La plaine du Saint-Laurent, qui contient les meilleures terres du Québec, est à peu près totalement occupée, à l'exception de quelques zones à l'intérieur. Les fils de cultivateurs à la recherche de terres doivent maintenant se tourner vers les zones périphériques, sur les rebords des Laurentides et des Appalaches. C'est ainsi que des régions comme le nord de Montréal, la Mauricie, le Saguenay-Lac-Saint-Jean, l'arrière-pays de la Côte-du-Sud et plus tard le Témiscamingue sont ouvertes à la colonisation. Or, ce sont des régions assez isolées et souvent moins propices à l'agriculture. Ces conditions nouvelles rebutent un grand nombre de colons potentiels.

Vers la même époque, un autre débouché s'ouvre aux surplus de population des campagnes: le travail en usine dans les villes du Québec et de la Nouvelle-Angleterre. Sur le strict plan économique, les ruraux ont donc un choix: rester dans l'agriculture en devenant des colons ou quitter l'agriculture pour se prolétariser. La majorité choisit la deuxième solution.

Cette nouvelle situation — et en particulier l'émigration aux États-Unis — provoque l'inquiétude des milieux dirigeants canadiens-français. Le clergé québécois réagit rapidement et tente de prendre en charge le mouvement de colonisation, afin de le relancer et de l'encadrer. Les motivations du clergé sont multiples mais s'inscrivent surtout dans le projet global de maintenir au Québec une société rurale et traditionnelle assurant une place importante à l'Église. Il devient donc important d'enrayer le flot d'émigration aux États-Unis qui semble menacer, à long terme, la survie même du peuple canadien-français. En outre, les assises du pouvoir clérical sont plus solidement implantées dans le monde rural et l'exode vers les villes menace l'emprise idéologique et politique du clergé. Il y a aussi des aspects financiers qui n'ont guère été étudiés jusqu'ici: les évêchés, les séminaires et les communautés religieuses ont réalisé d'importants investissements dans le monde rural et le développement des régions de colonisation rentabilise ces intérêts.

L'intervention du clergé se manifeste sur deux plans: institutionnel et idéologique. Des curés de paroisses et des évêques provoquent la fondation de sociétés de colonisation ayant pour objectif de faciliter l'établissement des colons dans de nouvelles régions. En outre, certains

Antoine Labelle, 1834-1891, curé de Saint-Jérôme de 1868 à 1891 et sous-ministre de la Colonisation de 1888 à 1891. (ANQ, GH770-19)

prêtres s'impliquent plus directement en fondant eux-mêmes de nouvelles paroisses dans les zones de colonisation. Ces missionnaires-colonisateurs se présentent comme les défenseurs et les porte-parole des colons. C'est ainsi que le curé Hébert, de Kamouraska, anime la colonisation dans la plaine d'Hébertville, au Lac-Saint-Jean, ou que le curé Brassard provoque le développement de la région au nord de Joliette. Le plus légendaire de tous est le célèbre curé Labelle, de Saint-Jérôme, qui amène de nombreux colons dans les Laurentides au nord de Montréal; c'est à lui que le premier ministre Honoré Mercier confie le poste de sous-ministre de la colonisation quand, en 1888, il remplace le ministère de l'Agriculture et des Travaux publics par un ministère de l'Agriculture et de la Colonisation. Le curé Labelle illustre une certaine diversité des projets de colonisation. On l'a longtemps considéré comme le représentant par excellence du mouvement de colonisation agricole mais on découvre maintenant chez lui une vision très structurée du développement, axé non seulement sur l'agriculture, mais aussi sur les mines, les manufactures urbaines, le commerce et le chemin de fer.

Dans l'ensemble, cependant, le clergé et un certain nombre de laïcs négligent la dimension économique de la colonisation pour y voir avant tout une œuvre nationale, parce qu'elle renforce la présence française au Québec et au Canada, et une œuvre catholique, parce qu'elle leur semble plus apte à assurer le maintien des valeurs morales et des vertus ancestrales. Mais des individus demeurent plus critiques vis-à-vis de ces grandes visions; c'est le cas notamment de nombreux hommes politiques ou hauts fonctionnaires.

Le mouvement de colonisation au Québec connaît donc une mutation importante à partir du milieu du siècle. L'intervention cléricale n'est qu'un aspect de cette réalité nouvelle qui répond d'abord à des changements économiques dus à l'éloignement progressif des aires de colonisation et à l'apparition d'un nouveau débouché pour la main-d'œuvre rurale. Il faut y ajouter une autre transformation qui affecte la nature même de la colonisation: en s'éloignant à la périphérie, celle-ci devient de moins en moins un prolongement de l'agriculture et de plus en plus dépendante de la forêt.

La réalité: l'économie agro-forestière

Dans un contexte idéal, la colonisation ne doit être qu'une étape vers l'agriculture. Installé dans une forêt, le colon rase le bois qui s'y trouve et, en quelques années de dur labeur, transforme son lot en une terre agricole. Or, dans les nouvelles régions de colonisation, ce modèle idéal devient de plus en plus difficile à réaliser. Le problème réside dans la coexistence, sur un même espace géographique, de deux intérêts économiques, celui du bois dont on veut faire le commerce, et celui de la terre qu'on veut exploiter par l'agriculture.

Dans ces régions, ce sont généralement les exploitants forestiers qui s'installent d'abord, avant l'arrivée des colons. Ils veulent garder pour eux le bois et n'ont donc pas intérêt à voir s'étendre la zone agricole. Par ailleurs, ils ont besoin pour leur chantier de coupe d'une main-d'œuvre nombreuse, robuste et à bon marché. De plus, ils n'en ont besoin que pendant une partie de l'année, en hiver. Il leur faut donc des travailleurs ayant d'autres moyens de subsistance. Où les trouver, sinon sur des fermes?

De son côté, le colon qui s'installe doit défricher et cela prend du temps. En attendant, il faut un revenu d'appoint, qu'il trouve dans le secteur forestier. Des obstacles l'empêchent d'ailleurs de devenir un

Des colons sans titre de propriété (squatters) au Lac-Saint-Jean. (ANQ, N1173-79)

véritable cultivateur. Dans les nouvelles régions de colonisation, la terre généralement assez pauvre et les conditions climatiques peu favorables ne permettent guère qu'une agriculture de subsistance. Ces régions sont loin des marchés et sont mal pourvues en voies de communication. De sorte que, même dans le cas où la qualité des terres et du climat le permet, cette situation retarde la naissance d'une agriculture commerciale et spécialisée. Le colon produit essentiellement pour se nourrir et, s'il a des surplus, son seul débouché se trouve du côté des chantiers de coupe du bois.

L'exploitant forestier a donc besoin du colon, qui lui fournit la main-d'œuvre à bon marché et la nourriture pour les chantiers. Le colon de son côté a besoin de l'exploitant forestier, car il lui fournit un revenu d'appoint indispensable et un marché pour ses produits agricoles. C'est la base de l'économie agro-forestière, que Normand Séguin définit ainsi : «L'économie agro-forestière se définit par la co-existence des activités agricoles et forestières unies dans un même espace par des liens de complémentarité. Son existence repose sur deux conditions : *(1)* absence ou grande faiblesse d'intégration des activités agricoles aux circuits commerciaux; *(2)* forte subordination de celles-ci aux activités forestières.»

Dans ce système, c'est le secteur capitaliste — en l'occurrence celui du bois — qui domine et qui impose son rythme au développement.

Quand les exploitants forestiers ont coupé le bois dans une zone, ils se déplacent et les colons suivent. De nouvelles paroisses s'ouvrent, alors que les anciennes stagnent. Comme l'a montré Séguin, le cas est patent au Saguenay-Lac-Saint-Jean. Le peuplement s'y déplace graduellement de Chicoutimi, sur le Haut-Saguenay, vers l'extrémité ouest du lac Saint-Jean.

Dans ce système, le secteur forestier a tout intérêt à freiner le développement de l'agriculture, à maintenir celle-ci dans la subsistance. Les colons sont alors forcés d'aller travailler en forêt pour survivre et, comme ils sont habitués à un bas niveau de vie, ils acceptent de bas salaires. On comprend dès lors les pressions des marchands de bois auprès de l'État pour qu'il interdise aux colons de vendre le bois qu'ils coupent sur leur propre terre: les colons risqueraient alors de se libérer de la tutelle de l'exploitant forestier.

Le seul moyen pour l'agriculture de se développer sera de rompre ses liens avec le secteur forestier. Pour cela, il lui faut un marché pour les produits de la terre et ce débouché ne viendra qu'avec l'urbanisation des régions périphériques, au 20ᵉ siècle. Et encore, cette voie ne sera possible que pour les meilleures terres. Une partie importante des terres de colonisation restera dans l'orbite du système agro-forestier jusqu'au milieu du 20ᵉ siècle.

L'État québécois joue un rôle important dans ce système agro-forestier. En effet, dans toutes ces nouvelles régions de colonisation, l'État est le propriétaire initial à la fois de la terre et de la forêt. Il possède de vastes territoires désignés sous le nom de «terres de la couronne». Or, les revenus qu'il tire de ces terres sont une des sources majeures de financement du gouvernement québécois.

La politique gouvernementale est axée sur la mise en valeur des terres de la couronne à la fois pour en tirer des revenus et pour favoriser le développement économique. Le gouvernement applique des politiques et fait voter des lois pour encadrer cette mise en valeur. C'est ainsi que la coupe du bois se fait dans le cadre du système de concessions: le gouvernement reste propriétaire nominal du territoire mais il concède le droit exclusif d'y couper le bois à des exploitants forestiers ; ceux-ci paient en échange un droit de coupe.

La concession des terres pour la colonisation se fait dans un cadre différent puisqu'elle aboutit à une vente de caractère définitif. Tout colon peut obtenir un lot de 100 acres dont le prix varie de 0,20$ à 0,80$ l'acre selon les régions et les époques. Il obtient alors un billet

Beaudet Settlement, au Lac-Saint-Jean, à la fin du siècle. (ANQ, N174-37)

de concession et il doit remplir certaines obligations dans des délais déterminés, comme construire une maison, y résider et défricher une partie du lot. Quand ces conditions sont remplies et le prix d'achat payé, le colon devient propriétaire en titre de sa terre.

La politique gouvernementale en matière de chemins de fer est également orientée vers le développement des régions de colonisation. L'État québécois subventionne des lignes régionales comme le Québec - Lac-Saint-Jean ou le chemin de fer de la baie des Chaleurs. Même le chemin de fer de la rive nord est en partie conçu pour faciliter le développement des régions de colonisation. Il y a également intervention dans le secteur routier, avec des subventions pour les chemins de colonisation. Les sommes affectées à ce poste sont toujours insuffisantes et les chemins qui sont construits ne répondent que partiellement aux besoins des colons.

L'État met donc en place un ensemble de politiques. Elles établissent les cadres juridiques et administratifs du développement mais ne le provoquent pas. C'est le capital privé qui garde l'initiative. L'État n'a qu'un rôle supplétif. Ces politiques gouvernementales favorisent-elles l'exploitant forestier au détriment du colon? La réponse est certainement affirmative et on ne saurait s'en surprendre. Un grand nombre d'hommes politiques sont eux-mêmes liés à des sociétés d'exploitation forestière ou à des compagnies ferroviaires.

C'est ainsi qu'on impose des limites assez précises au colon. Les partisans de la colonisation dénoncent ces mesures qui, selon eux, sont des entraves. On reproche à l'État de vendre ses lots plutôt que de les donner gratuitement comme cela se fait aux États-Unis. Le gouvernement répond que la vente éloigne les accapareurs de terres et les colons qui ne sont pas de bonne foi; en outre, les revenus de ces ventes sont essentiels au budget de l'État. On se plaint des obligations trop lourdes imposées au colon dans les premières années de son établissement et surtout de l'interdiction de vendre le bois coupé sur sa propre terre; le colon est ainsi privé d'un revenu qui lui permettrait de financer son établissement initial. Sous les pressions des exploitants forestiers, les régions les plus riches en bois sont fermées à la colonisation. De plus, l'État ne protège jamais les *squatters*, ces colons établis illégalement sur des terres de la couronne.

Répondant à ces critiques, l'État est amené à adopter certaines mesures de protection. La plus importante est la loi du *homestead* (1868) qui interdit de saisir le lot d'un colon ainsi que son équipement, ses animaux et ses biens meubles. C'est là une loi importante, mais qui n'efface pas les insuffisances de l'action gouvernementale. Celles-ci peuvent s'expliquer par la faiblesse financière du gouvernement québécois au 19e siècle et par sa trop grande dépendance des revenus tirés des terres de la couronne, ce qui donne une plus grande force aux pressions des exploitants forestiers.

Un succès mitigé

L'objectif du clergé était d'enrayer l'exode rural et l'émigration aux États-Unis. Sur ce plan, le projet est un échec. Hamelin et Roby estiment qu'en moyenne 1000 nouveaux colons par année s'établissent sur des terres durant la période. Pendant ce temps, beaucoup plus de Québécois quittent leur pays à destination des États-Unis et d'importants contingents s'installent dans les villes du Québec.

Certes, le domaine agricole s'étend considérablement. Les colons, en véritables pionniers, ouvrent au peuplement de nouvelles régions. Le Québec de la fin du siècle n'est plus limité à la seule plaine du Saint-Laurent. Mais cette expansion territoriale s'accompagne d'une extension de l'agriculture de subsistance dans les régions périphériques. On ne réussit pas vraiment à transformer le colon en agriculteur vivant du produit de sa terre.

À ce sujet, il faut constater qu'il était irréaliste de tenter de développer par l'agriculture plusieurs régions du Québec. En effet, pour des raisons de qualité du sol, de relief, de climat, la plupart des régions ouvertes à la colonisation au delà de la plaine du Saint-Laurent sont moins propices à l'agriculture ou ne permettent pas de rendement suffisant. Le système agro-forestier a également un effet de freinage. L'État québécois ne fait qu'encadrer le jeu des forces dominantes et on ne peut lui attribuer la responsabilité exclusive de l'échec de la colonisation agricole. Celui-ci est le résultat d'un ensemble de facteurs.

En réalité, ce n'est pas la colonisation mais l'industrialisation qui permettrait d'absorber le surplus de population dans les campagnes. C'est une industrialisation insuffisante au Québec même qui explique que l'exode rural se soit en partie dirigé vers les États-Unis. C'est aussi la faiblesse relative de l'industrialisation et de l'urbanisation qui explique que l'agriculture québécoise ne soit pas plus prospère.

L'exploitation forestière

Tout au cours du 19e siècle, le bois représente le principal produit d'exportation du Québec et occupe une place de premier plan dans son économie. C'est un matériau qui se prête à des usages variés. Son exploitation connaît trois étapes bien caractérisées: celle du bois équarri, celle du bois scié et celle du bois à pâte. Chacune de ces utilisations se distingue par ses conditions d'exploitation et ses effets d'entraînement.

Les grandes étapes

Même si les avantages de la forêt québécoise ont été reconnus dès le régime français, elle ne fait l'objet d'une exploitation systématique qu'à compter du début du 19e siècle. Un contexte de guerre en Europe force la Grande-Bretagne à se tourner vers ses colonies d'Amérique du Nord pour s'approvisionner en bois dont elle a besoin pour la construction navale. Pour permettre le démarrage de cette exploitation, la Grande-Bretagne accorde une préférence douanière sur le bois en provenance du Canada. Cet avantage est éliminé graduellement à partir des années 1840, ce qui place les producteurs canadiens dans une situation de concurrence avec ceux des pays scandinaves et les amène à se tourner vers le marché américain. À l'époque de la Confédération, le

Chargement du bois équarri à Québec, en 1891. (ANC, C6073)

Québec continue toujours à approvisionner la Grande-Bretagne, mais ce marché représente une part déclinante des exportations.

Dans cette première étape, le commerce porte principalement sur le bois équarri. Il s'agit de pièces de bois façonnées grossièrement à la hache, sur les lieux mêmes de l'abattage. On assemble ensuite ces pièces en radeaux que l'on fait flotter sur les affluents du Saint-Laurent, puis sur le Saint-Laurent jusqu'à Québec. Là, les radeaux sont démontés et le bois embarqué sur des navires à destination de la Grande-Bretagne. Plusieurs de ces navires sont d'ailleurs construits à Québec même. Le bois équarri est surtout du pin que l'on trouve principalement dans la région de l'Outaouais. Ce type d'exploitation présente des problèmes particuliers. On n'utilise que de très grands arbres bien droits, qu'il faut aller chercher de plus en plus loin à cause de la coupe systématique pratiquée depuis le début du siècle. La technique d'équarrissage entraîne le gaspillage d'une partie importante de chaque arbre coupé. Il s'agit donc d'un type d'exploitation qui devient de plus en plus coûteux à mesure que s'épuise la ressource. Ces difficultés, conjuguées à des changements dans les marchés, entraînent le net déclin de la production de bois équarri à partir des années 1880 et sa disparition au début du 20e siècle. Mais à cette époque, le bois équarri ne représente déjà plus l'élément principal de la récolte forestière.

En effet, une nouvelle phase de l'exploitation de la forêt québécoise

La scierie Eddy à Hull, en 1874. (ANC, PA59231)

s'amorce vers le milieu du 19e siècle. Elle repose sur la production de
bois de sciage transformé en planche et en madrier. Une partie de la
production de madriers est destinée au marché britannique, mais les
besoins américains sont vraiment déterminants dans cette nouvelle
orientation. L'urbanisation croissante aux États-Unis provoque une
forte demande de bois de construction qui ne peut être satisfaite seulement à partir des forêts de ce pays, et le Canada devient rapidement le
grand fournisseur des Américains.

L'exploitation du bois de sciage est fort différente de celle du bois
équarri. On peut maintenant utiliser des arbres de moins grande taille

et couper des espèces négligées jusque-là. On continue à transporter les billes par flottage, mais sur de moins grandes distances. En effet, des entrepreneurs installent des scieries à l'embouchure des principales rivières, dans les régions d'exploitation forestière. C'est là que le bois est transformé. Il est ensuite transporté vers les marchés par bateau ou par train. L'expansion du réseau ferroviaire dans la seconde moitié du siècle facilite le transport du bois vers toutes les régions de l'Amérique du Nord. L'exploitation plus intensive de la forêt exige aussi, à compter de 1850, des investissements considérables dans l'aménagement des rivières, en particulier sur le Saint-Maurice: construction de barrages de retenue des eaux pour régulariser le débit, de glissoires pour permettre aux billots de franchir les chutes et d'estacades pour les retenir au point d'arrivée.

Entre 1867 et 1896, l'exploitation forestière en vue de l'exportation est donc dominée par la production de bois scié. Celle-ci est cependant durement secouée par la crise des années 1870 qui provoque une baisse marquée de la construction aux États-Unis, bien que cette chute soit atténuée en partie par le maintien de la construction en Grande-Bretagne. Malgré une reprise au début des années 1880, le secteur du sciage vit une période de stagnation relative qui se prolonge jusqu'à la fin du siècle. En outre, comme le montre l'historien Guy Gaudreau, la coupe intensive qui est pratiquée épuise la ressource; le diamètre moyen des arbres abattus diminue, ce qui augmente les frais de sciage et réduit la rentabilité des entreprises. De plus, la popularité croissante d'autres matériaux de construction, comme le fer, l'acier et la brique, accroît la concurrence sur les marchés. Selon Gaudreau, les problèmes ne se manifestent pas avec la même intensité dans toutes les régions. La Mauricie est la plus touchée et connaît une chute brutale de sa production. Les autres régions sont affectées à un degré moindre, mais seule celle de l'Outaouais supérieur affiche une hausse.

Mais, encore une fois, un nouveau type d'utilisation viendra relancer l'exploitation forestière vers la fin du 19e siècle: le bois à pâte pour la fabrication du papier. Le départ est encore modeste et il faudra attendre le début du 20e siècle pour assister à un véritable démarrage dans ce domaine. Cette troisième étape diffère des précédentes car elle permet une coupe encore plus systématique de la forêt, puisqu'on peut utiliser des conifères de petite dimension, négligés jusque-là. En outre, elle amène l'installation d'usines de transformation (usines de pâte, puis de papier) dans les régions productrices. Mais c'est là un effet qui se réalisera lentement. Dans un premier temps, on se contente souvent d'exporter aux États-Unis du bois à pâte qui n'a subi aucune transformation.

Parallèlement à ces trois utilisations, la forêt fournit également d'autres types de produits surtout destinés au marché intérieur. Au premier plan, on trouve le bois de chauffage qui est encore, à l'époque, le principal combustible à usage domestique. On estime même que le volume de cette production dépasse celui du bois de sciage. Certaines régions de colonisation se spécialisent dans la fourniture de bois de chauffage aux villes. C'est ainsi que le chemin de fer de Québec et Gosford, inauguré en 1870, a pour principale fonction d'alimenter la capitale en bois de chauffage. Le curé Labelle utilise à Montréal cet argument de l'approvisionnement en combustible pour obtenir des appuis à son projet de chemin de fer vers les Laurentides. La forêt fournit également, en quantités moindres, du bois pour les lattes, les bardeaux, les traverses de chemin de fer, les piquets, les douves et les poteaux.

Un secteur clé

Les statistiques canadiennes montrent que, pendant la période, les produits du bois et du papier représentent chaque année entre le cinquième et le tiers de la valeur des exportations du Canada. De telles statistiques ne sont pas disponibles pour le Québec, mais on ne peut douter que les produits forestiers y soient en tête des exportations. Si l'on s'en tient au seul secteur de la transformation, on constate que les scieries sont alors une des plus importantes industries du Québec. L'historien Wiliam Ryan a calculé que l'ensemble des produits du bois (à l'exception du papier) occupent, pendant les dernières décennies du siècle, le troisième rang du secteur manufacturier, derrière le groupe des aliments et boissons et celui des produits du cuir. Ces produits du bois représentent 17,1% de la valeur de la production manufacturière en 1870 et 11,1% en 1900. Quant aux produits du papier, ils contribuent, pour ces deux années, à 1,3% et à 3,8% de la valeur de la production. La forêt et ses dérivés sont donc un secteur clé de l'économie québécoise.

La demande étrangère joue un rôle déterminant dans cette mise en valeur de la forêt québécoise. Une partie importante de la production est destinée à l'exportation vers la Grande-Bretagne ou les États-Unis.

Il en résulte des conséquences nombreuses. Le Québec n'est pas maître de son développement forestier; celui-ci est en quelque sorte orienté par des décisions qui se prennent à l'extérieur. La production québécoise est soumise aux aléas du commerce international et de ses fluctuations de prix. La nature de la demande extérieure entraîne la coupe systématique des plus beaux arbres, et un gaspillage des parties les moins en demande; on assiste à une forme de pillage de la forêt sans préoccupation de renouvellement. Les acheteurs étrangers ne sont intéressés qu'à la matière première; la transformation qui se fait au Québec même — équarrissage ou sciage — est une transformation primaire, la seule exception étant peut-être la construction navale à Québec, elle-même en déclin rapide. Dans ce contexte, le Québec ne profite pas pleinement des effets d'entraînement que pourrait engendrer la forêt.

Évidemment, la production n'est pas entièrement tournée vers l'extérieur. Le bois de chauffage, une partie du bois scié, les bardeaux, douves, piquets et traverses sont principalement destinés au marché intérieur. Cette relation entre la forêt et le marché intérieur a toutefois été peu étudiée.

L'exploitation de la forêt québécoise se distingue enfin par l'ampleur des ressources humaines qui y sont consacrées. Les recensements de la période ne relèvent que de 3000 à 5000 bûcherons. Ce chiffre est loin de la réalité, car la plupart des travailleurs forestiers ont aussi une autre profession. Il y a évidemment tous ces agriculteurs qui ont conservé une partie de leur terre «en bois debout». Les surplus qu'ils vendent leur donnent un revenu d'appoint sans compromettre leur activité principale qui est l'agriculture. En 1921, le bois figure encore dans la production des trois quarts des fermes.

Plus important est le phénomène des chantiers. On le retrouve surtout dans les régions périphériques. Là, de grands entrepreneurs, appelés *lumber barons*, se font concéder d'immenses territoires. Certains exploitent directement leurs concessions, mais de plus en plus ils ont recours, pour la coupe forestière, à des sous-traitants qui à leur tour confient des sous-contrats à de petits entrepreneurs locaux, les *jobbers* ; ceux-ci embauchent eux-mêmes leur personnel, le plus souvent des membres de leur famille ou des résidents de leur paroisse. Les historiens René Hardy et Normand Séguin estiment qu'à la fin du siècle la coupe forestière en Mauricie est faite majoritairement par des petites équipes de 5 ou 6 hommes regroupés dans des camps disséminés sur le territoire.

L'intérieur d'un camp de bûcherons vers 1870. (*Canadian Illustrated News*, 5 février 1870)

La main-d'œuvre est constituée principalement des bûcherons. Ceux-ci sont d'abord des colons des environs, intégrés dans le système agro-forestier; viennent ensuite les journaliers et les fils des agriculteurs des vieilles paroisses dont la présence sur les fermes est moins nécessaire pendant l'hiver. Les bûcherons montent dans les chantiers à l'automne et la saison d'abattage se poursuit tout l'hiver. Ils vivent dans des conditions très difficiles. Payés en fonction du rendement, ils travaillent du lever au coucher du soleil, quelles que soient les conditions climatiques. Ils habitent entassés dans un camp de bois rond, sans aucun confort, et dans lequel les mesures élémentaires d'hygiène sont inexistantes. Leur alimentation, à base de porc, de fèves et de pois, est peu variée. C'est un monde rude, sans aménités, où la force physique est valorisée et qui donne naissance à toute une sous-culture du monde rural, avec ses mythes et son folklore. Au printemps, certains bûcherons se transforment en draveurs et s'occupent du flottage du bois sur les rivières jusqu'aux scieries situées aux embouchures.

Ces opérations impliquent la participation de dizaines de milliers d'hommes. Hamelin et Roby estiment que, dans l'Outaouais seulement, 20 000 hommes sont employés dans l'industrie du bois au cours des années 1880. Quant aux scieries, les recensements y notent l'emploi de 12 000 à 14 000 hommes (dans l'ensemble du Québec) entre 1870 et 1900.

Ainsi, aux champs comme en forêt, le monde rural rassemble encore la majorité de la main-d'œuvre à la fin du 19ᵉ siècle. Mais il n'est pas isolé du monde urbain et l'impact de l'industrialisation et de l'urbanisation s'y fait de plus en plus sentir.

ORIENTATIONS BIBLIOGRAPHIQUES

DE MONTIGNY, Benjamin-Antoine-Testard. *La colonisation*, Montréal, C.O. Beauchemin & Fils, 1895. 350 p.

DUSSAULT, Gabriel. *Le Curé Labelle. Messianisme, utopie et colonisation au Québec 1850-1900*. Montréal, Hurtubise HMH, 1983. 392 p.

«Exploiting the forest — Exploitation forestière», numéro thématique de *Material History Bulletin/Bulletin d'histoire de la culture matérielle*, 13 (automne 1981), 121 p.

GAUDREAU, Guy. «L'exploitation des forêts publiques au Québec (1874-1905) : transition et nouvel essor», *Revue d'histoire de l'Amérique française*, 42, 1(été 1988): 3-26.

GREER, Allan. *Peasant, Lord and Merchant. Rural Society in Three Quebec Parishes 1740-1840*. Toronto, University of Toronto Press, 1985. 304 p.

HAMELIN, Jean et Yves ROBY. *Histoire économique du Québec, 1851-1896*. Montréal, Fides, 1971. Troisième partie, Chapitres I, II et III.

HARDY, René et Normand SÉGUIN. *Forêt et société en Mauricie. La formation de la région de Trois-Rivières 1830-1930*. Montréal, Boréal Express/Musée national de l'Homme, 1984. 222 p.

JEAN, Bruno. *Les idéologies éducatives agricoles (1860-1880) et l'origine de l'agronomie québécoise*. Québec, ISSH, 1976. 237 p.

LÉTOURNEAU, Firmin. *Histoire de l'agriculture*. s.l., s.e., 1968. 398 p.

McCALLUM, John. *Agriculture and Economic Development in Quebec and Ontario until 1870*. Toronto, University of Toronto Press, 1980. 148 p.

MINVILLE, Esdras, dir. *L'agriculture*. Montréal, Fides, 1943. 555 p.

MINVILLE, Esdras, dir. *La forêt*. Montréal, Fides, 1944. 414 p.

PERRON, Marc-A. *Un grand éducateur agricole. Edouard-A. Barnard 1835-1898*. s.l., s.e., 1955. 355 p.

SÉGUIN, Normand. «L'agriculture de la Mauricie et du Québec, 1850-1950», *Revue d'histoire de l'Amérique française*, 35,4 (mars 1982): 537-562.

SÉGUIN, Normand, dir. *Agriculture et colonisation*. Montréal, Boréal Express, 1980. 222 p.

SÉGUIN, Normand. *La conquête du sol au 19ᵉ siècle*. Montréal, Boréal Express, 1977. 295 p.

TACHÉ, J.-C. *Rapport du comité spécial sur l'état de l'agriculture du Bas-Canada*. Toronto, Louis Perrault, 1850.

TRÉPANIER, Pierre. *Siméon Le Sage. Un haut fonctionnaire québécois face aux défis de son temps (1867-1909)*. Montréal, Bellarmin, 1979. 187 p.

CHAPITRE 7

L'INDUSTRIE ET LA VILLE

Pendant la seconde moitié du 19ᵉ siècle, le Québec connaît à son tour ce processus de transformation radicale des conditions de la production qu'en Angleterre on a baptisé «révolution industrielle». L'industrialisation a des effets profonds non seulement sur l'économie mais aussi sur la structure sociale, la répartition spatiale des populations et les mentalités. Elle est un facteur déterminant de l'urbanisation.

L'industrialisation

Le processus d'industrialisation suit un cheminement général qu'il convient de rappeler. Dans le passage de l'ère préindustrielle à l'ère industrielle, on distingue habituellement trois étapes: l'artisanat, la manufacture et l'industrie mécanisée.

À l'époque préindustrielle, la production des biens est morcelée et assurée par un grand nombre de petits producteurs indépendants, les artisans. Le système artisanal se caractérise par trois éléments principaux: le producteur est lui-même propriétaire de ses moyens de production; les diverses étapes de la fabrication d'un produit sont habituellement exécutées par la même personne; et l'artisan, qui effectue un travail individuel, n'a que peu ou pas d'employés, qui sont surtout des apprentis.

La seconde étape survient quand un entrepreneur réunit dans une manufacture un certain nombre d'artisans qui travaillent sous ses ordres. Ce système amorce le transfert de la propriété des moyens de production du travailleur au capitaliste. La manufacture permet aussi d'établir une division technique du travail. Regroupés, les artisans ne réalisent plus toutes les phases de la fabrication d'un produit: chacun assume une opération distincte, ce qui accroît l'efficacité. Certaines tâches, devenant ainsi beaucoup plus simples, peuvent dès lors être accomplies par des travailleurs sans qualification, à un coût plus bas

De l'artisanat à la production mécanisée. (Collection Walker, Musée McCord)

pour l'employeur. Ainsi, l'étape de la manufacture permet de mieux organiser la production et d'améliorer la productivité; elle fait la transition entre l'artisanat et l'industrie mécanisée.

C'est le passage à l'industrie mécanisée qui constitue, à proprement parler, la révolution industrielle. La base technique de cette révolution est la machine, qui augmente considérablement la productivité du travail et permet de réaliser une production de masse à un coût bien inférieur à celui de la production artisanale. L'ampleur des capitaux requis accentue la mainmise de l'entrepreneur sur les moyens de production et la prolétarisation des producteurs. La machine permet de pousser plus loin la division des tâches et favorise l'emploi d'une main-d'œuvre sans qualification. Les profits de la hausse de la productivité ne sont pas redistribués entièrement aux travailleurs; ils sont en partie retenus par les propriétaires des moyens de production, permettant ainsi à ces derniers une plus grande accumulation du capital. Enfin, le regroupement des travailleurs en un lieu précis accélère la concentration de la population dans les villes.

Ce processus général s'étale souvent sur plusieurs décennies, laissant coexister pendant un certain temps artisans indépendants et grandes entreprises. Le rythme d'implantation de l'industrie varie en outre d'un secteur à l'autre et d'une région à l'autre. Il y a donc une période de transition où l'ensemble de l'économie d'un pays connaît une mutation profonde annonciatrice de l'ère industrielle, tout en conservant des manifestations significatives de l'époque préindustrielle.

Le Québec vit cette étape de transition pendant la seconde moitié du 19e siècle, même si le schéma général de l'industrialisation ne s'applique pas toujours intégralement. Il y a des secteurs, comme la chaussure, où les trois grandes étapes se manifestent successivement. Mais il n'en va pas toujours ainsi. Deux éléments de la situation particulière du Québec doivent être signalés. Le Québec étant une colonie, et de peuplement récent, il y a des cas où l'étape initiale de l'artisanat ne s'est jamais développée. Certains produits, comme ceux du textile, ont été pendant longtemps importés et, quand on commence à les fabriquer sur place, il est possible de démarrer à la phase industrielle. De plus, la Grande-Bretagne et les États-Unis se sont industrialisés plus tôt que le Québec, de sorte que ce dernier peut profiter de l'expérience acquise ailleurs et importer sans transition des innovations techniques qui, ailleurs, sont le résultat d'une longue maturation. Dans plusieurs cas, ce sont des entrepreneurs britanniques ou américains qui viennent s'installer au Québec, apportant avec eux les innovations. Dans ce contexte, on peut croire que l'étape intermédiaire de la manufacture est, au Québec, assez brève et, souvent, escamotée.

De la boutique à l'usine

L'industrialisation du Québec, dans la seconde moitié du 19e siècle, se fait en deux temps bien distincts. Même si l'on peut relever quelques cas de manufactures ou de fabriques implantées dès les années 1820 ou 1830, c'est vers 1850 qu'il faut placer les débuts significatifs de l'industrialisation. Une première période d'implantation industrielle, qui dure une vingtaine d'années, débute alors. Le régime politique de l'Union favorise l'intégration du Québec et de l'Ontario dans un ensemble économique canadien. L'achèvement du réseau de canaux en 1848, puis la construction du Grand-Tronc, améliorent la qualité et la rapidité des communications, contribuant ainsi à l'unification du marché intérieur. Le flot migratoire considérable de la période 1840-

La concentration d'industries et de logements ouvriers aux abords du canal Lachine, à la fin du siècle. (Archives Notman, Musée McCord)

1857 augmente de façon notable le nombre des consommateurs et offre à l'industrie naissante une main-d'œuvre abondante et peu coûteuse. Ces transformations du marché et de la main-d'œuvre sont les facteurs déterminants qui permettent l'implantation au Québec de la production de masse. Pendant cette période, l'industrie se concentre à Montréal, située au cœur du marché canadien et jouissant d'importants avantages de localisation. Le réaménagement du canal Lachine, terminé en 1848, rend disponibles de grandes quantités d'énergie hydraulique permettant de faire tourner la machinerie des usines. En quelques années, le sud-ouest de Montréal devient le cœur industriel du Québec. Quatre grands secteurs se développent alors: la meunerie, le fer et ses dérivés, le bois et ses dérivés, la chaussure. Ce dernier secteur domine vraiment la production industrielle et les plus grandes usines emploient plusieurs centaines d'ouvriers. À l'extérieur de la métropole, deux autres centres commencent à s'industrialiser: Québec, grâce à la chaussure, et Sherbrooke, l'un des premiers foyers canadiens de l'industrie du textile. Par ailleurs, plusieurs petites localités accueillent des scieries.

La crise de 1873-1878 provoque un ralentissement du processus mais, dans les années 1880, le Québec entre dans une deuxième période d'industrialisation. Divers facteurs y contribuent dont, au premier chef, le tarif douanier de 1879, qui permet aux entreprises de croître à l'abri de la concurrence étrangère. L'agrandissement du marché canadien au cours des années précédentes et la construction de nouveaux chemins de fer font également sentir leurs effets. De façon générale, les industriels bénéficient d'une meilleure intégration du marché canadien et de la mise au point de nouvelles techniques de vente. Hamelin et Roby soulignent en outre l'importance de la spécialisation agricole pour ouvrir aux industriels les marchés ruraux.

Pendant la première période, la main-d'œuvre venait surtout de l'étranger. Cette fois, elle est principalement autochtone. Le ralentissement de l'immigration et l'existence d'un fort surplus démographique dans les campagnes font des Canadiens français les nouveaux prolétaires de l'industrie québécoise. Habitués à un bas niveau de vie sur la terre et trop nombreux pour les emplois disponibles, ils doivent se contenter de bas salaires; cette situation même est un facteur qui attire des entreprises ayant besoin d'une main-d'œuvre nombreuse et peu qualifiée. Cette fois, les implantations industrielles débordent les grands centres. Environ 50% de la production se concentre à Montréal, mais l'industrie s'étend maintenant vers les municipalités de banlieue, Hochelaga, Saint-Gabriel, Sainte-Cunégonde, Saint-Henri, et plus loin dans la plaine, à Valleyfield, Saint-Hyacinthe, Saint-Jean et Sorel. Dans les Cantons de l'Est, le processus devient plus marqué à Sherbrooke et se diffuse dans les municipalités avoisinantes, telles Magog et Coaticook. En face de Québec, Lévis devient également un centre industriel.

Cette seconde vague d'industrialisation s'accompagne d'une diversification. C'est l'époque où l'industrie textile, protégée par le tarif douanier, s'implante solidement au Québec. D'autres industries, comme la construction de matériel de chemin de fer, les raffineries de sucre, les salaisons, le vêtement et le tabac sont également en pleine croissance. On peut dresser un portrait sommaire de la structure industrielle du Québec en fin de période (tableau 1). Il y a d'abord un important groupe d'industries manufacturières légères, centrées sur l'habillement: textile, vêtement et chaussure. Il fournit près du tiers de la production manufacturière du Québec et fait appel à une main-d'œuvre abondante et à bon marché. On y trouve des entreprises non seulement dans les grands centres, mais aussi dans les petites villes de la plaine et des

Cantons de l'Est. Il y a ensuite un groupe d'industries lourdes, principalement les produits du fer et de l'acier ainsi que le matériel roulant de chemin de fer. Elles se concentrent essentiellement dans la région de Montréal et emploient une main-d'œuvre beaucoup plus qualifiée, souvent d'origine britannique. Enfin il y a le groupe des produits alimentaires, très diversifié et morcelé en un grand nombre d'entreprises, et celui du bois et de ses dérivés, qui tous deux s'appuient sur l'embauche d'une main-d'œuvre peu coûteuse.

Les principaux secteurs

Les historiens Hamelin et Roby ont dressé un tableau des principaux secteurs industriels québécois pour la période 1850-1896 (tableau 1). Rappelons-en les traits principaux.

Le groupe des produits alimentaires est le plus important quant à la valeur de sa production. C'est toutefois un secteur composite, où se côtoient des industries assez différentes. Dans la plupart des cas, la production est disséminée sur le territoire, dans des fabriques de dimensions modestes. Ce groupe est dominé successivement par trois industries: d'abord celle de la farine, jusque vers 1880, alors que le développement de l'Ouest entraîne une migration des principales entreprises vers le Manitoba; les raffineries de sucre, où deux firmes (Redpath et St. Lawrence Sugar Refining Co.) monopolisent la production ; enfin, dans les années 1890, l'industrie de transformation des produits laitiers prend son essor avec la multiplication des beurreries et fromageries. Le secteur comprend aussi d'autres industries non négligeables: la brasserie, où certaines entreprises, comme celle de la famille Molson, existent depuis longtemps; la biscuiterie, où s'illustre la famille Viau; la distillerie; la boulangerie; les salaisons, en net développement après 1880.

Le bois représente un secteur clé au Québec, tout au cours du 19e siècle. Au milieu du siècle s'y produisent des changements importants, décrits plus haut. Le passage du bois équarri au bois scié permet l'émergence d'une industrie de transformation du bois. Auparavant, on se contentait pratiquement d'une simple cueillette en vue de l'exportation. Les grandes scieries qui s'installent sur les affluents du Saint-Laurent après 1850 emploient beaucoup de travailleurs. En s'implantant près des réserves de bois, elles exercent une pression décentralisatrice sur l'industrie québécoise et sur le réseau urbain. Plusieurs

TABLEAU 1

VALEUR DE LA PRODUCTION MANUFACTURIÈRE
QUÉBEC, 1861-1901 (EN DOLLARS)

Groupe	1861	1871	1881	1891	1901
Alimentation	3 830 307	18 650 000	22 440 000	34 700 000	33 099 000
Tabac	262 050	1 430 000	1 750 000	3 600 000	8 231 000
Caoutchouc	—	—	—	—	39 000
Cuir	1 206 527	14 330 000	21 680 000	18 900 000	20 325 000
Textile	788 316	1 340 000	2 400 000	4 300 000	12 352 000
Vêtement	28 000	5 850 000	10 040 000	13 600 000	16 542 000
Bois	4 155 693	11 690 000	12 790 000	18 500 000	16 340 000
Papier et pâte	268 200	540 000	1 342 000	2 300 000	6 461 000
Fer at acier	1 472 680	3 130 000	4 220 000	7 600 000	12 842 000
Imprimerie, édition	—	1 250 000	1 830 000	2 300 000	3 510 000
Équipement de transport	648 041	2 910 000	3 600 000	9 900 000	8 058 000
Métaux non ferreux	—	—	—	—	1 497 000
Appareils électriques	47 300	—	—	400 000	1 815 000
Minerai non métallique	321 390	—	—	—	1 630 000
Pétrole et charbon	—	—	—	—	245 000
Produits chimiques	130 600	—	—	—	4 138 000
Divers	35 750	1 510 000	2 490 000	4 270 000	1 342 000
Total du recensement	15 000 000	77 200 000	104 660 000	153 300 000	153 574 000
Total classifié	13 194 854	62 630 000	84 582 000	120 370 000	148 467 000
Échantillon	87,9%	81,1%	80,8%	78,5%	96%

Source: J. Hamelin et Y. Roby, *Histoire économique du Québec 1851-1896*, p. 267.

petites villes et villages, comme Hull, les Piles, Chicoutimi ou Rivière-du-Loup doivent en partie leur existence au «moulin» qui très souvent fait vivre la majorité de la population. En outre, une industrie secondaire du bois, transformant les produits des scieries, se développe pour répondre aux besoins de l'industrie et du bâtiment. Ces fabriques de portes et châssis, de boîtes ou de tonneaux sont cependant localisées dans les grandes villes. Quant à l'industrie des pâtes et papiers, elle en est encore à ses balbutiements: les entreprises sont de dimensions modestes et ne réussissent pas à concurrencer efficacement les producteurs américains. La montée fulgurante des entreprises papetières ne se fera qu'au 20e siècle.

Du côté des biens de consommation, trois autres secteurs, liés aux besoins d'habillement, connaissent des progrès importants: le cuir, le textile et le vêtement. Tous trois ont en commun une caractéristique importante: leur main-d'œuvre féminine sous-payée.

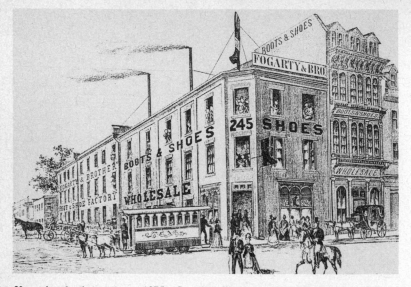

Une usine de chaussures en 1875. (*Canadian Illustrated News*, 25 décembre 1875)

Le secteur du cuir vient au deuxième rang de la valeur de la production manufacturière au Québec, après le secteur alimentaire. L'industrie de la chaussure y émerge nettement. Elle se retrouve dans les deux grandes villes. Montréal tient cependant le haut du pavé puisqu'elle produit, dans les dernières décennies du siècle, entre 60% et 75% des chaussures vendues au Canada. Ce leadership montréalais a d'ailleurs des racines lointaines. Dès l'époque préindustrielle, un grand nombre d'artisans-cordonniers s'étaient installés à Montréal, ce qui explique que le passage de l'artisanat à la manufacture, puis à l'industrie mécanisée soit plus visible dans ce cas (tableau 2). Il commence à se réaliser dans les années 1850 et, en moins de deux décennies, Montréal se retrouve avec plusieurs entreprises de chaussures employant chacune entre 200 et 500 travailleurs. Pendant la première vague d'industrialisation du Québec, l'industrie de la chaussure est probablement celle qui connaît la plus forte croissance. Mais, entre 1880 et 1900, elle a plutôt tendance à se stabiliser alors que d'autres secteurs prennent la relève. L'industrie de la tannerie, liée de près à celle de la chaussure, progresse elle aussi rapidement mais, selon Hamelin et Roby, la concurrence américaine provoque son déclin après 1880.

TABLEAU 2

QUATRE ENTREPRISES DE FABRICATION DE CHAUSSURE À MONTRÉAL, 1871

Caractéristiques	J.-S. Courval	J.-D. Pelletier	E.-H. Thurston	Ames Millard
Capital fixe ($)	264	10 000	30 000	200 000
Capital flottant ($)	500	30 000	30 000	380 000
Nombre de travailleurs	3	25	73	341
Salaires annuels versés ($)	312	10 000	15 600	84 000
Utilisation de la vapeur	non	non	oui	oui
Valeur des matières premières ($)	382	14 630	8 500	225 000
Quantité produite (paires)	520	18 176	27 000	316 000
Valeur de la production ($)	2 080	36 000	45 000	470 000

Source: Manuscrit du recensement du Canada, 1871, tableau n° 6, recensement industriel, Archives nationales du Canada.

Plus que la chaussure, le textile est devenu, dans l'historiographie, le symbole de la structure industrielle du Québec. Sa localisation, la taille de ses usines, la composition de sa main-d'œuvre et sa structure financière en font peut-être l'illustration la plus éclatante de la grande industrie capitaliste. Précisons immédiatement que seul le coton s'implante de façon significative au Québec; la laine et la soie n'y occupent qu'une position marginale, la production canadienne dans ces deux domaines se localisant en Ontario. Après quelques expériences plus ou moins couronnées de succès, notamment à Sherbrooke, l'industrie cotonnière québécoise démarre véritablement en 1873-1874, avec l'installation de la filature de Victor Hudon à Hochelaga et celle de Montreal Cotton Company (créée par un groupe d'hommes d'affaires montréalais, principalement A.F. Gault) à Valleyfield. Le tarif protecteur de 1879 donne un nouvel essor à cette industrie et lui permet de ravir une partie du marché canadien au détriment des importations anglaises et américaines. La valeur de la production augmente de façon constante et, de 1879 à 1884, cinq entreprises nouvelles s'installent au Québec. Il en résulte une crise de surproduction qui provoque des ententes entre les manufacturiers: spécialisation des usines, cartel des prix, puis, entre 1889 et 1892, formation de deux trusts — Dominion Cotton Mills Co. et Canadian Coloured Cottons — qui absorbent des entreprises situées dans quatre provinces et représentant 70% des installations mécaniques au Canada. Le trust de Dominion Cotton sera

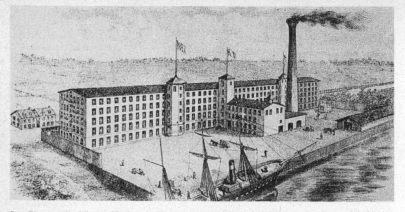

La filature de Victor Hudon à Hochelaga en 1874. (*L'Opinion publique*, 26 février 1874)

élargi en 1905 par la fusion avec trois autres compagnies en vue de former Dominion Textile, contrôlée par des hommes d'affaires montréalais.

Ainsi, l'industrie textile est un des premiers exemples québécois du processus de concentration des entreprises et de monopolisation. Les filatures de coton n'ont pas tendance à se localiser à Montréal même, mais plutôt en banlieue (Hochelaga et Saint-Henri) ou dans de petites villes (Valleyfield, Chambly, Coaticook, Magog, Montmorency). Elles sont ainsi à proximité de bassins de population rurale disponible pour travailler à bas salaire. Au 19e siècle, les filatures québécoises recrutent leurs employés majoritairement chez les femmes et utilisent beaucoup le travail des enfants. L'abondance et le coût peu élevé de la main-d'œuvre n'expliquent pas entièrement la localisation des entreprises. Selon Jacques Rouillard, la disponibilité de grandes quantités d'énergie hydraulique, puis hydro-électrique, est un élément déterminant. À la fin du siècle, le textile est devenu un secteur important, se classant au 6e rang de la valeur de la production manufacturière du Québec.

Le secteur du vêtement présente une image fort différente. Il se développe au Québec pendant les années 1860, probablement, comme l'indiquent Hamelin et Roby, à la faveur de la guerre civile américaine. La valeur de la production dépasse nettement celle du textile. C'est un secteur encore peu concentré, où les entreprises sont nombreuses et la concurrence vive. On y trouve peu de grandes fabriques, car l'industrie de la confection repose sur un type particulier d'emploi, le *sweating system*. Le travail de couture est effectué à domicile par des femmes payées à la pièce, à des taux extrêmement bas; l'entrepreneur n'effectue dans sa manufacture que la coupe du tissu. Ce sont souvent des femmes rurales qui, embrigadées dans ce système, sont ainsi intégrées indirectement au marché du travail urbain. Au tournant du siècle, l'industrie du vêtement deviendra un lieu privilégié de l'exploitation des immigrants pauvres d'origine juive.

L'industrie lourde est représentée au Québec par le secteur du fer et de l'acier et par celui du matériel roulant de chemin de fer. La transformation primaire du fer et de l'acier est en voie de disparition après la Confédération. Les célèbres Forges du Saint-Maurice, qui existent depuis l'époque de la Nouvelle-France, s'éteignent en 1883; d'autres entreprises subissent le même sort. L'économiste Albert Faucher explique ce déclin par l'évolution technologique de la sidérurgie. Les entreprises produisaient, à partir d'un minerai de tourbière et à l'aide de charbon de bois, de la fonte permettant de fabriquer des poêles et des pièces de machinerie. Or cette technologie et ce type de production deviennent de plus en plus inadaptés à l'ère industrielle. La pauvreté du Québec en charbon minéral et en minerai de fer — du moins en fer facilement accessible et exploitable à l'époque — expliquerait que ne se soit pas produit le passage à la sidérurgie nouvelle. Cependant, la transformation secondaire du fer et de l'acier se développe à partir d'une production primaire importée. Les entreprises de laminage et de fabrication de clous, outils, chaudières, etc., sont surtout situées à Montréal. La plus importante est Montreal Rolling Mills Company, fondée en 1869 par Morland et Watson, des grossistes en quincaillerie qui veulent ainsi résoudre leurs difficultés d'approvisionnement. Employant 400 ouvriers, elle a des installations modernes et ses machines sont mues à la vapeur. Elle fait le laminage du fer, à partir de gueuses importées de Grande-Bretagne, et en fabrique divers produits; en 1881, elle est devenue le plus grand producteur canadien de tuyaux en fer.

Liée à la transformation du fer et de l'acier, l'industrie du matériel roulant de chemin de fer s'implante solidement à Montréal et connaît une forte impulsion dans les années 1880. Cette localisation s'explique par la situation de Montréal dans le réseau de communication et la présence dans la métropole du centre administratif des deux grands réseaux ferroviaires. C'est ainsi que le Grand-Tronc et le Canadien

Pacifique installent leurs ateliers à Montréal. Ceux du Grand-Tronc sont situés dans le sud-ouest de la ville, à Pointe-Saint-Charles; on y construit des wagons, en plus de réparer et d'entretenir tout le matériel roulant; dans les années 1880, environ 2000 ouvriers y travaillent. De son côté, le Canadien Pacifique choisit l'est de Montréal pour ses usines.

L'industrie de l'équipement ferroviaire s'insère dans le secteur plus vaste du matériel de transport. L'autre industrie importante dans ce secteur, la construction navale, est en net déclin après 1867. Concentrée surtout à Québec, elle a atteint son apogée au milieu du siècle. La demande croissante pour des navires à coque de fer ou d'acier sonne le glas du voilier en bois que construisaient les chantiers navals de la capitale.

Dans ce portrait général de l'industrie québécoise de la fin du 19e siècle, quelques autres industries sont dignes de mention: le tabac, où Montréal domine la production canadienne, l'imprimerie et l'édition, l'ébénisterie ou encore la briqueterie, qui profite de l'usage croissant de la brique dans la construction.

À la fin du 19e siècle, l'industrialisation du Québec est donc bien engagée. Les aliments, le bois, l'habillement, le fer et l'acier en constituent les pôles principaux, en même temps que se manifeste une diversification consécutive à l'élargissement du marché. Cela est encore insuffisant pour occuper toute la main-d'œuvre disponible et enrayer l'émigration, mais cette industrialisation commence déjà à modifier en profondeur les rapports sociaux et les conditions de vie.

L'urbanisation

En provoquant le regroupement des travailleurs, l'industrialisation entraîne la croissance des villes et modifie les conditions de vie de la population urbaine. Il faut cependant éviter de confondre urbanisation et industrialisation. Le premier vocable renvoie au processus social qui caractérise le regroupement des populations dans les villes. En ce sens, l'urbanisation est un phénomène très ancien, mais dont les caracté ristiques changent selon les époques et les systèmes économiques. L'industrialisation ne crée donc pas le processus d'urbanisation. Elle en accélère le rythme et en modifie certains aspects.

Les caractéristiques générales

Jusqu'au milieu du 19e siècle, les villes québécoises ont essentiellement un rôle commercial. Ce sont des postes d'échange dont l'activité peut s'exercer à deux niveaux. Sur le plan international, elles sont des points de rassemblement et d'expédition des grands produits de base: fourrure, bois et blé. Sur le plan intérieur, elles servent de centres de distribution de biens et de services pour un hinterland rural aux dimensions croissantes.

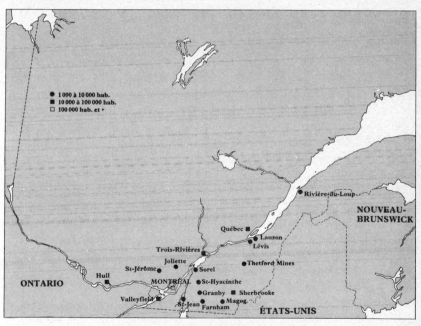

LE RÉSEAU URBAIN QUÉBÉCOIS EN 1901

Il faut d'ailleurs noter l'ancienneté des pôles urbains du Québec. Dès le 17e siècle, en effet, on voit apparaître un trait caractéristique qui se maintiendra jusqu'à nos jours: le poids considérable de Québec et de Montréal, qui contrôlent l'activité économique et le pouvoir politique dans la vallée du Saint-Laurent et qui rassemblent une part significative de la population. Avec l'expansion de la zone agricole, à la fin du 18e siècle et au début du 19e siècle, on voit apparaître un réseau de villages — intermédiaires entre la ville et la campagne — formant la trame du

futur réseau urbain. Ce réseau urbain a déjà acquis certaines caractéristiques dès l'époque commerciale, comme le montre le géographe
Louis Trotier. Outre la domination de Québec et de Montréal, on constate déjà que les centres sont localisés le long du fleuve ou de ses
affluents et que c'est dans la plaine de Montréal que le réseau de villes
et de villages est le plus dense et le plus hiérarchisé.

La période 1850-1870 en est une de transition, sur plusieurs plans.
Les premières manifestations de l'industrialisation font sentir leurs
effets, particulièrement à Montréal, dont la croissance s'accélère. Cette
dernière supplante définitivement Québec comme centre nerveux de la
vie économique et l'écart de population entre les deux villes ira dès lors
en s'accroissant. À l'échelle de l'ensemble du territoire, l'organisation
du réseau urbain est bouleversée par l'arrivée des chemins de fer. Après
le Saint-Laurent, la voie principale du Grand-Tronc devient une
seconde épine dorsale autour de laquelle s'articule partiellement le
système des villes québécoises. Grâce au chemin de fer, certains villages deviennent des centres intermédiaires de nature régionale et connaissent une période d'essor. C'est le cas de Saint-Hyacinthe,
Sherbrooke, Lévis et Rivière-du-Loup. Cette croissance urbaine rend
nécessaire la mise en place de structures politiques au niveau local.
C'est donc entre 1840 et 1870 qu'est créée, par une série de lois, l'organisation municipale telle que nous la connaissons aujourd'hui.

Après 1870, l'industrie manufacturière devient très nettement l'élément moteur de la croissance urbaine au Québec. Des usines surgissent
ici et là, en plusieurs points du territoire. Elles drainent vers la ville une
partie du surplus de population des campagnes. Le rôle de lieu
d'échange ne disparaît pas pour autant. Le commerce reste un élément
important de la base économique des centres urbains, mais il n'a pas un
impact aussi considérable que les nouvelles implantations industrielles.
Ces dernières ont tendance à s'installer dans les villes et villages déjà
existants, donnant à ces municipalités un nouvel essor. Pendant cette
période, il y a très peu de créations de villes qui soient directement
imputables à l'industrie. On assiste plutôt à une superposition des centres industriels sur les centres commerciaux. Il n'y a donc pas de modification en profondeur du réseau urbain existant, mais plutôt une accentuation de la concentration urbaine dans la plaine de Montréal et dans
sa zone limitrophe, les Cantons de l'Est.

La population urbaine

L'industrialisation entraîne donc une concentration accrue de la population québécoise dans les villes. On le constate en examinant le tableau du pourcentage de la population qui est urbaine (tableau 3); dans les recensements, celle-ci est définie comme la population des municipalités constituées, ayant 1000 habitants et plus. En 1851, un peu moins de 15% des Québécois sont des urbains alors que cinquante ans plus tard, cette proportion dépasse le tiers. Ce phénomène devient plus sensible à compter de la décennie 1871-1881.

TABLEAU 3

POURCENTAGE DE LA POPULATION QUI EST URBAINE
QUÉBEC, ONTARIO ET CANADA, 1851-1901

Année	Québec	Ontario	Canada
1851	14,9	14,0	13,1
1861	16,6	18,5	15,8
1871	19,9	20,6	18,3
1881	23,8	27,1	23,3
1891	28,6	35,0	29,8
1901	36,1	40,3	34,9

Source: L. O. Stone, *Urban Development in Canada*, p. 29.

L'évolution québécoise est semblable à celle qui prévaut dans l'ensemble du Canada. Le Québec ne manifeste aucun retard évident puisque, à l'exception du recensement de 1891, il affiche toujours un pourcentage supérieur à celui du Canada. L'écart est plus manifeste quand on compare le Québec à la province voisine, l'Ontario. Au milieu du 19e siècle, les deux provinces présentent sensiblement un même niveau d'urbanisation de leur population. À compter de 1871, toutefois, dans un contexte économique qui lui est plus favorable, l'Ontario distance nettement le Québec.

Le tableau 3 permet donc de constater que la société québécoise connaît un changement majeur pendant la seconde moitié du 19e siècle. Mais ces chiffres peuvent être trompeurs. Ils présentent une image fixe à divers points du temps, ne rendant pas toujours compte de la complexité de la réalité.

Dans le contexte de migrations, décrit dans un chapitre précédent, qui caractérise l'Amérique du Nord de la seconde moitié du 19e siècle, il existe un autre phénomène, lui aussi d'envergure nord-américaine. Les villes de l'époque sont, pour une partie de leur population, un lieu de passage, un lieu de résidence temporaire. Cette situation prévaut tout autant pour les immigrants d'outre-mer que pour les ruraux de l'hinterland. La mobilité géographique étant grande, de nouveaux arrivants viennent régulièrement remplacer ceux qui partent. De sorte que la population totale ayant résidé dans la ville pendant une décennie est beaucoup plus considérable que le chiffre relevé lors d'un recensement. Les villes de Québec et de Montréal, relais importants sur les grands axes de communication continentaux, sont soumises à un tel remplacement d'une partie de leur population. L'ampleur du phénomène n'a pas encore été mesurée, mais le géographe Raoul Blanchard a déjà signalé le cas des Irlandais de Québec. Au milieu du siècle, ceux-ci représentent, pendant quelques décennies, une fraction appréciable de la population de la ville. Vers 1871, à cause de la stagnation économique qui affecte Québec, ils quittent la ville en masse, soit pour gagner Montréal, soit pour émigrer vers d'autres régions de l'Amérique du Nord.

Par ailleurs, on peut estimer que la population québécoise est touchée par un autre phénomène d'urbanisation. Le surplus de population qui existe dans les campagnes tout au cours de ces années se dirige principalement vers les villes. Mais la faiblesse de la structure industrielle du Québec, par rapport à celle des États-Unis, ne permet pas à ses villes d'absorber entièrement un tel surplus. Une partie de la population rurale québécoise vit néanmoins l'urbanisation, mais à l'extérieur, dans les villes manufacturières de la Nouvelle-Angleterre.

Ainsi, les dynamismes démographiques, tout comme l'industrialisation, stimulent le processus d'urbanisation. Dans les dernières décennies du siècle, ce processus est engagé de façon décisive. Il se manifeste dans toutes les régions, mais à un rythme et avec une ampleur bien différents de l'une à l'autre. Il touche aussi de façon différenciée les francophones et les anglophones. Ces derniers s'urbanisent un peu plus rapidement, car l'immigration britannique au Québec se dirige principalement vers Montréal; cette tendance, conjuguée à l'exode rural et au départ de nombreux Irlandais de la vieille capitale, contribue à faire passer la proportion des anglophones québécois habitant la métropole de 25% en 1861 à 44% en 1901. Le niveau d'urbanisation des Canadiens français, au Québec, est un peu moins élevé et leur expérience est plus variée: un grand nombre d'entre eux viennent certes grossir les rangs de la population montréalaise, mais on les retrouve aussi dans toutes les petites et moyennes villes de la province, qui sont massivement francophones ou le deviennent de plus en plus au cours de la période. Il ne faut pas, en outre, négliger l'expérience de l'urbanisation vécue par les Canadiens français aux États-Unis. Comme nous l'avons vu, un certain nombre d'entre eux, quoique une minorité, reviennent ensuite dans les villes du Québec et laissent leur marque à la direction d'entreprises, dans le journalisme ou dans le syndicalisme ou encore joignent les rangs de la classe ouvrière.

Montréal

À l'époque de la Confédération, Montréal est incontestablement la métropole non seulement du Québec, mais de l'ensemble du Canada, et sa position dominante continue à s'affirmer dans les décennies suivantes. Pendant toute la période, elle enregistre une croissance appréciable de sa population (tableau 4), avec un rythme plus rapide pendant la décennie 1881-1891. En 1861, Montréal compte 90 000 habitants; si on y ajoute la population de la banlieue, encore en partie rurale, on atteint tout juste les 100 000. À la fin du siècle, la ville elle-même, dont le territoire s'est agrandi, dépasse le quart de million et l'addition des municipalités de banlieue porte le total à près de 325 000, soit la moitié de la population urbaine du Québec.

Comme le souligne Raoul Blanchard, Montréal doit cet essor à l'industrie manufacturière. À la fin du 19e siècle, elle est devenue un grand centre industriel, où se concentre la moitié de la valeur de la production manufacturière du Québec. À peu près tous les secteurs de l'industrie québécoise y sont représentés. Les illustrations de cette époque montrent bien la fumée des usines dominant le paysage dans les quartiers du sud-ouest (axe du canal Lachine) et de l'est (Sainte-Marie et Hochelaga).

L'essor de Montréal s'appuie aussi sur les avantages que lui procure sa situation au centre des réseaux de transport. La métropole tire profit des investissements d'infrastructure considérables réalisés au cours du 19e siècle. Dans le secteur de la navigation, la canalisation du Saint-Laurent, le creusage du chenal et la construction d'installations portuaires en font le centre du transport maritime. Du côté des chemins de fer, les deux principaux réseaux — le Grand-Tronc et le Canadien

TABLEAU 4

POPULATION DES PRINCIPAUX CENTRES URBAINS
DU QUÉBEC, 1861-1901

Municipalité	1861	1871	1881	1891	1901
Région de Montréal					
Cité de Montréal	90 323	107 225	140 247	216 650	267 730
Montréal et sa banlieue*	100 723	126 314	170 745	250 165	324 880
Saint-Jérôme	—	1 159	2 032	2 868	3 619
Joliette	—	3 047	3 268	3 347	4 220
Sorel	4 778	5 636	5 791	6 669	7 957
Saint-Hyacinthe	3 695	3 746	5 321	7 016	9 210
Saint-Jean	3 317	3 022	4 314	4 722	4 030
Valleyfield	—	1 800	3 906	5 551	11 055
Région de Québec					
Cité de Québec	42 052	59 699	62 446	63 090	68 840
Lévis	—	6 691	5 597	7 301	7 783
Lauzon	—	—	3 556	3 551	3 416
Région de l'Estrie					
Sherbrooke	5 899	4 432	7 227	10 110	11 765
Magog	—	—	—	2 100	3 516
Granby	—	876	1 040	1 710	3 773
Thetford Mines	—	—	—	—	3 256
Coaticook	—	1 160	2 682	3 086	2 880
Farnham	—	1 317	1 880	2 822	3 114
Autres					
Hull	—	3 800	6 890	11 264	13 993
Trois-Rivières	6 058	7 570	8 670	8 334	9 981
Chicoutimi	—	1 393	1 935	2 277	3 826
Rivière-du-Loup	—	1 541	2 291	4 175	4 569

* Banlieue: villes et villages constitués qui entourent immédiatement Montréal, sur l'île.
Source: *Recensements du Canada.*

Pacifique — établissent à Montréal leur base d'opération, y installant leurs bureaux administratifs et leurs ateliers d'entretien. La métropole est au cœur d'un tissu de voies ferrées s'étendant dans de multiples directions. C'est un atout fondamental pour la commercialisation et la distribution des biens fabriqués dans la ville. Cette abondance de moyens de transport est un facteur de localisation pour les entreprises

La rue Saint-Urbain à Montréal, en 1882. (ANC, C82840)

et accentue l'emprise métropolitaine de Montréal sur l'ensemble du Canada.

Dans les dernières décennies du 19ᵉ siècle, la grande bourgeoisie de Montréal domine nettement l'activité économique canadienne. Cette domination est symbolisée par l'emprise du tandem Banque de Montréal-Canadien Pacifique. Ces deux entreprises interviennent un peu partout au Canada. Leurs dirigeants — les Donald Smith, George

Stephen, R.B. Angus, William C. Van Horne et autres — ont entre eux des liens étroits et sont associés à un grand nombre d'entreprises dans les secteurs financier, commercial, industriel et des transports.

La croissance de la ville s'inscrit aussi dans l'espace, par l'occupation systématique du périmètre urbain et le débordement vers la banlieue. Le territoire de la ville de Montréal, fixé officiellement à la fin du 18e siècle, englobait d'importantes zones non encore urbanisées. Ces dernières se peuplent graduellement au cours du 19e siècle. À l'époque de la Confédération, ce processus n'est pas encore achevé. Trois quartiers, situés aux extrémités de la ville, connaissent, dans les décennies suivantes, une substantielle augmentation de leur population: Saint-Antoine, à l'ouest, et Saint-Jacques et Sainte-Marie, à l'est. À la fin du 19e siècle, le territoire initial de la municipalité est à peu près entièrement occupé. Mais déjà la population déborde les limites municipales pour s'installer dans les nouvelles villes de banlieue qui se créent à partir de la fin des années 1860. Parmi ces dernières, les plus importantes sont, à l'ouest, les villes industrielles de Saint-Gabriel, Sainte-Cunégonde et Saint-Henri, situées en bordure du canal Lachine ; au nord, Saint-Jean-Baptiste et Saint-Louis; à l'est, Hochelaga et Maisonneuve. Entre 1871 et 1901, la population de ces nouveaux territoires urbanisés de l'île de Montréal passe de 11 000 à 130 000, soit de 4% à 20% de la population urbaine du Québec. À la fin du siècle, ces nouvelles zones absorbent la plus grande part de l'augmentation de la population de la métropole.

Les autorités municipales de Montréal veulent ajuster les structures politiques à ces nouvelles réalités démographiques et économiques. Elles tentent d'agrandir leur territoire par l'annexion des villes de banlieue. Le mouvement commence en 1883 avec Hochelaga et, dans les années suivantes, trois autres municipalités subissent le même sort. Le phénomène prendra toute son ampleur au début du 20e siècle, alors qu'en une douzaine d'années 19 municipalités de la banlieue seront annexées, permettant d'agrandir de façon spectaculaire le territoire de Montréal.

Ces petites municipalités sont habituellement créées par une poignée de promoteurs fonciers qui veulent mettre en valeur les terrains qu'ils possèdent. Ils obtiennent à cette fin la création d'une petite ville, ce qui leur permet de mieux contrôler le conseil municipal. Par une politique d'exemptions de taxes ou de dons en argent, ils attirent des entreprises dont les employés deviennent les résidents de la nouvelle ville.

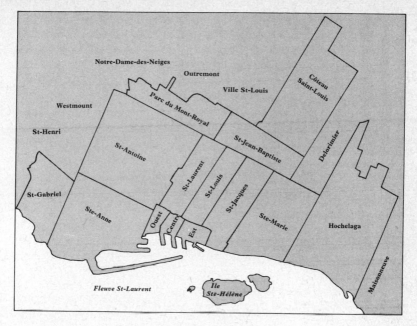

Les quartiers de Montréal à la fin du 19ᵉ siècle

Bénéficiant eux-mêmes d'importantes exemptions fiscales, les promoteurs lancent des projets de développement que la municipalité finance au moyen d'emprunts; le fardeau de ceux-ci retombe en définitive sur les petits propriétaires et les locataires. Après quelques années, ou quelques décennies, la municipalité est lourdement endettée et l'annexion à Montréal apparaît comme la solution à ces problèmes financiers.

Montréal est donc, à l'époque, en pleine expansion et en pleine transformation. L'un des changements les plus significatifs se fait au niveau de la composition ethnique. Au milieu du 19ᵉ siècle, Montréal est, culturellement et politiquement, une ville britannique. De 1831 à 1865, la population est en majorité anglophone (avec un sommet de 57% atteint en 1844). La prépondérance britannique se retrouve aussi au conseil municipal, où les décisions politiques vont dans le sens des intérêts de cette majorité. Toute l'allure de la ville en est alors modifiée. En effet, à compter des années 1840, elle prend nettement un visage anglais et l'architecture d'inspiration britannique remplace graduellement, sans l'éliminer totalement, la vieille architecture française.

La situation commence à se renverser vers 1865, alors que les francophones redeviennent majoritaires dans la ville. Cela s'explique par
l'arrivée des ruraux canadiens-français venus travailler dans les usines,
à un moment où l'immigration d'origine britannique est nettement en
baisse. L'annexion de municipalités de banlieue, peuplées en grande
majorité de francophones, accentue ce mouvement. Il faut toutefois
attendre une quinzaine d'années avant que ce renversement de la composition ethnique ne se répercute au conseil municipal. Il faudra beaucoup plus de temps avant que l'image de la ville et ses principales
institutions culturelles ne retrouvent leur visage français.

En 1896, Montréal est donc devenue non seulement une métropole
financière et commerciale, mais aussi une grande cité industrielle. La
croissance rapide qu'elle a connue amène toutefois de nombreux
problèmes d'ajustement qui affectent les conditions de vie: entassement
de la population, conditions sanitaires déficientes, mortalité élevée, etc.
Nous reviendrons sur ces questions.

Québec

L'évolution de la capitale est différente de celle de la métropole.
Fondée en 1608, Québec est la ville la plus ancienne du territoire.
Après avoir été le centre principal de la Nouvelle-France puis de
l'Amérique du Nord britannique, elle perd peu à peu sa prééminence,
en matière politique, au profit d'Ottawa.

À l'époque de la Confédération, Québec entre dans une phase de
relative stagnation qui dure jusqu'à la fin du siècle. Après s'être accrue
de 42% entre 1861 et 1871 (tableau 3), sa population n'augmente que
très lentement pendant les trois décennies suivantes. La comparaison
avec Montréal éclaire ce phénomène. Pendant toute la première moitié
du 19e siècle, les deux villes étaient à peu près de la même taille. À
compter de 1851, l'écart devient plus sensible et, en 1901, l'ensemble
urbain de Montréal compte cinq fois plus d'habitants que celui de la
vieille capitale. Cette dernière, qui rassemblait 22% de la population
urbaine du Québec en 1871, n'en compte plus que 10,5% en 1901.

Québec réalise très difficilement le passage de l'ère commerciale à
l'ère industrielle. Les difficultés que connaît la ville vers la fin des
années 1860 ont été bien identifiées par Raoul Blanchard. Il y a d'abord
la chute du commerce du bois. Depuis le début du siècle, Québec était
le principal port d'exportation du bois canadien vers la Grande-

La rue Petit-Champlain à Québec, vers 1890. (Archives Notman, Musée McCord)

Bretagne. Le remplacement du bois équarri par le bois scié et la réorientation du commerce de la Grande-Bretagne vers les États-Unis modifient les axes de transport et Québec cesse d'être le pivot des exportations. Les navires qui y étaient construits transportaient le bois canadien jusqu'en Grande-Bretagne où ils étaient revendus. Le ralentissement des expéditions de bois compromet donc cette activité. L'évolution de la technologie maritime lui porte aussi un dur coup puisque le bateau en bois est remplacé par le navire à coque de fer ou d'acier. À compter des années 1870, les chantiers navals de Québec connaissent un déclin rapide. Enfin, l'activité portuaire est affectée par la concurrence de Montréal. Le creusage du chenal permet aux océaniques de se rendre jusqu'à la métropole et Québec perd peu à peu son importance comme terminus des lignes transatlantiques. C'est donc, comme le souligne Blanchard, toute l'activité maritime de Québec qui est en régression. Ceci provoque la mise à pied de milliers de travailleurs qui doivent chercher de l'emploi ailleurs.

En outre, Québec est mal intégrée au réseau ferroviaire. Le Grand-Tronc passe sur la rive sud et favorise plutôt le développement de la région de Lévis. Il faudra d'ailleurs attendre le début du 20ᵉ siècle pour voir un pont relier les deux rives du Saint-Laurent. Le chemin de fer de la rive nord, reliant Québec à Montréal, n'est inauguré qu'en 1879. Un tel retard dans l'équipement ferroviaire n'aide pas la ville à sortir du marasme. Enfin, signalons que l'installation de la capitale canadienne à Ottawa, en 1867, entraîne un exode de fonctionnaires. Cette saignée est suivie en 1871 du départ de la garnison britannique.

Ces nombreux facteurs défavorables sont, en partie, contrebalancés par la mise en place d'éléments de reprise. Ayant perdu sa prééminence à l'échelle canadienne, Québec devient de plus en plus une métropole régionale pour l'est et le centre du Québec. L'hinterland immédiat de la ville étant assez restreint, il faut l'étendre en annexant et en dominant de nouvelles régions. La bourgeoisie de Québec s'y emploie dans les trois dernières décennies du siècle. Son instrument privilégié est le chemin de fer. C'est ainsi que le Québec et Lac-Saint-Jean permet la domination de la région saguenayenne, que le Lévis et Kennebec place la Beauce dans l'orbite de Québec, que l'Intercolonial fait de même pour le Bas-Saint-Laurent et que le chemin de fer de la rive nord accentue les liens avec la région située à l'ouest de la capitale. Tout au cours de cette période, Québec attire un certain nombre d'entreprises industrielles. Le secteur le plus important est celui de la chaussure. Cette industrialisation permet de compenser en partie le chômage créé par la baisse des activités maritimes, mais elle est insuffisante pour retenir tout le surplus de population. On tente en outre de relancer l'activité maritime par d'importants travaux d'agrandissement des installations portuaires, terminés en 1890.

Ainsi, la stagnation économique de Québec dans les dernières décennies du 19ᵉ siècle est due au déclin de ses activités économiques traditionnelles. Le remplacement par des activités nouvelles n'est cependant pas assez rapide pour lui assurer une forte croissance.

Cette situation a aussi des conséquences importantes sur la composition ethnique de la population. En 1861, les Britanniques formaient environ 40% de la population de la ville; en 1901, ils ne sont plus que 15%. La baisse est également sensible en chiffres absolus puisque, pendant la même période, leurs effectifs passent d'environ 23 000 à 10 000. La majorité de ces Britanniques étaient des Irlandais, employés le plus souvent comme manœuvres dans le port ou dans les chantiers; ils sont les premiers touchés par le ralentissement de l'activité économique et n'ont pas d'autre choix que de quitter la ville. Il se produit donc, très nettement, une francisation de Québec à la fin du siècle. Comme l'indique Blanchard, ce phénomène atteint aussi la bourgeoisie, puisque les francophones détiennent une part croissante dans la direction des principales entreprises.

L'accroissement de la population, même faible, entraîne une extension de l'espace habité. Celle-ci se fait du côté de Québec-Est, qui voit sa population doubler entre 1861 et 1901, en particulier dans les quartiers de Saint-Roch, Saint-Sauveur et Saint-Vallier où s'installent les nouvelles industries et les ouvriers.

Les autres villes

À l'époque de la Confédération, Trois-Rivières occupe encore le troisième rang quant aux effectifs de population, loin derrière Québec et Montréal. Mais au cours de la période, elle est dépassée successivement par Hull, Sherbrooke et Valleyfield. Trois-Rivières est alors elle aussi dans une phase de stagnation, passant en 40 ans de 6098 à 9981 habitants; entre 1881 et 1891, elle connaît même une légère baisse de population. Cette situation peut s'expliquer par le ralentissement du commerce du bois dans le dernier quart du siècle. Comme le transport du bois et les scieries emploient la moitié de la main-d'œuvre, l'effet sur l'économie trifluvienne est dévastateur. L'hinterland de la ville est essentiellement agricole ou agro-forestier, mais les déboires de l'exploitation forestière après 1875 viennent freiner le mouvement de la colonisation. Ces difficultés entraînent un fort exode rural qui ne profite pas à Trois-Rivières mais se dirige plutôt vers l'extérieur de la région. Il faudra attendre le début du 20e siècle pour que l'hydro-électricité et les pâtes et papiers viennent lui donner un nouvel essor économique et susciter le développement d'un réseau urbain (Cap-de-la-Madeleine, Shawinigan, Grand-Mère, La Tuque) dont Trois-Rivières sera la tête de pont.

La situation est différente du côté de l'Estrie. Dans cette région, une agriculture relativement prospère a amené la création d'un réseau de villages. Dans le dernier quart du siècle, plusieurs de ces centres voient s'implanter chez eux des usines utilisant une main-d'œuvre rurale. C'est ainsi que l'Estrie se dote d'un réseau de petites villes — ne dépassant guère 3000 habitants en 1901 — comme Magog, Granby, Coaticook, Farnham, Richmond, Windsor. Signalons un cas particulier, celui de Thetford, qui repose sur l'exploitation de l'amiante. Ce petit réseau est coiffé d'une métropole régionale, Sherbrooke, qui domine l'ensemble durant la période. Cette dernière ville jouit d'avantages de localisation sur la Saint-François au confluent de la Magog et le long du chemin de fer du Grand-Tronc. Au milieu du siècle, une première vague d'implantations manufacturières, appuyée par du capital régional, s'y manifeste. Une seconde vague, soutenue cette fois par du capital montréalais, conduit à la mise en place d'autres usines entre 1866 et 1875 et fait de la ville l'un des plus importants centres industriels du Québec. La construction de voies ferrées régionales accentue la focalisation de la région sur Sherbrooke qui devient ainsi le principal centre de services de l'Estrie. La ville abrite le siège de la Eastern Townships Bank, fondée en 1859, et celui du diocèse catholique, érigé en 1874. Avec l'industrialisation, la population francophone de Sherbrooke devient majoritaire au début des années 1870, mais l'économie est toujours dominée par une bourgeoisie anglophone qui a des racines fort anciennes dans la région.

Un autre réseau régional existe au Québec. Il s'agit des villes satellites de Montréal, formant une couronne autour de la métropole, dans un rayon d'environ 60 km. Ce sont Saint-Jérôme, Joliette, Sorel, Saint-Hyacinthe, Saint-Jean et Valleyfield. Ensemble, elles ont déjà plus de 18 000 habitants en 1871 et 40 000 en 1901. Leur croissance s'appuie sur leurs fonctions commerciale et industrielle ainsi que sur leur rôle de centres de services. La ville de Joliette est représentative de ce type d'agglomération. Fondée en 1824, elle se développe lentement jusqu'au milieu du siècle. Sa base économique principale est alors l'exploitation forestière car un moulin à scie important y est installé. Très rapidement, l'ouverture au peuplement des cantons avoisinants la transforme en centre de services régional, ce qui entraîne non seulement des installations particulières, mais également un type d'activité économique à la fois commercial et industriel. Par exemple, un atelier de forge se transforme graduellement en fabrique de machines aratoires; un autre propose à sa clientèle toute une série d'articles en fer, de la pièce de moulin aux poêlons, en passant par les «ferrures de moulin à laver». L'importance de la petite ville, qui compte 6000 habitants au début du siècle, sera attestée par la création d'un évêché en 1904.

Saint-Hyacinthe a une population comparable à celle de Joliette en 1871, mais elle en compte plus du double à la fin du siècle. Sa base économique est plus diversifiée. Sise au milieu d'une zone agricole prospère, elle est le principal centre commercial et de services de sa

Trois-Rivières, en 1881, vue à vol d'oiseau. (ANC, C36616)

région. Un évêché y est érigé dès 1852 et, pendant quelques décennies, Saint-Hyacinthe représente un foyer intellectuel important au Québec. La ville réussit à attirer quelques industries et dispose même d'une petite banque régionale. Sa proximité de Montréal limite cependant son potentiel de croissance au fur et à mesure que la métropole étend son emprise et draine les ressources humaines et matérielles de sa vaste région. Dans les villes de la couronne montréalaise, il faut aussi signaler le cas de Valleyfield, la plus populeuse de toutes à la fin de la période. Véritable ville-champignon, son existence est étroitement liée à celle de la filature de coton qui s'y installe en 1874.

À la fin de la période, le processus d'urbanisation du Québec est donc engagé de façon irréversible. Le poids de Montréal s'accentue en même temps que se développent un ensemble de petites villes, concentrées surtout dans la plaine de Montréal et les Cantons de l'Est.

ORIENTATIONS BIBLIOGRAPHIQUES

ACHESON, T.W. *The Social Origins of Canadian Industrialism: A Study in the Structure of Entrepreneurship*. Thèse de Ph.D. (histoire), Université de Toronto, 1971.

ANGERS, François-Albert et Roland PARENTEAU. *Statistiques manufacturières du Québec*. Montréal, École des Hautes Études commerciales, 1966. 166 p.

BLANCHARD, Raoul. *L'Est du Canada français.* Montréal, Beauchemin, 1935. 2 vol.

BLANCHARD, Raoul. *L'Ouest du Canada français. Montréal et sa région.* Montréal, Beauchemin, 1953. 399 p.

COOPER, John Irwin. *Montreal. A Brief History.* Montréal, McGill-Queen's University Press, 1969. 217 p.

DAGNEAU, G.-Henri, dir. *La ville de Québec, histoire municipale. IV. De la Confédération à la charte de 1929.* Québec, Société historique de Québec, 1983. 246 p.

FAUCHER, Albert. *Québec en Amérique au XIXe siècle. Essai sur les caractères économiques de la Laurentie.* Montréal, Fides, 1973. 247 p.

GAMELIN, Alain, *et al. Trois-Rivières illustrée.* Trois-Rivières, La corporation des fêtes du 350e anniversaire, 1984. 228 p.

HAMELIN, Jean et Yves ROBY. *Histoire économique du Québec, 1851-1896.* Montréal, Fides, 1971. Quatrième partie, chap. II et III.

HARE, John, Marc LAFRANCE et Thiery RUDDEL. *Histoire de la ville de Québec, 1608-1871.* Montréal, Boréal, 1987. 399 p.

HARVEY, Fernand. *Révolution industrielle et travailleurs.* Montréal, Boréal Express, 1978. 347 p.

KESTEMAN, Jean-Pierre. *Une bourgeoisie et son espace: industrialisation et développement du capitalisme dans le district de Saint-François (Québec), 1823-1879.* Thèse de Ph.D. (histoire), Université du Québec à Montréal, 1985.

KILBOURN, William. *The Elements Combined. A History of the Steel Company of Canada.* Toronto, Clarke Irwin, 1960. 335 p.

LINTEAU, Paul-André. *Maisonneuve ou comment des promoteurs fabriquent une ville (1883-1918).* Montréal, Boréal Express, 1981. 280 p.

LINTEAU, Paul-André et Jean-Claude ROBERT. «Montréal au 19e siècle: bilan d'une recherche», *Urban History Review/Revue d'histoire urbaine,* XIII, 3 (février 1985): 207-223.

ROBERT, Jean-Claude. «Urbanisation et population: le cas de Montréal en 1861», *Revue d'histoire de l'Amérique française,* 35, 4 (mars 1982): 523-535.

ROUILLARD, Jacques. *Les travailleurs du coton au Québec, 1900-1915.* Montréal, PUQ, 1974. 152 p.

RUDIN, Ronald. *Histoire du Québec anglophone, 1758-1980.* Québec, Institut québécois de recherche sur la culture, 1986. 332 p.

STONE, Leroy O. *Urban Development in Canada.* Ottawa, Dominion Bureau of Statistics, 1967. 293 p.

TROTIER, Louis. «Caractères de l'organisation urbaine de la province de Québec», *Revue de Géographie de Montréal,* XVIII, 2 (1964): 279-285.

TROTIER, Louis. «La genèse du réseau urbain du Québec», *Recherches sociographiques,* IX, 1-2 (janv.-août 1968): 23-32.

TULCHINSKY, Gerald J.J. *The River Barons: Montreal Businessmen and the Growth of Industry and Transportation, 1837-53.* Toronto, University of Toronto Press, 1977. 310 p.

CHAPITRE 8

LA STRUCTURE SOCIALE

La structure de l'économie que nous venons de décrire affecte profondément toute la structure sociale. L'implantation d'un capitalisme industriel provoque l'établissement de rapports nouveaux au sein de la société et l'émergence de nouvelles classes sociales. Il faut dire cependant que les historiens et les sociologues ont mis beaucoup de temps à reconnaître cet état de fait, et ont souvent perçu les Canadiens français comme formant un bloc relativement homogène face à un bloc canadien-anglais.

Pendant longtemps, en effet, le Québec a été décrit comme étant une société essentiellement rurale, relativement égalitaire et dont l'institution fondamentale était la famille. Unie par une même culture et des valeurs religieuses communes, cette société produisait des dirigeants religieux et politiques émanant du peuple et reflétant les préoccupations de celui-ci. Cette présentation trouve sa forme la plus achevée dans les analyses qu'ont faites, au cours des années 1930, les sociologues et anthropologues américains Robert Redfield, Horace Miner et Everett Hughes. Ces auteurs voyaient dans le Québec francophone un modèle type de société traditionnelle (*folk society*) caractérisée par l'importance de la famille; par un ensemble de préceptes et de valeurs formant un tout cohérent et réglant la vie des individus; par l'importance du phénomène de sacralisation; par la place de la tradition orale ; par un réseau de relations très fort unissant les membres de la société; par un relatif isolement du monde extérieur. La société paysanne du Québec aurait ainsi présenté plusieurs traits caractéristiques d'une société traditionnelle, dont l'urbanisation du 20e siècle aurait amené la disparition.

Cette interprétation d'origine américaine a eu beaucoup de succès chez les sociologues québécois des années 1940 et 1950, mais elle a été abandonnée par la suite. Il faut dire qu'elle parvenait mal à rendre compte adéquatement de la structure sociale québécoise. L'accent qu'elle mettait sur la famille et la parenté masquait les autres formes de rapports sociaux (les rapports de dépendance économique, les classes). L'insistance sur l'isolement minimisait la circulation des idées et des hommes et les relations avec le monde urbain. En privilégiant le caractère rural, on oubliait l'impact de l'exode vers les États-Unis et vers les villes, devenu massif dès le milieu du 19e siècle, et le fait que l'industrialisation et l'urbanisation du Québec étaient bien antérieures aux années 1920.

La conception d'une structure sociale propre au Québec s'est précisée dans les années suivant la Deuxième Guerre mondiale. Historiens et sociologues présentaient alors la société canadienne-française de la fin du 19e siècle comme étant formée de deux groupes: d'une part la masse de la population, les habitants, confinée à l'agriculture, et d'autre part l'élite, formée essentiellement du clergé et des membres des professions libérales. Cette élite aurait exercé un contrôle étroit sur l'ensemble des institutions — politiques, sociales, religieuses — et réussi à encadrer, orienter et diriger la masse de la population. Cette interprétation mettait particulièrement l'accent sur le rôle déterminant du clergé au sein de l'élite. Le thème du contrôle clérical, qu'on retrouvait déjà dans la production historique canadienne-anglaise (le Québec étant souvent présenté comme une *priest-ridden society*), trouve aussi sa part dans l'historiographie francophone. Les intellectuels des années 1950, aux prises avec le conservatisme du régime Duplessis, amplifiaient l'importance historique de ce contrôle clérical.

Au cours des années 1960, a émergé une nouvelle conception de la société québécoise de la seconde moitié du 19e siècle, où intervenait cette fois le concept de classes. La société québécoise était alors divisée en trois: une bourgeoisie d'origine britannique contrôlant l'économie; une petite bourgeoisie canadienne-française formée de membres des professions libérales, de petits entrepreneurs et du clergé, exerçant un contrôle institutionnel et idéologique; et enfin la masse des ruraux canadiens-français. Une telle classification laissait plusieurs questions en suspens. Pouvait-on associer aussi étroitement groupe anglophone et bourgeoisie? Les Canadiens français étaient-ils totalement absents de cette classe? Où classer les agriculteurs d'origine britannique, encore nombreux au Québec à l'époque, et les milliers de travailleurs sans qualification venus des îles britanniques et des campagnes québécoises? Pouvait-on expliquer le contrôle idéologique de la petite bourgeoisie sans que ce pouvoir repose sur des assises matérielles? Pouvait-on présenter les ruraux comme un groupe homogène? En fait, ces interprétations se heurtaient à la faiblesse des connaissances historiques sur le 19e siècle québécois.

Depuis le milieu des années 1960, le progrès de la recherche a permis de mieux cerner cette structure sociale du passé. C'est ainsi, par exemple, que les travaux d'histoire économique ont jeté un éclairage nouveau sur le rôle et la composition de la bourgeoisie et que les recherches sur les travailleurs ont permis de réinsérer la classe ouvrière dans l'histoire. De plus, les réflexions sur la structure sociale actuelle ont amené historiens et sociologues à poser de nouvelles questions au passé et à mieux définir leurs concepts.

La société québécoise de la seconde moitié du 19e siècle apparaît maintenant comme beaucoup plus complexe que l'image monolithique qui a longtemps prévalu. L'idée de classe ethnique, c'est-à-dire l'identification d'un groupe ethnique à une classe sociale, a été battue en brèche. On reconnaît l'existence de plusieurs classes, dont la composition ethnique est variée et qui témoignent d'une diversité de conditions. La classe n'est d'ailleurs que l'une des composantes d'une structure sociale au sein de laquelle persistent les différences entre milieu urbain et milieu rural, entre les grandes agglomérations et les petits centres, où les facteurs de différenciation et les réseaux d'appartenance s'appuient également sur l'origine, la religion, la famille et la communauté ambiante. L'examen des principales classes sociales doit donc tenir compte de cette complexité.

Ainsi, le recours au concept de classe sociale ne doit pas conduire à sous-estimer l'importance de la famille qui, dans le Québec de la fin du 19e siècle, reste une unité sociale fondamentale. Au fil des ans, les mariages permettent de jeter les bases de véritables réseaux de parenté qui sont aussi des réseaux de solidarité. Ce phénomène a été particulièrement mis en lumière dans le cas des élites, qu'elles soient de la bourgeoisie ou de la petite bourgeoisie. Dans ces milieux, les alliances matrimoniales représentent une affaire importante où ne sont pas absentes les considérations stratégiques et où s'exerce un contrôle parfois serré de la part des parents pour éviter les mésalliances. Ainsi se constituent de véritables clans familiaux, parfois en opposition les uns avec les autres. Ce phénomène des clans est également très présent dans le monde rural, où il se perpétue souvent pendant plusieurs générations.

La bourgeoisie

Au sommet de la société québécoise, la bourgeoisie contrôle les grands organes de décision politique et économique. Six sources principales d'accumulation du capital permettront la montée de la bourgeoisie québécoise ou, si l'on veut, de la portion québécoise de la bourgeoisie canadienne: le commerce d'import-export, le crédit marchand, la spéculation foncière, le transport maritime et ferroviaire, les grands travaux publics (chemins de fer, canaux, réseaux d'aqueduc, etc.) et la production industrielle. C'est la propriété de ce capital qui définit la bourgeoisie. Sa propriété, mais aussi sa mise en œuvre par l'emploi du travail salarié. La bourgeoisie est ainsi en mesure de contrôler les grandes institutions économiques du pays et d'orienter de façon déterminante les choix politiques.

Historiquement, on peut en retracer les origines dans ces agents ou associés qu'à la fin du 18e siècle et au début du 19e les commerçants anglais ou écossais envoyaient dans la colonie ou engageaient sur place pour y représenter leurs intérêts. Certains d'entre eux ont rapidement su accumuler pour eux-mêmes une partie du capital et le réinvestir avec profit dans la colonie. On connaît bien le cas de Joseph Masson, qui débute comme commis, puis devient associé d'un marchand écossais; habile en affaires, il se bâtit une fortune considérable. La première source d'accumulation du capital a été la fourrure; elle a donné naissance, à Montréal, à la bourgeoisie du castor, celle des McGill, McTavish, McGillivray. Puis à compter du début du 19e siècle, la croissance de la population et le développement des colonies britanniques d'Amérique du Nord multiplient les possibilités d'enrichissement.

Tout au long du siècle, la bourgeoisie québécoise entretient des relations étroites avec sa bourgeoisie-mère, celle de Grande-Bretagne, qui lui fournit régulièrement des capitaux et des hommes. La nature de ces relations évolue cependant: de la relation formelle métropole-colonie on passe à un régime plus souple d'association, où les coloniaux peuvent défendre des intérêts qui leur sont propres et affirmer leur autonomie. La bourgeoisie québécoise se dote alors d'instruments, telles les banques, qui manifestent cette volonté. À l'époque de la Confédération, elle est solidement constituée et renforcera ses positions dans les décennies suivantes.

Avec l'implantation du capitalisme industriel, la bourgeoisie est, tout comme la classe ouvrière d'ailleurs, une classe montante. Ses effectifs sont en pleine croissance. La période est encore marquée par une présence importante de *self-made men*. Les cas d'ascension de l'immigrant écossais pauvre mais entreprenant ou du fils de cultivateur canadien-français démuni mais audacieux, sans être légion, ne sont pas rares. C'est d'ailleurs le propre des pays neufs. C'est aussi une caractéristique d'une classe montante que de renouveler ses effectifs. L'historien Acheson a calculé qu'encore en 1885 près du tiers des membres de l'élite industrielle canadienne ont un père agriculteur ou artisan. Mais cela sera de moins en moins le cas par la suite. Les possibilités d'ascension se rétrécissent à mesure qu'on approche du 20e siècle; le recrutement devient alors de plus en plus endogène, du moins au sein de la couche supérieure de la bourgeoisie.

Jean-Baptiste Rolland, 1816-1888. Imprimeur et libraire à Montréal, il fonde en 1882 une usine de papier à Saint-Jérôme. (ANC, C26820)

La carrière de Jean-Baptiste Rolland — comme celle de Donald Smith dont nous parlerons plus loin — illustre ce type d'ascension sociale. Fils de cultivateur, né à Verchères en 1815, Rolland arrive sans le sou à Montréal en 1832. Il s'engage comme apprenti typographe, puis devient typographe, et imprimeur. En 1842, il fonde l'entreprise de librairie qui sera à la base de sa fortune. Il débute en faisant du colportage de livres et de papier dans les campagnes. Il étend ensuite ses activités à l'édition et à la reliure. En quelques années, la maison Rolland devient une des plus importantes librairies de Montréal et son propriétaire se lance également dans la promotion foncière et la construction de maisons. En 1881, pour s'assurer de meilleurs approvisionnements en papier, il décide d'en fabriquer lui-même. La compagnie de papier Rolland installe son usine à Saint-Jérôme et commence à produire en 1882. À sa mort, en 1888, Jean-Baptiste Rolland laisse à ses quatre fils une fortune appréciable et la direction d'une importante entreprise commerciale et industrielle.

S'il y a matière à quelques *success stories*, il y a aussi beaucoup d'échecs. Le capitalisme concurrentiel ne permet souvent l'ascension rapide des uns que par l'écrasement des autres. On note une grande instabilité chez les hommes d'affaires et les faillites sont nombreuses pendant la seconde moitié du 19e siècle. Malgré cela, l'expansion générale de l'économie permet de grossir les rangs de la bourgeoisie.

Cette classe domine d'ailleurs la société. Son contrôle sur les institutions politiques est manifeste. Les hommes d'affaires sont nombreux dans les parlements et les cabinets aussi bien que dans les conseils municipaux, assurant ainsi une parfaite cohésion entre leurs objectifs économiques et ceux de l'État. On les retrouve aussi à la tête des diverses institutions culturelles et charitables où leur philanthropie trouve à s'exercer. Ils font étalage de leur richesse de multiples façons et en particulier par la construction de somptueuses résidences.

Ce qui caractérise la carrière de plusieurs hommes d'affaires est la diversité de leurs intérêts. Sur le plan économique, on les retrouve dans plusieurs secteurs à la fois: commercial, ferroviaire, industriel, bancaire ou foncier. Certains mènent une carrière politique tout en continuant à administrer leurs entreprises.

La question des secteurs d'activité a amené des historiens à s'interroger sur la nature de la bourgeoisie canadienne. Certains, comme R.T. Naylor, ont soutenu la thèse de la domination du secteur industriel par une bourgeoisie commerciale et financière moins intéressée à développer la production qu'à faire des profits dans les opérations de financement et d'échange. Cette bourgeoisie commerciale aurait été essentiellement conservatrice et aurait freiné l'émergence d'une bourgeoisie industrielle typiquement canadienne; ce faisant, elle aurait favorisé l'industrialisation du Canada par des filiales d'entreprises américaines. Une telle interprétation, quoique séduisante, ne s'appuie pas sur des preuves bien nettes. L'historien L.R. Macdonald l'a d'ailleurs contestée vigoureusement. Il a mis en cause la distinction rigide entre capital industriel et capital commercial et l'assimilation des chemins de fer à ce dernier; par l'importance de leurs investissements, les entreprises ferroviaires s'apparentent, selon lui, beaucoup plus au capital industriel qu'au capital commercial. Il a contesté aussi l'affirmation selon laquelle la bourgeoisie commerciale aurait été essentiellement conservatrice, en opposition à une bourgeoisie industrielle dynamique et innovatrice. Les recherches effectuées jusqu'ici semblent donner raison à Macdonald. Plutôt que de présenter une division très nette entre secteurs commercial et industriel, le portrait de la bourgeoisie canadienne et québécoise paraît beaucoup plus nuancé. S'il est vrai que plusieurs entreprises industrielles ont été créées ou prises en main par des commerçants, il est loin d'être évident que leur développement en a été limité. Le transfert de capital du secteur commercial au secteur industriel a généralement été un facteur essentiel de l'essor de ce dernier. Loin de représenter une politique conservatrice, il a souvent amené une meilleure intégration de la production et de la distribution. Parce que ses approvisionnements en papier sont irréguliers, le libraire et commerçant Jean-Baptiste Rolland fonde une fabrique de papier. De même, c'est pour s'assurer un approvisionnement régulier que les marchands de tissus de Montréal investissent massivement en amont, dans la fabrication de filés de coton, au cours des années 1870 et 1880. Et ce ne sont là que deux exemples. L'étude des hommes d'affaires des dernières décennies du 19e siècle révèle qu'ils investissent dans plusieurs secteurs à la fois et qu'ils est souvent difficile de les assimiler exclusivement à la bourgeoisie commerciale ou à la bourgeoisie industrielle.

On peut cependant distinguer deux niveaux ou deux couches au sein de cette classe. Il y a d'abord la grande bourgeoisie, qui possède des quantités importantes de capital et qui contrôle les institutions économiques dominantes, comme la Banque de Montréal ou le Canadien Pacifique. Elle a dans la société un pouvoir considérable et fortement concentré. Elle est assez puissante pour imposer ses solutions dans un contexte de concurrence et elle est la seule en mesure d'amorcer le processus de monopolisation. Son action dépasse le cadre québécois et s'inscrit dans un contexte canadien et impérial. Ses effectifs sont peu nombreux et concentrés à Montréal, le grand centre financier du Canada. Ses membres sont majoritairement anglo-écossais, bien que des bourgeois d'autres origines, dont quelques Canadiens français, réussissent à s'insérer dans le groupe. Les Donald Smith, Hugh Allan, George Stephen, William Macdonald, Louis-Joseph Forget en sont d'éminents représentants.

Par ailleurs, le gros des effectifs de la bourgeoisie se retrouve à un autre niveau, celui de la moyenne bourgeoisie. Disposant de capitaux moins considérables, elle exerce son contrôle à un niveau intermédiaire, dans des institutions de taille moyenne qui, tout en étant importantes, sont loin d'avoir le poids et l'envergure de la Banque de Montréal. La frontière entre les deux groupes n'est pas toujours facile à tracer, mais nous cherchons ici à définir un phénomène d'ensemble plutôt qu'à classer des individus. À cause de ses moyens plus restreints, les interventions de cette moyenne bourgeoisie se font généralement dans un contexte régional.

On voit mieux la différence entre ces deux couches en comparant deux présidents de banque de la fin du siècle: Donald Smith (plus tard Lord Strathcona), de la Banque de Montréal, et Alphonse Desjardins, de la Banque Jacques-Cartier (qu'il ne faut pas confondre avec son homonyme, le fondateur des Caisses populaires). Smith est né en Écosse en 1820 et arrive au Québec en 1838. Il commence sa carrière comme commis de la Compagnie de la Baie d'Hudson. Gravissant les échelons, il en devient *chief commissioner* pour le Canada en 1870, puis administrateur et gouverneur. Il est également un des fondateurs du Canadien Pacifique en 1880. Il occupe en outre de hautes fonctions à la Banque de Montréal, dont il est successivement vice-président (1882-1887), président (1887-1905) et président honoraire (1905-1914). Smith est donc à la fois un actionnaire important et un administrateur clé de trois entreprises qui pèsent d'un poids déterminant dans l'histoire économique du Canada. Il participe aussi à de nombreuses autres entreprises industrielles, commerciales et financières. Au cours de sa carrière, il amasse une immense fortune et, à la fin du siècle, il est devenu l'un des plus riches bourgeois montréalais. Parallèlement à ces activités, Donald Smith mène une fructueuse carrière politique; il est, pendant une vingtaine d'années, député au parlement canadien, avant d'être nommé, en 1897, à la Chambre des Lords de Grande-Bretagne. De 1896 jusqu'à sa mort, en 1914, il est haut-commissaire du Canada à Londres.

Alphonse Desjardins naît en 1841 et meurt en 1912. Il est particulièrement actif dans le secteur financier: président de la Banque Jacques-

À gauche: Alphonse Desjardins, 1841-1912. À ne pas confondre avec son homonyme des caisses populaires. (ANC, PA 25541). *À droite:* Donald Smith, 1820-1914, devient lord Strathcona en 1897. (ANC, C3841)

Cartier de 1880 jusqu'à la fermeture de l'institution en 1899, il en est pendant plusieurs années le principal actionnaire. Il siège aussi au conseil d'administration de sociétés de crédit foncier et d'assurances. Son action ne se limite cependant pas au secteur financier: on le retrouve dans le domaine industriel — il fonde une entreprise de fabrication de briques — et dans le secteur foncier — il est promoteur urbain à Maisonneuve. Avocat de formation et, pendant un certain temps, directeur du journal *Le Nouveau Monde*, il est un des leaders du groupe ultramontain de Montréal. Député conservateur au parlement fédéral de 1878 à 1892, puis sénateur de 1892 à 1896, il est ministre sous Bowell et Tupper en 1896. Il est aussi maire de Montréal en 1893-1894. La défaite du parti conservateur fédéral en 1896 met fin à sa carrière politique. L'élection de Desjardins à la présidence de la Chambre de commerce du district de Montréal, en 1899, témoigne du prestige dont il jouit dans les milieux d'affaires francophones.

Ainsi, ces deux hommes sont présents dans les domaines bancaire et financier, industriel et foncier et mènent une carrière politique active au parlement fédéral. Mais Smith préside une banque qui œuvre à travers tout le Canada et qui est l'agent financier des gouvernements, alors que la Banque Jacques-Cartier a un actif vingt fois moindre et que ses activités, beaucoup plus modestes, se concentrent surtout dans la région de Montréal. Smith est mêlé à des opérations foncières de grande envergure, portant sur une immense région, l'Ouest canadien, pendant que Desjardins fait du développement dans une petite ville de banlieue. Appartenant l'un et l'autre à la bourgeoisie, Smith et Desjardins n'ont pas le même degré de contrôle sur l'économie québécoise et canadienne.

Au Québec comme dans les autres provinces du pays, la moyenne bourgeoisie est souvent synonyme de bourgeoisie régionale. Celle de l'Estrie, qu'a étudiée l'historien Jean-Pierre Kesteman, en fournit un bon exemple. Elle se constitue graduellement au cours du 19e siècle, accumulant du capital grâce aux activités agricoles et commerciales et à la petite industrie. Elle devient ainsi en mesure de mettre sur pied une banque régionale, la Eastern Townships Bank, et des entreprises industrielles de plus grande envergure. Formée d'immigrants américains et britanniques ou de leurs descendants, elle compte parmi ses représentants les plus connus les Galt, Pope, Pomroy et Heneker. Au cours des dernières décennies du siècle, certains de ses membres vont grossir les rangs de la grande bourgeoisie montréalaise, mais les autres voient leur emprise régionale menacée par l'invasion sur leur territoire des grandes entreprises et du capital montréalais, phénomène qui ira en s'accentuant au début du 20e siècle.

À Québec, on assiste à l'émergence d'une nouvelle bourgeoisie régionale qui prend la relève des grands importateurs, repliés sur Montréal, et des barons du bois, dont le commerce est en déclin. Surtout active dans le commerce de gros et de détail, elle est également présente dans certains secteurs industriels, notamment la chaussure. Elle aussi dispose d'institutions financières régionales, la Quebec Bank et la Banque Nationale. Ses effectifs comprennent encore beaucoup d'anglophones, mais les francophones y tiennent une place croissante avec la montée, entre autres, des Hamel, Garneau, Paquet, Chinic, Beaudet et Bresse.

La moyenne bourgeoisie a évidemment des effectifs beaucoup plus considérables à Montréal, malgré la concentration de la grande bourgeoisie dans la métropole. L'expansion économique de la période favorise l'émergence d'un grand nombre de nouveaux hommes d'affaires, même si plusieurs sont affectés par les phases de ralentissement et surtout par la crise des années 1870. Les Rodier, Rolland, Beaubien, Beaudry, Rivard, Desjardins, Préfontaine, Viau, Cherrier, Barsalou, Delisle figurent en bonne position au sein de ce groupe. Eux aussi se dotent d'institutions financières, comme la Banque Jacques-Cartier ou la Banque d'Hochelaga.

La composition ethnique de la moyenne bourgeoisie est plus diversifiée que celle de la grande bourgeoisie. Certes, on y trouve un fort contingent d'Anglais et d'Écossais. On doit s'attendre à y trouver aussi un certain nombre d'Irlandais. Mais on y remarque également une présence significative d'hommes d'affaires canadiens-français, impliqués dans tous les secteurs d'activité économique. Tout en étant bien inférieure au pourcentage des francophones dans l'ensemble de la population, cette participation n'est pas pour autant négligeable. Le phénomène typiquement nord-américain de l'avocat brasseur d'affaires est bien visible à ce niveau. Dans le secteur industriel, les francophones doivent surmonter un handicap important. À cette époque, la technologie de l'industrie est presque toujours importée, soit de Grande-Bretagne, soit des États-Unis. L'immigrant américain ou britannique qui vient ériger une usine au Québec connaît cette technologie et, ayant gardé contact avec son pays d'origine, il s'insère dans un réseau d'information lui permettant de bénéficier des perfectionnements récents de la technique. Il est certes beaucoup plus difficile pour un homme d'affaires canadien-français de s'insérer dans de tels réseaux d'information. Quelques-uns y parviennent, surtout dans les industries ayant atteint une certaine maturité et dont la technologie est devenue relativement accessible, en particulier la chaussure, l'imprimerie, les scieries, la transformation des métaux et la production alimentaire. La majorité semble toutefois se tourner vers les activités commerciales, financières et foncières. La percée importante des francophones dans le commerce de gros, surtout celui de l'épicerie et de la mercerie-bonneterie («marchandises sèches»), est un phénomène bien connu. La création de plusieurs banques francophones témoigne à la fois de l'importance du capital accumulé par les Canadiens français et de leur besoin d'instruments de crédit. Le secteur foncier, si longtemps négligé par les historiens, prend ici une signification particulière. Il fait appel à un réseau d'information beaucoup plus interne à la société québécoise. Pour réaliser de bons profits sur le sol, il faut connaître les conditions locales et pouvoir contrôler ou influencer les conseils municipaux. Ceci peut expliquer le fait que les hommes d'affaires canadiens-français soient souvent actifs comme spéculateurs et promoteurs fonciers.

Le dynamisme de la bourgeoisie francophone se manifeste aussi dans la création d'institutions, en particulier la Chambre de commerce du district de Montréal, en 1887, qui se fait le porte-parole des milieux d'affaires de langue française. Il faut signaler aussi l'apparition d'une presse d'affaires: *Le moniteur du commerce*, en 1881, et *Le prix courant*, en 1887. Ces voix s'ajoutent à celles d'institutions anglophones déjà bien établies, comme le Montreal Board of Trade et les journaux d'affaires de langue anglaise.

La petite bourgeoisie

Entre la bourgeoisie d'une part et la masse des paysans et des travailleurs d'autre part s'insère une classe intermédiaire qui joue un rôle important dans l'histoire du Québec. On y trouve à la fois les petits entrepreneurs, les marchands locaux et l'important groupe des professions libérales. L'accumulation de capital qui se fait à ce niveau est bien modeste quand on la compare à celle de la bourgeoisie. Elle peut s'effectuer par la production, comme c'est le cas pour les petits entrepreneurs artisans, mais elle semble surtout se réaliser par le crédit commercial et les opérations foncières. Ces activités s'exercent presque toujours au niveau local.

Cette petite bourgeoisie a surtout retenu l'attention des historiens à cause de sa présence massive dans l'ensemble des institutions locales: conseils municipaux, commissions scolaires, fabriques, sociétés de charité et autres organisations volontaires. Elle y monopolise assez facilement les postes électifs. Elle a donc un rôle essentiel d'encadrement aussi bien dans les villes que dans les campagnes.

Dans une société encore majoritairement rurale, le prototype de cette classe est la petite bourgeoisie villageoise. Elle est généralement composée du curé, du notaire, du médecin et des principaux marchands et sa domination se traduit de plusieurs façons. D'abord par l'accaparement des postes de marguilliers, de commissaires d'écoles ou de conseillers municipaux. Dans une paroisse on tend à retrouver les mêmes hommes exerçant le pouvoir dans diverses structures. Un tel pouvoir s'appuie sur des fondements économiques. Le curé touche une part des récoltes qui dépasse souvent les stricts besoins du ministère paroissial. Marchands et membres des professions libérales, de leur côté, sont régulièrement créanciers des cultivateurs. Ainsi, entre les notables locaux et la masse des cultivateurs, se créent des liens de dépendance qui se reflètent dans toutes les dimensions de la vie de la société rurale.

En milieu urbain, la petite bourgeoisie joue un rôle similaire. Son action s'y exerce surtout dans le cadre de la paroisse ou du quartier. Son poids économique et politique est comparable, à quelques variantes près: par exemple, les rapports propriétaires-locataires sont beaucoup plus visibles à la ville qu'à la campagne.

Les historiens n'ont guère examiné jusqu'ici les relations entre petite bourgeoisie et bourgeoisie, où les rapports de dépendance sont évidents. Les marchands locaux sont liés étroitement aux grossistes qui leur fournissent des biens et surtout du crédit. Les notaires et les avocats servent souvent d'intermédiaires pour de grands investisseurs ou pour des institutions financières. Par son contrôle des institutions locales, par l'encadrement idéologique de la population, la petite bourgeoisie joue un rôle important dans le maintien de la paix sociale et de la stabilité des institutions.

À cet égard, le clergé exerce une action particulièrement importante et met volontiers son influence au service des grands entrepreneurs. Il y a cependant des distinctions à établir au sein du clergé. Le curé de paroisse a une influence considérable mais qui ne dépasse guère le niveau local. Les évêchés et les communautés religieuses ont souvent à leur tête des individus issus des grandes familles. Ces institutions disposent de ressources financières importantes, accumulées au cours des décennies et qui échappent généralement à la taxation. Elles investissent dans des entreprises, elles agissent comme institutions de crédit et de financement et même comme quasi-banques dans les régions où le système bancaire est peu implanté. Cette dimension économique du pouvoir clérical est toutefois encore peu connue. Le clergé peut par ailleurs profiter d'une main-d'œuvre abondante et peu coûteuse: cette armée de religieux et de religieuses recrutés surtout parmi les familles nombreuses du monde rural. Nous reviendrons plus loin sur le rôle de l'Église catholique au sein de la société québécoise.

À cette petite bourgeoisie peuvent également se rattacher les intellectuels: journalistes, écrivains, professeurs, artistes. Ils ne sont pas légion au Québec à cette époque et le groupe le plus important est sans doute celui des journalistes, très impliqués dans les débats politiques et idéologiques. Les conditions de vie et de travail de ces intellectuels ont été assez peu étudiées jusqu'ici, à l'exception de quelques figures plus connues comme le poète Louis Fréchette, Arthur Buies, journaliste et

plus tard secrétaire du curé Labelle, ou William Dawson, principal de
l'Université McGill.

Les travailleurs

L'une des transformations les plus significatives de la structure sociale,
pendant la seconde moitié du 19ᵉ siècle, est certainement l'émergence
de la classe ouvrière. C'est là une conséquence bien visible de la
montée du capitalisme industriel. Le processus de formation de cette
nouvelle classe s'est amorcé bien avant 1867, mais il prend une
ampleur nouvelle pendant les trois dernières décennies du siècle. Au
cœur de ce processus, on trouve la désorganisation du système artisanal
et son remplacement par la production de type capitaliste. L'artisan,
petit producteur indépendant, perd peu à peu le contrôle de ses moyens
de production et devient un ouvrier salarié travaillant pour un entrepreneur. C'est le phénomène bien connu de la prolétarisation. L'enquête
de la Commission du travail, en 1886-1889, nous en fournit des exemples. Plusieurs des témoins ont commencé leur carrière comme artisans
et ont vu leurs conditions de travail se détériorer graduellement; le
morcellement des tâches et la mécanisation ont entraîné pour eux une
dévalorisation de leur travail.

Les travailleurs de la fonderie Clendinneng à Montréal, en 1872, (*Canadian Illustrated
News*, 4 mai 1872)

Le travail de bureau en 1874: le siège social de Royal Canadian Insurance Co., rue Saint-Jacques, à Montréal. (*Canadian Ilustrated News*, 19 décembre 1874)

Mais la nouvelle classe ouvrière ne se recrute pas seulement dans les rangs des artisans. Ces travailleurs qualifiés ne représentent souvent qu'une minorité de la main-d'œuvre de l'usine. L'entrepreneur peut en effet compter sur trois autres bassins de recrutement. Il y a d'abord l'important réservoir de main-d'œuvre sans qualification que comptaient les villes préindustrielles, par exemple les manœuvres ou journaliers et les domestiques qui formaient 40% de la population montréalaise en 1825. C'est ainsi qu'on constate que l'introduction du travail féminin en usine entraîne une baisse radicale de l'importance relative des domestiques. Au début du processus d'industrialisation, ce préprolétariat urbain fournit un apport appréciable à la nouvelle classe ouvrière. Celle-ci s'alimente également à une deuxième source: l'immigration. Québec et Montréal reçoivent régulièrement des immigrants venus d'Irlande, de Grande-Bretagne et, à la fin du siècle, d'Europe de l'Est. Cependant, entre 1867 et 1897, le niveau de cette immigration est très bas, quand on le compare à celui de la période 1815-1855 ou à celui de la période 1896-1914. La classe ouvrière se constitue donc principalement à partir d'une troisième source: le surplus de main-d'œuvre dans les campagnes québécoises. Habitués à un niveau de vie assez bas, trop nombreux pour se montrer exigeants, ces ruraux acceptent les nouveaux emplois mal payés offerts par l'industrie, qui ont l'avantage de n'exiger aucune qualification particulière.

L'organisation du travail de type capitaliste n'affecte pas seulement les ouvriers d'usines, mais l'ensemble des travailleurs. La grande entreprise commence à s'installer aussi dans le commerce, les transports et les services en général. Elle y introduit également des rapports de travail de type hiérarchique et des conditions de travail souvent difficiles.

On trouve évidemment chez les travailleurs une grande variété de conditions, si bien qu'il existe une hiérarchie au sein de la classe ouvrière. La prolétarisation ne se fait pas au même rythme partout. Dans certains secteurs, les artisans peuvent mieux résister et protéger leurs conditions de travail.

Au sommet de la hiérarchie, on distingue ce qu'on a appelé l'aristocratie de la classe ouvrière. Il s'agit des ouvriers qualifiés, de ceux qui ont une profession exigeant une formation, comme les typographes ou certains ouvriers du fer; plusieurs métiers de la construction s'apparentent à cette catégorie. Ces travailleurs commandent des salaires beaucoup plus élevés que la moyenne. Ils tirent une grande fierté de leur métier. C'est dans leurs rangs que se recrutent les dirigeants syndicaux et ils forment les effectifs les plus stables et les mieux organisés du mouvement ouvrier. Ajoutons-y les employés des administrations publiques et privées, qui jouissent d'un statut élevé, mais qui sont encore peu nombreux au 19ᵉ siècle.

La masse des travailleurs est constituée des ouvriers qui n'ont pas une formation poussée, mais qui remplissent une tâche spécialisée au sein du processus de production. C'est là que se trouve toute la main-d'œuvre industrielle à bas salaire et que se concentre le travail féminin. Il s'agit d'une population particulièrement mobile, dont le degré d'organisation reste très faible au 19ᵉ siècle.

Il y a enfin les travailleurs sans qualification ni spécialisation, principalement les journaliers. Employés comme manœuvres dans les ports, la construction ou les transports, ils sont eux aussi mal payés et peu organisés et sont les principales victimes du chômage saisonnier. Leur importance relative dans la population active tend à diminuer. Il en est de même pour les domestiques.

Quoique la composition ethnique de la classe ouvrière n'ait pas été étudiée systématiquement, on aurait tort d'associer trop étroitement prolétariat et Canadiens français. Ceux-ci fournissent certainement, après 1867, la majorité des effectifs. Mais il y a aussi d'importants contingents d'origine britannique — Anglais, Irlandais et Écossais; ils ont tendance au cours de la période à se replier sur Montréal. À la toute fin du siècle, on voit arriver les premiers contingents de Juifs d'Europe de l'Est, qui seront en grand nombre employés dans le secteur du vêtement. À la fin du 19ᵉ siècle, les travailleurs québécois forment une classe qui, bien que diversifiée, n'en est pas moins soumise à des conditions de travail et de vie fort difficiles.

Les ruraux

Entre 1867 et 1897, la société québécoise est composée en majorité de ruraux. Il est difficile de parler de «classe agricole» car le monde rural n'est pas homogène. Il n'est pas formé uniquement de cultivateurs vivant sur leur ferme, mais compte également des villageois dont la structure professionnelle est plus variée. En outre, quoique la majorité des cultivateurs soient propriétaires occupants, il existe tout de même un bon nombre de journaliers agricoles qui n'ont d'autre moyen de subsistance que d'aller de ferme en ferme proposer leur travail. Enfin, le fait pour un agriculteur d'être propriétaire de sa terre n'est pas nécessairement un signe de richesse, car la taille des exploitations et les ressources disponibles varient beaucoup.

Dans le monde rural, on peut distinguer deux unités de regroupement territorial. D'une part, le village, caractérisé par un habitat groupé, est le lieu où se concentrent les services religieux et professionnels ainsi que les activités commerciales. D'autre part, il y a la zone rurale, entourant le village, souvent constituée en municipalité distincte. Certains services sont décentralisés. Par exemple, on trouve des écoles aussi bien dans les rangs qu'au village. De même pour certaines activités de fabrication comme les beurreries et fromageries.

Le rang est l'unité intermédiaire de base entre la famille et la paroisse. Socialement, c'est le lieu de la solidarité entre voisins et de l'entraide qui caractérisent le monde rural. C'est aussi l'un des traits marquants du paysage rural québécois; né du découpage des terres dans les seigneuries, il survit à l'institution, en s'imposant même dans les nouvelles régions d'implantation, tout au long du 19e siècle.

Le village abrite quatre groupes bien distincts. D'abord les notables, ceux qu'on assimile à la petite bourgeoisie: notaire, médecin, curé, marchands locaux. Ils dominent la société rurale et maintiennent les liens avec la bourgeoisie urbaine. Les marchands, par exemple, vendent et achètent en ville ainsi que chez les cultivateurs et détiennent souvent des créances importantes sur ces derniers. Ensuite viennent les artisans, fabriquant les rares objets que le cultivateur ne peut ou ne veut faire lui-même. Le troisième groupe est celui des rentiers, formé à la fois de cultivateurs retraités au village et d'anciens artisans ou journaliers. Il y a enfin les journaliers, que nous étudierons plus loin. Ainsi le village constitue le pôle social de la vie rurale. On y trouve l'église paroissiale et la majorité de ceux qui exercent un pouvoir important dans la collectivité. Cependant le pouvoir n'est pas monopolisé par le village; il existe dans la paroisse de «gros» cultivateurs dont l'influence est déterminante et avec lesquels la petite bourgeoisie villageoise doit composer.

Outre les villageois, les ruraux se partagent en trois grandes catégories: les cultivateurs, les journaliers et les colons. Les cultivateurs ne forment pas un ensemble homogène. Aux distinctions classiques entre les plus prospères, qui augmentent sans cesse l'étendue de leurs terres, et les autres; il faut ajouter d'autres facteurs de différenciation : proximité d'un marché urbain, disponibilité des moyens de transport et enfin une certaine spécialisation de la production. Interviennent également les contraintes climatiques et géographiques. Que dans la plaine de Montréal on fasse les foins à la fin du mois de juin alors que dans le Bas-du-Fleuve on ne les fait qu'à la fin de juillet n'est pas sans peser lourdement. Enfin, il faut signaler l'existence du métayage, surtout à la périphérie des zones urbaines. Les métayers exploitent une ferme et réservent, en guise de loyer, la moitié des récoltes pour le propriétaire. Ainsi, l'agriculture québécoise ne suit donc pas un modèle unique réparti également sur l'ensemble du territoire.

La catégorie des journaliers est elle aussi hétérogène. Si la plupart du temps, dans les paroisses de la plaine, ils sont de véritables journaliers agricoles, c'est-à-dire travaillant pour le compte d'un cultivateur à des travaux de ferme et payés à gages, dans d'autres paroisses, notamment sur les plateaux, ils sont surtout des bûcherons, et n'ont pas ou peu d'activités agricoles proprement dites. Une partie des journaliers se distinguent par leur grande mobilité, voire leur instabilité: rien ne semble retenir ces célibataires qui passent de rang en rang et de paroisse en paroisse à la recherche d'un travail. Par ailleurs, il en existe d'autres qui se fixent dans les villages où ils possèdent maison et jardin.

La croissance du nombre des journaliers est devenue importante depuis la première moitié du 19e siècle; elle accompagne l'augmentation rapide de la population ainsi que le malaise agricole que connaît alors le Bas-Canada. En fait, ce phénomène apparaît relié à celui, plus vaste, de la transmission du patrimoine agricole et de la reproduction de la société rurale. Les travaux de l'historien Gérard Bouchard montrent comment le processus par lequel un père cherche à établir chacun de ses fils sur une terre se heurte tôt ou tard à des contraintes financières très strictes ainsi qu'à un réel manque de terres. Dans ces conditions, le départ vers les États-Unis, le statut de journalier ou celui de colon deviennent les seuls choix possibles pour beaucoup de fils de cultivateurs.

La troisième catégorie, celle des colons, semble plus homogène à première vue. Leur situation générale de dénuement forme la base d'une certaine uniformité des conditions de vie et contribue à rendre plus floues les distinctions sociales. Les colons ressemblent davantage, du moins dans les premières années de leur établissement, aux journaliers agricoles qu'aux agriculteurs plus prospères. D'une part, ils doivent souvent exercer un autre travail pour réussir à vivre et, d'autre part, le genre d'agriculture qui se pratique dans ces régions n'est pas de nature à créer des surplus. Par ailleurs, l'absence de tout marché

empêche la stimulation de la production agricole. C'est tout le problème de l'économie agro-forestière que nous avons analysé précédemment et qui crée pour le colon une situation de dépendance.

Ce type de dépendance existe aussi dans les villages de pêche de la
Côte-Nord, de la Gaspésie et des Îles-de-la-Madeleine. Au 19e siècle,
ces localités sont très isolées et ne sont accessibles que par bateau. Leur
population vit de pêche et d'une agriculture de subsistance. Elles sont
sous la coupe de marchands ou de compagnies commerciales, qui
exercent un monopole de fait sur l'achat de leur production et sur la
vente des produits importés.

Même si se retrouvent, à la campagne, des distinctions sociales
importantes ainsi que des phénomènes de domination, les clivages
sociaux sont tempérés par une tradition d'entraide qui remonte à l'époque des premiers défrichements de rangs. Les conditions matérielles de
la mise en valeur du territoire expliquent en partie la situation. Dans la
majorité des cas, le peuplement procède par débordement d'un rang sur
l'autre, jusqu'à la formation d'une nouvelle paroisse. L'isolement
relatif des débuts, l'importance des relations de voisinage et des solidarités familiales, contribuent à renforcer le phénomène d'entraide, qu'il
ne faut toutefois pas confondre avec l'égalitarisme.

La mobilité géographique constitue un autre trait de la société rurale,
qui contraste avec l'image traditionnelle des cultivateurs serrés autour
du clocher de leur église et hésitant à quitter leur paroisse. Très tôt
l'occupation complète des terres dans les vieilles paroisses oblige les
cultivateurs, en particulier les jeunes, à se déplacer pour s'établir. Le
mouvement commence dès le début du 19e siècle avec la mise en
exploitation des zones les plus éloignées à l'intérieur des seigneuries.
Par la suite, les cultivateurs gagnent les plateaux laurentiens et les
Appalaches pour s'y installer. Léon Gérin, qui a réalisé plusieurs
monographies rurales entre 1886 et 1939, a bien noté ce trait. Venu en
1920 dans la paroisse de Saint-Irénée, rechercher une famille étudiée
par le diplomate-sociologue Gauldrée-Boileau en 1861-1862, il la
retrouve établie beaucoup plus loin. Les travaux de Gérard Bouchard
sur le Saguenay font aussi ressortir l'importante mobilité géographique
de la population durant la seconde moitié du 19e siècle. Mais ce mouvement ne se dirige pas seulement vers le monde rural: comme la
croissance démographique est très grande, on va également vers les
villes québécoises et surtout vers les États-Unis. Il en résulte un intense
va-et-vient entre la paroisse d'origine, la paroisse de colonisation, les

usines américaines et les villes du Québec. Des familles entières, des fils ou des filles reviennent quelquefois vers le lieu d'origine pour visiter la parenté, ou y envoient leurs propres enfants, le temps d'un congé, d'un veuvage ou d'une maladie grave. Les travaux des historiennes Tamara Hareven et Frances Early ont montré l'importance du maintien des solidarités familiales malgré l'émigration. Il faut ajouter à ce mouvement celui des fils de cultivateurs partis aux États-Unis le temps de se constituer un pécule avant de revenir s'établir sur une terre. Ainsi, durant la seconde moitié de 19ᵉ siècle, une bonne proportion des familles québécoises a de la parenté, soit qui a vécu aux «États», soit qui s'y est installée.

Dans le monde rural québécois on retrouve donc différents groupes hiérarchisés les uns par rapport aux autres; même si ce phénomène est atténué par une tradition d'égalitarisme, il n'en existe pas moins des différences sociales perceptibles. Par ailleurs, il faut insister également sur les diversités régionales, donnant naissance à divers types d'agriculture et à des conditions sociales différentes. Il est donc difficile de parler d'une classe agricole homogène.

Ce tableau de la structure sociale n'a pas la prétention d'épuiser la réalité. Outre le problème de la complexité de chaque classe, il y a celui de l'existence de groupes qu'on arrive mal à situer au sein de cette structure. Par exemple, les nomades, en majorité Amérindiens, qui vivent de chasse et de pêche, ont leur structure sociale propre; organisés en bandes, ils se rattachent au reste de la société québécoise par les rapports de dépendance qu'instaurent les compagnies de fourrures. Même si l'appartenance de classe constitue une dimension fondamentale de l'organisation de la société, d'autres types d'appartenance, parfois, recoupent la structure sociale mais, parfois aussi, entrent en conflit avec elle. Qu'il suffise de mentionner l'appartenance ethnique, religieuse ou régionale, le sexe et l'âge.

ORIENTATIONS BIBLIOGRAPHIQUES

BENOIT, Jean. *Le développement des mécanismes de crédit et la croissance économique d'une communauté d'affaires. Les marchands et les industriels de la ville de Québec au XIXᵉ siècle.* Thèse de Ph.D. (histoire), Université Laval, 1985. 735 p.

BOUCHARD, Gérard. «Introduction à l'étude de la société saguenayenne aux XIXᵉ et XXᵉ siècles», *Revue d'histoire de l'Amérique française,* 31, 1 (juin 1977): 3-27.

BOUCHARD, Gérard. «Les systèmes de transmission des avoirs familiaux et le cycle de la société rurale au Québec, du XVIIe au XXe siècle», *Histoire sociale/Social History*, XVI, 31 (mai 1983): 35-60.

BOURQUE, Gilles et Nicole LAURIN-FRENETTE. «Classes sociales et idéologies nationalistes au Québec (1760-1970)», *Socialisme québécois*, 20 (avril-mai-juin 1970): 13-55.

GÉRIN, Léon. *Le type économique et social des Canadiens. Milieux agricoles de tradition française.* 2e édition. Montréal, Fides, 1948. 221 p.

HAMELIN, Jean et Yves ROBY. *Histoire économique du Québec, 1851-1896.* Montréal, Fides, 1971. 436 p.

HARDY, René et Normand SÉGUIN. *Forêt et société en Mauricie.* Montréal, Boréal Express, 1984. 223 p.

HARVEY, Fernand. *Révolution industrielle et travailleurs.* Montréal, Boréal Express, 1978. 347 p.

KESTEMAN, Jean-Pierre. *Une bourgeoisie et son espace: industrialisation et développement du capitalisme dans le district de Saint-François (Québec), 1823-1879.* Thèse de Ph.D. (histoire), Université du Québec à Montréal, 1985.

LÉTOURNEAU, Firmin. *Histoire de l'agriculture.* s.l., s.e., 1968. 398 p.

LINTEAU, Paul-André. « Quelques réflexions autour de la bourgeoisie québécoise, 1850-1914», *Revue d'histoire de l'Amérique française*, 30, 1 (juin 1976): 55-66.

LINTEAU, Paul-André. *Maisonneuve ou comment des promoteurs fabriquent une ville (1883-1918).* Montréal, Boréal Express, 1981. 280 p.

MACDONALD, L. «Merchants Against Industry: An Idea and its Origins», *Canadian Historical Review*, LVI, 3 (sept. 1975): 263-281.

NAYLOR, R.T. «The Rise and Fall of the Third Empire of the St. Lawrence», Gary Teeple, dir., *Capitalism and the National Question in Canada*, (Toronto, University of Toronto Press, 1972): 1-41.

OTIS, Yves. *Familles et exploitations agricoles: quatre paroisses de la rive sud de Montréal, 1852-1871.* Mémoire de Maîtrise (histoire), Université du Québec à Montréal, 1985. 187 p.

POUYEZ, Christian, Yolande LAVOIE, et al. *Les Saguenayens.* Sillery, Presses de l'Université du Québec, 1983. 386 p.

RIOUX, Marcel et Yves MARTIN, dir. *La société canadienne-française.* Montréal, HMH, 1971. 404 p.

ROY, Fernande. *Progrès, harmonie, liberté. Le libéralisme des milieux d'affaires francophones à Montréal au tournant du siècle.* Montréal, Boréal, 1988. 301 p.

RUDIN, Ronald. *Banking en français. Les banques canadiennes-françaises, 1835-1925.* Montréal, Boréal, 1988. 244 p.

SÉGUIN, Normand. *La conquête du sol au 19e siècle.* Montréal, Boréal Express, 1977. 295 p.

Chapitre 9

LE CADRE DE VIE

Les inégalités entre groupes sociaux se reflètent dans les conditions d'existence des individus. On ne mange pas, on ne se loge pas, on ne meurt pas de la même façon selon qu'on est bourgeois ou prolétaire, qu'on habite la ville ou la campagne, qu'on est catholique ou protestant.

Le monde rural

Le monde rural est caractérisé par son ancienneté et sa diversité. Résultat d'une implantation qui remonte au 17e siècle, il s'est nourri de traditions amenées de France, auxquelles se sont ajoutées, au fil des siècles, l'influence des Amérindiens, celle des Britanniques puis celle des Américains. Sensible à son environnement, ce monde s'est adapté aux rigueurs du climat et a su tirer parti des ressources disponibles. Par ailleurs, l'histoire de l'occupation du territoire explique sa diversité: anciennes paroisses le long du Saint-Laurent, paroisses de colonisation récente ou townships des Cantons-de-l'Est ne présentent pas le même visage. Même si beaucoup d'auteurs y ont vu un modèle idéalisé de civilisation traditionnelle, c'est en réalité un monde qui offre de multiples facettes et qui ne cesse de se transformer en intégrant des influences nouvelles.

La vie à la campagne

La vie à la ferme est rythmée par les saisons. L'agriculture règle le calendrier et chaque saison ramène ses gros travaux. Au printemps, il faut préparer la provision annuelle de bois de chauffage en débitant les arbres abattus durant l'hiver. Pour ceux qui disposent d'une érablière, le temps des sucres exige un travail attentif. Aussitôt la neige fondue, il faut préparer la terre: enlèvement des pierres, amendement du sol, labourage. Plus tard, on doit sortir les animaux et procéder aux semailles. L'été est la saison par excellence des gros travaux des champs: les foins en juin, qui sont fauchés et engrangés avec soin sous peine d'être perdus, puis la récolte des grains, qui occupe toute la maisonnée. Tout au long de l'été, on ramasse également les petits fruits et on soigne le jardin potager. À l'automne, on termine les récoltes: pommes de terre et autres racines comestibles, arbres fruitiers. Puis on s'occupe une dernière fois de la terre avant les neiges en labourant et en épandant du fumier. Avec la venue de l'hiver, marqué par la pause du temps des fêtes, le travail devient un peu moins accaparant mais n'en continue pas moins: entretien du matériel agricole, boucherie, battage et vannage de la récolte de grains, train quotidien, opération qui prend de l'ampleur avec le développement de l'exploitation laitière. Enfin, le cultivateur profite de l'hiver pour abattre les arbres dont il aura besoin pour le chauffage l'année suivante et pour ses divers travaux de construction et de réparation.

L'autosuffisance constitue un autre trait du monde rural. Dans la mesure du possible, chacun tente de se nourrir et de fabriquer les objets dont il a besoin. À la ferme, il n'est pas rare que la majorité des instruments soient ainsi faits sur place, comme d'ailleurs une bonne partie de l'habillement de la famille. On fait aussi appel à un voisin plus habile pour confectionner certains objets, ou on échange des produits et des services. Toutefois, cette autosuffisance n'est jamais totale et varie selon les régions: certains objets, comme le poêle à bois, proviennent forcément de l'extérieur. Vers la fin du siècle, avec le développement des transports ferroviaires et le début des ventes par catalogue, la fabrication de certains objets tend à disparaître. À propos de l'habillement, le sociologue Léon Gérin note comment les toiles et étoffes du pays sont remplacées par les cotonnades et autres tissus vendus dans le commerce. Rapidement, la même évolution touche l'outillage de la ferme avec la montée des fabricants d'instruments aratoires, et même le forgeron du village se cantonne de plus en plus dans des travaux d'entretien.

Les conditions de travail à la campagne sont très différentes de celles de la ville, mais ne sont pas pour autant idylliques; les tâches sont dures et contraignantes et la journée est très longue, particulièrement en été. L'organisation du travail agricole implique toute la famille. La femme, outre les responsabilités domestiques quotidiennes, s'occupe généralement du jardin potager et participe, à l'occasion, aux grands travaux des champs; de plus, dans de nombreux cas, elle joue

La fabrication de sirop d'érable, de Cornelius Krieghoff. (ANC, C11041)

un rôle essentiel dans la gestion de l'exploitation. Les enfants, de leur côté, sont intégrés très jeunes au processus et ont des responsabilités définies; avec l'âge, ils deviennent la principale main-d'œuvre de la ferme et on s'attend à ce qu'ils jouent ce rôle un certain temps avant de se marier. Même les vieillards ont leur place dans la répartition des tâches.

Durant la dernière moitié du 19e siècle, l'agriculture profite d'un grand nombre d'innovations techniques et on constate un début de mécanisation des fermes. Toutefois, la grande partie du travail se fait toujours de façon traditionnelle, en utilisant des outils simples et une abondante main-d'œuvre. Au même moment, la spécialisation agricole crée de nouvelles contraintes qui modifient graduellement l'organisation du travail.

En ce qui concerne l'habitat, l'évolution est considérable au cours du 19e siècle. La maison traditionnelle québécoise reste le modèle architectural dominant avec sa cuisine d'été et son toit à deux versants avec larmier. Dans la seconde moitié du siècle, cependant, les modèles britanniques et américains se répandent, avec, en particulier, l'apparition des toits mansardés et l'influence victorienne dans l'ornementation. Construite surtout en bois, selon des techniques qui varient peu, la maison rurale est habituellement assez spacieuse pour loger une famille, sans pour autant que chacun de ses membres dispose d'une chambre; au besoin, on procède à des agrandissements. La vie familiale s'organise autour d'une pièce principale, la cuisine; là se prennent les repas en commun et là aussi se déroulent les soirées au cours desquelles les membres de la maisonnée se livrent à toutes sortes de travaux. Lors des grandes occasions, on ouvre le salon pour une veillée.

Tout en étant en quantité suffisante, la nourriture semble assez peu variée. Les féculents y dominent, pommes de terre, pain et pois. La viande, sauf le lard gras, est plus rare et n'apparaît qu'à certaines occasions. À cette base s'ajoutent les productions saisonnières: petits fruits et légumes du potager l'été, produits de la chasse en saison.

Ces conditions de vie et de travail ne sont pas les mêmes partout ni pour tous. Ainsi, le journalier, qui doit vivre de son seul salaire, mène une existence plus précaire que le cultivateur. Mais le contraste le plus marqué est celui qui oppose les vieilles paroisses aux régions de colonisation. Pendant les premières années, la vie du colon est plutôt misérable. Aux prises avec un lot encore couvert d'arbres, il doit d'abord procéder à l'abattage, puis réduire ce bois en cendres. Cette opération terminée, il lui reste à vendre les cendres et surtout à enlever les souches une à une. Graduellement, la superficie cultivable s'étend et, en quelques années, si les travaux n'ont pas été trop lents, la ferme devient à peu près viable; le colon peut maintenant penser à remplacer son habitation sommaire par une véritable maison. De plus, le travail dans les chantiers, en éloignant les hommes pendant plusieurs mois, n'est pas sans impact sur la vie de famille et l'exploitation de la ferme. À toutes ces difficultés s'ajoute enfin le fait de vivre dans un milieu qui ne possède pas encore toute son infrastructure de services.

Les conditions d'hygiène à la campagne laissent quelquefois à désirer, d'après les observations de Léon Gérin; cependant, contrairement à celles qui prévalent en milieu urbain, elles ne font pas l'objet de préoccupations particulières ou de dénonciations. Le niveau inférieur de la mortalité dans les campagnes laisse d'ailleurs penser qu'elles sont meilleures qu'en ville. La présence du médecin devient plus visible, encore que «ramancheux» et rebouteux continuent d'attirer la clientèle pendant que demeurent populaires les traitements prescrits par les «empiriques» ayant un «don» pour guérir qui les saignements, qui les maux de dents.

La sociabilité rurale

La société rurale est caractérisée par le sens de la communauté et l'esprit d'entraide, grâce à ces structures que sont la famille, le rang et la paroisse. La famille constitue l'unité de base. Non seulement elle règle la production et la consommation, mais, encore, les stratégies de reproduction amènent les chefs de famille à vouloir établir, autant que faire se peut, leurs enfants non loin d'eux. Il en résulte souvent une concentration de familles dans des rangs, paroisses ou régions. Par ailleurs, la structure de l'habitat par rang amène les habitants à entretenir des relations de voisinage intenses, accentuées par le relatif isolement de certaines régions et la nécessité de l'entraide pour les travaux d'intérêt commun comme la construction ou l'entretien des chemins.

Transposée de France par les premiers colons, la paroisse demeure au 19e siècle une institution fondamentale dans le monde rural. Tout à la fois centre religieux et communautaire, lieu d'échange et de socialisation, elle permet l'identification et la cristallisation des valeurs collectives. C'est pourquoi, dans le mouvement de colonisation agricole du Québec, on prend toujours soin d'en fonder une dès que le nombre d'habitants le permet.

Peu nombreux jusque-là, les villages connaissent une formidable expansion au 19e siècle, allant de pair avec la croissance de la population et celle du nombre de paroisses. L'ensemble du Québec habité est

Notre-Dame de Batiscan en 1890. (*Le Canada d'hier*, 1967)

quadrillé par un réseau serré de villages dont le paysage est dominé par le clocher de l'église. Ils jouent le rôle d'intermédiaires entre le monde rural et le monde urbain: leurs marchands rassemblent les surplus de la production agricole qu'ils commercialisent, la dirigeant surtout vers les marchés urbains; en sens inverse, le curé, les marchands et les membres des professions libérales reçoivent de la ville informations et objets nouveaux qu'ils disséminent autour d'eux.

Si la famille, le rang et la paroisse constituent l'armature de la sociabilité rurale, celle-ci se manifeste avec un éclat particulier à l'occasion des nombreuses fêtes qui jalonnent l'année. Outre les grands moments de la vie familiale que sont les mariages et les enterrements, plusieurs célébrations sont liées au calendrier agricole tels les sucres ou les épluchettes de blé d'inde, ou au calendrier religieux. L'hiver apparaît à cet égard comme la saison privilégiée avec le ralentissement du travail agricole et l'enchaînement de fêtes religieuses, depuis Noël jusqu'au début du carême. Chacune est l'occasion de rassemblements de parents et de voisins, pour manger, danser, écouter des contes, chanter.

Le monde urbain

De la campagne à la ville, le contraste est frappant, comme en font l'expérience un grand nombre de ruraux. L'industrialisation et l'urbanisation entraînent en effet une concentration poussée de la population dans un espace restreint. La densification accroît le risque de conflagration, affecte les conditions sanitaires et plus généralement la qualité de la vie en milieu urbain. La demande de services augmente: il faut construire des aqueducs, des égouts, organiser des services de transport, réglementer plusieurs aspects de la vie collective.

Sous la poussée de cette croissance urbaine qui, dans certains cas, est rapide, les vieilles structures de la petite ville préindustrielle craquent de toutes parts. Il faut trouver des solutions nouvelles, mais la transition est difficile; les institutions et les dirigeants sont mal préparés pour faire face à la nouvelle situation. Dans certains cas, on trouve rapidement des réponses aux problèmes, mais le plus souvent il faudra plusieurs décennies de tensions et d'ajustements pour parvenir à un nouvel équilibre. Et les bénéfices de ces transformations sont bien inégalement répartis dans la société.

Le milieu de vie

Le monde urbain se caractérise en effet par des inégalités socio-économiques, inscrites dans l'espace, qui s'approfondissent pendant la seconde moitié du siècle. On distingue nettement des quartiers bourgeois et des quartiers ouvriers, ayant chacun un environnement différent. Les premiers, généralement installés sur les hauteurs, sont bien aérés, avec des édifices en pierre, des espaces verts et de bons services publics. Les quartiers de travailleurs se développent autour des usines et sont mal dotés sous tous les rapports; l'entassement et l'insalubrité y sont la règle générale et les espaces verts sont inexistants. Ainsi, à Montréal, la grande bourgeoisie quitte la vieille ville à partir des années 1860 pour s'installer sur les contreforts du Mont-Royal; elle y érige de somptueuses résidences à l'allure de petits châteaux. Quant aux quartiers ouvriers, ils s'étendent le long du fleuve et du canal Lachine, sous le couvert de la fumée des usines. Il en est de même à Québec, où la bourgeoisie s'installe confortablement dans la haute-ville et le long de la Grande Allée jusqu'à Sillery; les travailleurs s'entassent le long

La résidence montréalaise de Donald Smith. (Archives Notman, Musée McCord)

du fleuve, dans le quartier Champlain, ou en bordure de la Saint-Charles, dans les quartiers ouvriers de Saint-Roch et de Saint-Sauveur. Semblable ségrégation se retrouve même dans les petites villes, où les notables locaux se regroupent dans une même rue. À Montréal, la création de municipalités de banlieue accentue encore la différenciation spatiale. Ces petites villes présentent toutes des traits distinctifs, mais chacune d'elles, tout en étant socialement typée, reproduit à sa façon, avec ses rues de notables et ses rues de travailleurs, les différences sociales de la ville centrale.

Cette ségrégation résidentielle est accentuée par un autre phénomène: la séparation entre habitat et lieu de travail. Dans la ville pré-industrielle, ces deux espaces étaient souvent confondus. À partir du milieu du 19e siècle, se constituent des zones strictement industrielles, commerciales ou administratives, distinctes des zones résidentielles. Dans les quartiers ouvriers, ces dernières ne sont jamais très loin des usines, de sorte que les travailleurs peuvent encore s'y rendre à pied. Dans les quartiers bourgeois, la distance est cependant plus grande, ce qui accroît la demande d'un système de transport en commun qui, au début, dessert surtout les couches aisées de la population.

L'habitat reflète bien l'évolution sociale de l'espace urbain. L'architecture domestique est d'ailleurs en pleine transformation à partir du milieu du 19e siècle. La maison canadienne traditionnelle, avec son toit en pignon et ses lucarnes, cède la place à l'édifice à toit plat, aux lignes rectangulaires, permettant une utilisation plus systématique de l'espace. Si les plus riches bourgeois peuvent encore faire construire de grandes résidences au milieu d'un vaste terrain embelli par l'aménagement paysager, la majorité des nouvelles constructions prennent la forme de maisons en rangée. Ce changement est rendu possible grâce à un nouveau découpage des lots, maintenant de forme rectangulaire. La porte cochère est remplacée par une nouveauté, la ruelle, voie d'accès collective desservant l'arrière des lots. Ce nouveau modèle, d'inspiration britannique, s'implante d'abord dans le secteur huppé du *Golden Square Mile*, à Montréal, où la maison en rangée est, à l'origine, du type *Terrace House*. La façade monumentale unifiée qui caractérise celle-ci est vite abandonnée, mais le modèle de la maison en rangée reste et se diffuse bientôt dans tous les quartiers. On le retrouve ainsi dans l'habitat populaire qui se transforme aussi d'une autre façon avec l'apparition, vers la fin des années 1850, du duplex, cette maison à deux logements superposés. Le duplex se répand comme une traînée de

Le nouveau type d'édifice commercial de la seconde moitié du 19ᵉ siècle. (*Montreal Herald*, 25 août 1860)

poudre et devient bientôt caractéristique de l'environnement montréalais; on le retrouve aussi dans d'autres villes du Québec. Il est bien adapté pour répondre aux besoins d'une population ouvrière en pleine croissance, ne pouvant guère payer des loyers élevés. Le duplex lui-même évolue: son étage supérieur est souvent divisé en deux logements plus petits et, avec le temps, l'addition d'un troisième étage donnera naissance au triplex, à trois ou cinq logements.

Les transformations ne touchent pas seulement le type de maisons, mais aussi les matériaux de construction. Les charpentes continuent

d'être érigées avec de lourds madriers, car la nouvelle technique américaine de cadre léger, fait de pièces de bois de 2 po sur 4 po, ne semble
se répandre que lentement au Québec. L'usage de la planche paraît
toutefois se généraliser. La brique est de plus en plus utilisée pour le
revêtement extérieur. À Montréal, son emploi devient même obligatoire
à la suite du grand incendie de 1852. Dans la banlieue de la métropole
et dans les petites villes de la province, le revêtement en bois reste
cependant le plus répandu. Quant à la pierre, matériau beaucoup plus
coûteux, elle est réservée aux résidences des classes supérieures et
encore son usage est-il le plus souvent limité aux façades. Elle est aussi
employée pour le revêtement des grands édifices publics et commerciaux, mais on l'abandonne comme élément de la structure intérieure ;
les progrès de la technologie du fer et de l'acier permettent en effet
d'ériger des charpentes métalliques, plus légères, et d'élever ainsi la
hauteur des immeubles. Dans le vieux Montréal comme dans le vieux
Québec, les maisons bourgeoises abritant à la fois résidence, magasin
et entrepôt cèdent la place à des édifices commerciaux de plusieurs
étages.

Ces changements se produisent de façon anarchique, sans
planification de la part des autorités municipales. L'aménagement de
l'espace relève du capital privé; ce sont les propriétaires du sol qui
décident de l'utilisation de leur lot. Les règlements concernant la
construction sont peu contraignants et ne sont guère respectés.

La densité de population s'accroît surtout dans les quartiers ouvriers.
Il n'existe pas encore d'analyse systématique de ce phénomène au
Québec pour le 19e siècle. À Montréal, les calculs établis par le bureau
de santé de la ville sont grossièrement erronés. Tout indique cependant
que les problèmes de densité à Montréal sont loin d'atteindre le même
degré de gravité que dans certaines grandes villes américaines comme
New York ou Chicago. Dans son étude d'un secteur ouvrier montréalais en 1897, l'industriel H.B. Ames mesure une densité moyenne de
55 personnes à l'acre, chiffre qui grimpe à 94 si l'on élimine du calcul
rues, parcs, canaux, quais, etc. Cependant, le secteur pauvre de Griffintown affiche une densité moyenne de 173 personnes à l'acre et un îlot
particulièrement peuplé atteint même 300 personnes. La même dispa-
rité se retrouve quant au degré d'entassement à l'intérieur des maisons.

La densité plus élevée qui est le lot des parties les plus pauvres de
la ville indique un autre problème, celui de l'accessibilité et de la
qualité du logement. Dans les principales villes de l'époque, la popu-

Une maison caractéristique du faubourg Québec, à Montréal.

lation est massivement locataire. À Montréal, on estime qu'au moins 80% des chefs de ménage doivent louer leur logement. On ne connaît pas du tout la dynamique des rapports propriétaires-locataires. On ignore à peu près tout du niveau réel des loyers, qui ne sont l'objet d'aucun contrôle. Les propriétaires ont donc le gros bout du bâton et peuvent effectuer une importante ponction sur le revenu ouvrier. Ils doivent cependant tenir compte de la capacité de payer de la population et de la concurrence sur le marché du logement. Selon l'historien Jean De Bonville, le bas revenu des familles ouvrières les oblige à se contenter d'un logement de moindre qualité et insalubre. Comme le constatent de nombreux observateurs de l'époque, le phénomène des taudis est déjà une réalité. La Commission royale d'enquête sur les relations entre

Intérieur d'une maison ouvrière. (*Canadian Illustrated News*, 6 décembre 1873)

le capital et le travail déclare d'ailleurs: «Il est indéniable que les ouvriers sont mal logés, dans des maisons mal bâties, malsaines et louées à des taux exorbitants.»

L'insalubrité des logements n'est que l'un des aspects des problèmes de santé et d'hygiène associés à l'industrialisation et à l'urbanisation. La mortalité dans les villes est nettement plus élevée que la moyenne québécoise tout au cours de la période, même si l'écart tend à se réduire quelque peu. Un observateur a déjà décrit Montréal comme «the city of wealth and death», la ville de la richesse et de la mort, et cela reste vrai pendant toute la seconde moitié du 19e siècle. Si la mort est aveugle, elle ne l'est pas au même degré partout. Ainsi, à Montréal, entre 1877 et 1896, le taux de mortalité est en moyenne de 36,7 pour mille habitants dans le quartier ouvrier et francophone de Sainte-Marie, et de 18,7 pour mille dans le quartier bourgeois et anglophone de Saint-Antoine.

La principale composante de ces décès nombreux est la mortalité infantile. À Montréal comme à Québec, plus du quart des enfants

Caricature rappelant les mauvaises conditions sanitaires dans les zones industrielles de Montréal et les épidémies qui en résultent. (*Canadian Illustrated News*, 5 juin 1875)

meurent avant d'atteindre l'âge d'un an et cette proportion est encore plus élevée chez les francophones, phénomène dont l'un des facteurs explicatifs serait l'abandon plus fréquent de l'allaitement naturel. Les solutions de rechange, le lait de vache et l'eau, sont des produits souvent contaminés provoquant des maladies du système digestif, fréquemment mortelles. La malnutrition généralisée dans les milieux pauvres vient encore aggraver la situation en minant la capacité de résistance des individus. La précarité du revenu ouvrier tout autant que les mauvaises conditions sanitaires sont ici en cause.

Par ailleurs, l'alcoolisme constitue au 19e siècle un problème important, ayant de lourdes conséquences sanitaires et sociales. Il se manifeste principalement chez les hommes, mais affecte toute la vie familiale. Les débits d'alcool, légaux ou illégaux, foisonnent, en particulier dans les quartiers populaires. L'alcoolisme est cependant un problème qui affecte toutes les classes. Des groupes s'alarment: les employeurs y voient un obstacle à la productivité, les Églises une atteinte à la moralité. De nombreux organismes prônant qui l'abstinence, qui la tempérance, sont mis sur pied. Un vaste mouvement de pression d'envergure nord-américaine se constitue peu à peu et réussira même à l'époque de la Première Guerre mondiale à obtenir la prohibition de l'alcool aux États-Unis et dans la majeure partie du Canada. Cette solution n'est guère populaire chez les francophones du Québec et l'Église préfère mettre l'accent sur la tempérance en organisant de vastes campagnes auprès de la population.

La piètre qualité de vie dans les villes est encore aggravée par l'environnement nettement insalubre de certains quartiers. Il faut dire que les villes préindustrielles se caractérisaient par une absence de mesures sanitaires. Avec une faible population, les effets pouvaient paraître moins graves. Il n'en est plus de même lorsque des dizaines et même des centaines de milliers de personnes se retrouvent en un même lieu. La pratique de jeter ses déchets dans la rue ou de les empiler dans la cour devient alors dangereuse, tout comme l'est l'émission massive de polluants par les cheminées des usines.

On assiste tout de même à une prise de conscience de la gravité des problèmes chez un certain nombre de médecins et d'hommes politiques qui font pression pour que soient adoptées des mesures d'hygiène publique. Au début, les autorités ne se sentent interpellées que lorsque frappe une épidémie; mais les interventions d'urgence sont abandonnées aussitôt la menace passée. Les pressions en faveur de solutions permanentes finissent néanmoins par aboutir. En 1874, Montréal obtient de la législature québécoise le pouvoir d'intervenir en matière de santé publique et, dès 1876, un Bureau de santé permanent est mis sur pied. Cette première initiative conduit à la création par le gouvernement, en 1886, du Conseil provincial d'hygiène qui commence à fonctionner l'année suivante. À la fin du siècle, la plupart des municipalités du Québec sont dotées d'un bureau de santé, bien que dans plusieurs cas celui-ci n'existe probablement que sur papier.

À Montréal, l'action des hygiénistes porte fruit et amène l'adminis-

Un logement de fond de cour, typique d'un quartier populaire montréalais. (ANC, C80429)

tration à adopter des mesures de santé publique. On commence à construire des égouts sanitaires, on s'occupe de la collecte des déchets et des cadavres d'animaux, on inspecte les aliments, on impose la vaccination obligatoire. Ces mesures contribuent à assainir l'environnement mais bien des problèmes subsistent. L'eau n'est pas encore filtrée, la pollution industrielle reste très présente. Les rues sont rarement pavées; la plupart sont en terre, poussiéreuses par beau temps et boueuses par temps de pluie. Le réformiste H.B. Ames part en guerre contre l'existence des toilettes extérieures, que l'on retrouve encore dans 5800 logements montréalais en 1896. Il dénonce également la présence de logements de fond de cour où les conditions d'habitation sont déplorables.

Malgré les réformes partielles, la majorité des travailleurs doivent donc vivre, aussi bien au travail qu'à la maison, dans un milieu insalubre, néfaste à leur santé. Forcés d'entrer très tôt sur le marché du travail, ils ont évidemment une éducation déficiente. Leur revenu insuffisant ne leur permet pas d'avoir un logement de qualité ni une alimentation saine et équilibrée. Ils n'ont guère accès aux services de santé puisqu'ils ne peuvent pas en payer le coût. Les conditions de vie difficiles qui caractérisent le milieu urbain sont donc en bonne partie le

Le quartier Saint-Roch, à Québec, après un autre incendie en 1866. (Inventaire des œuvres d'art, Québec)

résultat d'un système économique fondé sur l'exploitation et l'inégalité.

Les réformes sanitaires, même timides, s'inscrivent dans une dynamique plus vaste qui conduit les autorités municipales à mettre sur pied un ensemble de services publics de base, perçus comme essentiels dans la ville industrielle: aqueducs, égouts, gaz, électricité, transport en commun, police et pompiers. Ainsi, avec l'accroissement du nombre d'habitants, la lutte contre l'incendie devient prioritaire. C'était là un des grands fléaux des villes préindustrielles. En 1845, par exemple, à Québec, deux incendies successifs ont détruit tout le quartier Saint-Roch et une partie du quartier Saint-Jean, et l'histoire se répète en 1866. En 1852, à Montréal, le feu détruit 1200 édifices, faisant 9000 sans-abri, soit le sixième de la population de la ville. La création d'un corps de pompiers permanent et la construction d'aqueducs permettent d'éviter de telles conflagrations; on ne relève plus, après les années 1860, de sinistres de cette envergure.

Dans la plupart des cas, les dirigeants municipaux préfèrent confier à l'entreprise privée l'administration des services publics. C'est une pratique courante dans toutes les grandes villes nord-américaines. La

Une inondation à Montréal. (Archives de la ville de Montréal)

concession de tels services se fait au moyen d'un contrat d'exploitation (*franchise*), habituellement valable pour 20 ans. Le conseil municipal accorde à une compagnie le privilège d'exploiter tel ou tel service public; le plus souvent, ce privilège est exclusif car il s'accompagne d'un monopole d'exploitation. En retour, l'entreprise s'engage à fournir le service requis aux citoyens en respectant une qualité et une régularité définies et à un prix déterminé.

On ne retrouve pas toute la gamme de ces services dans l'ensemble des villes québécoises; seules les plus importantes sont bien dotées à cet égard. Dans la plupart des cas, la distribution de l'eau, du gaz, de l'électricité et le transport en commun sont confiés à l'entreprise privée. Il y a bien quelques exemples de municipalisation — comme l'aqueduc à Montréal et à Québec, ou l'électricité à Westmount — mais ce sont des exceptions. Les dirigeants municipaux justifient habituellement cette politique par des raisons d'efficacité. La conséquence principale est toutefois que l'objectif premier des concessionnaires n'est pas d'offrir au public le meilleur service qui soit mais bien de réaliser le plus grand profit possible. L'entreprise, profitant de sa situation de monopole, a tout intérêt à maintenir des tarifs élevés tout en rognant sur la qualité et la régularité du service. C'est ainsi qu'à Montréal, par exemple, les compagnies de tramways, de gaz et d'électricité sont en mesure de réaliser des profits substantiels. En outre, le régime de concession est une source importante de corruption politique. Pour obtenir le privilège d'exploitation et améliorer ses avantages par la suite, la compagnie doit s'assurer l'appui d'un certain nombre de conseillers municipaux; elle devient donc un bailleur de fonds lors des campagnes électorales.

Tous ces services sont essentiels au progrès d'une grande ville. Prenons le cas du transport en commun. Dans la ville préindustrielle, le principal moyen de locomotion est la marche; la dimension restreinte de l'espace urbain le permet. Avec l'industrialisation et l'expansion urbaine, il faut transporter chaque jour des milliers de travailleurs de leur résidence à leur lieu de travail et sur des distances qui vont croissant. La création d'un service de transport en commun devient alors essentielle. Les premiers tramways font leur apparition au milieu du 19e siècle dans les villes nord-américaines. Montréal et Québec se dotent d'un tel service en 1861, en le confiant à l'entreprise privée. Au début les voitures roulent sur des rails (en hiver elles sont équipées de patins), tirées par des chevaux. Pendant la dernière décennie du siècle — à Montréal en 1892 —, apparaissent les tramways électriques qui assurent un service plus rapide et plus régulier. Le tramway électrique est lui-même un facteur important de croissance urbaine, en stimulant l'expansion vers la banlieue et en permettant la création de quartiers résidentiels éloignés des lieux de travail.

L'implantation des services publics ne signifie cependant pas qu'ils sont accessibles à toute la population. Leur coût les rend parfois prohibitifs pour la masse des travailleurs. L'électricité, par exemple, sert surtout à l'éclairage des rues et à l'alimentation des tramways. Seuls les plus riches peuvent se permettre l'installation résidentielle; la généralisation de l'électricité à des fins domestiques ne se fera qu'au cours du 20e siècle. Dans le cas du tramway, les historiens Christopher Armstrong et H.V. Nelles ont calculé qu'à Montréal le nombre de passagers transportés ne représente que 5,4% de la main-d'œuvre en 1881 et 10,6% en 1892; l'électrification provoque toutefois un certain déblocage puisqu'en 1901 le pourcentage atteint 40,6.

Ainsi, sous la poussée de l'industrialisation, la physionomie de la ville se transforme. La montée du capitalisme industriel stimule l'innovation technologique: nouvelles techniques et nouveaux matériaux de construction, utilisation du gaz et de l'électricité, développement des transports en commun, etc. Mais les bénéfices de la croissance urbaine restent très inégalement répartis. Les disparités de classes sont inscrites dans l'espace, l'environnement, l'architecture et l'ensemble des conditions d'existence. La qualité de la vie (et celle de la mort) n'est pas la même pour tous.

Les conditions de travail

Le passage de l'artisanat à la manufacture, dont nous avons décrit les étapes précédemment, modifie en profondeur les conditions de travail. Dans le but de réduire leurs coûts de production et d'augmenter leurs profits, les employeurs ont recours au travail des enfants, à une main-d'œuvre féminine sous-payée, à la prolongation des heures de travail, au système parcellaire. Des syndicalistes et des journalistes attirent l'attention du public et des gouvernements sur les abus nombreux en ce domaine. Les rapports des inspecteurs gouvernementaux et les travaux de la Commission royale d'enquête sur les relations entre le capital et le travail (1886-1889) présentent un portrait peu reluisant des conditions de travail en usine.

Pour gagner son maigre salaire, l'ouvrier québécois de la fin du 19e siècle doit généralement travailler de très longues heures. Dans les années 1880, la semaine normale de travail en usine est de 60 heures, à raison de 10 heures par jour, six jours par semaine. Cependant, les travailleurs sont souvent appelés à faire plus que cela et la période de surtemps n'est payée qu'au taux régulier. Dans les autres secteurs de l'économie, comme les services, la semaine de travail est souvent de 72 heures (12 heures par jour). Un cas extrême est celui des domestiques, qui sont de service très tôt le matin jusqu'à tard le soir et qui n'ont pas plus d'une demi-journée de congé par semaine. Les salaires versés varient beaucoup d'un métier à l'autre. Les ouvriers qualifiés, comme les typographes, obtiennent un salaire supérieur à la moyenne; il en est généralement de même pour les métiers de la construction. Par contre la majorité des ouvriers des industries de la chaussure, du textile, du vêtement, du tabac, tout comme les journaliers, gagnent de très bas salaires. S'ajoute à cela le problème de l'irrégularité de l'emploi. Le chômage est souvent saisonnier: en hiver, les secteurs du transport maritime et de la construction sont à peu près paralysés. Quant aux grandes usines, elles licencient du personnel dès que survient un ralentissement dans les commandes, allant même parfois jusqu'à fermer temporairement leurs portes. En période de crise économique et pendant l'hiver, le chômage est particulièrement élevé. Or il n'existe aucune forme d'assurance contre ces situations. Les gouvernements n'interviennent pas, s'en remettant à la charité privée. Les travailleurs sans emploi doivent se tourner vers des organismes comme la Société Saint-Vincent-de-Paul pour réussir à survivre.

Le bas niveau des salaires dans plusieurs secteurs et l'irrégularité de l'emploi font que le revenu du travailleur est généralement insuffisant. Dans la majorité des cas, le salaire du chef de ménage ne permet pas de faire vivre une famille et il faut plus d'un salaire par famille pour joindre les deux bouts. Les employeurs ne manquent pas de tirer profit de la situation.

Il recourent volontiers au travail des enfants, une caractéristique des débuts de l'industrialisation dans la plupart des pays à laquelle le Québec n'échappe pas. C'est la division des tâches qui, en simplifiant les opérations, rend possible le travail des enfants. Dans les usines de textile, de chaussures ou de cigares, il n'est pas rare de trouver des garçons ou des fillettes de 9 ou 10 ans. Les employeurs inventent d'ailleurs pour eux un système artificiel d'apprentissage, s'étendant sur plusieurs mois et, parfois, sur quelques années. Ces «apprentis» ne reçoivent qu'une maigre fraction du salaire versé aux ouvriers adultes, le montant ne dépassant guère 1,50$ par semaine. Ils sont traités très durement par les contremaîtres et les patrons. La Commission royale de 1886-1889 entend plusieurs témoignages au sujet d'enfants battus ou à qui on impose des punitions et des amendes. Des réformistes s'alarment devant cette situation et demandent au gouvernement d'interdire l'emploi des enfants. Mais trop d'intérêts sont en jeu dans ce système pour qu'il disparaisse rapidement; il faudra plusieurs décennies d'efforts et de législation pour éliminer cette pratique.

La main-d'œuvre féminine constitue un autre groupe particulièrement exploité. L'emploi des femmes en usine se généralise dans l'industrie légère, au cours des dernières décennies du siècle. Il s'agit d'un groupe sous-payé: non seulement les femmes sont embauchées dans des secteurs à bas salaires mais, pour un même travail, elles gagnent systématiquement moins que les hommes, souvent la moitié du salaire de ces derniers. Plus grave encore est l'exploitation qui se fait

Intérieur d'une usine. (Collection Walker, Musée McCord)

dans le cadre du système parcellaire ou *sweating system*, très répandu dans l'industrie du vêtement. L'entrepreneur n'effectue que la coupe des pièces à l'usine; la couture est faite par des femmes qui travaillent (pour le compte d'intermédiaires) à domicile ou dans de petits ateliers. Ces travailleuses sont payées à la pièce, à des tarifs ridiculement bas. La croissance de l'industrie entraîne une expansion du *sweating system* dans les campagnes, embrigadant dans ce régime d'exploitation des milliers de femmes rurales. Les attitudes sexistes contribuent à perpétuer ces pénibles conditions de travail de la main-d'œuvre féminine. L'idéologie de la mère au foyer fournit une justification facile du travail à domicile développé dans le cadre du *sweating system*. La conception du revenu de la femme entendu comme revenu complémentaire à celui du chef de famille justifie le maintien du salaire féminin à un niveau inférieur à celui des hommes, y compris dans l'enseignement. Bien que les Chevaliers du travail réclament l'application du principe «à travail égal, salaire égal», rien ne vient remettre en cause cette inégalité entre les sexes.

Le travail en usine s'effectue dans des conditions de sécurité et de

Accident de travail sur un chantier de construction. (*Canadian Illustrated News*, 20 août 1870)

salubrité assez rudimentaires. L'entassement des ouvriers, la mauvaise aération, l'insuffisance d'installations sanitaires sont dénoncés par les observateurs. La machinerie n'a pas été conçue pour assurer la protection des travailleurs et les accidents sont nombreux. Le travailleur accidenté ne bénéficie d'aucune indemnité statutaire et doit s'en remettre aux associations de bienfaisance et aux sociétés de charité.

Les travailleurs sont soumis à l'arbitraire du patron et de ses contremaîtres, car la sécurité d'emploi est inexistante et l'employeur peut congédier qui il veut sous divers prétextes. Certains patrons recourent à la violence physique, aux punitions ou aux amendes quand un employé commet une maladresse ou n'est pas assez docile.

Les abus les plus criants ne sont pas nécessairement le fait de tous les patrons mais, dans l'ensemble, les conditions de travail qui prévalent au début de l'industrialisation sont pénibles et l'exploitation des travailleurs prend plusieurs formes, que seule une forte organisation syndicale pourrait faire atténuer.

La sociabilité urbaine

Comme à la campagne, la famille constitue le point d'ancrage de la sociabilité urbaine et ce, dans tous les milieux sociaux. Les grandes familles bourgeoises, mieux connues grâce aux recueils biographiques et aux photographies anciennes qui permettent de voir leur cadre de vie luxueux, forment un milieu de vie sociale intense. De plus, les activités de travail, de voisinage, de charité et de loisir mettent régulièrement ces familles en contact les unes avec les autres. Vivant dans les mêmes quartiers, attirés par leurs affaires au même endroit, leurs membres prient aux mêmes temples et leurs enfants fréquentent les mêmes institutions d'enseignement.

À l'autre extrémité de la hiérarchie sociale, chez les ouvriers, la famille joue aussi un grand rôle économique, social et affectif. L'historienne Bettina Bradbury a montré comment la famille ouvrière, loin d'être une institution passive dans le processus d'urbanisation et d'industrialisation, est au contraire un instrument dynamique. En effet, elle permet la mise en commun d'un éventail de ressources allant du salaire du père et des enfants aux revenus d'appoint de la mère, et l'adoption des diverses stratégies pour réduire la dépense au minimum, par exemple en fabriquant des objets ou en partageant le logement. Dans ce contexte, l'apport de la femme peut être déterminant: le travail non salarié qu'elle fournit, cuisine, couture, ménage, soin des enfants, est essentiel au bien-être de la famille, de même que l'efficacité avec laquelle elle gère les ressources dont elle dispose et son ingéniosité à en créer de nouvelles. La mort d'un des deux parents, phénomène fréquent au 19e siècle, rompt cet équilibre et force les survivants à recourir à des solutions de rechange, comme les garderies pour les enfants, l'aide de la famille élargie ou, pour la veuve, le retour sur le marché du travail.

Si la famille joue un rôle fondamental, un certain nombre d'autres éléments exercent aussi une influence. La rue et la ruelle forment le premier niveau de voisinage qui définit une aire de contact entre les urbains. Les travaux des géographes David Hanna et Sherry Olson indiquent à quel point la trame de la société urbaine est modulée par le bout de rue, lieu de vie et de sociabilité première, auquel correspond une certaine homogénéité sociale. La paroisse, avec ses confréries et associations, et ses rassemblements occasionnés par le culte, forme un autre pôle important de la vie urbaine.

La sociabilité s'exprime de façon plus visible dans la vie associative. La fin du 19e siècle est marquée par un foisonnement d'associations de toute nature qui, dans les divers milieux, regroupent les citadins autour d'affinités communes. Ces associations se constituent tantôt selon la religion, tantôt selon l'origine ethnique, tantôt selon l'appartenance professionnelle, le sexe, l'âge.

Les activités de loisir occupent aussi une place importante dans la vie des gens quoique la disponibilité de temps et d'argent crée des différences sensibles selon les classes sociales. Les loisirs de la bourgeoisie sont les plus variés et les mieux organisés; ils vont des réceptions pour le thé à l'appartenance à un club social ou sportif, en passant par le théâtre et les concerts. L'historien Alan Metcalfe a montré l'importance du rôle de la bourgeoisie anglophone dans le développement du sport amateur au Canada et particulièrement à Montréal, grâce aux nombreuses organisations qu'elle met sur pied au 19e siècle : clubs de sports de raquette, de crosse, de chasse à courre, de golf. Les bourgeois profitent également des nouveaux moyens de transport pour effectuer des voyages, et prennent l'habitude de la villégiature. Certains villages du Bas-Saint-Laurent comme Cacouna ou Le Bic deviennent ainsi des destinations à la mode. Sur le plan culturel, on dispose de bibliothèques de prêt et d'activités théâtrales. L'inauguration, en 1879, de l'édifice de l'Art Association of Montreal, dote la ville de son premier musée des beaux-arts, qui constitue un foyer important de rayonnement culturel.

Du côté des classes populaires, l'éventail des loisirs est plus restreint. Néanmoins, les courses de chevaux, très populaires auprès des francophones, attirent toujours beaucoup d'amateurs en saison. Durant la seconde moitié du 19e siècle, on observe la popularité croissante de nouveaux lieux de divertissement comme les Jardins Guilbault et surtout le célèbre parc Sohmer, tous deux à Montréal. Ce dernier représente un modèle du genre: ouvert tous les jours en été, il offre une grande variété d'activités allant des jeux aux spectacles et aux concerts. Les tournées de cirques et les spectacles de lutte ou de prouesses physiques attirent aussi beaucoup de spectateurs. La renommée phénoménale d'un Louis Cyr (1863-1912), à partir de 1885, témoigne de la popularité de ce genre de manifestations. Les sports organisés sont plus limités. Cependant, vers 1870, la vogue du baseball amène la formation de plusieurs équipes d'amateurs et se répand un peu partout, favorisée sans doute par les relations avec les États-Unis. Enfin, les débits de boissons et plus particulièrement la taverne constituent des lieux importants de sociabilité et de loisir; les tenanciers cherchent à y attirer la clientèle par des ménageries, comme celle de la taverne Joe Beef à Montréal, ou par la construction, à l'extérieur, d'une piste de course pour les chevaux.

Ainsi, en dépit de l'exploitation réelle dont ils sont l'objet, les ouvriers n'apparaissent pas seulement comme des victimes passives du capitalisme, de l'urbanisation et de l'industrialisation. Ils contribuent eux aussi à façonner le milieu urbain et à y imprimer leur marque et leur culture propres.

La charité

L'idée que se font les individus de la pauvreté et des moyens de la contrer varie d'une époque à l'autre. Au 19e siècle, la pauvreté est perçue comme un phénomène individuel, un défaut d'adaptation de l'individu au système économique et social. C'est à la famille qu'il revient d'abord d'assurer le bien-être de ses membres. Si elle en est incapable, il importe dès lors d'aider les pauvres à s'adapter, mais seulement dans les cas où ils présentent des possibilités certaines de réforme, d'où la distinction que l'on rencontre souvent dans les textes entre les pauvres «méritants» et les autres. Cette conception générale de la pauvreté explique le désintérêt des administrations publiques pour toute forme d'aide organisée. Sauf en cas d'épidémie, lorsque la santé de tous est menacée, les gouvernements n'interviennent pas directement; ils se contentent d'appuyer par de modestes subventions l'initiative privée.

En effet, il existe une mosaïque d'organismes et d'institutions de charité et de philanthropie ayant des objectifs très divers et qui tentent, sans grande coordination, d'alléger le fardeau des pauvres. Dans ce contexte, les différentes Églises jouent un rôle de premier plan, d'autant plus que la tradition chrétienne, chez les catholiques comme chez les protestants, fait un devoir de la pratique de la charité. Du côté catholique, ce rôle est encore accentué par la présence de communautés religieuses dont certaines se vouent aux soins hospitaliers ou au soulagement de la misère. Dans les grandes villes, il se forme rapidement deux réseaux parallèles de charité, l'un catholique, plus centralisé et hiérarchisé, et l'autre protestant.

Le réseau catholique

La paroisse constitue le niveau d'intervention de première ligne. Traditionnellement, le curé voit à secourir les pauvres et les malades; au besoin, il les oriente vers les institutions spécialisées, dirigées par une communauté religieuse. L'habitude de confier les hôpitaux et autres institutions semblables à des communautés religieuses est très ancienne. Dès l'époque de la Nouvelle-France, les religieuses ont la charge des hôpitaux à Québec et à Montréal. Au 19e siècle, apparaissent des communautés nouvelles, qui se chargent de problèmes particuliers. Ainsi, les Sœurs de la Providence, communauté fondée à Montréal en 1844, se donnent pour mission de soulager la misère en milieu urbain. Par ailleurs, les laïcs jouent aussi un rôle dans le réseau d'entraide. Ils organisent des quêtes, dont le produit sert à secourir les pauvres de la paroisse. En 1848, l'implantation à Montréal de la Société Saint-Vincent-de-Paul, fondée en France en 1833, marque une étape nouvelle. Des laïcs, encadrés par le clergé, s'assemblent pour venir en aide aux pauvres par divers moyens, dont la distribution de victuailles et les visites à domicile.

Ce réseau d'institutions charitables est beaucoup plus dense en milieu urbain. L'historienne Huguette Lapointe-Roy a décrit la mise en place et les différentes articulations du système d'assistance catholique à Montréal au 19e siècle. Toute une série d'intervenants, dont principalement les communautés féminines, travaillent à soulager la misère tantôt en offrant certains services aux pauvres, tantôt en les hébergeant dans des institutions.

Hôpitaux et hospices constituent les plus anciens organismes de bienfaisance. Encore au milieu du 19e siècle, l'hôpital est un lieu réservé aux pauvres qui n'ont pas les moyens de se faire soigner à domicile. Cette conception est en voie de changer, sous l'impact des progrès de la médecine et de la chirurgie, surtout vers la fin du siècle, alors que les hôpitaux deviennent davantage des centres de soins et de lutte contre la maladie.

L'hospice, de son côté, recueille les vieillards et les malades chroniques. Il existe également des refuges de divers types: maisons

Religieuse servant la soupe aux vieillards, vers 1870. (Archives Notman, Musée McCord)

d'accueil pour mères célibataires, crèches, orphelinats, écoles de réforme pour délinquants.

Les asiles d'aliénés forment une catégorie à part puisque le gouvernement subventionne, très chichement il est vrai, l'entretien de ce type de patients. Les conditions de vie y laissent fort à désirer, à cause non seulement des maigres ressources financières, mais aussi d'un certain retard dans les modalités de traitement des diverses catégories de patients. Ainsi, il faut attendre la visite d'un célèbre aliéniste britannique, vers 1885, pour qu'on mette un terme, dans les asiles, à des pratiques remontant à plusieurs siècles, comme celle d'enchaîner les malades en tout temps.

Un nouveau type d'institution, plus spécifique aux besoins urbains, fait son apparition: les «salles d'asile», véritables garderies fondées avec la collaboration des Sœurs Grises à Montréal vers 1858 et qui sont destinées en partie à répondre aux besoins des femmes de la classe ouvrière. On retrouve des institutions de même type à Québec, Saint-Hyacinthe, Saint-Jérôme et Sorel.

Le financement de tout ce réseau dépend en partie de la charité des individus, en partie des revenus des communautés elles-mêmes. Celles-ci, en effet, détiennent des propriétés dont le produit contribue à leur subsistance et à leurs œuvres. De cette manière, les institutions sont relativement autonomes.

Le réseau protestant

Beaucoup plus décentralisé que son pendant catholique, le réseau protestant de charité s'organise au 19e siècle. Ancré surtout dans les villes, il doit tenir compte des différentes confessions réformées et ainsi afficher un peu moins son caractère religieux. L'absence de communautés religieuses crée aussi la nécessité d'une plus grande implication des laïcs dans toutes les dimensions de la charité publique et des soins médicaux. C'est ainsi qu'en 1815 les femmes de la bourgeoisie montréalaise fondent la Female Benevolent Society of Montreal, pour venir en aide aux pauvres. Peu à peu, elles en viennent à fonder un hospice pour recevoir les malades et finalement, en 1819, elles mettent sur pied le Montreal General Hospital, dont le financement provient de dons, de subventions gouvernementales et de campagnes de souscription. D'autres hôpitaux suivent, certains reçoivent des dons substantiels provenant

Les rigueurs de l'hiver pour une famille démunie. (*Canadian Illustrated News*, 27 janvier 1872)

d'hommes d'affaires de la région. C'est le cas par exemple du Royal Victoria Hospital de Montréal, qui ouvre ses portes au début de 1894 et dont la construction est financée par un don conjoint de un million de dollars de Lord Strathcona et de Lord Mount Stephen.

Charité, entraide et secteur public

Toutes ces organisations reposent en définitive sur les dons du public. Certes, la morale chrétienne fait de la charité un devoir, mais il y a plus: il existe au 19e siècle, chez les membres de la bourgeoisie, une certaine idée de la responsabilité des riches selon laquelle, une fois sa fortune assurée, un individu attachera son nom à quelque grande œuvre qu'il subventionnera plus ou moins largement. Il importe néanmoins de préciser que cette idée de la charité est généralement étrangère aux autres activités de l'individu: les grands industriels philanthropes ne paient pas à leurs ouvriers de meilleurs salaires pour autant.

L'organisation de la charité privée telle que nous l'avons décrite appelle un certain nombre de commentaires. D'abord, c'est que la charité n'apparaît nulle part comme un droit; au contraire, elle se mérite. Si l'on accepte d'aider les nécessiteux qui n'ont pas d'«habitude honteuse» — entendons par là qu'ils ne s'adonnent pas à l'intempérance —, on refusera le secours aux pauvres non méritants. En effet, l'alcoolisme est vu par la bourgeoisie comme la cause première de la pauvreté.

En second lieu, l'absence de sécurité sociale permet l'essor d'une foule de sociétés de secours mutuel qui se situent à mi-chemin entre l'association d'entraide, la coopérative et l'assurance-maladie. À cette époque, l'assurance-maladie n'en est qu'à ses tout débuts et le coût des primes n'est accessible qu'aux plus fortunés. C'est pourquoi les groupes de travailleurs s'organisent en sociétés de secours dans le but de contrer la pauvreté. Ces associations sont liées au mouvement d'industrialisation et d'urbanisation, source d'insécurité pour la classe ouvrière, surtout face à la maladie ou à la mort. Un bon exemple est l'Union Saint-Joseph pour la classe ouvrière, fondée à Montréal au milieu du siècle. Chaque membre verse une cotisation dont le produit assure une très modeste pension aux malades et une indemnité aux veuves.

Enfin, dans le cas du Québec, un problème particulier se pose. Même si l'action des philanthropes tend à effectuer une certaine redistribution, elle a également pour effet de privilégier certaines institutions au détriment des autres. En effet, compte tenu de l'appartenance ethnique de la grande bourgeoisie, les institutions charitables anglo-protestantes bénéficient de plus de largesses, ce qui accentue les inégalités entre catholiques et protestants. D'ailleurs, le cloisonnement religieux et ethnique contribue probablement à réduire l'efficacité des interventions.

En somme, les réponses qu'apporte la charité privée sont bien insuffisantes pour résoudre les problèmes posés par l'inégalité des conditions de vie. On s'attaque aux symptômes plutôt qu'aux causes et, même sur ce plan, on ne répond qu'à une partie des besoins. L'idéologie libérale, de caractère individualiste, et la tradition catholique expliquent cette attitude, de même que la faible intervention de l'État.

ORIENTATIONS BIBLIOGRAPHIQUES

AMES, Herbert Brown. *The City Below the Hill*. Toronto, University of Toronto Press, 1972. 116 p. (Première édition en 1897.)

ARMSTRONG, Christopher et H.V. NELLES. *Monopoly's Moment. The Organization and Regulation of Canadian Utilities, 1830-1930*. Philadelphia, Temple University Press, 1986. 393 p.

BERNIER, Jacques. *La médecine au Québec. Naissance et évolution d'une profession*. Québec, Presses de l'université Laval, 1989. 207 p.

BRADBURY, Bettina. «L'économie familiale et le travail dans une ville en voie d'industrialisation: Montréal dans les années 1870», Nadia FAHMY-EID et Micheline DUMONT, dir. *Maîtresses de maison, maîtresses d'école*. Montréal, Boréal, 1983. p. 287-318.

BRADBURY, Bettina. «The fragmented family: family strategies in the face of death, illness, and poverty, Montreal, 1860-1885», Joy PARR, ed. *Childhood and Family in Canadian History*. Toronto, McClelland and Stewart, 1982. p. 109-128.

BRADBURY, Bettina. «Surviving as a widow in 19th-century Montreal», *Urban History Review/Revue d'histoire urbaine*, XVII, 3 (February 1989): 148-160.

BRADBURY, Bettina. *The working class family economy, Montreal 1861-1881*. Thèse de Ph.D., Histoire, Concordia University, 1984. 554 p.

COURVILLE, Serge. «Esquisse du développement villageois au Québec: le cas de l'aire seigneuriale entre 1760 et 1854», *Cahiers de géographie du Québec*, 28, 73-74 (avril-septembre 1984): 9-46.

DANYLEWYCZ, Marta. *Profession: religieuse. Un choix pour les Québécoises, 1840-1920*. Montréal, Boréal, 1988. 246 p.

DE BONVILLE, Jean. *Jean-Baptiste Gagnepetit. Les travailleurs montréalais à la fin du XIXᵉ siècle*. Montréal, L'Aurore, 1975. 253 p.

DE MONTIGNY, Benjamin-Antoine-Testard. *La colonisation*. Montréal, C.O. Beauchemin & Fils, 1895. 350 p.

DUPONT, Jean-Claude, dir. *Habitation rurale au Québec*. Montréal, HMH, 1978. 268 p.

FARLEY, Michael, Othmar KEEL et Camille LIMOGES. «Les commerçants de l'administration montréalaise de la santé publique (1865-1885)», *Journal of the History of Canadian Science, Technology and Medicine/Revue d'histoire des sciences, des techniques et de la médecine au Canada*, 20 (1982): 24-46; 21 (1982): 85-109.

FOURNIER, Marcel, Yves GINGRAS et Othmar KEEL, dir. *Sciences et médecine au Québec: Perspectives sociologiques*. Québec, IQRC, 1987. 201 p.

GÉRIN, Léon. *Le type économique et social des Canadiens*. Montréal, ACF, 1937. 218 p.

GUAY, Donald. *Introduction à l'histoire des sports au Québec*. Montréal, VLB, 1987. 295 p.

HANNA, David B. «Creation of an early victorian suburb in Montreal», *Urban History Review/Revue d'histoire urbaine*, IX, 2 (octobre 1980), p. 38-64.

HANNA, David B. et Sherry OLSON. «Métiers, loyers et bouts de rue: l'armature de la société montréalaise, 1881 à 1901», *Cahiers de géographie du Québec*, 27, 71 (septembre 1983): 255-275.

HANNA, David B. *Montreal, a city built by small builders, 1867-1880*. Thèse de Ph.D., Géographie, McGill University, 1986. 303 p.

HARVEY, Fernand. *Révolution industrielle et travailleurs*. Montréal, Boréal Express, 1978. 347 p.

LAMONDE, Yvan et Raymond MONTPETIT. *Le parc Sohmer de Montréal 1889-1919*. Québec, IQRC, 1986. 231 p.

LAPOINTE-ROY, Huguette. *Charité bien ordonnée. Le premier réseau de lutte contre la pauvreté à Montréal au 19e siècle*. Montréal, Boréal, 1987. 330 p.

LESSARD, Michel et Huguette MARQUIS. *Encyclopédie de la maison québécoise*. Montréal, Éditions de l'Homme, 1972. 728 p.

LÉTOURNEAU, Firmin. *Histoire de l'agriculture*, s.l., s.e., 1968. 398 p.

LINTEAU, Paul-André. *Maisonneuve. Comment des promoteurs fabriquent une ville*. Montréal, Boréal, 1981. 282 p.

METCALFE, Alan. *Canada Learns to Play. The Emergence of Organized Sport, 1807-1914*. Toronto, McClelland and Stewart, 1987. 243 p.

METCALFE, Alan. «Le sport au Canada français au 19e siècle: le cas de Montréal (1800-1914)», *Loisir et société/Society and Leisure*, VI, 1 (printemps 1983): 105-120.

MONTPETIT, Raymond. «Culture et exotisme: les panoramas itinérants et le jardin Guilbault à Montréal au 19e siècle», *Loisir et société/Society and Leisure*, VI, 1 (printemps 1983): 71-104.

PROVENCHER, Jean. *Les quatre saisons dans la vallée du Saint-Laurent*. Montréal, Boréal, 1988. 607 p.

SAVARD, Pierre, dir. *Paysans et ouvriers québécois d'autrefois*. Québec, PUL, 1968. 153 p.

SÉGUIN, Normand. *La conquête du sol au 19e siècle*. Montréal, Boréal Express, 1977. 295 p.

TACHÉ, J.-C. *Rapport du comité spécial sur l'état de l'agriculture du Bas-Canada*. Toronto, Louis Perrault, 1850.

CHAPITRE 10

LE MOUVEMENT OUVRIER

L'amélioration des conditions de travail et de vie sera, en définitive, beaucoup moins le fait de la philanthropie bourgeoise que le résultat de l'organisation de la classe ouvrière. Cette classe se dote d'institutions qui lui sont propres et qui, vers la fin du 19e siècle, représentent déjà une force au Québec. À la concentration du capital répondent le regroupement et l'organisation des travailleurs.

La montée du syndicalisme

Le syndicalisme au Québec connaît des débuts modestes. Jusqu'aux années 1860-1870, on voit naître ici et là quelques syndicats, mais on ne peut pas parler d'un mouvement ouvrier organisé. La première association ouvrière connue aurait vu le jour chez les charpentiers et menuisiers de Montréal en 1818. Pendant les cinq décennies suivantes, d'autres travailleurs imitent cet exemple; il s'agit surtout d'ouvriers qualifiés — comme les typographes, les cordonniers, les cigariers, les mouleurs — déjà bien implantés avant l'industrialisation et qui sentent leurs conditions de travail menacées par la montée de l'organisation capitaliste de la production. On trouve également des syndicats chez les travailleurs de la construction et chez ceux du transport — comme les débardeurs ou les mécaniciens de locomotive. Il faut aussi souligner l'existence de mouvements spontanés de travailleurs, sans encadrement syndical, comme la grève des journaliers travaillant au canal Lachine en 1877.

On sait peu de choses de ces organisations. Les seuls témoignages à leur sujet sont souvent les reportages des journaux à l'occasion d'une grève. On sait par contre que l'existence des syndicats est précaire: ne jouissant d'aucune reconnaissance légale, ils peuvent même être accusés, en vertu du Code criminel, de former une coalition interdite. En butte à l'opposition farouche des patrons qui, le plus souvent, refusent de les reconnaître comme interlocuteurs, ils ont à surmonter les divisions chez les travailleurs eux-mêmes. Ceux qui réussissent le mieux regroupent des travailleurs hautement qualifiés que les patrons, en cas de conflit, peuvent difficilement remplacer par des briseurs de grève. Certains de ces syndicats agissent comme sociétés de bienfaisance, procurant un maigre revenu à leurs membres en cas d'accident ou de maladie; ils s'assurent ainsi des effectifs plus stables. À travers les succès et les échecs de ces premiers syndicats, se bâtit une tradition syndicale sur laquelle pourra s'édifier le mouvement ouvrier.

Il ne faut cependant pas se surprendre de la faiblesse du syndicalisme avant les années 1870, puisque l'industrialisation en est encore à ses balbutiements. Et l'avance prise en d'autres pays aura, là aussi, son impact sur le Québec. Des immigrants britanniques et américains, qui ont eu une expérience syndicale dans leurs pays d'origine, jouent un rôle dans la création et le développement du mouvement ouvrier québécois. Plus importante cependant est l'implantation d'organisations syndicales étrangères, surtout américaines. Dès le milieu du siècle, l'Amalgamated Society of Engineers, de Grande-Bretagne, a des syndicats affiliés au Québec et en Ontario. En 1859, une première organisation américaine, l'Union nationale des mouleurs, s'implante à Montréal. Elle sera suivie de nombreuses autres. Vers 1867, par exemple, les Chevaliers de Saint-Crépin (du nom du patron des cordonniers) étendent leur influence au Canada. Par la suite, deux organisations américaines ont une influence déterminante sur le syndicalisme québécois: les Chevaliers du travail et les syndicats internationaux de métiers affiliés à la Fédération américaine du travail.

Au début, les interdictions pesant sur ces organisations en amènent plusieurs à fonctionner comme des sociétés secrètes, avec rites d'initiation, secret des délibérations, etc. Un premier obstacle est levé en 1872. Cette année-là, a lieu une grève des typographes à Toronto et les tribunaux condamnent les dirigeants syndicaux pour conspiration. Mais le premier ministre du Canada, John A. Macdonald, voyant l'intérêt politique que présente ce mouvement ouvrier naissant, fait adopter une loi déclarant que la formation d'un syndicat ne constitue pas un acte de conspiration. Elle s'inspire d'une loi semblable adoptée en Grande-Bretagne l'année précédente. Cette première victoire ne règle pas tous les problèmes juridiques et il faudra une vingtaine d'années avant que les tribunaux reconnaissent sans équivoque la légalité des syndicats.

La montée du mouvement ouvrier après 1867 se poursuit avec des poussées de forte croissance auxquelles succèdent des phases de ralentissement ou de consolidation. C'est ainsi que la grande crise économique des années 1870 a un effet de freinage évident. Par contre, les années 1880 sont témoins d'un grand essor de l'organisation, avec le progrès rapide des Chevaliers du travail.

Le Noble Order of the Knights of Labor est fondé aux États-Unis en 1869. Fonctionnant d'abord comme une société secrète, il décide d'abandonner ce caractère clandestin en 1881. Après des débuts modestes, les Chevaliers du travail connaissent une expansion phénoménale dans les années 1880, atteignant un sommet en 1886 et devenant la principale organisation syndicale américaine.

L'ordre s'étend au Canada à partir de 1881 et la première assemblée locale au Québec est fondée à Montréal, l'année suivante. Cette implantation est l'occasion d'un premier conflit entre le clergé catholique et le mouvement ouvrier. Mgr Taschereau, archevêque de Québec, s'oppose aux Chevaliers du travail et obtient leur condamnation par le pape en 1884. Ce geste suscite des tensions au sein de l'Église. Mgr Fabre, évêque de Montréal, où se trouve d'ailleurs la majorité des Chevaliers, ne partage pas l'antisyndicalisme de son collègue de Québec. Des évêques américains s'opposent également à cette mesure, car plusieurs de leurs fidèles, d'origine irlandaise, sont membres de l'ordre. En 1887, le cardinal Gibbons, de Baltimore, obtient la levée de l'interdit romain et les Chevaliers connaissent alors au Québec une première phase d'expansion qui dure jusqu'en 1889 et qui amène la création de 24 assemblées. Suit, en 1893 et 1894, une seconde période de croissance qui permet d'ajouter une quinzaine de nouvelles assemblées.

Les Chevaliers favorisent le regroupement des travailleurs sur une base locale, indépendamment de leur métier. Cependant, l'ordre accepte aussi dans ses rangs des syndicats de métier. De sorte que se côtoient deux types d'assemblées locales, fort différentes et souvent en opposition. Ces assemblées locales sont coiffées d'une assemblée de district. Celle de Montréal est créée en 1885. Quatre ans plus tard, les Canadiens français obtiennent qu'elle soit scindée: une assemblée de district pour les francophones et une autre pour les anglophones. La même année, une assemblée de district pour la région de Québec est créée, mais les effectifs de l'ordre sont surtout concentrés à Montréal, où 64 assemblées sont fondées entre 1882 et 1902. Il y en a quelques-unes à Québec, et des implantations isolées dans d'autres villes.

Aux États-Unis, l'ordre entre dans une phase de déclin après 1886. Cette année-là, une centrale rivale voit le jour, la Fédération américaine du travail (American Federation of Labor). Elle regroupe uniquement des syndicats de métiers. Les deux centrales s'opposent vivement pendant quelques années, mais, au milieu des années 1890, la FAT l'emporte nettement sur sa rivale. Cette évolution a ses répercussions au Québec, avec un certain décalage.

Au point de départ, la FAT ne crée pas un nouveau type de syndicats mais regroupe des organisations qui ont parfois plusieurs années d'existence. Les syndicats de métiers des États-Unis commencent d'ailleurs à s'implanter au Québec dès les années 1860. Ces «unions» nationales américaines se qualifient d'«internationales» à partir du moment où elles s'affilient des syndicats canadiens. Plusieurs des syndicats ou de leurs membres font aussi partie des Chevaliers du travail mais ils se retirent graduellement de l'ordre après la fondation de la FAT.

Au Québec, les Chevaliers du travail résistent plus longtemps que leurs confrères des États-Unis et représentent une force importante jusqu'à la fin du siècle. En 1896, les Chevaliers du travail canadiens vont même jusqu'à rompre leurs relations avec les chevaliers américains. Mais là aussi les syndicats membres de la FAT prennent de la vigueur et finissent par occuper presque tout le terrain.

Derrière l'opposition d'abord latente, puis ouverte, entre les Chevaliers du travail et les syndicats internationaux de métiers, il y a des différences idéologiques importantes sur lesquelles nous reviendrons. Il faut remarquer toutefois que les tensions se manifestent plus lentement au Canada qu'aux États-Unis et que les deux organisations collaborent au sein de regroupements à l'échelle locale et canadienne.

Au Québec, la première tentative de rassembler divers syndicats dans une même organisation a lieu en 1834, mais elle est de courte durée. En 1867, un avocat réformiste, Médéric Lanctôt, fonde la Grande Association, qui regroupe 26 corps de métiers de Montréal. Lanctôt prône l'ouverture de magasins vendant au prix coûtant et appuie les travailleurs dans quelques grèves, mais il ne pourra jamais réaliser son objectif de rapprocher le capital et le travail. En effet, sa Grande Association n'a qu'une existence éphémère et disparaît, l'année même de sa fondation, lorsque Lanctôt se lance dans l'action politique.

Plus importante est la fondation, une première fois en 1883, puis sur une base permanente en 1886, du Congrès des métiers et du travail du

Canada (CMTC). Il s'agit, en réalité, de la première centrale syndicale canadienne, regroupant des assemblées des Chevaliers du travail et des syndicats de la FAT. Jusqu'à la fin du siècle, les Chevaliers du travail y dominent. Le Congrès a son pendant au niveau local: les conseils centraux. Le Conseil central des métiers et du travail de Montréal (CCMTM) est fondé en 1886 ; celui de Québec en 1889. Le congrès n'a pas prévu l'établissement de structures semblables au niveau des provinces. Il crée toutefois une série de comités de législation; celui du Québec est fondé en 1891. Le CMTC, son comité et ses conseils centraux expriment les demandes des travailleurs auprès des divers paliers de gouvernement.

Les revendications des travailleurs

Ainsi, de 1867 à 1896, le mouvement ouvrier québécois connaît une évolution importante. Phénomène encore marginal à l'époque de la Confédération, il émerge, trente ans plus tard, comme une force dynamique au sein de la société.

Les premières manifestations de revendications ouvrières, vers le milieu du siècle, sont généralement le fait d'artisans qui protestent contre les changements dans l'organisation de la production imposés par les entrepreneurs. Ainsi, en 1849, les artisans cordonniers de Montréal déclenchent une grève contre la société Brown & Child, qui introduit des machines dans sa manufacture et qui peut donc employer une main-d'œuvre sans qualification. Ils luttent pour la survie de leurs emplois et des formes traditionnelles de leur travail. Les conflits de ce genre expriment l'opposition entre le système artisanal et l'organisation capitaliste de la production. Vouées à l'échec, ces tentatives pour freiner l'introduction des nouvelles méthodes de travail tendent à disparaître dans la période 1867-1896, alors que les revendications visent de plus en plus à préciser les conditions de travail au sein du nouveau système.

Le niveau des salaires est certainement le principal enjeu des conflits ouvriers. Les travailleurs veulent être mieux payés, mais ils doivent lutter contre les tentatives des patrons d'abaisser les salaires en période de ralentissement économique. Les travailleurs tentent aussi de faire réduire la durée de la journée de travail à 9, puis à 8 heures. Il s'agit là d'une revendication exprimée à l'échelle nord-américaine. Dans plusieurs cas, on exige aussi la reconnaissance syndicale, afin que le patron négocie avec le syndicat et qu'il n'emploie que des travailleurs syndiqués.

Au-delà de ces demandes précises qui sont présentées dans plusieurs conflits ouvriers, les centrales syndicales et, au niveau local, les conseils centraux formulent des revendications de portée plus générale qu'ils veulent voir satisfaites par voie de législation. L'historien Fernand Harvey résume ainsi celles des Chevaliers du travail: «Des mesures d'hygiène et de sécurité à l'usine, la réduction de la journée de travail à huit heures, l'interdiction d'employer des enfants de moins de quinze ans, le paiement des salaires sur une base hebdomadaire, une rémunération égale pour les deux sexes, l'abandon du contrat à forfait et la mise sur pied d'un bureau de statistiques ouvrières. Au niveau des relations de travail, le programme demande la reconnaissance sur un pied d'égalité de toutes les unions ouvrières, l'instauration d'un système d'arbitrage obligatoire, l'abolition du système d'émigration par contrat pour les ouvriers étrangers de même que l'interdiction du travail des prisonniers au profit de certains capitalistes.» D'autres demandes concernent plus globalement l'organisation de l'économie et de la société: appui aux coopératives, nationalisation de certaines entreprises, etc. Nous y reviendrons à propos de l'idéologie ouvrière.

Les revendications ouvrières sont d'abord formulées à l'occasion des conflits de travail. Les historiens Jean Hamelin, Paul Larocque et Jacques Rouillard ont relevé 167 grèves entre 1850 et 1896, et ils estiment que le nombre réel est probablement supérieur. On constate que, dans un grand nombre de cas, les travailleurs ne sont pas encadrés par un syndicat. Leur grève est alors un geste de protestation spontané, axé souvent sur une demande unique, généralement une augmentation de salaire. Les grèves menées par des syndicats sont mieux organisées et leurs chances de succès plus grandes.

Les revendications s'expriment aussi de plusieurs autres façons: les réunions du CMTC et de ses conseils centraux, les manifestations publiques, comme la procession de la Grande Association en 1867. On assiste également à la naissance d'une presse ouvrière qui formule ces revendications et qui diffuse des informations sur le mouvement ouvrier dans d'autres pays. Un journal à clientèle populaire comme *La Presse* de Montréal adopte même des positions pro-ouvrières; le journaliste Jules Helbronner y signe, sous le pseudonyme de Jean-Baptiste Gagnepetit, une chronique ouvrière où il met au jour les pénibles conditions de travail dans les manufactures. Un grand nombre de

La grève des journaliers du port de Montréal en 1877. (*L'Opinion publique*, 12 juillet 1877)

syndicalistes de l'époque trouvent également dans l'action politique un important moyen de faire valoir leurs revendications.

La législation ouvrière

Les nouvelles conditions de travail imposées par les entreprises capitalistes entraînent de nombreux abus. Les syndicalistes qui veulent changer la situation se rendent vite compte que l'action au niveau d'une entreprise est insuffisante. Il faut que l'État intervienne pour imposer à l'ensemble des entreprises des conditions minimales.

Les organisations syndicales réclament sans cesse, pendant cette période, l'adoption de lois favorables aux travailleurs. Elles demandent, entre autres, la réglementation du travail des enfants, une réduction des heures de travail, une meilleure protection de la santé des travailleurs, la reconnaissance de leurs droits politiques, etc. Mais le libéralisme qui prévaut laisse peu de place à l'intervention étatique dans ce domaine. Les hommes d'affaires, qui forment une bonne partie du personnel politique, sont peu enclins à s'imposer à eux-mêmes des conditions qui leur paraissent onéreuses. Ils ne se préoccupent de questions ouvrières que dans la mesure où ils y voient un intérêt électoral immédiat.

Nous l'avons vu, le gouvernement fédéral intervient en 1872. Il fait alors adopter une loi levant certains obstacles juridiques à l'existence des syndicats. Là s'arrête cependant son action législative. Comme les conditions de travail relèvent au premier chef de la compétence des provinces, il laisse à ces dernières le soin d'intervenir. Le seul autre geste important du gouvernement fédéral est la création, en 1886, de la Commission royale d'enquête sur les relations entre le capital et le travail. Cette commission, dont plusieurs membres sont issus des rangs des travailleurs, mène une étude en profondeur sur les conditions de travail et les relations patrons-ouvriers. Les nombreux témoignages qu'elle recueille rendent compte de la situation pénible des travailleurs d'usine.

Deux rapports sont présentés, en 1889, à la suite de ces travaux. Le rapport majoritaire, dit pro-syndical, s'inspire du programme des Chevaliers du travail. Le groupe minoritaire, dit pro-patronal, formé d'employeurs et de journalistes, produit un rapport que l'historien Fernand Harvey qualifie de «philanthropique». Même si les deux groupes s'appuient sur des conceptions relativement différentes, ils aboutissent à des recommandations assez semblables. D'ailleurs, selon Harvey, «ceux qui attendent de ces deux rapports une vision d'ensemble du problème ouvrier seront vite déçus. Les deux groupes de commissaires n'ont rédigé qu'une suite plus ou moins ordonnée de constatations et de recommandations portant sur divers problèmes soulevés au cours de l'enquête.» Les commissaires s'entendent pour demander la réduction de la journée de travail à 9 heures, pour limiter à 54 heures par semaine le travail des femmes et des enfants, pour fixer à 14 ans l'âge minimum, tant chez les filles que chez les garçons. Au sujet des accidents de travail, la majorité souhaite l'adoption d'une loi déterminant l'indemnité à verser; la minorité va plus loin en reconnaissant la responsabilité des patrons en ce domaine et en souhaitant qu'ils soient couverts par une assurance universelle. Les recommandations des deux groupes s'éloignent un peu plus dans le cas des relations de travail. Le rapport pro-syndical recommande l'instauration d'un arbitrage obligatoire, liant les parties et touchant tous les points en litige. La minorité recommande plutôt la création de conseils de prud'hommes, dont l'arbitrage toucherait la plupart des points discutés, sauf les salaires; les parties seraient libres d'accepter ou non le rapport d'un tel conseil.

Outre ces questions majeures, les commissaires font un grand nombre d'autres recommandations visant à améliorer le sort de l'ouvrier. Mais les deux rapports restent lettre morte, en partie parce que certains sujets ne sont pas de la compétence du gouvernement fédéral, mais surtout parce que le profond conservatisme social des classes dirigeantes ne les incite pas à changer l'état de choses existant.

Du côté du Québec, la principale action législative est l'adoption, en 1885, de la loi des manufactures. Elles s'inspire d'une loi ontarienne votée en 1883. Elle fixe aux heures de travail une limite qui demeure élevée: 60 heures par semaine pour les femmes et les enfants, 72 ½ heures pour les hommes; plusieurs dérogations, prévues dans la loi, permettent à l'employeur de dépasser facilement ce maximum. La loi interdit l'emploi de garçons de moins de 12 ans et de fillettes de moins de 14 ans, à moins que ces enfants n'aient un certificat de leurs parents les autorisant à travailler. Des clauses traitent de la sécurité au travail et de la propreté des établissements. Il s'agit, au total, d'une loi très permissive et difficile à appliquer. Le gouvernement attendra d'ailleurs trois ans avant de nommer les premiers inspecteurs chargés de la faire respecter. Et il n'en nomme que trois pour l'ensemble du territoire. Ces fonctionnaires jouent toutefois un important rôle d'éveilleurs. Leurs rapports, publiés chaque année, dénoncent parfois avec vigueur certains cas d'exploitation des travailleurs. Ils réussissent, au fil des ans, à obtenir des amendements à la loi qui la rendent plus sévère, ou qui étendent son champ d'application.

Jusqu'à la fin du siècle, toutefois, l'action de l'État québécois reste bien timide, ce qui amène plusieurs syndicalistes à chercher une solution dans l'action politique directe.

ORIENTATIONS BIBLIOGRAPHIQUES

BISCHOFF, Peter. «La formation des traditions de solidarité ouvrière chez les mouleurs montréalais: la longue marche vers le syndicalisme, 1859-1881», *Labour/Le travail*, 21 (printemps 1988): 9-42.

BURGESS, Joanne. «L'industrie de la chaussure à Montréal: 1840-1870 — le passage de l'artisanat à la fabrique», *Revue d'histoire de l'Amérique française*, 31, 2 (sept. 1977): 187-210.

DE BONVILLE, Jean. *Jean-Baptiste Gagnepetit. Les travailleurs montréalais à la fin du XIXe siècle*. Montréal, L'Aurore, 1975. 253 p.

FORSEY, Eugene. *Trade Unions in Canada, 1812-1902*. Toronto, University of Toronto Press, 1982.

HAMELIN, Jean, Paul LAROCQUE et Jacques ROUILLARD. *Répertoire des grèves dans la province de Québec au XIXe siècle*. Montréal, Les presses de l'École des Hautes Études commerciales, 1970. 168 p.

HAMELIN, Jean, dir. *Les travailleurs québécois, 1851-1896*. Montréal, PUQ, 1973, 221 p.

HARVEY, Fernand. «Les Chevaliers du Travail, les États-Unis et la société québécoise (1882-1902)», *Aspects historiques du mouvement ouvrier au Québec*, (Montréal, Boréal Express, 1973): 33-118.

HARVEY, Fernand. *Révolution industrielle et travailleurs*. Montréal, Boréal Express, 1978. 347 p.

HEAP, Margaret. «La grève des charretiers à Montréal, 1864», *Revue d'histoire de l'Amérique française*, 31,3 (décembre 1977): 371-395.

HÉROUX, Denis et Richard DESROSIERS. *Le travailleur québécois et le syndicalisme*. Montréal, Les Éditions de Sainte-Marie, s.d., 120 p.

Histoire du mouvement ouvrier au Québec: 150 ans de luttes. 2e édition. s.l., CSN-CEQ, 1984. Chap. 1.

ROUILLARD, Jacques. *Histoire du syndicalisme québécois. Des origines à nos jours*. Montréal, Boréal, 1989. Chap. 1.

Chapitre 11

LA SITUATION DES FEMMES

Les femmes ont longtemps été pratiquement absentes de l'histoire écrite, même si elles constituent la moitié, sinon la majorité, de la population. À l'instar des ouvriers, elles prennent peu à peu conscience de leur situation dans la société et cherchent à se regrouper et à s'organiser pour défendre leurs droits. Cette prise de conscience sera difficile et le chemin à parcourir pour surmonter l'inégalité structurelle dont elles sont victimes sera long.

Dans la seconde moitié du 19e siècle, au Québec comme dans l'ensemble des sociétés occidentales, la femme est essentiellement perçue comme un être faible, voire inférieur. Elle est définie par son rôle d'épouse et de mère, au service de son mari et de ses enfants. La première fonction universellement reconnue à la femme est la reproduction. Sur ce plan, nul doute que les femmes québécoises, souvent au péril de leur vie, ont joué pleinement leur rôle, comme en témoignent les taux élevés de natalité de cette époque. La femme célibataire est vue comme une femme incomplète, qui n'a pu se réaliser pleinement. Celle qui entre dans les ordres religieux fait cependant exception car, tout en conservant sa virginité, elle devient «épouse du Christ» et exerce souvent un rôle maternel auprès des enfants et des malades. Dans l'Église ou dans la vie civile, la femme est toujours sous la domination de l'homme, que ce soit le prêtre, le père, le mari ou plus profondément le législateur qui définit les droits juridiques et politiques des membres de la société.

Un statut d'infériorité

Le statut d'infériorité des femmes est consacré et maintenu par les institutions juridiques et politiques, comme on peut le constater en examinant le Code civil du Québec, en vigueur depuis 1866, et la nature des droits politiques reconnus aux femmes. Le Code civil décrète essentiellement le double principe de la puissance maritale et paternelle au sein de la famille. De ce principe découle l'incapacité juridique de la femme mariée, c'est-à-dire qu'elle a le même statut légal que les mineurs et les interdits. Dans ce cadre, la femme en se mariant perd son autonomie et est soumise à l'autorité et aux décisions de son mari en ce qui concerne ses droits civils et ses enfants. Le tableau 1 montre bien l'ampleur de cette incapacité juridique, qui reste pratiquement inchangée jusqu'en 1931.

À l'infériorité juridique s'ajoute une limitation très étroite des droits politiques. Sur ce plan, la situation des femmes s'est même détériorée au cours du 19e siècle. Au début du siècle, elles pouvaient voter comme les hommes si elles remplissaient les mêmes conditions; l'Acte constitutionnel de 1791 ne spécifiant pas que seuls les hommes avaient droit de suffrage, les femmes ont pu voter sans qu'on y fasse objection. Mais, en 1849, le parlement du Canada-Uni adopte une loi qui retire formellement aux femmes le droit de voter. Il faudra attendre jusqu'en 1917-1918 avant que les femmes du Québec puissent à nouveau obtenir ce droit au niveau fédéral, et jusqu'en 1940 au niveau provincial.

Au palier municipal et scolaire, la loi est plus souple. Tout propriétaire peut voter et se présenter au poste de commissaire d'écoles. Mais lorsqu'en 1899 un groupe de féministes montréalaises tente de faire élire une des leurs à la commission scolaire protestante, le gouvernement s'empresse de faire modifier la loi pour leur enlever le droit d'éligibilité. Sur la scène municipale, les femmes propriétaires, veuves ou célibataires majeures, ont le droit de vote; si elles sont mariées, leur droit de vote est exercé par leur mari.

Une main-d'œuvre surexploitée

Malgré cette commune inégalité des femmes, leurs conditions de vie varient selon leur habitat, leur ethnie ou leur classe.

Dans le milieu rural, il existe certes une division sexuelle du travail, mais l'unité de production étant la famille, la subordination de la femme est moins marquée qu'en milieu urbain. Dans les villes, la condition des femmes dépend d'abord du statut social de leur mari ou de leur père. La femme d'un bourgeois peut bénéficier d'une domestique et consacrer une partie de son temps à des activités sociales et culturelles. La femme d'un ouvrier partage la vie difficile de son conjoint. Si elle reste à la maison, elle est complètement dépendante et son

TABLEAU 1

SITUATION JURIDIQUE DE LA FEMME MARIÉE
DANS LE CODE CIVIL AU QUÉBEC, DE 1866 À 1915

A. *Sur le plan individuel*

1) Incapacité générale (comme les mineurs et les interdits). Toutefois, elle a le droit de faire un testament (*184* et *382*).
   a) Ne peut contracter (*986*).
   b) Ne peut se défendre en justice ou intenter une action (*986*).
2) Ne peut être tutrice (*282*).
3) Ne peut être curatrice (*377*).

B. *Relations personnelles avec le mari*

1) Soumission au mari. En échange le mari lui doit sa protection (*174*).
2) Nationalité imposée par le mari (*23*).
3) Choix du domicile par le mari (*83*).
4) Choix des résidences par le mari (*175*).
5) Exercice des droits civils sous le nom du mari (*Coutume*).
6) Loi du double standard: le mari peut toujours exiger la séparation pour cause d'adultère; la femme ne peut l'exiger que si le mari entretient sa concubine dans la maison commune.

C. *Relations financières avec le mari*

1) Ne peut exercer une profession différente de celle de son mari (*181*).
2) Ne peut être marchande publique sans l'autorisation du mari (*179*).
3) En régime de communauté légale:
   a) le mari est seul responsable des biens de la communauté (*1292*);
   b) responsabilité face aux dettes du mari. Non réciproque (*1294*).
4) En régime de séparation de biens:
   a) ne peut disposer de ses biens. Toutefois, elle peut administrer ses biens avec l'autorisation de son mari ou, à défaut, avec celle d'un juge (*1422*).
   b) Le mari ne peut autoriser sa femme de façon générale: une autorisation particulière est exigée à chaque acte (*1424*).
   c) Ne peut disposer de son salaire professionnel (*1425*).
5) Ne peut accepter seule une succession (*643*).
6) Ne peut faire ni accepter une donation entre vifs (*763*). Toutefois, le mari peut assurer sa vie en faveur de sa femme (*1265* et *1888*).
7) Ne peut accepter seule une exécution testamentaire (*763*).
8) Ne peut hériter de son mari mort sans testament qu'après les douze degrés successoraux (*637*).

D. *Situation dans la famille*

1) Ne peut consentir seule au mariage d'un enfant mineur (*119*).
2) Ne peut permettre à un mineur non émancipé de quitter la maison (*244*).
3) Ne peut corriger ses enfants (*245*). Toutefois, la femme possède le droit de surveillance sur ses enfants (*Coutume*).
4) Ne peut être seule tutrice de ses enfants mineurs (*282*).

Note: Les numéros entre parenthèses renvoient aux articles correspondants du Code civil.

Source: Micheline Dumont-Johnson, *Histoire de la condition de la femme dans la province de Québec*, p. 43.

travail domestique «invisible» ne reçoit aucune rémunération directe. Mais souvent elle contribue au revenu familial en logeant des chambreurs ou en accomplissant divers travaux pour une clientèle extérieure à la famille.

Cependant, l'industrialisation offre la possibilité à un grand nombre de jeunes filles et de femmes mariées de travailler hors du foyer ou encore de quitter la campagne pour s'installer à la ville. Dans la deuxième moitié du 19e siècle, beaucoup de jeunes filles se dirigent vers les villes, qui leur offrent davantage de débouchés. Les statistiques compilées par l'historienne Suzanne Cross montrent que, malgré l'équilibre des sexes dans l'ensemble du Québec et dans le groupe d'âge de 0 à 15 ans, il y a beaucoup plus de jeunes filles que de jeunes hommes dans les villes de Montréal et de Québec.

La plupart des jeunes filles de 15 à 20 ans qui viennent chercher du travail à la ville trouvent un emploi de domestique ou d'ouvrière. Dans des industries comme le textile, le vêtement et le caoutchouc, elles sont majoritaires, tandis que dans le tabac et la chaussure elles représentent environ 40% des effectifs. Ces emplois demandent une main-d'œuvre nombreuse et peu qualifiée. Les patrons sont d'autant plus intéressés à les engager qu'elles ne gagnent que la moitié du salaire d'un homme. L'exploitation est encore plus poussée dans l'industrie du vêtement, où très souvent la couture des pièces, taillées à la manufacture, se fait dans de petits ateliers ruraux ou à domicile. Dans le cadre de ce qu'on a appelé le *sweating system*, les travailleuses payées à la pièce gagnent un salaire dérisoire.

La place des femmes dans la main-d'œuvre industrielle est importante. À Montréal, elles représentent environ 30% des effectifs du secteur manufacturier. Même si la majorité de ces travailleuses sont des jeunes filles, il y a aussi des femmes mariées parmi elles. C'est en partie pour répondre à leurs besoins que les Sœurs Grises fondent plusieurs garderies gratuites appelées «salles d'asile», fréquentées par quelque 9000 enfants de 2 à 7 ans entre 1893 et 1897. Chez les anglophones, les femmes ne réussissent pas, malgré certains efforts dans les années 1890, à établir de garderies.

Le travail domestique est une autre importante source d'emploi. En 1871, on compte 3657 femmes domestiques à Montréal, ce qui représente 6,4% de la population féminine de la ville. En 1881, c'est près de 6000 d'entre elles qui exercent ce métier, soit 7,9%. Les conditions de travail sont si astreignantes que les jeunes filles préfèrent s'employer

Femmes travaillant dans une mine de cuivre à Bolton, en 1867. (Archives Notman, Musée McCord)

dans les manufactures, ce qui provoque la «crise du travail domestique» et amène des bourgeoises à mettre sur pied différents organismes pour recruter des servantes en Grande-Bretagne. On essaie même d'entraîner des fillettes de 8 à 12 ans à l'exercice de ce métier. On observe, vers la fin du siècle, que les Canadiennes françaises remplacent les Irlandaises dans ce secteur sous-payé.

Les femmes sont aussi présentes dans les petits commerces, les magasins et les bureaux. Mais ces emplois sont assez valorisés pour que la présence masculine y soit prépondérante. Le téléphone et la machine à écrire font leur apparition dans les dernières décennies du siècle, mais ce n'est que plus tard qu'ils fourniront aux femmes une source importante d'emploi.

L'enseignement offre une possibilité de carrière à la femme dans la seconde moitié du 19e siècle. D'ailleurs, à mesure que l'on avance dans le siècle, on assiste à une féminisation croissante de cette profession. De 1854 à 1874, le pourcentage d'institutrices dans l'enseignement public catholique passe de 63,5% à 81,3%. Jusqu'à la fin du siècle, les femmes représenteront au delà de 80% des effectifs. Les commissaires d'écoles ont tout intérêt à engager des institutrices car elles sont généralement deux à trois fois moins payées que les instituteurs. De plus, elles n'ont pas facilement accès à la même formation que les hommes. À l'École normale Laval de Québec, les femmes sont très minoritaires, tandis qu'à l'École normale Jacques-Cartier de Montréal, elles ne sont admises qu'en 1899. Les femmes doivent étudier dans des écoles privées dirigées par des communautés religieuses. Plus généralement, dans le cas des laïques, elles ne reçoivent aucune formation spécialisée avant d'entrer dans l'enseignement.

L'institutrice laïque, francophone, catholique, défavorisée quant à l'accès à une formation spécialisée, doit en plus subir la concurrence du personnel religieux. Les religieuses représentent, vers la fin du siècle, plus de 35% des effectifs du corps enseignant au niveau primaire, et elles sont exemptées des examens tandis que les institutrices laïques doivent se présenter devant le bureau des examinateurs.

Chez les protestants, l'enseignement est beaucoup plus accessible aux jeunes filles. Dès 1857, l'École normale de McGill reçoit des candidats des deux sexes; les jeunes filles sont toujours beaucoup plus nombreuses que les garçons. Mais les institutrices protestantes gagnent beaucoup moins que leurs collègues masculins.

Si les hôpitaux emploient des femmes depuis longtemps, les dernières décennies du siècle voient un double changement: l'expansion des hôpitaux et le développement de la profession d'infirmière. Le Montreal General Hospital est le premier hôpital à organiser, en 1890, un cours de formation professionnelle; l'Hôpital Notre-Dame fait de même en 1897. Toutefois, dans les hôpitaux catholiques, la place des laïques reste minime, la profession d'infirmière étant monopolisée par les religieuses.

Si l'ouverture du marché du travail aux femmes est un phénomène important de la deuxième moitié du 19e siècle, la croissance des communautés religieuses de femmes en est un autre. En 1901, les

Le travail domestique. (Archives Notman, Musée McCord)

communautés, au nombre de 37, rassemblent près de 7000 religieuses, soit 1,5% des femmes âgées de plus de 20 ans, sans compter celles qui œuvrent à l'extérieur du Québec. Dans leurs quelque 500 établissements elles se consacrent à l'éducation, au soin des malades, à l'apostolat missionnaire, au service domestique auprès du clergé, à la contemplation ou à diverses œuvres de charité: hospices, garderies, orphelinats, etc. Chaque communauté ayant ses secteurs d'activités privilégiés, la profession religieuse offre aux femmes qui la choisissent un éventail de carrières sans doute plus intéressant que celui qui est accessible aux laïques célibataires, tout en leur donnant un statut social plus valorisé. Une fois entrées dans ces communautés, les femmes peuvent gravir les échelons de la hiérarchie et détenir des postes de commande. Même sous la tutelle de l'évêque et de l'aumônier, elles peuvent devenir administratrices d'institutions extrêmement importantes, diriger des dizaines, voire des centaines, de personnes et brasser des sommes d'argent considérables.

Enfin, les œuvres de bienfaisance permettent à certaines femmes de la bourgeoisie de déployer leur talent dans de multiples organisations. Elles sont souvent assistées, il est vrai, d'un conseil d'administration où siègent leurs maris ou d'autres représentants des élites masculines. Les laïques francophones ont plus de difficulté à s'affirmer, car elles doivent composer avec le clergé. Les exemples abondent d'œuvres fondées et dirigées par des laïques, mais finalement prises en charge par des communautés religieuses. La hiérarchie catholique, voyant dans les œuvres sociales une assise de son pouvoir, encourage explicitement ce mouvement, tandis que l'État, en refusant de subventionner adéquatement ce secteur, concourt au même résultat.

Un début d'organisation

À la fin du 19e siècle, un mouvement de prise de conscience du statut d'infériorité des femmes et de la discrimination dont elles sont victimes à plusieurs égards fait son apparition dans les pays occidentaux et commence à susciter des contestations. Au Québec, c'est d'abord dans le domaine de l'accessibilité à l'enseignement supérieur que se manifeste ce mouvement, en particulier dans les milieux anglophones. Ainsi, à compter de 1884, le McGill College qui n'acceptait que des hommes, sauf à l'école normale, se résigne à accepter les femmes, mais non en droit ni en médecine. En 1890, cependant, le Bishop's College accepte

Un groupe de sœurs, vers 1870. (Archives Notman, Musée McCord)

des candidates en médecine et de 1890 à 1905 dix femmes y complètent leurs études médicales. L'accès à l'université sera un tremplin pour ces femmes dont plusieurs deviendront des militantes féministes par la suite. La lutte pour l'accessibilité aux études supérieures s'engagera plus tard dans les universités francophones, qui restent fermées aux femmes du 19e siècle.

Ce n'est d'ailleurs qu'à la toute fin du siècle que les femmes commencent à s'organiser véritablement pour revendiquer leurs droits. La première grande association canadienne est le National Council of Women, fondé en 1893 et présidé par Lady Aberdeen, épouse du gouverneur général. La section montréalaise de ce mouvement anglophone, le Montreal Local Council of Women, est particulièrement dynamique. Elle réussit à recruter des francophones qui formeront, dans leur milieu, la première génération de féministes.

ORIENTATIONS BIBLIOGRAPHIQUES

BOUCHER, Jacques. «L'histoire de la condition juridique et sociale de la femme au Canada français», Jacques BOUCHER et André MOREL, dir., *Le droit dans la vie familiale*, Montréal, PUM, 1970. Tome 1, p. 155-167.

COLLECTIF CLIO. *L'histoire des femmes au Québec depuis quatre siècles*, Montréal, Quinze, 1982. 521 p.

COHEN, Yolande. «La recherche universitaire sur les femmes au Québec (1929-1980). Répertoire de thèses de maîtrise et de doctorat déposées dans les universités du Québec: présentation thématique», *Resources for Feminist Research/Documentation sur la recherche féministe* 10,4 (déc. 1981-janv. 1982): 5-24.

DANYLEWYCZ, Marta. *Profession: religieuse. Un choix pour les Québécoises 1840-1920*. Montréal, Boréal, 1988. 246 p.

DUMONT-JOHNSON, Micheline. «Histoire de la condition de la femme dans la province de Québec», *Tradition culturelle et histoire politique de la femme au Canada*, Étude n° 8 préparée pour la Commission royale d'enquête sur la situation de la femme au Canada. Ottawa, Information Canada, 1971. 57 p.

FAHMY-EID, Nadia et Micheline DUMONT, dir. *Maîtresses de maison, maîtresses d'école. Femmes, famille et éducation dans l'histoire du Québec*. Montréal, Boréal, 1983. 413 p.

JEAN, Michèle. *Québécoises du 20e siècle*. Montréal, Éditions du Jour, 1974. 303 p.

LABARRÈRE-PAULÉ, André. *Les instituteurs laïques au Canada français, 1836-1900*. Québec, PUL, 1965. 471 p.

LAVIGNE, Marie et Yolande PINARD, dir. *Travailleuses et féministes. Les femmes dans la société québécoise*. Montréal, Boréal Express, 1983. 430 p.

LEMIEUX, Denise et Lucie MERCIER. *La recherche sur les femmes au Québec. Bilan et bibliographie*. Québec, Institut québécois de recherche sur la culture, 1982.

PRENTICE, Alison *et al. Canadian Women. A History*. Toronto, Harcourt Brace Jovanovich, 1988. 496 p.

STRONG-BOAG, Veronica. *The Parliament of Women: The National Council of Women of Canada 1893-1929*. Ottawa, Musées nationaux du Canada, document n° 18.

TROFIMENKOFF, Susan et ALISON Prentice, dir. *The Neglected Majority: Essays in Canadian Women's History*. Toronto, McClelland and Stewart, 1977. 192 p.

Chapitre 12

DEUX ORGANISATIONS D'ENCADREMENT

L'Église et l'école jouent, dans la société, un rôle de tout premier plan. La première exerce une influence non seulement sur les croyances des citoyens, mais également sur les attitudes et les valeurs collectives et individuelles. Au 19e siècle en particulier, tant chez les protestants que chez les catholiques, la religion occupe une très grande place. L'école, de son côté, voit son rôle devenir de plus en plus important dans le monde industriel et urbain, où un minimum d'instruction s'avère indispensable. Avec l'Église, elle est un instrument de socialisation, de transmission des valeurs et de contrôle social

Les Églises

D'après le recensement de 1871, le Québec ne compte pas moins d'une quarantaine de religions différentes. Cette diversité, très nord-américaine, ne doit pas cependant masquer la prédominance massive d'une d'entre elles, le catholicisme, et la présence d'une minorité protestante significative.

La religion catholique est celle de plus de 85% des Québécois, tandis que les diverses confessions réformées en réunissent un peu plus de 14%. Les adeptes des autres religions ainsi que les cas inconnus ne forment que 0,2% de la population. La grande diversité religieuse est donc le fait de la minorité protestante qui, à elle seule, se répartit entre 34 confessions différentes. Dans les grandes lignes, cette situation se maintient jusqu'à la fin du siècle.

Les Églises protestantes

En raison de leur situation minoritaire au Québec, les Églises protestantes entretiennent des liens très étroits avec les institutions apparentées dans les autres provinces de même qu'aux États-Unis et en

Grande-Bretagne. Le Québec forme dans ce cas une partie d'un ensemble plus vaste. Toutefois, la présence d'une forte minorité protestante dans la région de Montréal fait de cette ville un lieu historiquement important de l'implantation du protestantisme canadien. Montréal apparaît en effet comme un microcosme où se retrouvent les principales confessions. Par ailleurs, la diminution de la population rurale anglophone affecte le dynamisme des communautés protestantes à l'extérieur de la métropole.

L'une des caractéristiques des Églises protestantes est leur propension à se diviser en sectes. Sans entrer dans les détails de son histoire, rappelons qu'au lendemain de la révolution américaine, la Grande-Bretagne tente d'imposer le principe d'une Église d'État, une «Église établie». L'expérience américaine lui fait craindre la diversité des sectes qui lui apparaissent comme autant de foyers de républicanisme. Dans les colonies qui lui restent, la Grande-Bretagne choisit de soutenir l'Église anglicane. Au Québec, la présence de l'Église catholique, dont Londres doit reconnaître l'existence de fait, met en échec cette politique et amène les autres confessions protestantes, surtout en Ontario, à réclamer l'abolition des privilèges accordés à l'Église anglicane, ce qui est fait au milieu du siècle. Simultanément, on retrouve au Canada une multitude de sectes implantées par les immigrants ou les prédicateurs américains. Les presbytériens, par exemple, forment l'un des trois grands groupes de la minorité protestante. En 1871, ils sont eux-mêmes divisés en six sous-confessions. Ces divisions ont souvent comme origine des questions d'interprétation doctrinale. Ainsi, vers 1860, sous l'influence d'un groupe de douze irréductibles, dont l'industriel montréalais John Redpath, l'Église presbytérienne connaît une nouvelle division entraînant l'ouverture d'un nouveau lieu de culte, suivie en 1864 de la fondation d'un autre collège presbytérien.

Cependant, vers la même date, s'amorce au Canada un mouvement vers l'unité des Églises; on convoque des synodes nationaux et provinciaux pour tenter d'établir un corpus doctrinal commun. Les presbytériens seront les premiers à réamorcer leur unité, suivis des méthodistes vers 1874. La période de l'après-Confédération est donc marquée par un apaisement des rivalités entre les confessions et les sectes.

Le protestantisme québécois est dominé par trois confessions qui à elles seules représentent, en 1871, plus de 84% de l'ensemble; il s'agit, dans l'ordre, des anglicans, des presbytériens et des méthodistes. Toutefois, si l'on tient compte de l'éclatement des confessions, seule

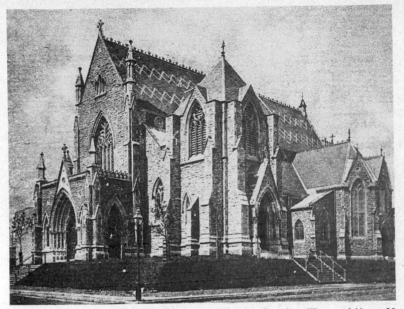

Un temple protestant à Montréal, l'église St. George. (*Canadian Illustrated News*, 29 juillet 1871)

l'Église anglicane émerge avec un bloc solide de fidèles. Vingt ans plus tard, les trois confessions dominantes sont toujours les mêmes et rassemblent maintenant 88% du groupe. Les effets du mouvement unitaire sont déjà perceptibles puisque presbytériens et méthodistes ne présentent plus la même multiplicité de sectes. Dans l'ensemble, d'ailleurs, on passe de 34 confessions ou sectes distinctes recensées en 1871 à 13 en 1891.

Au-delà de leurs divisions, les Églises protestantes partagent les grandes traditions de la Réforme: piété individuelle, importance de la Bible et organisation ecclésiale laissant plus d'initiative aux laïcs. Le caractère plus séculier de ces Églises apparaît assez tôt dans les institutions de bienfaisance et d'enseignement, ce qui les distingue des organismes catholiques. La multiplicité des sectes les amène à organiser en commun certaines institutions qui, tout en étant reconnues comme protestantes, ne seront pas liées à telle ou telle secte. Le meilleur exemple est celui de l'éducation, où il existe un système scolaire unifié pour les protestants à côté du système catholique. D'une manière générale, donc, les institutions protestantes — maisons d'enseignement, hôpitaux ou sociétés de bienfaisance — sont beaucoup moins liées organiquement à une religion que leur contrepartie catholique. Ce qui n'empêche pas les Églises les mieux organisées de mettre sur pied des institutions qui leur sont propres, comme des collèges de théologie.

Les relations avec les catholiques, qui ont déjà été plus tendues, évoluent vers une acceptation résignée de leur existence. Il y a certes encore des éclats, comme les flambées de violence qui opposent les Irlandais catholiques et les orangistes dans les rues de Montréal au cours des années 1870; il y a, vers la fin des années 1850, la spectaculaire conversion de l'apôtre de la tempérance, l'abbé Chiniquy, qui tente, sans grand succès, des conversions chez les Canadiens français. Mais graduellement le prosélytisme dirigé vers les Canadiens français, qui n'a jamais été très efficace par ailleurs, est abandonné. Dans l'ensemble, les protestants québécois ne semblent pas suivre, sur le plan de l'intolérance, certains de leurs coreligionnaires américains ou ontariens qui brandissent encore avec force l'étendard de l'antipapisme. Sur le plan religieux, nous avons donc affaire à deux mondes quasi imperméables l'un à l'autre.

Une Église catholique conquérante

Tout au long du 19e siècle, l'Église catholique est préoccupée par l'impact de la Révolution française et cherche à combattre la pénétration graduelle des idées libérales. Les révolutions de 1848, et particulièrement l'expérience vécue par le pape Pie IX, qui doit quitter précipitamment Rome, renforcent la résistance de l'Église et sa détermination à lutter. C'est en 1864 que paraît un document fondamental pour la compréhension de l'évolution de l'Église, le *Syllabus errorum* qui, sous forme de catalogue, énumère 80 propositions jugées inacceptables dont le rationalisme, le libéralisme et le socialisme. Jusqu'à la fin du siècle, en fait jusqu'à la parution de l'encyclique *Rerum Novarum* (1891), du pape Léon XIII, qui marque le début d'une réconciliation du Vatican avec les idées modernes, l'Église refuse systématiquement tout ce qui lui apparaît suspect de près ou de loin de libéralisme. Le concile du Vatican qui aboutit à la proclamation de l'infaillibilité pontificale, en 1870, a pour effet de renforcer le pouvoir du pape à l'intérieur de l'Église et de stimuler l'ultramontanisme.

Au moment de la Confédération, l'Église catholique est en pleine

La cathédrale de Montréal, que Mgr Bourget voulait sur le modèle de Saint-Pierre de Rome. (*Le diocèse de Montréal à la fin du XIXe siècle*, p. 16)

remontée au Québec. Rappelons brièvement qu'entre 1800 et 1837, elle était dans une position de faiblesse. Ne jouissant pas de la pleine reconnaissance juridique, sa sécurité matérielle n'était pas assurée; elle était en outre sur la défensive face à la montée des idées libérales et, enfin, l'insuffisance de ses effectifs ne lui permettait pas d'encadrer adéquatement la population. À compter des années 1840, deux de ces obstacles sont levés. L'Église obtient la pleine reconnaissance juridique et l'anticléricalisme d'une partie des dirigeants canadiens-français ne survit pas à l'échec de 1837-1838. Commence alors ce qu'on a appelé la réaction catholique, caractérisée par la reprise en main et l'encadrement des fidèles par un clergé désormais plus nombreux. Cette réaction se traduit par la fondation de nombreuses organisations, la venue de communautés, l'amélioration de la pratique religieuse et le progrès des dévotions populaires. À partir de cette époque, le clergé bénéficie d'un renouveau de prestige et de pouvoir au sein de la société.

L'Église catholique apparaît donc, vers 1867, comme un élément très dynamique de la société et, dans ces conditions, il n'est pas étonnant de voir se gonfler les effectifs du clergé. La Confédération met d'ailleurs en place une structure étatique qui favorise l'influence de l'Église. Les domaines relevant de la compétence provinciale sont en grande partie ceux qui intéressent l'Église: l'éducation, la santé publique, la propriété, le droit civil, bref, ce qui touche de plus près à la vie quotidienne des gens. En outre, la nouvelle assemblée législative, contrairement à ce qui se passait sous l'Union, est composée très majoritairement de catholiques. Cette homogénéité lui assure une influence plus grande qu'auparavant.

Par ailleurs, l'Église continue à jouir de privilèges importants. Ses propriétés sont exemptées de toute taxe, disposition qui s'applique également aux Églises protestantes. Ses enseignants ne sont pas soumis au contrôle du bureau des examinateurs. L'État continue à lui déléguer la tenue de l'état civil.

Son action déborde à un point tel le domaine religieux qu'elle devient rapidement, vers la fin du siècle, un élément tout à fait indispensable dans la vie sociale québécoise. Sa présence est très visible et très profonde, par son réseau de paroisses et de diocèses qui quadrille l'espace habité, par le caractère social essentiel des institutions qu'elle contrôle. Veut-on organiser un nouveau territoire ouvert à la colonisation, il faut obligatoirement fonder des paroisses, prévoir des écoles et des communautés pour s'en occuper, un diocèse, des collèges, des hôpitaux, etc. Enfin, le réseau des paroisses et, à un niveau supérieur, celui des diocèses forment un puissant instrument de communication qui peut fonctionner dans les deux sens: centraliser l'information ou la disséminer à volonté. C'est là un instrument important de la puissance de l'Église.

Certains membres du clergé veulent utiliser à fond la force de l'Église pour intervenir dans le jeu électoral. Cette tendance, qui s'exprime dans le Programme catholique de 1871, perd sans cesse du terrain devant l'opposition massive des hommes politiques. L'annulation par les tribunaux, en 1876, de deux élections, à cause de l'influence indue exercée par des curés durant la campagne électorale, indique au clergé les bornes qu'il ne faut pas dépasser. L'Église a au fond beaucoup à perdre d'une confrontation directe avec l'État, qui risquerait de lui faire perdre la base de ses pouvoirs en guise de riposte. À ce niveau, on arrive très tôt à trouver un terrain d'entente et à fixer des limites aux prétentions politiques cléricales.

Pour l'Église catholique, le quart de siècle qui précède la Confédé-

Un noviciat des sœurs de la Charité, en 1894. (ANQ, N774-39)

ration est une période de réorganisation qui, si elle touche certains éléments du culte et de la discipline, intéresse surtout l'encadrement clérical. C'est une période de fondation ou d'implantation de plusieurs ordres religieux, grâce en partie au zèle recruteur de l'évêque Bourget. Le géographe Louis-Edmond Hamelin, étudiant l'évolution numérique du clergé québécois, montre que le rapport prêtre/fidèles s'accroît beaucoup entre 1850 et 1890; de 1 prêtre pour 1080 fidèles, on passe à 1 pour 510. C'est donc dire que le nombre de prêtres augmente — il fait plus que doubler entre 1860 et 1890. S'y ajoute l'importance croissante que prennent les communautés religieuses d'hommes ou de femmes. Le sociologue Bernard Denault montre qu'entre 1850 et 1901, les effectifs des communautés masculines au Québec passent de 243 à 1984, tandis que les communautés féminines connaissent une progression encore plus spectaculaire, avec un bond de 650 à 6628; à ces chiffres, il faut ajouter les 407 hommes et les 2973 femmes rattachés à des maisons religieuses québécoises mais qui travaillent à l'extérieur du Québec.

Si les communautés masculines sont surtout des implantations d'ordres fondés en Europe, il n'en va pas de même pour les communautés de femmes, qui sont en majeure partie des fondations québécoises. Même lorsque ces communautés sont implantées par des étrangers, elles réussissent rapidement à recruter la majorité de leur personnel au Québec.

L'augmentation quantitative des membres du clergé ne s'accompagne pas nécessairement d'une formation de meilleure qualité. Pourtant, les séminaires et les collèges classiques qui s'établissent un peu partout assurent une première sélection. Mais la formation qui devrait être complétée dans les institutions diocésaines appelées grands séminaires fait souvent défaut. Un rapport de 1877 constate que plusieurs prêtres ne sont jamais passés par le grand séminaire et qu'ils connaissent mal la théologie catholique.

Cette croissance se manifeste à tous les niveaux de la hiérarchie. Les nouvelles paroisses sont très nombreuses et, dans la seconde moitié du siècle, on crée de nouveaux diocèses: Trois-Rivières et Saint-Hyacinthe en 1852, Rimouski en 1867, Sherbrooke et Chicoutimi en 1874 et 1878 respectivement, puis Nicolet en 1885 et Valleyfield en 1892. La division de l'immense province ecclésiastique de Québec, en 1886, entraîne l'élévation de Montréal et d'Ottawa au rang d'archevêchés, tandis que Québec conserve une certaine prééminence, comme en témoigne la nomination de son archevêque au titre de cardinal.

Avec tous ses effectifs et son grand pouvoir, l'Église n'est pourtant pas monolithique. L'évêque, qui jouit d'une certaine autonomie dans son diocèse, joue un rôle fondamental dans la définition et l'orientation des politiques ecclésiales. Mais l'augmentation du nombre de diocèses accroît la diversité, et des divergences, souvent très sérieuses, se manifestent au sein de l'assemblée des évêques, qui sont souvent en rivalité les uns avec les autres pour l'exercice du pouvoir.

Ainsi, la montée de l'ultramontanisme entraîne la division de l'épiscopat en deux camps. D'une part, l'évêque de Montréal, Ignace Bourget, et son collègue de Trois-Rivières, Louis-François Laflèche, défendent des positions intransigeantes, voulant à la limite soumettre à l'autorité de l'Église l'ensemble de la vie sociale et politique du Québec. D'autre part, les plus modérés, regroupés autour de l'archevêque de Québec, trouvent que les premiers exagèrent et manquent de réalisme. Cette querelle s'étend rapidement dans tous les sens, qu'il s'agisse des textes à mettre à l'étude dans les collèges, de l'orientation idéologique de l'Université Laval, des lois sur le divorce ou de l'intervention cléricale en politique. Les adversaires s'attaquent par journalistes et experts interposés et tentent d'élargir leur appui auprès des fidèles. Finalement, les nombreux échos de ces querelles parviennent à Rome,

qui pour tenter d'apaiser les esprits, envoie un premier délégué apostolique en 1877, Mgr Conroy, et un autre, Dom Henry Smeulders, en
1883.

Ignace Bourget, 1799-1885, évêque de Montréal de 1840 à 1876. (ANQ, GH370-86)

La question des Chevaliers du travail marque un autre moment de
division. Elzéar-Alexandre Taschereau, archevêque de Québec, réussit
à obtenir l'interdiction, pour les catholiques, d'appartenir à l'organisation syndicale (1884). L'évêque de Montréal, où résident la majorité
des membres de l'association, exprime son désaccord à Rome. Cette
fois, la querelle déborde les frontières du Québec puisque les évêques
ontariens et américains interviennent pour contrer le zèle de Taschereau
et obtiennent du pape la levée de l'interdit en 1887.

Rome doit aussi agir au sujet de la querelle universitaire qui oppose
partisans et adversaires de la création d'une université catholique à
Montréal. De même, à la fin du siècle, la montée du Parti libéral, dirigé
par Wilfrid Laurier, et la question des écoles du Manitoba, donnent lieu
à de nouveaux affrontements; en 1897, Rome délègue Mgr Merry Del
Val pour ramener la paix.

Outre ces querelles idéologiques, d'autres formes de tension se font
sentir. Ainsi, les communautés religieuses, possédant une grande cohé-

sion interne, des effectifs en croissance, des ressources matérielles de plus en plus substantielles, et parfois une dimension internationale, jouissent d'une certaine autonomie d'action et constituent une force avec laquelle les évêques doivent composer.

Sur ce point, l'exemple le plus intéressant est sans contredit la longue querelle qui oppose les sulpiciens à l'évêque de Montréal autour du fractionnement de la paroisse Notre-Dame de Montréal. L'évêque désire diviser cette immense paroisse pour mieux desservir la population catholique, tandis que les sulpiciens, forts de leurs privilèges traditionnels, contestent son ingérence. Cette querelle voit l'enrôlement des hommes politiques — dont George-Étienne Cartier, favorable aux thèses sulpiciennes —, et le débat est porté à Rome, qui reconnaît finalement le droit de l'évêque; mais les sulpiciens ne cèdent qu'en tout dernier recours. La question des biens des jésuites, ou encore le refus des sœurs de l'Hôtel-Dieu d'admettre les étudiants en médecine de l'Université Laval de Montréal, constituent d'autres exemples de ces tensions.

Le pouvoir de l'évêque n'est donc pas sans limites et, dans une certaine mesure, les politiques de l'Église sont discutées à l'intérieur, ce qui n'empêche pas l'existence d'une large base d'accord, mais qu'il ne faut pas confondre avec un monolithisme.

L'Église catholique du Québec est une institution très proche de ses fidèles. Ce caractère apparaît à deux niveaux; d'abord le recrutement séculier et ensuite les pratiques du culte. À la campagne, où vivent la majorité des Québécois catholiques, le recrutement amène aux tâches pastorales des fils de cultivateurs, issus de la même société que leurs ouailles, donc connaissant, pour les avoir vécus, les problèmes et les caractéristiques de ce genre de vie. Il n'y a pas dans l'Église québécoise de coupure sociale importante entre le haut clergé et le bas clergé; la hiérarchie est assez ouverte et il ne semble pas y avoir de monopole de la part de certains groupes sociaux sur certaines fonctions. Il est cependant difficile d'en dire autant des communautés religieuses.

En effet, il y a d'abord la distinction entre le prêtre d'une part, et le frère ou la sœur, d'autre part, qui crée deux catégories au sein du clergé, la première étant considérée comme supérieure. De plus, l'historienne Marta Danylewycz a montré que parmi les communautés féminines existe aussi une échelle de prestige: les sœurs enseignantes de la Congrégation de Notre-Dame, par exemple, sont mieux perçues que les sœurs de la Miséricorde qui s'occupent des mères célibataires et qui subissent en partie la réprobation sociale dont sont victimes leurs protégées. À l'intérieur même de certaines communautés, existe une distinction supplémentaire entre les sœurs converses, confinées aux travaux manuels, et les autres. Par exemple, la Congrégation de Notre-Dame, vers la fin du siècle, crée une catégorie de sœurs converses qui sont exclues des fonctions d'enseignement et de gestion et ne prient pas au même endroit que les autres religieuses, appelées sœurs de chœur.

D'un autre côté, le clergé encourage les manifestations de piété populaire. Qu'il s'agisse de retraites paroissiales ou diocésaines ou de célébrations, comme les rogations, on tente de donner le plus grand éclat à ces manifestations pour attirer de nombreux fidèles. Le renouveau de la dévotion est stimulé également par les pèlerinages et le culte des reliques. Vers la fin des années 1880, le sanctuaire de Sainte-Anne-de-Beaupré, le plus important du Québec, attire au delà de 90 000 fidèles par année. De nouveaux lieux de pèlerinage s'ajoutent et des prêtres zélés rapportent d'outre-mer des reliques qu'ils proposent à la vénération des fidèles. On offre à ceux-ci tout un éventail de modèles de saints ou de saintes selon leur âge, leur sexe ou leur profession, comme sainte Philomène aux adolescentes, ou saint Louis de Gonzague aux adolescents. L'observance des fêtes religieuses est suivie de près par le clergé qui réagit rapidement à tout sentiment de désaffection.

L'Église utilise d'autres moyens d'encadrement, comme les diverses sociétés et associations, et les journaux catholiques. La seconde moitié du siècle voit proliférer les sociétés catholiques diverses, de charité, d'entraide ou de culture. Grâce à ce réseau où elle est très active, l'Église peut augmenter sa capacité d'encadrement. Très rapidement aussi, on utilisera des journaux pour faire connaître la position catholique sur tel ou tel problème.

Parallèlement à cette remontée, l'Église continue sa lutte contre les idées libérales. Elle est encouragée dans cette direction par les circonstances du pontificat de Pie IX (1846-1878). Ce dernier, qui au début de son règne n'est pas hostile aux idées libérales, est marqué par les révolutions de 1848 et n'oubliera jamais qu'il a dû s'enfuir de ses États. De plus en plus ennemi des idées modernes, il finit par les condamner dans son célèbre *Syllabus errorum* de 1864. Il n'en faut sans doute pas plus pour stimuler, au Québec, les plus ardents ennemis des libéraux dont, au premier chef, Ignace Bourget, évêque de Montréal de 1840 à 1876. La lutte contre les idées libérales va croissant jusqu'à la victoire finale de l'évêque de Montréal sur l'Institut canadien, qui en vient à

symboliser tout ce que le libéralisme peut avoir de détestable et de
nocif pour un catholique. Cet institut a été fondé durant les années 1840
comme organisme culturel possédant une bibliothèque et organisant des
conférences. Professant un républicanisme bon teint et prônant la séparation de l'Église et de l'État, les jeunes libéraux de l'institut soulèvent
l'ire de l'évêque qui tente par tous les moyens de les détruire, en
fondant d'abord un institut parallèle, en frappant ensuite la bibliothèque
d'interdit et enfin, excédé, en privant des sacrements les membres qui
refusent de démissionner. En 1869, survient le plus célèbre épisode de
cette lutte, l'affaire Guibord. Joseph Guibord, membre de l'institut et
imprimeur, meurt et Bourget refuse de lui accorder la sépulture en terre
catholique. On fait appel de sa décision et finalement, en 1874, sur
l'ordre des tribunaux, l'évêque doit céder, ce qu'il fait avec la plus
mauvaise grâce, allant jusqu'à déconsacrer la parcelle du cimetière du
Mont-Royal où les restes de Guibord sont finalement enterrés sous la
protection de l'armée.

Un autre événement à peu près contemporain montre également
l'importance de la lutte entreprise contre les idées libérales et leurs
séquelles: l'envoi en Italie de quelque 250 jeunes Québécois pour servir
dans les régiments de zouaves qui défendent les États pontificaux
contre les attaques des troupes de Garibaldi (1868-1870). Le recrutement s'effectue partout à travers le Québec et quelques centaines de
Québécois se portent volontaires après une intense campagne de propagande. Pour l'historien René Hardy, il faut voir dans l'épisode des
zouaves une tentative de mobilisation populaire autour de la croisade
des ultramontains.

Graduellement, vers la fin du siècle, les tensions s'apaisent, même
si la méfiance envers le libéralisme et, d'une manière générale, les
idées modernes persiste longtemps dans certains milieux cléricaux.
Dans l'ensemble, l'Église québécoise suit l'exemple de Rome, où le
successeur de Pie IX, Léon XIII, beaucoup moins hostile à certains
aspects du libéralisme, oriente l'Église vers une voie plus conciliatrice.

Certains clercs et laïcs rêvent sans doute de créer une quasi-
théocratie au Québec. Mais, bien que l'Église ait disposé de pouvoirs
considérables et exercé une influence sur tous les aspects de la vie des
Québécois catholiques, tel n'est pas le cas. Les raisons sont à chercher
d'abord dans la base du pouvoir ecclésial, qui a besoin de la reconnaissance de l'État pour son existence matérielle, et ensuite dans la
réalité de l'évolution économique et démographique du Québec.

L'enterrement de Joseph Guibord sous la protection de l'armée, en 1875. (*L'Opinion publique*, 2 décembre 1875)

L'Église réussit à encadrer ses fidèles, mais elle ne peut, de sa propre force de persuasion, enrayer les mutations sociales et idéologiques liées au développement du capitalisme. L'Église catholique exerce une influence importante dans certains domaines, mais elle a peu de prise sur la vie économique et elle ne peut pas prétendre contrôler les décisions de l'État. C'est là l'ultime limite de sa puissance.

L'éducation

Au milieu du 19e siècle, la situation scolaire dans le Bas-Canada est catastrophique. Le surintendant de l'Instruction publique, Jean-Baptiste Meilleur, note dans son rapport de 1842 qu'il existe 804 écoles primaires en activité et qu'elles desservent 4935 élèves, alors que la population compte 111 244 enfants âgés de 5 à 14 ans.

La situation s'améliore considérablement par la suite. En 1866, on dénombre dans le Bas-Canada 3589 écoles primaires que fréquentent 178 961 élèves. À cela s'ajoutent 237 autres établissements comprenant notamment une quinzaine de collèges classiques, à peu près autant de collèges industriels et commerciaux, des académies, des écoles spéciales, trois écoles normales et trois universités. Ces maisons d'enseignement de niveaux secondaire et supérieur regroupent, au total, 27 859 étudiants.

Ces progrès sont rendus possibles grâce aux lois scolaires de 1841 et surtout de 1845-1846. Cette législation reconnaît l'importance des commissions scolaires et du clergé catholique, tout en assurant la coordination du système par un surintendant. La coopération entre celui-ci et le clergé permet de calmer les protestations de ceux qui refusent de payer des impôts scolaires et qui livrent, en 1848, ce qu'on appelle «la guerre des éteignoirs». Cette manifestation, qui relève en partie d'un manque d'information, permet au surintendant Meilleur de convaincre le gouvernement de libérer des fonds pour l'embauche d'une vingtaine d'inspecteurs chargés d'encadrer l'activité scolaire.

En 1855, Pierre-Joseph-Olivier Chauveau, ancien ministre conservateur, succède à Meilleur. Il réussit à donner une nouvelle impulsion à la cause de l'éducation. Convaincu que les progrès de l'enseignement dépendent de la qualité des maîtres, Chauveau met l'accent sur cette question. Il fonde trois écoles normales en 1857 et met sur pied une caisse de retraite pour les enseignants, tout en demandant inlassablement qu'on améliore leur rémunération, dans le but d'attirer et de garder de bons candidats dans cette profession. De plus, il fonde le *Journal de l'Instruction publique* et le *Journal of Education*, dont il essaie de faire des instruments de formation pédagogique et d'information professionnelle pour le corps enseignant. Ainsi, dès avant la Confédération, les bases du système scolaire québécois sont jetées, mais malgré les impressionnants progrès accomplis il reste beaucoup de lacunes à combler et de déficiences à corriger.

Le nouveau système fédéral, qui attribue aux provinces la responsabilité exclusive de l'éducation pose avec une nouvelle acuité le problème des droits scolaires de la minorité protestante et celui du rôle de l'Église catholique. Ces deux groupes s'entendent pour gruger les pouvoirs de l'État dans le domaine de l'instruction publique. Face à cette coalition, les gouvernements québécois contribuent eux-mêmes à édifier une structure administrative et financière qui, en plus de réduire le rôle de l'État en éducation, accentue la fragmentation du système scolaire et assure aux protestants une situation privilégiée en matière de financement.

La minorité protestante

En élargissant les pouvoirs de la majorité de chaque province en matière d'éducation, la Confédération amène les minorités religieuses à combattre pour que soit garantie leur autonomie en ce domaine. Seule la plus puissante de ces minorités — les protestants du Québec — y parvient. Avant même son adoption, le projet de Confédération vient d'ailleurs près d'avorter à cause de ce problème.

En effet, en 1866, lors de la dernière session du parlement du Canada-Uni, les protestants du Québec font présenter un projet de loi leur garantissant l'autonomie de leur système scolaire. C'est même un des ministres francophones les plus influents, Hector Langevin, qui s'en fait le parrain. Les catholiques du Haut-Canada s'étant avisés de demander la même protection et ayant essuyé le refus des députés du Haut-Canada, les députés du Bas-Canada sont très réticents à voter en faveur du projet Langevin. La situation s'envenime et le projet est retiré. Le porte-parole des protestants du Québec au cabinet, A.T. Galt, démissionne. Cependant, il participe à la conférence de Londres et ses idées sont retenues lors de la rédaction de l'article 93 de la constitution, qui donne satisfaction à ses coreligionnaires.

Par la suite, en 1867, lorsque le lieutenant-gouverneur demande à Joseph Cauchon de former le premier gouvernement québécois, celui-ci échoue, faute de pouvoir convaincre les représentants de la minorité protestante de faire partie d'un ministère qu'il dirigerait. Les protestants lui reprochent de s'être opposé publiquement au projet Langevin l'année précédente. Devant ce veto de la minorité, Cauchon doit se retirer et le lieutenant-gouverneur fait appel à P.-J.-O. Chauveau, surintendant de l'Instruction publique depuis 12 ans, qui a toujours entretenu de bonnes relations avec les protestants. Quelques mois après être devenu premier ministre, Chauveau propose d'importants changements dans l'organisation administrative et financière du système d'éducation. Ces modifications, qui seront complétées par un de ses successeurs, Boucherville, donnent pleine satisfaction à la minorité protestante, qui jouit dès lors d'une très grande autonomie dans l'organisation et le contrôle de ses écoles.

Structures et financement

Chauveau accepte la charge de premier ministre à la condition de pouvoir poursuivre son action dans le domaine de l'éducation. C'est ainsi que dès 1868 il institue un ministère de l'Instruction publique dont il est lui-même le premier titulaire. Le Québec est la seule province dotée d'un tel ministère, ce qui s'explique par la détermination et le passé de

Chauveau. Mais ce geste qui pourrait signifier un engagement profond et durable de l'État en matière d'éducation est peu à peu vidé de son contenu.

En effet, dès 1869, Chauveau propose une loi qui répond aux exigences formulées par les protestants depuis plusieurs années, en modifiant la composition du Conseil de l'instruction publique. Celui-ci existe depuis 1859 et il a pour tâche d'éclairer le surintendant. Il est composé de dix catholiques, majoritairement laïcs, et de quatre protestants. Avec la nouvelle loi, le Conseil est divisé en deux comités confessionnels. Le comité catholique est formé de cinq clercs et de neuf laïcs et le comité protestant de trois clercs et de quatre laïcs. Cette division a pour but d'accorder aux protestants une plus grande autonomie.

En 1875, le premier ministre conservateur Boucherville va beaucoup plus loin. Après avoir consulté l'épiscopat, il décide de supprimer carrément le ministère de l'Instruction publique et de le remplacer par un département de l'Instruction publique ayant à sa tête un surintendant. Selon Boucherville, un homme politique n'a généralement ni le temps ni la compétence pour s'occuper d'éducation et il faut éloigner cette noble cause de la politique. Les évêques sont généralement très satisfaits de cette décision, même si quelques-uns voudraient aller encore plus loin en confiant au clergé la direction exclusive de l'instruction publique des catholiques.

Quant au Conseil de l'instruction publique, il reste divisé en deux comités confessionnels. Le comité catholique est formé de tous les évêques dont le diocèse est situé en tout ou en partie au Québec et d'un nombre égal de laïcs nommés par le gouvernement. Cependant, seuls les évêques peuvent se faire représenter par un substitut en cas d'absence, ce qui leur assure de ne jamais se trouver en minorité. Le comité protestant est formé d'autant de membres qu'il y a de laïcs dans le comité catholique. Le surintendant est au service des comités et exécute leurs politiques. Les protestants assurés ainsi d'une plus grande autonomie, appuient cette restructuration. Ainsi, en 1875, l'État abdique ses responsabilités au profit de l'Église catholique et de la minorité protestante.

De 1876 à 1896, malgré le contrôle incontestable de l'Église catholique sur l'orientation de l'éducation publique, certains clercs se méfient de toute intervention de l'État. Ainsi, le surintendant Gédéon Ouimet déclenche une polémique en tentant de mettre sur pied, avec l'appui du gouvernement, un «dépôt de livres» qui vendrait au prix coûtant les livres et le matériel didactique aux commissions scolaires. Les libraires se joignent à certains clercs pour dénoncer cette ingérence de l'État. Le surintendant et le gouvernement qui l'appuie doivent battre en retraite à ce propos; de même lorsqu'ils tentent d'uniformiser le choix de livres en usage dans les écoles. Ces deux initiatives gouvernementales, assez modestes, créent tout de même des tensions avec l'épiscopat. Lors de son arrivée au pouvoir en 1882, le premier ministre Mousseau proclame officiellement et publiquement qu'il ne prendra aucune initiative sans consulter et obtenir l'accord des deux comités.

Cette promesse n'engage pas ses successeurs. Honoré Mercier s'intéresse depuis longtemps à l'éducation. Il s'est prononcé à plusieurs reprises en faveur de l'instruction obligatoire des enfants. Mais lorsqu'il devient premier ministre, allié aux ultramontains, il n'ose plus reprendre cette idée. Il souhaite tout de même créer un climat favorable au changement et demande à cinq laïcs conservateurs du comité catholique de remettre leur démission. Ceux-ci refusent avec éclat. À la première occasion, Mercier se fait nommer, par son gouvernement, membre du comité catholique. Mais l'État s'étant départi de son pouvoir, son action ne sera que marginale et indirecte.

Parallèlement au débat sur les structures du système d'éducation, se pose le problème de son financement. La loi de 1869 comporte des aspects financiers d'une extrême importance. Ainsi, elle répartit les taxes scolaires entre les commissions protestantes et catholiques en tenant compte de la confession du contribuable. Comme les protestants ont beaucoup plus de propriétés immobilières, leurs écoles obtiennent beaucoup plus que ce qu'elles recevraient si on partageait toutes les taxes en fonction de la population. Le jeune député Chapleau ne peut s'empêcher de faire ressortir l'injustice de ce principe, car «en définitive, c'est le locataire qui paie la taxe et il arrivera alors que non seulement la taxe sera payée par lui, mais qu'elle servira à maintenir des écoles qui ne seront pas de la majorité et qui ne seront pas de sa croyance». Le journal *Le Pays* estime que chaque enfant protestant recevra environ 1,80$ contre 0,84$ pour chaque enfant catholique. D'autres critiques sévères paraissent dans les journaux, même conservateurs, où on qualifie ce principe de rétrograde et où on voit ironiquement dans ce compromis le signe d'un extraordinaire esprit de sacrifice de la part de la majorité. Pourtant le clergé et les porte-parole protestants appuient à fond le projet de loi, qui est adopté à l'unanimité.

Un principe de répartition différent est appliqué dans le cas des propriétés appartenant à des compagnies, considérées comme «neutres» sur le plan religieux. La taxe dans ce cas est partagée au prorata de la population catholique et protestante au moment du dernier recensement. Il en est de même pour les subventions gouvernementales destinées à l'enseignement supérieur. Cela est bien loin de compenser l'inégalité créée par le partage des taxes scolaires selon la religion du propriétaire.

À la fin du siècle, avec l'afflux d'immigrants de religion autre que protestante ou catholique le problème du financement scolaire refait surface. Les protestants demandent que tous les non-catholiques soient considérés comme des protestants pour les fins de l'impôt scolaire. Ils demandent même que les actionnaires des compagnies soient identifiés selon leur confession. Là, ils vont vraiment trop loin et même les évêques les plus conciliants s'opposent énergiquement à cette demande qui priverait les catholiques d'une partie de leurs revenus. Le cardinal Taschereau réplique que si les protestants maintiennent cette demande, il fera des démarches pour que les fonds distribués le soient en proportion de la population, car, ajoute-t-il, «la répartition existante accorde aux protestants un tiers des fonds à distribuer, tandis que la répartition établie d'après la population réduirait ce chiffre à un septième».

Si l'impôt foncier est très important pour le financement scolaire, il n'en reste pas moins que le fardeau retombe d'abord et avant tout sur les parents, qui assument, en 1874 par exemple, environ 50% du million et demi que coûte l'éducation au Québec. Une autre tranche de 30% provient des impôts fonciers et le reste de subventions que le gouvernement québécois verse aux commissions scolaires et de fonds qu'il attribue aux écoles spéciales, à l'enseignement supérieur, à la caisse d'économie des enseignants et aux municipalités pauvres.

Tant par sa structure que par son mode de financement, un tel système est loin de favoriser l'égalité d'accès à l'éducation.

Les institutions scolaires

Malgré tout, les établissements scolaires augmentent pendant la période et le système se développe peu à peu. Le nombre d'écoles passe de 4063 en 1870-1871 à 5863 en 1897-1898, tandis que les effectifs enseignants doublent, passant de 5424 à 10 493. Quant au nombre d'élèves il passe de 223 014 à 314 727.

L'Académie commerciale du Plateau, à Montréal, érigée en 1876. (Archives de l'Université du Québec à Montréal)

Le cours élémentaire se divise en deux niveaux, primaire et modèle, et il se fait habituellement en quatre ou cinq années d'études. Les jeunes quittent l'école vers 10 ou 11 ans, après leur première communion, et les inspecteurs déplorent constamment leur manque d'assiduité. Le secondaire comprend des académies, des collèges industriels et des collèges classiques. Des observateurs — dont Chauveau lui-même — déplorent le trop grand nombre de collèges classiques, qui préparent des avocats et des médecins sans avenir. Arthur Buies déclare ironiquement que les membres de ces deux professions sont fort utiles puisque les uns vous ruinent et les autres vous tuent. Les libéraux demandent une instruction plus pratique sans grec, sans latin, mais avec plus de sciences, de mathématiques et d'anglais. Certains dénoncent l'abus qu'on fait du catéchisme et de l'histoire sainte dans les écoles. En plus des collèges industriels et des académies commerciales, apparaissent des écoles spéciales: écoles de réforme pour les jeunes délinquants, écoles d'arts et métiers, écoles du soir, écoles pour les sourds-muets et les aveugles. Chauveau ne réussit cependant pas à créer des fermes modèles, rattachées aux écoles normales afin de favoriser le développement de l'agriculture.

L'enseignement supérieur

Au milieu du 19e siècle, on sent le besoin, tant chez les anglophones que chez les francophones, de développer l'enseignement supérieur. L'Université McGill, fondée en 1821, ne démarre véritablement qu'à la fin des années 1840, tout comme le Bishop's College de Lennoxville, fondé par l'évêque anglican G.H. Mountain. Les Canadiens français se dotent d'une université en 1852. C'est à la demande de Mgr Bourget, qui craint la création d'une université laïque sous l'égide de l'Institut canadien de Montréal, que l'archevêque de Québec et le séminaire fondent l'Université Laval, constituée de quatre facultés: théologie, médecine, droit et arts. Elle envoie quelques candidats étudier en Europe pour renforcer son corps professoral. Les cours de lettres et de sciences se donnent le soir, sous forme de conférences. À compter de 1863, les collèges classiques commencent à s'affilier à sa faculté des arts.

À la fin des années 1850, Mgr Bourget estime que l'Université Laval est trop libérale et qu'il faut à la métropole sa propre université, d'autant plus que Montréal croît plus vite que Québec et que les jeunes Montréalais préfèrent trop souvent s'inscrire à McGill, université protestante, plutôt que de déménager à Québec. Mgr Bourget demande à Rome l'autorisation de fonder une nouvelle université, mais, en 1865, Rome se prononce contre le projet et adopte le point de vue de Laval qui prétend qu'elle serait ruinée si on créait une seconde université catholique.

Les Montréalais continuent néanmoins à réclamer la fin du monopole de Laval et les étudiants de la métropole préfèrent s'inscrire à l'école de médecine, qui s'est affiliée à l'Université Victoria, de Cobourg en Ontario, ou à l'école de droit de McGill. En 1876, Rome impose sa solution: Montréal aura une université, mais ce sera une succursale; elle sera dirigée par un vice-recteur nommé par Québec et relèvera du Conseil universitaire de Laval. En 1888, Rome et Laval doivent accepter un compromis. L'Université Laval à Montréal demeure une succursale, mais on lui accorde une autonomie beaucoup plus grande. En 1891, l'école de médecine de Victoria accepte de se fusionner à la faculté de médecine, ce qui permet de renforcer ce secteur. Les sulpiciens qui dirigent la faculté de droit et la faculté des arts font don à l'université d'un terrain sur la rue Saint-Denis et, en 1895, la succursale s'installe dans des locaux plus spacieux.

Pendant ce temps, l'Université McGill, sous la direction de son principal William Dawson et avec l'appui de philanthropes anglophones, les Molson, Smith, Stephen, prend son essor. De 1855 à 1892, le nombre d'étudiants passe de 70 à 900 et le nombre de professeurs de 20 à 65.

Le principal de McGill, qui est un géologue réputé, et les hommes d'affaires qui l'entourent consentent des efforts particuliers pour le développement de l'enseignement des sciences appliquées. Ainsi, dès 1857 on met sur pied un cours de génie civil de quatre ans qui, de 1857 à 1863, décerne un diplôme à 16 étudiants. Après une interruption de cinq ans, McGill reprend l'enseignement du génie sur des bases plus larges et plus solides.

Le premier ministre Chauveau qui, au nom de son gouvernement, a accordé une subvention à McGill pour la formation d'ingénieurs tente en vain de convaincre Laval de se lancer aussi dans ce domaine. L'université, craignant l'ingérence de l'État, refuse l'offre de subvention. En 1873, le premier ministre Ouimet réussit à convaincre la Commission des écoles catholiques de Montréal d'ouvrir une école polytechnique, qui restera sous sa juridiction jusqu'en 1887 alors qu'elle s'affiliera à l'Université Laval à Montréal.

La vie universitaire francophone demeure relativement modeste, mais elle permet de produire les prêtres, médecins et avocats dont la société a besoin. L'université encadre les collèges classiques et vulgarise les connaissances scientifiques. McGill, qui a des ressources plus importantes, semble avoir pris une longueur d'avance sur Laval.

Les enseignants

Un des problèmes majeurs du système d'éducation est sans contredit la grande misère des enseignants laïcs. Chaque année, le surintendant dénonce le sort qui leur est fait et rappelle à la population que la première réforme qui s'impose est de s'assurer les services de maîtres compétents, et que pour cela il faut les payer décemment.

Avec les nombreuses réformes mises en œuvre par Chauveau: écoles normales, journaux pédagogiques, bureaux d'examinateurs, caisse

d'économie, on croit que le problème crucial de la formation des maîtres est réglé. Mais ces réformes, si elles contribuent à améliorer le
corps enseignant, n'ont guère d'effets sur l'amélioration des salaires et
des conditions de travail. Trop souvent, les commissaires d'écoles cherchent à engager une main-d'œuvre à bon marché, en manifestant peu
de souci pour la compétence et l'expérience.

Après 1867, le nombre de normaliens, qui devraient être l'assise du
corps enseignant, n'augmente plus. Un très grand nombre d'entre eux,
après avoir rempli leur engagement d'enseigner pendant trois ans, se
dirigent vers d'autres carrières. Cette situation amène une féminisation
croissante de l'enseignement (tableau 1).

TABLEAU 1

RÉPARTITION EN % DES ENSEIGNANTS
SELON LES SEXES, 1854-1898

Année	Hommes	Femmes
1854	36,5	63,5
1874	18,7	81,3
1887-1888	16,5	83,5
1897-1898	20,6	79,4

Source: A. Labarrère-Paulé, *Les instituteurs laïques au Canada français, 1836-1900*,
p. 300, 356, 439.

Les jeunes filles, qui ont un accès limité à la formation académique
supérieure, sont engagées très jeunes et à des salaires dérisoires. Souvent l'enseignement est perçu comme une occupation provisoire en
attendant de se trouver un mari, ce qui est loin d'être toujours le cas,
comme l'a montré l'historienne Marta Danylewycz, notamment à
Montréal où des femmes font carrière dans l'enseignement. La remontée du groupe masculin à la fin du siècle s'explique par l'entrée massive des religieux dans le secteur de l'enseignement. La cléricalisation
de cette carrière est un autre fait marquant de la deuxième moitié du 19ᵉ
siècle (tableau 2).

À partir de 1837, un grand nombre de communautés religieuses sont
venues s'établir au Québec ou y ont été fondées. Ces communautés —
Frères des écoles chrétiennes, Frères de Sainte-Croix, Frères du Sacré-
Cœur, Frères maristes, Clercs de Saint-Viateur, sans parler des membres du clergé séculier — ont une partie de leurs effectifs dans l'ensei-

TABLEAU 2

CLÉRICALISATION DE L'ENSEIGNEMENT CATHOLIQUE
1853-1897, EN %

Année	Laïcs	Religieux
1853	89,5	10,5
1874	78,0	22,0
1876-1877	65,3	34,7
1887-1888	52,5	47,5
1896-1897	55,7	44,3

Source: A. Labarrère-Paulé, *Les instituteurs laïques au Canada français, 1836-1900*, p. 300, 356, 439.

gnement primaire et secondaire. Dans l'enseignement primaire, les religieux passent de 48,5% des effectifs masculins en 1876-1877 à 68,3% en 1887-1888. Si on ne prend que les catholiques, le pourcentage de religieux s'élève à 75,5% en 1887-1888 et à 82,8% en 1896-1897.

Chez les femmes, la cléricalisation est moins importante malgré la présence de plusieurs communautés telles la Congrégation de Notre-Dame et les Sœurs des Saints Noms de Jésus et de Marie. En 1876-1877, les femmes laïques constituent 79,1% des effectifs féminins, en 1887-1888, 73,3% et en 1896-1897, 64,5%.

La cléricalisation de l'enseignement permet à l'Église catholique d'augmenter son pouvoir d'encadrement de la population. Elle permet aussi aux commissaires d'écoles d'économiser de l'argent car les religieux, vivant en communauté et n'ayant pas charge de famille, peuvent se contenter de salaires moindres. Cependant, ce phénomène rend la vie impossible aux instituteurs laïcs. Ceux qui malgré tout s'accrochent à cette carrière doivent être les humbles auxiliaires du prêtre. Certains voient dans la cléricalisation de l'enseignement un danger pour la société québécoise qui est mal préparée à affronter les dures réalités de la vie séculière.

La cléricalisation et la féminisation de l'enseignement ont pour effet de maintenir les salaires à un bas niveau (tableau 3). Les catholiques gagnent deux fois moins que les protestants, tandis que les femmes gagnent beaucoup moins que les instituteurs de leur confession.

Les femmes catholiques, qui gagnent un salaire dérisoire, sont particulièrement désavantagées. La discrimination à leur égard s'exerce à

Tableau 3

Moyenne des salaires annuels (en $)
des enseignants québécois, 1894-1895

Enseignants	Écoles primaires		Écoles modèles, académies	
	Hommes	Femmes	Hommes	Femmes
Cath. non brevetés	180	77	246	77
Cath. brevetés	233	103	442	133
Protestants	516	177	805	304

Source: A. Labarrère-Paulé, *Les instituteurs laïques au Canada français, 1836-1900*, p. 451.

tous les niveaux, et cela non seulement dans les campagnes. À Montréal, par exemple, elles n'ont pas accès à l'école normale, elles se retrouvent aux échelons inférieurs du système d'éducation et, au mieux, elles peuvent devenir directrices d'école, s'il n'y a pas d'hommes dans leur école. Marta Danylewycz, dans son étude sur la CECM, note que de 1846 à 1896, la commission ne construit aucune école pour filles; les constructions sont payées par les communautés religieuses de femmes ou encore ce sont des écoles dirigées par des femmes qui ont loué un local ou transformé leur appartement en salle de classe. En 1881, selon Danylewycz, la CECM dépense entre 9,33$ et 16,78$ par élève annuellement pour les écoles administrées par des enseignants laïques, et de 1,30$ à 2,72$, sauf pour une école ou l'on dépense 4,78$, pour les écoles administrées par des enseignantes laïques.

En 1894, le Conseil de l'instruction publique accède à la demande des enseignants qui veulent être rémunérés mensuellement au lieu de semestriellement, ce qui leur permettra de ne pas emprunter à des taux d'intérêt souvent élevés pour survivre. Cependant leur maigre salaire n'est pas augmenté pour autant. Le gouvernement ne consent pas à fournir des fonds pour augmenter le salaire des enseignants méritants pas plus qu'il n'ose fixer un salaire minimum.

En 1896, les 24 bureaux d'examinateurs qui délivraient des brevets sans réticence sont abolis et remplacés par un seul bureau central plus exigeant. Seul ce bureau central et les écoles normales pourront accorder des brevets d'enseignement aux laïcs; les clercs sont toujours dispensés de brevet. Les inspecteurs remplacent leur première visite par des conférences pédagogiques. Plus encore, on se décide en 1895 à revoir la législation scolaire car les critiques se font de plus en plus nombreuses contre le fonctionnement du système.

Le recensement de 1891 a causé un certain émoi lorsqu'on a révélé que le Québec avait le plus haut pourcentage d'illettrés dans la catégorie des plus de 20 ans. On a beau en certains milieux s'efforcer de montrer que de 1871 à 1891 le Québec a fait plus de progrès que les autres ou à expliquer que cette situation est due à la Conquête, cela ne convainc pas entièrement et ne satisfait aucunement ceux qui veulent des réformes, en particulier les libéraux du premier ministre F.-G. Marchand qui accèdent au pouvoir en 1897.

ORIENTATIONS BIBLIOGRAPHIQUES

AUBERT, R. *Le pontificat de Pie IX (1846-1878)*. Paris, Bloud et Gay, s.d. 592 p.

AUDET, Louis-Philippe. *Histoire de l'enseignement au Québec*. Montréal, Holt, Rinehart & Winston, 1971. Tome 2. 496 p.

AUDET, Louis-Philippe. *Histoire du Conseil de l'instruction publique de la province de Québec, 1856-1964*. Montréal, Leméac, 1964. 346 p.

AUDET, Louis-Philippe. «La fondation de l'école polytechnique de Montréal», *Cahier des dix*, 30 (1965): 149-176.

BOGLIONI, Pierre et Benoît LACROIX, dir. *Les pèlerinages au Québec*. Québec, PUL, 1981. 160 p.

BOUCHER DE LA BRUÈRE, M. *Le Conseil de l'instruction publique et le Comité catholique*. Montréal, Le Devoir, 1918. 270 p.

CHARTRAND, Luc, Raymond DUCHESNE et Yves GINGRAS. *Histoire des sciences au Québec*. Montréal, Boréal, 1987. 487 p.

DANYLEWYCZ, Marta. «Sexes et classes sociales dans l'enseignement: le cas de Montréal à la fin du 19e siècle», dans N. FAHMY-EID et M. DUMONT, dir. *Maîtresses de maison, maîtresses d'école. Femmes, famille et éducation dans l'histoire du Québec*. Montréal, Boréal Express, 1983. p. 93-118.

DENAULT, Bernard et Benoît LÉVESQUE. *Éléments pour une sociologie des communautés religieuses au Québec*. Montréal et Sherbrooke, PUM/Université de Sherbrooke, 1975. 220 p.

FROST, S.B. *McGill University. For the advancement of Learning*. Vol. 1. 1801-1895. Montreal/Kingston, McGill-Queen's University Press, 1980. 313 p.

HAMELIN, Louis-Edmond. «Évolution numérique séculaire du clergé catholique dans le Québec», *Recherches sociographiques*, 2, 2 (avril-juin 1961): 189-242.

HARDY, René. *Les Zouaves*. Montréal, Boréal, 1980. 312 p.

LABARRÈRE-PAULÉ, André. *Les instituteurs laïques au Canada français 1836-1900*. Québec, PUL, 1965. 471 p.

LAJEUNESSE, Marcel, dir. *L'éducation au Québec, 19e-20e siècles*. Montréal, Boréal Express, 1971. 145 p.

LAVALLÉE, André. *Québec contre Montréal. La querelle universitaire, 1876-1891.* Montréal, Presses de l'Université de Montréal, 1974.

PERIN, Roberto. «Troppo ardenti sacerdoti: The Conroy mission revisited», *Canadian Historical Review*, LXI, 3 (septembre 1980): 283-304.

VOISINE, Nive. *Histoire de l'Église catholique au Québec 1608-1970.* Montréal, Fides, 1971. 112 p.

VOISINE, Nive. *Louis-François Laflèche. Deuxième évêque de Trois-Rivières.* Tome 1. Saint-Hyacinthe, Edisem, 1980. 320 p.

VOISINE, Nive et Jean HAMELIN, dir. *Les ultramontains canadiens-français.* Montréal, Boréal, 1985. 347 p.

WADE, Mason. *Les Canadiens français de 1760 à nos jours.* Tome 1. Montréal, Cercle du Livre de France, 1966. 685 p.

WALSH, H.H. *The Christian Church in Canada.* Toronto, The Ryerson Press, 1968.

CHAPITRE 13

UN ÉTAT LIBÉRAL

Dans une société libérale, on voudrait que l'État soit l'émanation de l'ensemble des citoyens et qu'il défende essentiellement des objectifs de bien commun, grâce au système de démocratie parlementaire, qui confie la gestion de l'État aux «élus du peuple». Or il faut bien constater que cette vision théorique ne correspond pas à la réalité et que le pouvoir étatique est dominé concrètement par des groupes ou des classes qui ont des intérêts particuliers à défendre.

Cela est particulièrement vrai dans le cas du Canada et du Québec de la fin du 19e siècle. Les femmes dans leur ensemble et un bon nombre d'hommes sont exclus du processus de représentation politique. La lutte pour le pouvoir est l'affaire de groupes puissants, formés en partis, où la participation populaire est à peu près inexistante. À cette époque, l'État — qu'il soit fédéral ou provincial — est nettement dominé par une classe sociale, la bourgeoisie, très présente au sein du personnel politique.

Il ne faut toutefois pas voir cette domination de façon mécanique. Il y a fréquemment des tensions, des contradictions entre groupes d'intérêts, et les projets de société peuvent être assez diversifiés. En outre, dans un État de type libéral, le pouvoir d'une classe est tempéré par un certain nombre de facteurs, et d'abord par le système démocratique lui-même, si imparfait soit-il. La nécessité de se présenter périodiquement devant l'électorat force les gouvernants à éviter les décisions autocratiques et à mieux expliquer leurs orientations. Il est tempéré aussi par les revendications de groupes défendant d'autres intérêts. C'est ainsi que l'organisation syndicale peut, à compter des années 1880, réclamer et obtenir certaines concessions en faveur des ouvriers. Le clergé, bien organisé, peut imposer ses vues dans le domaine scolaire. La reconnaissance de la liberté d'expression et de la liberté de presse peut favoriser l'éclosion d'oppositions aux pouvoirs en place. Enfin, le système fédéral, en divisant l'exercice du pouvoir étatique entre deux niveaux de gouvernement, limite l'action de chacun d'eux.

La répartition des pouvoirs

Après 1867, l'exercice des pouvoirs étatiques au Canada est réparti entre quatre niveaux de gouvernement: impérial, fédéral, provincial et municipal. Le Canada de 1867 est une colonie de la Grande-Bretagne et, dans le cadre de l'Empire britannique, c'est le parlement de Londres qui exerce la souveraineté sur le pays. Il est vrai que les colonies d'Amérique du Nord ont graduellement acquis leur autonomie : en 1867, le gouvernement impérial ne conserve la haute main que sur les relations extérieures. Le Canada n'a pas le droit de signer des traités ou d'avoir des ambassades à l'étranger; il est, en ce domaine, lié par les traités négociés, au nom de l'Empire, par la Grande-Bretagne.

La plus grande partie des pouvoirs étatiques sont cependant exercés par les gouvernements fédéral et provincial, en vertu de la constitution de 1867. Celle-ci est une loi du parlement britannique désignée sous le nom d'Acte de l'Amérique du Nord britannique (AANB). Cette constitution est de type fédéral, mais d'un fédéralisme très centralisateur. En 146 articles, elle décrit les principales institutions du pays et tente de délimiter les responsabilités des divers gouvernements qui forment la fédération. La répartition des pouvoirs, cruciale dans toute constitution fédérale, se retrouve surtout dans les articles 91 et 92.

Les pouvoirs accordés en exclusivité aux provinces sont ceux qui touchent le plus à l'organisation sociale et culturelle des diverses communautés: la propriété et les droits civils, la santé et la sécurité sociale, les terres publiques, les municipalités et les travaux de nature locale, l'administration de la justice et l'éducation. À une époque où les gouvernements interviennent peu dans ces secteurs, les pouvoirs accordés par l'article 92 passent pour plus ou moins secondaires.

Au gouvernement central, l'article 91 attribue principalement les grandes responsabilités d'ordre économique et militaire. Il a en particulier le pouvoir exclusif de légiférer sur le trafic et le commerce, la monnaie, les banques, les postes, la défense, le droit criminel et les autochtones. Ces pouvoirs donnent un poids considérable au gouvernement fédéral. Mais le caractère centralisateur de l'union de 1867 apparaît dans un ensemble de dispositions qui se retrouvent un peu partout dans l'AANB. Ainsi, le préambule de l'article 91 accorde au gouvernement fédéral ce qu'on appelle les pouvoirs résiduaires, c'est-à-dire ceux qui ne sont pas spécifiquement attribués à l'un ou l'autre palier de gouvernement. En effet, le gouvernement fédéral peut légiférer «en vue de la paix, de l'ordre public et de la bonne administration au Canada, sur toute matière ne rentrant pas dans les catégories de sujets que la présente loi attribue exclusivement aux législatures des Provinces». De même, grâce à ce préambule, le gouvernement central pourra légiférer dans tous les domaines, en cas d'urgence.

La prépondérance incontestable du gouvernement fédéral se manifeste de plusieurs autres façons. L'agriculture et l'immigration sont reconnues comme des responsabilités partagées, mais en cas de conflit le point de vue fédéral prédomine automatiquement. Le gouvernement fédéral a le droit de désavouer toute loi provinciale et en 1867 ce droit de désaveu ne connaît aucune limite. Le lieutenant-gouverneur, qui doit sanctionner toutes les lois provinciales pour qu'elles soient officielles, est un fonctionnaire nommé par Ottawa. Le gouvernement fédéral peut exercer son autorité «sur les ouvrages qui bien qu'entièrement situés dans la province, seront avant ou après leur exécution déclarés, par le Parlement du Canada, être à l'avantage général du Canada, ou à l'avantage de deux ou plusieurs provinces»; c'est ce qu'on appelle le pouvoir déclaratoire. Les sénateurs qui, en principe du moins, doivent être les défenseurs des provinces, sont nommés par le gouvernement fédéral, de même que les juges de la Cour suprême qu'Ottawa instituera en 1875.

Le gouvernement fédéral exerce la même prédominance sur le plan financier. Alors que les provinces ont des pouvoirs très circonscrits, n'ayant droit qu'aux «contributions directes de la province en vue de prélever des revenus pour des fins provinciales», le fédéral, lui, a le droit d'effecteur «le prélèvement des deniers par tous modes ou systèmes de taxation». Non seulement le gouvernement central peut se financer grâce aux impôts directs et indirects, ces derniers étant les plus importants au 19e siècle, mais il dispose du pouvoir de dépenser ses revenus pour toutes fins qu'il estime pertinentes, qu'elles relèvent de sa juridiction ou de celle des provinces. Il est à noter cependant que les provinces ont le droit d'emprunter et que ce pouvoir, largement utilisé, leur permettra de jouir d'une certaine marge de manœuvre et de réduire leur dépendance financière et politique à l'égard du gouvernement d'Ottawa.

Le régime politique mis en œuvre en 1867 n'a donc rien d'une confédération, qui est une association d'États souverains, pour des fins limitées. Il s'agit plutôt d'une fédération. Le premier ministre J.A. Macdonald avoue lui-même que le régime comporte tous les avantages d'une union législative. Ce jugement sera confirmé plus tard par le juriste britannique K.C. Wheare dans son étude classique sur le fédéralisme, où il présentera la constitution de 1867 comme un cas de quasi-fédéralisme.

Dans une fédération où cohabitent divers groupes ethniques, les groupes minoritaires cherchent à inscrire dans la constitution certaines garanties quant à leurs droits particuliers. En 1867, c'est le cas des Canadiens français et de la minorité protestante du Québec. Deux articles retiennent l'attention à ce sujet. L'article 93 prévoit que le gouvernement fédéral pourra intervenir pour protéger les droits scolaires des minorités, même si l'éducation relève exclusivement des provinces. Cet article s'avérera tout à fait inefficace comme mesure de protection pour plusieurs raisons. D'abord, le problème des minorités y est posé uniquement en termes religieux; ensuite, il ne protège que les droits déjà inscrits dans des lois avant 1867; enfin, l'intervention fédérale n'étant pas obligatoire, le gouvernement — pour des raisons juridiques ou politiques — ne pourra ou ne voudra pas imposer des mesures coercitives aux provinces brimant leurs minorités. L'article 133 présente aussi un intérêt particulier pour les minorités. Il stipule que les débats pourront se dérouler en français ou en anglais au Parlement fédéral et à la Législature du Québec. Les registres et les procès-verbaux dans ces deux parlements devront être tenus dans les deux langues et les lois qu'ils promulgueront devront l'être en français et en anglais. Finalement, devant les tribunaux de l'État fédéral ou du Québec, on pourra faire usage de l'une ou l'autre langue. Malgré ces dispositions, le bilinguisme de l'administration fédérale est défini de façon si restrictive qu'il sera impossible de l'appliquer concrètement et, parmi les provinces, seul le Québec sera véritablement bilingue.

Même si cette répartition des pouvoirs paraît claire, elle suscite très tôt des controverses quant à son interprétation. Ainsi, les porte-parole des Canadiens français attacheront longtemps une grande importance au premier paragraphe de l'AANB: «Considérant que les Provinces du Canada, de la Nouvelle-Écosse et du Nouveau-Brunswick ont exprimé le désir de se fédérer en un dominion placé sous la couronne du Royaume-Uni de Grande-Bretagne et d'Irlande et régi par une constitution semblable à celle du Royaume-Uni.» L'affirmation selon laquelle ce sont les provinces qui «ont exprimé le désir de se fédérer», confirmée par certains discours des Pères de la Confédération, en amène plusieurs à présenter la loi de 1867 comme un «pacte», un «traité», ou une «entente» entre les provinces. Il découle de cette interprétation que tout changement à la constitution devrait reposer sur l'accord unanime des provinces et que celles-ci, n'ayant cédé qu'une partie de leurs pouvoirs au gouvernement central, conservent leur souveraineté sur tout le reste. Cette théorie sera fortement contestée; de nos jours, il est généralement admis que l'AANB n'est en 1867 qu'une simple loi du Parlement britannique et n'a rien d'un traité.

Parallèlement à la théorie du pacte entre les provinces, se développe l'idée que la confédération est aussi un pacte entre les deux grandes « races », comme on dit à l'époque. Selon cette théorie, les porte-parole du Canada français auraient consenti à l'union à condition qu'elle soit fédérale et qu'elle garantisse aux Canadiens français une autonomie suffisante pour protéger leurs institutions particulières et leurs caractères nationaux, qui s'incarnent alors dans les lois françaises, la religion catholique et le système d'éducation confessionnel. Peu à peu, on en vient à parler de l'égalité des deux grandes «races» qu'aurait entérinée le pacte de 1867. Tout comme la première, cette théorie ne résistera pas à l'épreuve des faits qui mettront si souvent en opposition majorité et minorité.

Au-delà de ces grands débats, les problèmes concrets posés par l'application de la constitution seront résolus soit par les rapports de force politiques, soit par l'interprétation judiciaire. C'est ainsi qu'au cours de la période seront mieux définis les pouvoirs respectifs des niveaux fédéral et provincial.

Finalement, le quatrième palier de gouvernement, le municipal, n'a pas d'existence constitutionnelle propre. Les municipalités sont des créations des gouvernements provinciaux qui définissent leurs pouvoirs, se réservant le droit de les limiter ou de les étendre à volonté. Au Québec, le système municipal s'est élaboré graduellement à l'époque de l'Union et il prend sa forme achevée avec le code municipal de 1870 et la loi des cités et villes de 1876. Les municipalités ont essentiellement pour rôle de fournir des services publics de nature locale: voirie, aqueducs, égouts, police, protection contre l'incendie, hygiène publique, etc. L'ampleur de leurs tâches et de leurs pouvoirs varie selon qu'il s'agit d'une municipalité de paroisse, d'un village ou d'une ville. Dans chaque comté, les municipalités rurales (villages et paroisses) sont regroupées au sein d'un conseil de comté qui administre les parties du territoire non érigées en municipalités et qui s'occupe de questions concernant plus d'une municipalité (par exemple, un pont joignant deux villages). Les très grandes villes comme Montréal ou Québec ont des pouvoirs plus étendus qui leur sont octroyés en vertu de lois spéciales. Les municipalités financent leurs activités par l'impôt foncier et diverses taxes de nature locale; quant à leurs emprunts, ils sont soumis au contrôle de l'État québécois.

Le rôle de l'État

Le rôle traditionnellement réservé à l'État, dans le contexte du libéralisme économique, reste assez modeste si on le compare à la situation actuelle. La primauté étant donnée à l'initiative privée, l'État ne se voit attribuer qu'un rôle de suppléance. On compte essentiellement sur lui pour assurer le respect de la propriété privée, particulièrement en administrant le système judiciaire, et pour financer les équipements d'infrastructure. Cette conception commence à être battue en brèche, au cours de la seconde moitié du 19e siècle, dans les pays industrialisés ou en voie de l'être. L'accroissement de la population, l'urbanisation et l'industrialisation, la complexité grandissante de l'économie et la multiplication des agents économiques sont autant de facteurs qui rendent nécessaire l'intervention d'un pouvoir qui, au-dessus des individus, peut imposer des règles de fonctionnement et fournir ou financer des services plus nombreux. L'intervention accrue de l'État devient aussi, pour les entrepreneurs liés au pouvoir, une occasion de s'enrichir à même les ressources de la collectivité. Les gouvernements se trouvent donc dans un contexte où ils doivent de plus en plus intervenir, mais en se gardant bien de contrôler l'initiative privée. Tout en étant plus actif, leur rôle n'en reste pas moins supplétif.

Au Canada, la répartition des pouvoirs prévue par la constitution attribue à l'État fédéral les principales interventions dans le domaine économique ainsi que les sources de revenus les plus substantielles. L'État québécois se trouve, pendant les premières décennies du régime confédératif, dans une situation de faiblesse qui affecte sa capacité d'intervention.

La faiblesse de l'État québécois

La période 1867-1896 est caractérisée par l'insuffisance des ressources financières de l'État québécois. Le partage de 1867 attribue aux provinces trois sources principales de revenus: une subvention du gouver-

L'ancien parlement de Québec, incendié en 1883. (ANQ, N1073-85)

nement fédéral, le produit de la vente et de l'exploitation des terres de la couronne et, enfin, les permis et droits divers. La constitution prévoit aussi que les provinces pourront imposer toute forme de taxe directe mais, comme il s'agit là d'une mesure fort impopulaire, les gouvernements hésitent à y recourir, et pendant longtemps la seule taxe directe importante sera l'impôt foncier prélevé par les municipalités.

L'entente de 1867 prévoit que le gouvernement fédéral, qui contrôle la source de revenus la plus importante, les droits de douane, contribuera à financer les États provinciaux. La subvention fédérale comprend un montant fixe de 70 000$ et une somme de 0,80$ par habitant que comptait le Québec au recensement de 1861. Mais on ne prévoit pas que cette somme sera réajustée pour tenir compte de l'augmentation de la population, de sorte que la subvention fédérale reste au même niveau pendant toute la période. En 1869, elle représente 60% des revenus du Québec mais la proportion décroît continuellement: moins de la moitié en 1874 et seulement le quart en 1896. Au cours des années 1880, le gouvernement tente en vain de faire ajuster cette subvention pour tenir compte de l'accroissement de la population.

La seconde source de revenus est l'exploitation des richesses naturelles, principalement les terres et forêts publiques. Selon l'historien Marcel Hamelin, la vente des terres, les concessions de «limites à bois» et les différents droits touchant l'exploitation forestière représentent entre 25% et 30% de tous les revenus de la province pendant les premières années de la Confédération; en 1896, leur part atteint encore le quart du total. Le gouvernement a donc intérêt à stimuler l'exploitation de la forêt dans le but de hausser ses revenus. Cela crée cependant une dépendance qui met en danger l'équilibre budgétaire de l'État quand survient une baisse de la production; c'est le cas pendant la crise de 1874-1879, alors que les revenus forestiers subissent une forte dégringolade. Le gouvernement peut enfin compter sur les droits et permis divers, en particulier les permis d'alcool.

Les revenus s'avèrent toutefois insuffisants pour faire face aux dépenses et le gouvernement doit, à compter des années 1880, recourir aux taxes directes. Malgré l'opposition des milieux d'affaires, il choisit de le faire dans des secteurs qui affectent surtout les personnes à revenus élevés; c'est ainsi qu'il impose des taxes sur les sociétés commerciales et sur les successions.

De 1869 à 1896, les revenus de l'État québécois passent de 1 651 321$ à 4 327 910$ et les dépenses courantes de 1 321 933$ à 4 099 777$. Les gouvernements éprouvent malgré tout de sérieuses difficultés financières, surtout à cause des lourds emprunts réalisés pour appuyer la construction ferroviaire.

En 1867, le gouvernement québécois hérite d'une partie de la dette accumulée antérieurement. Au moment de la Confédération, il avait été entendu que le gouvernement fédéral assumerait une part importante de la dette des provinces. Dans le cas de l'ancien Canada-Uni, il reste toutefois un excédent d'environ 10,5 millions de dollars qui doit être réparti entre le Québec et l'Ontario. Une commission d'arbitrage est formée pour décider du montant attribué à chaque province. Elle comprend un représentant du Québec, un de l'Ontario et un du gouvernement fédéral. Le Québec et l'Ontario ne pouvant s'entendre, les discussions traînent en longueur jusqu'au moment où le représentant fédéral choisit d'appuyer le point de vue ontarien. L'arbitre québécois se retire alors des pourparlers; les deux autres rendent leur décision en 1870: la part de la dette que le Québec devra prendre à sa charge est fixée à environ 5 millions de dollars. Tollé général au Québec où, pour régler la question, on presse Ottawa d'assumer l'ensemble de la dette antérieure à 1867. Le gouvernement fédéral, soumis à de nombreuses pressions, accepte cette solution en 1873 et offre aux autres provinces des compensations proportionnelles. Grâce à cette entente, le Québec est en mesure de contracter des emprunts qui lui permettront de financer la construction ferroviaire.

Le palais législatif, siège du parlement québécois, construit entre 1877 et 1885. (ANQ, N77-11-1-5)

Nous avons déjà signalé l'importance des chemins de fer dans la politique économique des gouvernements québécois. Pour équiper le Québec, ceux-ci versent, entre 1874 et 1900, 26 177 000$ en subventions à la construction ferroviaire. De cette somme, ils récupèrent 10,4 millions avec la vente du Québec, Montréal, Ottawa et Occidental et avec le versement par le gouvernement fédéral d'une subvention pour ce même chemin de fer. Les subventions sont payées à l'aide d'emprunts à long terme et on recourt au même procédé pour le financement de certains travaux publics. À la fin du siècle, la dette du Québec atteint 35 millions. Le paiement des intérêts pèse lourdement sur le budget annuel: en 1896, le service de la dette représente 36,5% des dépenses courantes.

Pour cette même année, les autres dépenses importantes de l'État concernent l'administration de la justice (13,6%), l'éducation (9%), les institutions de bienfaisance (8%), l'agriculture et la colonisation (6,9%) et les travaux publics (3,8%). Les dépenses générales pour la législation et le gouvernement civil représentent 11% du total. Le poids considérable des emprunts limite donc très sérieusement la capacité d'intervention de l'État dans des domaines où les besoins sont évidents, comme l'éducation ou l'agriculture.

Par ailleurs, la faiblesse de l'État n'est pas que financière. Elle tient aussi aux insuffisances de l'appareil gouvernemental et de sa gestion. Les effectifs de la fonction publique sont restreints. Le personnel permanent d'un ministère, à Québec, ne dépasse guère une vingtaine de personnes. Le sous-ministre y exerce déjà un rôle clé: il contrôle la gestion quotidienne, assure la continuité de l'action étatique et influence de façon importante la formulation des politiques et la préparation des lois. Sa longévité est exemplaire. Le politologue James Iain Gow relève «vingt individus de niveau de sous-ministre, nommés pendant cette période et qui restent en fonction pendant près de 21 ans en moyenne». Siméon LeSage, qui occupe cette fonction à l'Agriculture et aux Travaux publics, y reste pendant 41 ans. La majorité des employés permanents à temps plein, dont le nombre passe de 94 en 1871 à 199 en 1896, sont des commis. Le gouvernement commence toutefois à embaucher des spécialistes: ingénieurs, comptables, avocats, architectes, arpenteurs, médecins et bibliothécaires. À ce personnel, qui travaille à Québec, il faut ajouter les agents de certains ministères qui se retrouvent dans les différentes régions: personnel des palais de justice et des prisons, agents des terres. Ne faisant pas partie des effectifs permanents, ils semblent plus vulnérables aux aléas de la conjoncture politique.

En effet, l'un des principaux problèmes, qui marque toute l'action administrative gouvernementale, est le patronage. Il joue d'abord au niveau de l'embauche, les emplois publics étant réservés aux amis du pouvoir. Il joue également dans la répartition et la distribution des deniers publics et dans la mise en application des politiques. Cette situation conduit souvent à la multiplication des petites subventions et des gestes ponctuels, mal coordonnés et dont la rationalité est purement électorale.

Une autre difficulté tient, selon Gow, à la faiblesse du contrôle administratif. Les ministères arrivent mal à faire respecter leurs règlements par leurs propres agents et à obtenir la remise de certains rapports pourtant prévus par la loi. La collecte et la gestion des sommes perçues ici et là sur le territoire se fait souvent de façon anarchique. L'administration étatique est d'ailleurs marquée par son caractère décentralisé. Le gouvernement prend l'habitude de confier à d'autres instances plusieurs de ses responsabilités: au département de l'Instruction publique et aux commissions scolaires, aux sociétés d'agriculture et surtout aux municipalités.

Les municipalités représentent en effet un palier de gouvernement fort important dans les dernières décennies du 19e siècle. En termes financiers, leurs interventions économiques dépassent, au total, celles de l'État québécois. Le revenu courant de la ville de Montréal, à lui seul, atteint la moitié de celui du Québec en 1869 et les deux tiers en 1896. Du côté des emprunts, la dette de Montréal représente les trois quarts de celle du Québec, à la fin du siècle. Bien que les dépenses municipales soient de nature purement locales, elles peuvent, à l'occasion, avoir une autre portée; c'est le cas des subventions accordées aux chemins de fer. Il y a cependant des différences significatives d'une localité à l'autre; elles tiennent à la taille de la ville, à sa richesse foncière, à la situation économique de sa région environnante, mais aussi au dynamisme promotionnel plus ou moins prononcé des élites locales.

Le morcellement des unités de décision peut donner naissance au gaspillage et à la surenchère. C'est ainsi que les municipalités, en rivalité les unes avec les autres, offrent à qui mieux mieux exemptions de taxes et subventions aux entreprises. À ce niveau aussi la corruption et le patronage sont généralisés.

La nature des interventions

L'intervention gouvernementale reste quand même limitée à un certain nombre de secteurs. Au premier chef vient tout ce qui relève de la politique économique. Nous avons vu que celle-ci met essentiellement l'accent sur la construction ferroviaire, qui draine le gros des ressources. Elle accorde aussi une place appréciable au développement de l'agriculture et de la colonisation, mais les ressources mises à la disposition de ces deux secteurs restent insuffisantes. Le domaine public (terres, forêts, mines) est également l'objet de l'attention gouvernementale, étant donné son importance dans l'économie québécoise et pour les revenus de l'État.

La politique sociale est, quant à elle, à peu près inexistante. Les éléments qui ressortent sont la promotion de l'hygiène publique et la législation sur le travail en usine, mais les interventions en ce domaine demeurent bien timides. Devant les problèmes de santé publique qui se posent un peu partout, le parlement adopte en 1886 une loi qui force les municipalités à établir un bureau de santé et qui leur donne le pouvoir d'appliquer des mesures concernant l'hygiène publique; la loi coiffe le tout d'un Conseil provincial d'hygiène, responsable d'édicter les règlements en ce domaine. À la même époque, le parlement adopte une loi des manufactures qui établit des normes relatives aux conditions de travail en usine. Quant au reste, l'État laisse l'initiative à la charité privée, se contentant de subventionner ici et là. Seul l'entretien des malades mentaux dans les asiles est globalement pris en charge par l'État. Dans le domaine de l'éducation, le gouvernement renonce à jouer un rôle direct dès 1875. Toute l'orientation de ce secteur repose, comme nous l'avons vu, entre les mains du Conseil de l'instruction publique, organisme autonome. Dans le secteur culturel, il n'y a pas de politique; l'action gouvernementale se limite au mécénat à l'endroit de quelques artistes et aux subventions isolées.

L'un des domaines où la présence de l'État est le plus facilement visible est celui de l'administration de la justice, qui connaît, au cours du 19e siècle, un certain processus de décentralisation, avec la multiplication des palais de justice et des prisons. La fonction policière reste toutefois peu développée. La police provinciale, mise sur pied en 1870, abolie en 1878, puis relancée en 1884 ne compte que des effectifs restreints. À l'échelon local, seules quelques municipalités se dotent d'un corps de police permanent.

Le gros des interventions et des dépenses des municipalités concerne la mise en place des infrastructures locales (aqueducs, égouts, voirie) et la protection de la propriété (services de police et d'incendie). Comme nous l'avons vu, plusieurs municipalités confient d'ailleurs la gestion de certains services publics à l'entreprise privée; c'est souvent le cas pour les réseaux d'aqueduc, de gaz, d'électricité et de téléphone ainsi que pour le transport en commun. Une partie des revenus municipaux est prélevée pour des fins d'éducation et remise aux commissions scolaires, responsables de la construction et de l'entretien des écoles, ainsi que du personnel qui assure l'enseignement.

Les interventions étatiques posent toutefois le problème de l'écart entre la loi et la réalité. Il ne suffit pas de faire adopter une loi, encore faut-il la faire accepter et surtout la faire appliquer. À cet égard, l'action gouvernementale à la fin du 19e siècle semble assez peu efficace. C'est ainsi que, pour contrôler l'application de la loi des manufactures, on ne nomme que trois inspecteurs qui doivent parcourir tout le Québec et visiter des centaines d'usines; leur action ne peut évidemment être que limitée. Les municipalités doivent créer des bureaux de santé, mais rien ne les force à adopter des mesures d'hygiène, de sorte que les disparités sont parfois grandes d'un endroit à l'autre. Dans la gestion de la forêt publique, le gouvernement accepte sans vérifications les déclarations et le mesurage faits par les entrepreneurs; le sous-enregistrement qui en résulte le prive de revenus importants. De façon générale, ceux qui contreviennent aux lois peuvent facilement échapper aux poursuites et, quand des amendes sont imposées, elles sont souvent dérisoires. L'insuffisance des effectifs de la fonction publique, l'inefficacité administrative et le patronage peuvent expliquer ces problèmes.

Les institutions

La constitution de 1867 dote le Québec d'un système parlementaire de type britannique formé de deux chambres: l'Assemblée législative et le Conseil législatif. Ce n'est pas une nouveauté puisque des institutions similaires existent depuis 1791.

L'Assemblée législative est le corps le plus important. Elle est composée de 65 députés élus représentant chacun une circonscription électorale ou comté; ce nombre sera porté à 73 en 1890 et à 74 en 1897. L'Assemblée a deux tâches principales: elle vote les lois et elle décide du sort des gouvernements, puisque ceux-ci doivent obtenir l'appui d'une majorité de députés. La représentation de la population à l'Assemblée souffre d'un certain nombre de distorsions. C'est ainsi qu'avec l'urbanisation croissante, les zones rurales deviennent sur-représentées par rapport aux zones urbaines. Il y a également le cas des 12 comtés protégés en vertu de la constitution, une concession faite à la minorité. Les circonscriptions où, en 1867, était concentrée la population rurale anglophone (dans les Cantons de l'Est et dans l'Outaouais) jouissent ainsi d'un statut spécial: leurs frontières ne peuvent être modifiées sans l'accord de la majorité des députés de ces comtés; cette disposition est maintenue même si, au cours de la période, plusieurs de ces circonscriptions deviennent majoritairement francophones.

Le Québec, contrairement à l'Ontario, est doté d'une chambre haute, le Conseil législatif. Ce choix s'explique par le désir des dirigeants politiques canadiens-français de donner plus de prestige au parlement québécois et aussi par la volonté d'accorder une garantie supplémentaire à la minorité anglo-protestante. Pendant les dernières années du régime de l'Union, le Conseil législatif du Canada-Uni était électif, mais à partir de 1867: les 24 conseillers législatifs sont nommés à vie par le gouvernement. Les lois votées par l'Assemblée doivent être soumises au Conseil; celui-ci peut les accepter, les modifier ou même les rejeter (ce qu'il fait à quelques reprises au 19e siècle). Des projets de loi, sauf ceux qui affectent les finances de l'État, peuvent aussi être adoptés au Conseil avant d'aller à l'Assemblée, mais cette pratique est rare. Le Conseil représente en quelque sorte un frein au système démocratique et il est un facteur de conservatisme social.

Le gouvernement est constitué par le Conseil exécutif, c'est-à-dire le cabinet ou conseil des ministres. Dans la théorie constitutionnelle, il est dirigé par le lieutenant-gouverneur mais, dans la pratique, le premier ministre est le chef du gouvernement. Le lieutenant-gouverneur est le chef de l'État québécois; il représente le souverain de la Grande-Bretagne, qui règne aussi sur le Canada. Le lieutenant-gouverneur choisit le premier ministre et doit sanctionner les lois pour que celles-ci entrent en vigueur. En fait, il est un fonctionnaire fédéral nommé par le pouvoir central; il peut refuser de signer une loi du Québec et en réserver la sanction au gouverneur général du Canada. Conformément à l'évolution constitutionnelle de la monarchie britannique, le lieutenant-gouverneur devient de plus en plus un personnage symbolique qui laisse au conseil des ministres le soin de gouverner. Certes, entre 1867 et 1896, on relève quelques cas d'intervention du lieutenant-gouverneur, les plus célèbres étant le renvoi du gouvernement Boucherville par Letellier de Saint-Just, en 1878, et celui du gouvernement Mercier par Angers, en 1891. Mais ce sont là des gestes exceptionnels, qui ne freinent pas l'effacement progressif du lieutenant-gouverneur.

Le pouvoir exécutif est exercé par le cabinet. Normalement formé de membres du parlement — députés ou conseillers législatifs —, le cabinet est soumis à la règle de la responsabilité ministérielle. Il doit, pour gouverner, obtenir l'appui d'une majorité des députés à l'Assemblée législative. Le premier ministre est généralement un député, mais deux des premiers ministres, entre 1867 et 1896, sont des conseillers législatifs: Boucherville et Ross. Pendant cette période, le cabinet compte habituellement six ou sept membres, choisis en fonction de critères divers: compétence personnelle, expérience au sein du parti, représentation ethnique ou régionale. C'est ainsi que le cabinet compte trois anglophones: habituellement deux protestants et un Irlandais catholique. On y retrouve, presque d'office, le président du Conseil législatif. Le premier ministre essaie également d'équilibrer la représentation des régions de Montréal et de Québec. Le cabinet est un cercle restreint où se concentre la prise de décision et où s'exercent les pressions des groupes les plus influents de la société.

On compte alors peu de ministères (appelés départements). Au point de départ, en 1867, il y a en a 6: ceux du trésorier, du procureur général, du secrétaire et registraire, de l'Agriculture et des Travaux publics, des Terres de la Couronne, du solliciteur général. En 1868, s'ajoute celui de l'Instruction publique, aboli en 1875. Le ministère de l'Agriculture et des Travaux publics est scindé en 1888: d'une part l'Agriculture et la Colonisation, d'autre part les Travaux publics. De 1880 à 1888 existe également un ministère des Chemins de fer.

Le personnel politique

Dans les pays de démocratie parlementaire, le personnel politique est généralement issu d'une élite dont les niveaux d'instruction et de fortune sont bien supérieurs à ceux de l'ensemble de la population. Le Québec n'échappe pas à la règle, comme l'ont bien démontré le politologue Robert Boily et l'historien Marcel Hamelin. Le recrutement se fait essentiellement dans les rangs de la bourgeoisie ou de la petite-bourgeoisie. La classe ouvrière est à peu près totalement absente du

À l'allure d'un club privé: le conseil municipal de Montréal. (Archives de la ville de Montréal)

parlement. Quant aux cultivateurs, qui forment la majorité de la population, ils ne représentent qu'environ 13% de la députation au cours de la période; et encore s'agit-il dans plusieurs cas de gros cultivateurs, dont les ressources dépassent celles de l'agriculteur moyen.

L'Assemblée législative est dominée, à près de 90%, par des membres des professions libérales et des hommes d'affaires. Environ les deux tiers des sièges sont occupés par des avocats (le contingent le plus important), des médecins et des notaires qui, grâce à leur formation et à leur implantation dans le milieu, sont en mesure de s'imposer à l'électorat. L'appartenance aux professions libérales masque parfois une réalité plus complexe, puisque plusieurs de ces députés sont mêlés de près aux affaires. Parmi les hommes d'affaires proprement dits, quelques-uns — comme Price ou Sénécal — sont à la tête d'entreprises importantes. Comme les sessions ne durent que deux ou trois mois, ils peuvent participer à la vie politique tout en continuant à diriger leurs entreprises. Plusieurs, en particulier ceux qui sont mêlés aux compagnies de chemins de fer, voient dans leur présence à Québec la possibilité de favoriser leurs intérêts et d'obtenir des subventions.

Au niveau du conseil des ministres, un autre clivage s'effectue. Le recrutement se limite beaucoup plus aux rangs de la bourgeoisie. Plusieurs ministres sont issus de grandes familles, ayant souvent des représentants à la fois dans les milieux de la politique et des affaires, dans le monde judiciaire et dans les rangs du clergé. Les membres des professions libérales, notamment les avocats, dominent nettement au sein du cabinet. Tous les premiers ministres de la période sont avocats, sauf Boucherville, qui est médecin. Il faut noter aussi la surreprésentation des anglophones au sein du conseil des ministres, puisqu'ils disposent habituellement de 40% à 50% des postes.

Sur la scène municipale, on retrouve un élitisme semblable, mais à un autre niveau. Dans les municipalités de villages et de paroisses, la petite bourgeoisie locale — formée généralement d'avocats, de notaires, de marchands et de quelques gros cultivateurs — contrôle les postes importants, en particulier ceux de maire et de secrétaire-trésorier. Dans les villes, il faut y ajouter les promoteurs fonciers qui, par leur présence au conseil municipal, peuvent orienter le développement urbain dans un sens favorable à leurs entreprises.

L'administration de Montréal représente un cas un peu particulier, qu'a étudié le politologue Guy Bourassa. Dans une première période, de 1840 à 1873, le conseil municipal de Montréal ressemble à un club privé de la grande bourgeoisie. La majorité des maires et des conseillers appartiennent au milieu des grandes affaires; les membres des professions libérales y sont nettement minoritaires. Le conseil de cette époque est également dominé par les anglophones. La situation commence à changer après 1873. Les grands hommes d'affaires sont toujours présents au conseil, mais une part croissante de membres des professions libérales et d'administrateurs moyens y prennent place; la plupart sont toutefois étroitement associés à la bourgeoisie. À compter de 1882, les francophones deviennent majoritaires au conseil, reflétant ainsi, avec une quinzaine d'années de retard, la réalité démographique de la métropole.

ORIENTATIONS BIBLIOGRAPHIQUES

Arès, Richard. *Dossier sur le pacte fédératif de 1867*. Montréal, Bellarmin, 1967, 264 p.

Cook, Ramsay. *L'autonomie provinciale, les droits des minorités et la théorie du pacte, 1867-1921*. Étude n° 4 de la Commission royale d'enquête sur le bilinguisme et le biculturalisme. Ottawa, Imprimeur de la reine, 1969, 82 p.

Desrosiers, Richard, dir. *Le personnel politique québécois*. Montréal, Boréal Express, 1972. 142 p.

Gow, James Iain. *Histoire de l'administration publique québécoise, 1867-1970*. Montréal, Presses de l'Université de Montréal, 1986. Chap. 3.

Hamelin, Marcel. *Les premières années du parlementarisme québécois (1867-1878)*. Québec, PUL, 1974. 386 p.

Ollivier, Maurice. *Actes de l'Amérique du nord britannique et statuts connexes, 1867-1962*. Ottawa, Imprimeur de la reine, s.d. 675 p.

Rapport de la Commission royale d'enquête sur les problèmes constitutionnels. Québec, 1956. 4 vol. (Rapport Tremblay.)

Trépanier, Pierre. *Siméon LeSage, un haut fonctionnaire québécois face aux défis de son temps*. Montréal, Bellarmin, 1979. 190 p.

Wheare, K.C. *Federal Government*. London, Oxford University Press, 1963 (4e édition). 266 p.

CHAPITRE 14

L'ÉVOLUTION POLITIQUE

Les luttes pour le pouvoir politique se déroulent dans le cadre du système de partis. Entre 1867 et 1896, elles se font entre deux protagonistes: le Parti conservateur et le Parti libéral. Ces deux grands partis se sont formés sous le régime de l'Union (1841-1867), à partir du regroupement de factions diverses. Il n'y a pas de véritable tiers parti après 1867. Tout au plus relève-t-on un début d'action politique ouvrière qui amène l'élection de quelques individus, vite associés à l'un ou l'autre des partis en place.

Les partis

Les formations politiques sont encore peu structurées, ce qui permet l'élection d'un certain nombre de députés indépendants. Libéraux et conservateurs sont présents à la fois sur la scène fédérale et sur la scène provinciale, sans que ces deux niveaux soient clairement distingués.

Chacun des deux partis comprend deux ailes différenciées sur le plan idéologique. Le Parti libéral a, à gauche, un groupe radical, héritier de la tradition des rouges, et un groupe centriste, celui des modérés. Le Parti conservateur a, lui aussi, ses centristes, ainsi qu'une aile droite, formée des ultramontains. Les modérés des deux partis ont tendance à se rapprocher, alors que les ailes gauche et droite sont des facteurs de séparation. Entre 1867 et 1896, on assiste, dans l'une et l'autre formations, à un glissement vers la droite. Chez les libéraux, le groupe radical est de plus en plus marginalisé au profit des centristes, alors que chez les conservateurs l'aile ultramontaine accroît son emprise.

La domination du Parti conservateur

Entre 1867 et 1896, le Parti conservateur domine incontestablement la scène politique canadienne et québécoise. À Ottawa, il est au pouvoir pendant 24 de ces 29 années, alors qu'à Québec, il ne cède la direction du gouvernement que pendant environ 6 ans.

La création de ce parti est antérieure à la mise en place du régime confédératif. Elle remonte à 1854, alors que diverses factions politiques du Canada-Est (Québec) et du Canada-Ouest (Ontario) ont formé une coalition sous le nom de Parti libéral-conservateur. L'aile québécoise de cette coalition comprend deux groupes principaux. Le bloc majoritaire est le groupe des réformistes canadiens-français créé par LaFontaine à la suite de l'Union de 1840. Ce groupe a lutté pour l'obtention de réformes politiques, principalement celle du gouvernement responsable. Dans les années 1850, il s'identifie de plus en plus aux intérêts de la grande bourgeoisie montréalaise tout en défendant, sur le plan culturel, le maintien des traditions canadiennes-françaises. L'autre groupe est celui des tories ou conservateurs anglophones du Canada-Est qui, en retour de l'appui du bloc canadien-français à ses politiques économiques, accepte de mettre en sourdine ses projets d'assimilation.

Dès cette époque, le Parti conservateur domine la scène politique québécoise et réussit, avec l'appui du clergé, à contenir la montée des rouges. Vers 1867, l'aile québécoise du Parti conservateur est dominée par George-Étienne Cartier. Ancien leader patriote, Cartier est devenu, dans les années 1850, l'avocat du Grand-Tronc et celui des sulpiciens. Son évolution est typique de celle de bien d'autres dirigeants politiques canadiens-français de l'époque. Elle témoigne de la montée du groupe francophone au sein de la bourgeoisie et de l'existence de nombreux liens d'intérêt entre ce groupe et les bourgeois anglophones.

Anglophones ou francophones, les conservateurs défendent les principes du libéralisme économique. Ils préconisent des politiques permettant la mise en place d'infrastructures qui visent à intégrer le marché canadien et à favoriser la croissance de l'entreprise privée. Ce faisant, le parti représente bien les intérêts de la bourgeoisie de Montréal qui aspire à diriger le développement du Canada.

Au delà de ce consensus sur la politique économique, il y a, sur le plan culturel, un certain accord de respect mutuel. Les conservateurs anglophones, ayant à leur tête A.T. Galt, défendent avec force les droits religieux et scolaires des protestants et l'existence d'un réseau d'institutions qui leur soient propres. De leur côté, les conservateurs francophones protègent les institutions canadiennes-françaises dans les secteurs religieux, scolaire et juridique. À l'époque de la Confédération, les deux groupes en sont arrivés à un pacte de non-agression qui, bien que tacite, n'en est pas moins efficace.

TABLEAU 1

RÉSULTATS DES ÉLECTIONS QUÉBÉCOISES, 1867-1897

Année	Électeurs inscrits	Votes valides	Sièges	Lib. élus	Cons. élus	Autres élus	% des votes Lib.	Cons.
1867	161 800	75 385	65	14	50	1	45	55
1871	172 369	60 395	65	20	45	—	35	65
1875	185 783	86 939	65	19	43	3	44	56
1878	217 825	134 475	65	30	33	2	49	51
1881	223 215	97 590	65	15	49	1	42	56
1886	234 844	146 850	65	31	28	6	51	49
1890	276 641	158 932	73	42	24	7	53	47
1892	290 335	174 725	73	21	51	1	45	55
1897	338 800	225 179	74	51	23	—	54	46

Source: *Annuaire du Québec,* 1966-1967.

Le Parti conservateur est cependant une structure fragile où se manifestent des tensions et des contradictions: conflits idéologiques et oppositions régionales. Sur la scène fédérale, John A. Macdonald est le chef du parti de 1867 jusqu'à sa mort, en 1891. Il peut ainsi assurer une continuité et un certain degré d'unité. Il est cependant aux prises avec deux ailes réactionnaires qui sont en ascension au sein du parti: les orangistes en Ontario et dans l'Ouest, et les ultramontains au Québec.

La montée des ultramontains se fait progressivement. Vers 1867, Cartier est un chef à peu près incontesté. Ministre dans le cabinet fédéral, il dirige en quelque sorte le gouvernement québécois par personne interposée. Il imprime au parti une orientation dite modérée qu'on a appelée l'«école de Cartier». L'accent y est mis sur le développement économique et sur le respect du pluralisme religieux. En politique, l'école de Cartier tente d'adopter une voie médiane entre le radicalisme des rouges et l'ultraconservatisme des ultramontains. Ces derniers se satisfont de moins en moins de cette orientation.

Le groupe des ultramontains s'est constitué dans les décennies 1850 et 1860 pour combattre le libéralisme des rouges. Son terrain d'action est donc en premier lieu celui des idéologies. Pour contrer la montée des rouges, les ultramontains appuient le Parti conservateur; après 1867, ils vont plus loin en tentant d'en faire leur instrument.

À gauche: George-Étienne Cartier, 1814-1873, homme politique et leader des conservateurs canadiens-français de 1857 à sa mort. (ANC, C14246). *À droite:* John A. Macdonald, 1815-1891, premier ministre du Canada, 1867-1873 et 1878-1891. (Archives Notman, Musée McCord)

S'il est facile de distinguer les ultramontains des libéraux, il est moins aisé de les séparer de l'école de Cartier. Les recherches les plus récentes tendent à montrer que les deux ailes du Parti conservateur recrutent leurs dirigeants au sein des mêmes milieux sociaux. Les leaders ultramontains sont, eux aussi, des brasseurs d'affaires fort actifs dont les idées s'inspirent du libéralisme économique. L'historiographie a souvent insisté sur le fait que ce sont des hommes de principes, droits et intègres. Un examen plus attentif permet de trouver là aussi des manœuvriers qui savent placer le bien public au service de leur intérêt personnel. La différence principale vient plutôt de leur conception de l'ordre social. Les ultramontains veulent que la société soit organisée selon les principes catholiques, en donnant à l'Église la haute main sur les principales institutions.

L'aile ultramontaine du Parti conservateur se manifeste au grand jour lors des élections québécoises de 1871. Elle lance alors le Programme catholique, qui est une tentative de créer une force politique catholique au Québec. Le Programme invite les électeurs à exiger des candidats qu'ils s'engagent à soumettre leur action politique à la doctrine de l'Église catholique et à modifier les lois dans le sens demandé par les évêques. Il vise donc une véritable soumission de l'État à l'Église. La plupart des candidats — conservateurs comme libéraux — refusent le Programme catholique et un seul «programmiste» est élu en 1871. C'est donc un échec pour les ultramontains, mais cet épisode leur permet de s'organiser.

Après la mort de Cartier, en 1873, la rivalité entre les deux ailes du parti devient plus vive. Elle atteint son paroxysme entre 1879 et 1883, au moment où Chapleau domine le parti au Québec. Celui-ci adopte une politique de confrontation avec les ultramontains, cherchant à les écarter du pouvoir; il va même jusqu'à tenter un rapprochement avec l'aile modérée du Parti libéral en vue de réaliser une vaste coalition du centre. Son association avec l'entreprenant homme d'affaires Louis-Adélard Sénécal éveille la suspicion; d'où l'épithète de «sénécaleux», que les ultramontains — appelés eux-mêmes «castors» — accolent à Chapleau et à ses partisans. La bataille, livrée à coups de brochures et d'éditoriaux, risque de diviser irrémédiablement le parti. Mais un compromis intervient au début de 1884. L'école de Cartier partagera désormais le pouvoir avec les ultramontains et le cabinet québécois aura des représentants des deux tendances. Ce modus vivendi renforce la position des ultramontains et accentue leur emprise au sein du parti. Avec le résultat qu'un certain nombre de modérés seront tentés de passer du côté des libéraux.

La désagrégation du Parti conservateur ne s'explique pas uniquement par ce glissement vers la droite. D'autres tensions se font jour: conflits de personnalités et oppositions régionales. Elles s'expriment par exemple dans cette lutte sourde entre Hector Langevin (représentant de la région de Québec), successeur de Cartier à la tête de l'aile québécoise du parti fédéral, et Chapleau, qui représente la région de Montréal et qui conteste le leadership de Langevin.

Par ailleurs, dans les années 1880, le Parti libéral se réorganise au Québec, sous la direction de Mercier et de Laurier. Il réussit à attirer une partie de la clientèle des conservateurs. S'ajoute à cela la question nationale, qui ressurgit à l'occasion de l'affaire Riel. La pendaison de Louis Riel en 1885 permet aux libéraux de jeter le discrédit sur les ministres conservateurs canadiens-français. Les conservateurs deviennent ainsi, aux yeux d'une fraction de l'électorat, le parti des orangistes et des «pendards». Tous ces facteurs se conjuguent pour amener, à compter du milieu des années 1880, une désaffection croissante des électeurs envers le Parti conservateur.

La montée du Parti libéral

Pendant les 30 années qui suivent la Confédération, le Parti libéral passe le plus clair de son temps dans l'opposition. Il a peine à ébranler la domination du parti au pouvoir. Il réussit cependant à élargir graduellement ses appuis.

Pour comprendre les difficultés initiales du Parti libéral, il faut rappeler ses antécédents sous l'Union et, en particulier, l'épisode du rougisme. À la fin des années 1840, de jeunes intellectuels, regroupés autour du journal *L'Avenir*, se détachent peu à peu du Parti réformiste de LaFontaine dont ils dénoncent le conservatisme. Parmi eux, on retrouve Jean-Baptiste-Éric Dorion, Joseph Papin, Joseph Doutre, Louis Labrèche-Viger, Charles Daoust et Charles Laberge. Ils représentent une première scission au sein du bloc canadien-français et formulent une idéologie radicale minoritaire. Appelés rouges par leurs adversaires, ils vouent une grande admiration aux libéraux européens et à la démocratie de type américain. Les rouges veulent démocratiser les institutions québécoises, obtenir de sérieuses réformes dans l'éducation, séparer nettement l'État et l'Église en limitant le rôle de celle-ci au secteur religieux. Le rougisme atteint son apogée au milieu des années 1850, lors des percées électorales réalisées dans la grande région de Montréal.

Autour des rouges, se constitue peu à peu un Parti libéral formé de divers éléments. On y retrouve le petit groupe des libéraux anglophones du Bas-Canada, avec Holton et Young, qui se rapproche des francophones. Il y a surtout un nombre croissant d'hommes politiques canadiens-français, comme Antoine-Aimé Dorion, qui, tout en conservant des idéaux démocrates, adoptent une attitude modérée et veulent éviter les conflits avec l'Église.

Cependant, le clergé québécois voit dans les rouges une menace sérieuse. C'est l'époque où, en Europe, les privilèges de l'Église catholique, y compris le pouvoir temporel de la papauté, sont attaqués avec force par les libéraux. Le clergé, qui craint la répétition de cette situation au Québec, est amené à s'opposer de plus en plus ouvertement aux rouges, jusqu'à les condamner en chaire pendant les campagnes électorales.

Cette situation provoque, dans les années 1860, un net recul des rouges et leur marginalisation, à la fois dans leur parti et auprès de l'électorat. L'historien Jean-Paul Bernard a montré que les élections de 1867 marquent la fin du rougisme. Les députés libéraux élus après cette date sont très différents des radicaux des années 1850. Ceux-ci continuent à œuvrer au sein du Parti libéral, mais ils n'y sont plus qu'une minorité. Il est vrai que certaines idées réformistes — en particulier dans le domaine de l'éducation — continuent à être défendues par plusieurs libéraux, mais sous une forme considérablement atténuée.

Ainsi, le Parti libéral d'après 1867 n'est plus radical. Il présente un programme modéré qui ne s'éloigne pas tellement de celui de l'école de Cartier chez les conservateurs. Cependant, la faction la plus conservatrice du clergé met plusieurs décennies à reconnaître cette réalité nouvelle et continue à s'attaquer aux libéraux. D'autre part, plusieurs porte-parole du Parti conservateur exploitent cette veine en associant les libéraux au radicalisme et à l'anticléricalisme.

Cherchant à se dégager de ce carcan, les dirigeants du parti prennent une série d'initiatives en vue de se dissocier publiquement du rougisme et de présenter à l'électorat un visage modéré. C'est ainsi qu'aux élections fédérales de 1872, un groupe de jeunes libéraux, parmi lesquels on retrouve Louis-Amable Jetté et Honoré Mercier, fondent le Parti national. Ce nouveau groupe n'existe que le temps d'une élection et contribue au succès de quelques libéraux.

Dès l'année suivante, le Parti libéral fédéral prend le pouvoir à la faveur du scandale du Pacifique. C'est l'occasion pour les libéraux d'afficher leur modération. Le parti subit cependant des difficultés internes qui se traduisent par de fréquents changements de ministres canadiens-français. C'est à cette époque que Wilfrid Laurier entre au cabinet et commence son ascension au sein du parti. Au Québec, le chef libéral est, depuis 1867, Henri-Gustave Joly; le «coup d'État» de Letellier de Saint-Just lui permet d'occuper pendant quelques mois le poste de premier ministre, mais le Parti libéral n'a pas encore de bases électorales assez solides pour obtenir une nette majorité.

Sur le front de la lutte entre les libéraux et le clergé, l'événement le plus spectaculaire est probablement la double contestation d'élections qui a lieu en 1876. Dans les comtés de Charlevoix et de Bonaventure, les candidats libéraux défaits demandent l'annulation de l'élection à cause de l'influence indue exercée par les curés en fa veur des conservateurs. Les décisions finales des tribunaux (dans l'un des cas on se rendra jusqu'en Cour suprême) seront favorables aux libéraux.

Le clergé n'est d'ailleurs pas unanime contre les libéraux. L'archevêque de Québec, Mgr Taschereau, membre d'une grande famille libérale, n'approuve pas l'intransigeance des ultramontains. La hiérarchie catholique est agitée par des luttes très vives et, pour rétablir la paix, Rome envoie en 1877 un enquêteur spécial, Mgr Conroy. Wilfrid Laurier en profite pour prononcer un important discours sur le «libéralisme politique» de type britannique, pratiqué au Canada, qu'il distingue du libéralisme catholique, rejeté par l'Église. Mgr Conroy accepte cette argumentation et convainc les évêques d'interdire aux curés de prendre position contre un parti ou un candidat. Cette victoire des libéraux n'élimine pas l'opposition du clergé ultramontain, mais elle améliore leurs positions face à l'Église.

Le virage à droite du Parti libéral est encore concrétisé, dans les années 1880, par la montée de nouveaux chefs. Wilfrid Laurier devient, au sein du Parti libéral fédéral, le principal lieutenant canadien-français et, en 1887, il succède à Edward Blake comme chef du parti. Au Québec, Honoré Mercier prend la tête des libéraux en 1883.

Un événement spectaculaire, la pendaison de Louis Riel, en 1885, vient favoriser leur cause. Riel a pris la tête d'un soulèvement des Amérindiens et des Métis de l'Ouest du Canada contre le gouvernement fédéral. Cette crise est l'aboutissement d'un conflit entre deux civilisations. D'une part, les Amérindiens et les Métis, nomades ou semi-nomades, ont une économie basée sur la chasse et se considèrent propriétaires des territoires de l'Ouest. D'autre part, les Blancs, avec une technologie beaucoup plus avancée, veulent développer l'Ouest par la colonisation agricole; ils dépouillent les premiers occupants de leurs territoires, les parquent dans des réserves ou les repoussent de plus en plus loin vers le nord et déstructurent leur économie.

Cependant, au Québec, comme en Ontario d'ailleurs, les dirigeants politiques et religieux déforment le sens de ce conflit. Parce que les Métis rebelles sont en majorité francophones et catholiques, leur combat est présenté comme une étape de la lutte séculaire entre Canadiens français et Canadiens anglais. Lorsque le soulèvement de 1885 est écrasé par les troupes fédérales et que Louis Riel est traduit en justice à Regina puis condamné à mort pour trahison, l'opinion publique canadienne-française réclame du cabinet fédéral qu'il commue cette peine. Avec tout autant de force, l'opinion publique canadienne-anglaise, surtout en Ontario et dans l'Ouest, réclame la pendaison de

Louis Riel, 1844-1885, leader des Métis lors des rébellions de 1869-1870 et 1884-1885. On le voit dans le box des accusés lors de son procès à Régina où il sera déclaré coupable de trahison et condamné à être pendu. (ANC, C1879)

Riel. Placé entre ces positions contradictoires, le gouvernement Macdonald tranche en faveur de la majorité : Riel sera pendu.

La réaction populaire est vive au Québec. Le Parti conservateur devient le parti des «pendards». On stigmatise les trois ministres canadiens-français à Ottawa qui sont restés à leur poste. Des conservateurs, surtout chez les ultramontains, se détachent de leur parti. Le libéral Honoré Mercier rallie à lui ces mécontents. Il est l'un des orateurs à la célèbre assemblée du Champ-de-Mars qui réunit 50 000 personnes. Il commence son discours par ces mots: «Riel notre frère est mort». Mercier propose une union de tous les Canadiens français et crée à cet effet une nouvelle formation politique qui porte, comme en 1872, le nom de Parti national. Il s'agit d'une alliance entre le Parti libéral et les conservateurs dissidents. Ce qui pouvait rester de radicalisme dans le parti libéral est mis en veilleuse. À la tête du Parti national, Mercier entretient la réaction populaire face à la pendaison de Riel grâce à une série d'assemblées publiques qui lui permettent de faire durer le mécontentement pendant un an, jusqu'aux élections suivantes, à l'automne 1886. Il remporte la victoire.

Le passage de Mercier au pouvoir fait à nouveau la preuve que les libéraux québécois sont maintenant loin de leurs prédécesseurs, les rouges. Le gouvernement Mercier contribue à asseoir plus solidement le Parti libéral appuyé par l'action conjointe du chef fédéral, Wilfrid Laurier. Ce mouvement est temporairement ralenti, en 1891, par le scandale de la baie des Chaleurs qui entraîne la chute de Mercier. Mais, dès la fin du siècle, les libéraux sont solidement installés au pouvoir aux deux niveaux de gouvernement et dominent politiquement le Québec.

L'action politique ouvrière

Au milieu des luttes bipartisanes s'insère, encore marginale, l'action politique ouvrière. Celle-ci apparaît dans la foulée des progrès du syndicalisme. Très tôt, en effet, les dirigeants syndicaux se rendent compte

Alphonse-Télesphore Lépine, député ouvrier. (ANC, C21088)

de la nécessité d'une action au niveau politique pour obtenir les réformes qu'ils réclament. Cette action prend la forme de candidatures ouvrières dans certains comtés, lors des élections fédérales ou provinciales.

Si l'on excepte la tentative avortée de Médéric Lanctôt de se faire élire dans Montréal-Est en 1867, il faut situer dans les années 1880 les débuts de l'action politique ouvrière. Les Chevaliers du travail en sont les principaux responsables. Partisans de l'action politique, ils présentent des candidats dans certains quartiers ouvriers montréalais en 1883, 1886 et 1887. Leur premier succès survient en 1888, à l'occasion d'une élection fédérale complémentaire. Alphonse-Télesphore Lépine, membre des Chevaliers et secrétaire du Conseil central des métiers et du travail de Montréal, est alors élu député de Montréal-Est, avec l'appui tacite du Parti conservateur. Deux ans plus tard, Joseph Béland, candidat ouvrier, est élu à l'Assemblée législative du Québec, cette fois avec l'appui du Parti libéral. Ce sont là les deux seuls succès électoraux des Chevaliers du travail.

Cette action politique ouvrière a un caractère limité. Elle est purement électorale et concentrée sur un faible nombre de comtés. Elle ne s'appuie pas sur une organisation politique autonome. Les députés ouvriers doivent s'intégrer à l'un ou l'autre des grands partis. Par leurs interventions, ils sont en mesure d'attirer l'attention sur les problèmes ouvriers, mais leur poids politique reste marginal.

L'organisation des partis et les élections

Au 19e siècle, les partis politiques ne prennent pas encore la forme d'associations de citoyens. Leurs structures restent assez mal définies. Le parti est en réalité l'affaire des députés et de leurs organisateurs. Dans chacun des districts de Montréal, de Trois-Rivières et de Québec, on trouve un organisateur qui contrôle la caisse électorale et qui a la responsabilité des circonscriptions situées dans son district. Au niveau local, chaque circonscription et chaque paroisse a aussi son organisateur. Dans les villes, les partis s'appuient aussi sur des organismes d'une nature particulière, les clubs politiques. Ceux-ci fournissent une occasion de rencontre aux dirigeants et à leurs principaux partisans.

L'élément le plus visible de l'organisation reste cependant la presse de parti. Les journaux de l'époque sont, sauf exception, des organes partisans. Chaque parti — et même chaque tendance au sein d'un parti — vise à avoir ses journaux à Québec, Trois-Rivières, Montréal, Saint-Hyacinthe et dans d'autres régions du Québec. On observe donc un foisonnement de publications, dont plusieurs sont éphémères. Chacun de ces journaux formule et défend avec force les positions de son parti ou de son groupe.

L'organisation politique prend toute son importance en période électorale. Dans plusieurs circonscriptions, la différence entre la victoire et la défaite tient à la qualité de l'organisation. La corruption électorale est d'ailleurs érigée en système depuis le milieu du siècle. L'instrument principal en est le patronage, qui permet au parti victorieux de distribuer, à même les fonds publics, les emplois et les contrats aux partisans ayant contribué de leur temps ou de leur argent aux succès du parti.

La législation électorale en vigueur à l'époque de la Confédération favorise d'ailleurs les abus de pouvoir et le recours à la violence. Il y a d'abord le fait que les élections n'ont pas lieu à la même date dans toutes les circonscriptions. Le gouvernement peut les étaler sur un mois ou deux en commençant par les circonscriptions où ses chances de gagner sont les meilleures, ce qui renforce ensuite sa position dans les autres. La mise en candidature se fait lors d'une assemblée publique où chaque candidat se présente accompagné de ses partisans, ce qui donne souvent lieu à des rixes. Le vote lui-même n'est pas secret; chaque électeur doit exprimer ouvertement son choix, ce qui facilite les pressions des employeurs, des créanciers, des curés, etc.

Les abus résultant de ce régime électoral amènent une transformation en profondeur de la loi en 1875. Les élections auront désormais lieu le même jour dans toutes les circonscriptions. Les assemblées de mise en candidature sont remplacées par le dépôt d'un bulletin de présentation signé par un certain nombre d'électeurs. La loi de 1875 — et c'est là sa réforme la plus fondamentale — introduit le vote secret. Elle décrète aussi des mesures plus sévères — allant jusqu'à l'annulation de l'élection — pour contrer les manœuvres frauduleuses, l'achat des votes et les pressions indues sur les électeurs. Enfin, la réforme prévoit un certain contrôle des dépenses électorales, abandonné en 1892, mais repris en 1895.

La réforme de 1875 établit des règles nouvelles qui seront à la base du système électoral pendant un siècle. Cette loi, qui réprime les abus les plus criants, n'élimine pas pour autant les pratiques frauduleuses. L'achat des consciences et les pressions sur les électeurs continueront à se faire, quoique plus subtilement. La substitution de personnes, celle des bulletins de vote par la technique du «télégraphe», l'utilisation de la violence se perpétuent. Dans ce contexte, le succès dépend souvent de la force de l'organisation électorale d'un parti (présence de représentants dans les bureaux de scrutin, service aux électeurs, etc.). L'historien Marcel Caya attribue d'ailleurs une partie des difficultés des libéraux avant 1886 à la faiblesse de leur organisation électorale.

Au-delà des pratiques électorales, on peut s'interroger sur l'électorat lui-même. Le Québec est loin de jouir du suffrage universel à cette époque. Le politologue André Bernard a calculé que le nombre d'électeurs inscrits en 1871 ne représente que 14,8% de la population. Le droit de vote repose alors sur le cens électoral. Un électeur doit être propriétaire de biens fonds d'une valeur minimale (le cens) fixée par la loi ou encore être locataire, mais avoir des revenus annuels équivalents. Seuls les hommes de plus de 21 ans répondant à ces critères sont électeurs ; les femmes possédant des biens ou des revenus suffisants ont perdu le droit de vote depuis 1849. Au cours de la période, des lois viennent élargir la base de l'électorat en octroyant le suffrage à d'autres catégories de citoyens. À la fin du siècle, l'électorat représente 20 % de la population. C'est un progrès modeste, mais le revenu ou la propriété restent encore la base du système; les femmes sont toujours exclues.

La succession des gouvernements

De 1867 à 1896, dix hommes politiques occupent le poste de premier ministre du Québec, dirigeant douze gouvernements. C'est dire que, pour la plupart d'entre eux, leur mandat à la tête du Québec ne dure guère plus de trois ou quatre ans. Certains — Ouimet, Joly, Mousseau et Flynn — n'y restent qu'un peu plus d'un an. Trois premiers ministres — Chauveau, Chapleau et Taillon — quittent leur poste en cours de mandat pour se consacrer à la politique fédérale. Dans cette succession rapide de gouvernements, on peut distinguer quatre grandes étapes.

L'école de Cartier (1867-1878)

Les gouvernements qui se succèdent de 1867 à 1878 ont pour tâche essentielle de mettre en place les institutions de l'État, d'élaborer les grandes politiques et de créer des instruments de développement économique. Leur action est limitée par la faiblesse des revenus, aggravée, à compter de 1874, par la crise économique qui affecte les pays industrialisés.

En 1867, Joseph Cauchon, homme politique de la vieille capitale, vient près de devenir le premier des premiers ministres du Québec. Le lieutenant-gouverneur l'invite alors à former un cabinet, mais les représentants de la minorité anglophone s'opposent catégoriquement à ce choix. Ils reprochent à Cauchon de ne pas s'engager à donner une entière autonomie aux protestants en matière d'éducation. Cauchon ne sera donc pas premier ministre et le poste est plutôt confié à Pierre-Joseph-Olivier Chauveau.

Chauveau est lié à George-Étienne Cartier et, avec lui, c'est l'école de Cartier qui s'installe au pouvoir. Il remporte facilement les élections de 1867, les conservateurs obtenant 50 des 65 sièges. Jusqu'à son entrée au cabinet, le nouveau premier ministre était associé au monde de l'éducation et il occupait le poste de surintendant de l'Instruction publique. Voulant continuer son action en ce domaine, il met sur pied un ministère de l'Instruction publique, dont il est lui-même le titulaire. Sa première tâche est de mettre en place et de structurer les institutions de l'État. Il hérite de structures créées sous l'Union, comme tout le système d'administration de la justice (palais de justice, prisons, etc.). Il faut coiffer le tout de rouages administratifs, organiser des ministères, établir un budget.

Le gouvernement doit aussi définir son rôle dans le nouveau cadre fédéral et préciser les champs d'action qu'il entend privilégier. La préoccupation pour le développement économique du Québec est au centre des débats des parlementaires. Ces derniers sont hantés par l'importance de l'émigration aux États-Unis, qu'ils voudraient enrayer. Leurs solutions sont économiques: ouvrir de nouvelles régions à la colonisation, favoriser la modernisation de l'agriculture, stimuler l'exploitation forestière et accélérer l'industrialisation. Au Québec comme ailleurs, la construction ferroviaire apparaît comme la solution miracle: elle stimulera le commerce et l'industrie et permettra aux agriculteurs et aux exploitants forestiers d'écouler leur production. En 1869, le gouvernement Chauveau fait donc adopter une politique d'aide financière aux chemins de fer qui amènera l'État québécois à investir de fortes sommes pour appuyer des entreprises ferroviaires privées.

L'autre volet de la politique économique du gouvernement Chauveau concerne l'agriculture et la colonisation. Le ministère («département») de l'Agriculture est réorganisé, la création de sociétés de colonisation est encouragée, une loi est adoptée dans le but d'exempter de saisie les biens des nouveaux colons. L'État subventionne également la construction des chemins de colonisation.

La capacité d'intervention gouvernementale est cependant limitée par la faiblesse financière de l'État québécois. La première difficulté à laquelle doit faire face le gouvernement Chauveau est l'excédent de la dette accumulée avant 1867. Tant que cette question n'est pas réglée,

TABLEAU 2

LES PREMIERS MINISTRES DU QUÉBEC, 1867-1897

	Nom	Parti	Date
1.	Chauveau, Pierre-J.-O.	Cons.	15 juillet 1867
2.	Ouimet, Gédéon	Cons.	27 février 1873
3.	Boucherville, C.-E. Boucher de	Cons.	22 septembre 1874
4.	Joly, Henri-C.	Lib.	8 mars 1878
5.	Chapleau, J.-Adolphe	Cons.	31 octobre 1879
6.	Mousseau, J.-Alfred	Cons.	31 juillet 1882
7.	Ross, John Jones	Cons.	23 janvier 1884
8.	Taillon, L.-Olivier	Cons.	25 janvier 1887
9.	Mercier, Honoré	Lib.	29 janvier 1887
10.	Boucherville, C.-E. Boucher de	Cons.	21 décembre 1891
11.	Taillon, L.-Olivier	Cons.	16 décembre 1892
12.	Flynn, Edmund J.	Cons.	11 mai 1896
13.	Marchand, F.-Gabriel	Lib.	24 mai 1897

Source: *Annuaire du Québec*, 1966-1967.

il n'ose pas effectuer d'emprunts importants. Par ailleurs, le gouvernement doit compter avec des revenus courants qui restent modestes, même si, entre 1867 et 1874, une conjoncture économique favorable permet une hausse constante des revenus forestiers.

Aux élections de 1871, Chauveau remporte à nouveau la victoire et il peut compter sur l'appui d'environ 45 députés. Le lancement du Programme catholique n'a pas trop perturbé le cours des choses, puisqu'un seul programmiste est élu. Il permet cependant le renforcement, au sein du Parti conservateur, de l'aile ultramontaine qui s'oppose à Chauveau et, plus globalement, à l'école de Cartier. D'autres tensions, de nature régionale, et des luttes de personnalités amènent des tiraillements dans le parti et entraînent le départ de Chauveau en 1873. L'un de ses ministres, Gédéon Ouimet, lui succède à la tête du gouvernement. S'identifiant lui aussi à l'école de Cartier, il tient les ultramontains à l'écart du pouvoir.

Le gouvernement Ouimet poursuit les politiques du cabinet précédent, mais, profitant du règlement de la question de la dette, il peut renforcer les interventions économiques de l'État. Il négocie en Angleterre le premier grand emprunt québécois, d'un montant de 4 millions. Et surtout, il fait adopter en 1874 une politique de subventions aux

À gauche: Pierre-Joseph-Olivier Chauveau, 1820-1890, premier ministre du Québec, 1867-1873. (ANC, C26721). *À droite:* Gédéon Ouimet, 1823-1905, premier ministre du Québec, 1873-1874. (ANC, C33234)

chemins de fer, qui vise en particulier à accélérer la réalisation des deux projets sur la rive nord du Saint-Laurent.

Le cabinet Ouimet n'a guère le temps de mettre en œuvre ses politiques puisque, dès 1874, éclate le scandale des Tanneries. D'habiles spéculateurs fonciers réussissent à convaincre le cabinet d'échanger un terrain appartenant à l'État, situé à Saint-Henri-des-Tanneries, en banlieue de Montréal, et destiné à la construction d'un hôpital. En retour, ils offrent un terrain qu'ils affirment être de valeur égale, mais qui en réalité vaut dix fois moins. L'affaire prend les proportions d'un scandale et force le cabinet Ouimet à démissionner. Selon l'historien Marcel Hamelin, un tel scandale illustre bien l'incurie qui caractérise l'administration québécoise et la corruption qui y règne.

La chute de Ouimet n'entraîne pas la perte du pouvoir pour les conservateurs. Charles-Eugène Boucher de Boucherville, un conseiller législatif, prend la relève. Il forme un nouveau cabinet avec des hommes qui n'ont pas été mêlés au scandale. Le nouveau premier ministre fait adopter l'importante réforme électorale de 1875.

Lors des élections qui ont lieu la même année, les conservateurs, qui ont apaisé leurs querelles internes, gardent assez facilement le pouvoir.

Dès 1875, le premier ministre Boucherville fait adopter une réforme scolaire, après avoir longuement consulté les évêques. La principale mesure est l'abolition du ministère de l'Instruction publique. Le système scolaire québécois sera désormais administré par un haut fonctionnaire, qui n'a pas à rendre de comptes à l'Assemblée législative et

Charles-Eugène Boucher de Boucherville, 1822-1915, premier ministre du Québec, 1874-1878 et 1891-1892. (ANC, C33234)

dont le travail est contrôlé par le Conseil de l'Instruction publique et ses comités catholique et protestant. En adoptant cette loi, l'Assemblée législative se retire, en pratique, du champ scolaire. L'État cède ses prérogatives aux évêques et aux dirigeants protestants. C'est là une décision lourde de conséquences pour l'avenir du Québec.

Dans un autre domaine, le gouvernement Boucherville est aux prises avec la grave crise économique qui frappe le Québec à compter de 1874 et fait chuter les revenus de l'État. Mais c'est la question ferroviaire qui retient surtout l'attention des hommes politiques. En 1875, le gouvernement décide de prendre en mains la construction du Québec, Montréal, Ottawa et Occidental, sur la rive nord du Saint-Laurent et de l'Outaouais. Cette décision attise les rivalités régionales. Les députés de la rive sud réclament une aide plus substantielle pour leurs chemins

Henri-Gustave Joly, 1829-1908, premier ministre du Québec, 1878-1879. On le voit présentant un document au lieutenant-gouverneur Luc Letellier de Saint-Just. (ANC, PA26577)

de fer, qui sont aussi en difficulté; ils ont gain de cause en 1876. Cette politique oblige l'État québécois à réaliser d'importants emprunts au moment où ses revenus ordinaires subissent une forte baisse. Le gouvernement doit imposer de nouvelles taxes; il compte également sur les subventions que plusieurs municipalités, dont Montréal et Québec, ont promises pour le chemin de fer de la Rive-Nord. En 1877, le gouvernement modifie le tracé initialement prévu dans la région de Montréal. La plupart des municipalités, mécontentes de ce changement, refusent de payer leur quote-part, mais le gouvernement présente un projet de loi pour les y contraindre. À Montréal et à Québec, ainsi que dans d'autres municipalités, des assemblées de protestation ont lieu. Le Parti libéral s'empare de l'affaire et attaque à fond le gouvernement.

C'est alors qu'entre en scène le lieutenant-gouverneur Luc Letellier de Saint-Just. Celui-ci est un libéral nommé à ce poste en 1876 par le gouvernement fédéral, alors dirigé par les libéraux. Letellier souhaite mettre un gouvernement libéral en selle à Québec. Il prend prétexte du projet de loi sur les municipalités et d'une absence de consultation entre lui et le premier ministre. Dans un geste d'une constitutionnalité douteuse, il renvoie, en mars 1878, le cabinet Boucherville et appelle, pour le remplacer, le chef de l'opposition libérale, Henri-Gustave Joly. C'est ce qu'on a appelé le «coup d'État» de Letellier de Saint-Just.

Joly devient ainsi le quatrième premier ministre du Québec. Minoritaire à l'Assemblée législative, il ne peut gouverner et déclenche des élections dans l'espoir d'obtenir une majorité.

Chapleau et les castors (1879-1885)

Profitant du mécontentement provoqué par les politiques du gouvernement Boucherville, Joly est en mesure d'améliorer la position des libéraux lors des élections de 1878. Il fait élire une trentaine de députés, mais cela reste insuffisant pour lui assurer la majorité. Quelques conservateurs indépendants acceptent de se ranger de son côté, permettant à Joly de continuer à gouverner. Sa position est toutefois précaire: à la session de 1878, les projets de loi gouvernementaux ne sont adoptés qu'avec une voix de majorité. Des élections partielles tenues en 1879 lui permettent de porter cette majorité à quatre voix.

Le cabinet Joly est, lui aussi, aux prises avec les effets de la crise économique. Il pratique des coupures dans les dépenses publiques, supprimant certains postes et abolissant la police provinciale. Il doit également faire face, en juin 1878, à l'agitation ouvrière. Les entrepreneurs chargés de la construction des édifices de la législature, à Québec, veulent réduire les salaires de 0,60$ à 0,50$ par jour. Les ouvriers protestent en débrayant et gagnent à leur cause les autres travailleurs de la construction de la ville. Plusieurs manifestations ont lieu dans les rues de Québec. Le pillage d'un magasin par les grévistes amène un appel à l'armée. L'affrontement entre grévistes et soldats se solde par un mort et dix blessés.

Joly réussit à mener à terme la construction du Québec, Montréal, Ottawa et Occidental et à apaiser les tensions qui s'étaient manifestées autour du choix du tracé. Il fait face cependant à une forte opposition parlementaire, qui s'est donnée comme chef Joseph-Adolphe Chapleau. À Ottawa, le Parti conservateur reprend le pouvoir à l'automne 1878. Quelques mois plus tard, le gouvernement fédéral décide de destituer le lieutenant-gouverneur du Québec, Luc Letellier de Saint-Just, et de nommer à sa place un conservateur, Théodore Robitaille. De son côté, le Conseil législatif du Québec, formé en majorité de conservateurs, s'oppose au gouvernement Joly et refuse de voter les subsides. Quant à Chapleau, il réussit à convaincre cinq députés ministériels de changer de camp. À l'automne 1879, le gouvernement Joly est donc défait en chambre et doit céder sa place à un gouvernement conservateur, dirigé par Joseph-Adolphe Chapleau.

Le cinquième premier ministre du Québec gouverne dans une conjoncture favorable. La crise se résorbe. Le début des années 1880 est témoin d'une relance économique stimulée par les investissements ferroviaires, liés à la construction du Canadien Pacifique, et par la poussée d'industrialisation consécutive à l'adoption du tarif douanier protectionniste de 1879.

L'activité financière du gouvernement est marquée par l'accès au marché français. Le Québec réalise en effet, en 1881, son premier emprunt en France, d'un montant de 4 millions. La principale institution concernée, la Banque de Paris et des Pays-Bas, décide également d'investir au Québec en créant le Crédit foncier franco-canadien. Chapleau est lui-même impliqué dans la création de cette société, dont l'objectif est de prêter aux cultivateurs, aux municipalités et aux paroisses.

Mais la grande question qui occupe l'administration Chapleau est certainement le chemin de fer gouvernemental. Chapleau nomme comme gérant de l'entreprise l'homme d'affaires Louis-Adélard Sénécal. Sa grande préoccupation est de vendre le chemin de fer qui coûte cher à l'État et qui a nécessité d'importants emprunts. Il voudrait que le QMOO devienne le maillon québécois du réseau du Canadien Pacifique. Mais cette dernière compagnie n'est intéressée au début qu'à la partie ouest, entre Ottawa et Montréal; elle en fait l'acquisition en 1882, alors qu'un syndicat financier dirigé par Sénécal achète la partie est.

Les liens qui unissent Chapleau à Sénécal provoquent l'opposition

À gauche: Jospeh-Adolphe Chapleau, 1840-1898, premier ministre du Québec, 1879-1882. (ANC, PA25540). *À droite:* Joseph-Alfred Mousseau, 1838-1886, premier ministre du Québec, 1882-1884. (ANQ, GH1172-24)

de certains conservateurs, en particulier des ultramontains. À la suite du «coup d'État» de 1878, le Parti conservateur a refait son unité pour combattre le gouvernement Joly, mais l'arrivée au pouvoir de Chapleau ranime les hostilités. La tension entre les deux ailes atteint alors un sommet. Chapleau écarte systématiquement les ultramontains du pouvoir et ceux-ci attaquent avec virulence la gestion du premier ministre. Pour régler le problème, Chapleau souhaiterait une coalition des «modérés» libéraux et conservateurs. Il entreprend même des négociations en ce sens avec Honoré Mercier, mais elles n'aboutissent pas.

Les élections de 1881 permettent à Chapleau de renforcer ses positions dans le parti et à l'Assemblée. Une cinquantaine de députés conservateurs sont élus. À la suite de la vente du chemin de fer, en 1882, il décide de passer sur la scène fédérale où il espère devenir le chef de file des députés canadiens-français. Il devient aussitôt ministre dans le cabinet Macdonald, alors que le ministre fédéral Joseph-Alfred Mousseau effectue le cheminement inverse et devient premier ministre du Québec.

Mousseau est dominé par Chapleau, mais il n'a pas l'envergure de celui-ci et sa position devient vite inconfortable. Le groupe ultramon-

À gauche: John Jones Ross, 1833-1901, premier ministre du Québec, 1884-1887. (ANC, PA25376). *À droite:* Louis-Olivier Taillon, 1840-1923, premier ministre du Québec pour quelques jours en 1887 et de 1892 à 1896. (ANC, C21904)

tain s'est aguerri et multiplie ses attaques contre l'équipe au pouvoir. Au-delà du premier ministre, c'est le tandem Chapleau-Sénécal qui est mis en cause. Mousseau tente en vain d'en venir à une entente avec les ultramontains et, de guerre lasse, il démissionne au début de 1884.

Il est remplacé par John Jones Ross, lui-même assez près des ultra-montains. La chute de Mousseau marque l'établissement d'un nouveau rapport de force au sein du Parti conservateur et les ultramontains ont désormais leur place au cabinet. Du côté libéral, Honoré Mercier succède à Joly comme chef du parti en 1883.

Mercier et l'affirmation de l'État québécois (1886-1891)

L'arrivée de Ross au pouvoir marque une accalmie. L'administration courante semble prendre le pas sur les grands projets. Ayant refait leur unité, les conservateurs disposent d'une forte majorité à l'Assemblée et ne se sentent guère menacés par les libéraux. Mais, dès 1885, l'affaire Riel provoque des remous importants au Québec et permet à Mercier, chef du nouveau Parti national, de remporter les élections de 1886.

Le Parti conservateur tente de rester au pouvoir et de détacher de

Honoré Mercier, 1840-1894, premier ministre du Québec, 1887-1891. (ANC, C3844)

Mercier les conservateurs nationaux, mais sans succès. Dans une ultime manœuvre, Ross démissionne et cède sa place à l'ultramontain Louis-Olivier Taillon. Celui-ci n'est premier ministre que pendant quatre jours. À l'ouverture de la session, en janvier 1887, il est défait en chambre et doit démissionner. Honoré Mercier devient alors premier ministre.

Le gouvernement Mercier se caractérise à la fois par l'affirmation du nationalisme canadien-français et par un certain conservatisme socio-politique. Pour s'assurer l'appui des conservateurs nationaux, les libéraux doivent mettre en veilleuse certains aspects plus radicaux de leur programme, en particulier les réformes dans le domaine scolaire et les mesures pouvant sembler accroître l'intervention étatique ou remettre en cause les institutions traditionnelles.

L'une des formes d'expression du nationalisme consiste à exiger d'Ottawa le respect de l'autonomie provinciale. Mercier le fait avec force, ce qui est assez nouveau dans la vie politique québécoise. Il convoque même à Québec, en 1887, la première conférence interprovinciale de l'histoire de la Confédération, à laquelle participent cinq premiers ministres des provinces.

La défense, par un premier ministre québécois, du nationalisme canadien-français et catholique suscite des réactions négatives chez les anglo-protestants du Québec et des autres provinces du Canada. On le voit dans l'agitation consécutive au règlement de la question des biens des jésuites, en 1888. Après la conquête de 1760, la couronne britannique a saisi les biens ayant appartenu aux jésuites et affecté les revenus qui en découlent à des fins d'éducation. Le retour des jésuites au Québec, au milieu du 19e siècle, pose le problème de la rétrocession de ces biens, ou d'une compensation équivalente, à cette communauté religieuse. Or le clergé ne s'entend pas sur ce point. Les évêques estiment que ces biens ne reviennent pas seulement aux jésuites mais à l'ensemble de l'Église catholique du Québec, pour des fins d'éducation. À cause de cette mésentente, les premiers ministres du Québec n'ont jamais réussi à régler la question.

Mercier décide de négocier directement avec Rome. Il offre à l'Église catholique du Québec une compensation globale de 400 000$ dont le partage, entre les jésuites et les autres institutions religieuses, sera décidé par le pape. Et pour faire accepter cette décision par la minorité, il offre 60 000$ pour les universités et collèges anglo-protestants. Grand branle-bas chez les orangistes ontariens, où l'on s'offusque de voir le pape intervenir dans un pays britannique et où on estime que la minorité a été injustement traitée. Pour s'opposer à cette mesure, ils fondent l'Equal Rights Association, qui prône l'unilinguisme anglais au Canada et qui déclenche en Ontario et au Manitoba une campagne anti-canadienne-française.

Dans le domaine économique, le gouvernement Mercier lance un important programme de dépenses publiques qui entraîne une augmentation substantielle des emprunts: construction et macadamisation de routes, érection de ponts en fer, construction ferroviaire. On met en particulier l'accent sur la nécessité de compléter les chemins de fer dans les régions éloignées et les zones de colonisation. Le plus important est sans doute le chemin de fer Québec et Lac-Saint-Jean, inauguré jusqu'à Roberval en 1887 et qui atteindra Chicoutimi en 1893.

Cette implantation s'inscrit dans un objectif plus vaste d'améliorer le sort des populations vivant en région de colonisation et de faire en sorte que l'agriculture qui s'y pratique puisse devenir plus rentable et mieux intégrée aux marchés. C'est le sens de la nouvelle loi forestière, adoptée en 1888, qui vise à mieux séparer les territoires de colonisation des zones d'exploitation forestière. En outre, Mercier reconnaît l'importance de la colonisation avec la création d'un ministère de l'Agriculture et de la Colonisation, et la nomination du célèbre curé Labelle comme sous-ministre.

Dans son ensemble, l'action de Mercier prend l'allure d'une politique de grandeur, accompagnée d'un certain faste et de gestes d'éclat. Et, comme toute politique de grandeur, elle vise la reconnaissance extérieure. En cinq ans de pouvoir, Mercier se rend deux fois en France et à Rome, en plus de participer à un important congrès catholique qui se tient à Baltimore. Partout il est reçu avec de grands honneurs. La France, la Belgique et le Vatican lui décernent des décorations.

Le prestige et la popularité de Mercier s'accroissent et, aux élections de 1890, les libéraux obtiennent une nette majorité des sièges. Mais en quelques mois tout est remis en question. La corruption s'est installée dans l'entourage du premier ministre et, en 1891, éclate le scandale de la baie des Chaleurs. L'entrepreneur chargé de construire le chemin de fer de la baie des Chaleurs obtient du gouvernement une subvention de 175 000$ à laquelle il n'avait pas vraiment droit, par l'intermédiaire d'Ernest Pacaud, trésorier du Parti libéral, à qui il verse 100 000$. Cette somme permet à Pacaud de payer les dettes de certains ministres. Même si une commission ne peut établir que Mercier a eu connaissance de cette transaction, le lieutenant-gouverneur Auguste-Réal Angers renvoie le premier ministre et appelle le conservateur Charles-Eugène Boucher de Boucherville à lui succéder.

La fin d'un régime (1891-1897)

Boucherville est premier ministre pour la seconde fois. Comme les élections de 1890 ont donné une forte majorité aux libéraux, il se retrouve face à une Assemblée qui lui est opposée. Il déclenche donc des élections qui ont lieu au début de 1892. Contre Mercier, les conservateurs exploitent à fond le scandale de la baie des Chaleurs et d'autres cas de corruption. La plupart des conservateurs nationaux se détachent de Mercier et retournent au bercail du Parti conservateur. C'est la fin du Parti national, tel que le concevait Mercier. L'exploitation des scandales permet un renversement complet par rapport aux élections de 1890. Les conservateurs balaient le Québec et se retrouvent au pouvoir face à une opposition libérale décimée.

Ce retour massif de l'électorat vers les conservateurs constitue plus un accident de parcours qu'un véritable réalignement des forces. Le

Parti conservateur est engagé dans un processus de déclin. Les vieilles querelles reprennent entre ultramontains et modérés. Pendant ce temps, Wilfrid Laurier, chef des libéraux fédéraux, implante solidement son parti au Québec et prépare la chute des conservateurs aux deux paliers de gouvernement.

Boucherville, qui ne siège pas à l'Assemblée mais au Conseil législatif, ne reste qu'un an à la tête du gouvernement et, en 1892, cède sa place à Louis-Olivier Taillon. Venant à la suite de Mercier et de sa politique de grandeur, les administrations Boucherville et Taillon paraissent assez ternes. L'heure est à la modestie dans les actions gouvernementales.

Les deux premiers ministres œuvrent dans une conjoncture qui ne leur est pas particulièrement favorable. La première moitié de la décennie 1890 est une période de faible croissance économique et, à cause des importantes dépenses réalisées par Mercier, les finances de l'État sont grevées lourdement. Les conservateurs doivent pratiquer une politique d'austérité, supprimant certains postes, remettant à plus tard des travaux publics. Ils doivent aussi imposer de nouvelles taxes qui se révèlent fort impopulaires.

Comme d'autres l'ont fait avant lui, le gouvernement Taillon se tourne vers la France pour ses emprunts. En 1893, il renouvelle pour deux ans un emprunt à court terme réalisé par Mercier en 1891. Il voudrait cependant le remplacer par un emprunt à long terme et négocie cette question en 1894. Le trésorier provincial, J.S. Hall, s'oppose à ce projet d'emprunt français. Hall représente au cabinet les grandes institutions financières de Montréal et il est très lié au groupe de la Banque de Montréal. Il favorise plutôt un emprunt sur le marché anglais et, devant l'opposition du premier ministre, il démissionne du cabinet. La presse anglophone mène une campagne contre Taillon, et le conflit sur cette question financière prend vite une saveur ethnique. Il y a risque que les députés anglophones passent en bloc à l'opposition, mais le gouvernement réussit à parer cette menace.

Dans le domaine économique, les gouvernements Boucherville et Taillon se caractérisent, selon l'historien Robert Rumilly, par l'accent mis sur le développement de l'agriculture: pas de gestes spectaculaires, mais plutôt un ensemble de mesures visant à épauler l'action de groupes régionaux et à améliorer la qualité des produits. La conversion de l'agriculture québécoise à la production laitière atteint une ampleur

Edmund James Flynn, 1847-1927, premier ministre du Québec, 1896-1897. (ANQ, GH370-90)

nouvelle dans les années 1890. L'État subventionne par exemple la création d'une école d'industrie laitière à Saint-Hyacinthe et il encourage la formation de cercles et de coopératives agricoles.

Les conservateurs du Québec sont affectés par les difficultés que connaît leur parti au niveau fédéral. À Ottawa, la mort de John A. Macdonald, les rivalités internes, la succession rapide des premiers ministres (5 en 5 ans) et surtout le débat autour de la question des écoles du Manitoba affaiblissent le parti. Aux élections fédérales de 1896, Taillon accepte de quitter son poste de premier ministre du Québec pour se lancer dans la lutte. Peine perdue, puisque Wilfrid Laurier, à la tête du Parti libéral, remporte la victoire et devient le premier premier ministre fédéral d'origine canadienne-française depuis la Confédération. Au Québec, Edmund James Flynn succède à Taillon à la tête du gouvernement. Mais la victoire de Laurier et son emprise de plus en plus grande sur le Québec laisse présager la fin prochaine du régime conservateur, qui a dominé la scène politique québécoise pendant 30 ans. Flynn tente, avant les élections prévues pour 1897, d'améliorer l'image de son gouvernement, mais il ne parvient pas à contrer la vague de popularité de Laurier et des libéraux. Ceux-ci obtiennent les deux tiers des sièges et Félix-Gabriel Marchand devient premier ministre. Les élections de 1897 inaugurent un règne libéral qui durera sans interruption jusqu'en 1936.

ORIENTATIONS BIBLIOGRAPHIQUES

BERNARD, Jean-Paul. *Les Rouges: libéralisme, nationalisme et anticléricalisme au milieu du XIXᵉ siècle*. Montréal, PUQ, 1971. 394 p.

CAYA, Marcel. «Aperçu sur les élections provinciales du Québec de 1867 à 1886», *Revue d'histoire de l'Amérique française*, 29,2 (sept. 1975): 191-208.

DÉSILETS, Andrée. «La succession de Cartier, 1873-1891», *Communications historiques*, Société historique du Canada, (1968): 49-64.

HAMELIN, Jean *et al. Aperçu de la politique canadienne au XIXᵉ siècle*. Québec, Culture, 1965. 154 p.

HAMELIN, Jean *et al.* «Les élections provinciales dans le Québec», numéro spécial, *Cahiers de Géographie de Québec*, 4, 7 (oct. 1959 – mars 1960): 5-207.

HAMELIN, Jean et Marcel HAMELIN. *Les mœurs électorales dans le Québec de 1791 à nos jours*. Montréal, Éditions du Jour, 1962. 125 p.

HAMELIN, Marcel. *Les premières années du parlementarisme québécois (1867-1878)*. Québec, PUL, 1974. 386 p.

LAFORTE, Denis et André BERNARD. *La législation électorale au Québec, 1790-1967*. Montréal, Éditions Sainte-Marie, 1969. 197 p.

NEATBY, H. Blair et John T. SAYWELL. «Chapleau and the Conservative Party in Quebec», *Canadian Historical Review*, 37, 1 (mars 1956): 1-22.

VOISINE, Nive et Jean HAMELIN, dir. *Les ultramontains canadiens-français*. Montréal, Boréal Express, 1985. 347 p.

YOUNG, Brian. *George-Étienne Cartier, bourgeois montréalais*. Montréal, Boréal Express, 1982. 241 p.

CHAPITRE 15

LE GOUVERNEMENT FÉDÉRAL
ET LE QUÉBEC

Le nouveau régime, qui entre en vigueur le 1er juillet 1867, institue un système de gouvernement comprenant un palier fédéral et un palier provincial. Quelle sera l'attitude des Québécois en général et de leurs représentants face à ce nouveau système? Quelle sera la part d'influence accordée au Québec et aux Canadiens français dans le cadre de ces nouvelles institutions et dans l'orientation des décisions politiques?

Les Québécois et les institutions fédérales

Le régime ayant été conçu par des politiciens réunis à huis clos, il n'est pas surprenant que les Québécois francophones l'accueillent sans enthousiasme. Les premières élections fédérales n'ont rien d'un référendum sur la question et les électeurs paraissent plus intéressés à discuter de problèmes locaux que de questions constitutionnelles. Les rouges, dirigés par Dorion, appuyés par de jeunes nationalistes regroupés autour du journal l'*Union nationale* et du club Saint-Jean-Baptiste, ont été incapables depuis 1864 de soulever la population contre le projet fédéral. Les conservateurs, dirigés par George-Étienne Cartier et appuyés par les grands intérêts financiers de Montréal, par Londres et par le clergé, maintiennent leur emprise sur le Québec et réussissent à y faire élire 45 députés sur 65. Aux élections provinciales qui se tiennent au même moment — ce qui n'ajoute pas à la clarté du débat —, les conservateurs obtiennent de meilleurs résultats encore, faisant élire 51 députés sur 65. La défaite des opposants est complète et ceux-ci se résignent rapidement au fait accompli. La légitimité du nouveau système ne sera pas remise en question pendant de très nombreuses années, sauf par quelques individus très marginaux. Il semble même que, pour la classe politique tout au moins, le grand gouvernement soit le fédéral. L'ascendant qu'exercent Cartier et Langevin sur le gouvernement Chauveau ou l'attitude d'un Chapleau qui démissionne de son poste de premier ministre à Québec pour devenir simple ministre à Ottawa en sont des indices.

Certes, le gouvernement fédéral dispose d'importants pouvoirs et de non moins importantes ressources financières, et il est seul susceptible, croit-on, de protéger les minorités françaises et catholiques hors du Québec. Quant aux anglophones du Québec, pour eux aussi la grande scène politique est à Ottawa. Cependant, ils ne négligent pas la politique québécoise et ils veillent à défendre vigoureusement les intérêts financiers des milieux d'affaires et leurs droits en matière d'éducation. D'ailleurs, le vocabulaire politique utilisé est significatif quant à la hiérarchie entre les deux niveaux de gouvernement. Le représentant de la Couronne à Ottawa est gouverneur général tandis qu'à Québec il est lieutenant-gouverneur; le premier ministre fédéral porte le titre de *prime minister* tandis que celui d'une province est appelé *premier*; à Ottawa il y a un parlement et à Québec une législature; la Chambre basse fédérale porte le nom de *House of Commons*, comme à Londres, tandis que celle des provinces est une Assemblée législative.

Les Québécois francophones ne boudent pas le nouveau régime même si celui-ci implique une diminution de leur influence à Ottawa. Sous le régime de l'Union, le Bas-Canada avait le même nombre de députés que le Haut-Canada ainsi que le même nombre de conseillers législatifs. Avec la Confédération, le Québec voit son importance relative diminuer, passant de 50% des membres de la Chambre basse comme de la Chambre haute à 36%, dans le premier cas, avec 65 députés sur 181, et à 33%, dans le second, avec 24 sénateurs sur 72.

À la Chambre des Communes, sous le nouveau régime fédéral, le principe de la représentation est strictement proportionnel à la population de chaque province. Celle du Québec qui se voit attribuer un nombre fixe de 65 sièges sert de base de calcul. De 1867 à 1896, la population de l'Ontario augmentant plus rapidement que celle du Québec et la Confédération accueillant de nouvelles provinces, le nombre de députés passe de 181 à 213. Le Québec disposant toujours du nombre fixe de 65 sièges, la députation québécoise à la Chambre des Communes continue à perdre de son importance relative, passant de 36% à 30,5% de la députation totale. Au Sénat, la représentation est régionale et le Québec, tout comme l'Ontario, dispose de 24 postes; mais le nombre total de sénateurs passe de 72 en 1867 à 81 en 1896.

Il est à noter toutefois que, sous l'Union, les Canadiens français étaient déjà minoritaires. En effet, les anglophones du Bas-Canada faisaient toujours élire un certain nombre des leurs dans les deux Chambres. De même au lendemain de la Confédération, une quinzaine de députés du Québec à Ottawa sont anglophones, sans compter un certain nombre de sénateurs. Cependant, avec le nouveau régime les Canadiens français du Québec disposent d'un gouvernement provincial où ils constituent la majorité.

Dans un système parlementaire, le cabinet et surtout le premier ministre jouissent d'un pouvoir considérable. À ce niveau, le régime fédéral apporte d'importants changements. Sous l'Union, le Cabinet était dirigé conjointement par un Canadien anglais et un Canadien français d'où les ministères Baldwin-LaFontaine, Brown-Sicotte, Macdonald-Cartier, etc. Au lendemain de la Confédération, Lord Monck, le gouverneur général, en s'adressant uniquement à J.A. Macdonald pour former le cabinet, rompt définitivement avec cette tradition importante. De plus, le Québec n'a droit qu'à quatre postes au ministère, dont un est réservé à un anglophone. Les Canadiens français hors Québec ne sont pas représentés; au lieu d'un minimum de quatre ministres canadiens-français du Québec comme au temps de l'Union, il n'y en a plus que trois sur un total de treize ou quatorze. C'est ainsi que, dans la période 1867-1896, les Québécois francophones obtiennent environ 21% à 25% des postes. Généralement, ils occupent des ministères secondaires: secrétariat d'État, ministère du Revenu ou encore des portefeuilles où le «patronage» est important, tels les Travaux publics, les Postes ou l'Agriculture.

Le poids de la politique fédérale

Le gouvernement fédéral exerce son emprise sur le Québec non seulement par des moyens constitutionnels et financiers mais aussi par des moyens politiques. Le système bipartite tel qu'il fonctionne est extrêmement efficace à ce point de vue. Les partis libéral et conservateur sont des partis à la fois canadiens et provinciaux. Le personnel politique des deux niveaux de gouvernement est étroitement associé. Sous l'Union — en particulier dans les années 1840 —, les Canadiens français constituaient un groupe assez homogène et assez nombreux pour bloquer pratiquement le fonctionnement des institutions parlementaires. Le gouverneur Elgin, fort conscient de ce phénomène, avait expliqué à Londres que les institutions fonctionneraient bien lorsque les

Canadiens français se partageraient entre les deux principaux partis (tory et réformiste). Malgré tout, dans les années 1850 et 1860, même si les Canadiens français militent dans les deux partis, les conservateurs canadiens-français sont toujours assez nombreux pour peser très lourdement sur le fonctionnement du gouvernement. Avec la Confédération, même quand ils forment un bloc relativement important, leur poids est dilué et ils n'ont plus la force d'antan. Certes, il arrive à l'occasion que les députés francophones du Québec exercent assez de pression pour arracher une décision qui leur soit favorable, comme le renvoi du lieutenant-gouverneur Letellier de Saint-Just après le «coup d'État» ou encore l'octroi de quelques millions de dollars pour le chemin de fer QMOO. Mais généralement, ils sont divisés, soit entre les deux partis, soit selon les régions, soit par des conflits d'intérêts et de personnalités. La plupart du temps, le gouvernement arrive à leur imposer la ligne du parti, car leur réélection en dépend. Au niveau provincial, le même système partisan existe et les députés évitent de critiquer leurs vis-à-vis fédéraux de peur de nuire au parti. Les conservateurs sont presque toujours simultanément au pouvoir à Ottawa et à Québec, si bien que le système partisan s'avère efficace pour maintenir la paix entre le fédéral et le provincial.

De 1867 à 1873, le système du double mandat, qui permet à un député de siéger à la fois à Ottawa et à Québec, joue d'emblée en faveur de la domination des fédéraux. Le premier gouvernement Chauveau, en particulier, est accusé d'être inféodé au gouvernement fédéral, par l'intermédiaire de Cartier et de Langevin, simples députés à Québec mais ministres influents à Ottawa. Par la suite, l'abolition de ce système rend la tutelle fédérale moins visible, mais les partisans et les organisations demeurent les mêmes aux deux niveaux. La collaboration est d'autant plus facile que de 1867 à 1896 les conservateurs fédéraux dirigent le pays, sauf de 1873 à 1878 (tableau 1), tandis que leurs collègues à Québec ne cèdent le pouvoir aux libéraux que pendant un an et demi (1878-1879) et de 1887 à 1891.

Les conservateurs

George-Étienne Cartier est le chef incontesté des conservateurs du Québec, tant à Ottawa qu'à Québec. L'un des architectes de la confédération, il a une grande influence auprès du premier ministre Macdonald, dont il est l'allié depuis 1857 et dont il partage les vues sur la nécessité d'étendre le pays de l'Atlantique au Pacifique ainsi que sur le besoin d'un chemin de fer transcontinental. Tous deux désirent également éviter les conflits ethniques et religieux.

En 1872 cependant, le pouvoir de Cartier n'est plus le même que sous le régime de l'Union: il n'est plus l'alter ego de Macdonald et le poids relatif du groupe conservateur du Québec est moins considérable qu'avant 1867. De plus, la Confédération amène de nouveaux conflits ethniques et religieux (affaire Riel, écoles du Nouveau-Brunswick) où Cartier, comme Macdonald, se sent relativement impuissant devant la majorité anglophone. Aux élections de 1872, un certain désenchantement se fait sentir et Cartier est défait dans son comté. Pour financer la campagne des conservateurs, Cartier, Langevin et Macdonald lui-même ont reçu des sommes considérables de Hugh Allan, président d'une compagnie qui convoite le très lucratif contrat de construction du chemin de fer du Pacifique. Lorsque ces faits sont dévoilés l'année suivante, l'impact du scandale du Pacifique est tel que Macdonald doit remettre la démission de son gouvernement.

Entre-temps, à la suite du départ de Cartier, gravement malade, pour Londres où il décédera, Hector Langevin, l'un des «Pères de la Confédération» et secrétaire d'État à Ottawa, prend la relève à la direction des forces conservatrices du Québec. Ce rôle consiste à servir d'intermédiaire entre les deux niveaux de gouvernement, à maintenir l'unité du parti et à agir comme porte-parole du Québec auprès du premier ministre fédéral.

Langevin, compromis dans le scandale du Pacifique, ne se présente pas aux élections de 1874. Cependant il garde son poste de leader et exerce une influence certaine sur le premier ministre du Québec, Gédéon Ouimet. En 1878, il revient au Cabinet fédéral et fait la liaison entre Chapleau et Macdonald. Il s'efforce, non sans difficultés, de rétablir la paix entre les ultramontains et les modérés de son parti. À compter de 1882, malgré les succès des conservateurs, son leadership est contesté par le premier ministre du Québec, Joseph-Adolphe Chapleau. Celui-ci démissionne de son poste à Québec pour entrer au cabinet fédéral à titre de secrétaire d'État, tandis que le ministre Joseph-Alfred Mousseau quitte Ottawa pour devenir premier ministre du Québec. Chapleau espère déloger Langevin et continuer à exercer son influence à Québec par l'intermédiaire de Mousseau tout en contenant les ultramontains. Sur tous les plans, sa manœuvre échoue et il n'arrive pas à s'affirmer sur la scène fédérale. Langevin conserve la confiance de Macdonald et des ultramontains, mais il ne dispose pas d'une très grande influence.

La pendaison de Riel, en 1885, met à rude épreuve le leadership des conservateurs au Québec. Les trois ministres canadiens-français à Ottawa, Langevin, Chapleau et Caron, restent fidèles à Macdonald, mais le prestige de leur parti est compromis aux yeux des francophones, comme en témoignent l'accession de Mercier au pouvoir à Québec et le recul des conservateurs fédéraux à l'élection de 1887. La lutte interne chez les conservateurs se poursuit et le parti s'en ressent. En 1891, Langevin démissionne de son poste de ministre des Travaux publics, car il est impliqué dans un scandale politico-financier. Chapleau, à qui on refuse toujours la direction des troupes conservatrices et un ministère important, se retire et devient lieutenant-gouverneur du Québec en 1892.

Avec la disparition de Macdonald, qui meurt peu après l'élection de 1891, les conservateurs n'ont plus un leader anglophone acceptable au Québec, de même qu'ils sont dépourvus d'un chef francophone. Seul Chapleau aurait pu assumer ce rôle, mais il refuse de revenir à Ottawa.

Non seulement le Parti conservateur au Québec est très divisé, mais au Canada anglais, surtout en Ontario, plusieurs conservateurs se montrent violemment hostiles aux Canadiens français et au catholicisme depuis l'affaire Riel. Ce militantisme protestant contribue à annuler les bénéfices qu'auraient pu retirer les conservateurs de leur promesse, à la veille des élections de 1896, de résoudre le problème des écoles du Manitoba par une loi réparatrice. Cet engagement, il est vrai, vient après six années d'atermoiements et de mesures dilatoires.

Les libéraux

Lors des premières élections fédérales, le Parti libéral, dirigé par Antoine-Aimé Dorion au Québec, est dans une position désavantageuse. Il s'est opposé à la Confédération, il ne peut s'allier ouvertement aux «Grits» de l'ontarien George Brown à cause de leur réputation antipapiste et antifrançaise et une partie du clergé catholique, dirigée par Mgr Bourget et Mgr Laflèche, lui est franchement hostile. Cette conjoncture difficile se traduit dans les résultats électoraux de 1867 (tableau 1).

Même lorsque les libéraux accèdent au pouvoir en 1873, à la suite du scandale du Pacifique, ils ne présentent guère l'image d'un parti

Tableau 1

Résultats des élections fédérales au Québec et au Canada
1867-1896

Élections	Partis	Québec		Autres provinces		Canada	
		% vote obtenu	Sièges	% vote obtenu	Sièges	% vote obtenu	Sièges
1867	Gouvernement*	53,6	47	48,8	61	50,1	108
	Opposition*	45,1	17	50,4	55	49,0	72
	Autres**	2,6	1	1,1	—	1,0	—
1872	Conservateur	50,9	38	49,5	66	49,9	104
	Libéral	47,3	27	49,7	69	49,1	96
	Autres	1,8	—	0,6	—	0,9	—
1874	Libéral	51,7	35	54	103	53,8	138
	Conservateur	47,4	30	45	37	45,4	67
	Autres	0,9	—	0,8	1	0,8	1
1878	Conservateur	55,8	47	51,3	95	52,5	142
	Libéral	43,6	18	47,2	46	46,3	64
	Autres	0,6	—	1,5	—	1,2	—
1882	Conservateur	52,3	51	50,3	88	50,7	139
	Libéral	42,2	13	48,0	58	46,8	71
	Autres	5,5	1	1,7	0	2,5	1
1887	Conservateur	49,6	33	50,3	93	50,2	126
	Libéral	48,9	32	48,7	57	48,7	89
	Autres	1,5	—	1,0	—	1,1	—
1891	Conservateur	50,8	28	51,2	93	51,1	121
	Libéral	47,5	37	47,0	57	47,1	94
	Autres	1,7	—	1,8	0	1,8	—
1896	Libéral	53,5	49	42,2	69	45,1	118
	Conservateur	45,8	16	46,3	72	46,1	88
	Autres	0,7	—	11,5	7	8,8	7

* Il est difficile de classer les députés selon leur appartenance partisane en 1867.
Cependant, globalement, ceux qui appuient le Gouvernement sont des conservateurs et
ceux qui s'y opposent des libéraux.

** À cause des émeutes, l'élection dans Kamouraska a été annulée.

Source: J.M. Beck, *Pendulum of Power. Canada's Federal Elections.* Scarborough,
Prentice-Hall, 1968.

cohérent. Antoine-Aimé Dorion entre au Cabinet et dirige la campagne
de 1874. L'impact du scandale du Pacifique est tel que les libéraux
l'emportent, même au Québec. Dorion, ministre de la Justice, se retire
quelques mois après les élections pour devenir juge en chef de la Cour

d'appel du Québec. Dans ce parti, lui aussi divisé entre radicaux et modérés, il n'y a personne pour prendre la relève.

Cependant, le jeune Wilfrid Laurier qui a débuté sa carrière à Québec en 1871, puis l'a poursuivie à Ottawa en 1874, commence à s'affirmer au sein du Parti libéral. En 1877, il prononce à Québec un célèbre discours sur le libéralisme. Il se fait le défenseur d'un libéralisme modéré d'inspiration anglaise et demande au clergé catholique de ne pas intervenir indûment dans la vie politique, où les citoyens doivent s'exprimer librement. Nommé ministre il doit se présenter à nouveau devant ses électeurs de Drummond-Arthabaska. Le Parti conservateur, voyant en lui un adversaire dangereux, rassemble ses forces et lui fait subir une défaite. Néanmoins, il est élu, peu après, dans Québec-Est, dont il sera le député, sans interruption, jusqu'à sa mort en 1919.

Les élections de 1878 sont très difficiles pour les libéraux, qui n'ont pas de politique économique de rechange pour contrer la Politique nationale des conservateurs. Le même scénario se répète aux élections de 1882. En 1887, c'est encore la Politique nationale qui sauvera les conservateurs fédéraux, même si au Québec l'affaire Riel a un impact important pour l'avenir des deux partis. En effet, celle-ci permet à Honoré Mercier de prendre le pouvoir à Québec et de faire la preuve que les libéraux peuvent eux aussi être de vigoureux défenseurs des Canadiens français et qu'ils ne représentent pas une menace pour l'Église.

Laurier réussit en 1885, lors de l'affaire Riel, à garder sa crédibilité tant auprès des anglophones que des francophones; il collabore avec Mercier, mais évite de se compromettre sur les questions controversées. Après les élections de 1887, Laurier succède à Edward Blake au poste de chef du Parti libéral fédéral. À sa première campagne à titre de leader, en 1891, il remporte une majorité de sièges au Québec, mais ce n'est pas un raz-de-marée. L'organisation conservatrice est encore assez forte pour tenir; la Politique nationale et la figure de Macdonald ont encore assez d'attraits pour éviter le pire.

De 1891 à 1896, Laurier à tous égards s'affirme. D'une certaine manière, le renvoi de Mercier en 1891, compromis dans le scandale de la baie des Chaleurs, lui convient, même si les conservateurs provinciaux prennent le pouvoir en 1892. Sur la scène fédérale, le congrès de son parti à Ottawa en 1893, outre qu'il soit une première, permet à Laurier d'asseoir solidement son leadership et de se rallier officiellement à la Politique nationale en laissant tomber la réciprocité sans limite avec les États-Unis que son parti avait prônée en 1891 et qui lui avait été fatale.

Pendant toutes ces années, les anciens Grits ontariens de Brown, antifrançais et antipapistes, ont changé, grâce à Edward Blake, le prédécesseur de Laurier, et à Oliver Mowat, le premier ministre d'Ontario depuis 1872, qui ont compris que leur parti, pour s'imposer, doit pratiquer une politique de tolérance sur le plan ethnique et religieux. Inversement, les conservateurs, qui, à l'époque de Macdonald et de Cartier puis de Langevin, avaient fait de cette politique de conciliation la pierre d'angle de leur parti, deviennent de plus en plus radicaux et hostiles aux catholiques et aux francophones.

Dans l'affaire des écoles du Manitoba, Laurier tout en reconnaissant les droits des catholiques s'oppose à la politique des conservateurs, qu'il qualifie de coercitive, et prédit qu'elle sera inapplicable. Il n'a pas de solutions à proposer, sauf qu'il s'engage à négocier une entente satisfaisante, acceptable pour les deux parties. Malgré l'opposition de l'épiscopat, Laurier réussit à convaincre ses compatriotes du Québec de lui faire confiance et il remporte une victoire décisive au Québec. D'ailleurs, c'est grâce au Québec qu'il devient premier ministre, car dans le reste du Canada les conservateurs ont une faible majorité. Laurier, qui incarne un libéralisme modéré et poursuit la politique nationale échafaudée par les conservateurs, tout en pratiquant une politique de conciliation au point de vue religieux et ethnique, devient le véritable successeur de Macdonald. Il s'installe au pouvoir pour 15 ans, sans interruption.

Les relations intergouvernementales

De 1867 à 1896, le rêve de Macdonald et de la plupart des «Pères de la Confédération» de voir s'édifier un État de plus en plus centralisé est mis à rude épreuve. Pendant ces 30 premières années, les provinces réussissent en effet à affirmer leurs personnalités face au gouvernement central qui se voit contraint de freiner ses ambitions centralisatrices.

Le cadre général

L'immensité et la diversité du nouveau pays imposent un fédéralisme moins centralisateur. Et cela d'autant plus que les anciennes colonies

réunies au sein de la Confédération ont de solides traditions autonomistes et ne se reconnaissent pas de forte loyauté à l'égard de cette
nouvelle entité politique qu'est le dominion du Canada. Les tensions
ethniques et religieuses qui déchirent le pays rendent son unification
encore plus difficile. La conjoncture économique défavorable de 1873
à 1896 accroît le mécontentement des provinces, fort insatisfaites des
ententes conclues en 1867, lesquelles ne leur laissent que de maigres
ressources.

L'évolution vers un fédéralisme plus décentralisé est également
confirmée et appuyée par le Comité judiciaire du Conseil privé de
Londres qui sert de tribunal de dernière instance en matière constitutionnelle. Le Conseil privé, à travers ses jugements, appuie les vues
autonomistes des dirigeants provinciaux et sans doute celles de leur
électorat, qui s'identifie plus facilement à sa province qu'au gouvernement central.

Dès les premières élections fédérales, en 1867, la Nouvelle-Écosse
exprime vigoureusement son opposition au nouveau régime qui lui fait
perdre l'autonomie dont elle jouissait: sur ses 18 députés, 17 sont opposés à la Confédération. Il faudra le veto de Londres et une augmentation
des subventions pour mettre un terme à son désir de sécession. Malgré
tout, en 1886, le gouvernement Fielding menace à nouveau de séparer
la Nouvelle-Écosse du Canada, qu'il tient responsable des difficultés
économiques de la province.

Dans l'Ouest, la situation n'est guère plus facile pour le gouvernement central. Le Manitoba et la Colombie britannique sont mécontents
de la stagnation qui les afflige et de la politique ferroviaire d'Ottawa
qui freine leur développement. Outre les problèmes économiques de
l'Ouest, il y a ceux des Métis et des Amérindiens, dont bon nombre,
dirigés par Riel, prennent les armes à deux reprises contre Ottawa. Ces
deux rébellions se répercutent sur les rapports entre Canadiens français
et Canadiens anglais et placent le gouvernement fédéral dans une
situation difficile. De même, la question des écoles du Nouveau-
Brunswick et, plus tard, celle des écoles du Manitoba montrent à l'envi
que le fédéralisme ne constitue pas une solution miracle aux problèmes
ethniques. Le gouvernement fédéral est empêché, par la majorité, d'intervenir efficacement dans ces conflits, ce que favorise indirectement
l'autonomie des provinces. Le prestige du gouvernement fédéral s'en
trouve affaibli, du moins aux yeux des Canadiens français du Québec
et des autres provinces.

Caricature illustrant la centralisation fédérale au temps de John A. Macdonald. (J.W. Bengough, *A Caricature History of Canadian Politics*, ANC, C78864)

Même la province la plus riche et la plus influente du pays s'oppose vigoureusement aux vues centralisatrices d'Ottawa. De 1867 à 1896, c'est l'Ontario qui prend la tête du combat pour l'autonomie provinciale. Dès 1868, les libéraux, qui sont dans l'opposition, dénoncent les manœuvres centralisatrices des conservateurs fédéraux. Certes, ils sont en faveur de la Confédération, mais ils rappellent vigoureusement que

le fédéralisme est à la fois union et séparation. Une des raisons primor-
diales qui a amené les Ontariens à appuyer la Confédération était le
désir de contrôler leurs affaires locales et d'éviter ce qu'ils appelaient
la «French Domination». De plus, l'Ontario étant la province la plus
riche, elle est, même dans les années difficiles, relativement indépendante d'Ottawa. Les Ontariens sont conscients que plus le fédéral
élargit ses pouvoirs et augmente ses dépenses, plus ils devront payer
pour les autres provinces moins fortunées. Lorsque la province est
dirigée par le libéral Oliver Mowat, de 1872 à 1896, celui-ci conteste
à maintes reprises et avec succès les décisions du fédéral, soit devant
ses électeurs qui lui restent fidèles, soit devant le plus haut tribunal de
l'Empire, le Conseil privé de Londres.

L'AANB étant particulièrement obscur, les tribunaux sont appelés à
jouer un rôle important en matière d'interprétation. Dans une série de
jugements, en particulier de 1883 à 1896, le Conseil privé donne une
interprétation très favorable à ceux qui défendent l'autonomie des provinces. La cour s'oppose à l'idée que les provinces — dans les domaines que leur attribue la constitution — soient subordonnées au fédéral.
Les juges écrivent en 1883: «Dans les limites des sujets précités (article
92) la législature locale exerce un pouvoir souverain, et possède la
même autorité que le parlement impérial ou le parlement du Dominion
aurait, dans des circonstances analogues.»

Cette théorie de la souveraineté des provinces dans leur sphère de
compétence en viendra, par la force des choses, à limiter le droit de
désaveu du fédéral et même à atténuer sérieusement le caractère
général du préambule de l'article 91, qui autorise le gouvernement
fédéral à légiférer en faveur de la paix, de l'ordre et de la bonne administration. Le Conseil privé estime qu'il faut limiter rigoureusement les
pouvoirs du gouvernement fédéral, en particulier lorsqu'il s'agit des
pouvoirs résiduaires ou lorsque le fédéral invoque la dimension nationale de certains problèmes locaux. Autrement, estime le Conseil, cela
«détruirait en pratique l'autonomie des provinces». Dans le même ordre
d'idée, le tribunal reconnaît que le lieutenant-gouverneur représente
directement la couronne dans les provinces et qu'il n'est pas un simple
fonctionnaire d'Ottawa. C'est dire que les parlements provinciaux ne
sont pas de simples conseils municipaux.

Au-delà de l'aspect partisan, qui amène des premiers ministres
libéraux à joindre l'utile à l'agréable en combattant les conservateurs
de Macdonald, au delà de la question du «patronage» — si important

pour être élu —, la lutte pour l'autonomie provinciale exprime le particularisme marqué des diverses régions du nouveau pays, qui pousse dans le sens de la décentralisation.

En 1896, la constitution est toujours la même, mais l'interprétation qui en a été donnée a modifié sensiblement l'équilibre entre le fédéral et les provinces. Les gouvernements provinciaux seuls, ou coalisés comme à l'occasion de la première conférence interprovinciale de 1887, ont réussi, avec l'appui de leur électorat, à s'assurer une certaine autonomie qui est dans la logique du système fédéral.

Le cas québécois

Dans la période 1867-1896, tous les politiciens francophones du Québec sont, en principe, en faveur de l'autonomie provinciale; mais en pratique, à l'exception d'Honoré Mercier, ils font peu pour l'avancement de cette cause. Le facteur déterminant des relations fédérales-provinciales est l'esprit partisan qui anime aussi bien les conservateurs que les libéraux. Pendant les 30 premières années, sauf de 1873 à 1879 et de 1887 à 1891, les conservateurs sont au pouvoir simultanément à Ottawa et à Québec. Les conservateurs provinciaux sont dominés par leurs collègues fédéraux et ils n'osent rien faire qui pourrait nuire à l'aile fédérale de leur parti. Les libéraux sont tout aussi partisans et ils défendent la cause autonomiste lorsqu'elle coïncide avec leur intérêt étroitement politique.

Le Québec, contrairement à l'Ontario, est dans une situation difficile au point de vue financier et, partant, s'avère plus dépendant d'Ottawa et moins sensible à la question des droits provinciaux. C'est ainsi qu'au lendemain de la Confédération, le Québec abandonne à toutes fins utiles sa politique d'immigration, laissant le champ libre à Ottawa. Le premier ministre Macdonald, en faisant quelques concessions sur le plan financier (règlement de la dette Québec-Ontario, subventions pour le QMOO), empêche le problème de l'autonomie de se poser avec force au Québec. Les conservateurs provinciaux soutiennent qu'en obtenant d'Ottawa plus d'argent pour le Québec, ils évitent de recourir à l'imposition de taxes directes et défendent efficacement l'autonomie. Même George-Étienne Cartier, qui savait que l'acquisition d'un gouvernement provincial dominé par les francophones du Québec constituerait pour eux un progrès politique par rapport au régime unitaire de l'Union, n'en soutenait pas moins que ce gouvernement provincial aurait l'avantage d'être peu coûteux et qu'il n'aurait pas à recourir aux taxes directes car il serait largement subventionné par Ottawa. Il faut attendre une quinzaine d'années pour entendre un autre point de vue, celui d'Honoré Mercier. Allant à contre-courant, Mercier soutient que «le jour où il faudra compter fatalement et inexorablement avec le gouvernement d'Ottawa comme notre seule ressource pour nous tirer des embarras financiers dans lesquels on se trouve, ce jour-là marquera notre déchéance nationale».

Non seulement les Québécois francophones perçoivent le gouvernement fédéral comme le «grand» gouvernement, mais ils comptent sur lui pour assurer la protection des droits religieux et scolaires des minorités canadiennes-françaises hors du Québec, alors que plusieurs anglophones du Canada s'opposent à l'intervention fédérale au nom de l'autonomie provinciale. Les querelles ethniques et l'impuissance d'Ottawa à régler ces problèmes amènent progressivement les Québécois francophones à se tourner davantage vers le gouvernement du Québec. C'est avec Honoré Mercier que l'autonomie provinciale devient l'expression politique du nationalisme.

Cette attitude nouvelle est en gestation depuis des années. Les libéraux, étant presque toujours dans l'opposition, en profitent pour attaquer le gouvernement sur son inféodation aux conservateurs fédéraux en général. Ils dénoncent avec vigueur le double mandat. Wilfrid Laurier déclare à ce propos: «avec le simple mandat, Québec est Québec; avec le double mandat, ce n'est plus qu'un appendice d'Ottawa». Dans ce cas, comme dans l'affaire du «coup d'État» de Letellier de Saint-Just, les libéraux se portent à la défense de l'autonomie provinciale. Il est vrai que cela coïncide avec leur intérêt partisan et qu'en d'autres circonstances, lorsqu'ils seront au pouvoir à Ottawa, ils seront moins autonomistes.

Le seul qui semble avoir une pensée autonomiste structurée, encore qu'elle ne soit pas tout à fait exempte de partisanerie, est Honoré Mercier, premier ministre de 1887 à 1891. Mercier s'inspire des thèses du juge Loranger, qui reprend lui-même des idées qui ont cours en Ontario. Selon le juge Loranger, dans ses *Lettres sur l'interprétation de la Constitution*, les provinces ne sont pas subordonnées au fédéral, car chaque niveau de gouvernement est souverain dans son domaine de juridiction. De plus, selon lui, le gouvernement fédéral a été créé par les provinces, lesquelles ne lui ont cédé que quelques pouvoirs pour des

Les participants à la conférence interprovinciale de 1887 à Québec. (ANC, C11583)

fins interprovinciales. Mercier reprend ces idées pour étayer sa défense de l'autonomie.

À cette argumentation juridique, il juxtapose souvent une argumentation plus nationaliste. L'affaire Riel lui permet d'insister davantage sur cette dimension. Il soutient notamment que, pour défendre leurs droits, les Canadiens français doivent s'unir au-delà des lignes de parti et même former un Parti national. Plus profondément, il est amené à dire que les droits des Canadiens français ne sont assurés qu'au Québec. Devenu premier ministre, il s'efforce d'exalter la fierté de ses compatriotes et insiste, dans ses discours, sur le caractère français et catholique du Québec.

Cependant, ni Mercier ni aucun autre premier ministre du Québec de la période ne remettent en cause le fédéralisme comme tel. C'est pourquoi Mercier — avec le premier ministre Mowat — peut convoquer en 1887 à Québec la première conférence interprovinciale, à laquelle refuse de participer le gouvernement fédéral. Les deux principales demandes des provinces sont le rajustement des subsides versés aux provinces et la limitation du droit de désaveu du gouvernement central. Même si la conférence ne semble pas avoir eu un grand impact sur le gouvernement fédéral, celui-ci doit prendre note de la possibilité d'un front commun contre sa politique.

De 1867 à 1896, dans le combat pour l'autonomie provinciale, le Québec est à la remorque de l'Ontario. Cependant, les conflits ethniques et religieux qui marquent la période ont pour effet d'exacerber le nationalisme canadien-français et, par ce biais, d'amener les Québécois francophones à pressentir quelque peu l'importance de leur gouvernement provincial.

ORIENTATIONS BIBLIOGRAPHIQUES

BECK, J.M. *Pendulum of Power. Canada's Federal Elections*. Scarborough, Prentice-Hall, 1968. 442 p.

BONENFANT, Jean-Charles. *La naissance de la Confédération*. Montréal, Leméac, 1969. 155 p.

BRUNET, Michel. *Québec/Canada anglais. Deux itinéraires, un affrontement*. Montréal, HMH, 1968. p. 231-286.

Conférences fédérales-provinciales et conférences interprovinciales, 1887 à 1926. Ottawa, Imprimeur du roi, 1951. 112 p.

COOK, Ramsay. *L'autonomie provinciale, les droits des minorités et la théorie du pacte, 1867-1921*. Étude n° 4 de la Commission royale d'enquête sur le bilinguisme et le biculturalisme, Ottawa, Imprimeur de la reine, 1969. 82 p.

DÉSILETS, Andrée. *Hector-Louis Langevin: un père de la Confédération canadienne, 1826-1906*. Québec, Presses de l'Université Laval. 1969.

GIBSON, Frederick W. *La formation du ministère et les relations biculturelles*. Étude n° 6 de la Commission royale d'enquête sur le bilinguisme et le biculturalisme, Ottawa, Imprimeur de la reine, 1970. 202 p.

HAMELIN, Marcel. *Les premières années du parlementarisme québécois (1867-1878)*. Québec, PUL, 1974. 386 p.

LAMONTAGNE, Maurice. *Le fédéralisme canadien*. Québec, PUL, 1954. 298 p.

MOORE, A. MILTON et al. *Le financement de la fédération canadienne*. Toronto, Association canadienne d'études fiscales, 1966. 164 p.

MORISON, J.-C. «Oliver Mowat and the Development of Provincial Rights in Ontario: A Study in Dominion-Provincial Relations, 1867-1896», *Three History Theses*. Toronto, The Ontario Department of Public Records and Archives, 1961. 308 p.

Rapport de la Commission royale d'enquête sur les problèmes constitutionnels, 4 vol. Québec, 1956. (Rapport Tremblay)

Rapport de la Commission royale des relations entre le Dominion et les provinces. Volume I: *Canada: 1867-1939*. Ottawa, 1940. 285 p. (Rapport Rowell-Sirois)

SMILEY, Donald V. *The Canadian Political Nationality*. Toronto, Methuen, 1967. 142 p.

CHAPITRE 16

LE MOUVEMENT DES IDÉES

La société québécoise des dernières décennies du 19ᵉ siècle, nous l'avons vu, n'est pas monolithique sur le plan social. Elle ne l'est pas plus sur le plan des idées. Des courants de pensée divers s'y expriment et des polémiques, parfois virulentes, l'agitent. Les idées en vogue puisent leur inspiration à l'étranger, surtout en Europe. Deux courants principaux, le libéralisme et l'ultramontanisme, occupent une place importante, tandis que les idées de type égalitaire sont plus marginales. Le discours des uns et des autres est inévitablement touché par les changements économiques et sociaux qui se manifestent depuis le milieu du siècle.

Les courants idéologiques

Les idéologies sont des systèmes de pensée bien articulés proposant une vision globale de la société et des orientations qu'il convient de lui donner. Société d'emprunts, le Québec de l'époque n'importe pas que des capitaux et de la technologie; il trouve aussi à l'étranger ses sources d'inspiration, bien que ses penseurs cherchent à les adapter aux conditions particulières du milieu.

Les sources européennes

Deux grandes idéologies d'origine européenne ont au Québec un impact particulièrement important: le libéralisme et l'ultramontanisme.

L'idéologie libérale, comme le rappelle l'historienne Fernande Roy, accorde la primauté à la propriété et à l'individu. La propriété privée est ainsi érigée en principe suprême, que les penseurs libéraux se chargent d'exalter mais aussi de défendre contre tous les empiètements. L'individualisme est aussi une valeur fondamentale qui justifie et sous-tend la propriété. Les deux autres grandes valeurs libérales, la liberté et l'égalité, découlent des deux premières et leur sont subordonnées. L'idéologie libérale est alors dominante en Europe occidentale: elle est l'idéologie du système capitaliste, dont elle légitime l'emprise sur la société. En plusieurs endroits elle est synonyme de conservatisme social et se montre peu sensible aux problèmes sociaux qu'engendrent les sociétés industrielles. En effet, si le discours libéral valorise l'idée de progrès, il s'agit d'un progrès dû à l'initiative individuelle; les solutions collectives sont, dans cette perspective, rejetées ou combattues.

Le libéralisme est néanmoins une idéologie en évolution et s'exprime dans des courants divers, selon les pays et les époques. Au 19e siècle, l'un de ces courants met l'accent sur le radicalisme politique en combattant l'influence de l'Église, particulièrement dans le champ de l'éducation. Par ailleurs, certains penseurs libéraux, conscients des problèmes sociaux, voient la nécessité de tempérer quelque peu les débordements de l'individualisme par une intervention accrue de l'État au nom du bien commun; ils représentent toutefois un courant encore bien minoritaire.

Quant à l'idéologie catholique ultramontaine, elle s'est développée et structurée en France à partir du début du 19e siècle, en réaction aux idées libérales de la Révolution française. Elle affirme la primauté du spirituel sur le temporel, de l'Église sur l'État. Elle veut affranchir l'Église de la tutelle politique à laquelle elle est soumise depuis longtemps dans plusieurs pays. Elle cherche donc à renforcer et à valoriser le rôle des institutions catholiques et de la hiérarchie ecclésiastique, en particulier celui du pape, guide suprême dont elle exalte la fonction et dont elle proclame l'infaillibilité. Cette idéologie anime un vaste mouvement de réveil religieux qui se manifeste par l'encadrement plus serré des fidèles, par l'essor des manifestations ouvertes de piété, par la multiplication des communautés religieuses et leur intervention accrue dans l'éducation des fidèles, et par la création d'une presse catholique militante, au sein de laquelle s'illustre en particulier le journaliste Louis Veuillot. Dans les dernières décennies du 19e siècle, le courant ultramontain est cependant divisé en deux tendances: l'une, modérée, qui recherche des accommodements avec le libéralisme, l'autre, intransigeante, qui refuse tout compromis.

Le 19e siècle européen, enfin, est témoin de la montée d'un troisième courant, celui des idéologies égalitaires, depuis le socialisme utopique jusqu'au communisme. En réaction à l'individualisme libéral, elles proposent des projets de société fondés sur l'action et la propriété collectives. Même si certaines ont une dimension spirituelle, elles se situent en dehors de l'Église; quelques-unes rejettent même toute religion, cet «opium du peuple». Ces idéologies sont évidemment combattues avec vigueur tant par les libéraux que par les ultramontains.

Les idéologies au Québec

L'idéologie libérale est présente depuis longtemps au Québec. Chez les anglophones, elle a accompagné depuis la fin du 18e siècle la montée d'une classe sociale, la bourgeoisie. Chez les francophones, elle s'est d'abord exprimée sous la forme du radicalisme politique. Dans les années 1830, les dirigeants du Parti patriote ont en particulier insisté sur les valeurs de liberté et d'égalité. Au cours des deux décennies suivantes, les rouges ont repris le flambeau et accentué le caractère radical de ce courant en insistant sur la liberté de pensée et en s'attaquant au cléricalisme croissant, allant jusqu'à réclamer la séparation de l'Église et de l'État ainsi que la laïcisation de l'éducation. Après la Confédération, ce courant radical, fermement combattu par l'Église, est considérablement affaibli et n'est plus représenté que par des penseurs relativement isolés, dont l'influence est limitée.

L'idéologie libérale n'est pas morte pour autant en milieu francophone. Dépouillée de son radicalisme, elle exprime avec force ses valeurs fondamentales, la primauté de la propriété privée et l'individualisme. Comme l'a montré Fernande Roy, c'est la presse d'affaires qui, à partir des années 1880, expose avec le plus de cohérence les valeurs essentielles du libéralisme et la vision de la société qui en découle. La propriété privée y est présentée comme la source du progrès matériel et du bonheur individuel; c'est elle qui fonde l'égalité des individus et la liberté dont ils jouissent. Dans ce contexte, le rôle de l'État est réduit à la portion congrue; dans ses interventions, il doit respecter le primat de la propriété privée et représenter ses intérêts. En affirmant l'égalité des individus, l'idéologie libérale rejette les solutions collectives, en particulier pour les travailleurs. Idéologie des hommes d'affaires, le libéralisme déborde cependant ce groupe et est diffusé plus largement par la presse à grand tirage et par les hommes politiques, phénomène qui ira en s'accentuant au début du 20e siècle. Il faut d'ailleurs éviter de confondre idéologie libérale et Parti libéral; les principes du libéralisme sont en effet acceptés par beaucoup d'hommes politiques des deux partis, bien que le Parti conservateur compte en son sein bon nombre d'ultramontains.

L'ultramontanisme a commencé, lui aussi, à s'implanter au Québec bien avant la Confédération. Dès les années 1820 et 1830, le premier évêque de Montréal, Jean-Jacques Lartigue, s'en est fait le propagandiste. Mais c'est surtout grâce à son successeur, Ignace Bourget, que cette idéologie s'est structurée et diffusée. Imitant la stratégie française, Bourget a multiplié les implantations de communautés religieuses, investi systématiquement le champ de l'éducation et des services sociaux, stimulé le développement de la piété populaire, encouragé la formation d'une presse catholique et exalté le rôle de la papauté. Au Québec comme en France, l'ultramontanisme affirme la primauté du spirituel sur le temporel, de l'Église sur l'État. Il justifie en outre le renforcement de l'autorité cléricale sur la société. L'ultramontanisme québécois prend cependant une coloration particulière, en associant étroitement la religion et la nation canadienne-française.

La pénétration de l'ultramontanisme est considérable à l'époque de la Confédération. L'historien René Hardy a souligné, par exemple, comment l'aventure des zouaves pontificaux représente une stratégie de mobilisation populaire à la défense du pape et constitue une étape importante dans l'établissement de l'emprise ultramontaine. Celle-ci se manifeste également dans le contrôle accru du système d'éducation que l'Église obtient du pouvoir politique, contrôle consacré définitivement en 1875.

Mais déjà à cette époque se manifestent, tout comme en France, des tensions entre deux courants qui s'affrontent de plus en plus : d'un côté, les intransigeants, derrière Bourget et l'évêque de Trois-Rivières, Louis-François Laflèche, de l'autre, les modérés dont le chef de file est l'archevêque de Québec, Elzéar-Alexandre Taschereau. Les divisions tiennent à des attitudes divergentes quant aux accommodements possibles avec la société civile et les institutions politiques; elles sont cependant aggravées par des conflits de personnalités.

Le troisième grand courant idéologique européen, le socialisme, a peu d'emprise au Québec. Il est néanmoins présent dans le discours, comme repoussoir, car libéraux et ultramontains en parlent régulièrement et s'entendent pour le condamner avec vigueur. Il ne faut toutefois pas conclure à l'absence de tout courant de pensée s'inspirant d'idéologies égalitaires. Le mouvement syndical, en effet, formule une pensée qui se distingue du libéralisme et de l'ultramontanisme. C'est particulièrement le cas des Chevaliers du travail qui, sans être socialistes, expriment des idées d'origine américaine, teintées d'utopie et valorisant l'action collective et la coopération. Malgré l'opposition des hommes d'affaires et du clergé, ils réussissent à effectuer certaines percées dans la population ouvrière.

Le paysage idéologique est cependant dominé par les libéraux et les ultramontains. Même si les sujets de discorde sont nombreux, on assiste néanmoins à une forme de cohabitation entre ces deux courants. Certes, les ultramontains de la tendance intransigeante pourfendent sans relâche le libéralisme, s'en prenant surtout au radicalisme politique, pourtant en déclin. En identifiant les membres du Parti libéral au radicalisme et à l'anticléricalisme, ils commettent des excès qui leur valent d'être discrédités tant à Rome qu'auprès de l'électorat. La voie de la raison en vient à prévaloir et suscite des accommodements. Les libéraux, sauf quelques francs-tireurs, évitent d'attaquer l'Église et préfèrent composer avec elle. Celle-ci assure d'ailleurs un ordre social qui ne peut être que favorable aux milieux d'affaires. En outre, comme le rappelle Fernande Roy, l'Église reconnaît le principe de la propriété privée, fondamental pour les libéraux. Malgré quelques tiraillements au sujet de l'éducation, les hommes d'affaires et les hommes politiques finissent par accepter le contrôle clérical en ce domaine. De leur côté, les ultramontains doivent tenir compte de la présence du bloc anglo-protestant au Québec, qui restreint la perspective d'une soumission de l'État à l'Église.

Ces compromis indiquent déjà que les idéologies, formulées avec toute leur pureté dans certaines publications, fournissent des cadres généraux et des principes qui sont ensuite adaptés par des penseurs ou des personnages publics ayant des préoccupations diverses. L'expression des idées dans la société québécoise ne saurait se résumer à deux modèles rigides. Au delà des grands courants, des penseurs en apparence opposés peuvent se rejoindre sur certaines questions, tandis que des individus appartenant à une même famille idéologique sont parfois en désaccord sur d'autres questions. C'est ce que permet de voir l'examen de quelques-uns des thèmes qui font l'objet de débats dans la société québécoise des dernières décennies du 19e siècle. Nous nous pencherons en particulier sur les sujets de l'économie, de la société et de la nation.

Les idées sur l'économie

Les courants d'idées sont évidemment influencés par les caractéristiques économiques du Québec et les transformations substantielles qui se manifestent en ce domaine depuis le milieu du siècle. Rappelons que le système capitaliste se développe de plus en plus et que les processus d'industrialisation et d'urbanisation sont clairement amorcés. La population est encore à forte majorité rurale et agricole, mais elle est soumise à des bouleversements importants qui affectent l'agriculture et qui provoquent l'émigration vers la ville et vers l'étranger.

L'éloge du progrès matériel

Les milieux d'affaires et une grande partie des hommes politiques, même chez ceux qui s'identifient à l'idéologie ultramontaine, valorisent, en matière économique, les principes du libéralisme. La primauté de la propriété privée est un credo généralement accepté. Le discours met surtout l'accent sur le caractère à la fois nécessaire et bénéfique du progrès matériel engendré par le développement économique. Ce mot progrès, on le retrouve appliqué à un grand nombre de situations et toujours avec une connotation positive.

On entend à l'époque de nombreuses affirmations sur la nécessité de susciter de nouveaux investissements, de stimuler la production et les échanges, de développer l'agriculture, le commerce et l'industrie. L'effort individuel, le travail et l'éducation sont valorisés: on soutient que le succès et la richesse sont accessibles à tous, à condition de travailler fort et avec persévérance. Il y a une place au soleil pour tout le monde, il suffit de la prendre. La validité de ce principe est attestée par les nombreuses *success stories*, racontant la vie de ces immigrants pauvres ou de ces fils de cultivateurs qui, grâce à leur énergie et à leur talent, deviennent de grands hommes d'affaires riches et respectés.

Parce qu'elle domine l'activité économique, c'est d'abord la bourgeoisie anglophone qui exprime avec le plus de force cette pensée d'inspiration libérale, dont la presse anglo-montréalaise est certainement le véhicule le plus important. Ajoutons-y les rapports du Board of Trade et ces nombreuses publications à la gloire du développement économique et du progrès matériel qui paraissent tout au cours de la période.

La bourgeoisie francophone n'est pas en reste et partage de plus en plus cette orientation. S'y ajoute, dans son cas, l'idée de rattrapage. Il faut que les hommes d'affaires canadiens-français aient leur place au soleil, qu'ils obtiennent leur part du gâteau. Ce n'est évidemment pas une quelconque intervention de l'État qui leur donnera cette place, mais le travail et l'effort individuel; ce qui ne les empêche pas de réclamer eux aussi leur part de l'appui généreux que les trois paliers de gouvernement donnent à l'entreprise privée. Marcel Hamelin a bien montré comment le personnel politique québécois endosse les idées libérales en matière économique. La presse d'affaires francophone, qui se développe dans les dernières décennies du siècle et qu'a étudiée Fernande Roy, les défend de façon encore plus articulée. Les biographies d'hommes d'affaires de même que les études d'entreprises qui paraissent dans les journaux et les publications spécialisées sont l'occasion de souligner l'importance de l'effort personnel et de la persévérance, récompensés par le succès et la fortune. La bourgeoisie francophone, tout comme ses porte-parole politiques, souhaite un développement économique complet du Québec et appuie les progrès de l'agriculture tout autant que ceux du commerce et de l'industrie.

Une résistance: l'agriculturisme

Certains éléments, parmi les groupes dirigeants, ne partagent pas cette vision optimiste de l'avenir et cette recherche du progrès matériel. Ils voient s'effriter les anciennes structures socio-économiques: la primauté de la société rurale est remise en question, et des milliers d'agriculteurs quittent définitivement la terre pour s'installer dans les villes, que ce soit au Québec ou aux États-Unis. Cette situation provoque une réaction parfois bruyante désignée sous le nom d'agriculturisme.

En cette fin du 19e siècle, l'agriculture occupe encore une majorité de Québécois et tient une place importante dans les projets de société. Mais alors que les hommes d'affaires parlent en termes d'amélioration de la production, de spécialisation et d'accès aux marchés, les agriculturistes parlent de traditions, de valeurs morales, de modes de vie et s'expriment en termes théologiques. Pour l'historien Michel Brunet, «l'agriculturisme est avant tout une façon générale de penser, une philosophie de la vie qui idéalise le passé, condamne le présent et se méfie de l'ordre social moderne. C'est un refus de l'âge industriel contemporain qui s'inspire d'une conception statique de la société». Les penseurs agriculturistes voient dans l'agriculture le mode de vie idéal, où l'homme s'épanouit en relation avec Dieu et la nature. Ils décrivent la ville comme un lieu de perdition, où la simplicité des mœurs cède la place au luxe et où l'ex-agriculteur perd son indépendance économique. Ils voudraient ralentir le processus d'industrialisation et enrayer l'exode rural par la colonisation agricole.

Les tenants de l'agriculturisme se rencontrent principalement au sein du clergé. Le conservatisme profond qui marque l'ensemble de l'Église catholique au 19e siècle explique cette résistance au changement. La société rurale correspond à l'idéal catholique, et c'est là que peut le mieux s'exercer le contrôle spirituel et moral du clergé. Le curé de campagne dirige ses ouailles et ne doit partager son pouvoir qu'avec quelques notables; dans les villes, il ne peut pas exercer aussi facilement la même influence. Il y a donc là une question de pouvoir. Peut-on parler aussi des bases matérielles de ce pouvoir? L'Église a d'importants investissements dans les campagnes qui peuvent paraître menacés par l'exode rural. Ce n'est là qu'une hypothèse, puisque les activités économiques de l'Église et du clergé n'ont guère été étudiées par les historiens. Ajoutons enfin que les clercs agriculturistes voient dans le caractère rural une dimension essentielle de la nation canadienne-française, définie à la fois comme catholique, française et rurale.

Des intellectuels laïcs, des agriculteurs, des représentants de la petite et moyenne bourgeoisie adhèrent aussi à ce courant, mais il est évident que la bourgeoisie québécoise dans son ensemble n'accepte pas les thèses agriculturistes. Elle n'accepte pas de freiner l'industrialisation et le développement du capitalisme, de ralentir le progrès matériel. Marcel Hamelin a bien montré que les premiers parlementaires québécois ont parlé d'agriculture en termes économiques et que leur discours n'a rien d'agriculturiste. Les subventions qu'ils accordent à l'agriculture et à la colonisation répondent à des impératifs économiques et aussi à des considérations électorales, puisque les ruraux sont la majorité des électeurs. Prétendre que les classes dirigeantes québécoises ont adhéré unanimement et sans réserve à l'agriculturisme ne correspond pas à l'expérience historique. Les recherches récentes permettent aussi de réviser les idées de Michel Brunet. Certains penseurs qu'on a identifiés à l'agriculturisme ne sont pas réfractaires au développement économique. Le curé Labelle, par exemple, cet apôtre de la colonisation qu'a étudié Gabriel Dussault, a une vision beaucoup plus complexe du monde rural. La colonisation agricole est au cœur de sa démarche, mais elle s'insère dans une dynamique plus vaste, faisant une large place au développement industriel et ferroviaire. D'ailleurs, l'Église, tout en valorisant explicitement le monde rural, ne peut pas tourner le dos à l'urbanisation même si elle en déplore les progrès trop rapides. Elle doit ajuster ses interventions aux nouvelles réalités de la ville et du monde industriel.

La pensée d'inspiration agrarienne ou ruraliste est néanmoins importante dans le Québec du 19e siècle. Le phénomène n'est toutefois pas unique puisqu'on le retrouve aussi bien en France, en particulier chez les ultramontains, qu'au Canada anglais et aux États-Unis.

La perspective syndicale

À compter des années 1880, les Chevaliers du travail font valoir un autre point de vue à propos des effets du développement économique. Leurs idées, élaborées aux États-Unis, sont reprises de façon explicite par les membres québécois de l'organisation. Elles remettent en question certains postulats du libéralisme. Les Chevaliers du travail ne s'opposent pas à l'industrialisation et au progrès technique. Ils constatent cependant que, contrairement à ce que prétendent les tenants de l'idéologie libérale, les chances ne sont pas égales pour tous et que le travail soutenu n'est pas généralement récompensé par le succès et la fortune. Le système capitaliste conduit surtout à l'exploitation du travail par le capital. Les Chevaliers veulent une juste redistribution de la richesse créée par les travailleurs et proposent de remplacer le système du salariat par un système coopératif.

Le porte-parole le plus connu du mouvement est Alphonse-Télesphore Lépine, élu député d'un quartier ouvrier montréalais en 1888. Cette idéologie égalitaire demeure cependant marginale au Québec: les Chevaliers du travail sont concentrés à Montréal et ne disposent pas d'une presse qui leur permette de diffuser leurs idées au delà des cercles syndicaux.

À compter des années 1890, les syndicats affiliés à la Fédération américaine du travail voient leur influence s'accroître. La FAT ne conteste pas le capitalisme et le libéralisme: elle cherche seulement à assurer aux travailleurs une meilleure part des profits. Constatant que le système aboutit à la concentration du capital, elle préconise de remplacer l'action individuelle par la concentration des travailleurs et la négociation collective.

Les idées sur la société

La société québécoise de la fin du siècle est caractérisée par un conservatisme généralisé, qui contribue à maintenir les divisions sociales en défendant la permanence et la cohésion des institutions. Certains voudraient accentuer ce conservatisme, d'autres souhaitent introduire une plus forte dose de liberté et de démocratie. Les contestataires n'arrivent cependant pas à ébranler l'édifice conservateur.

Un conservatisme généralisé

Les historiens s'entendent assez facilement sur le profond conservatisme de la bourgeoisie canadienne dans les dernières décennies du 19e siècle. Cela est particulièrement manifeste dans l'attitude des hommes d'affaires et du personnel politique face aux problèmes sociaux créés par l'industrialisation. On ne constate chez eux aucune volonté de modifier la situation et de s'adapter aux nouvelles réalités sociales. Le Canada est toujours à la remorque des États-Unis et de la Grande-Bretagne en ces domaines, et le sort réservé aux recommandations de la Commission d'enquête sur les relations entre le capital et le travail illustre bien l'état d'esprit des groupes dirigeants. Une autre manifestation de ce conservatisme est la force que gardent les traditions religieuses et familiales. La société canadienne maintient encore bien intactes à la fin du siècle les divisions religieuses qui, ailleurs, ont commencé à s'effriter.

Au Québec, le conservatisme est accentué par la présence d'un clergé catholique puissant et bien structuré. Celui-ci est perçu comme un facteur de stabilité pouvant assurer l'ordre social. On n'est donc pas surpris de voir l'alliance qui s'établit entre la bourgeoisie, tant francophone qu'anglophone, et le clergé. Les entrepreneurs cultivent les relations avec les curés et c'est avec une belle unanimité que la presse et les autorités religieuses condamnent les premières tentatives de syndicalisation. Lorsque certains prêtres, comme le père Honorat au Saguenay ou le père Paradis au Témiscamingue, s'avisent de combattre l'exploitation dont sont victimes leurs ouailles, ils sont vite rappelés à l'ordre ou déplacés.

Alors que, dans la plupart des pays, la seconde moitié du 19e siècle est témoin d'un recul des pouvoirs du clergé face à ceux de l'État, le Québec ne semble pas suivre le courant. Non seulement les positions juridiques de l'Église se raffermissent, mais ses bases matérielles deviennent plus solides: ses biens ne sont pas imposables et elle a le pouvoir de taxer la population catholique pour payer le coût des lieux de culte. Les prêtres agissent comme représentants de l'État pour les registres de l'état civil et, surtout, le clergé contrôle une part croissante du système d'éducation à tous les niveaux. L'Église est donc bien placée pour s'efforcer d'imposer ses conceptions morales et sociales: respect de l'autorité, obéissance aux directives des évêques, primauté de la famille, pureté des mœurs, condamnation formelle des phénomènes de déviance.

Les anglo-protestants ne sont pas soumis au contrôle social du clergé catholique, en vertu d'une entente tacite de non-agression et de respect des institutions de chaque groupe religieux. Le clergé de chaque dénomination protestante a, au sein de son groupe, un poids moins considérable que son vis-à-vis catholique. La cohésion idéologique n'en est pas moins assurée, car la bourgeoisie, par son action philanthropique, contrôle étroitement les réseaux protestants d'éducation, de santé et de charité.

Le conservatisme de la bourgeoisie et du clergé s'exprime de multiples façons. Il y a d'abord l'attachement à la tradition, particulièrement évident dans le cas du nationalisme. Les dirigeants canadiens-anglais ne sont pas en reste, exaltant des traditions impériales et insistant sur les vertus de frugalité des pionniers. Dans tous les cas, la célébration du travail et de l'effort est au centre des conceptions sociales. Les inégalités existant dans la société sont considérées comme normales et voulues par Dieu. L'être humain ne sera récompensé pour ses gestes que dans l'au-delà; sur terre, il doit accepter sans se révolter les privations et les malheurs qui sont, eux aussi, voulus par Dieu. Toute remise en question de l'ordre social existant devient ainsi condamnable.

La famille est l'unité de base responsable de l'individu, de son éducation et de sa protection. Toute tentative de l'État de se substituer à la famille est perçue comme une atteinte à l'ordre social. Quand des problèmes surgissent, c'est la charité privée qui doit permettre de suppléer aux insufffisances de la famille. La nécessité de l'action philanthropique fait partie intégrante de l'idéologie bourgeoise de la seconde moitié du siècle. Tout le champ de l'aide sociale reste donc domaine privé, et si l'État accorde des subventions, il doit le faire sans intervenir dans l'orientation de cette aide.

Le conservatisme se manifeste également dans le respect des institutions politiques. La monarchie constitutionnelle et le parlementarisme de type britannique ne sont à peu près jamais remis en question. Cependant, le champ politique est enjeu de débats. Le contrôle clérical doit-il s'étendre au pouvoir politique et à l'orientation des consciences? Cette question est au cœur de la lutte qui oppose deux groupes minoritaires au sein des élites québécoises: les ultramontains intransigeants et les libéraux radicaux.

L'ultraconservatisme

La pensée ultramontaine repose sur le principe que le droit divin est supérieur au droit naturel. L'Église représentant le pouvoir de Dieu et l'État celui des hommes, il en découle une primauté de l'Église sur l'État. Pour les ultramontains les plus intransigeants, les hommes politiques doivent soumettre leur action aux directives des évêques et adopter des lois conformes aux enseignements de l'Église. Dans ce contexte, il est normal pour les curés et les évêques de se prononcer sur toute question politique et d'indiquer aux électeurs catholiques dans quel sens et pour quel candidat ils doivent voter. Ces ultramontains tentent d'ailleurs de faire adopter ces principes par la population québécoise en présentant un Programme catholique lors des élections de 1871, mais subissent un cuisant échec.

Au-delà du problème des rapports entre l'Église et l'État, les ultramontains intransigeants défendent, de façon générale, des positions ultraconservatrices sur toutes les questions sociales. Ils font preuve d'une intolérance souvent virulente à l'endroit de ceux qui ne partagent pas leurs vues et s'acharnent particulièrement contre toute idée pouvant s'apparenter à ce qu'ils appellent le libéralisme. Voici en quels termes le journaliste Thomas Chapais fait sa profession de foi conservatrice, dans le *Courrier du Canada*, en 1884: «Ce sont nos idées, nos tendances, nos aspirations qui sont conservatrices. C'est dire assez que les principes les plus conservateurs sont nos principes, que les mesures les plus conservatrices sont nos mesures, que les hommes les plus conservateurs sont nos hommes.»

Ces idées ultramontaines sont diffusées non seulement par des clercs, mais aussi par des laïcs, comme Chapais lui-même, le sénateur François-Xavier Trudel, qui publie le journal *L'Étendard*, ou Jules-Paul Tardivel, rédacteur de *La Vérité*. En tentant d'imposer leurs vues, les intransigeants sont bientôt en guerre ouverte avec les éléments plus modérés de l'Église. Ils essaient d'obtenir l'appui du pape, mais sans succès, surtout sous le pontificat de Léon XIII. À la fin du siècle, ils forment un groupe d'arrière-garde, de plus en plus marginalisé au sein du clergé et de la société, même s'ils ont réussi à s'assurer une certaine influence au sein du Parti conservateur.

Leurs idées se heurtent en outre à une forte résistance de la part d'une majorité des hommes politiques. Ceux-ci veulent bien se servir au besoin de l'influence du clergé, mais ils ne tiennent pas pour autant à se soumettre à l'autorité des évêques. Les anglo-protestants sont plus particulièrement réfractaires au contrôle clérical et leur résistance renforce celle des dirigeants politiques canadiens-français. Cependant, en exerçant une pression constante, les ultramontains contribuent sans doute à accentuer le conservatisme social des groupes dirigeants.

Les Canadiens anglais ont, eux aussi, leurs groupes ultraconservateurs — orangistes, membres de l'Equal Rights Association, de la Protestant Protective Association, etc. —, qui sont tout aussi intransigeants que les ultramontains. Racistes et farouchement opposés à l'Église catholique, ils voudraient établir un pouvoir ayant comme caractéristique d'être blanc, d'origine anglo-saxonne et protestant, objectif résumé dans l'acronyme WASP (White, Anglo-Saxon, Protestant). Les deux principaux groupes ethniques ne répondant pas à ces critères sont les Canadiens français et les Irlandais catholiques, qui deviennent les cibles principales des orangistes. Ces organisations ont un certain succès en Ontario et dans l'Ouest, mais on connaît mal leur implantation au Québec, où elles semblent se concentrer dans les régions rurales anglophones.

On pourrait sans doute également rattacher à l'ultraconservatisme social et à l'intransigeance religieuse certaines manifestations de puritanisme. Des groupes protestants voudraient en effet imposer à l'ensemble de la société leurs conceptions morales. Ils réclament en particulier une intervention de l'État pour imposer le respect de la conception protestante du dimanche et pour interdire la vente et la consommation de boissons alcooliques. Minoritaires au Québec, ces protestants puritains ne peuvent espérer y imposer leurs vues avec le même succès qu'en Ontario. Ils ont toutefois une certaine liberté d'action dans les municipalités où ils sont majoritaires.

Un réformisme marginal

À l'opposé de ces courants, le Québec a une tradition de radicalisme politique qui a connu ses grands moments avec les patriotes dans les années 1830 et les rouges dans les années 1850. Après 1867, les radicaux se retrouvent au sein du Parti libéral, où ils sont minoritaires. Se faisant surtout les défenseurs de la liberté de pensée et de la liberté de presse, ils s'opposent au clergé, qui estime avoir la responsabilité d'indiquer aux catholiques ce qu'ils ont le droit de penser.

Leur objectif principal est de restreindre le rôle du clergé aux questions religieuses proprement dites. Aussi réclament-ils une séparation nette entre l'Église et l'État. L'école devient, pour ces radicaux, le symbole de l'emprise cléricale et c'est là qu'ils concentrent leurs attaques. Ils estiment que le système scolaire québécois souffre de nombreuses déficiences et que le clergé maintient le peuple dans l'ignorance. Ils réclament donc la décléricalisation de l'enseignement, des programmes d'étude mieux adaptés au monde moderne et un accès plus généralisé à l'éducation par des mesures comme la gratuité de l'enseignement et des manuels et l'instruction obligatoire. Ils s'attaquent également aux privilèges dont jouit le clergé: les exemptions de taxes et le fait que les enseignants religieux, contrairement aux laïcs, ne soient pas soumis aux examens d'aptitude. Ils contestent enfin les pouvoirs que le clergé s'arroge, comme celui d'interdire certains journaux et certains livres ou celui d'influencer le vote des électeurs.

Les radicaux veulent une société démocratique, sans toutefois aller bien au delà d'une démocratie électorale. S'ils réclament l'abolition du Conseil législatif et si plusieurs d'entre eux sont républicains, leurs idées ne sont pas pour autant l'expression d'une idéologie égalitaire et ne visent pas à établir un nouveau rapport de forces au profit des paysans ou des travailleurs. Les radicaux sont des réformistes qui veulent changer certains aspects de l'ordre social, mais qui ne remettent pas en cause les fondements socio-économiques de la société.

Les idées radicales sont exprimées dans des journaux, dont la plupart ont une existence éphémère. Le plus important et le plus durable est sans doute *La Patrie*, de Montréal, dirigé par Honoré Beaugrand. Les radicaux se recrutent surtout chez les vieux rouges et chez les jeunes libéraux de la région montréalaise. Mais la détermination du Parti libéral et de ses chefs de présenter à l'électorat un visage modéré a pour effet de les marginaliser.

Un autre courant minoritaire voit le jour au sein de la bourgeoisie à compter des années 1880. Il s'agit du courant dit de la réforme urbaine, qui s'inscrit dans le cadre plus vaste du mouvement progressiste nord-américain. Cette nouvelle orientation reste confinée à quelques éléments de la bourgeoisie montréalaise et se manifeste surtout dans la lutte contre la corruption municipale dans la métropole. Il faut attendre la toute fin du siècle pour la voir s'implanter un peu plus solidement et proposer tout un train de réformes sociales et politiques.

Des égalitaristes isolés

Les Chevaliers du travail mettent davantage l'accent sur la promotion de la classe ouvrière que sur la lutte des classes. En matière de relations de travail, ils ne prônent pas une stratégie de conflit, et sont même, en principe, peu favorables à la grève, préférant le recours à l'arbitrage obligatoire. Pour améliorer le sort de la classe ouvrière, les Chevaliers du travail privilégient d'abord l'éducation, en particulier l'éducation des adultes: création de cours du soir, ouverture d'écoles techniques, mise sur pied de bibliothèques publiques, etc. Ils demandent également l'adoption par l'État d'un ensemble de lois visant à améliorer les conditions de travail et à placer les travailleurs sur un pied d'égalité avec les représentants du capital. C'est pour obtenir une législation favorable aux ouvriers qu'ils se lancent dans l'action politique directe et soutiennent des candidats ouvriers lors de certaines élections.

Les Chevaliers du travail formulent un projet de société qui concerne l'ensemble de la classe ouvrière. En cela, ils se distinguent nettement de la Fédération américaine du travail, qui défend des conceptions plus étroites. La FAT s'intéresse essentiellement aux ouvriers de métier syndiqués et à leurs conditions immédiates de travail. Son action se situe au niveau de la négociation de la convention collective. Son idéologie comporte peu de références aux problèmes généraux de la classe ouvrière ou aux questions d'éducation. Même minoritaires, les syndicats ouvriers réussissent à se faire entendre: plusieurs membres de la Commission d'enquête sur les relations entre le capital et le travail sont des Chevaliers du travail et le député Lépine expose au parlement canadien les vues des Chevaliers. Leur poids politique est cependant trop faible pour faire accepter facilement les réformes qu'ils proposent.

Les nationalismes

Les idéologies nationalistes tendent à faire de la nation l'axe principal autour duquel un groupe articule son projet de société. Elles occupent une place importante dans l'histoire du Québec et du Canada, car plusieurs définisseurs de situation cherchent à rassembler la population autour de ce concept. Le nationalisme s'avère en effet un instrument fondamental pour unifier et cimenter une population au delà des classes qui la divisent. En revanche, celles-ci essaient d'utiliser le nationalisme pour défendre leurs intérêts et leurs privilèges.

Il en découle que la nation peut recevoir des significations très diverses selon ceux qui la définissent et selon les circonstances et le milieu où s'élabore cette définition. Pour démontrer qu'un groupe constitue une nation, on invoque l'existence d'un ou plusieurs des facteurs suivants: le groupe a une histoire commune, il a une identité propre qui le distingue des groupes voisins, il est concentré sur un territoire, il possède une langue, une religion ou des traditions communes, etc.

Il n'est pas nécessaire cependant qu'une société ait toutes ces caractéristiques pour se voir attribuer le titre de nation. Chaque cas en est un d'espèce. Certains sociologues vont même jusqu'à soutenir que le seul critère déterminant est subjectif: il y aurait nation lorsque les membres d'une société sont convaincus qu'ils participent d'une même appartenance nationale. Il ne faut pas confondre la nation et l'État, car ce sont deux réalités distinctes, l'une relevant du domaine sociologique, l'autre du politique. Il arrive que des groupes aient avantage à associer les deux termes, soit pour dominer un groupe plus faible, soit pour donner plus de prestige à l'État. Si la nation n'est pas imaginaire, il importe de se rappeler que le nationalisme est une idéologie, donc une doctrine formulée par des individus et des groupes. C'est pourquoi il n'y a pas un nationalisme, mais des nationalismes qui évoluent avec le temps.

Le nationalisme canadien-français

Quelle que soit la définition que l'on donne du mot nation, il est certain que les Canadiens français se perçoivent et sont perçus au 19ᵉ siècle comme une nation, qu'on appelle d'abord canadienne puis, peu à peu, canadienne-française, après la formation du Canada-Uni.

La Confédération suscite des débats qui amènent les intervenants à définir, entre autres, leur conception de la nation. Hommes politiques, évêques et journalistes, défenseurs ou adversaires du projet fédéral, malgré leur vocabulaire imprécis, partagent la même conception de la nation. Ce sont les caractères distinctifs d'un groupe qui en font une nation et, en ce qui concerne les Canadiens français, ces caractères sont surtout leur langue, leurs lois, leurs institutions et leur religion. En toile de fond, il y a l'histoire commune de ce peuple, d'où ont surgi ces caractéristiques qu'il faut maintenir. Dans cette optique, les Canadiens français n'ont pas d'assise territoriale bien définie, mais la problématique fédérale amène les hommes politiques à les traiter comme s'ils n'existaient qu'au Québec.

Au problème de la base territoriale de la nation s'ajoute celui du cadre étatique dans lequel elle évolue. La nation canadienne-française a vécu, depuis ses origines, sans disposer d'une structure étatique qu'elle contrôlait. Celle-ci était régie par la métropole française, puis, après la conquête, par la métropole anglaise. Dans ce dernier cas toutefois, avec l'introduction du parlementarisme en 1791, les hommes politiques canadiens-français en sont venus à demander le *self-government*, du moins pour les matières internes. Le refus de Londres a déclenché la rébellion de 1837-1838. Après l'Union, les Canadiens français étant minoritaires et Londres voulant se décharger du fardeau de ses colonies, le Canada-Uni s'est vu octroyer le gouvernement responsable en 1848. Le projet confédéral marque un pas en avant, puisqu'il accorde aux Canadiens français du Québec un État dans lequel ils sont majoritaires. Il est vrai que cet État n'est que provincial, sous la tutelle d'un État fédéral et d'un État impérial. Pour certains dirigeants canadiens-français, cela est jugé suffisant pour assurer la protection des institutions propres de la nation. D'autres pensent au contraire que la constitution accorde trop de pouvoirs au gouvernement central majoritairement canadien-anglais. La thèse qui prévaut finalement soutient que la nation canadienne-française peut s'épanouir au sein de la nation canadienne, sous l'égide de la Couronne et dans le cadre de l'Empire. Les opposants finissent par se rallier à cette thèse, fondée sur l'idée que la nation canadienne-française se définit par ses composantes culturelles, tandis que la nouvelle nationalité canadienne n'est qu'une structure politique.

Peu à peu cependant, au cours du dernier tiers du 19e siècle, les divers groupes ou individus définisseurs de la situation sont amenés à préciser leur conception de la nation, leurs projets d'action et à formuler un nationalisme qui tienne compte un peu plus de la dimension politique. Les hommes politiques et les intellectuels modérés, conservateurs ou libéraux, qui d'ailleurs se rapprochent de plus en plus, s'entendent sur l'essentiel, même si, pour des raisons de politique partisane, ils s'opposent sur les moyens. Peu à peu, on découvre que le Canada français est plus que le Québec. On découvre les Acadiens et les Franco-Manitobains, de même que les Franco-Américains, qu'on cherche à rapatrier et qu'on invite à de grandes fêtes nationales au Québec. On rêve d'un grand Canada français, mais en même temps on se rend compte que le Québec en est le foyer. Les conflits scolaires et linguistiques du Nouveau-Brunswick et du Manitoba amènent les hommes politiques à prendre conscience de la nécessité de développer l'autonomie du Québec, qui devient, sous Mercier, l'expression politique du nationalisme canadien-français. Mercier, chef libéral, n'hésite pas à s'allier aux conservateurs nationaux à l'occasion de l'affaire Riel, soutenant que les Canadiens français du Québec doivent s'unir au delà des lignes de parti et dénonçant la politique partisane comme étant un facteur de division et d'affaiblissement de la nation. Fidèle aux idées de son époque, Mercier n'en continue pas moins à définir la nation comme essentiellement catholique et française.

Quant aux ultramontains, c'est sur le caractère d'abord religieux de la nation qu'ils mettent l'accent. «La foi est le support le plus puissant des nations», de dire Mgr Laflèche. Il découle aussi de cette conception ultramontaine que chaque peuple a reçu de la Providence une mission. Celle des Canadiens français, comme le démontrerait leur histoire, serait de propager le catholicisme en Amérique.

Les ultramontains enseignent que l'autorité vient de Dieu. Ils sont amenés à prêcher le respect et l'obéissance aux institutions établies, que ce soit l'Empire ou la Confédération. Mais lorsque ces autorités attaquent la religion catholique, ils doivent les combattre. C'est ainsi qu'ils adoptent des positions nationalistes lorsqu'on refuse aux catholiques certains de leurs droits scolaires. Jules-Paul Tardivel en vient même à se faire le défenseur de l'indépendance du Canada français, dont les intérêts lui semblent bafoués par le système fédéral. Tardivel, qui n'a rien d'un révolutionnaire, ne recommande pas de travailler activement à l'indépendance, mais plutôt d'attendre l'heure choisie par la Providence, qui dicte le destin des nations. Tardivel cependant a peu de disciples.

Au cours des trente premières années du nouveau régime, le nationalisme canadien-français se précise. Avec ses variantes, il est largement partagé par les classes dirigeantes francophones et propagé par les hommes politiques, les membres du clergé et les journalistes. À certains moments, comme lors de l'affaire Riel, les élites sont capables de mobiliser la masse de la population en faisant appel à ses sentiments nationalistes. Par contre, l'influence du nationalisme n'empêche pas des centaines de milliers de Canadiens français de quitter le Québec à destination des États-Unis, nonobstant le discours des classes dirigeantes qui les invite à rester et à coloniser de nouvelles régions du Québec. Dans les villes, certaines organisations syndicales essaient de faire prendre conscience aux ouvriers de leurs intérêts spécifiques, fort négligés par le discours nationaliste. Les Chevaliers du travail se donnent des assemblées francophones et, dans l'ensemble, manifestent plus de sensibilité à la spécificité culturelle de leurs membres que les syndicats internationaux affiliés à la Fédération américaine du travail. C'est une des raisons qui rend les Chevaliers populaires auprès des travailleurs canadiens-français.

Le nationalisme canadien-anglais et l'impérialisme

L'Union des deux Canadas puis la Confédération favorisent la mise en œuvre d'un lent processus de canadianisation des British North Americans. Malgré leurs divergences, les Canadiens anglais ont en commun leur appartenance à l'Empire britannique. Ils tiennent à se distinguer des Américains même si eux aussi parlent anglais et sont majoritairement protestants et quelquefois antipapistes. Ce nationalisme canadien a peu d'attrait pour les Canadiens français et les Irlandais catholiques. La langue et la religion sont de profonds facteurs de division au sein du nouveau dominion. Après 1867, le choc entre les deux grands nationalismes se fait moins sentir à l'intérieur du Québec qu'entre le Québec et l'Ontario et, par la suite, entre le Québec et l'ensemble du Canada anglais.

Si, en 1867, la majorité consent ou du moins se résigne à l'existence d'une province majoritairement française et catholique, elle n'entend pas faire du Canada un pays bilingue et biculturel. La création du Manitoba, la première et la seconde rébellion de Riel provoquent des conflits entre le Québec et l'Ontario, chacune entendant faire de l'Ouest une réplique d'elle-même.

Au 19e siècle, l'appartenance ethnique, la langue et la religion sont les traits dominants du nationalisme anglo-canadien tout autant que du nationalisme canadien-français. Cela apparaît notamment dans les réactions du Canada anglais face aux conflits ethniques ou dans la pensée de divers mouvements politiques ou religieux tels le Canada First Movement, le mouvement impérialiste, l'orangisme, ou la Protestant Protective Association. Pour les Anglo-Canadiens, le Canada, à l'extérieur du Québec, doit être britannique et de langue anglaise. Dalton McCarthy et l'Equal Rights Movement posent brutalement le problème et obtiennent pratiquement l'abolition des écoles catholiques et françaises au Manitoba.

Tout en faisant partie de l'Empire, le Canada jouit d'une grande autonomie interne. Dans les années 1880 et 1890, cependant, le mouvement impérialiste reprend une grande vigueur. À Goldwin Smith, qui prétend que la géographie voue le Canada à l'annexion aux États-Unis, les impérialistes canadiens répliquent qu'au contraire l'histoire est plus forte que la géographie et que ce pays — né du refus de la révolution américaine — survivra s'il s'appuie sur l'Empire. C'est ainsi que, pour une certaine élite anglo-canadienne, l'impérialisme est l'expression de son nationalisme canadien. La bourgeoisie canadienne a tout intérêt à consolider par des barrières idéologiques les barrières économiques fragiles qu'elle essaie d'ériger face aux Américains par une politique tarifaire protectionniste.

Cependant, dans une telle vision du Canada, il n'y a guère de place pour les Canadiens français. L'historien Carl Berger résume bien cette attitude: «Les impérialistes ne pouvaient ni ne voulaient voir dans les Canadiens français autre chose qu'une minorité pittoresque, réfractaire au progrès et susceptible de créer des ennuis, mais jouissant de privilèges garantis par les lois impériales.»

Dans les trente premières années du régime fédéral, il importe pour les nationalistes d'unifier le British North America, de l'Atlantique au Pacifique, de bâtir un marché qui puisse résister à l'annexion américaine et de peupler ce territoire immense en puisant dans la population des îles Britanniques et des États-Unis. Mais, malgré ce discours, les Canadiens anglais ne craignent pas de s'exiler aux États-Unis ou d'en revenir, selon leurs intérêts économiques. De même, les travailleurs s'associent aux unions internationales de métiers ou aux Chevaliers du travail et paraissent peu sensibles au nationalisme, encore que la politique tarifaire protectionniste qu'on appelle «National policy» ne laisse pas leurs porte-parole indifférents.

* * *

L'économie, la société, la nation: trois thèmes majeurs autour desquels se polarisent les idées. Les courants qui se développent en cette fin du 19e siècle, sans être nombreux, le sont assez pour qu'on se garde de parler d'unanimité. Pour l'essentiel, la formulation de ces idées et les débats, quand il y en a, se font au sein des classes dirigeantes, sans qu'il y ait toujours adéquation parfaite entre classe et idéologie. C'est ainsi qu'au sein de la bourgeoisie, le groupe francophone partage le libéralisme du groupe anglophone tout autant que son conservatisme social, mais s'en distingue par son nationalisme. Le même groupe partage les vues du clergé sur la nation et l'encadrement social, mais s'en distingue quant au développement économique et au contrôle politique.

Au delà des différentes formulations, se pose le problème de la diffusion des idées. Elle se fait par des moyens nombreux. Il y a la diffusion orale: le discours politique, le discours patriotique, l'enseignement, le club politique. Il y a celle de l'imprimé: la brochure, le livre, l'affiche et surtout le journal, où l'éditorial, le reportage, le titre, le feuilleton, l'illustration et l'annonce publicitaire ont chacun leur fonction. À cet égard, le clergé jouit d'une position avantageuse chez les catholiques, par son contrôle de l'appareil religieux et du système scolaire, et par ses imprimés, qui lui permettent de diffuser avec force son message. L'idéologie libérale est véhiculée par la presse à grand tirage qui se développe à compter des années 1880. Les radicaux et les syndicalistes s'appuient sur des moyens plus modestes et une presse à diffusion restreinte. Il est très difficile d'évaluer le degré d'influence de ces médias. Entre le sermon à l'église, l'article à sensation et la parade de la Saint-Jean-Baptiste, quel moyen s'avère le plus efficace pour assurer l'adhésion de la population à un projet de société?

ORIENTATIONS BIBLIOGRAPHIQUES

BERGER, Carl. *Imperialism and Nationalism, 1884-1914: A Conflict in Canadian Thought.* Toronto, Copp Clark, 1969. 119 p.

BERGER, Carl. *The Sense of Power.* Toronto, University of Toronto Press, 1970. 277 p.

BERNARD, Jean-Paul, dir. *Les idéologies québécoises au 19e siècle.* Montréal, Boréal Express, 1973. 149 p.

BERNARD, Jean-Paul. *Les Rouges: libéralisme, nationalisme et anticléricalisme au milieu du XIXe siècle.* Montréal, PUQ, 1971. 394 p.

BONENFANT, Jean-Charles. *Thomas Chapais.* Montréal, Fides, 1957. 95 p.

BRUNET, Michel. «Trois dominantes de la pensée canadienne-française: l'agriculturisme, l'anti-étatisme et le messianisme», *La présence anglaise et les Canadiens.* (Montréal, Beauchemin, 1958): 113-166.

Débats parlementaires sur la question de la Confédération des provinces de l'Amérique britannique du nord. Québec, Hunter, Rose et Lemieux, imprimeurs parlementaires, 1865. 1027 p.

DUMONT, Fernand *et al. Idéologies au Canada français, 1850-1900.* Québec, PUL, 1971.

DUSSAULT, Gabriel. *Le Curé Labelle. Messianisme, utopie et colonisation au Québec 1850-1900.* Montréal, HMH, 1983. 392 p.

EID, Nadia F. *Le clergé et le pouvoir politique au Québec. Une analyse de l'idéologie ultramontaine au milieu du XIXe siècle.* Montréal, HMH, 1978. 318 p.

HAMELIN, Marcel. *Les premières années du parlementarisme québécois (1867-1878).* Québec, PUL, 1974. 386 p.

HARDY, René. *Les Zouaves. Une stratégie du clergé québécois au XIXe siècle.* Montréal, Boréal, 1980, 312 p.

MORTON, W.L. *The Critical Years. The Union of British North America, 1857-1873.* Toronto, McClelland and Stewart, 1964. 322 p.

RIOUX, Marcel. «Sur l'évolution des idéologies au Québec», *Revue de l'Institut de sociologie* (Bruxelles), 1 (1968) : 95-124.

ROY, Fernande. *Progrès, harmonie, liberté. Le libéralisme des milieux d'affaires francophones à Montréal au tournant du siècle.* Montréal, Boréal, 1988. 301 p.

VOISINE, Nive et Jean HAMELIN, dir. *Les Ultramontains canadiens-français. Études d'histoire religieuse présentées en hommage au professeur Philippe Sylvain.* Montréal, Boréal, 1985. 349 p.

WADE, Mason. *Les Canadiens français de 1760 à nos jours.* Montréal, Cercle du Livre de France, 1963. Tome I, 685 p.

WAITE, Peter B. *Canada 1874-1896.* Toronto, McClelland and Stewart, 1971. 340 p.

CHAPITRE 17

LES LETTRES ET LES ARTS

Pour être vraiment complet, un tableau de l'histoire de la culture au Québec devrait aussi tenir compte du vaste domaine de la culture de grande diffusion, c'est-à-dire des activités et des productions symboliques qui rejoignent le public le plus large. On sait que se produisent, à cet égard, entre 1867 et 1896, et encore plus entre 1897 et 1929, des changements importants, notamment le recul de la culture traditionnelle liée à la civilisation rurale, et la montée, d'une part, des nouveaux loisirs de type urbain et, d'autre part, des moyens de communication de masse, qui transmettent souvent des valeurs et des modèles de provenance américaine. Ne faisant l'objet que d'études récentes et encore peu nombreuses — études dont les principaux résultats sont signalés dans d'autres chapitres du présent ouvrage —, ce domaine reste insuffisamment connu. Aussi nous en tiendrons-nous ici à la culture dite savante, c'est-à-dire aux œuvres et aux activités qui ne touchent le plus souvent que les couches les plus instruites: littérature, théâtre, arts visuels.

Les aperçus qui suivent insistent surtout sur la production littéraire et artistique locale, tout en s'intéressant dans la mesure du possible à la réception et à la consommation des œuvres, ainsi qu'à certains aspects institutionnels de la littérature et des beaux-arts dans le Québec de l'époque, et à leurs liens avec le contexte social et idéologique. Car si l'on admet aujourd'hui que le champ de l'art et de la culture jouit d'une bonne mesure d'autonomie et évolue selon un rythme et des déterminations qui lui sont propres, on admet également qu'il ne peut être compris sans tenir compte de sa profonde imbrication dans l'ensemble social.

Il va sans dire que ces descriptions ne se veulent ni définitives ni exhaustives. L'histoire littéraire et l'histoire de l'art, en effet, sont des domaines où les réévaluations, les redécouvertes et les réinterprétations sont fréquentes. De plus, les œuvres des écrivains et des artistes locaux, qui sont évoquées ici, ne forment qu'une partie de la production littéraire ou artistique à laquelle a accès le public québécois de cette époque, tout comme celui d'aujourd'hui d'ailleurs. Livres, pièces de théâtre ou tableaux venus d'Europe ou d'ailleurs en Amérique sont également très présents, et souvent même plus prisés que la production locale.

Dans les dernières décennies du 19e siècle, celle-ci se manifeste plus fortement qu'auparavant. Des organisations voient le jour, des maîtres s'affirment, comme l'abbé Casgrain en littérature ou Napoléon Bourassa dans les arts, et des courants originaux, fortement inspirés de l'étranger mais plus ou moins modifiés pour mieux s'adapter à la réalité locale, commencent à se signaler.

La littérature*

La littérature québécoise du dernier tiers du 19e siècle traduit bien le hiatus qui se développe entre le discours officiel fortement marqué par l'idéologie dite clérico-nationaliste et la réalité du phénomène culturel. Alors qu'idéologues et critiques littéraires imposent aux créateurs la défense des valeurs nationales, religieuses et conservatrices, le public lecteur semble faire sa nourriture quotidienne d'une littérature étrangère présentant une vision du monde fort différente.

L'influence française

Les liens entre la France et son ancienne colonie, surtout pour ce qui relève de l'influence intellectuelle, demeurent très étroits tout au long du 19e siècle. Le livre français, qui connaît — avec les journaux — une diffusion accrue par les perfectionnements de l'imprimerie, parvient régulièrement et abondamment jusqu'aux rives du Saint-Laurent. La publicité que lui font revendeurs et libraires, à l'arrivée de chaque navire en provenance des ports anglais, montre bien l'intérêt soutenu du public pour la production française: ouvrages politiques, scientifiques, philosophiques ou religieux, mais aussi poésie et surtout roman, depuis la poussée romantique des années 1830 et 1840. Certes, on apprécie les titres consacrés des grands auteurs — Balzac, Stendhal, Chateaubriand —, mais la vogue va nettement, dès les années 1830, au roman

---

* Cette section a été rédigée par Sylvain Simard.

historique, fantastique et, plus tard, aux divers avatars des *Mystères de Paris*, ainsi qu'aux innombrables variations du mélodrame populaire. Le public est à tel point friand de ce genre que l'écrivain français Henri-Émile Chevalier, fraîchement débarqué à Montréal, s'empresse d'écrire les *Mystères de Montréal* (1885) et une douzaine d'autres romans qui combinent, sur une toile de fond exotiquement canadienne, tous les procédés des romans populaires français, américains et anglais contemporains.

Il est très difficile d'évaluer l'impact et la diffusion de cette littérature, dont les principaux ressorts sont les intrigues à rebondissements multiples, les reconnaissances miraculeuses, les crimes mystérieux, les passions déchaînées, et dont les personnages types sont l'orpheline vertueuse, la prostituée repentie, l'aristocrate socialiste. Ces ouvrages, en effet, sont en vente non seulement dans les librairies de Montréal, Trois-Rivières et Québec, mais aussi sans doute dans la valise des colporteurs. De plus, c'est par les feuilletons dans les journaux qu'ils parviennent à la connaissance du public, un public restreint, évidemment, car les analphabètes sont encore très nombreux en 1867.

Il n'en demeure pas moins qu'au Québec même les publications de livres et de journaux augmentent régulièrement à cette époque. De fait, les années 1880 voient les débuts d'une presse populaire: *La Patrie* et *La Presse*, journaux quotidiens d'information créés sur des modèles européens et américains, doivent une part de leur succès à leur alléchante première page presque toute consacrée aux feuilletons romanesques. De même, *La Minerve*, l'*Événement*, le *Journal de Québec*, le *National* et le *Pays* puisent chaque jour dans Georges Ohnet, Alexandre Dumas, Eugène Sue et des dizaines d'autres auteurs populaires, afin de satisfaire le goût insatiable du public pour ces romans à épisodes. Il y a là une source d'autant plus attrayante qu'elle est gratuite et inépuisable, n'étant limitée par aucune convention concernant les droits d'auteur. Malgré la censure vigilante dont ils sont l'objet, ces textes n'en véhiculent pas moins certaines valeurs typiques de leurs sociétés et pays d'origine, valeurs qui diffèrent du conservatisme religieux ambiant.

La littérature nationale

Cette infiltration d'idées étrangères et «modernes» suscite par réaction, chez certains auteurs, la volonté de donner une direction différente à la littérature autochtone naissante. Pour eux, la population canadienne-française mène une vie paisible, et il est inutile d'exploiter à son intention passions, crimes et suicides. L'abbé Henri-Raymond Casgrain (1831-1904) est le premier à définir des orientations pour la jeune littérature canadienne. Vers 1860, autour de lui, un mouvement littéraire prend son essor à Québec et s'exprime dans les *Soirées canadiennes*, puis dans le *Foyer canadien*. C'est, selon Réjean Robidoux, le premier effort collectif pour créer une littérature nationale. Se réunissant dans la librairie du poète Octave Crémazie, les Casgrain, Gérin-Lajoie, Taché, Chauveau, La Rue et même le jeune Fréchette se convainquent de la grandeur du passé national en lisant l'*Histoire du Canada* (1845-1848) de François-Xavier Garneau et s'imprègnent d'un romantisme littéraire qui va chercher son bien loin dans le siècle, chez les romantiques français Nodier, Lamartine, Hugo et Chateaubriand. Ce que l'on a appelé l'«École littéraire de Québec» est d'abord un mouvement patriotique qui tend à définir la littérature en fonction des besoins nationaux.

Pour Casgrain, ces préoccupations se doublent de préoccupations religieuses. Dans une vision qui marquera profondément la prose et la poésie, il proclame que la littérature canadienne doit être «essentiellement croyante et religieuse», «favoriser les saines doctrines», «faire aimer le bien, admirer le beau et faire connaître le vrai» et surtout «moraliser le peuple» en ouvrant son cœur à tous ces nobles sentiments. C'est dans cet esprit qu'il propose aux écrivains d'illustrer dans leurs œuvres la sainteté de l'agriculture, de puiser leurs sujets dans les hauts faits des ancêtres héroïques sous le régime français et de faire revivre les belles légendes d'antan.

Quelques années plus tard, Hector Fabre — homme de grande culture et francophile notoire — fait écho à ces exigences nationalistes en mettant en garde les gens de lettres canadiens contre une transposition abusive sur les bords du Saint-Laurent de certaines réalités ou sensibilités typiquement françaises: «Réservons à la France les grandes aventures de la littérature et de l'art, les hautes entreprises, les chefs-d'œuvre. Contents de peu, cultivons sur cette terre lointaine, sous ce froid climat, les plantes dont le germe est dans le sol que nous foulons [...]. Le rôle de notre littérature c'est de fixer ce que nous avons de particulier, ce qui nous distingue à la fois de la race dont nous sortons et de celle au milieu de laquelle nous vivons.»

Assez paradoxalement, cette antienne est reprise par plusieurs critiques français, qui encouragent les auteurs canadiens à «faire canadien» dans leurs ouvrages et à ne pas oublier qu'ils sont «au pays des Hurons». Le protectionnisme idéologique et littéraire canadien trouve ainsi un écho rassurant dans une critique française dont l'exotisme constitue la principale clef de lecture de notre littérature. Les Lefaivre, Rameau, Marmier, Claretie et plus tard Arnould, Bazin, Lionnet encouragent les écrivains québécois à se cantonner dans la couleur locale et à s'éloigner des courants esthétiques à la mode en France. La littérature canadienne se voit ainsi assigner un rôle actif dans le combat pour la défense de la spécificité culturelle et idéologique du Canada français. Malheur aux quelques écrivains qui tenteraient — ne fût-ce qu'un moment — de s'évader de ce pieux champ de bataille.

Une centaine d'écrivains

Qui sont ces écrivains? Peu nombreux, une centaine, ils doivent tous chercher leurs moyens de subsistance hors de l'activité littéraire. On les retrouve ainsi à la rédaction des journaux, dans la salle des traducteurs, au greffe, à la bibliothèque ou aux archives des parlements d'Ottawa et de Québec. Ces emplois sont les seuls qui leur permettent de consacrer le temps minimal nécessaire à la création. Bien qu'aucune étude n'ait précisé leurs origines sociales, on peut constater qu'ils sont, pour la plupart, issus d'un milieu rural et ce, jusqu'aux dernières années du siècle, alors qu'apparaissent des écrivains venus de la ville. Relativement pauvres, sans compétence professionnelle ou technique — ils ont en général suivi le cours classique et tâté du droit —, ils doivent, pour s'assurer un emploi rémunérateur, faire appel à l'amitié des politiciens. Vulnérables et dépendants, il n'est pas étonnant qu'ils soient les chantres d'une esthétique archaïque et d'une idéologie cléricale et conservatrice, exception faite de quelques ténors radicaux tels le pamphlétaire Arthur Buies, le poète Louis-Honoré Fréchette ou le romancier Honoré Beaugrand. Buies et Fréchette, en dépit de leur anticléricalisme viscéral, ne véhiculent cependant pas une vision du monde très différente de celle des écrivains conservateurs Octave Crémazie (1827-1879) ou Basile Routhier (1839-1920). Eux aussi célèbrent la mystique agricole et la colonisation, mission sacrée de la race française en Amérique.

C'est Honoré Beaugrand (1848-1906) qui, le premier, fait ouvertement et systématiquement l'éloge du capitalisme à l'américaine dans son roman *Jeanne la fileuse*, dont le mode de diffusion illustre celui de la plupart des romans de l'époque. Parue d'abord sous forme de feuilleton en 1877, à Fall River (Massachusetts), l'œuvre est publiée en volume l'année suivante, puis reprise en feuilleton dans plusieurs journaux du Québec. Se portant vigoureusement à la défense des populations franco-américaines souvent calomniées au Québec, Beaugrand y peint un tableau favorable des conditions de travail dans les filatures de la Nouvelle-Angleterre, alors que la plupart de ses contemporains s'en tiennent aux stéréotypes du conservatisme et du nationalisme de repli.

Ainsi, le fossé se creuse entre deux types de culture. D'une part, la grande presse propage quotidiennement, auprès d'un public de plus en plus vaste, l'univers des romans français et des *success stories* américaines; d'autre part, les écrivains nationaux, dont les œuvres n'atteignent qu'un public fort restreint, se limitent à des genres figés (poèmes épiques, romans historiques et paysans) et à des sujets comme la conquête du sol ou la gloire des zouaves pontificaux. Ainsi, à la culture officielle, au discours des élites ressassant la supériorité du mode de vie ancestral, s'oppose une littérature plus populaire, une culture du réel, du vécu ou de l'évasion, encore peu étudiée à ce jour.

Les genres

Le 19e siècle est bien, au Québec comme ailleurs, le siècle du roman. L'Église ne s'y trompe pas: après avoir condamné, en un premier temps, ce genre dangereux par nature, elle décide très tôt de «tourner contre lui les armes de l'ennemi», selon l'expression du journaliste et romancier Jules-Paul Tardivel. Dans cet esprit, une collection dirigée par l'abbé Casgrain, subventionnée par le gouvernement du Québec, diffuse à un public scolaire plus de 175 000 exemplaires d'ouvrages québécois.

Le théâtre, pour sa part, en est réduit à la manne de nombreuses tournées venues de France ou des États-Unis. Le public pourtant ne manque pas, si l'on en juge par l'accueil triomphal fait à la comédienne française Sarah Bernhardt lors de son passage à Montréal en 1880. Les représentations se jouent à guichet fermé malgré leur condamnation explicite par l'évêque, Mgr Fabre.

Quant à la poésie, elle ne touche qu'un public restreint, et les poètes, pour nombreux qu'ils soient, n'occupent — à l'exception de Fréchette et, à un moindre degré de William Chapman — que peu de place dans une société où le public littéraire reste fort limité. Pourtant, de 1867 à

1896, près de 80 recueils de poèmes sont publiés, contre une trentaine de romans.

L'un des genres florissants de l'époque est le récit bref — conte, légende, nouvelle — qui offre l'avantage de pouvoir être diffusé facilement par les journaux et de rejoindre ainsi un plus vaste public. Quoique leur inspiration soit très variée — le bibliographe Aurélien Boivin y distingue des contes surnaturels, anecdotiques et historiques —, les meilleurs de ces récits sont ceux qui s'alimentent aux sources de la tradition folklorique encore vive dans maintes régions du Québec. Venue de France, cette tradition transmise de bouche à oreille s'est enrichie et plus ou moins modifiée en s'adaptant au contexte québécois. Elle se compose de contes merveilleux, de chansons, de croyances et de légendes. C'est surtout parmi ces dernières que puisent abondamment des écrivains désireux, comme le dit en 1861 le programme des *Soirées canadiennes*, d'«écouter les délicieuses histoires du peuple avant qu'il les ait oubliées». Créatures et phénomènes étranges qui peuplent la littérature orale — loups-garous, feux-follets, diables danseurs, revenants et chasses-galleries — passent ainsi dans l'écrit, où ils sont traités sur un mode tantôt pieux, tantôt comique. Durant les dernières décennies du siècle, paraissent plusieurs volumes rassemblant des récits de ce genre, comme ceux de l'abbé Casgrain (*Légendes canadiennes*, 1861), de Paul Stevens (*Contes populaires*, 1867), de Faucher de Saint-Maurice (*À la brunante*, 1874), de Joseph-Charles Taché (*Forestiers et voyageurs*, 1884), de Pamphile Lemay (*Contes vrais*, 1899), de Louis Fréchette (*La Noël au Canada*, 1900) ou d'Honoré Beaugrand (*La chasse-galerie*, 1900). C'est là, à n'en pas douter, un courant littéraire majeur de l'époque.

Le rayonnement de la littérature est gêné par la rareté et la pauvreté des librairies et des bibliothèques. L'Église, qui cherche à contrôler la diffusion des idées et des valeurs chez ses fidèles, s'oppose le plus souvent à la lecture des livres modernes. En plus de dicter les programmes d'enseignement et les manuels, en plus de censurer les livres au moyen de l'*Index*, elle cherche à empêcher le développement de bibliothèques publiques indépendantes de son influence, et met sur pied des bibliothèques paroissiales offrant une littérature édifiante parfaitement conforme à ses préceptes. Les réseaux religieux de diffusion culturelle (lectures publiques, revues, cercles de discussion, instituts, etc.) n'ont généralement pour but que d'étouffer toute tentative de libéralisation des échanges culturels.

La poésie

Le critique David Hayne distingue trois phases dans la poésie romantique canadienne entre 1860 et 1890. De 1859 à 1866, alors que le gouvernement canadien siège à Québec, la poésie trouve son expression dans l'«École littéraire de Québec» et ses revues, *Les Soirées canadiennes* et *Le Foyer canadien*; c'est l'époque où Crémazie publie sa *Promenade de trois morts* (1862) et Fréchette, sa *Voix d'un exilé* (1866). Les années 1867 à 1875 sont une période de net déclin. Enfin, après 1875, la relève est assurée par les poètes nés vers 1850. Fortement influencée par l'esthétique romantique française des années 1820-1850, la poésie de cette dernière période vaut surtout par les recueils de Louis Fréchette (*Les fleurs boréales*, 1879), Eudore Évanturel (*Premières poésies*, 1878), Pamphile Lemay (*Les vengeances*, 1875), William Chapman (*Les feuilles d'érable*, 1890), et les poésies éparses d'Alfred Garneau. Mais les modèles français périmés limitent non seulement l'originalité formelle, mais encore tout intérêt pour le renouveau des mouvements parnassien et symboliste. Ce vague romantisme conventionnel reflète bien les limites des choix culturels que la morale, la religion et l'idéologie imposent aux auteurs québécois, les tenant éloignés des révolutions esthétiques de la seconde moitié du siècle et très souvent d'une expression authentiquement personnelle.

L'œuvre de Louis-Honoré Fréchette (1839-1908) se distingue cependant. Le personnage ne cesse d'attirer l'attention de ses contemporains pendant une quarantaine d'années. Admirateur de Lamartine, de Chateaubriand et surtout de Victor Hugo, dont il tente d'être la réplique québécoise, Fréchette représente presque à lui seul, depuis le départ de Crémazie pour la France en 1862, la poésie nationale. Reconnu très jeune comme un poète imaginatif et talentueux, il reçoit en 1880 le prix Montyon de l'Académie française et est consacré barde national; il devient le poète officiel qui célèbre d'une œuvre de circonstance telle inauguration, telle fête et est l'objet de l'adulation des foules. Anticlérical actif et libéral bon teint, Fréchette ne s'en fait pas moins le chantre de la République française dans une société qui a peu de sympathie pour cette «mauvaise France», républicaine et laïque. Ce n'est pas sans une certaine sensibilité qu'il imite Lamartine et surtout Hugo, et sa poésie, à l'image de ses modèles, ne manque ni d'invention verbale, ni d'images évocatrices, ni d'un souffle et d'une puissance qui font oublier ses faiblesses. Ces quelques vers, extraits de la *Légende d'un*

Louis-Honoré Fréchette, 1839-1908. (ANQ, GH570-38)

peuple (1887) — réplique canadienne de *La légende des siècles* de Victor Hugo —, en font foi:

> Amérique! — Salut à toi, beau sol natal!
> Toi, la reine et l'orgueil du monde occidental!
> Toi qui, comme Vénus, montes du sein de l'onde,
> Et du poids de ta conque équilibres le monde!
> Quand, le front couronné de tes arbres géants
> Vierge, tu secouais au bord des océans,
> Ton voile aux plis baignés de lueurs éclatantes;
> Quand, drapés dans leurs flots de lianes flottantes,
> Tes grands bois ténébreux, tout pleins d'oiseaux chanteurs
> Imprégnèrent les vents de leurs âcres senteurs;
> Quand ton mouvant réseau d'aurores boréales
> Révéla les splendeurs de tes nuits idéales;
> Quand tes fleurs sans fin, quand tes sommets neigeux,
> Tes tropiques brûlants, tes pôles orageux,
> Eurent montré de loin leurs grandeurs infinies,
> Niagaras grondants, blondes Californies!
> Amérique, au contact de ta jeune beauté,
> On sentit reverdir la vieille humanité!

Fréchette consacre des milliers de vers à célébrer la gloire des ancêtres et l'épopée du peuple canadien. Bien que ses articles, essais et discours contestent souvent l'idéologie conservatrice cléricale, sa poésie ne s'en inspire pas moins de l'histoire de François-Xavier Garneau et du patriotisme de Crémazie. Là encore, l'individu s'efface devant la nécessité du combat collectif pour la survivance de l'intégrité nationale et religieuse. Cependant, ce discours, comme celui des romanciers ou des pamphlétaires, ne semble pas avoir de prise sur l'évolution sociale marquée par la montée croissante de l'urbanisation et de l'industrialisation.

Le roman

La littérature romanesque, issue en grande partie de la réaction à la littérature dite légère des feuilletons français, anglais et américains, se consacre donc à la peinture des mœurs honnêtes et paisibles des laborieux paysans canadiens. Déjà, en 1846, Patrice Lacombe, dans *La terre paternelle*, et plus tard P.-J.-O. Chauveau, dans *Charles Guérin* (1853), ont témoigné de ce choix qui laisse aux «vieux pays» le monopole des «romans ensanglantés» et des passions exacerbées.

Cette option propagandiste maintient la production romanesque dans une contraignante soumission aux modèles et stéréotypes idéologiques, soumission dont les deux romans d'Antoine Gérin-Lajoie (1824-1882), *Jean Rivard le défricheur* (1862) et *Jean Rivard, économiste* (1864), sont les illustrations les plus significatives. À l'image de ses confrères, l'auteur se défend d'avoir voulu écrire un roman, affirmant n'être que le narrateur des véritables aventures «d'un jeune homme sans fortune, né dans une condition modeste, qui sut s'élever par son seul mérite à l'indépendance de fortune et aux premiers honneurs de son pays». Refuser la fiction romanesque, c'est bien pour Gérin-Lajoie avouer que son personnage n'est que l'outil d'une histoire exemplaire qui a pour fonction de convaincre ses compatriotes lecteurs de la primauté de la campagne sur la ville et de la colonisation de nouvelles régions sur toute carrière libérale.

Ce personnage, Jean Rivard, vient de terminer sa classe de rhétorique au séminaire de Nicolet lorsque son père meurt. N'ayant pour tout héritage que cinquante louis, il doit abandonner ses études; refusant l'alternative qui s'offre à lui — la carrière en droit pour un jeune homme sans protecteur et voué à la médiocrité, ou l'établissement sur une petite terre d'une vieille paroisse surpeuplée du Saint-Laurent — il décide d'aller coloniser une terre du canton de Bristol. Jean choisit un lot qu'il achète à bon prix et s'enfonce dans la forêt en compagnie de son engagé, Pierre Gagnon, qui est à la fois son «Vendredi» et son faire-valoir romanesque sur le mode du contrepoint comique. Cette terre donne très vite ses premières moissons, une maison confortable succède bientôt à la cabane de bois rond qui abritera le bonheur conjugal sans nuages de Jean Rivard et Louise Routhier, épouse et mère modèle. Très vite, grâce à de petites industries agricoles naissantes (potasse et sucre d'érable) et à l'ouverture d'une route reliant Rivardville à la civilisation, notre héros connaît une certaine forme de prospérité. Dans le second volet du diptyque, *Jean Rivard, économiste*, Gérin-Lajoie expose des idées sociales qu'il a puisées chez le sociologue catholique français Frédéric Le Play et ses disciples. L'afflux de nouveaux colons impose à la cellule pionnière de se constituer en structure sociale, c'est-à-dire de fonder une paroisse, d'établir une réglementation scolaire, commerciale et industrielle. L'âme de cette entreprise, c'est bien sûr Jean Rivard qui, arrivé «aux plus hauts honneurs du pays», c'est-à-dire devenu maire puis député, n'en demeure pas moins fidèle à l'imagerie bucolique et... s'en retourne cultiver ses champs.

Ce résumé, qu'on ne s'y trompe pas, n'est pas une caricature, mais respecte le roman lui-même qui, malgré les affirmations de son auteur, relève bien de la fabulation. Si les intentions de Gérin-Lajoie tendaient vers le réalisme, en effet, la narration s'engage délibérément dans le féérique ou l'épique. Récoltes et productions miraculeuses, crédits et débouchés providentiels, soumission totale de la nature au héros, deus ex machina, rien ne manque à Jean Rivard pour être la preuve vivante du bien-fondé des théories sociales de son auteur, rien, pas même une totale liberté à l'égard des règles de la vraisemblance. Ainsi peut-on relever la naïveté du contraste qu'établit Gérin-Lajoie entre ville et campagne, par le biais d'une correspondance entre Rivard et Gustave Charmesnil, le condisciple qui a fait le mauvais choix. Prisonnier de la ville, esclave d'une profession libérale, le pauvre Gustave apparaît comme la victime citadine qui n'aspire qu'à la quiétude rurale.

Il est difficile d'évaluer l'impact réel d'un tel livre. A-t-il su provoquer des vocations pionnières, d'autres paradis comme Rivardville? Le succès du livre, réédité sept fois au 19e siècle, s'explique bien plutôt par l'action conjuguée du prosélytisme des élites conservatrices et du charme involontairement romanesque du récit. La tradition du roman paysan, qui fleurira jusqu'aux années 1930, répétera souvent la dichotomie manichéenne de la ville et de la campagne. Plus évasion vers l'idylle que description, l'agriculture restera pour les romanciers du terroir l'image de leur refus d'un réel quotidien difficile et peu glorieux.

De la même façon, c'est pour fuir la pauvreté matérielle et l'impuissance politique que bon nombre d'écrivains, profondément marqués par l'échec de 1837 — selon la thèse du critique Roger Le Moine —, pratiquent le roman historique. S'inspirer des études de Garneau, de Ferland et de nombreuses monographies sur les héros de la Nouvelle-France, c'est démontrer la relativité des fortunes historiques, revaloriser le vaincu du présent par la gloire d'un passé mythifié, tout en utilisant un genre qui a fait ses preuves en Angleterre comme en France, avec Walter Scott, Balzac et Dumas, entre autres.

Le passé évoqué dans les romans historiques n'a que peu de rapports avec l'histoire du régime français, soumis qu'il est aux paramètres idéologiques du 19e siècle. Ainsi, leurs héros relèvent tous d'une typologie caricaturale: canadiens, nobles au sens propre comme au sens figuré, beaux et toujours bruns, ou brunes, peau d'albâtre, taille de guêpe et orphelines... Les héroïnes s'évanouissent fort romantiquement, c'est-à-dire dès que l'occasion s'en présente, tout en restant héroïques et pures. Véritable Jeanne D'Arc, l'héroïne du *Chevalier de Mornac* (1873) de Joseph Marmette dompte d'un regard noir Mains Sanglantes, le chef indien dont elle est la captive, personnage dont la cruauté n'a d'égale que la lubricité. Mains Sanglantes, capable en un seul jour de tuer — non sans les avoir martyrisées — une vingtaine de victimes, déposera les armes devant ce modèle d'amour virginal, dompté par le noble regard de celle qui veut se conserver intacte pour son fiancé. Dans le même ordre de réalisme, il faut noter que les méchants ne sont jamais des Canadiens mais les autres, Anglais, Iroquois, «mauvais» Français, dont la laideur trahit la noirceur de leur âme... Les intrigues, quant à elles, ne réservent que peu de surprises: le bon jeune homme veut épouser la jeune orpheline, elle est enlevée; n'écoutant que son grand cœur, il parvient, malgré une foule d'embûches... est-il besoin de continuer? Le cadre est construit à grand renfort de détails historiques plaqués dans les temps morts de l'intrigue, mais à quelques exceptions près, comme le *Jacques et Marie* (1866) de Napoléon Bourassa, aucune de ces œuvres n'utilise de façon originale la documentation dont elles sont nourries. Il leur manque aussi cet art du portrait, que l'on retrouve chez l'Américain Fenimore Cooper, par exemple. À ce titre, il est remarquable de constater qu'elles méprisent, quand elles ne l'ignorent pas, le coureur de bois, figure qui aurait pu donner naissance à un type littéraire original. Lorsqu'il apparaît, c'est le plus souvent pour être condamné au nom d'une morale de la stabilité et du sédentarisme ; celui qui échappe aux lois du groupe ne saurait être un héros.

Il convient cependant de réserver une place à part au livre de Laure Conan, *Angéline de Montbrun* (1884), le seul qui présente aujourd'hui un intérêt non exclusivement historico-sociologique. Par l'utilisation des techniques narratives alternées et fortement individualisées que

Laure Conan, 1845-1924. (ANQ, GH1070-84)

sont le roman épistolaire et le journal intime, l'auteur met au jour la complexité d'un cœur qui refuse le bonheur humain après le décès du père et se réfugie dans l'exercice de la spiritualité. Le lecteur contemporain peut y lire en filigrane, rompu qu'il est aux analyses de type freudien, un récit naïf d'une relation incestueuse, où l'on perçoit la résonance profondément authentique de la souffrance.

Le théâtre

À compter des années 1860, Québec et Montréal voient le remplacement progressif des troupes locales par des troupes intégrées aux
circuits américains. Cette situation ne peut guère favoriser le théâtre
d'expression française, qui demeure mineur, relégué aux salles d'écoles
et de collèges. Même si les francophones appellent de leurs vœux
nationalistes la naissance d'un théâtre en français, il faut attendre la fin
du siècle pour voir les directeurs de théâtre répondre aux attentes de
cette clientèle. Les historiens du théâtre s'entendent pour souligner le
rôle majeur joué entre 1880 et 1900 par trois événements; les productions de Louis Fréchette à l'Académie de musique de Montréal en juin
1880, la visite de Sarah Bernhardt en décembre de la même année et
l'avènement du vaudeville américain en 1883.

Certes, les drames historiques de Fréchette, *Papineau* et *Le retour de
l'exilé*, ont un style ampoulé qui les rend probablement injouables
aujourd'hui, mais leur production à grand déploiement, digne des plus
grosses scènes américaines, a à l'époque un effet considérable sur le
public. Arrivée dans les grands froids de la fin de l'année 1880, la
grande Sarah Bernhardt provoque chez les artistes et les amateurs de
théâtre une onde de choc majeure malgré l'anathème lancé contre elle
par les autorités ecclésiastiques. Interprétant les pièces les plus populaires de son répertoire, elle reviendra à Montréal et à Québec à huit
occasions. Mais l'appendice québécois des lucratives tournées américaines de la «divine» n'aide guère les salles francophones, puisque
toutes ses apparitions à Montréal et à Québec ont lieu dans des théâtres
appartenant à des Américains. Malgré cela, la venue de Sarah Bernhardt et les créations de Fréchette donnent une certaine impulsion au
théâtre francophone. Enfin, l'avènement du vaudeville américain marque aussi le théâtre des dernières décennies du 19e siècle. S'adressant
à un public plus populaire, ces spectacles qui comportent des numéros
de comédie, d'acrobatie, de danse, etc., font les beaux soirs de milliers
de citadins et favorisent l'intégration des Québécois dans l'orbite culturelle américaine.

Évidemment, le théâtre au Québec ne se résume pas à ces trois
points d'orgue. Plusieurs cercles théâtraux naissent et meurent, un
répertoire en français se développe et le théâtre atteint plusieurs petits
centres comme Longueuil, Drummondville, Nicolet, Trois-Rivières,
Hull. On joue le plus souvent du théâtre populaire français adapté aux

mœurs rigides et aux impératifs d'une censure cléricale impitoyable. L'historien John Hare cite la programmation du cercle dramatique de Hull comme typique de ce théâtre des années 1880: les mélos comme *Le forgeron de Strasbourg*, *Le châtiment de l'usurier*, *Le fils de la forêt* ou *Le repentir* se partagent les faveurs du public. La grande Sarah n'est pas seule à faire la tournée des salles québécoises: Coquelin, Jane Hading, Mounet-Sully, Segond-Weber viennent interpréter *Hamlet*, *Hernani*, *Ruy Blas*, *Andromaque*, mais le public reste assez apathique. Il faut attendre 1898 et la fondation des «Soirées de familles» et du Théâtre des Variétés pour voir s'ouvrir jusqu'à la guerre ce que certains ont appelé un «âge d'or» du théâtre au Québec.

Histoire et essai

C'est d'abord sur l'histoire que le 19e siècle construit son idéologie. À la suite de François-Xavier Garneau (1809-1866) et de l'abbé Ferland (1805-1865), tous les historiens vont à leur manière et avec des fortunes diverses tracer les contours d'un passé chargé d'expliquer le présent. Plusieurs facteurs jouent en faveur de cet engouement pour l'histoire, le moindre n'étant pas l'accès désormais plus facile aux documents, surtout ceux des archives françaises. Mais l'exemple vient aussi d'ailleurs et le rôle de l'histoire en Europe et aux États-Unis ne saurait être négligé.

Contrairement à Garneau qui, malgré la relative pauvreté des sources à sa disposition, cherchait à connaître autant qu'à expliquer, l'historiographie d'après 1867 apparaît souvent plus prosélyte et hagiographique qu'explicative. C'est à la lumière des nouveaux dogmes clérico-nationalistes que les Casgrain, Faillon, Gosselin et autres font le portrait d'un passé reproduisant parfaitement les idéaux conservateurs du présent et justifiant le leadership politique et social des couches dominantes. L'historien Serge Gagnon a bien étudié le phénomène et ne s'étonne pas de la primauté d'une histoire nationaliste dans une communauté «assujettie à une nation qui la domine sur les plans politique, démographique et économique». De la même façon, le rôle éminent du providentialisme dans l'historiographie québécoise s'expliquerait très bien dans le cas d'un groupe national que sa passivité forcée «devait amener à survaloriser la grandeur de ses origines».

L'essai littéraire dans l'acception moderne du terme reste un genre mineur au 19e siècle. L'élite littéraire, formée à la philosophie dogmatique dans les collèges classiques et férue de transcendance religieuse, accorde peu de place à l'inquiétude du discours introspectif. Les essayistes québécois se mettent d'abord et avant tout au service de l'idéologie clérico-nationaliste dont ils sont, plus que les poètes et les romanciers, à la fois les ouvriers et les théoriciens. Éloignés des réalités concrètes, influencés par une rhétorique de convention et un certain autoritarisme idéologique, ils témoignent à leur façon du foisonnement mais aussi des limites de la vie culturelle de leur époque.

Quelle que soit l'importance de leur production, ces discours, articles, sermons et conférences émanent souvent des groupes les plus radicaux, auxquels ne saurait être réduit le paysage idéologique de l'époque. De nombreux historiens et sociologues n'ont vu dans le 19e siècle que l'affrontement de deux grandes tendances — le libéralisme radical et l'ultramontanisme — parce que c'est autour d'elles que se situent souvent les essayistes de l'époque. Aux anticléricaux Arthur Buies, Joseph Doutre, Louis-Antoine Dessaulles, s'opposent les ultras Jules-Paul Tardivel, Louis-François Laflèche, Thomas Chapais ou Basile Routhier. Cette vision manichéenne permet peut-être des analyses claires et convaincantes, mais elle laisse dans l'ombre une réalité fondamentale: ces auteurs véhiculent et défendent des positions trop radicales pour susciter de larges adhésions. Buies, brillant pamphlétaire dénonçant les effets du cléricalisme sur le développement culturel québécois, est un franc-tireur dont l'anachronique combat est voué à l'échec. Jules-Paul Tardivel qui à l'instar de Louis Veuillot en France, dirige un journal intégriste, est condamné à plusieurs reprises par la hiérarchie religieuse. Les positions de l'Église canadienne, qui soutient Cartier et Macdonald, ne sauraient être résumées dans les propos d'un Tardivel qui stigmatise le chemin de fer, lèpre du matérialisme en Amérique !

L'œuvre sereine et spirituelle d'un Hector Fabre (1834-1910) reflète mieux l'esprit et les réalités de cette époque. Journaliste, homme politique et diplomate, l'auteur des *Chroniques* (1877) prend des positions ambivalentes, où se mêlent conservatisme et libéralisme modéré, et qui correspondent mieux à celles des intellectuels québécois envers le progrès technique américain et les séduisantes disputes esthétiques et philosophiques françaises. Ses ambiguïtés sont plus caractéristiques de la pensée canadienne que les certitudes dogmatiques et bruyantes des radicaux de toutes tendances.

Il n'a guère été question ici que de littérature écrite. L'influence du conte et de la légende sur la production romanesque laisse toutefois entrevoir l'existence d'une culture orale riche et complexe qui n'hésite pas à transgresser les tabous. De plus, nous n'avons tenu compte que de la littérature d'expression française. Bien que Montréal soit le centre canadien-anglais le plus prospère tant sur le plan financier qu'universitaire, avec l'Université McGill, il semble bien, si l'on se fie aux études existantes — celle de Carl F. Klinck en particulier —, que la production littéraire de langue anglaise au Québec soit alors fort limitée. Tandis que Rosanna Eleonor Mullis (Madame J.-L. Leprohon) et William Kirby, auteur de *Golden Dog* (1877), épousent parfaitement la tradition du roman historique francophone, l'érudit James Macpherson LeMoine crée une œuvre bilingue qui s'intègre bien dans le contexte littéraire de la vieille capitale. Au moment où Halifax et Toronto connaissent l'éclosion d'œuvres originales, la littérature des *Montrealers* du 19e siècle reste ironiquement dans le sillage de la culture française.

La peinture et la sculpture*

Les œuvres d'art sont des produits symboliques et, à ce titre, reflètent les préoccupations de l'époque qui les a vues naître. En cette fin du 19e siècle, se produit dans la sculpture et la peinture du Québec un profond changement, qui modifie considérablement le paysage familier des églises et des intérieurs québécois.

La sculpture

La sculpture, qui occupait une place si importante dans l'art ancien du Québec, se voit de plus en plus concurrencée par la peinture. Elle n'en reste pas moins importante, marquée qu'elle est par la diffusion du goût victorien, dont l'historien de l'art John Porter fait remonter à 1850 les premières manifestations au Québec. Timidement d'abord, puis de plus en plus, les sculpteurs se laissent influencer par les *revivals* architecturaux qui marquent l'époque. L'Église demeure le grand commanditaire des sculpteurs, et c'est surtout en exécutant ses commandes que ceux-ci trouvent l'occasion d'expérimenter les nouveaux styles.

---

* Cette section a été rédigée par François-Marc Gagnon.

Certes, tous les sculpteurs ne réussissent pas à se mettre à la page. Certains, et des plus importants, restent attachés aux façons traditionnelles et au marché qu'ont connu leurs prédécesseurs. C'est le cas de Louis Jobin (1845-1928), qui voit le marché de la sculpture auquel il était habitué se rétrécir de plus en plus et ne lui laisser finalement que les contrats des statues religieuses monumentales. La plus célèbre d'entre elles est une Immaculée-Conception dite Notre-Dame du Saguenay, haute de 8,5 mètres, sculptée en bois de pin et recouverte de plomb (1881); juchée sur le sommet du Cap Trinité, elle protège toujours les destinées des Saguenayens.

D'autres sculpteurs tentent de s'adapter au goût du jour et modifient leur style en conséquence. Ainsi, Ferdinand Villeneuve (1831-1909), parfaitement capable de s'exprimer dans les façons traditionnelles de ses devanciers, adopte le style néo-classique dans ses retables de Lauzon (1875) et de Saint-Anselme (1876). Quant à David Ouellet (1844-1915), disciple du sculpteur traditionnel François-Xavier Berlinguet, il emprunte tantôt le style néo-classique, comme dans son retable de l'église Saint-Jean à l'île d'Orléans en 1876, tantôt le style néo-gothique pour ses tabernacles de l'église Saint-Henri de Lévis au cours des années 1880. Dans ce dernier projet, le sculpteur se trouve à donner corps aux idées de l'architecte Zéphirin Perreault qui, dès 1872, propose pour cette même église un plan très élaboré ayant pour but d'en transformer le chœur en véritable monument néo-gothique. Même Louis-Philippe Hébert (1850-1917) se laisse entraîner par le courant général et manifeste son engouement pour le Moyen Âge en sculptant des statues destinées à occuper les niches des décors néo-gothiques dont se remplissent les églises du Québec. Le meilleur exemple de ce genre de production est sans doute la chaire de Notre-Dame de Montréal, que Hébert réalise à partir de 1883 d'après les dessins du sculpteur français Henri Bouriche (1826-1906). L'Église subit donc l'influence de ces «renouvellements» successifs, la mode étant au retour au passé, à l'imitation des anciens styles, en particulier du style gothique, dont Viollet-le-Duc en France et Pugin en Angleterre viennent de lancer la vogue. On pourrait dire que le changement de goût qui traverse les arts de l'époque s'accommode bien au conservatisme de l'Église catholique.

L'ultramontanisme cherche aussi à s'exprimer dans l'art. L'attachement à Rome et à la papauté se traduit par l'importation non seulement d'œuvres achetées en Italie, mais même de sculpteurs et de peintres, afin qu'ils répètent au Québec les «merveilles» qu'on peut admirer là-bas. Ainsi, Mgr Ignace Bourget ramène d'Italie le sculpteur Hector Vacca, qui meurt peu après son arrivée au Canada, à l'âge de 19 ans. D'autres sont plus heureux que lui, cependant. Thomas Carli (1838-1906), qui se spécialise dans les statues de plâtre peint, ouvre une firme à Montréal à partir de 1867, seul d'abord, puis avec Carlo Catelli à compter de 1877. Bientôt, la production souvent mièvre de cet atelier envahit toutes les églises du Québec.

La sculpture profane est marquée par la même évolution. Certains grands genres, comme la sculpture navale, sont en voie de disparition. Les anciennes coques de bois des navires font place aux coques métalliques, où les figures de proue n'ont plus leur place. Par contre, les monuments historiques jouissent d'une grande vogue, et tous les prétextes sont bons pour ériger des statues de bronze à la reine Victoria ou aux patriotes de 1837. Celui qui s'illustre le plus dans ce genre particulier est le sculpteur Louis-Philippe Hébert.

Né à Sainte-Sophie-de-Halifax, Hébert s'associe d'abord au grand projet de l'église Notre-Dame-de-Lourdes du peintre Napoléon Bourassa. Après avoir participé à l'équipée des zouaves pontificaux partis à la défense de Pie IX et du Vatican, il rejoint le groupe des apprentis de Bourassa en 1871. Comme son maître le fait en peinture, Hébert contribue, dans le domaine de la sculpture, à étendre le champ de l'art traditionnel du Québec au-delà de la thématique religieuse. Il s'illustre surtout dans les grands monuments historiques, où son style académique lui assure une grande popularité. On connaît son monument de Jacques Cartier à Ottawa (1885), et surtout son fameux Maisonneuve, sur la Place d'Armes de Montréal (1893). Entre-temps, il obtient la commande d'une série de statues historiques destinées à orner la façade du nouveau parlement de Québec en 1887. Par la suite, Hébert expose régulièrement à Paris entre 1893 et 1913, aux Salons de la très conservatrice Société des artistes français. Il ne faut pas exagérer l'importance des participations de ce genre. Noyées parmi des milliers d'autres, les œuvres du sculpteur québécois n'y sont pas toujours remarquées par la critique parisienne, souvent chauvine. C'est plutôt au Québec même qu'une telle publicité porte fruit.

On ne saurait négliger, dans cette présentation rapide de la sculpture au Québec, l'importance du meuble victorien. Il connaît alors un essor considérable et provient de plus en plus de l'industrie plutôt que de la boutique de l'artisan. Des firmes comme Drum, Vallières et Hilton sont les grands producteurs de meubles de la période.

La peinture

L'importance de la peinture s'accroît en cette fin du 19e siècle. Certes, ce qu'on appelle l'âge d'or de la peinture au Québec est terminé; ses grands noms disparaissent les uns après les autres, sauf Antoine Plamondon (1804-1895), dont le rayonnement va toutefois en diminuant depuis son installation à Neuville en 1850. Théophile Hamel meurt en 1870, Cornélius Krieghoff deux ans plus tard. Des peintres moins talentueux prolongent tout de même leur influence, comme Ludger Ruelland (1827-1896) ou Joseph-Arthur-Eugène Hamel (1845-1932), neveu de Théophile. Pratiquant le genre du portrait, ils subissent bientôt la rude concurrence de la photographie.

Napoléon Bourassa et son influence

De plus de conséquence est l'œuvre de Napoléon Bourassa (1827-1916), qui tente de faire autre chose que simplement répéter les formules de ses devanciers. Certes, on ne peut faire de Bourassa un peintre révolutionnaire. Nationaliste ardent — sa femme est la fille de Louis-Joseph Papineau —, il a été marqué, lors de son passage à Rome et à Florence durant les années 1850, par l'école dite des Nazaréens. Ces peintres allemands entendent non seulement proposer une forme nouvelle de romantisme, mais exprimer ouvertement dans leurs peintures leur sentiment religieux. Ils auront ainsi indirectement une grande influence sur la sensibilité religieuse du Québec. Non seulement Bourassa mais même Ozias Leduc, à ses débuts, sont marqués par eux. Bourassa est particulièrement impressionné par l'intérêt des Nazaréens pour le Moyen Âge et veut, comme eux, revenir à des formes anciennes d'associations d'artistes, comme la guilde ou la corporation. Il va sans dire que ces essais anachroniques n'ont pas plus de succès au Québec qu'en Allemagne, mais ils donnent ici et là l'occasion de collaborer à des projets collectifs qui sont importants en leur temps. Celui qui passionne Bourassa est la chapelle Notre-Dame-de-Lourdes, à Montréal. Il veut en faire une œuvre collective et, à la manière d'un maître d'œuvre du Moyen Âge, s'entoure d'apprentis auxquels il entend transmettre les secrets de son art. Bourassa s'intéresse aussi à la peinture murale, jusqu'alors confinée à des sujets religieux. Il lui paraît que les grands sujets historiques intéressent ses compatriotes. En cela, il voit juste, car ce genre se développe beaucoup au Québec, grâce à lui. Son *Apothéose de Christophe Colomb*, qui l'occupe pendant six ans (1859-1865), témoigne de son engagement dans cette direction.

Bourassa est convaincu aussi de l'importance de développer l'éducation artistique au Québec. En cela, il est précédé par l'abbé Chabert qui,

Napoléon Bourassa, 1827-1916. (ANQ, N177-28)

dès 1871, donne, dans le cadre des écoles des Arts et Manufactures, des classes de peinture et de sculpture à Montréal. L'initiative de Bourassa date de 1877. Mais l'une et l'autre annoncent de loin la création des écoles des Beaux-Arts à Québec (1921) et à Montréal (1922).

L'œuvre de Bourassa témoigne malgré tout du conservatisme de la période. Tout en étant plus innovatrice que celle des peintres qui ne font qu'imiter leurs devanciers, elle se développe sans introduire de véritable rupture dans la tradition.

La galerie de l'Art Association, à Montréal, inaugurée en 1879. (*L'Opinion publique*, 12 juin 1879)

Un courant novateur

Si l'on peut avancer, dans une certaine mesure, que les artistes qui précèdent sont liés au courant idéologique du clérico-nationalisme, un autre groupe surgit, qui reflète plutôt le libéralisme diffus gagnant de plus en plus de terrain vers la fin du siècle. Pour retrouver les manifestations de ce courant, il faut chercher ailleurs que dans les canaux traditionnels de la diffusion des arts: l'Église et la bourgeoisie avide de portraits. C'est durant la période 1867-1896 que se mettent en place les premières institutions d'art et que se développe le goût des collections privées. Or c'est le nouveau milieu ainsi créé qui permet l'apparition de nouvelles tendances et de nouveaux styles.

La plus importante de ces institutions est sans contredit l'Art Association of Montreal, qui deviendra en 1948 le Musée des beaux-arts de Montréal. Longtemps, l'Art Association est le seul forum où les artistes peuvent exposer publiquement leurs œuvres au Canada. On y tient chaque année, à partir du milieu des années 1860, un Salon du printemps sans équivalent dans le reste du Canada. Même après la création de plusieurs institutions artistiques ailleurs au Canada — comme celle de l'Ontario Society of Artists en 1872, ou de la Royal Canadian Academy of Arts et de la Galerie nationale du Canada en 1880 —, Montréal reste la capitale des arts. C'est là que se trouve le principal marché pour les artistes. Ainsi, malgré ses aspirations «nationales» avouées, la Royal Canadian Academy of Arts s'empresse de présenter à Montréal les œuvres de sa première exposition annuelle, montrée d'abord à Ottawa en mars 1880. Après tout, c'est à Montréal que se trouvent et l'argent et les collectionneurs.

On imagine mal la richesse et l'ambition des collections accumulées par la grande bourgeoisie d'affaires du temps. Sir William Van Horne a le goût éclectique et collectionne aussi bien les grands maîtres du passé comme Le Greco, Constable, Rembrandt, Hals et Reynolds, que les «modernes» comme Théodore Rousseau, Renoir et Monet. James Ross possède un Ruisdaël et un Rembrandt. R.B. Angus a un magnifique Constable et Lord Strathcona, un non moins extraordinaire Turner. Ces millionnaires montréalais ne collectionnent pas seulement de la peinture étrangère. Ils sont prêts à encourager les peintres canadiens dans la mesure où leur œuvre correspond à leur goût et à leur formation. Aussi contribuent-ils beaucoup à faire de Montréal la capitale des arts au Canada.

Leur goût les porte d'abord vers le paysage. Cela n'étonne guère. Ces hommes d'affaires œuvrent dans un vaste pays, y construisent des chemins de fer et ne sont pas insensibles à ses aspects pittoresques. Les peintres de la période ne peuvent pas ne pas les rejoindre dans cet enthousiasme: le paysage est de loin le genre le plus pratiqué. Descendant le Saint-Laurent jusque dans les provinces atlantiques, ou s'aventurant au nord de Toronto, et même vers l'Ouest au-delà des Grands Lacs, ils en rapportent des images d'un pays aux vastes dimensions et à l'atmosphère lumineuse. La première école de paysagisme canadien date de cette époque. Joseph Légaré, venu plus tôt, reste un cas isolé, l'exception qui confirme la règle.

Sunrise on the Saguenay (1880) de Lucius R. O'Brien (1832-1891)

Lucius R. O'Brien, 1832-1899: *Sunrise on the Saguenay*, 1880. (Musée des beaux-arts du Canada, 113)

est probablement une des œuvres clés de la période. Les effrayants pans de rocher qui tombent à la verticale sur la gauche de la composition se perdent dans une brume lumineuse. De petits esquifs à voile au pied de la falaise donnent l'échelle de l'ensemble. Sur la droite, la lumière envahit tout et suggère une expansion sans limite. Déjà, une vue d'Allan A. Edson (1846-1888) décrivant *Mount Orford and the Owl's Head from Lake Memphremagog* (1870), peinte dix ans plus tôt, comprenait toutes ces caractéristiques. La vue d'Edson est dépourvue de personnages, mais une chaloupe occupant le premier plan en tient lieu. Même la brume n'est pas absente de cette composition grandiose.

Quand, vers la fin de 1885, le dernier rail du Canadien Pacifique est posé et que le pays se trouve unifié au moins par un ruban de fer, on ne manque pas de commissionner les artistes pour célébrer l'événement. La vogue des paysages n'en est qu'accrue. Durant les quelques années qui suivent 1885, presque tous les paysagistes canadiens de quelque importance voyagent dans l'Ouest du Canada, à titre d'invités du CPR, pour aller y peindre les Rocheuses. Il en sort une quantité de grands tableaux tendant à exprimer le caractère grandiose, voire

Allan A. Edson, 1846-1888: *Mount-Orford Morning*, 1870. (Musée des beaux-arts du Canada, 1398)

sublime, de cette partie du pays. Ainsi, dans *In the Rocky Mountains* (1886) de John Arthur Fraser (1838-1898), non seulement les montagnes sont repoussées à l'arrière-plan, mais des petits personnages et un canot près d'un lac au premier plan semblent rendre la montagne plus écrasante. La mise en place du sujet (la montagne s'enfonce vers la gauche) suggère une forte expansion lumineuse vers l'extérieur de la composition. Cela n'est pas sans contribuer à l'impression de sublime qu'on ne peut manquer de ressentir devant ce tableau de grandes dimensions (110,4 cm sur 120,7 cm). Les mêmes remarques peuvent s'appliquer aux nombreuses vues des forêts de la Colombie britannique qui dominent les expositions à Montréal et à Toronto, vers la fin du 19e siècle, et dont le meilleur exemple est peut-être *A British Columbian Forest* (1888) de Lucius O'Brien.

La vogue des grands paysages pittoresques chez les collectionneurs montréalais n'est pas exclusive. À l'exemple de leurs collègues américains, qui les précèdent dans cette direction, ils s'intéressent aussi à la peinture française et spécialement aux peintres de l'école de Barbizon. On sait que cette école tire son nom du petit village situé près de la forêt de Fontainebleau, où quelques peintres, dont Théodore Rousseau (1812-1867) et Jean-François Millet (1814-1875), se sont groupés

John Arthur Fraser, 1838-1898: *In the Rocky Mountains*, maintenant intitulé *Unidentified Landscape*. (Musée des beaux-arts du Canada, 6454)

autour de Jean-Baptiste Corot (1796-1875). L'importance attachée par les romantiques à l'expression des émotions amène ces peintres à étudier la nature d'une manière plus intime et plus affectueuse qu'on ne l'avait fait avant eux. Les grands arbres de la forêt de Fontainebleau, en particulier les chênes, deviennent le sujet de prédilection de Théodore Rousseau. L'inspiration de Millet est plus variée; il introduit des personnages dans ses paysages. Son *Semeur*, exposé au Salon de 1850, ou son *Angélus* sont dans toutes les mémoires. Mais le sujet de Millet est moins l'individu lui-même que la dignité du travail. Il cherche moins à représenter des individus, les membres d'une classe de la société, que des types et des actions exemplaires. Cette remarque est importante pour comprendre la psychologie des collectionneurs de Millet et de ses émules au Canada.

Intéressés par les maîtres français du groupe, les collectionneurs montréalais ne négligent pas ceux qu'on peut nommer les représentants canadiens de la tendance. On mesure le sérieux de leur engagement en ce sens par l'anecdote suivante. En 1882, le célèbre écrivain Oscar

Wilde s'arrête à Toronto au cours de sa fameuse tournée nord-américaine. Il est accueilli très chaleureusement et, en retour de la fête qu'on lui fait, il daigne s'intéresser à la production artistique locale. Il s'entiche bientôt de la production du peintre ontarien Homer Watson (1855-1936), en qui il voit un «Constable canadien». Il commande même un tableau à l'artiste, ce qui contribue à son succès quand il lui est livré en 1888. Dans son enthousiasme, Wilde s'offre même à piloter Watson s'il consent à quitter son patelin natal, Doon, petit village situé près de Kitchener en Ontario, et à l'accompagner en Angleterre. On s'attend à ce que Watson saute aussitôt sur l'occasion, mais il n'en fait rien. Watson gagne alors modestement sa vie de la vente de ses tableaux et ne veut pas lâcher la proie pour l'ombre. Or ce sont surtout des collectionneurs montréalais qui achètent la peinture de Watson. Ce n'est que cinq ans après l'invitation d'Oscar Wilde que Watson se rend en Angleterre et y connaît le succès promis. Wilde le présente alors au peintre James Whistler et l'introduit au Chelsea Club de Londres.

Ce voyage londonien ne nuit pas à sa carrière, bien au contraire. Mais c'est encore à Montréal qu'on saisit pleinement la signification d'une reconnaissance par Wilde et par les cercles anglais, après le retour de Watson au Canada en 1891. Son tableau intitulé *Log-cutting in the Woods* (1893) remporte le premier prix au Salon du printemps de l'Art Association of Montreal et est aussitôt acquis par Lord Strathcona. Ce succès attire de nouveau l'attention et relance une fois de plus sa carrière à Montréal. Son client le plus important y est James Ross, qui lui achète plusieurs tableaux et invite Watson et sa femme à l'accompagner dans des croisières au Cap-Breton et en Nouvelle-Écosse. Ross enfin tire les ficelles pour assurer une grande exposition à Londres, aux prestigieuses galeries Goupil.

L'engouement des collectionneurs montréalais pour Watson s'explique par leur goût pour les peintres de l'école de Barbizon, sinon pour la tendance réaliste française dont ils croient retrouver la manière chez lui. Au cours de son séjour en Europe (1887-1891), celui-ci fait un bref séjour à Paris et prend contact avec les œuvres de Millet, Daubigny, Corot, Théodore Rousseau, Mauve, etc. Il ne fait pas de doute que sa peinture est marquée par ce contact; *Log-cutting in the Woods* (1893), qui présente au premier plan deux bûcherons en train de tailler à la scie un tronc d'arbre posé sur le sol, est tout à fait dans l'esprit de la peinture de Millet.

En réalité, Homer Watson participe peu de la tendance de l'école de

Barbizon, dont il n'a qu'une connaissance dérivée et tardive. C'est plutôt Horatio Walker (1850-1938) qui en est le grand représentant au Québec. Fils d'un exploitant forestier, Walker, après avoir travaillé pour la firme Notman-Fraser à Toronto, s'installe à New York en 1878, revenant occasionnellement au Canada. En 1881, il se rend en Europe où il découvre l'importance de l'œuvre de Millet. De retour à New York en 1883, il acquiert une maison d'été dans l'île d'Orléans et séjourne alternativement aux États-Unis et au Canada. Bien qu'il vende plutôt aux Américains, il n'est pas ignoré des collectionneurs montréalais. Charles Porteous, entre autres, l'encourage constamment. Se retirant vers la fin de sa vie à l'île d'Orléans, il y reçoit la visite de Mgr Albert Tessier, qui filme le peintre dans son domaine. Horatio Walker se rattache tout entier à la peinture de l'école de Barbizon. Il explique lui-même sa thématique dans un texte cité par John Russel Harper: «La vie pastorale des gens de nos campagnes, le noble travail de l'habitant, le magnifique panorama qui l'entoure, les aspects variés de nos saisons, le calme de nos matins, la sérénité de nos soirées, les mouvements de sac et de ressac de nos marées que j'ai pu observer des rivages de mon île, ce temple sacré des muses et ce don des dieux aux hommes; tels sont mes sujets picturaux préférés. J'ai passé la majeure partie de ma vie à tenter de peindre la poésie, les joies simples, le dur travail quotidien de la ferme, la beauté sylvestre au milieu de laquelle l'habitant passe sa vie paisible, les gestes du bûcheron et du laboureur, les couleurs brillantes du lever et du coucher du soleil, le chant du coq, les tâches quotidiennes de la ferme, en somme toutes les activités qui prennent place, du matin au soir, autour d'une grange.»

Si on arrive aisément à comprendre ce qui incite les collectionneurs montréalais à acheter de grands paysages pittoresques montrant le Canada comme un vaste pays à exploiter et à transformer, on ne peut pas ne pas se demander ce qui peut bien les attirer vers la peinture de Watson ou de Walker, influencés par l'école de Barbizon. Que peuvent bien avoir en commun ces grands entrepreneurs montréalais avec l'univers d'ouvriers forestiers et de paysans canadiens-français de l'île d'Orléans? En fait, le monde rural et le monde des ouvriers forestiers présentés dans la peinture de Watson et de Walker sont déjà fortement interprétés. Ce sont moins des paysans qui y sont dépeints que les vertus traditionnelles des paysans, celles que définit parfaitement le texte de Walker, l'ardeur au travail, la vie bien réglée selon les rythmes

Homer Ransford Watson, 1855-1936: *Log-cutting in the Woods*, 1894. (Musée des beaux-arts de Montréal)

de la nature (cycles diurne et saisonnier) et les joies simples («*easy joys*», dit Walker).

Cette vision idéalisée n'a que peu de rapport avec la réalité du monde paysan. Elle en donne une vue bien austère, pour ne pas dire bien maussade. Il n'est même pas sûr que ce bel idéal vertueux corresponde aux modèles de la classe paysanne du temps. Le travail, l'endurance, la stabilité correspondent plutôt, sans doute, aux valeurs que chérissent les entrepreneurs capitalistes. Aussi, loin de confirmer l'importance de l'idéologie agriculturiste, le succès de ces peintres auprès des grands entrepreneurs montréalais prouve qu'il ne suffit pas de peindre des paysans au travail pour être un partisan du retour à la terre. Autrement dit, les rapports entre la thématique d'une peinture et une idéologie ne sont pas forcément univoques, précisément parce que le peintre peut traiter ses thèmes de manière symbolique. Nous croyons que c'est le cas ici et qu'en réalité les paysans et les ouvriers des tableaux de Watson et de Walker ne sont que des symboles dans lesquels les tenants de l'idéologie libérale aiment à retrouver leurs propres aspirations.

ORIENTATIONS BIBLIOGRAPHIQUES

BOIVIN, Aurélien. *Le conte littéraire québécois au XIXᵉ siècle, essai de bibliographie critique et analytique.* Montréal, Fides, 1975, 385 p.

DIONNE, René, dir. *Le Québécois et sa littérature.* Sherbrooke, Éditions Naaman, 1984, 426 p.

DUMONT, Fernand et Jean-Charles FALARDEAU, dir. *Littérature et société canadienne-française.* Québec, Presses de l'Université Laval, 1964, 272 p.

GAGNON, Serge. *Le Québec et ses historiens de 1840 à 1920.* Québec, Presses de l'Université Laval, 1978, 474 p.

GRANDPRÉ, Pierre de, dir. *Histoire de la littérature française du Québec*, t. I: *1534-1900.* Montréal, Beauchemin, 1967, 368 p.

HARE, John E. «Panorama des spectacles au Québec: de la Conquête au XXᵉ siècle», WYCZYNSKI, Paul, Bernard JULIEN et Hélène BEAUCHAMP-RANK, dir. *Archives des lettres canadiennes*, T. V: *Le théâtre canadien-français.* Montréal, Fides, 1976, p. 59-107.

HARPER, J.-R. *La peinture au Canada des origines à nos jours.* Québec, Presses de l'Université Laval, 1966, 442 p.

HAYNE, David. «La poésie romantique au Canada français (1868-1890)», WYCZYNSKI, Paul, Bernard JULIEN, Jean MÉNARD et Réjean ROBIDOUX, dir. *Archives des lettres canadiennes*, t. IV: *La poésie canadienne-française.* Montréal, Fides, 1969, p. 51-73.

KLINCK, Carl F., dir. *Histoire littéraire du Canada: littérature canadienne de langue anglaise.* Québec, Presses de l'Université Laval, 1970, 1105 p.

LAJEUNESSE, Marcel. *Les sulpiciens et la vie culturelle à Montréal au XIXᵉ siècle.* Montréal, Fides, 1982, 344 p.

LAMONDE, Yvan, dir. *L'imprimé au Québec: aspects historiques (18ᵉ-20ᵉ siècle).* Québec, Institut québécois de recherche sur la culture, 1983, 368 p.

LARRUE, Jean-Marc. *Le théâtre à Montréal à la fin du XIXᵉ siècle.* Montréal, Fides, 1981, 141 p.

LEMIRE, Maurice, dir. *Dictionnaire des œuvres littéraires du Québec*, t. I: *Des origines à 1900.* Montréal, Fides, 1978, 918 p.

MAILHOT, Laurent. *La littérature québécoise.* Paris, Presses universitaires de France, 1974 («Que sais-je», nº 1579), 127 p.

LE MOINE, Roger. «Le roman historique au Canada français», WYCZYNSKI, Paul, Bernard JULIEN, Jean MÉNARD et Réjean ROBIDOUX, dir. *Archives des lettres canadiennes.* t. III: *Le roman canadien-français.* Montréal, Fides, 3ᵉ édition, 1977, p. 69-87.

OSTIGUY, J.-R. *Un siècle de peinture canadienne (1870-1970).* Québec, Presses de l'Université Laval, 1971, 206 p.

PORTER, John R. et Jean BÉLISLE. *La sculpture ancienne au Québec. Trois siècles d'art religieux et profane.* Montréal, Éditions de l'Homme, 1986, 503 p.

REID, Dennis. *A Concise History of Canadian Painting.* Toronto, Oxford University Press, 1973, 319 p.

ROBERT, Lucie. *L'institution du littéraire au Québec.* Thèse de doctorat (lettres), Québec, Université Laval, 1986.

ROBIDOUX, Réjean. «Fortunes et infortunes de l'abbé Casgrain», WYCZYNSKI, Paul, Bernard JULIEN et Jean MÉNARD, dir. *Archives des lettres canadiennes*, t. I: *Mouvement littéraire de Québec 1860.* Ottawa, Éditions de l'Université d'Ottawa, 1961, p. 79-99.

SIMARD, Sylvain. *Mythe et reflet de la France: l'image du Canada en France, 1850-1914*. Ottawa, Éditions de l'Université d'Ottawa, 1987, 440 p.

WYCZYNSKI, Paul, François GALLAYS et Sylvain SIMARD, dir. *Archives des lettres canadiennes*, t. VI: *L'essai et la prose d'idées au Québec*. Montréal, Fides, 1985, 926 p.

Deuxième partie

UNE ÈRE DE CROISSANCE
1896-1929

INTRODUCTION

Après trois décennies de croissance lente, le Québec entre dans une phase de forte expansion à compter de 1896. La période qui va jusqu'en 1929 est caractérisée par une formidable poussée industrielle, s'appuyant en particulier sur l'exploitation des richesses naturelles et la production d'électricité, par l'accélération de l'urbanisation et la réduction sensible de l'importance du monde rural, par la concentration du pouvoir économique et par une croissance démographique significative. Sur le plan politique, la prospérité engendre la stabilité et permet au Parti libéral de se maintenir au pouvoir sans interruption à compter de 1897. La croissance accélérée suscite toutefois la résistance de ceux qui y voient un risque pour la société canadienne-française. Cette résistance est alimentée par la résurgence du nationalisme, stimulé par la montée des sentiments impérialistes chez les Canadiens anglais et par les tensions que provoque la Première Guerre mondiale. Ce conflit de valeurs et d'orientations se reflète aussi dans la production culturelle.

La Belle Époque

En 1896, le renversement de la tendance à la baisse des prix qui durait depuis 1873 marque le départ d'une phase de prospérité sans précédent dans les pays industrialisés. Un peu partout l'euphorie succède à la prudence des années antérieures: les prix et les profits augmentent et la période apparaît comme l'âge d'or du capitalisme. L'expression «la Belle Époque» rend bien compte de ce climat.

Le Canada et le Québec profitent de la nouvelle conjoncture internationale. Wilfrid Laurier déclare avec optimisme que le 20e siècle sera celui du Canada. De 1896 à 1913, trois éléments sont à la base de la prospérité du pays: la mise en valeur de l'Ouest canadien, la construction ferroviaire et la poussée industrielle au Canada central. Dans l'historiographie canadienne, cette période est celle du *Wheat Boom*. Les vastes terres de l'Ouest sont concédées aux immigrants qui affluent en grand nombre et qui font de cette région le grenier à blé du Canada, l'un des plus importants du monde. Pour desservir ce territoire en expansion, il faut accélérer la construction ferroviaire: les compagnies existantes ajoutent à leur réseau d'embranchements pendant que le gouvernement fédéral appuie financièrement la mise en place de deux nouveaux transcontinentaux. Le chemin de fer constitue alors le plus important secteur d'investissement au pays et entraîne des retombées considérables. Le développement de l'Ouest vient accentuer une tendance déjà visible antérieurement: la spécialisation économique et la complémentarité des régions du Canada. Pendant que l'Ouest devient une vaste zone de production de matières premières, le Québec et l'Ontario accroissent leur emprise sur la production industrielle, réduisant même la part des Maritimes, de plus en plus satellisées par Montréal et Toronto.

Le Québec bénéficie des retombées du développement de l'Ouest, dont le financement est en bonne partie assuré par les institutions financières de la métropole. Montréal devient le grand port d'exportation des céréales, et son industrie lourde répond à la demande de biens d'équipement et de matériel de transport ferroviaire. En outre, l'industrie légère du Québec trouve dans l'Ouest un nouveau bassin de consommateurs qui contribue à son expansion.

L'investissement industriel est alors le fer de lance du développement québécois. Les entreprises existantes agrandissent leurs installations et augmentent de façon marquée leur production. Par ailleurs, un ensemble de nouveaux secteurs, liés à l'exploitation des richesses naturelles, connaît une croissance phénoménale, particulièrement marquée dans le cas des pâtes et papiers. Une source d'énergie encore toute nouvelle, l'électricité, joue un rôle crucial à cet égard. Grâce au fort débit de ses rivières, le Québec devient un chef de file de l'hydro-électricité, développée par de puissantes entreprises privées.

La période est d'ailleurs caractérisée par l'émergence de très grandes entreprises, résultat de la première vague de concentration de l'histoire du Canada. Surtout perceptible dans les secteurs financier et industriel et dans celui des transports, ce mouvement permet à une poignée de grands financiers montréalais, presque tous anglophones, de monopoliser des pans entiers de l'économie et de concentrer entre leurs mains un pouvoir considérable. Le phénomène est accentué par la pénétration croissante du capital américain, en particulier dans l'exploitation des richesses naturelles.

L'industrialisation accélérée crée une demande de main-d'œuvre satisfaite en partie par les ruraux du Québec et en partie par les immigrants. La reprise de l'immigration amène à Montréal un grand nombre de Britanniques, mais aussi un nombre croissant d'Européens de l'Est et du Sud qui modifient la composition ethnique de la métropole.

La croissance économique entraîne aussi une accélération du processus d'urbanisation. Montréal en profite au premier chef. Sa population, qui dépasse le demi-million à la veille de la guerre, se répand dans la banlieue. Les promoteurs fonciers et immobiliers y font des affaires d'or en urbanisant le territoire rural. De leur côté, les compagnies de services publics profitent de la croissance rapide de leur clientèle. Mais l'urbanisation ne se limite pas à la région de Montréal. Grâce à l'exploitation des richesses naturelles, elle touche maintenant les régions de colonisation, où surgissent des villes nouvelles. Elle fait aussi sentir son impact, quoique avec une intensité variable, dans la plupart des centres plus anciens.

Le développement économique est appuyé par les gouvernements québécois, qui voient dans l'industrialisation une solution à l'exode vers la Nouvelle-Angleterre. Sous la direction successive de Félix-Gabriel Marchand (1897-1900), Simon-Napoléon Parent (1900-1905) et Lomer Gouin (1905-1920), ils accueillent à bras ouverts les investisseurs et leur concèdent de vastes réserves de ressources naturelles. Ils se préoccupent aussi d'améliorer la formation de la main-d'œuvre, par la modernisation du système d'éducation et la mise sur pied d'un réseau d'enseignement technique et professionnel. Ils amorcent en outre une politique d'investissement dans le réseau routier, jusque-là en piètre état.

Les gouvernements manifestent beaucoup moins d'intérêt pour la colonisation, qui formait une composante importante des stratégies économiques depuis la Confédération. Dans le monde rural, ils concentrent plutôt leur attention sur l'amélioration de la productivité agricole, en embauchant des agronomes et en multipliant les fermes modèles. L'agriculture québécoise se libère enfin du marasme dont elle a été longtemps affligée. L'expansion des marchés urbains lui fournit de nombreux débouchés et accentue à la fois la spécialisation et la commercialisation de la production. Le lait et le beurre, deux spécialités maintenant bien implantées dans toutes les régions, les fruits et les légumes destinés aux citadins, le foin pour nourrir leurs chevaux, représentent autant de facettes de l'agriculture commerciale du Québec. Celle-ci, en particulier dans la plaine du Saint-Laurent, se distingue de plus en plus de l'agriculture de subsistance, accrochée à l'exploitation forestière, qui persiste dans les régions périphériques.

L'euphorie qui caractérise la première décennie du siècle masque cependant une autre réalité: l'inégalité du partage des bénéfices de la prospérité. Les grands financiers y trouvent une source d'enrichissement considérable; les hommes d'affaires œuvrant au niveau local ou régional profitent aussi de la croissance. Ainsi, un grand nombre d'entrepreneurs francophones voient augmenter leurs affaires et créent de nouvelles entreprises. Plusieurs accèdent à l'aisance et font étalage de leur richesse nouvelle. Ils veulent de plus en plus avoir leur mot à dire dans la gestion des institutions et dans la vie politique.

La classe ouvrière, par contre, n'a pas la vie facile. Certes, les travailleurs qualifiés peuvent compter sur un emploi régulier et de meilleurs salaires, qui permettent à plusieurs d'entre eux d'améliorer leurs conditions de vie. Ils sont les premiers bénéficiaires du militantisme syndical. Mais la majorité des travailleurs, peu qualifiés, doivent se contenter de bas salaires, de logements souvent insalubres et de conditions de vie déplorables.

Les problèmes sociaux provoquent tout de même une prise de conscience au sein d'une partie des élites, et conduisent à la formation de mouvements de réformes dont l'action commence à faire sentir ses effets dans le domaine de la santé publique. La mortalité recule, la qualité des nouveaux logements s'améliore, mais il reste encore beaucoup à faire avant que ces changements puissent porter tous leurs fruits. L'insuffisance du revenu qui afflige encore beaucoup de familles ouvrières reste un problème majeur et limite l'amélioration des conditions de vie.

La question sociale est d'ailleurs partiellement éclipsée par la question nationale, alors au cœur des débats agitant la société québécoise. L'attachement de nombreux Canadiens anglais à l'Empire britannique se manifeste de plus en plus au cours de la période. Il provoque au Québec une réaction nationaliste que le député Henri Bourassa se charge d'alimenter. À la vision impériale, celui-ci oppose celle d'un Canada indépendant de l'Angleterre, qui se distingue par son caractère bilingue et biculturel. Les interventions de Bourassa favorisent la naissance d'un mouvement nationaliste qui recueille des appuis importants, en particulier au sein de la jeunesse. Les nationalistes se lancent dans l'arène politique, sans toutefois arriver à constituer un véritable parti. Ils se comportent plutôt comme un mouvement d'opposition, s'attaquant aux gouvernements en place à Ottawa et à Québec. Leur nationalisme présente des dimensions socio-économiques, puisqu'il s'oppose au développement accéléré du Québec, réalisé par des «étrangers» et menaçant la survivance de la société canadienne-française traditionnelle.

Malgré ces problèmes et ces tensions, le Québec du début du siècle connaît une ère de croissance et de prospérité sans précédent qui lui permet de se doter d'infrastructures économiques beaucoup plus développées sur lesquelles s'appuiera la poussée des années 1920.

L'impact de la guerre

La grande expansion du début du siècle prend fin en 1913, alors que s'amorce une récession qui dure jusqu'en 1915. La production industrielle décline dans plusieurs secteurs et le chômage s'accroît de façon notable. La fièvre spéculative qui s'est manifestée dans le secteur foncier au cours des années précédentes se termine dans la débandade et les prix du sol mettront souvent plusieurs décennies avant de retrouver leur niveau d'avant 1913.

Les investissements massifs, qui ont alimenté la croissance, déclinent rapidement, situation aggravée par l'entrée en guerre du Canada en 1914. Les ressources disponibles sont dès lors consacrées à l'effort de guerre, et de nombreux projets civils doivent être abandonnés faute de financement. Les nouveaux chemins de fer transcontinentaux, dont la construction n'est pas encore terminée, en sont les premières victimes. Le marché des capitaux britanniques n'étant plus accessible, il faut se tourner de plus en plus vers le marché américain et surtout mobiliser l'épargne intérieure.

La demande de matériel militaire et la nécessité de fournir des aliments aux pays alliés font sentir leurs effets à compter de 1915. La production industrielle et agricole connaît alors une forte hausse, ce qui permet aux grandes entreprises de déclarer des profits substantiels. L'opinion publique dénonce, sans grand succès, ces «profiteurs de guerre». Le chômage disparaît rapidement, d'autant plus qu'un grand nombre d'hommes s'enrôlent dans les forces armées. Dans les dernières années de la guerre, le pays se ressent même d'une pénurie de main-d'œuvre dans plusieurs secteurs. Cette situation, combinée à la hausse de la demande, contribue à propulser à des niveaux records l'inflation, qui a commencé à faire sentir ses effets avant la guerre mais qui atteint maintenant un rythme sans précédent.

Le Canada entre en guerre mal préparé, sans armée permanente et sans équipement de production de matériel militaire. Il faut recruter, équiper et entraîner en toute hâte des dizaines de milliers d'hommes et ouvrir des usines d'armes et de munitions. La gestion de la guerre par le gouvernement fédéral est marquée au coin de l'improvisation, de l'incompétence et de l'ineptie. Malgré tout, le pays, qui compte alors environ huit millions d'habitants, réussit à enrôler environ un demi-million d'hommes. Le coût en vies humaines est élevé: près de 60 000 tués et un nombre encore plus grand de blessés.

Les Québécois francophones sont peu enclins à s'enrôler, beaucoup moins que leurs concitoyens d'origine britannique qui ont le sentiment de voler au secours de leur mère-patrie. Les Canadiens français se sentent peu concernés par le conflit européen ou par la situation de la France. Les campagnes anti-impérialistes menées par le mouvement nationaliste depuis le debut du siècle les incitent à y voir une guerre de l'Angleterre. L'armée canadienne, une institution profondément britannique fonctionnant en anglais, n'est guère accueillante à leur égard. Les efforts tardifs pour créer des unités de langue française n'arrivent pas à renverser cette tendance.

Cette situation exacerbe les tensions ethniques au Canada. Les Canadiens français acceptent mal les affronts qui leur sont faits à l'extérieur du Québec, où les droits de la minorité sont bafoués. L'opinion publique anglophone reproche avec véhémence au Québec de ne pas faire sa part. Ces tensions atteignent leur paroxysme lors de la crise de la conscription. Devant le ralentissement de l'enrôlement volontaire, le gouvernement conservateur décide en effet d'imposer la conscription en 1917. Afin de mieux faire passer la mesure, il s'allie un certain nombre de députés libéraux anglophones pour former un gouvernement d'union qui remporte aisément les élections de 1917. Le Québec, qui vote en bloc pour les libéraux de Laurier, se retrouve isolé. La résistance populaire s'exprime dans des manifestations anticonscriptionnistes et aboutit à des éruptions de violence. Un député propose même à l'Assemblée législative que le Québec se retire de la Confédération.

Le premier ministre québécois, Lomer Gouin, doit mener la barque dans ce contexte difficile. Il agit en véritable porte-parole des Canadiens français et défend avec fermeté l'autonomie du Québec face aux tentatives d'empiètement du gouvernement fédéral. Il appuie l'effort de

guerre, mais s'oppose à la conscription. Il réussit facilement à se faire
réélire en 1916 et 1919, obtenant successivement 66% et 70% des voix.

La fin de la guerre, en 1918, apaise le conflit ethnique, mais les
Québécois en conserveront longtemps le souvenir et feront sentir
massivement leur dépit aux conservateurs lors des élections fédérales
ultérieures. C'est cependant la question sociale qui prend la vedette à
compter de 1918. Le ralentissement de la production, gonflée provisoi-
rement par les besoins militaires, l'impact sur le marché du travail du
retour des soldats démobilisés, et l'inflation élevée se conjuguent pour
créer une situation explosive. Deux années de grèves et de tensions
sociales, qui culminent en 1919, indiquent le degré d'insatisfaction
d'une bonne partie de la population qui a vu s'éroder son pouvoir
d'achat. Les difficultés économiques conduisent d'ailleurs tout droit à
une récession, qui éclate en 1920. Les années 1910 s'achèvent donc sur
une note beaucoup moins rose que la décennie précédente.

Les années 1920

La récession de 1920-1922 provoque beaucoup de chômage dans les
villes et n'épargne pas les campagnes. Elle a au moins le mérite de
casser l'inflation et de faire baisser rapidement les prix. Pendant le reste
de la décennie ceux-ci n'augmentent guère; pour certains produits
industriels, comme les automobiles ou les appareils électriques, ils
connaissent même des baisses significatives, résultat de l'accroissement
de la productivité. Il en résulte au cours des années 1920 une certaine
amélioration du pouvoir d'achat et du niveau de vie de la population.

Après la récession, le Québec retrouve le sentier de la croissance
économique, alimentée par la hausse des exportations, l'augmentation
des investissements industriels et la reprise de la construction domiciliaire. Les investissements les plus spectaculaires se font dans les
richesses naturelles: construction de nombreuses centrales hydro-
électriques, d'usines de pâtes et papiers, début de l'exploitation minière
en Abitibi. Ainsi se trouve confirmée et accentuée la nouvelle orientation qu'a prise l'économie québécoise au début du siècle.

L'industrie lourde connaît une forte progression de sa production
dans des secteurs anciens comme le fer et l'acier et le matériel de
transport ainsi que dans des secteurs nouveaux comme les appareils
électriques et les produits pétroliers. Le Québec est cependant défa-
vorisé à ce chapitre car l'Ontario rafle une bonne partie des nouveaux

investissements, en particulier ceux de l'industrie automobile, alors en forte expansion. L'industrie légère, qui forme la composante principale de l'armature industrielle québécoise, croît beaucoup plus lentement.

Le processus d'urbanisation reprend sa course ascendante. Tout comme au début du siècle, il manifeste le plus de vigueur à Montréal, qui avec sa banlieue atteint presque le million d'habitants en 1931, et dans les régions exploitant les richesses naturelles, notamment en Mauricie et au Saguenay. La population urbaine représente déjà un peu plus de la moitié de la population totale en 1921 et près de 60% dix ans plus tard.

L'expansion des marchés urbains profite aux agriculteurs, qui orientent de plus en plus leur production vers la satisfaction des besoins des citadins. Les agriculteurs sortent d'ailleurs de leur isolement traditionnel pour se tourner vers l'action collective. Ils mettent sur pied de nombreuses coopératives et une association professionnelle. La part de l'agriculture dans l'économie n'en continue pas moins à décliner, mais pour ceux qui y restent elle devient une activité plus rentable.

L'urbanisation n'est pas sans engendrer aussi des problèmes sociaux qui risquent de s'amplifier si on les ignore. Il faut remplacer les anciennes solidarités rurales par de nouveaux mécanismes dans lesquels l'État a un rôle à jouer. C'est ce qui explique l'adoption, en 1921, de la loi de l'assistance publique. Le gouvernement québécois intervient aussi pour déterminer un salaire minimum pour les femmes et pour améliorer le régime d'indemnisation des victimes d'accidents de travail. Il refuse cependant de participer au nouveau régime de pensions de vieillesse créé par le gouvernement fédéral en 1927.

Les campagnes de réformes sanitaires lancées au début du siècle portent aussi leurs fruits. Les conditions de santé publique dans les villes s'améliorent et le taux de mortalité recule de façon marquée au cours des années 1920. Le niveau de vie des travailleurs tend donc à s'améliorer, d'autant plus que le marché de l'emploi est assez bon. Les inégalités persistent toutefois: les travailleurs peu qualifiés profitent moins de la prospérité générale, les francophones continuent à présenter une mortalité plus élevée que les anglophones et les nouvelles lois sociales ne répondent que très partiellement aux besoins.

La scène politique est toujours dominée par les libéraux. Le premier ministre Lomer Gouin, après 15 ans de pouvoir, cède la place à l'un de ses ministres, Louis-Alexandre Taschereau. Celui-ci poursuit l'œuvre de ses prédécesseurs en favorisant le développement industriel du

Québec par les grandes entreprises exploitant les richesses naturelles. Disposant de revenus en nette croissance, son gouvernement investit de fortes sommes dans l'amélioration du réseau routier. Il poursuit aussi l'œuvre de modernisation de l'éducation en accélérant la création d'écoles spécialisées, en favorisant le développement universitaire et la création artistique. De son côté, le département de l'Instruction publique procède à des réformes attendues en structurant l'enseignement public.

Les efforts de modernisation ne touchent cependant pas les institutions politiques. Le jeu de la démocratie apparaît de plus en plus faussé par une carte électorale défavorable aux milieux urbains, par un système généralisé de patronage, par la mainmise du parti sur les rouages de l'État et par les liens étroits entre les membres du cabinet et les grandes entreprises. Dans ce contexte, et malgré ses efforts de renouvellement, le Parti conservateur n'arrive pas à obtenir une représentation adéquate à l'Assemblée législative.

L'opposition au gouvernement Taschereau s'exprime plutôt en dehors de l'enceinte parlementaire, dans la presse cléricale et dans les interventions du mouvement nationaliste. Celui-ci, animé par Lionel Groulx, délaisse l'action électorale pour se concentrer sur la réflexion intellectuelle et l'éducation politique. Il critique vigoureusement le type de développement favorisé par les libéraux. Il constate l'emprise croissante du capital canadien-anglais et américain et la faiblesse du contrôle francophone sur l'économie. Ses solutions ne sont cependant guère attrayantes, puisqu'il défend une position de repli sur le monde rural et la petite entreprise.

Si la pensée nationaliste présente des aspects plutôt traditionalistes, elle génère tout de même une ouverture intellectuelle dont témoignent l'essor du mouvement scientifique et le développement des sciences économiques. Dans le champ littéraire, l'essentiel de la création continue à s'abreuver à la thématique du terroir, niant par le fait même la réalité d'un Québec urbain et industriel, bien que se manifestent là aussi des éléments d'ouverture.

À la fin des années 1920, le Québec affiche un élan nouveau. Malgré les résistances, souffle un vent de modernisme, peut-être plus vigoureux à Montréal, mais qui se diffuse dans plusieurs sphères d'activité. En ces «années folles» l'avenir apparaît prometteur et semble justifier la fièvre spéculative qui renaît à la fin de la période. Le réveil sonné par la grande crise des années 1930 n'en sera que plus brutal.

Chapitre 18

RICHESSES NATURELLES ET INDUSTRIALISATION

À la fin du 19ᵉ siècle, la structure industrielle du Québec est surtout caractérisée par la présence d'industries manufacturières légères qui emploient une abondante main-d'œuvre à bon marché et, secondairement, par l'existence d'une industrie de biens d'équipement, concentrée à Montréal. Cette production est essentiellement destinée au marché canadien. Une seule industrie importante, celle du sciage, s'appuie sur les richesses naturelles et vise un marché extérieur.

Or, voici qu'à partir de la toute fin du siècle se développent plusieurs secteurs nouveaux, basés sur l'exploitation des richesses naturelles, qui, en quelques années, modifient profondément la structure industrielle québécoise. Ces nouveaux secteurs sont l'hydro-électricité, les pâtes et papiers, l'électrométallurgie, l'électrochimie et les mines.

Un nouveau front industriel

Les nouvelles entreprises présentent un certain nombre de traits communs qui les distinguent de celles de l'époque précédente. Elles diffèrent d'abord quant à leur localisation. Les entreprises traditionnelles, utilisant une main-d'œuvre abondante, tendent à se rapprocher des bassins de population les plus importants. La nature de leur production, biens de consommation ou d'équipement destinés au marché canadien, les incite aussi à s'installer près des grandes voies ferrées. Cela explique la forte concentration de l'industrie dans la vallée du Saint-Laurent, principalement dans la plaine de Montréal. Les nouvelles industries doivent répondre à d'autres exigences. Les établissements s'installent soit près des matières premières, pour en réduire le coût de transport, soit près des sources d'énergie électrique. Plusieurs de ces nouveaux établissements se situent en dehors de l'ancienne zone industrielle, à la périphérie du Québec habité, dans les régions de colonisation, ou dans les villes qui leur servent de débouchés.

La plupart des nouvelles industries se sont développées grâce à une série de découvertes technologiques réalisées à la fin du siècle. Elles requièrent une technologie complexe et coûteuse importée d'Europe et surtout des États-Unis. Le type d'exploitation et l'équipement requis exigent généralement la construction d'unités de production de dimensions considérables. Aussi les investissements doivent-ils être substantiels, souvent de l'ordre de plusieurs millions de dollars; le petit industriel local doit céder la place à de puissantes sociétés jouissant de solides appuis financiers.

Le développement basé sur l'exploitation des richesses naturelles ne peut pas se faire à partir des seules demandes québécoise et canadienne. C'est la demande étrangère, en partie britannique, mais surtout américaine, qui commande ce développement. Les nouvelles productions seront donc en grande partie orientées vers l'exportation, ce qui est très différent des productions antérieures. Le problème qui se pose alors est celui du degré de transformation que subira le produit au Québec avant d'être exporté. Dans la plupart des cas, on s'en tient à une transformation primaire (fabrication de pâte ou de papier journal, de lingots d'aluminium); l'élaboration des produits finis (industries de l'édition ou des produits de l'aluminium) se fait aux États-Unis.

L'ampleur des investissements requis, le rôle déterminant de la demande américaine et la nécessité d'importer la technologie expliquent que le capital américain prenne une place de premier plan dans le développement des industries basées sur les richesses naturelles. L'historien et économiste Albert Faucher parle du «caractère continental» de cette industrialisation. Le rôle moteur du capital américain n'empêche pas les capitalistes canadiens-anglais liés aux grandes banques montréalaises de participer à ce développement, surtout dans les secteurs du papier et de l'hydro-électricité. Quant aux entrepreneurs canadiens-français, ils n'occupent qu'une place marginale.

À cause de la complexité de la technologie, ces nouvelles entreprises font appel à un personnel qualifié d'ingénieurs et de techniciens recevant des salaires élevés. Ainsi, les besoins en main-d'œuvre des usines de papier entraînent la fondation d'une école technique en Mauricie. La demande de travailleurs non qualifiés reste néanmoins très forte. L'essor du papier, par exemple, stimule les opérations d'abattage, où les bûcherons sont majoritairement des cultivateurs ou des colons. Dans l'ensemble, ces nouvelles entreprises emploient essentiellement une main-d'œuvre masculine.

Les principaux secteurs

L'hydro-électricité

Au cœur de ces transformations, apparaît l'hydro-électricité, dont le Québec devient l'un des plus grands pays producteurs. Même si l'existence de l'électricité est connue depuis fort longtemps, sa production sur une grande échelle ne débute dans le monde qu'à la fin du siècle. Au cours des années 1870, on avait utilisé de l'énergie électrique produite par un générateur, mais c'est en 1882 que Thomas Edison inaugure à New York sa première centrale électrique. Dans les années suivantes, les travaux d'Edison, de Westinghouse et d'autres inventeurs permettent de lancer la production industrielle de l'électricité et de régler les problèmes de distribution. Cependant, les premières centrales sont de petites dimensions et utilisent une source thermique.

Au Québec, la production d'électricité par des centrales thermiques commence dans les années 1880, alors que plusieurs entreprises sont créées à Montréal; à la même époque, de petits barrages sont érigés sur certaines rivières. Le premier grand barrage, celui de Shawinigan, est

Le barrage de Shawinigan en 1929. (ANC, PA 15576)

mis en chantier en 1898, trois ans seulement après la fin de la construction de la centrale de Niagara. Le Québec entre donc à peu près en même temps que les États-Unis dans l'ère de l'électricité. Au début, ce sont le capital et la technologie américains qui mettent en valeur le potentiel énergétique du Québec. Ce potentiel est considérable à cause du grand nombre de rivières, de leur débit puissant et de leur forte dénivellation, en particulier dans la partie nord du territoire, formée par le Bouclier canadien. La capacité de production hydro-électrique connaît une forte croissance pendant les trois premières décennies du 20e siècle, passant de 83 000 chevaux-vapeurs en 1900 à 2 322 000 en 1930. Le rythme est particulièrement rapide avant la Première Guerre mondiale, période de construction des premiers grands barrages, et au cours des années 1920, alors que des installations de grande envergure sont mises en service au Saguenay, dans l'Outaouais et sur le Saint-Laurent.

Dans ce secteur, les entreprises tendent rapidement au monopole, au moins régional, car il paraît peu rentable d'installer plusieurs réseaux de distribution sur un même territoire. Quelques géants émergent au cours de la période. Shawinigan Water & Power Co. est, de loin, le plus grand producteur. Formée pour la construction du barrage de Shawinigan, elle s'implante solidement dans la Mauricie et sur une partie de la rive sud du Saint-Laurent. Elle fournit de l'électricité à Montréal et, en 1923, elle prend le contrôle de la société Quebec Power qui dessert le marché de Québec et sa région. Cette entreprise exerce en quelque sorte un leadership et réalise de nombreuses innovations technologiques.

Montreal Light, Heat & Power est le résultat de la fusion de plusieurs entreprises de gaz et d'électricité sous l'égide de grands financiers montréalais. Il s'agit essentiellement d'une entreprise de distribution qui achète l'électricité produite par d'autres, en particulier Shawinigan. La compagnie exploite, dans tous les sens du mot, le riche marché montréalais où elle réalise des profits que l'historien John H. Dales qualifie de fabuleux.

Trois autres grandes compagnies se partagent le marché québécois. La société Southern Canada Power produit l'électricité de la région de l'Estrie. Pendant les années 1920, deux autres grandes entreprises sont mises sur pied: Gatineau Power Co., qui dessert l'Outaouais et une partie des Laurentides et qui vend une part importante de sa production à l'Ontario; Duke-Price Power Company, qui produit son électricité au

L'ère de l'électricité: poteaux, fils et tramways, rue Saint-Jacques à Montréal, en 1910. (Archives de la Commission de transport de la Communauté urbaine de Montréal)

Saguenay principalement pour répondre aux besoins de l'aluminerie d'Alcan et de la société papetière Price. Il existe aussi de nombreuses petites entreprises locales ou municipales, mais leur part du marché est négligeable.

La disponibilité d'énergie électrique et la possibilité de la vendre à un coût assez bas aux industriels entraînent l'installation d'entreprises qui en consomment de grandes quantités, dans les secteurs de l'électro-métallurgie et de l'électrochimie. De même, les usines de pâtes et papiers sont amenées à utiliser l'énergie excédentaire des centrales pour répondre à leurs besoins. Selon Dales, la compagnie Shawinigan, au moins à ses débuts, joue un rôle actif dans ce domaine; ayant à trouver un débouché pour sa production, elle provoque l'installation dans la Mauricie de plusieurs entreprises.

Les pâtes et papiers

Parmi les nouvelles industries, celle des pâtes et papiers tient une place particulièrement importante. De petites entreprises de fabrication de papier s'étaient implantées au Québec au 19e siècle, mais cela reste très modeste comparé à l'essor extrêmement rapide qui caractérise les trois premières décennies du 20e siècle. Comment expliquer un tel essor?

Au cours du 19e siècle, un certain nombre d'innovations technologiques ont permis de réaliser la fabrication de papier à partir d'une pâte de bois. Par la suite, l'invention de la machine à papier de Fourdrinier permet la fabrication continue. Les machines de ce type font leur apparition au Québec dans les années 1880. Avec leurs résineux, les forêts québécoises constituent des réserves considérables de bois, recherché en particulier pour la fabrication du papier journal. Mais innovations et ressources ne suffisent pas; il faut aussi assurer un débouché à la production. Là encore la demande américaine joue un rôle déterminant, puisqu'elle connaît une très forte hausse au début du siècle. Deux facteurs principaux l'expliquent: la montée du journal à sensation et le développement de la publicité qui fait augmenter de façon substantielle le volume des journaux.

Pour répondre à cette demande croissante, les producteurs américains sont de plus en plus désavantagés par rapport aux entreprises canadiennes. D'abord, les forêts des États-Unis se sont en partie épuisées, à la suite d'une exploitation abusive, et les mouvements de conservation qui se développent visent à limiter l'utilisation de ce qui en reste. En outre, les espèces de bois disponibles dans plusieurs régions se prêtent moins bien à la fabrication de papier journal que les conifères des forêts canadiennes. Les Américains ont de plus en plus de difficultés à produire à aussi bon compte qu'au Canada. En Amérique du Nord, on en arrive au cours de la période à une spécialisation régionale. Les fabricants américains se lancent plutôt dans d'autres produits

L'usine de pâte à papier de J.-E.-A, Dubuc à Chicoutimi, au début du siècle. (Alex Girard, *La province de Québec*, 1905)

que le papier journal, comme les papiers fins. Le Canada devient le grand producteur de papier journal, fournissant ultimement environ 80% de la consommation nord-américaine. Au sein de la production canadienne, le Québec occupe le premier rang.

La valeur de la production de pâte et de papier au Québec passe de 5 millions de dollars en 1900 à 14 millions en 1910; en 1922, elle atteint déjà 75 millions et elle touche un sommet de 130 millions en 1929. Globalement, le secteur des produits du papier occupe en 1900 et 1910 le neuvième rang dans l'ensemble de la production industrielle du Québec, représentant 3,8% de la valeur brute de la production en 1900 et 5% en 1910. En 1922, il passe au deuxième rang, avec près de 12% du total.

La première entreprise moderne installée au Québec dans ce secteur est la société Laurentide, établie à Grand-Mère en 1877 par John Forman, Montréalais d'origine écossaise qui s'était associé à des industriels américains œuvrant déjà dans le secteur du papier. En 1896, l'entreprise est rachetée par un investisseur américain et un groupe de financiers canadiens liés à la Banque de Montréal et au Canadien Pacifique. Jouissant de solides assises, Laurentide, véritable entreprise pionnière en son domaine, devient, selon le sociologue Jorge Niosi, la plus grosse entreprise canadienne de papier journal entre 1898 et 1919. La réorganisation de Laurentide coïncide avec la première vague d'implantation d'entreprises de pâtes et papiers au Québec, qui se fait au tournant du siècle et qui est surtout visible dans deux régions reconnues jusque-là pour leur production forestière. En Mauricie, en plus de Laurentide à Grand-Mère, on voit en 1900 Brown Corporation, une société américaine, s'installer à La Tuque et Belgo Canadian Pulp, fondée par des intérêts belges, s'implanter à Shawinigan. Au Saguenay-Lac-Saint-Jean, la Compagnie de Pulpe de Chicoutimi, présidée par J.-E.-A. Dubuc, est fondée en 1898 et deviendra en quelques années un important producteur. D'autres installations sont mises en service, comme l'usine de Damase Jalbert à Val-Jalbert. La compagnie Price, particulièrement importante dans la région pour ses opérations forestières et ses scieries, se lance à son tour dans la production papetière. Des usines sont également ouvertes dans d'autres régions. Les établissements de cette première époque restent encore de petites dimensions. La plupart des entreprises ne produisent au point de départ que de la pâte de bois (la «pulpe») qui est exportée pour être transformée en papier aux États-Unis et en Grande-Bretagne. Mais, pour accroître leur rentabilité, les producteurs québécois sont rapidement amenés à fabriquer eux-mêmes le papier journal.

Une autre étape de la migration vers le nord de l'industrie nord-américaine des pâtes et papiers découle des changements des politiques gouvernementales entre 1910 et 1913. Pour accroître la transformation sur place du bois, le gouvernement du Québec interdit, en 1910, l'exportation du bois à pâte coupé sur les terres publiques. Il suit en cela l'exemple de l'Ontario qui a adopté cette mesure en 1900. Dès 1911, le gouvernement américain réagit en imposant des droits de douane sur le papier provenant de régions où existe un tel embargo. Cette mesure défavorise surtout les acheteurs américains de papier journal qui doivent payer plus cher pour leur produit ; aussi, ils font pression sur leur gouvernement et obtiennent la levée de ces droits de douane en 1913.

Surtout entre 1915 et 1925, de très forts investissements sont réalisés au Québec dans l'industrie des pâtes et papiers. Les usines existantes sont agrandies et plusieurs nouvelles entreprises sont attirées dans ce secteur par la forte demande de papier journal. Cette course à l'investissement a rapidement des effets négatifs. La capacité de production dépasse la demande et la concurrence entre les compagnies amène une guerre des prix à partir de 1925. Certaines sociétés papetières sont éliminées; c'est le sort que subit le groupe Dubuc, de Chicoutimi. Des usines sont fermées, dont celle de Val-Jalbert en 1927, ce qui entraîne le départ des habitants. Un village fantôme témoigne encore aujourd'hui de l'âpreté de cette guerre du papier.

Les financiers cherchent une solution dans la concentration. Le plus important mouvement dans cette direction, au Québec, est celui du groupe de compagnies liées à la Banque Royale et à son président, Herbert Holt. Canada Power & Paper Corporation, créée en 1928 (elle deviendra Consolidated Paper en 1931), regroupe cinq grandes entreprises papetières : St. Maurice Paper, de Trois-Rivières, Wayagamack Pulp & Paper, du Cap-de-la-Madeleine, Belgo Paper, de Shawinigan, Laurentide de Grand-Mère et Port-Alfred Pulp & Paper, ainsi que leurs filiales. Mais cela ne fait que reporter la guerre des prix à un autre niveau. Quelques grands du papier dominent le secteur à la fin des années 1920: International Paper, société américaine ayant au Canada une filiale nommée Canadian International Paper (CIP); Canada Power & Paper; Abitibi Power & Paper, surtout installée en Ontario, mais possédant quelques usines au Québec; la société Price, présente au Québec depuis plus d'un siècle.

Les grands producteurs canadiens cherchent à régler la crise par des ententes pour fixer un prix de base du papier journal permettant à toutes les entreprises de réaliser des profits. Leurs tentatives échouent, surtout à cause du refus de la puissante International Paper d'y participer. À la fin des années 1920, la guerre qui oppose les sociétés papetières canadiennes groupées autour de la Banque Royale et International Paper, liée aux banques du groupe Rockefeller, se termine par la victoire du groupe américain.

L'électrométallurgie et l'électrochimie

La période 1897-1929 est également témoin de l'implantation au Québec de deux industries nouvelles: celles de l'aluminium et des produits chimiques. Il s'agit, dans les deux cas, d'industries devant utiliser de grandes quantités d'énergie électrique dans leurs processus de fabrication. Elles ont donc tendance à s'installer là où l'électricité est abondante et à bon marché. La proximité de l'énergie est plus

L'usine de la société Canadian Electro-Products à Shawinigan en 1918. (ANC, PA 24468)

importante que celle des matières premières pour déterminer la localisation de l'usine, d'autant plus que la technologie de l'époque ne
permet pas de transporter à bas prix des quantités massives d'énergie
sur de grandes distances. Ainsi, pour l'aluminium, la matière première
— la bauxite — est importée de Guyane, mais la réduction se fait à
l'électrolyse, procédé récent, mis au point à la fin des années 1880. La
construction du barrage de Shawinigan entraîne l'installation dans cette
ville d'une aluminerie, mise en service en 1901. Une autre étape est
franchie vers 1924 avec l'installation d'Aluminium Company of
America (ALCOA), dont la filiale canadienne deviendra Alcan, à
Arvida; cette implantation est liée à l'aménagement hydro-électrique du
Saguenay à l'île Maligne.

Dans l'industrie chimique, on a découvert à la fin du 19e siècle
comment fabriquer du carbure de calcium avec un procédé électrique.
À la recherche de débouchés pour son électricité, Shawinigan Water &
Power réussit à provoquer l'implantation d'une entreprise spécialisée

dans cette production en 1901; Canada Carbide Company deviendra d'ailleurs une filiale de la compagnie d'électricité. À partir du carbure de calcium, on obtient de l'acétylène, de l'acide acétique et un grand nombre de produits chimiques utilisés dans la fabrication industrielle. Pendant la guerre de 1914-1918, les besoins de matériel militaire créent une forte demande dans ce secteur et entraînent la naissance, autour de Canada Carbide, de diverses entreprises connexes. Shawinigan devient alors l'un des grands centres de l'industrie chimique au Canada. Cette industrie réussit à surmonter sans trop de mal les difficultés de l'après-guerre et connaît une nouvelle expansion dans les années 1920. L'industrie chimique québécoise ne se limite pas au carbure de calcium et à ses dérivés, mais elle doit une partie de sa croissance à cette production utilisatrice d'électricité.

La production minière

Parmi les nouveaux secteurs liés à l'exploitation des richesses naturelles, celui des mines se développe assez tardivement. L'image du Québec pays minier est en effet une réalité du 20e siècle. Et contrairement aux autres secteurs que nous avons examinés précédemment, il ne s'agit pas principalement d'une activité industrielle, mais plutôt d'une activité d'extraction de matières premières qui sont ensuite exportées pour être transformées. Certains producteurs voient un avantage à effectuer un premier traitement sur place. Ils construisent des concentrateurs et parfois une usine d'affinage où sont éliminés une partie des déchets, ce qui permet d'obtenir un minerai de plus haute teneur et d'en réduire les coûts de transport. L'industrialisation liée à l'exploitation minière dépasse rarement, au Québec, ce type de traitement primaire. Malgré ces retombées limitées, le secteur minier n'en modifie pas moins de façon notable l'économie de certaines régions, comme l'Estrie et surtout l'Abitibi (le développement minier de la Côte-Nord se fait à une période postérieure).

À la veille de la Première Guerre mondiale, l'extraction minière est encore presque inexistante au Québec et se résume à deux types de produits. Il y a d'abord les carrières qui fournissent les matériaux de construction (pierre et sable, principalement). Dispersées sur le territoire, ces entreprises ne semblent atteindre des dimensions un peu considérables qu'aux abords des grandes villes. Il y a aussi l'amiante dont l'extraction a commencé à se développer dans l'Estrie durant les

Mine d'amiante à Black Lake en 1888. (ANC, C38069)

années 1880. Rapidement, le Québec en devient le premier producteur mondial. Le volume de la production est en hausse au début du siècle mais sa valeur reste faible, car les mines québécoises contiennent surtout des fibres courtes dont le prix est nettement inférieur à celui des fibres longues. L'extraction se fait autour de cinq centres miniers principaux: Asbestos, Coleraine, Black Lake, Thetford Mines et East Broughton. Le seul traitement que subit la matière première est l'opération de séparation du minerai et de la roche. Les usines où se fait ce travail commencent à être mécanisées. Les étapes ultérieures de transformation sont réalisées dans les pays acheteurs, principalement aux États-Unis et en Europe.

La production d'amiante est encore très instable à l'époque. Il y a un grand nombre d'entreprises, qui se livrent une forte concurrence. Quand la demande ou les prix sont en hausse, de nouvelles mines sont mises en service; elles sont fermées dès que survient une crise. Certaines mines sont exploitées directement par des acheteurs américains,

La rue principale de Rouyn en 1924. (ANC, PA13702)

comme la société Johns-Manville, qui s'assurent ainsi un approvisionnement régulier. Les producteurs indépendants tentent à quelques
reprises de s'organiser pour réduire la concurrence et limiter les effets
désastreux de la surproduction. Ces efforts se butent régulièrement à
l'arrivée de nouveaux concurrents. Finalement, en 1925, est constituée
Asbestos Corporation qui regroupe 11 entreprises et devient ainsi le
principal producteur. Cette restructuration contribue, à la fin de la
période, à stabiliser l'industrie.

À l'époque où est fondée Asbestos Corporation, d'autres explora-
tions minières sont en cours, mais à l'autre extrémité du Québec, en
Abitibi. Dans la zone qui va, en gros, de Rouyn à Val d'Or, se trouvent
d'importants gisements de métaux, principalement le cuivre, l'or, le
zinc et l'argent, que l'on trouve dans des proportions variables selon les
endroits; la région de Val d'Or, comme son nom l'indique, est surtout
riche en or, celle de Rouyn, en cuivre. Cette structure géologique
prolonge une zone semblable qui se trouve dans le nord-est de l'Ontario
et qui a été ouverte antérieurement à l'exploitation minière. Il faut dire
que l'Abitibi n'a été rattaché au Québec qu'en 1898. Les communications avec le reste du Québec demeurent difficiles, jusqu'à la construction du chemin de fer du National Transcontinental, peu avant la
guerre. Le train permet de lancer en Abitibi une colonisation de type
agro-forestier qui s'amorce vers 1912.

Même si des tentatives ont eu lieu antérieurement, la véritable

Le smelter de la compagnie Noranda à Rouyn, en 1927. (ANC, PA13834)

exploration minière en Abitibi ne commence sérieusement que vers 1920. Les prospecteurs, pour la plupart venus d'Ontario, sont à la recherche de mines d'or. Ils en trouveront, mais la principale découverte de la période est celle de la mine Horne, dans le canton de Rouyn, qui contient de l'or et surtout du cuivre. Elle est exploitée par la société Noranda Mines, qui met en chantier ses installations en 1926. Celle-ci érige une fonderie (*smelter*) puis un concentrateur à Noranda. L'exploitation commence en 1927. Dès 1929, une filiale de la compagnie, Canadian Copper Refiners, érige à Montréal-Est une raffinerie où sera traité le minerai en provenance de Noranda. D'autres découvertes minières se font, au cours des années 1920 et 1930, dans les secteurs de Rouyn, Malartic et Val d'Or-Bourlamaque. Mais, dans la plupart des cas, l'exploitation ne commencera qu'après 1930.

C'est donc à la fin des années 1920 que l'activité minière prend de l'ampleur au Québec. Les matériaux de construction dominent toujours la production mais leur importance relative est en déclin: ils représentent 60% de la valeur totale de la production en 1910 et 40% en 1929. Viennent ensuite les minéraux industriels qui, en 1929, représentent près du tiers de la production totale; il s'agit principalement de l'amiante, dont la production est en hausse assez régulière, passant d'environ 30 000 tonnes par année à la fin du 19e siècle à 300 000 en 1929. Le changement le plus significatif a lieu du côté des métaux, qui ne fournissent que 2% de la valeur produite en 1910 et qui voient leur part grimper à 29% en 1929. Le cuivre domine la production des métaux en 1929, suivi d'assez loin par l'or, le zinc, l'argent et le plomb. Globalement, la production minière passe de 1,6 million de dollars en 1898 à 46,5 millions en 1929. Ce secteur reste caractérisé par le faible degré de transformation au Québec même, sauf pour le cuivre et pour certains matériaux de construction.

ORIENTATIONS BIBLIOGRAPHIQUES

ARMSTRONG, Robert. *The Asbestos Industry in Quebec, 1878-1929*. Thèse de Ph.D. (économique), Université Laval, 1978. 240 p.

ARMSTRONG, Robert. «L'industrie de l'amiante au Québec, 1878-1929», Revue d'histoire de l'Amérique française, 33, 2 (sept. 1979): 187-195.

BOLDUC, André, Clarence HOGUE et Daniel LAROUCHE. *Québec, un siècle d'électricité.* Montréal, Libre Expression, 1984. 430 p.

DALES, John H. *Hydroelectricity and Industrial Development. Quebec 1898-1940.* Cambridge, Harvard University Press, 1957. 269 p.

FAUCHER, Albert. «Le caractère continental de l'industrialisation au Québec», *Histoire économique et unité canadienne*, (Montréal, Fides, 1970): 161-178.

GÉRIN-LAJOIE, Jean. «Histoire financière de l'industrie de l'amiante», Pierre-Elliot TRUDEAU, dir., *La grève de l'amiante*, (Montréal, Éditions du Jour, 1970): 93-121.

GUTHRIE, John A. *The Newsprint Paper Industry. An Economic Analysis.* Cambridge, Harvard University Press, 1941. 274 p.

LANTHIER, Pierre et Alain GAMELIN. *L'industrialisation de la Mauricie, dossier statistique et chronologique, 1870-1975.* Trois-Rivières, Groupe de recherche sur la Mauricie, Université du Québec à Trois-Rivières, 1981. 489 p.

LANTHIER, Pierre. «Stratégie industrielle et développement régional: le cas de la Mauricie au XXᵉ siècle», *Revue d'histoire de l'Amérique française*, 37, 1 (juin 1983): 3-19.

LEBOURDAIS, D.M. *Metals and Men: The Story of Canadian Mining.* Toronto, McClelland and Stewart, 1957. 416 p.

NIOSI, Jorge. «La Laurentide (1887-1928): pionnière du papier journal au Canada», *Revue d'histoire de l'Amérique française*, 29, 3 (déc. 1975): 375-415.

PIÉDALUE, Gilles. «Les groupes financiers et la guerre du papier au Canada, 1920-1930», *Revue d'histoire de l'Amérique française*, 30, 2 (sept. 1976): 223-258.

RYAN, William. *The Clergy and Economic Growth in Quebec (1896-1914).* Québec, PUL, 1966. 348 p.

CHAPITRE 19

LA PRODUCTION MANUFACTURIÈRE

À cause du caractère nouveau et parfois spectaculaire de leurs installations et en raison de leur implantation dans les régions neuves, les entreprises liées à l'exploitation des richesses naturelles provoquent l'intérêt, sinon la fascination des contemporains. Les historiens n'y ont pas échappé et plusieurs d'entre eux ont eu tendance à ramener l'industrialisation québécoise à ces seuls secteurs et à voir dans leur implantation le signe du démarrage industriel. Il s'agit là d'une vision pour le moins tronquée de l'histoire économique québécoise.

Comme nous l'avons vu, pendant la seconde moitié du 19e siècle, le Québec s'est doté d'une structure manufacturière qui s'appuyait principalement sur l'industrie légère (chaussure, textile, vêtement) et secondairement sur l'industrie lourde (fer et acier, matériel de transport). Or cette structure antérieure ne disparaît pas au 20e siècle. Elle connaît des réaménagements importants et, si sa place dans l'ensemble diminue, elle n'en continue pas moins à dominer la production manufacturière.

L'essor de la structure traditionnelle

La structure manufacturière est centrée sur le marché intérieur canadien, qui est en pleine expansion au début du siècle. Plusieurs facteurs contribuent à accroître la demande des produits manufacturés: l'arrivée au Canada de millions d'immigrants, la commercialisation accrue de l'agriculture, qui intègre les ruraux au circuit de la consommation, et le mouvement d'urbanisation.

Les entreprises existantes entrent dans une phase d'expansion considérable. Il en résulte de nombreux agrandissements d'usines qui nécessitent parfois un déménagement vers la banlieue. La ville industrielle de Maisonneuve, en périphérie de Montréal, se développe de cette façon, en attirant sur son territoire des entreprises établies dans la métropole depuis quelques années — parfois quelques décennies — et qui doivent agrandir leurs installations. Pour elles, le déménagement permet de décupler la production en peu de temps.

L'expansion oblige bientôt à revoir en profondeur les méthodes de production. Des experts en rationalisation du travail proposent, dans la foulée des études de F.W. Taylor, une définition plus précise des tâches afin d'éliminer les gestes inutiles et d'accroître la productivité; ceci permet une division plus poussée du travail et l'adoption de barèmes plus contraignants pour les ouvriers. Il en résulte une progression de la mécanisation. Celle-ci est d'ailleurs facilitée par l'électrification: la machine à vapeur cède peu à peu la place au moteur électrique, beaucoup plus efficace et autonome. Par ailleurs, s'amorce la bureaucratisation de l'entreprise: afin de mieux contrôler leurs coûts, les entrepreneurs doivent s'appuyer sur un personnel d'encadrement et de gestion de plus en plus nombreux.

Augmentant leur efficacité et leur productivité, parfois regroupées dans des concentrations, les entreprises sont en mesure d'étendre la

TABLEAU 1

VALEUR BRUTE ET VALEUR AJOUTÉE DE LA PRODUCTION MANUFACTURIÈRE DU QUÉBEC, 1900-1929 (EN MILLIERS DE DOLLARS)

Année	Valeur brute*	Valeur ajoutée*	Valeur brute**	Valeur ajoutée**
1900	153 574	68 593	246 112	109 725
1910	340 117	159 111	433 270	202 689
1917	766 100	380 900	514 506	255 809
1918	857 800	403 700	516 747	243 193
1919	916 500	420 200	524 614	240 527
1920	1 053 000	499 600	518 209	245 866
1921	729 500	339 800	508 717	236 960
1922	679 300	346 000	535 726	272 871
1923	784 086	383 423	614 006	300 253
1924	746 859	361 603	576 720	279 230
1925	788 067	376 349	588 989	281 278
1926	867 620	426 435	665 863	327 272
1927	951 604	477 268	747 528	374 916
1928	1 023 269	520 600	814 705	414 491
1929	1 106 475	569 828	888 022	457 326

* En dollars courants.

** En dollars constants (1935-1939: 100).

Source: Marc Vallières, *Les industries manufacturières du Québec 1900-1959*, p. 132, 136, 145, 149.

gamme de leurs produits. La diversification prend quelquefois la forme d'une spécialisation des usines ou des ateliers au sein d'une même entreprise. Elle se fait aussi par la création de filiales chargées de la fabrication d'un produit particulier.

La diversification industrielle ne se manifeste pas seulement au sein de l'entreprise; elle se perçoit également dans l'ensemble de la structure manufacturière. On voit se développer des secteurs industriels représentant une technologie nouvelle et qui étaient jusque-là peu ou pas représentés au Québec. Les meilleurs exemples sont les produits pétroliers et les appareils électriques.

La valeur brute de la production manufacturière du Québec (tableau 1) fait un bond considérable au cours de la période, passant de près de 154 millions de dollars en 1900 à 1,1 milliard en 1929. Si on élimine du calcul le coût des matières premières qui entrent dans la fabrication d'un produit, on obtient la valeur ajoutée: celle-ci connaît une croissance comparable et même légèrement supérieure à celle de la valeur brute. Deux sous-périodes sont témoins d'une croissance particulièrement forte: 1900-1910 et 1925-1929. Les données exprimées en dollars courants peuvent cependant être trompeuses, car le Canada connaît, pendant la seconde décennie du siècle, un taux élevé d'inflation, en particulier au cours de la guerre. Les données exprimées en dollars constants permettent de dégonfler ces chiffres et de mieux rendre compte du niveau réel de production. L'historien Marc Vallières a calculé le taux annuel moyen de croissance d'après les données exprimées en dollars constants (tableau 2). On y perçoit nettement les fortes poussées de la première et de la troisième décennies.

TABLEAU 2

TAUX ANNUELS MOYENS DE CROISSANCE DE LA VALEUR BRUTE ET DE LA VALEUR AJOUTÉE DE LA PRODUCTION MANUFACTURIÈRE DU QUÉBEC EN DOLLARS CONSTANTS PAR PÉRIODE DE 10 ANS, 1900-1930

Année	Valeur brute	Valeur ajoutée
1900-1910	5,51	5,94
1910-1920	1,79	0,14
1920-1930	5,07	6,08

Source: Marc Vallières, *Les industries manufacturières du Québec 1900-1959*, p. 45.

La part de la production québécoise dans l'ensemble canadien connaît cependant un certain déclin. En 1900, le Québec assure 32,9% de la valeur brute de la production canadienne, mais seulement 26,6% en 1918; le pourcentage remonte légèrement par la suite et, de 1919 à 1929, il se situe entre 28% et 29%. L'Ontario maintient beaucoup mieux ses positions, de sorte que l'écart entre le Québec et l'Ontario s'élargit quelque peu, surtout entre 1900 et 1918 (graphique 1).

GRAPHIQUE 1

PART DE LA VALEUR BRUTE DE LA PRODUCTION MANUFACTURIÈRE CANADIENNE ASSURÉE PAR LE QUÉBEC ET L'ONTARIO, 1900-1930

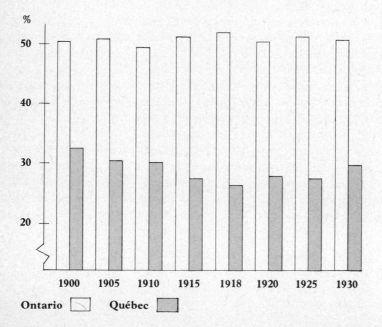

Au chapitre de la structure industrielle, la répartition par secteurs (tableau 3) indique des éléments de changements, mais aussi une remarquable continuité. Les articles de cuir — principalement la chaussure —, si importants au 19e siècle, subissent une dégringolade spectaculaire, passant du 2e rang avec 13,7% de la valeur de la production au 10e rang avec seulement 3,5% du total. De même, les produits du bois sont en perte de vitesse et glissent du 4e au 8e rang. À l'inverse, les produits du papier connaissent une ascension rapide qui les fait passer du 9e au 2e rang.

TABLEAU 3

POURCENTAGE DE LA VALEUR BRUTE DE LA PRODUCTION DES GROUPES
D'INDUSTRIES PAR RAPPORT À LA VALEUR BRUTE TOTALE DU QUÉBEC,
1900-1929

Rang en 1929	Rang en 1900	Groupes	1900	1910	1922	1929
1	1	Aliments et boissons	22,2	17,1	22,6	18,3
10	2	Articles de cuir	13,7	9,1	5,3	3,5
3	3	Vêtements	11,1	11,7	9,5	9,7
8	4	Produits du bois	11,0	13,1	6,3	5,4
6	5	Produits du fer et de l'acier	8,6	8,7	5,3	7,1
4	6	Textiles	8,3	7,4	10,1	7,7
7	7	Tabac et produits du tabac	5,5	5,6	8,4	6,7
5	8	Outillage de transport	5,4	8,7	3,0	7,4
2	9	Produits du papier	4,3	5,0	11,8	12,5
9	10	Produits chimiques	2,8	2,7	5,3	4,1
12	11	Impression, édition, etc.	2,4	1,8	3,1	2,9
14	12	Appareils et fournitures électriques	1,2	2,4	1,5	2,5
15	13	Produits des minéraux non métalliques	1,1	1,8	2,0	2,3
11	14	Produits des métaux autres que le fer	1,0	3,3	1,2	3,3
13	15	Divers	0,9	1,1	1,4	2,6
17	16	Articles en caoutchouc	0,3	0,3	1,5	1,8
16	17	Dérivés du pétrole et du charbon	0,2	0,3	2,0	2,2

Source: Marc Vallières, *Les industries manufacturières du Québec 1900-1959*, p. 170-172.

Le secteur des aliments et boissons reste toujours en tête de la production, dont il assure environ le cinquième de la valeur brute. Il s'agit là d'un secteur très diversifié. On y trouve des industries déjà fortement concentrées comme celles du sucre, de la brasserie et de la distillerie, avec des entreprises parfois fort anciennes et portant des noms aussi réputés que Redpath ou Molson. Mais le secteur alimentaire se distingue aussi par la présence des industries les moins concentrées, caractérisées par une foule d'établissements dispersés sur le territoire. En 1929, par exemple, le Québec compte encore 1389 fabriques de beurre et de fromage et 854 boulangeries. Mais là encore, la situation n'est pas uniforme: ainsi, à côté de la multitude de laiteries de village,

La scierie Murphy à Rivière-à-Pierre. (ANC, PA23476)

encore artisanales, émergent à Montréal de grandes laiteries industrielles.

L'examen de la structure industrielle révèle de façon nette la montée des nouveaux secteurs liés à l'exploitation des richesses naturelles. Le papier, les métaux autres que le fer, les minéraux non métalliques et les produits chimiques ne représentent en 1900 qu'un peu plus de 9% de la production manufacturière québécoise; en 1929, leur pourcentage a grimpé à 22%. Leur part de la valeur ajoutée est encore plus considérable (11% et 26%); il faut dire toutefois que, jusqu'en 1934, les statistiques de la valeur ajoutée comprennent les coûts en combustible et en électricité, que ces industries consomment en grande quantité. Chacun des quatre secteurs accroît sa part de la production au cours de la période, mais celui des produits du papier domine nettement.

La progression de ces quatre secteurs modifie sensiblement le tableau d'ensemble de la production, mais sans faire disparaître une autre caractéristique majeure de l'industrie québécoise: sa dépendance envers des secteurs produisant des biens de consommation et utilisant une main-d'œuvre à bon marché. En effet, si la chaussure est en déclin relatif, il n'en est pas de même pour les secteurs du vêtement, du textile et du tabac, qui maintiennent leurs positions. L'industrie québécoise de la chaussure connaît encore une période d'expansion au début du siècle: en dix ans, sa production passe de 14 à 23 millions de dollars.

La construction de locomotives aux ateliers du Canadien Pacifique, à Montréal, 1914-1918. (ANC, PA 24510)

Montréal reste toujours le grand centre canadien de la chaussure et certaines entreprises sont témoins d'une expansion rapide. Plusieurs francophones, comme Oscar Dufresne, s'y taillent une place enviable. Le rythme de croissance de la chaussure est cependant moins rapide que celui d'autres secteurs. Au cours des années 1920, la production plafonne et l'industrie amorce une longue période de déclin. La confection de vêtements assure environ 10% à 11% de la production industrielle; en 1900 comme en 1929, elle occupe le troisième rang au Québec. Localisée principalement à Montréal et dispersée dans une multitude de petits ateliers, elle s'appuie sur la main-d'œuvre immigrante. Les petits entrepreneurs d'origine juive y occupent une place

prépondérante. À l'inverse, le textile est une industrie fortement concentrée, dominée par de grands financiers montréalais. En 1905, toutes
les filatures de coton du Québec, à l'exception de celle de Valleyfield,
passent sous la coupe de Dominion Textile, la firme créée cette année-
là par la fusion de quatre entreprises plus anciennes. Celle-ci conserve
par la suite une position dominante, même si de nouvelles entreprises
sont mises sur pied au Québec, en particulier Wabasso Cotton (1908),
qui aura des installations à Trois-Rivières et Shawinigan. La production
textile reste d'ailleurs fort importante au Québec et passe du 6e au 4e
rang. Quant au tabac, dont la croissance est attribuable à la généralisation de la cigarette, il accroît sa part de la production tout en se
maintenant au 7e rang. Ensemble, ces quatre secteurs voient leur poids
relatif diminuer, de 38% à 23% de la valeur de la production. Ils restent
tout de même des éléments importants de la structure manufacturière et
emploient des effectifs de main-d'œuvre considérables.

Les produits du fer et de l'acier étaient étroitement associés à
l'outillage des chemins de fer au 19e siècle. À eux deux, ils représentent
environ 14% de la production, tant en 1900 qu'en 1929. Ils connaissent
toutefois des variations sensibles au cours de la période. Dans le secteur
du fer et de l'acier, le Québec occupe de plus en plus une place secondaire par rapport à l'Ontario. Il n'y a pas d'aciérie au Québec; on s'y
spécialise dans la transformation des produits finis ou semi-finis du fer
et de l'acier déjà affinés ailleurs. Malgré cela, ce secteur occupe une
place qui n'est pas négligeable: au 5e rang en 1900, au 6e en 1929; sa
part décline légèrement. Quant à l'outillage de transport, il bénéficie de
la présence à Montréal des ateliers des grandes sociétés ferroviaires.
S'il passe du 8e au 5e rang, sa part fluctue sensiblement. De plus, le
Québec voit lui échapper au profit de l'Ontario une nouvelle production, celle des automobiles.

Signalons enfin les progrès de deux secteurs relativement nouveaux:
les appareils électriques et les dérivés du pétrole et du charbon. Leur
poids dans la structure industrielle reste cependant assez faible,
puisqu'en 1929 ils ne fournissent respectivement que 2,5% et 2,2% de
la valeur de la production. Ainsi, l'industrie québécoise, tout en conservant ses secteurs traditionnels et une structure héritée du 19e siècle,
connaît, entre 1900 et 1929, une phase de modernisation et de diversification qui modifie le poids relatif de plusieurs secteurs.

Une économie en retard?

Mais quelle place l'industrie prise globalement occupe-t-elle dans l'ensemble de l'économie québécoise? Selon toutes les apparences, sa part de la production totale de biens et de services s'accroît, mais il n'est pas facile de la mesurer avec précision. Un premier moyen pour y parvenir consiste à comparer l'industrie avec l'autre grand secteur de production, l'agriculture. Il faut pour cela recourir à des estimations de la valeur brute de la production agricole établies par l'économiste André Raynauld (voir le chapitre 23). On constate ainsi qu'en 1900 la valeur brute de la production manufacturière est 3,3 fois plus élevée que celle de l'agriculture et qu'en 1929 elle l'est 6,7 fois plus.

Des calculs publiés dans l'Annuaire du Canada, portant cette fois sur la valeur nette de la production au Québec, indiquent que, de 1922 à 1929, la part de l'agriculture tombe de 29,3% à 19,7%, alors que celle de l'industrie manufacturière est en hausse, passant de 40,9% à 47,3%; les autres secteurs les plus importants sont l'exploitation forestière et la construction, qui représentent chacune de 10% à 12% de l'ensemble. Ces deux mesures, si imparfaites soient-elles, n'en indiquent pas moins un ordre de grandeur. Elles permettent de constater que l'industrie représente, tout au cours de la période, le secteur le plus important de l'économie québécoise et que sa part de la production s'accroît.

Par ailleurs, son impact sur le marché du travail n'est pas négligeable. Le secteur manufacturier emploie environ le cinquième de la main-d'œuvre totale, mais sa part décroît légèrement, passant de 21,7% en 1911 à 20,5% en 1921 et à 19,6% en 1931. À cette dernière date, le pourcentage au Québec est supérieur à la moyenne canadienne (16%), mais inférieur à celui de l'Ontario (22%). En chiffres absolus, la main-d'œuvre employée dans l'industrie s'accroît, passant de 141 921 en 1911 à 201 273 en 1931. Si sa part relative diminue, c'est le résultat de la montée rapide du secteur des services.

Au problème de l'importance de l'industrialisation québécoise se rattache tout le débat autour du soi-disant retard du Québec qui fait l'objet d'une abondante littérature. Selon différents auteurs, le Québec aurait eu un démarrage industriel nettement en retard sur celui des autres régions du Canada et singulièrement de l'Ontario. Cette interprétation est particulièrement formulée dans un article célèbre des économistes Albert Faucher et Maurice Lamontagne. Selon ces auteurs, la période 1866-1911 en serait une de retard industriel pour le Québec à cause de son manque de charbon et de fer, les deux matières de base de l'économie industrielle. Selon eux, le véritable démarrage du Québec se ferait après 1911, grâce aux nouveaux secteurs liés aux richesses naturelles.

La thèse du retard a été abondamment critiquée, en particulier par les économistes John H. Dales et André Raynauld. Il faut dire qu'elle s'appuyait sur une connaissance encore embryonnaire de l'histoire économique. Les recherches plus récentes ont permis de montrer, comme nous l'avons vu, l'importance de la première base industrielle du Québec, dans les dernières décennies du 19e siècle, et la place qu'y occupe le secteur du fer et de l'acier. Elles ont également permis de situer dans une plus juste perspective les nouveaux secteurs liés aux richesses naturelles qui, tout en constituant un puissant stimulant à l'industrialisation québécoise, n'en représentent tout de même qu'une dimension partielle.

Il existe certes un écart entre les niveaux de production du Québec et de l'Ontario au profit de cette dernière province, mais il ne faut pas conclure à une lenteur ou à un retard de la première. André Raynauld montre qu'à long terme les rythmes de croissance des industries ontarienne et québécoise sont tout à fait comparables. Il constate qu'entre 1870 et 1957 «la production manufacturière a crû à un taux annuel de 5,48 pour cent en Ontario et de 5,53 pour cent dans le Québec». Même si, en courte période, l'écart entre les deux s'accentue — comme pendant les années 1910 —, il s'amenuise par la suite. Pour Raynauld, «le problème du Québec n'est pas celui d'un retard de croissance mais celui d'une croissance dont les caractéristiques structurelles et démographiques sont différentes de celles de certaines autres provinces du pays». En effet, la structure industrielle du Québec comprend une plus forte proportion d'industries légères par rapport à l'industrie lourde que ce n'est le cas en Ontario. Par ailleurs, la natalité élevée au Québec lui donne une population plus jeune, d'où un taux plus bas de participation à la main-d'œuvre. Les revenus obtenus par ceux qui ont un emploi sont donc répartis sur un plus grand nombre de personnes qui ne sont pas sur le marché du travail, ce qui donne un revenu per capita plus bas qu'en Ontario.

Cette question du soi-disant retard, qui implique une comparaison entre le Québec et l'Ontario, ne doit pas être confondue avec ce qu'on a appelé l'infériorité économique des Canadiens français au sein du Québec. Dans l'historiographie, ce deuxième problème renvoie à la situation de minoritaires qu'occupent les entrepreneurs canadiens-français dans le contrôle de l'économie du Québec. Ce phénomène est abordé dans le chapitre 25.

Quelle que soit la mesure utilisée, quel que soit le point de comparaison, il ne fait aucun doute que le Québec des premières décennies du 20e siècle a atteint le stade d'une société industrielle, où la production des biens manufacturés représente l'élément moteur de l'économie.

ORIENTATIONS BIBLIOGRAPHIQUES

ANGERS, François-Albert et Roland PARENTEAU. *Statistiques manufacturières du Québec*. Montréal, École des Hautes Études commerciales, 1966. 166 p.

DUROCHER, René et Paul-André LINTEAU, dir. *Le retard du Québec et l'infériorité économique des Canadiens français*. Montréal, Boréal Express, 1971. 127 p.

LOWE, Graham S. *Women in the Administrative Revolution. The Feminization of Clerical Work*. Toronto, University of Toronto Press, 1987. 234 p.

NAHUET, Robert. *Une expérience canadienne de taylorisme: le cas des usines Angus du Canadien Pacifique*. Thèse de M.A. (histoire), Université du Québec à Montréal, 1985.

RAYNAULD, André. *Croissance et structure économiques de la province de Québec*. Québec, ministère de l'Industrie et du commerce, 1961. 657 p.

ROUILLARD, Jacques. *Les travailleurs du coton au Québec, 1900-1915*. Montréal, PUQ, 1974. 152 p.

VALLIÈRES, Marc. *Les industries manufacturières du Québec 1900-1959. Essai de normalisation des données statistiques en dix-sept groupes industriels et étude sommaire de la croissance de ces groupes*. Thèse de M.A. (histoire), Université Laval, 1973. 234 p.

CHAPITRE 20

CAPITALISME DE MONOPOLE ET INVESTISSEMENT ÉTRANGER

Concurrence et concentration

Dans les pays industrialisés, le capitalisme subit une transformation importante à la fin du 19e siècle et au début du 20e. Le phénomène de concentration économique donne naissance à ce qu'on appelle le capitalisme de monopole. Tant que la plupart des établissements étaient encore de taille modeste, il était relativement facile pour des hommes entreprenants de se lancer dans les affaires et, pendant la seconde moitié du 19e siècle, on a assisté à une multiplication d'entreprises en concurrence les unes avec les autres. Mais, assez tôt, les guerres de prix s'avèrent ruineuses et les hommes d'affaires cherchent à mettre un frein à la concurrence par la monopolisation. La première méthode à laquelle ils ont recours est le cartel, c'est-à-dire un accord entre des entreprises pour fixer les prix ou pour se partager le marché. De telles ententes se généralisent à la fin du siècle, mais elles sont difficiles à maintenir, car il se trouve toujours un concurrent pour les briser et essayer d'étendre ainsi sa part du marché.

On recourt alors à une solution plus radicale: la concentration des entreprises par la formation d'un trust. Cette méthode permet à l'entreprise plus puissante ainsi formée d'éliminer les concurrents récalcitrants et de dominer le marché. Au Canada, le mouvement de concentration s'est amorcé dès les années 1880, mais il ne prend son essor qu'à compter du début du 20e siècle. Deux formes principales de concentration ont alors cours. La plus connue et la plus spectaculaire est la concentration horizontale, qui regroupe des entreprises œuvrant dans un même secteur et fabriquant un même produit. Quant à la concentration verticale, elle amène l'intégration d'entreprises qui sont à des étapes différentes de la fabrication d'un produit.

Le développement de la société par actions, qui remplace peu à peu l'entreprise familiale traditionnelle, facilite les concentrations. La fusion d'entreprises devient ainsi une opération financière: de nouvelles actions sont émises, on réévalue les actifs en gonflant artificiellement leur valeur et les promoteurs sont en mesure de réaliser de substantiels profits de spéculation.

Dans plusieurs pays européens, les grandes banques ont pris le contrôle d'entreprises industrielles et provoqué le processus de concentration. On a pu parler dans ce cas d'un capital financier, résultat de la fusion entre capital bancaire et capital industriel, le premier dominant l'autre. Au Canada, l'historien Gilles Piédalue a identifié des réseaux financiers centrés sur les grandes banques. L'existence de tels réseaux ne signifie pas pour autant que les banques canadiennes contrôlent les sociétés industrielles. Il semble plutôt qu'on soit en présence de groupes financiers cherchant à contrôler à la fois des banques, des sociétés ferroviaires et des entreprises commerciales, industrielles, ou de services publics. Ces groupes financiers, ayant à leur tête des hommes comme Herbert Holt, Louis-Joseph Forget, Max Aitken, réalisent les principales fusions d'entreprises au Canada.

Il faut en outre tenir compte du rôle des entreprises américaines dans le processus de concentration au Canada. Quand les maisons-mères américaines fusionnent, les filiales canadiennes font de même. C'est ainsi que la création aux États-Unis d'un trust de la machinerie utilisée dans la fabrication des chaussures, United Shoe Machinery Co., est aussitôt suivie de la constitution d'un trust semblable au Canada, United Shoe Machinery Company of Canada. Parfois la filiale canadienne est créée de toutes pièces après la constitution du trust aux États-Unis. Souvent aussi, la filiale est mise sur pied grâce à l'achat par le trust américain d'entreprises canadiennes existantes. La monopolisation n'est d'ailleurs qu'un des aspects de la pénétration du capital étranger au Canada.

Quand on traite de la question des monopoles, il est difficile d'isoler le cas québécois. Les grands monopoles créés au 20e siècle le sont à l'échelle du Canada ou, à tout le moins, de l'Ontario et du Québec. Nous devons donc aborder le problème dans son ensemble. Le processus de concentration se fait en deux étapes bien distinctes: pendant les années qui précèdent la Première Guerre mondiale et au cours des années 1920.

Le début du 20e siècle est d'abord marqué par un important

À *gauche:* Louis-Joseph Forget, 1853-1911, financier montréalais. (Archives Notman, Musée McCord). À *droite:* Le financier Max Aitken, 1879-1964, devenu Lord Beaverbrook en 1917. (Archives Notman, Musée McCord)

mouvement de concentration bancaire. Le nombre de banques à charte au Canada passe de 37 en 1896, à 22 en 1914. Le système bancaire devient alors beaucoup plus centralisé et plusieurs banques régionales sont absorbées par les grandes institutions montréalaises et torontoises. Trois d'entre elles occupent une position dominante: la Banque de Montréal et la Banque Royale, ayant leur siège social à Montréal, et la Banque canadienne de Commerce, ayant son siège social à Toronto. La centralisation financière est manifeste également dans la multiplication des succursales bancaires, dont le nombre passe de 533 en 1896 à 3049 en 1914. Les fusions bancaires facilitent probablement le mouvement de concentration des entreprises dans d'autres secteurs.

Les concentrations les plus spectaculaires de la période 1900-1914 ont lieu dans les services publics et dans les secteurs du textile, du fer et de l'acier, du ciment et dans certaines industries alimentaires. Montreal Light, Heat & Power en fournit un bon exemple dans les services publics. Cette société est formée en 1901 sous l'égide de Louis-Joseph Forget et de Herbert Holt. Elle regroupe une compagnie de gaz et trois compagnies d'électricité. En 1903, la nouvelle entreprise achète à un prix très élevé son principal concurrent et s'assure ainsi le monopole de la distribution du gaz et de l'électricité à Montréal. Cette situation lui permet d'imposer aux consommateurs montréalais des tarifs élevés et de réaliser des profits considérables, périodiquement camouflés par des réorganisations financières de la compagnie.

Dans le textile, une première vague de concentrations a eu lieu en 1890 et 1892, alors qu'ont été formées Dominion Cotton Mills Ltd. et Canadian Coloured Cottons, regroupant chacune sept usines. En 1904, une nouvelle étape est franchie avec la création de Dominion Textile Company. Cette nouvelle société absorbe quatre entreprises: Dominion Cotton Mills Ltd., Merchants Cotton Company Ltd., Montmorency Cotton Mills Co. Ltd., Colonial Bleaching and Printing Co. Ltd. Le groupe financier qui réalise cette opération ne verse qu'une somme de 500 000$ et obtient en retour des actions de Dominion Textile pour une valeur de 5 millions, soit un cadeau de 4,5 millions. Comme les dividendes sont versés sur ce capital artificiellement gonflé, les promoteurs bénéficient, au cours des décennies suivantes, d'un rendement annuel moyen de 98% sur leur mise de fonds réelle. De tels profits ne peuvent être réalisés qu'en vendant les textiles à des prix élevés au consommateur.

Cet exemple illustre à quel point la concentration d'entreprises peut être profitable pour ses promoteurs. La vague de concentrations atteint son point culminant entre 1909 et 1912, avec 58 fusions impliquant 247 entreprises. Parmi celles-ci, mentionnons la création en 1909, sous l'égide du financier Max Aitken, de Canada Cement, qui regroupe 11 entreprises de cimenterie. Steel Company of Canada (STELCO), formée en 1910, réunit diverses entreprises de fer et d'acier du Québec et de l'Ontario, dont le principal producteur québécois, Montreal Rolling Mills; dans ce cas précis, l'opération a pour résultat de faire passer le centre de décision en Ontario.

Ainsi, à la veille de la Première Guerre mondiale, plusieurs industries ont connu le processus de concentration et de monopolisation. Cependant, des secteurs y échappent encore. C'est le cas pour certains secteurs nouveaux — comme les pâtes et papiers et les mines — et pour certaines industries plus anciennes — comme la chaussure, le vêtement et la plupart des produits alimentaires —, où coexistent un grand nombre d'entreprises.

Le mouvement de concentration reprend de plus belle au cours des années 1920. Le processus de fusion bancaire est complété. Des 19 banques à charte qui existent à la fin de la guerre, il n'en reste plus que

11 en 1929. Entre 1923 et 1929, au Canada, sont réalisées 228 concentrations qui provoquent l'absorption de 644 entreprises. Des secteurs très variés sont affectés par ce mouvement, en particulier le secteur alimentaire: brasseries, distilleries, conserveries, produits laitiers, etc., ainsi que celui des pâtes et papiers. La réorganisation de ce dernier est particulièrement importante pour le Québec. La majorité des entreprises papetières sont impliquées dans ces regroupements. La fusion la plus spectaculaire est sans doute celle qui mène à la création, en 1928, de Canada Power and Paper Co., dont nous avons déjà parlé.

La concentration est donc l'un des phénomènes les plus marquants de l'histoire économique des premières décennies du 20e siècle. Elle conduit à la formation de très grandes entreprises qui se retrouvent en situation de monopole ou qui partagent avec quelques autres un statut d'oligopole. En contrôlant le marché, ces entreprises disposent d'un pouvoir considérable et faussent le jeu de la concurrence. La monopolisation n'est cependant pas absolue. Maints secteurs de l'économie restent encore caractérisés par un régime de concurrence opposant un grand nombre de petites ou moyennes entreprises. En outre, plusieurs des grandes entreprises ont des assises territoriales bien délimitées, de sorte que la situation varie considérablement d'une région à l'autre. De telles différences existent entre Montréal et les autres régions de la province, car la taille du marché de la métropole favorise davantage la concentration. De plus, l'existence de monopoles incite souvent de petits entrepreneurs à mettre sur pied des sociétés concurrentes pour répliquer aux prix élevés pratiqués par les grandes entreprises. Se qualifiant eux-mêmes d'indépendants, ils arrivent souvent à se tailler une place, même modeste, sur un marché régional. Les périodes de forte croissance du début du siècle et des années 1920 sont d'ailleurs propices à la multiplication de ces PME.

Les grandes entreprises restent néanmoins très puissantes et arrivent à imposer leurs conditions à leurs fournisseurs et à leurs clients. De nombreux petits entrepreneurs se plaignent de cette concurrence déloyale, mais avant la crise des années 1930 ils ne sont guère écoutés. Certains monopoles, cependant, attirent une critique beaucoup plus soutenue, trouvant un écho dans les médias: les entreprises qui exploitent des services publics, et surtout les compagnies d'électricité et de tramways. Dès le début du siècle, des réformistes lancent des campagnes d'opinion publique contre les trusts et réclament leur municipalisation. Mais, contrairement à ce qui se passe en Ontario et dans les provinces de l'Ouest, ces campagnes ont peu de succès au Québec. Assurées de l'appui de nombreux conseillers municipaux et comptant sur une oreille attentive au gouvernement du Québec, les compagnies de services publics restent bien en selle. Tout au plus le gouvernement québécois crée-t-il, en 1909, une commission chargée de surveiller le secteur des services publics, mais ses pouvoirs sont tellement limités qu'elle ne peut empêcher les entreprises d'exploiter à leur guise leurs lucratifs marchés.

L'investissement étranger

Le Québec et le Canada ont toujours été fortement dépendants des investissements étrangers pour assurer leur développement, et ce depuis les débuts de la Nouvelle-France. L'afflux de capital étranger permet de compenser l'insuffisance du capital autochtone et d'assurer un équipement plus rapide du pays; il en résulte par contre des conséquences négatives qui ne sont pas négligeables. Les retombées économiques, une fois l'investissement initial réalisé, profitent souvent plus au pays prêteur qu'au Canada, puisque les bénéfices sont réexportés sous diverses formes (profits, intérêts, achats de biens et de services) et que la recherche et l'innovation se font à l'extérieur du pays. Plus globalement, la présence du capital étranger a pour résultat que des décisions importantes concernant le développement économique du Canada sont prises dans d'autres pays, créant ainsi un état de dépendance et de satellisation.

Si cette situation de dépendance a toujours caractérisé l'histoire canadienne, elle prend une dimension nouvelle pendant les premières décennies du 20e siècle, alors que des changements significatifs surviennent dans la nature et l'origine de l'investissement. Ici encore, les données disponibles ne permettent pas de traiter séparément le cas québécois et il faut aborder cette question pour l'ensemble du Canada.

Le premier changement vient de l'ampleur nouvelle des investissements étrangers, qui passent de 1,2 milliard de dollars en 1900 à 7,6 milliards en 1930 (tableau 1). Deux périodes sont témoins d'un accroissement particulièrement important: les années 1905-1914 et la décennie 1920.

L'accroissement substantiel des sommes investies de l'étranger s'accompagne d'une modification radicale de l'origine de ces capitaux

TABLEAU 1

INVESTISSEMENTS ÉTRANGERS AU CANADA, 1900-1930

Année	Millions de dollars
1900	1 232
1905	1 540
1910	2 529
1913	3 746
1914	3 837
1916	4 323
1918	4 526
1920	4 870
1922	5 207
1924	5 616
1926	6 003
1930	7 614

Source: M.C. Urquhart et K.A.H. Buckley, *Historical Statistics of Canada*, p. 169.

TABLEAU 2

RÉPARTITION EN POURCENTAGE DES INVESTISSEMENTS
ÉTRANGERS AU CANADA, PAR PAYS D'ORIGINE, 1900-1930

Année	Royaume-Uni	États-Unis	Autres pays
1900	85	14	1
1905	79	19	2
1910	77	19	4
1913	75	21	5
1914	72	23	5
1916	66	30	4
1918	60	36	4
1920	53	44	3
1922	47	50	3
1924	42	55	3
1926	44	53	3
1930	36	61	3

Source: M.C. Urquhart et K.A.H. Buckley, *Historical Statistics of Canada*, p. 169.

(tableau 2). En 1900, les capitaux en provenance du Royaume-Uni dominent massivement, avec 85% du total. En 1930, les États-Unis sont devenus majoritaires (61%), alors que les investissements britanniques ne dépassent guère le tiers de l'ensemble. Ce changement devient particulièrement perceptible pendant la Première Guerre mondiale et la même tendance se poursuit au cours des années 1920. Avec une participation variant de 1% à 5%, les autres pays ne pèsent jamais d'un poids considérable dans la balance.

Le passage de la dépendance britannique à la dépendance américaine modifie la nature du capital étranger au Canada. Les Britanniques font surtout de l'investissement indirect, c'est-à-dire du prêt d'argent sous forme d'obligations. Ils contribuent en particulier à financer les grandes dépenses d'infrastructure : construction de chemins de fer et travaux publics de toute nature. Les Américains, de leur côté, font surtout de l'investissement direct, sous forme d'actions de sociétés. Ils ne se contentent pas d'un rôle de prêteur, mais sont directement propriétaires des entreprises et investissent massivement dans les activités de production. Pour le Canada, le passage de l'investissement britannique à l'investissement américain signifie donc un contrôle accru de l'étranger sur son économie.

Entre 1896 et 1914, la croissance économique rapide, l'immigration massive et le peuplement de l'Ouest canadien nécessitent de forts investissements. L'une des plus importantes réalisations de cette période est la construction de deux nouveaux chemins de fer transcontinentaux, en grande partie financée par du capital britannique. Les Britanniques investissent alors près de 2 milliards de dollars au Canada, principalement sous forme d'obligations. La Grande-Bretagne est d'ailleurs la plus grande puissance financière du monde et elle exporte ses capitaux sur tous les continents. À cette même époque, les États-Unis deviennent eux aussi des fournisseurs de capitaux, mais leurs investissements sont surtout concentrés en Amérique latine et aux Antilles. Entre 1900 et 1914, les investissements américains au Canada s'accroissent néanmoins de façon notable, passant de 168 millions de dollars en 1900 à 881 millions en 1914. Ils sont dirigés surtout vers l'industrie manufacturière et les mines. La pénétration américaine se fait principalement par l'implantation de filiales. Elle vise deux objectifs: alimenter en matières premières les industries américaines (c'est le cas pour les mines et les pâtes et papiers), ou pénétrer un nouveau marché en fabriquant ou en assemblant dans des usines situées au Canada (*branch-plants*) des produits conçus et mis au point aux États-Unis.

La Première Guerre mondiale vient modifier ces orientations. La presque totalité de l'effort de guerre du gouvernement canadien est

Chiclets

REALLY DELIGHTFUL

The Dainty Mint Covered Candy Coated Chewing Gum

(Chiclets, l'excellente Gomme à Mâcher recouverte de sucre à la menthe poivrée véritablement délicieuse).

Chiclets pour la digestion — Les femmes au goût difficile se servent de Chiclets à leurs lunchs et à leurs thés — comme menthes d'après-dîner — aux parties de bridge et à toutes les réunions sociales où s'impose le besoin d'un bonbon croutillant. Les Chiclets sont le raffinement de la gomme à mâcher pour les gens raffinés.

La pénétration des produits américains au Québec. (*La Presse*, 2 juillet 1912)

financé par des emprunts intérieurs (au montant d'environ 2 milliards). Les nouveaux investissements étrangers n'en totalisent pas moins 1 milliard entre 1914 et 1918, provenant surtout des États-Unis. En effet, la Grande-Bretagne, qui doit financer son propre effort de guerre, réduit de façon radicale ses exportations de capitaux. Les États-Unis, qui n'entrent en guerre qu'en 1917, ne font pas face au même problème et sont en mesure de remplacer les Britanniques comme principaux fournisseurs de capitaux.

Les tendances apparues pendant la guerre se poursuivent au cours des années suivantes. Le développement économique est assuré par un recours proportionnellement plus substantiel qu'auparavant à l'épargne intérieure. Le financement de l'effort de guerre avait fait constater l'importance des épargnes des Canadiens que les banques, disposant maintenant d'un bon réseau de succursales, sont en mesure d'aller recueillir. De plus, la croissance spectaculaire des compagnies d'assurance-vie permet la constitution d'importants réservoirs de capitaux. Les grandes sociétés de placement comme Wood, Gundy & Co., Nesbitt, Thomson & Co. et A.E. Ames & Co. jouent un rôle clé dans le financement des entreprises, car l'intérêt pour l'activité boursière s'accroît au cours des années 1920.

Ainsi, l'investissement étranger est moins important, mais il devient, au cours des années 1920, beaucoup plus direct et plus visible. Le retrait relatif des Britanniques, amorcé pendant la guerre, se poursuit, mais le volume global de leurs investissements reste élevé; en 1930, le stock de capital britannique investi au Canada se situe à près de 2,8 milliards de dollars. Le capital américain fait de son côté un bond considérable, passant de 1,6 milliard en 1918 à près de 4,7 milliards en 1930. La présence américaine s'oriente surtout vers l'exploitation des richesses naturelles et la production industrielle. Le Canada devient ainsi de plus en plus une succursale économique des États-Unis, leur fournissant des matières premières et achetant des produits conçus à l'étranger et assemblés en partie au Canada avec une technologie étrangère et des capitaux étrangers.

De la farine Robin Hood aux céréales Kellogg, des appareils électriques Westinghouse aux automobiles Ford, les Québécois deviennent de plus en plus familiers avec les produits américains fabriqués au Canada. S'ils contribuent à en assurer la rentabilité, les Québécois profitent cependant très peu des investissements industriels américains, puisque la majorité des usines sont implantées en Ontario. En 1931, seulement 16% des usines américaines installées au Canada se trouvent au Québec.

À la fin de la période, la bourgeoisie canadienne conserve encore la haute main sur les secteurs industriels anciens qui se sont développés au siècle précédent: le fer et l'acier, le textile, le vêtement, la chaussure, les aliments et les boissons. Les Américains dominent les secteurs industriels nouveaux. En 1932, ils contrôlent 82% de la production canadienne d'automobiles, 68% de celle des appareils électriques; ils sont solidement implantés dans l'industrie pétrolière, les produits pharmaceutiques, le caoutchouc, la machinerie et les minéraux non métalliques. Dans les pâtes et papiers ils contrôlent environ le tiers de la production. Ce dernier secteur est le théâtre, au cours des années 1920, d'une vive lutte entre la bourgeoisie canadienne et la bourgeoisie américaine. En 1930, le Canada est très nettement en voie d'intégration à l'empire américain.

ORIENTATIONS BIBLIOGRAPHIQUES

ARMSTRONG, Christopher et H.V. NELLES. *Monopoly's Moment. The Organization and Regulation of Canadian Utilities, 1830-1930*. Philadelphie, Temple University Press, 1986. 393 p.

BONIN, Bernard. *L'investissement étranger à long terme au Canada. Ses caractères et ses effets sur l'économie canadienne*. Montréal, École des Hautes Études commerciales, 1967. 462 p.

CLEMENT, Wallace. *The Canadian Corporate Elite. An Analysis of Economic Power*. Toronto, McClelland and Stewart, 1975. Chap. 2.

CLEMENT, Wallace. *Continental Corporate Power. Economic Linkages between Canada and the United States*. Toronto, McClelland and Stewart, 1977. 408 p.

DALES, John H. *Hydroelectricity and Industrial Development. Quebec 1898-1940*. Cambridge, Harvard University Press, 1957. 269 p.

LEVITT, Kari. *La capitulation tranquille*. Montréal, Réédition-Québec, 1972. 220 p.

MARSHALL, Herbert, Frank SOUTHARD, jr et Kenneth W. TAYLOR. *Canadian-American Industry. A Study in International Investment*. Toronto, McClelland and Stewart, 1976. 360 p. (1re édition en 1936).

NAYLOR, Tom. *The History of Canadian Business 1867-1914*. Toronto, James Lorimer, 1975. 2 vol.

NIOSI, Jorge. *Le contrôle financier du capitalisme canadien*. Montréal, PUQ, 1978. 216 p.

PIÉDALUE, Gilles. «Les groupes financiers du Canada 1900-1930. Étude préliminaire», *Revue d'histoire de l'Amérique française*, 30, 1 (juin 1976): 3-34.

ROBY, Yves. *Les Québécois et les investissements américains (1918-1929)*. Québec, PUL, 1976. 250 p.

WELDON, J.C. *Consolidations in Canadian Industry 1900-1948*. Ottawa, Combines Investigation Commission, 1948. 65 p.

CHAPITRE 21

ÉCHANGES ET COMMUNICATIONS

Les transports

Dans le domaine des transports, la période marque une rupture. Avant la guerre, de fortes sommes sont investies dans des systèmes conventionnels: chemins de fer et navigation. Par la suite, l'essor de l'automobile vient bouleverser la situation et revaloriser le réseau routier. En fin de période, l'aviation commerciale ajoute un nouvel élément de transformation dans ce secteur.

Le dernier boom ferroviaire

À partir de 1897, le gouvernement du Québec cesse de jouer un rôle actif dans la construction ferroviaire. C'est le gouvernement fédéral qui prend la relève en favorisant la création de deux nouveaux réseaux transcontinentaux s'ajoutant à celui du Canadien Pacifique. Le peuplement des Prairies et la hausse phénoménale de la production de blé militent en faveur d'un accroissement des moyens de transport pour expédier les céréales vers l'est. Deux groupes réussissent à obtenir l'appui du gouvernement fédéral: le Grand-Tronc et le Canadien Nord.

Le Grand-Tronc propose au gouvernement fédéral de prolonger vers l'ouest sa ligne principale qui dessert déjà le sud de l'Ontario et du Québec en utilisant comme ports d'expédition Montréal et, en hiver, Portland aux États-Unis. Le gouvernement Laurier voudrait un terminus d'hiver canadien, situé dans les provinces de l'Atlantique. Il désire également que le nouveau transcontinental passe par Québec et favorise l'ouverture de nouvelles régions au nord. En cela, il répond aux désirs d'hommes d'affaires et de politiciens de Québec et du Saguenay-Lac-Saint-Jean qui rêvent d'un chemin de fer allant à la baie James et permettant de coloniser les terres argileuses du Bouclier canadien.

Le Grand-Tronc, qui n'est guère intéressé à cette orientation nordique, en arrive à une entente avec le gouvernement fédéral: une filiale

Chute de la travée centrale du pont de Québec en 1916. (ANC, C55787)

du Grand-Tronc, le Grand-Tronc Pacifique, construira la partie ouest du nouveau transcontinental, de Winnipeg à Prince-Rupert. Le gouvernement fédéral se chargera lui-même de la partie est, baptisée National Transcontinental. Ce dernier reliera Moncton à Winnipeg; traversant le fleuve à la hauteur de Québec et le Saint-Maurice près de La Tuque, il obliquera vers l'ouest pour passer à travers l'Abitibi et le nord de l'Ontario. L'entente prévoit qu'à la fin de la construction le National Transcontinental sera loué au Grand-Tronc. Le nouveau réseau est terminé à la veille de la Première Guerre mondiale. Cette voie vers le nord permet l'ouverture de l'Abitibi à la colonisation à compter de 1912.

La constitution du troisième réseau transcontinental, celui du Canadien Nord, se fait de façon graduelle, pendant une vingtaine d'années. Elle est l'œuvre de deux promoteurs, William Mackenzie et Donald Mann qui, à compter de 1896, achètent de petites entreprises ferroviaires et construisent un réseau de voies ferrées au Manitoba. Au début du siècle, leurs opérations s'étendent du lac Supérieur jusqu'à l'ouest du Manitoba et leur ligne principale est bientôt prolongée jusqu'à Edmonton, en Alberta. Mackenzie et Mann commencent aussi à acquérir de petites entreprises ferroviaires dans l'est, en Ontario, au Québec et en Nouvelle-Écosse, dans l'espoir de les intégrer un jour à un réseau transcontinental.

En 1903, Mackenzie et Mann font leur entrée au Québec avec l'acquisition du réseau du Grand Nord. Cette entreprise est à la tête d'un ensemble de voies ferrées desservant la rive nord du Saint-Laurent

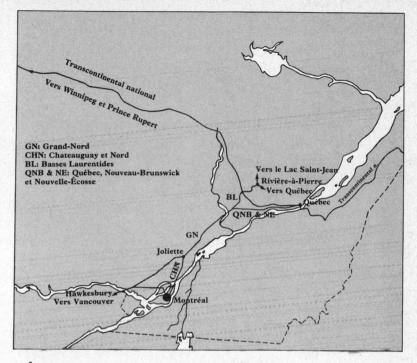

LES NOUVELLES LIGNES FERROVIAIRES CONSTRUITES AU DÉBUT DU SIÈCLE

et de l'Outaouais en passant à travers les régions de colonisation. La ligne principale relie Proulx-Jonction, en Mauricie, à Hawkesbury, sur la rive ontarienne de l'Outaouais, en passant par Shawinigan, Joliette et Saint-Jérôme. À Hawkesbury s'établit une correspondance avec d'autres lignes allant vers l'ouest. La compagnie du Grand Nord a déjà fait l'acquisition du chemin de fer des Basses-Laurentides, qui permet de prolonger vers l'est la voie du Grand Nord jusqu'au chemin de fer Québec et Lac-Saint-Jean, où des droits de péage donnent accès à la ville de Québec. Le Grand Nord a également deux autres filiales. Le Chateauguay et Nord relie l'est de Montréal à Joliette à compter de 1903. Le chemin de fer de colonisation de Montfort et de Gatineau dessert la région située au nord de Lachute. Les deux promoteurs se retrouvent donc à la tête de ce petit réseau en 1903. L'ensemble est déficitaire, mais ils espèrent le rentabiliser en l'intégrant à un réseau plus vaste. Ils créent en 1903 une nouvelle filiale, Quebec, New

Brunswick and Nova Scotia Railway, avec l'objectif de relier le Québec aux provinces de l'Atlantique. Seule la ligne joignant la voie principale du Grand Nord à Québec est mise en chantier. En 1906, Mackenzie et Mann regroupent leurs propriétés québécoises au sein du Canadien Nord Québec. L'année suivante, ils font l'acquisition du chemin de fer Québec et Lac-Saint-Jean.

Il faudra encore quelques années aux promoteurs du Canadien Nord pour relier, grâce à l'aide du gouvernement fédéral, les différentes composantes de leur réseau canadien et ainsi créer un nouveau trans-continental. C'est chose faite en 1915, alors que les trains du Canadien Nord peuvent rouler de Québec à Vancouver. Le maillon québécois est formé des lignes acquises antérieurement. Il faut toutefois trouver le moyen de pénétrer au cœur de Montréal sans effectuer de coûteuses expropriations. Le Canadien Nord adopte une solution audacieuse: percer sous le Mont-Royal un tunnel qui amènera ses trains au centre de la ville.

Pendant la décennie qui précède la guerre, le gouvernement fédéral, porté par l'optimisme général de l'époque, favorise donc la création de deux nouveaux transcontinentaux qui deviennent très vite un fardeau. Le trafic est-ouest n'est pas suffisant pour rentabiliser trois grands réseaux. Les coûts de construction s'avèrent beaucoup plus élevés que prévu et, pour cette raison, le Grand-Tronc refuse de louer le National Transcontinental. Le déclenchement de la guerre aggrave les pro-blèmes. Les difficultés économiques qui en résultent défavorisent les nouveaux chemins de fer. Ceux-ci ne peuvent plus obtenir de finan-cement sur le marché de Londres. Le gouvernement fédéral est impli-qué, car il a garanti le paiement des intérêts sur les emprunts consentis pour en financer la construction. Or les compagnies ne peuvent plus payer ces intérêts. Le gouvernement aide financièrement les entre-prises, mais il doit trouver une solution permanente: l'étatisation des grands réseaux, à l'exception du Canadien Pacifique, et leur adminis-tration par une société para-gouvernementale, les Chemins de fer nationaux du Canada (le Canadien National). L'intégration a lieu entre 1920 et 1923 et amène sous la coupe du Canadien National cinq élé-ments principaux: le Grand-Tronc, l'Intercolonial, le National Trans-continental, le Grand-Tronc Pacifique et le Canadien Nord. Le siège de la nouvelle société est établi à Montréal, ce qui, ajouté à la présence du Canadien Pacifique, confirme la métropole dans son rôle de capitale du transport ferroviaire au Canada.

Les ports et la navigation

Au cours de la période, d'importants investissements sont réalisés dans l'aménagement des installations portuaires canadiennes. La croissance de la production de blé des Prairies, qui a justifié l'expansion du réseau ferroviaire, rend également nécessaire la construction d'installations de stockage et de chargement dans les ports qui sont des terminus maritimes. En outre, l'augmentation générale du volume des importations et des exportations, liée à la croissance de la population, justifie de tels travaux.

À Montréal, on mène à bien de vastes projets de réaménagement des installations portuaires au cours des deux décennies qui précèdent la Première Guerre mondiale. Au terme de ces travaux, la physionomie du port est complètement transformée. Ces projets sont mis en œuvre par la Commission du Havre grâce à des prêts à long terme du gouvernement fédéral.

Le premier objectif est d'augmenter l'espace d'accostage et de permettre la venue des navires ayant un plus fort tirant d'eau. Pour cela, on doit draguer le lit du fleuve. On remplace la plupart des anciens quais par des quais à haut niveau dont certains ont la forme de jetées s'avançant dans le fleuve. On augmente également l'espace disponible en construisant de nouveaux quais dans la partie est du port, dans le secteur Hochelaga-Maisonneuve. En 1914, toute la rive du fleuve entre l'embouchure du canal Lachine et Maisonneuve est encoffrée dans du béton. Plus à l'est, à Longue-Pointe et à Montréal-Est, des quais sont érigés en certains endroits pour répondre aux besoins des grandes entreprises, principalement des cimenteries et des raffineries.

Les nouveaux quais, plus élevés, sont à l'abri des inondations et on construit un mur pour protéger les parties basses de la ville. Il devient dès lors possible d'ériger sur le territoire du port des installations permanentes, à l'abri des crues printanières: de vastes hangars à marchandises, un réseau intégré de voies ferrées et des installations pour la manipulation des céréales (élévateurs et système de convoyeurs jusqu'au point d'amarrage des navires).

Grâce à ces transformations, Montréal devient le grand port d'exportation des céréales vers l'Europe. À partir de 1922, il subit la concurrence de Vancouver, qui commence à exporter le blé canadien via le canal de Panama. D'autres villes du Saint-Laurent veulent aussi leur part du gâteau; Québec et Sorel obtiennent, à la fin de la période,

Le cœur du port de Montréal en 1928. (ANC, PA44433)

la construction d'élévateurs à grains; Trois-Rivières n'aura le sien qu'en 1938.

En plus des installations portuaires, les conditions de navigation s'améliorent. Il faut d'abord noter la disparition des voiliers, à l'exception des goélettes destinées au cabotage. La construction de navires plus rapides permet de réduire la durée des traversées de l'Atlantique. Sur le fleuve, les brise-glaces sont utilisés à partir de 1908 et l'usage de la télégraphie sans fil permet d'être informé sur l'état des glaces dans le golfe, ce qui rend la navigation plus sûre.

Les débuts de l'automobile

En moins de deux décennies, l'arrivée de l'automobile bouleverse complètement les priorités en matière de transports. Objets de curiosité, les premières automobiles semblent réservées à des sportifs excentriques, mais, très rapidement, la production en série en généralise l'usage.

La croissance du parc automobile québécois (tableau 1) est très rapide. Le Québec reste cependant loin derrière l'Ontario dans l'utilisation de ce nouveau moyen de transport. Deux dimensions du phénomène sont à considérer ici: l'impact de certains types de véhicules sur les systèmes de transport et l'effet de l'ensemble des automobiles sur le réseau routier.

TABLEAU 1

NOMBRE DE VÉHICULES AUTOMOBILES IMMATRICULÉS
AU QUÉBEC ET EN ONTARIO, 1906-1930

Année	Québec	Ontario
1906	167	1 176
1910	786	4 230
1915	10 112	46 520
1920	41 562	177 561
1925	97 418	342 174
1930	178 548	562 506

Source: M.C. Urquhart et K.A.H. Buckley, *Historical Statistics of Canada*, p. 550.

Les véhicules à moteur ne se limitent pas aux automobiles à usage personnel; en même temps que celles-ci, se répand l'utilisation de la voiture-taxi, de l'autobus et du camion. Les deux premiers modifient nettement les données du transport des passagers. Dans les villes, ils permettent plus de rapidité et plus de souplesse; sur les trajets interurbains, les autobus remplacent de plus en plus les chemins de fer. Ces derniers subissent aussi la concurrence du camion pour le transport des marchandises, mais l'impact de ce phénomène reste encore limité avant 1930. En milieu urbain, les camionneurs remplacent rapidement les charretiers et les chauffeurs de taxi délogent les cochers.

L'automobile a aussi un effet décisif sur la qualité du réseau routier. Les routes du 19e siècle sont généralement en très mauvais état et elles ne sont pas du tout adaptées à la conduite automobile. Mais l'amélio-

Le tunnel du Canadien Nord sous le Mont Royal. (Archives du Canadien National)

ration des routes relève des autorités municipales et celles-ci ne se montrent guère intéressées à hausser les taxes pour financer des investissements de voirie. Le principe des subventions gouvernementales aux municipalités pour fins de voirie a été adopté au 19e siècle, mais les sommes versées restent faibles.

Au début du 20e siècle, des réformes s'imposent. Les associations d'automobilistes font des demandes en ce sens. Un groupe de pression, l'Association des bonnes routes, canalise les revendications auprès du gouvernement québécois. En 1907, le gouvernement lance une politique d'amélioration des routes rurales, mais c'est la «loi des bons chemins» de 1912 qui marque une étape nouvelle. Le gouvernement met une somme de 10 millions de dollars à la disposition des municipalités pour améliorer le réseau routier. On forme, au sein du ministère de l'Agriculture, un département de la voirie qui devient un ministère autonome en 1914.

Le réseau routier apparaît particulièrement important pour assurer l'essor du tourisme. La première route moderne du Québec, construite en 1912-1913, joint d'ailleurs Montréal à la frontière américaine. Après

L'apparition des véhicules automobiles rend nécessaire le déneigement des rues en hiver. (Archives de la ville de Montréal)

la guerre, la voirie devient l'une des grandes priorités gouvernementales et occupe la plus grande part du budget de l'État.

L'avion

L'avion est mis au point au début du siècle mais, à l'origine, il a surtout un caractère sportif. Il faut attendre les années 1920 pour qu'on en fasse véritablement un usage commercial. À la toute fin des années 1920, l'aviation civile au Canada est en pleine expansion: le nombre de passagers et le volume des marchandises et du courrier transportés connaissent une hausse rapide. L'avion permet de transformer les communications avec les régions éloignées et les villes minières mal desservies par les moyens de transport conventionnels. Mais, dans l'ensemble, l'effet de l'avion sur les transports au Québec reste très limité pendant la période.

Les communications

Outre les transports proprement dits, les autres moyens de communication se transforment également et jouent un rôle nouveau dans l'activité économique. Le plus ancien des médias, le journal, subit à la fin du 19e siècle une mutation profonde, inspirée de l'exemple américain. Le journal québécois du 19e siècle, en effet, était un journal d'opinion plus que de nouvelles, au tirage restreint, et lié de près à un groupe politique. Ce type de journal fait place à la presse à grand tirage et à bon marché à partir des années 1880-1890. Elle ne vise plus un petit groupe de lecteurs cultivés mais veut atteindre le grand public. La concentration accrue de la population dans les villes et la proportion beaucoup plus élevée de Québécois sachant lire lui créent un marché. Ce nouveau journal attire des lecteurs en mettant l'accent sur la nouvelle, le fait divers et le reportage à sensation, en utilisant abondamment la photographie et l'illustration, et en développant des rubriques spécialisées susceptibles d'intéresser des publics différents. Au Québec, le *Montreal Daily Star* et *La Presse* sont les premiers à lancer ce type de journalisme et ils seront bientôt imités par plusieurs autres publications. À Montréal, au début du siècle, *La Presse* et *La Patrie* luttent vivement pour capter les lecteurs en faisant une surenchère de sensation. *La Presse* est le plus important quotidien et son tirage atteint 135 000 exemplaires en 1914.

Parmi les transformations du journal, il faut souligner aussi la place considérable qu'occupe la publicité. Les grands journaux créent une section des petites annonces. Les entreprises commerciales achètent de pleines pages de publicité pour faire connaître leurs produits. Les techniques de commercialisation se trouvent ainsi modifiées et les rentrées publicitaires représentent une part accrue du revenu des entreprises de presse. La publicité dans les journaux est aussi abondamment utilisée pour la propagande de guerre pendant le premier conflit mondial.

Si le télégraphe électrique est utilisé depuis le milieu du 19e siècle, il faut attendre le début du 20e pour que soit mise au point la télégraphie sans fil (TSF). À ses débuts, la TSF sert surtout pour les besoins des échanges commerciaux ou comme aide à la navigation. Quelques années plus tard, on découvre le moyen de l'utiliser pour transmettre la voix humaine; le développement de la radio est dès lors possible.

En 1920, la compagnie Marconi met en service à Montréal la première station de radio au Canada. Deux ans plus tard, la première station de langue française (CKAC) obtient son permis. Selon Elzéar Lavoie, le Québec compte neuf stations émettrices à la fin de la décennie. Le nouveau médium ne rejoint encore qu'une minorité de foyers: 28% au recensement de 1931. Il y a cependant de fortes variations régionales; d'après les calculs de Lavoie, le taux de pénétration est de 40% à Montréal, mais n'atteint que 8% dans les régions rurales du Québec. Le véritable essor de la radio sera un phénomène des années 1930.

Le commerce et le crédit

Les structures des échanges représentent une dimension importante du développement économique. Malheureusement, les études historiques font souvent défaut en ce domaine et nous devrons nous contenter de quelques remarques générales.

Le commerce international

Il est très difficile d'étudier isolément le commerce extérieur du Québec pour la période 1896-1929. Les données statistiques disponibles concernent l'ensemble du Canada et ne peuvent pas toujours être réparties par province. Mais nous savons que le Québec joue un rôle important dans le commerce extérieur canadien, ne serait-ce qu'à titre d'intermédiaire. Les produits canadiens exportés vers l'Europe transitent en grande partie par le port de Montréal. C'est ce qui se passe avec les céréales de l'Ouest, dont une partie est dirigée vers les États-Unis; par contre, Montréal expédie également en Europe des céréales américaines. Dans le cas du commerce canado-américain, la position du Québec comme intermédiaire est moins importante, puisque ce commerce peut se faire directement par chemin de fer ou par la navigation sur les Grands Lacs.

Le Québec n'est pas seulement une voie de passage; il exporte ses propres produits et, surtout, des matières premières. Au premier rang de ces exportations, viennent les produits de la forêt: pâte de bois, papier journal, bois à pâte et bois scié. Les États-Unis sont, dans ce cas, le principal client, bien qu'une partie de la production de pâte et de papier se dirige vers la Grande-Bretagne. Les produits des mines, en particulier l'amiante et le cuivre, sont également écoulés sur les marchés étrangers.

Le Québec est aussi importateur de matières premières: la bauxite pour ses alumineries, le coton pour ses filatures, le sucre pour ses raffineries, le charbon pour le chauffage de ses maisons et de ses usines. Il importe également un grand nombre de produits manufacturés et de produits alimentaires.

Les structures du commerce extérieur et ses institutions varient d'un produit à l'autre. Les exportateurs de céréales sont concentrés à Montréal, où ils se regroupent dans l'Association de la halle au blé (Corn Exchange); ils ont des liens étroits avec les armateurs. Dans le cas du papier journal, les sociétés papetières s'occupent elles-mêmes de trouver des clients à l'étranger et d'expédier leurs produits; elles créent parfois des sociétés de vente à cet effet. Dans le secteur du bois de sciage, la structure du commerce est beaucoup plus décentralisée et morcelée; les entrepreneurs forestiers dans les régions productrices établissent des liens avec des importateurs américains. Il est donc difficile de dresser un tableau précis de ces institutions pour l'ensemble du Québec.

Le commerce intérieur

La grande variété et le morcellement caractérisent aussi le commerce intérieur. Une étude menée par l'économiste François-Albert Angers pour 1930 permet de décrire la situation dans ce secteur à la fin de la période.

Distinguons deux niveaux: le commerce de gros et le commerce de détail. À cette date, le Québec compte 2932 établissements de gros dont les ventes nettes totalisent 904 796 000$. À côté des maisons de gros proprement dites, on retrouve les succursales de vente de manufacturiers, les agents, les courtiers, les entrepôts de magasins à succursales, etc. On relève déjà une forte concentration des ventes aux mains de très grosses entreprises. Seulement 12% des établissements ont des ventes supérieures à 500 000$, mais ils contrôlent 71% des ventes totales. Il y a aussi une forte concentration géographique, puisque 63% de tous les établissements se trouvent à Montréal et qu'ils contrôlent 85% des ventes du Québec.

Le commerce de détail est plus morcelé, avec ses 34 286 établissements en 1930. Environ la moitié de ceux-ci vendent des produits

Le grand magasin Morgan, à Montréal, en 1930. (Archives de la ville de Montréal)

alimentaires: épiceries et boucheries, magasins de confiseries, etc. En fait, le commerce de détail est très varié; la classification du recensement en retient 123 types. Dans plusieurs cas, le petit établissement est la règle générale, mais, dans certains secteurs, les grands magasins ou les réseaux de succursales annoncent un début de concentration. Angers constate qu'en 1930 sept grands magasins ne représentant que 0,02% du total des établissements font 8% des affaires. Les 175 entreprises de magasins à succursales réalisent, quant à elles, 18% de toutes les ventes au détail. La répartition géographique est bien différente de celle des commerces de gros, puisque seulement 37% des établissements de détail sont à Montréal; ils n'en réalisent pas moins 60% des ventes totales du Québec.

Les institutions financières

Les banques à charte restent, tout au cours de la période, les institutions financières les plus importantes. Ce secteur connaît d'ailleurs un réaménagement d'envergure, marqué par la concentration des sociétés et par la multiplication des succursales.

Au Québec, plusieurs banques disparaissent, en particulier toutes celles ayant leur siège social à l'extérieur de Montréal. La Banque de Saint-Jean et celle de Saint-Hyacinthe font faillite en 1908. L'Union Bank of Canada déménage son siège social de Québec à Winnipeg en 1913. La Banque des Cantons de l'Est (Eastern Townships Bank) de Sherbrooke est absorbée par la Banque canadienne de Commerce en 1912. La Banque de Québec passe sous la coupe de la Banque Royale en 1917. Quant à la Banque Nationale, qui a son siège à Québec, elle évite de justesse la faillite en s'intégrant à la Banque d'Hochelaga, en 1924, avec l'appui financier de l'État québécois. La nouvelle institution, dont le siège est à Montréal, adopte le nom de Banque Canadienne Nationale en 1925.

À Montréal même, plusieurs banques disparaissent. La Banque Ville-Marie fait faillite en 1899, ce qui entraîne, par ricochet, la fermeture de la Banque Jacques-Cartier, réorganisée l'année suivante sous le nom de Banque Provinciale du Canada. La Banque de Montréal absorbe successivement la Bank of British North America (1918), la Merchants Bank (1922) et la Molsons Bank (1925), toutes ayant leur siège à Montréal.

À la fin de la période, Montréal est le siège de quatre banques: les deux plus grandes du Canada (Banque de Montréal et Banque Royale) et les deux institutions contrôlées par des Canadiens français (Banque Canadienne Nationale et Banque Provinciale). La Barclay's Bank, filiale d'une institution britannique, s'installe en 1929, mais représente encore peu de choses. Les cinq autres banques du Canada ont leur siège social à Toronto. L'actif de toutes les banques du Québec s'accroît substantiellement pendant la période, passant de 147 124 000$ en 1896 à 2 066 927 000$ en 1929.

Cela ne signifie pas pour autant que le Québec soit doté de bons services bancaires. Il semble en effet que ces services soient très inégalement distribués sur le territoire et que Montréal soit beaucoup mieux servie que les autres centres. L'historien Ronald Rudin constate que, au moins jusqu'en 1914, les grandes banques anglophones de Montréal ne se montrent guère intéressées au développement interne du Québec. Elles n'ont que très peu de succursales dans les villes à l'extérieur de Montréal et ne prêtent guère aux entrepreneurs canadiens-français. Ces derniers, en quête de financement, se tournent vers les

Le cœur financier du Canada: la rue Saint-Jacques à Montréal. (Archives de la ville de Montréal)

banques francophones, qui tentent de répondre à leurs besoins, mais dont les ressources en capital sont limitées.

À la veille de la guerre, le Québec est l'une des provinces canadiennes les plus mal desservies. En 1911, on n'y compte qu'une succursale bancaire par 6307 habitants, alors que la moyenne canadienne est de une pour 3330. Après la guerre, le réseau de succursales s'étend de façon notable et les banques canadiennes-françaises en sont principalement responsables. Celles-ci possèdent, en 1923, plus de la moitié (319) des 632 succursales de banques établies au Québec. Elles ont en outre plusieurs centaines de sous-agences, s'occupant principalement de recevoir les dépôts. En 1929, les 1169 succursales et sous-agences au Québec se répartissent ainsi: 524 pour la Banque Canadienne Nationale, 281 pour la Banque Provinciale du Canada, 130 pour la Banque de Montréal, 89 pour la Banque Royale et 145 pour les autres institutions. Tous ces bureaux n'ont évidemment pas la même importance, mais leur répartition indique bien l'inégalité d'accès aux services financiers.

C'est d'ailleurs pour répondre au problème de l'insuffisance d'institutions d'épargne et de crédit que sont fondées les caisses populaires.

Alphonse Desjardins, 1854-1920, fondateur des caisses populaires.

L'initiative revient à Alphonse Desjardins, un ancien journaliste devenu sténographe à la Chambre des communes d'Ottawa. Il veut lutter contre le fléau de l'usure dont sont victimes les ouvriers et les cultivateurs. Après avoir étudié les systèmes de banques populaires en Allemagne et en Italie, il s'en inspire pour mettre au point une formule originale. Son principal objectif est de généraliser l'habitude de l'épargne, même modeste, et de faciliter l'accès au crédit pour les paysans et les travailleurs. En décembre 1900, il fonde sa première caisse populaire à Lévis; lorsque celle-ci commence ses opérations, le mois suivant, elle n'a qu'un capital de 26$. Les débuts sont donc plus que modestes, mais l'adoption de la loi des syndicats coopératifs par la législature du Québec, en 1906, permet une première expansion du mouvement. Grâce à cette reconnaissance juridique, Desjardins peut multiplier les fondations de caisses, généralement établies sur une base paroissiale.

Desjardins peut en effet compter sur l'appui très actif du clergé québécois. Dans plusieurs paroisses, le curé est le véritable organisateur de la caisse populaire. Les évêques, en particulier Mgr Bégin de Québec, épaulent l'action de Desjardins et certains prêtres se transforment en propagandistes de l'œuvre, rédigeant des brochures et prononçant des conférences. L'appui du clergé est déterminant au cours des premières décennies, car Desjardins fait face à de fortes oppositions, en particulier celle de l'Association des marchands-détaillants et celle de la Banque Nationale, qui voient dans les caisses populaires des concurrents. La mort du fondateur, survenue en 1920, n'arrête pas l'expansion du mouvement. À la fin de la période, on compte au Québec 178 caisses regroupant 44 835 sociétaires et, en 1929, l'actif total s'élève à 11 millions de dollars. Cela est encore peu quand on le compare à l'actif des banques (tableau 2), mais c'est un pas important, compte tenu du fait que les caisses desservent surtout les milieux ruraux, négligés par les banques. L'historien Ronald Rudin constate cependant que l'objectif de venir en aide aux petites gens n'est que bien imparfaitement réalisé puisque les prêts vont surtout aux membres de la petite bourgeoisie locale et aux cultivateurs les plus à l'aise.

À côté des banques à charte et des caisses populaires, on relève un autre type d'institutions propres au Québec. Il s'agit des deux banques d'épargne, la Banque d'épargne de la cité et du district de Montréal et la Caisse d'économie de Notre-Dame de Québec, fondées au milieu du 19e siècle. En 1929, elles ont un actif total de 77,6 millions de dollars.

Le secteur financier ne se limite pas aux institutions de type bancaire. On assiste d'ailleurs à une multiplication des intermédiaires financiers au cours de la période. Au premier rang, viennent les sociétés d'assurances qui sont de trois types: assurance-vie, assurance-incendie et assurances générales. Les premières sont particulièrement importantes, car elles constituent d'immenses réservoirs d'épargne et représentent un levier économique de poids. Outre les sociétés britanniques

TABLEAU 2

ACTIF DES BANQUES AYANT LEUR SIÈGE SOCIAL
AU QUÉBEC, 1913-1929 (EN MILLIERS DE DOLLARS)

Banque	1913	1923	1929
Banque de Montréal	241 991	663 661	896 936
Bank of British North America	63 975	—	—
Merchants Bank	83 217	—	—
Molsons Bank	50 302	73 261	—
Banque Royale du Canada	178 624	536 778	962 028
Banque de Québec	21 179	—	—
Banque Canadienne Nationale	—	—	154 539
Banque d'Hochelaga	32 530	71 593	—
Banque Nationale	24 213	52 864	—
Banque Provinciale du Canada	13 077	36 939	53 424
Union Bank of Canada	79 567	—	—
Barclay's Bank			4 542
TOTAL	788 675	1 435 096	2 071 469
Actif total des banques du Canada	1 551 263	2 700 424	3 521 089

Source: *Annuaires du Canada.*

et américaines œuvrant au Canada, on compte un grand nombre de compagnies canadiennes d'assurance-vie. À la fin de la période, ce secteur est largement dominé par une entreprise, Sun Life, dont le siège est alors à Montréal. La présence francophone dans l'assurance-vie est minime, avec des entreprises encore toutes jeunes, comme l'Alliance nationale (1892), la Sauvegarde (1901) ou l'Industrielle (1904). Du côté des assurances générales, on assiste à un essor dans des domaines nouveaux comme l'assurance-automobile et l'assurance-vol.

Les sociétés de fiducie jouent un rôle croissant comme intermédiaires financiers. Agissant comme administrateurs des biens d'individus ou de successions et comme agents de sociétés, elles interviennent dans plusieurs secteurs de l'économie. Deux entreprises montréalaises, Royal Trust, lié au groupe de la Banque de Montréal, et Montreal Trust, associé à la Banque Royale, contrôlent en 1926 plus de 60% des actifs des sociétés canadiennes de fiducie. Là encore, les francophones ne sont que des intervenants mineurs, avec la Société d'administration générale, créée en 1902 par le Crédit foncier franco-canadien, et le Trust Général du Canada, fondé en 1909 par le financier F.-L. Béique.

Le développement des sociétés par actions et les fusions d'entreprises favorisent par ailleurs le progrès des maisons de courtage et des sociétés de placement. L'engouement pour la spéculation boursière, à la fin des années 20, accentue temporairement l'importance des courtiers en bourse. D'autres types d'intermédiaires financiers apparaissent également, comme les sociétés de financement ou les compagnies de petits prêts. La multiplication des institutions n'amène pas pour autant une dispersion du pouvoir économique. Celui-ci reste toujours concentré aux mains des administrateurs de quelques sociétés de banque, d'assurance-vie et de fiducie.

ORIENTATIONS BIBLIOGRAPHIQUES

ANGERS, François-Albert. «Les institutions économiques», Esdras MINVILLE, dir., *Notre milieu*, (Montréal, Fides et École des Hautes Études commerciales, 1946): 367-421.

BEAULIEU, André et Jean HAMELIN. «Aperçu du journalisme québécois d'expression française», *Recherches sociographiques*, 7, 3 (sept.-déc. 1966): 305-348.

DE BONVILLE, Jean. *La presse québécoise de 1884 à 1914. Genèse d'un média de masse.* Québec, Presses de l'Université Laval, 1988. 416 p.

EASTERBOOK, W.T. et H. AITKEN. *Canadian Economic History.* Toronto, Macmillan, 1967. Chap. XVIII.

GLAZEBROOK, G.P. de T. *A History of Transportation in Canada.* 2 vol. Toronto, McClelland and Stewart, 1967. (1re édition en 1938).

GUILLET, Edwin C. *The Story of Canadian roads.* Toronto, University of Toronto Press, 1966. 246 p.

LAVOIE, Élzéar. «L'évolution de la radio au Canada français avant 1940», *Recherches sociographiques*, XII, 1 (janvier-avril 1971): 17-49.

LINTEAU, Paul-André. «Le développement du port de Montréal au début du 20e siècle», Société historique du Canada, *Communications historiques*, (1972): 181-205.

MURRAY, Gilles. «Le commerce», Esdras MINVILLE, dir., *Montréal économique*, (Montréal, Fides et École des Hautes Études commerciales, 1943): 243-272.

REGEHR, T.D. *The Canadian Northern Railway.* Toronto, Macmillan, 1976. 543 p.

ROBY, Yves. *Alphonse Desjardins et les caisses populaires 1854-1920.* Montréal, Fides, 1964. 149 p.

RUDIN, Ronald. *The Development of Four Quebec Towns, 1840-1914. A Study of Urban and Economic Growth in Quebec.* Thèse de Ph.D., Université York, 1977.

RUDIN, Ronald. «In Whose Interest? The Early Years of the First Caisse Populaire, 1900-1945», Société historique du Canada, *Historical Papers/Communications historiques, Hamilton 1987*, 157-177.

RUDIN, Ronald. *Banking en français. Les banques canadiennes-françaises, 1835-1925.* Montréal, Boréal, 1988. 244 p.

CHAPITRE 22

UN QUÉBEC URBAIN

Pendant les premières décennies du 20ᵉ siècle, le Québec affiche un visage plus nettement urbain. La majorité de sa population vit dans les villes et le mouvement d'urbanisation s'étend, avec une intensité variable, sur l'ensemble du territoire. Des changements affectent le réseau urbain et l'organisation des villes.

Une expansion généralisée

Au début du siècle, un peu plus du tiers des Québécois vivent dans les villes (tableau 1). Trente ans plus tard, cette proportion atteint presque 60%. L'accroissement de la population urbaine se fait de façon régulière, à raison d'environ huit points de pourcentage d'un recensement à l'autre.

Le taux d'urbanisation du Québec se situe constamment au-dessus de la moyenne canadienne et son avance tend à s'accentuer. La comparaison entre le Québec et l'Ontario permet de constater que les deux provinces s'urbanisent sensiblement au même rythme. Mais l'écart qui s'est créé entre elles au 19ᵉ siècle existe toujours; il augmente entre 1911 et 1921 pour se resserrer pendant les années 1920, de sorte qu'en 1931 il est de moins de 4 points de pourcentage.

C'est le recensement de 1921 qui permet de constater que le Québec est devenu un territoire majoritairement urbain. Selon l'historien William Ryan, le passage du cap des 50% se fait vers 1915. Le constat du recensement de 1921 alarme un certain nombre d'intellectuels traditionalistes, rédacteurs au *Devoir* ou à l'*Action française*, mais leur proposition de freiner l'urbanisation n'a guère de succès.

Il y a évidemment des différences selon les groupes ethniques, comme nous l'avons vu. Les Britanniques, bien qu'ils aient encore des effectifs importants dans certains comtés ruraux, se concentrent de plus en plus à Montréal. Il en va de même pour les immigrants d'autres origines, qui s'installent en très grande majorité dans la métropole. Le taux d'urbanisation des Canadiens français est moins élevé, mais il augmente rapidement au cours de la période.

TABLEAU 1

TAUX D'URBANISATION (EN %),
QUÉBEC, ONTARIO, CANADA, 1901-1931

Année	Québec	Ontario	Canada
1901	36,1	40,3	34,9
1911	44,5	49,5	41,8
1921	51,8	58,8	47,4
1931	59,5	63,1	52,5

Source: L. O. Stone, *Urban Development in Canada*, p. 29.

Par ailleurs, le taux global d'urbanisation masque d'importantes variations régionales. À la fin du 19e siècle, le réseau urbain québécois se caractérise par le poids considérable des deux pôles principaux, Montréal et Québec, et par l'existence d'un ensemble de petites villes dans la plaine de Montréal et dans les Cantons de l'Est. Entre 1897 et 1929, on assiste à l'urbanisation rapide de régions qui sont à la périphérie de ce réseau initial: la Mauricie, le Saguenay-Lac-Saint-Jean et, à la toute fin de la période, l'Abitibi.

Cette urbanisation est liée étroitement à l'exploitation des richesses naturelles. Les facteurs de localisation des nouvelles usines de pâtes et

TABLEAU 2

LA POPULATION URBAINE EN MAURICIE ET AU SAGUENAY-LAC-SAINT-JEAN

Année	Population urbaine de la région (%)		Population urbaine de la région/ population urbaine du Québec (%)	
	Mauricie	Saguenay-L.-St-J.	Mauricie	Saguenay-L. St-J.
1901	22,2	19,3	2,6	1,1
1911	23,8	31,8	2,3	1,7
1921	52,9	44,0	4,8	2,4
1931	60,2	53,8	4,8	3,1

Source: *Recensements du Canada.*

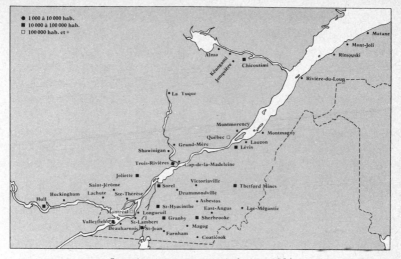

LE RÉSEAU URBAIN QUÉBÉCOIS, 1911

papiers, de produits chimiques et de l'électrométallurgie amènent la création de villes en dehors du réseau préexistant.

La Mauricie (les comtés de Maskinongé, Saint-Maurice et Champlain) est encore largement rurale en 1901 et en 1911 (tableau 2), mais elle s'urbanise très rapidement par la suite et, en 1931, 60% de sa population vit en ville. Au début du siècle, la Mauricie ne rassemble que 2,6% de la population urbaine du Québec; trente ans plus tard, sa part est passée à 4,8%.

Le Saguenay-Lac-Saint-Jean (les comtés de Chicoutimi et de Lac-Saint-Jean) connaît une évolution comparable. C'est au départ une région rurale, à base agro-forestière. L'industrie des pâtes et papiers et celle de l'aluminium viennent modifier les choses. La population urbaine s'accroît de façon rapide et régulière au cours des trois décennies et atteint 53,8% en 1931. La part de la région dans l'ensemble de la population urbaine du Québec passe de 1,1% à 3,1%.

Ces deux régions rassemblent donc, en 1931, près de 8% de la population urbaine du Québec. L'extension vers le nord du réseau des villes n'est cependant pas suffisante pour modifier de façon notable la trame urbaine existante. Le trait dominant, le poids considérable de Montréal, n'est pas remis en question. La part de la population urbaine de l'île de Montréal dans la population urbaine du Québec est de 52,9% en 1901.

Elle passe à 56,2% en 1911, à 54,0% en 1921 et à 54,7% en 1931. Cependant, la part relative des autres composantes du système tend à diminuer au cours de ces trente années: celle de Québec et de sa banlieue passe de 10,5% à 7,8%; celle des villes de la plaine de Montréal, de 7,3% à 4,9%; celle des Cantons de l'Est et des Bois-Francs, de 9,6% à 7,9%. La croissance urbaine est donc générale, mais elle est plus rapide à Montréal et dans les villes nouvelles.

L'urbanisation croissante du Québec se manifeste aussi dans l'augmentation du nombre des municipalités urbaines (tableau 3). Même si certaines unités disparaissent à la suite de fusions, d'autres sont créées ailleurs. Quelques-unes de ces municipalités forment la banlieue d'une grande ville; tout en étant distinctes juridiquement de celle-ci, elles font partie de ce que les recenseurs appellent maintenant un complexe urbain. Les plus importants de ces complexes urbains, ceux qui ont 5000 habitants et plus, sont au nombre de 10 en 1901; on en compte 13 en 1911, 17 en 1921 et 20 en 1931. À l'exception de Montréal et de Québec, la plupart de ces complexes urbains restent cependant de petite taille. Le Québec n'a pas véritablement de villes moyennes; celles qui peuvent aspirer à ce titre, Sherbrooke, Hull et Trois-Rivières-Cap-de-la-Madeleine, n'ont en 1931 qu'une population variant de 29 000 à 43 000 habitants.

TABLEAU 3

NOMBRE DE CITÉS, VILLES ET VILLAGES CONSTITUÉS AU QUÉBEC, 1901-1931

Année	Cités*	Villes	Villages
1901	11	40	138
1911	8	65	160
1921	21	86	251
1931	25	97	301

* Une ville ayant plus de 6000 habitants peut obtenir l'appellation de cité; ce titre ne lui confère aucun pouvoir supplémentaire.

Source: *Recensement du Canada*, 1951.

Au chapitre des fonctions urbaines, l'industrie continue à être un important moteur de croissance. C'est ainsi, par exemple, que l'expansion de l'industrie manufacturière dans les années qui précèdent la Première Guerre mondiale explique la croissance rapide que connaît alors Montréal et la multiplication des municipalités de banlieue. L'industrie basée sur l'exploitation des richesses naturelles est le facteur clé de la croissance et parfois même de la création des villes de la Mauricie et du Saguenay-Lac-Saint-Jean. La dépendance étroite à l'égard d'une ou deux industries peut cependant être un facteur d'instabilité: en cas de ralentissement de ces secteurs, toute l'économie de la ville s'en trouve affectée. Or un grand nombre de villes ont à cette époque une base industrielle limitée; l'absence de diversification lie étroitement leur sort à celui de l'entreprise dont elles dépendent.

Cependant, à côté de la fonction industrielle, le secteur tertiaire devient également moteur de croissance urbaine. Au Québec, la proportion des emplois dans le secteur tertiaire passe de 26,5% en 1901 à 40,4% en 1931. On assiste à un regroupement plus prononcé des activités de service dans les villes: institutions financières, services administratifs, hôpitaux, collèges et universités, etc. Résultat de la concentration de la population dans les villes, ce regroupement accentue le phénomène. D'ailleurs, la nature spécialisée de certains de ces services en limite la dispersion sur le territoire. La montée du secteur tertiaire a pour effet de favoriser la croissance et la domination des centres métropolitains.

La période est également caractérisée par des transformations dans l'aménagement interne des villes, particulièrement visibles dans la région montréalaise. Les progrès du transport en commun favorisent l'expansion du territoire urbanisé et la création de municipalités de banlieue, accentuant ainsi certaines spécialisations de l'espace urbain. L'étude des principales villes du Québec permettra de préciser l'ampleur de ces transformations.

Le tableau 4 montre l'évolution de la population dans les principales villes du Québec — celles qui ont plus de 3000 habitants — au cours de la période. On en compte une quarantaine, en plus des zones métropolitaines de Montréal et de Québec. Nous nous attarderons aux plus importantes et nous tenterons de dégager des portraits d'ensemble à l'échelle régionale.

TABLEAU 4

POPULATION DES PRINCIPALES VILLES DU QUÉBEC, 1901-1931

Municipalité	1901	1911	1921	1931
Région de Montréal				
Ville de Montréal	267 730	467 986	618 506	818 577
Île de Montréal (pop. urbaine)	346 061	543 449	714 466	991 768
Saint-Jérôme	3 619	3 473	5 491	8 967
Joliette	4 220	6 346	9 116	10 765
Sorel	7 057	8 420	8 174	9 320
Saint-Hyacinthe	9 210	9 797	10 859	13 448
Saint-Jean	4 030	5 903	7 734	11 256
Valleyfield	11 055	9 449	9 215	11 411
Lachute	2 022	2 407	2 592	3 906
Sainte-Thérèse	—	—	—	3 292
Longueuil	2 835	3 972	4 682	5 407
Saint-Lambert	1 362	3 344	3 890	6 075
Beauharnois	1 976	2 015	2 540	3 729
Région de Québec				
Ville de Québec	68 840	78 710	95 193	130 594
Québec et sa banlieue	68 840	78 710	101 084	141 091
Lévis	7 783	7 452	10 470	11 724
Lauzon	3 416	3 978	4 966	7 084
Montmorency	—	1 717	1 904	4 575
Région de l'Estrie				
Sherbrooke	11 765	16 405	23 515	28 933
Magog	3 516	3 978	5 159	6 302
Coaticook	2 880	3 165	3 554	4 044
Farnham	3 114	3 560	3 343	4 205
Thetford Mines	3 256	7 261	7 886	10 701
Victoriaville	1 693	3 028	3 769	6 213
Drummondville	1 450	1 725	2 852	6 609
Asbestos	783	2 224	2 189	4 396

Montréal

Le paysage urbain du Québec est évidemment dominé par le poids
considérable de Montréal. La population urbaine de l'île de Montréal
dépasse les 345 000 en 1901; elle atteint presque le million en 1931.
C'est dire qu'à la fin de la période près de 30% des Québécois vivent

TABLEAU 4

POPULATION DES PRINCIPALES VILLES DU QUÉBEC, 1901-1931 (SUITE)

Municipalité	1901	1911	1921	1931
Région de l'Estrie (suite)				
Granby	3 773	4 750	6 785	10 587
East-Angus	—	—	3 802	3 566
Lac-Mégantic	1 883	2 816	3 140	3 911
Région de la Mauricie				
Trois-Rivières	9 981	13 691	22 267	35 450
Cap-de-la-Madeleine	—	—	6 738	8 748
Shawinigan	2 768	4 265	10 625	15 345
Grand-Mère	2 511	4 783	7 631	6 461
La Tuque	—	2 934	5 603	7 871
Région du Saguenay-Lac-Saint-Jean				
Chicoutimi	3 826	5 880	8 937	11 877
Jonquière	—	2 354	4 851	9 448
Kénogami	—	—	2 557	4 500
Alma	—	—	850	3 970
Est du Québec				
Montmagny	1 919	2 617	4 145	3 927
Rivière-du-Loup	4 569	6 774	7 703	8 499
Rimouski	1 804	3 097	3 612	5 589
Mont-Joli	822	2 141	2 799	3 143
Matane (St-Jérôme-de-)	1 176	2 056	3 050	4 757
Ouest du Québec				
Hull	13 993	18 222	24 117	29 433
Buckingham	2 936	3 854	3 835	4 638
Rouyn	—	—	—	3 225
Aylmer	2 291	3 109	2 970	2 835

Source: *Recensements du Canada.*

sur l'île et que plus de la moitié de la population urbaine s'y trouve. La ville elle-même rassemble la plus grande part de ces effectifs et sa population passe de 267 730 à 818 577.

Cette croissance importante s'explique par de nombreux facteurs qui tiennent tout autant aux avantages accumulés par la métropole au cours du 19ᵉ siècle qu'aux circonstances nouvelles qui apparaissent au 20ᵉ siècle.

La production industrielle reste encore la base de l'économie montréalaise. Entre 1900 et 1929, la valeur de la production, pour Montréal et sa banlieue, passe de 87,4 à 731,9 millions de dollars, soit 55% de la production totale du Québec en 1900 et 63% en 1929. On retrouve à Montréal les deux poussées de croissance qui se manifestent pour l'ensemble de l'industrie canadienne. Les quinze années qui précèdent la Première Guerre mondiale sont, pour l'industrie montréalaise, une période de forte expansion. La métropole profite de l'avantage d'une structure industrielle bien établie et diversifiée. Les entreprises existantes répondent à la demande nouvelle en agrandissant de façon notable leurs installations. L'industrie de la chaussure, par exemple, trouve un second souffle à cette époque. Une telle expansion nécessite la construction d'usines plus vastes, qui, dans plusieurs cas, s'installent en banlieue.

La guerre freine l'expansion industrielle, mais la reprise des années 1920 se manifeste aussi à Montréal. Si la chaussure entre dans une phase de stagnation, les autres secteurs traditionnels de Montréal poursuivent leur croissance: vêtement, textile, tabac, produits du fer et de l'acier. De nouveaux secteurs se développent, comme ceux des appareils électriques et des dérivés du pétrole. Les entreprises industrielles s'implantent surtout le long de deux grands axes: d'une part, la voie d'eau — le canal et le fleuve — de Lachine à Montréal-Est; d'autre part, la voie ferrée qui traverse l'intérieur de l'île, d'Outremont à Maisonneuve. Les principales exceptions sont l'industrie du vêtement, qui s'installe dans l'axe des rues Saint-Laurent et Bleury, et celle de l'imprimerie, surtout présente au centre-ville. Les moyens de transport conventionnels restent donc encore des facteurs de localisation déterminants. Montréal conserve d'ailleurs sa prééminence dans le domaine des transports; elle est toujours à la tête des grands réseaux ferroviaires. À la suite de l'étatisation du Grand-Tronc et du Canadien Nord, le siège de l'administration des Chemins de fer nationaux est établi à Montréal. Les importants aménagements portuaires réalisés au début du siècle confirment la ville dans son rôle de principal port du Canada et l'expansion vers l'Ouest canadien en fait la plaque tournante des exportations de blé vers l'Europe.

Après la guerre, on ne retrouve cependant plus d'investissements substantiels dans les moyens de transport classiques. Les progrès de

Le centre-ville de Montréal en 1929. (ANC, PA44338)

l'automobile et du camion nécessitent l'amélioration du réseau routier et la construction de nouveaux ponts tout autour de l'île. L'ouvrage le plus spectaculaire à cet égard est le pont du Havre (plus tard baptisé pont Jacques-Cartier), qui relie Montréal à Longueuil, sur la rive sud du Saint-Laurent, et qui est inauguré officiellement en 1930.

Mais un facteur de plus en plus important dans la croissance économique de Montréal est la montée des activités de commerce, de finance et de services. Le rôle de centre financier du Canada, que la ville partage avec Toronto, est confirmé par la concentration bancaire. Montréal est, rappelons-le, le siège des deux plus puissantes banques du pays, la Banque de Montréal et la Banque Royale. Elle abrite également la direction des deux banques canadiennes-françaises qui subsistent après la fusion de 1923. À côté des banques, se multiplient les sociétés d'assurances, les maisons de courtage et autres institutions financières. Les nouveaux édifices en hauteur de la rue Saint-Jacques, mis en chantier dans les années 1920, témoignent de la présence et de l'importance des sociétés financières montréalaises.

Au-delà du seul secteur financier, une multitude de services spécialisés, tels les universités, les grands hôpitaux, les services culturels, se concentrent dans la métropole et accentuent son rayonnement sur les régions environnantes. Mais beaucoup d'autres services, comme le

Au début du siècle, de nombreux promoteurs lancent des projets de développement urbain dans la banlieue montréalaise et promettent des profits rapides aux acheteurs de terrains. (*La Presse*, 10 août 1912)

commerce au détail et les services personnels, sont essentiellement destinés à la population locale. L'augmentation rapide des effectifs dans ces secteurs témoigne de l'importance de la croissance endogène de la ville: par sa masse même, la population montréalaise génère une demande de biens et de services qui devient facteur de croissance. Les emplois de vendeurs d'automobiles, de garagistes, d'agents d'assurances, de téléphonistes, de commis de bureau représentent de nouvelles possibilités pour les Montréalais, anciens et nouveaux.

La métropole attire d'ailleurs comme un aimant les Québécois originaires des campagnes. C'est par dizaines de milliers qu'ils y viennent, dans l'espoir d'un sort meilleur. Montréal draine une part considérable de l'exode rural dont une moins grande proportion se dirige vers les États-Unis. Une forte immigration, originaire de Grande-Bretagne, d'Europe de l'Est et du sud de l'Europe, s'oriente également vers Montréal. Bien peu de ces nouveaux venus y trouveront «le succès et la fortune» que leur annonce la publicité des promoteurs. Pour la grande majorité d'entre eux, les conditions de travail et de vie restent difficiles.

Entre 1901 et 1931, la population montréalaise s'accroît de plus de

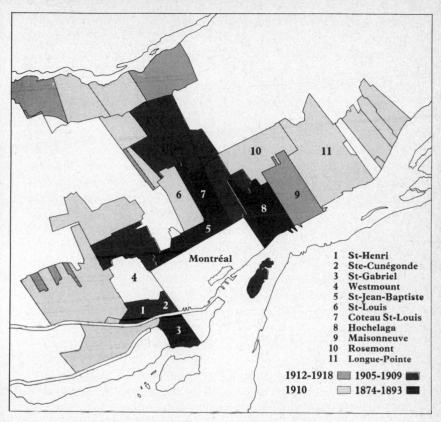

Le mouvement d'annexion à Montréal, 1883-1918

600 000 personnes. Cet afflux modifie sensiblement l'espace urbanisé à la fois quant au territoire occupé et quant à la spécialisation. La ville s'étend maintenant dans toutes les directions. Dans les dernières décennies du 19e siècle, une première ceinture de villes de banlieue s'est développée autour de la ville proprement dite. Elle se double d'une seconde ceinture au début du 20e siècle. Plusieurs petites municipalités vivent alors leur heure de gloire. Parmi les plus importantes on trouve à l'ouest, Verdun, Ville-Émard et Westmount; au nord, Outremont, Saint-Louis et DeLorimier; à l'est, Maisonneuve et Longue-Pointe. Dans la plupart des cas, elles sont dominées par un petit groupe de promoteurs fonciers et de bourgeois locaux qui espèrent réaliser des

profits rapides en stimulant par divers moyens le «progrès» de leur ville.

Il en résulte une croissance et un aménagement désordonnés. Les conseils municipaux sont souvent en lutte les uns contre les autres pour attirer les entreprises. Divisées, les petites municipalités peuvent difficilement résister aux pressions des grandes sociétés exploitant les services publics. Les dirigeants politiques de Montréal souhaitent éliminer la concurrence des villes de banlieue en les intégrant. Pour leur part, les promoteurs sont heureux, une fois les forts investissements d'installation réalisés, de pouvoir partager la note avec l'ensemble des Montréalais. Le mouvement d'annexion favorise donc des intérêts divers et il s'accélère au début du siècle. Montréal n'a annexé que 4 municipalités de banlieue entre 1883 et 1893. Le mouvement reprend, après une pause de 12 ans, et, entre 1905 et 1918, Montréal absorbe 19 autres municipalités, dont 11 en 1910. Seules restent autonomes les deux enclaves bourgeoises d'Outremont et de Westmount et quelques villes à la limite de l'espace urbanisé, comme Verdun et Lachine. Le territoire ainsi intégré à la ville de Montréal est cependant loin d'être entièrement occupé et le peuplement de cet espace se fera graduellement au cours des quatre décennies suivantes. Pendant les années 1920, les villes encore existantes, à l'exception de Verdun et d'Outremont, ne s'accroissent guère.

Le transport en commun est un facteur important d'expansion territoriale. Les tramways électriques, mis en service en 1892, permettent de transporter rapidement et avec régularité des milliers de travailleurs. Il devient alors possible de résider assez loin de son lieu de travail; on favorise ainsi la création de quartiers ou de villes de banlieue à vocation résidentielle. Les promoteurs jouent un rôle important dans la détermination de ces spécialisations de l'espace urbain. Cela est particulièrement vrai dans les petites villes de banlieue, où ils exercent une influence considérable sur le conseil municipal. Cependant, on voit apparaître au début du siècle des préoccupations de planification publique. Les idées à la mode en matière d'aménagement mettent l'accent sur les grands boulevards bordés d'arbres, les parcs et les édifices publics majestueux.

En ce domaine, le projet le plus ambitieux est celui que met en œuvre la ville de Maisonneuve entre 1910 et 1915. L'équipe d'hommes d'affaires qui dirige alors la municipalité lance un vaste projet d'embellissement destiné à faire de Maisonneuve le «jardin de Montréal». On

Le tramway favorise l'expansion du territoire urbanisé et la croissance des villes de banlieue. (Archives de la Commission de transport de la Communauté urbaine de Montréal)

met en chantier quatre grands édifices publics: l'hôtel de ville, le marché, l'établissement de bains et le poste de pompiers; certains de ces édifices copient des modèles architecturaux américains. Le projet propose également la réalisation de trois grandes avenues: le boulevard Pie-IX, qui traverse l'île du sud au nord; le boulevard Morgan, qui ouvre une perspective sur deux des nouveaux édifices publics; la rue Sherbrooke, qui suit le sommet du coteau. Le tout est complété par la création de l'immense parc Maisonneuve, où l'on prévoit ériger des installations culturelles et sportives; la réalisation de ce dernier élément est compromise par la guerre et l'aménagement du parc Maisonneuve ne se fera que graduellement, au cours des décennies suivantes.

Le cas de Maisonneuve reste cependant exceptionnel. Les efforts de planification à l'échelle de l'île sont limités. C'est ainsi qu'une commission métropolitaine des parcs, créée en 1912, reste inopérante faute de fonds. Dans certaines villes, en particulier celles qui visent à attirer une population bourgeoise, comme Westmount et Outremont, les

dirigeants municipaux n'hésitent pas à recourir à leur pouvoir de réglementation et commencent à adopter la technique du zonage pour mieux
séparer les fonctions résidentielles des activités commerciales ou
industrielles, ou encore pour assurer une plus grande homogénéité dans
les quartiers d'habitations de luxe. Il ne faut toutefois pas se faire
d'illusions sur le caractère public des interventions des municipalités.
Les promoteurs restent très influents au sein des conseils municipaux
et la planification n'est souvent que le sceau officiel donné aux projets
privés. Les investissements publics, comme dans le cas de Maisonneuve, visent à permettre une plus grande rentabilité des projets privés.

Plusieurs des grands services publics restent d'ailleurs entre les
mains de l'entreprise privée. À Montréal, l'aqueduc est municipalisé
depuis le milieu du 19e siècle, mais, dans les villes de banlieue, la
distribution de l'eau est assurée par Montreal Water & Power Co. et
continuera de l'être après leur annexion à Montréal. La distribution du
gaz et de l'électricité est contrôlée par Montreal Light, Heat & Power
Co., alors que le transport en commun est assuré par Montreal Street
Railway Co., qui devient Montreal Tramways Co. Ces entreprises
jouissent d'un monopole presque absolu et tirent des profits élevés de
leur exploitation du marché montréalais. Les critiques se font nombreuses à l'égard de ces trusts et plusieurs hommes d'affaires souhaitent leur municipalisation afin d'obtenir des services publics à bon
marché. Mais leurs tentatives n'ont guère de succès car, en contribuant
aux caisses électorales, les sociétés exploitant de tels services
s'assurent des appuis politiques importants. La seule réalisation en ce
sens est l'achat par la ville de Montréal, en 1927, du réseau de Montreal
Water & Power Co.; cette acquisition, au coût de 14 millions de dollars,
permet aux financiers propriétaires de l'entreprise de réaliser des gains
substantiels.

Ainsi, par la croissance de sa population, par l'expansion de son
territoire, par la concentration des activités économiques qu'on y
trouve, la fonction métropolitaine de Montréal se développe. Son caractère cosmopolite aussi. Jusqu'à la fin du 19e siècle, la population montréalaise était essentiellement d'origine française ou britannique. La situation se modifie pendant les trois premières décennies du siècle, comme
nous l'avons déjà vu. Sur l'île de Montréal, les personnes d'autres origines passent de 16 233 en 1901 (4,5% du total) à 135 262 en 1931
(13,5%). Les Juifs originaires d'Europe de l'Est forment près de la
moitié de ce contingent; ils sont suivis d'assez loin par les Italiens.

Le cosmopolitisme montréalais n'est qu'un des aspects qui distinguent la métropole des autres villes du Québec. Montréal est devenue une grande ville de type nord-américain, avec tous les problèmes que cela pose, mais aussi avec le dynamisme, la diversité et l'ouverture sur le monde qu'une telle situation procure.

Québec

Même si Québec a un rythme de croissance inférieur à celui de sa rivale d'autrefois, elle n'en connaît pas moins une progression qui tranche avec la relative stagnation de la période antérieure. Sa population passe en trente ans de 68 840 à 130 594; l'addition de la proche banlieue permet d'ajouter environ 10 000 habitants à ce chiffre. Sur la rive sud, Lévis et Lauzon ont des effectifs représentant près de 15% de ceux de la capitale.

Cette croissance s'appuie en partie sur l'industrie. La structure industrielle de la ville est caractérisée par une production de biens de consommation, faisant appel à une main-d'œuvre à bon marché. Au premier rang, vient la chaussure, suivie de la production de corsets, de celle du tabac et de la confection.

La situation de Québec en ce qui concerne les transports s'est améliorée. La ville est desservie par les deux nouveaux chemins de fer transcontinentaux: le Canadien Nord y a son terminus oriental et le National Transcontinental traverse le fleuve à cet endroit. La construction du pont de Québec représente d'ailleurs un événement à la fois important et spectaculaire. Elle est ponctuée par deux accidents majeurs, en 1907 et en 1916. Ouvert en 1917, le pont rend les communications plus faciles et plus régulières avec la rive sud. Quant au port, il reste important dans l'activité économique de Québec, puisque les gros transatlantiques doivent s'y arrêter, ne pouvant remonter le fleuve jusqu'à Montréal. La ville est ainsi la porte d'entrée de la majorité des immigrants qui arrivent au Québec pendant la période. D'importantes installations portuaires ont été aménagées à la fin du 19e siècle.

Québec doit également une partie de son essor à son rôle de capitale. Certes, l'activité gouvernementale reste modeste, quand on la compare à la situation actuelle, mais elle contribue à l'emploi d'effectifs qui vont croissant.

Le mouvement de concentration des entreprises à l'échelle canadienne provoque une certaine marginalisation de la bourgeoisie de

Québec au début du siècle. (ANQ, GH1070-89)

Québec. Celle-ci cesse, entre autres, de jouer un rôle important dans les entreprises ferroviaires régionales. Le chemin de fer Saguenay et Lac-Saint-Jean est absorbé par le Canadien Nord; le Québec Central est loué au Canadien Pacifique. Les deux institutions bancaires de la ville — la Banque de Québec et la Banque Nationale — sont absorbées par des entreprises plus considérables. La bourgeoisie de Québec n'en disparaît pas pour autant et elle continue à jouer un rôle à l'échelle régionale. Québec est en fait la métropole pour tout l'est du territoire. Ses hommes d'affaires approvisionnent et financent les marchands locaux des deux côtés du fleuve, jusqu'à la Gaspésie et la Côte-Nord. C'est la grande ville où on effectue les achats importants, où on obtient des services spécialisés.

À Québec, l'expansion du territoire urbanisé et la croissance de la population se font vers le nord et l'est, dans les quartiers de Saint-Roch, Saint-Sauveur, Saint-Vallier et Limoilou. Les hauteurs de la ville sont toujours occupées par les grandes institutions religieuses et gouver-

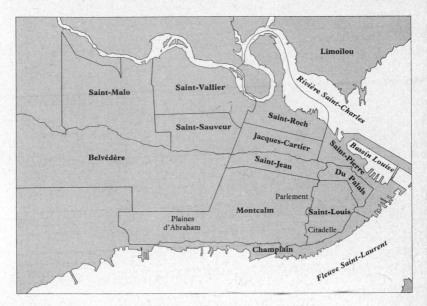

LES QUARTIERS DE QUÉBEC VERS 1914

nementales et par la bourgeoisie. L'expansion vers la banlieue est très faible et se concentre au nord-est, vers Giffard et Beauport. Plus loin à l'est, Montmorency, ville de filatures, compte 4575 habitants en 1931.

Les autres villes

Dans la plaine de Montréal, les six villes satellites qui forment une couronne autour de la métropole voient leur importance diminuer. Saint-Jérôme, Joliette et Saint-Jean croissent à un rythme plus rapide que Sorel et Saint-Hyacinthe. Quant à Valleyfield, très dépendante de la filature, elle semble atteindre un plafond et subit même une chute de population au cours de la période. L'amélioration et l'accélération des communications vers Montréal font probablement perdre à ces villes leur rôle de relais entre la métropole et les régions rurales.

Dans la grande région des Cantons de l'Est et des Bois-Francs, la

Une rue de Sherbrooke en 1912. (ANC, PA10413)

structure antérieure se maintient (tableau 4). Elle est caractérisée par un réseau de petites villes disséminées sur le territoire et, pour la plupart, dépendantes d'une ou deux grandes entreprises. Quelques-unes, parmi les plus anciennes, marquent un certain essoufflement: Coaticook, Farnham et Magog. D'autres, au contraire, connaissent une croissance très rapide; ce sont des villes manufacturières, comme Drummondville, Victoriaville et Granby, ou des villes minières, comme Thetford et Asbestos.

Sherbrooke voit aussi sa population s'accroître à un rythme rapide et se préciser sa vocation de métropole régionale. Elle rassemble une part croissante de la population de la région: 4,8% en 1901 et 9,1% en 1931. Le réseau de l'Estrie semble donc constituer un sous-ensemble équilibré et structuré. Toutefois, son importance dans l'ensemble du Québec décline et aucune de ces villes ne réussit à exercer un véritable contrepoids à la forte polarisation autour de Montréal et de Québec.

En Mauricie, l'urbanisation est, nous l'avons vu, un phénomène récent. On y trouve trois pôles urbains principaux. Le plus important est formé de Trois-Rivières, à laquelle s'ajoute la nouvelle ville de Cap-de-la-Madeleine; il rassemble 13% de la population de la région en 1901 et un peu plus de 30% en 1931. Le vieux poste de traite fondé par Laviolette devient au 20ᵉ siècle l'une des capitales mondiales du papier. La croissance y est rapide, surtout entre 1911 et 1931 (tableau 4). L'essor général de la région donne une nouvelle impulsion à son rôle de métropole régionale. Un second pôle urbain, formé de Grand-Mère et de Shawinigan, rassemble en 1931 environ 15% de la population de la région. Shawinigan est une «ville de compagnie» typique. La municipalité est inexistante lorsque la chute est vendue en 1897. La compagnie d'électricité obtient la création de la ville de Shawinigan Falls, dont elle planifie elle-même l'aménagement. Après quelques années, la croissance de la population et la diversification économique permettent à la municipalité de se libérer de la tutelle de la compagnie. Le troisième pôle urbain de la Mauricie, beaucoup plus au nord, est formé de la ville papetière de La Tuque, qui groupe en 1931 plus de 5% de la population régionale.

Au Saguenay-Lac-Saint-Jean, on retrouve — comme en Mauricie — une métropole régionale, Chicoutimi, qui existait avant l'arrivée des industries liées aux richesses naturelles et qui connaît une nouvelle progression grâce à elles. Chicoutimi est le centre le plus important de la région en 1901 (10% de la population); elle l'est toujours en 1931, alors qu'avec ses deux municipalités de banlieue elle rassemble 13% des effectifs de la région. Quant aux autres villes, elles sont de création toute récente et leur existence est étroitement liée à la production d'électricité, de papier et d'aluminium. Le couple Jonquière-Kénogami a, en 1931, une population comparable à celle de l'agglomération de Chicoutimi; Alma connaît également un peuplement rapide pendant les années 1920. Signalons enfin les villes voisines de Bagotville et de Port-Alfred, qui ont ensemble près de 5000 habitants en 1931.

On ne retrouve pas de structure aussi forte dans l'est du Québec. L'économie régionale est basée sur l'agriculture, la pêche et l'exploitation forestière. Ces activités ne donnent pas naissance à de grandes villes. On trouve plutôt des centres de commerce et de services où, parfois, comme à Rimouski, la fonction religieuse est importante.

Dans l'ouest du Québec, on ne peut guère parler de réseau urbain. Hull est le seul centre d'importance, avec près de 30 000 habitants en 1931. L'économie de la ville s'articule autour des produits de la forêt et de l'usine de papier Eddy. La proximité de la capitale fédérale,

Ottawa, est un autre facteur qui influe sur la croissance de la ville. Ainsi, depuis le tournant du siècle, le caractère urbain du Québec s'affirme nettement. La ville devient symbole de création d'emplois et de prospérité. Elle draine une partie des ruraux et soumet de plus en plus ceux qui restent à la campagne à ses impératifs de consommation.

ORIENTATIONS BIBLIOGRAPHIQUES

BLANCHARD, Raoul. *L'Ouest du Canada français. Montréal et sa région.* Montréal, Beauchemin, 1953, 399 p.

COLLIN, Jean-Pierre. «La cité sur mesure: spécialisation sociale de l'espace et autonomie municipale dans la banlieue montréalaise, 1875-1920», *Urban History Review/Revue d'histoire urbaine*, 13, 1 (juin 1984): 19-34.

COOPER, John Irwin. *Montreal. A Brief History.* Montréal, McGill-Queen's University Press, 1969, 217 p.

DAGNEAU, G.-Henri, dir. *La ville de Québec. Histoire municipale. IV. De la Confédération à la charte de 1929.* Québec, La Société historique de Québec, 1983, 246 p.

GAMELIN, Alain *et al. Trois-Rivières illustrée.* Trois-Rivières, La corporation des fêtes du 350ᵉ anniversaire, 1984, 228 p.

LINTEAU, Paul-André. *Maisonneuve ou comment des promoteurs fabriquent une ville (1883-1918).* Montréal, Boréal Express, 1981, 280 p.

LINTEAU, Paul-André. «Le contrôle de l'espace et du bâti dans la banlieue montréalaise», M. GARDEN et Y. LEQUIN, dir., *Habiter la ville, XVᵉ-XXᵉ siècles,* (Lyon, Presses universitaires de Lyon, 1984): 153-174.

MINVILLE, Esdras, dir. *Montréal économique.* Montréal, Fides et École des Hautes Études commerciales, 1943, 430 p.

STONE, Leroy O. *Urban Development in Canada.* Ottawa, Dominion Bureau of Statistics, 1967, 293 p.

VAN NUS, Walter. «The Role of Suburban Government in the City Building Process: The Case of Notre-Dame-de-Grâces, Quebec, 1876-1910», *Urban History review/Revue d'histoire urbaine*, 13, 2 (octobre 1984): 91-103.

CHAPITRE 23

L'ÉCONOMIE RURALE

Dans l'ensemble de l'économie québécoise, le secteur agricole voit son importance relative diminuer durant les trente premières années du siècle. Ce secteur subit également des transformations profondes qui apparaîtront avec de plus en plus de netteté au lendemain de la Première Guerre mondiale: essentiellement, il s'agit du recul définitif des cultures céréalières et de l'essor de la production laitière.

Les producteurs

La croissance de la population permet de suivre l'évolution de l'agriculture dans l'économie globale du Québec. Trois mesures de cette croissance peuvent être examinées: la population rurale, la population agricole et la main-d'œuvre agricole. Entre 1891 et 1931, la population du Québec s'accroît de 93,1%, tandis que la hausse de la population rurale n'atteint que 7,3%. Cela indique l'ampleur du mouvement de migration interne que vit le Québec durant ces années; manifestement, les campagnes se vident au profit des villes, puisque le pourcentage de la population rurale passe de 66,4% en 1891, à 36,9% en 1931.

D'après les estimations de G.V. Haythorne, si l'ensemble de la population rurale, y compris celle qui habite les villages, augmente encore légèrement, la population agricole proprement dite, c'est-à-dire celle dont les emplois sont directement liés à l'agriculture, subit un fléchissement de près de 5% entre 1891 et 1931. La proportion de la main-d'œuvre agricole par rapport à la main-d'œuvre totale suit un mouvement semblable: de plus de 45% en 1891, elle tombe à 22,5% en 1931.

La composition de cette main-d'œuvre agricole reste relativement stable durant ces quarante années. Les cultivateurs exploitants en représentent toujours plus de la moitié, tandis que la part des travailleurs membres de la famille se situe autour de 40% et celle des travailleurs

Une ferme de la région de Joliette, en 1925. (ANC, PA19964)

engagés autour du dixième. À titre de comparaison, pour la même période, la moyenne des travailleurs engagés au Canada se situe à 15,3% et en Ontario à 17,1%. Ces chiffres indiquent une main-d'œuvre agricole avant tout familiale. Toutefois, cette structure se modifie lentement: ainsi, au Québec, l'importance des cultivateurs exploitants tombe de 59% en 1891 à 50% en 1931, tandis que celle des travailleurs salariés passe de 7,3% à 10,6%.

De 1891 à 1931, la répartition régionale de la population agricole montre trois modifications sensibles, si l'on se base sur le nombre total de fermes. La partie montréalaise de la plaine du Saint-Laurent perd de l'importance. Alors qu'en 1891 elle comptait 32% des fermes québécoises, quarante ans plus tard, elle n'en compte plus que 23,7%. En second lieu, la région de l'Estrie ainsi que celle de la partie est de la plaine, de Sorel aux environs de Québec, conservent une remarquable stabilité, avec 45% du total des fermes. Enfin, les régions qui se partagent le tiers restant subissent des mouvements divergents; tandis que le Bas-du-fleuve, la Gaspésie et le Lac-Saint-Jean connaissent une hausse, l'Outaouais marque une baisse et l'Abitibi-Témiscamingue, qui figurait pour quantité négligeable en 1891, compte près de 3% des fermes en 1931. L'analyse de l'évolution de la population agricole confirme ces tendances. Cette évolution correspond à deux phénomènes: d'une part, l'exode rural qui affecte régulièrement la plaine de Montréal, comme l'avait déjà remarqué Raoul Blanchard, et d'autre part le mouvement de colonisation des premières décennies du 20ᵉ siècle.

Une production plus équilibrée

Il est assez malaisé d'évaluer avec précision la part de la production agricole dans l'ensemble de la production québécoise pour la période antérieure aux années 1920. Mais la tendance de cette décennie et l'évolution de la population suggèrent l'hypothèse d'une baisse graduelle. Le tableau 1 permet de voir les modifications qui surviennent entre 1922 et 1929. Ainsi, la production agricole voit son importance relative diminuer en fonction de la montée de nouveaux secteurs dans l'économie.

TABLEAU 1

POURCENTAGE DE LA PRODUCTION NETTE DE CHAQUE SECTEUR,
1922, 1926, 1929

Secteur	1922	1926	1929
Agriculture	29,3	24,3	19,7
Forêts	12,7	11,6	10,1
Pêcheries	0,3	0,4	0,3
Chasse aux fourrures	0,5	0,3	0,2
Mines	2,4	3,0	4,4
Électricité	3,0	3,0	3,9
Construction	9,4	12,0	12,3
Travail à façon et réparations	1,5	1,5	1,9
Manufactures	40,9	43,9	47,3

Source: *Annuaire du Canada*, 1932.

Par contre, le tableau 2 indique bien la progression de la valeur brute de la production, avec les effets combinés de la surproduction de guerre et ceux de l'inflation entre 1917 et 1920. À partir de 1921, les prix agricoles s'effondrent brusquement pour reprendre à peu près leur niveau d'avant-guerre. La reprise générale de 1924-1925 est visible ici, avec la remontée de la valeur au fur et à mesure que l'on approche de 1929.

L'agriculture québécoise devient plus nettement de type mixte,

TABLEAU 2

VALEUR BRUTE DE LA PRODUCTION AGRICOLE
EN MILLIERS DE DOLLARS COURANTS, 1890-1929

Année	Valeur brute	Année	Valeur brute
1890	42 105	1919	257 723
1900	46 188	1920	266 367
1910	69 570	1921	184 068
1911	91 883	1922	154 085
1912	65 040	1923	135 679
1913	79 363	1924	142 713
1914	87 720	1925	161 613
1915	92 090	1926	159 492
1916	93 988	1927	158 943
1917	135 392	1928	168 475
1918	231 056	1929	165 288

Source: A. Raynauld, *Croissance et structure économiques...*, p. 590.

c'est-à-dire que le revenu agricole est composé à la fois de produits de grandes cultures (graminées, pomme de terre) et de ceux de l'élevage laitier. Dans le dernier cas, il faut inclure, outre le lait, le beurre et le fromage, les animaux eux-mêmes. De plus, la production du porc s'ajoute comme complément de l'élevage laitier, puisqu'elle permet d'utiliser fort économiquement le résidu qu'est le petit lait.

D'après les calculs de l'économiste André Raynauld, la proportion des grandes récoltes dans la production agricole oscille autour de 80% vers 1900-1910, tandis que celle des produits laitiers forme 20%. Il ne peut s'agir ici que d'un ordre de grandeur puisque la production agricole brute devrait comprendre certains autres éléments. Le tableau 3 est mieux détaillé et nous permet de voir dans leur variété les composantes du revenu agricole selon les grands secteurs. Les principaux éléments sont, en ordre décroissant, les grandes cultures, les produits laitiers, l'élevage et, phénomène plus neuf, la volaille. En 1929, ces quatre produits forment 94% du revenu. On remarquera que la baisse de l'importance des grandes cultures, qui est constante jusqu'en 1929 — sauf au moment de la surproduction due à la guerre —, est compensée par la montée des produits laitiers.

Dans le domaine des grandes cultures, la période 1896-1929 est marquée par le recul définitif du blé au profit d'autres graminées, dont

TABLEAU 3

COMPOSANTES DU REVENU AGRICOLE, 1918-1929

Source de revenu	1918	1920	1922	1923	1927	1929
Cultures	69,3	71,7	62,0	57,2	50,6	48,0
Animaux	10,2	6,7	6,9	6,6	11,7	13,0
Laine	1,0	0,4	0,4	0,5	0,5	0,4
Produits laitiers	14,5	15,8	21,9	26,3	27,2	28,1
Fruits et légumes	2,0	1,7	2,8	3,1	2,6	2,5
Volaille et œufs	1,3	1,2	3,5	3,8	5,2	5,0
Animaux à fourrure	—	—	—	—	0,3	0,9
Produits de l'érable	1,1	1,5	1,6	1,5	1,1	1,5
Tabac	0,6	0,6	0,7	0,7	0,5	0,4
Trèfle et semences	—	0,2	0,1	0,2	0,1	—
Miel	—	—	—	—	0,2	0,2

Source: *Annuaires du Canada* et *Annuaires du Québec*.

le foin, l'avoine et, dans une moindre mesure, l'orge et le sarrazin. Toutefois, les programmes des gouvernements provincial et fédéral pour augmenter la production agricole pendant la guerre amènent un retour en force du blé: de 932 000 boisseaux en 1911, la récolte passe à plus de 6 millions de boisseaux en 1918. Mais ce n'est là qu'un phénomène temporaire et la tendance à la baisse du blé reprend avec la fin de la guerre.

Les agriculteurs seront lents à délaisser la culture du foin qui, vers la fin du siècle dernier, avait été très rentable. D'après le géographe Raoul Blanchard, malgré les progrès de l'automobile, entre 1920 et 1930, qui font baisser considérablement la demande, les producteurs tardent à s'adapter et hésitent avant d'abandonner une production qui ne demande pas un travail trop considérable. Par ailleurs, l'essor de la culture de l'avoine semble davantage lié au caractère facile de cette production qu'à sa valeur comme fourrage. En effet, si cette céréale est plus appropriée pour les chevaux, c'est moins le cas pour le reste du bétail. Or, d'après les observateurs, c'est aussi une culture beaucoup moins exigeante, surtout quant à la qualité des sols, ce qui expliquerait sa popularité auprès des agriculteurs. Enfin, un problème de fond subsiste: les terres sont épuisées et les rendements s'en ressentent. L'usage des engrais chimiques permettrait de pallier à cette situation, mais il tarde à se généraliser; en attendant, cette carence se répercute sur l'alimentation et la productivité du bétail.

Le marché au foin à Montréal, en 1917. (ANC, PA70056)

Malgré tout, la production laitière progresse d'une façon constante: son importance dans le revenu agricole passe de 14,5% en 1918 à 28,1% en 1929. Toutefois, cette croissance ne va pas sans problèmes assez graves. Après 1910, date de l'arrivée des produits de Nouvelle-Zélande sur les marchés britanniques, le marché d'exportation des produits laitiers canadiens tend à diminuer. Par ailleurs, le Québec tend à se spécialiser dans la production du beurre entre 1901 et 1911, ceci au détriment de la production fromagère. D'après Normand Perron, la fabrication québécoise, aux prises avec des problèmes de qualité des produits, signalés dès 1896, n'arrive pas à s'affirmer sur les marchés extérieurs. Le début des années 1920 inaugure une période de marasme pour la production laitière: les exportations de fromage déclinent, alors qu'on note une hausse modérée du cheptel et du nombre de producteurs.

Il existe au niveau local des conditions qui expliquent ce marasme. En effet, chaque paroisse tient à son établissement de transformation du lait ; la production se fait donc dans de petites unités à un coût de revient élevé. La période de lactation n'allant que d'avril-mai à octobre-novembre, la transformation du lait doit s'adapter à ces contraintes. Cependant, il semble que, grâce à l'amélioration du régime alimentaire des animaux en hiver, on soit en passe de régler ces problèmes et d'arriver à étendre la période de lactation. Raoul Blan-

La cueillette du lait en 1910. (ANC, PA11677)

chard souligne l'abandon graduel de la pratique qui consistait à mélanger de la paille à la nourriture des vaches l'hiver. Dans l'ensemble, la production laitière progresse lentement entre 1896 et 1929 mais, vers la fin de la période, il semble bien qu'il y ait incapacité à diversifier la production autrement qu'en beurre et fromage, ce qui cause une certaine stagnation.

L'agriculture québécoise de cette époque est marquée par deux tendances : d'un côté, se développe une agriculture accrochée à des marchés précis et qui s'y adapte constamment et, de l'autre, se maintient une agriculture axée plutôt sur l'autoconsommation. Ce dernier type est en régression lente et diminue au fur et à mesure qu'on approche d'un marché urbain. Dans l'un et l'autre cas, il s'agit d'une agriculture familiale; elle emploie peu de main-d'œuvre salariée et la famille joue un rôle très important comme unité de production et de consommation de base.

Outre ces traits profonds, il faut dire un mot ici du phénomène de la spécialisation régionale et locale. Petit à petit émergent à travers le

Québec des productions spécifiques. La plus connue est sans doute l'extension du maraîchage autour des grandes villes, et de Montréal en particulier. Soulignons aussi le tabac à pipe dans la région de Joliette, vieille spécialisation sur le point d'être bouleversée par l'introduction du tabac jaune (à cigarette) vers 1935. Il y a également la pomiculture autour de Montréal, entre autres dans les municipalités de Saint-Hilaire, Rougemont, Saint-Bruno et Oka. D'après Raoul Blanchard, il s'agit de plantations très anciennes, remontant au régime français, avec toutefois un apport américain au 19e siècle. Cependant, l'essor de la pomiculture articulée au marché urbain date du début du 20e siècle. Comme on a pu le constater, il s'agit dans tous les cas de spécialisations très localisées dans l'espace, au point qu'on peut même parler de spécialisations paroissiales, et elles sont toutes liées à la proximité d'un marché urbain.

Des marchés en expansion

Les marchés traditionnels de l'agriculture québécoise sont les villes du Québec, ainsi que, pour certaines productions, les États-Unis et la Grande-Bretagne. L'essor des villes amène, pour les agriculteurs des régions immédiates, un débouché pour certains types de production : légumes, produits laitiers et viande. Si Montréal polarise l'agriculture d'une région entière, le même effet existe à une échelle plus modeste ailleurs. Raoul Blanchard cite le cas de Rivière Croche en 1931, dont les 35 familles d'agriculteurs vivent de l'exclusivité de l'approvisionnement de La Tuque et du chantier de la Haute Croche. Dans le voisinage immédiat de chaque ville, il y a au moins une paroisse dont l'agriculture est orientée en fonction des besoins urbains.

C'est principalement pour répondre à la demande américaine que l'agriculture québécoise s'est tournée vers la production de foin durant le dernier quart du 19e siècle. Jusqu'en 1930, la demande demeure plutôt ferme et elle est même stimulée par l'économie de guerre. D'après Raoul Blanchard, ce sont les paroisses de la plaine qui se sont mises en frais de se spécialiser dans cette culture; il cite le cas d'une paroisse expédiant jusqu'à 500 wagons de foin par année. Ce n'est donc pas étonnant de constater que le foin constitue à lui seul la moitié de la valeur des grandes cultures pour les années 1910, 1920 et 1930. C'est la production qui trouve le plus facilement preneur et dont les rendements sont très satisfaisants.

Il existe un autre marché américain important à cette époque, celui

Un marché au Champ-de-Mars, à Montréal, vers 1925. (Archives de la ville de Montréal)

du lait nature, destiné à l'État de New York. Cette production intéresse surtout les agriculteurs de la région montréalaise et s'étend aussi à la zone frontalière de l'Ontario. Dans ce cas, l'expédition rapide par train constitue une condition essentielle, d'où la localisation très précise de la zone de production dans une région bien pourvue en chemins de fer.

L'exportation québécoise destinée à la Grande-Bretagne consiste surtout en fromage et en bacon. C'est à partir de la fin de la guerre de 1914 que le Québec commence à développer ce dernier marché, auparavant desservi majoritairement par l'Ontario.

Outre ces débouchés traditionnels, durant la période 1896-1929, l'agriculture québécoise dessert de nouveaux marchés diversifiés; certains sont éphémères, d'autres moins. Le foin par exemple trouve un débouché dans l'Ouest canadien à cause de la spécialisation accrue des Prairies dans la culture du blé. Ce marché dure aussi longtemps que les chevaux ne sont pas remplacés par l'automobile et le tracteur. De la même manière, les marchés de guerre absorbent la surproduction de grains québécois, mais, dès la fin des hostilités, les agriculteurs sont aux prises avec des surplus. Les marchés les plus durables sont liés à la consommation urbaine. La culture maraîchère et l'aviculture offrent les meilleures possibilités.

Les exploitations et les techniques

Un double mouvement caractérise l'évolution des exploitations: d'une part, une baisse du nombre de fermes, celles-ci passant de 174 996 en 1891, à 135 957 en 1931, et, d'autre part, une augmentation régulière de leur superficie moyenne. Ces deux mouvements indiquent la diminution graduelle des petites exploitations. En 1901, la taille moyenne par ferme s'établit à 103 acres de superficie totale, dont 53 en culture; vingt ans plus tard, cette superficie atteint 127 acres, dont 66 en culture.

Le tableau 4 montre bien le recul des petites exploitations ; alors qu'en 1901 les fermes de 50 acres et moins formaient près du quart de l'ensemble, cette proportion est ramenée à 18% en 1931. Par ailleurs, ce sont les exploitations de 101 à 200 acres qui progressent le plus nettement. Enfin, le tableau fait ressortir le changement qui se produit pendant la décennie de la guerre.

TABLEAU 4

RÉPARTITION DES FERMES D'APRÈS LA SUPERFICIE, 1901-1931 (EN %)

Fermes	1901	1911	1921	1931
10 acres et moins	9,7	10,7	5,1	5,2
11-50 acres	14,3	14,8	12,5	13,1
51-100 acres	32,7	32,8	33,4	33,8
101-200 acres	31,6	30,8	35,7	37,5
201 acres et plus	11,7	10,9	13,3	10,4

Source: E. Minville, L'agriculture, p. 490.

Le mouvement de concentration des exploitations n'affecte pas uniformément toutes les parties du territoire. D'après l'agronome René Monette, «les grandes fermes sont aux régions excentriques, les petites au voisinage des centres importants et les fermes de moyenne étendue, aux régions intermédiaires». En effet, dans les fermes des régions périphériques, l'importance des parties boisées, donc encore inexploitées, explique cette plus grande taille; l'augmentation de la superficie moyenne n'y est donc pas nécessairement l'indice d'une production ou d'une productivité accrue. La taille d'une ferme est fonction d'un certain nombre de variables, dont le prix de la terre et l'importance de la proportion en «bois debout». D'après Gérard Filion, la fourchette du prix moyen des terres au Québec, en 1931, va de 17 700$ dans l'île de Montréal ou l'île Jésus, à 2700$ en Gaspésie. Le calcul de la valeur moyenne à l'acre montre également un écart important, puisque cette valeur passe de 230$ pour les terres à jardinage de l'île Jésus et de l'île Bizard, à 25$ dans le comté de Labelle.

Cependant, d'autres facteurs entrent en jeu pour expliquer ce mouvement. Le géographe Raoul Blanchard estime que, dans la plaine de Montréal, c'est la culture du foin qui a poussé les agriculteurs à s'endetter pour acheter plus de terre et plus de machinerie. Gérard Filion donne trois causes à l'augmentation de la superficie moyenne: l'épuisement des sols, l'utilisation de la machinerie et l'agriculture spéculative autour des grands centres. De son côté, l'historien Robert Migner souligne l'importance des marchés de guerre dans l'endettement des cultivateurs, qui achètent à la fois plus de terre et plus de machinerie.

Une enquête de l'Union catholique des cultivateurs de 1925, rapportée par Robert Migner, caractérise ainsi l'exploitation moyenne: elle a une superficie de 100 acres, dont 56 en culture. Les productions dominantes y sont le foin, le grain et les pommes de terre, pour les cultures, et le lait, les animaux de boucherie, les œufs et la laine, pour les autres.

Côté mécanisation, la progression est surtout marquée pour les voitures et les camions. Au recensement de 1921, moins de 7% des exploitations possèdent un véhicule, soit 9549 voitures ou camions pour les 137 619 fermes du Québec. Les tracteurs sont encore plus rares, puisqu'on en compte seulement 944. Dix ans plus tard, on compte 30 410 véhicules pour 135 957 exploitations, ce qui donne un pourcentage de 22%. Le nombre de tracteurs est passé à 2281. La progression plus rapide du nombre de véhicules sur celui des tracteurs montre que le cheval continue d'être une source d'énergie très importante pour la culture, tandis que camions et automobiles remplacent le cheval comme moyen de transport pour les personnes et les denrées. Il ne faudrait pas conclure trop vite cependant à l'absence, sur la ferme, de toute autre force motrice; les moteurs à essence fixes jouent à cette époque un rôle très important. Grâce à un système de courroies, ils permettent de faire fonctionner diverses machines agricoles. On en

Un exemple de mécanisation agricole s'appuyant sur le moteur à essence fixe, à Bolton, en 1912. (ANC, PA10324)

retrouve 27 113 en 1921 et 34 033 en 1931, soit, en moyenne, dans près de 20% et de 25% des fermes respectivement.

Il ne faudrait pas réduire la mécanisation à ces seuls éléments ; l'importance des machines aratoires proprement dites croît régulièrement depuis la deuxième moitié du 19e siècle. Toutefois, les données statistiques sont encore mal connues et surtout trop discontinues dans le temps pour qu'on puisse conclure d'une façon définitive sur ce point. Un fait demeure cependant, l'agriculture du Québec est moins mécanisée que celle de l'Ontario ou des provinces de l'Ouest.

D'une manière générale et d'après certains observateurs, les problèmes de l'agriculture québécoise sont moins liés à la mécanisation qu'à la lenteur de la pénétration des nouvelles façons culturales et au problème des rendements. Tous les avis concordent: la terre est épuisée parce qu'insuffisamment fertilisée. Et ces insuffisances sont à leur tour liées aux carences de sources de crédit. La question du crédit agricole est agitée depuis longtemps dans les campagnes, mais ce n'est qu'à partir des années 1920, en particulier avec l'UCC, que des demandes systématiques sont faites. Finalement, à la toute fin de notre période, soit en 1928, le gouvernement québécois décide de participer au plan fédéral de crédit agricole; et celui-ci commence à être appliqué dès l'année suivante.

Le ministère québécois de l'Agriculture joue un rôle de premier plan dans l'encadrement des agriculteurs. D'abord limité à un rôle d'agent distributeur de subventions aux sociétés agricoles, le gouvernement intervient de plus en plus directement. Dans le domaine de la diffusion des connaissances et des nouvelles techniques, une date est à retenir, celle de 1913. C'est en effet à partir de cette année-là que le gouvernement du Québec engage ses premiers agronomes, manifestant ainsi, d'après le sociologue Bruno Jean, sa volonté de rationaliser et d'augmenter la production. Les agronomes ont à leur disposition certains instruments, dont les fermes expérimentales et les fermes modèles. Les premières fermes expérimentales relèvent du gouvernement fédéral et six d'entre elles sont implantées au Québec, entre 1911 et 1928. Les fermes modèles appartiennent à des cultivateurs ayant passé un contrat avec le ministère de l'Agriculture, pour utiliser des semences choisies et des pratiques culturales bien définies; elles servent donc de véhicule de vulgarisation dans les différentes régions.

L'enseignement agricole progresse: outre les trois écoles supérieures d'agriculture, celles de Sainte-Anne-de-la-Pocatière (1858), de l'Institut agricole d'Oka (1893) et du Macdonald College (1907), on ouvre, à partir de 1926, les premières écoles moyennes d'agriculture destinées à décentraliser l'enseignement secondaire agricole. Enfin, les journaux agricoles continuent de servir de moyen de vulgarisation des connaissances.

La colonisation et l'exploitation forestière

La complémentarité de la colonisation proprement dite et de l'exploitation forestière constitue encore le facteur dominant. Le mouvement de colonisation continue, après 1896, à ouvrir de nouvelles paroisses. Après avoir atteint les plateaux laurentiens et appalachiens avant les années 1880, l'ouverture des nouvelles terres pousse les colons encore plus loin sur les plateaux. Vers le nord-ouest, on s'installe sur le versant de la baie d'Hudson du Bouclier canadien. Toutefois la guerre marque un essoufflement, précisément au moment où Louis Hémon fait paraître son célèbre roman *Maria Chapdelaine* (1914), qui met en scène une

Des labours rudimentaires dans la région de Baie-Saint-Paul en 1929. (ANC, C31469)

famille de «faiseurs de terres» et immortalise ainsi la région du Lac-Saint-Jean comme prototype de zone de colonisation.

Au début du siècle, les régions de colonisation active sont le Lac-Saint-Jean, l'Outaouais et le Témiscamingue, le Bas-Saint-Laurent et la Gaspésie. Dans l'une des plus anciennes, celle du Lac-Saint-Jean, l'extension du terroir est pratiquement terminée vers 1910. Elle se poursuit dans la vaste région de l'Outaouais et du Témiscamingue où, en plus du lac du même nom, il faut signaler la vallée de la rivière Rouge qui ouvre la région de Labelle. Un peu plus à l'est, dans les cantons de Berthier et de Joliette, il faut signaler aussi la vallée de la Mattawin. Dans le Bas-Saint-Laurent, c'est l'époque où l'on s'installe dans l'arrière-pays et dans la vallée de la Matapédia, tandis qu'en Gaspésie, la région de la baie des Chaleurs connaît une activité importante.

La dernière région du Québec à s'ouvrir à ce genre de colonisation est l'Abitibi, qui n'est guère accessible avant la construction du National Transcontinental vers 1912. Ce sont néanmoins les années

Cochons aidant au défrichement en Abitibi en 1923. (ANC, N1175-27)

1930 qui verront les tentatives d'implantation massive des colons.

Le rôle du clergé reste fondamental dans l'animation du mouvement. L'État se charge de la publicité, par exemple en publiant des brochures, en éditant des cartes, etc. Mais son rôle le plus important est dans la construction des routes et dans leur entretien qui, d'après E. Minville, absorbe la majeure partie du budget de la colonisation. Avant 1921, les postes importants du ministère sont — outre les chemins — les octrois aux sociétés de colonisation et l'aide financière à l'immigration et à la publicité. C'est en 1923 qu'on commence à verser des primes de défrichement.

La colonisation est liée de près à la progression de l'exploitation forestière et l'agriculture qui se pratique dans ces régions a toujours de la difficulté à dépasser le stade de la subsistance. Dans certains cas, notamment du côté de l'Abitibi et de la Gaspésie, d'autres activités, comme les mines et les pêcheries, remplacent parfois la forêt comme activité complémentaire. Dans tous les cas, le verdict de G.V. Haythorne se vérifie: là où l'agriculture est le complément d'une autre

Camp de bûcherons au lac Vlimeux, à la fin du 19ᵉ siècle. (ANQ, collection Wurtele, F-80)

activité économique, c'est toujours elle qui en souffre. Tout en notant l'accroissement de la population dans les zones de colonisation, il ne faut pas perdre de vue que les surplus de population sont davantage attirés par les États-Unis et par les villes québécoises en plein essor.

Vers la fin du siècle, l'exploitation forestière québécoise est en passe de connaître sa troisième expansion, causée celle-là par l'essor de l'industrie des pâtes et papiers. Les deux premières avaient été celle du bois équarri, puis celle du bois de sciage (construction). Cette nouvelle phase a cependant des retombées beaucoup plus considérables que les deux précédentes.

Le tableau des principaux produits du bois nous permet de voir la progression rapide du bois de pâte entre 1900 et 1930; dans ces trois décennies, la production s'accroît de près de 600%. Remarquons cependant la persistance de deux autres secteurs importants. Le bois de chauffage d'abord, production destinée au marché québécois et qui ne reculera qu'assez tard devant les autres combustibles, et le bois de sciage ensuite, qui continue, malgré une sensible diminution, à représenter une part significative de la production totale.

TABLEAU 5

PRINCIPAUX PRODUITS DU BOIS
(EN MILLIONS DE PIEDS CUBES), 1900-1930

Produits	1900	1910	1920	1930
Bois équarri	5,5	0,2	—	—
Bois de sciage	258,0	158,0	183,0	137,0
Bois à pâte	44,8	92,0	184,0	283,0
Bois de chauffage	276,3	258,8	303,0	286,8
Bois à lattes	—	4,8	5,8	4,5
Bois à bardeaux	—	9,7	7,0	4,3
Traverses	16,2	5,7	12,2	6,6
Poteaux	1,1	—	0,5	0,6
Piquets	15,6	—	0,1	0,2
Bois à bobines	—	—	13,3	0,6

Source: E. Minville, *La forêt*, p. 354.

La forêt demeure un secteur fondamental de l'économie québécoise. Cette importance n'apparaît peut-être pas dans les données relatives à la main-d'œuvre, puisque les cultivateurs qui partagent leur temps entre la ferme et la forêt ne sont recensés que comme cultivateurs. Pour sa part, G.V. Haythorne estime que 75% de la main-d'œuvre en forêt vient des fermes. Si l'on rappelle l'importance des produits forestiers dans l'industrie manufacturière, sa prééminence devient évidente.

ORIENTATIONS BIBLIOGRAPHIQUES

FILION, Gérard. «L'agriculture», Esdras MINVILLE, dir., *Notre milieu*, (Montréal, Fides, 1942): 133-151.

HAYTHORNE, G.V. et L.C. MARSH. *Land and Labour.* Toronto, Oxford University Press, 1941. 568 p.

JEAN, Bruno. *Les idéologies éducatives agricoles (1860-1891) et l'origine de l'agronomie québécoise.* Cahiers de l'ISSH, Québec, Université Laval, 1977. 237 p.

LÉTOURNEAU, Firmin. *Histoire de l'agriculture.* s.l., s.é., 1968. 398 p.

LÉTOURNEAU, Firmin, *L'U.C.C.* Oka, s.é., 1949. 246 p.

MIGNER, Robert-Maurice. *Quand gronde la révolte verte.* Montréal, La Presse, 1980. 263 p.

MIGNER, Robert-Maurice. *Le monde agricole québécois et les premières années de l'Union catholique des cultivateurs (1918-1930).* Thèse de Ph.D. (histoire), Université de Montréal, 1975. 424 p.

MINVILLE, Esdras, dir. *L'agriculture*. Montréal, Fides, 1943. 555 p.

MINVILLE, Esdras, dir. *La forêt*. Montréal, Fides, 1944. 414 p.

MONETTE, René. «Essai sur le mode de mise en valeur des exploitations agricoles québécoises», *Agriculture*, II, 3 (septembre 1945): 227-244 ; II, 4 (décembre 1945): 357-374; III, 3 (septembre 1946): 247-263.

NOISEUX, Danielle. *La modernisation agricole dans les comtés de Laprairie et Napierville, 1920-1970 : les choix des producteurs*. Mémoire de maîtrise (histoire), UQAM, 1985. 158 p.

PERRON, Normand. «Genèse des activités laitières au Québec, 1850-1960», Normand SÉGUIN, dir., *Agriculture et colonisation*, (Montréal, Boréal Express, 1980): 113-140.

RAYNAULD, André. *Croissance et structure économiques de la province de Québec*. Québec, ministère de l'Industrie et du Commerce, 1961. 657 p.

SÉGUIN, Normand. «L'agriculture de la Mauricie et du Québec, 1850-1950». *Revue d'histoire de l'Amérique française*, 35,4 (mars 1982): 537-562.

Chapitre 24

LES POLITIQUES ÉCONOMIQUES

Les transformations économiques dont nous venons d'esquisser les grands traits amènent un réajustement des politiques gouvernementales face au développement économique. En ce domaine, le rôle du gouvernement québécois s'accroît et se précise; celui-ci met au point des stratégies nouvelles et ses politiques sont l'objet de débats au sein de la société québécoise. Il ne faut pas négliger par ailleurs l'impact des politiques fédérales sur le développement du Québec, en particulier pendant la guerre.

L'intervention québécoise

À la fin du 19e siècle, on assiste à une véritable réorientation de l'action gouvernementale en matière économique. Les subventions aux chemins de fer et l'aide à la colonisation sont remplacées par une politique de soutien à l'exploitation des richesses naturelles et à l'industrialisation.

Réorientation des politiques

Deux facteurs expliquent ce changement de cap. La demande nationale et internationale pour les richesses naturelles du Québec amène une implication de l'État qui est propriétaire des ressources hydrauliques, des terres publiques et des richesses du sous-sol. Par ailleurs, les libéraux, qui prennent le pouvoir en 1897, manifestent le désir de profiter des retombées de la nouvelle conjoncture.

Les libéraux mettent ainsi en vigueur de nouvelles politiques économiques qu'ils appliqueront avec continuité tout au cours de la période. Leur objectif est double. Ils se servent d'abord des richesses naturelles pour renflouer les finances de l'État, car le Québec a connu une période difficile sur ce plan entre 1892 et 1897. Les revenus des terres publiques représentent alors la plus importante source de financement des activités étatiques et le nouveau gouvernement a intérêt à appuyer et à stimuler la demande pour les ressources hydrauliques et forestières; la hausse de revenus qui en résulte permet en quelques années d'assainir la situation financière. L'autre objectif est de stimuler le développement économique et de créer des emplois. Les libéraux sont convaincus que c'est l'industrie et non la colonisation qui permettra d'enrayer l'émigration aux États-Unis; la création d'emplois industriels devient dès lors pour eux une priorité.

Les nouvelles politiques économiques se traduisent d'abord par l'abandon presque complet de l'aide aux chemins de fer et à la colonisation. Au cours des décennies précédentes, un effort financier considérable avait été consenti pour doter le Québec de chemins de fer régionaux; l'objectif étant largement atteint à la fin du siècle, le gouvernement cesse presque entièrement d'aider les entreprises ferroviaires. Le gouvernement fédéral prend, d'une certaine façon, la relève puisque, entre 1903 et 1915, il subventionne deux nouvelles lignes transcontinentales qui traversent le Québec. Par ailleurs, la colonisation cesse d'être une préoccupation majeure. Cela devient évident en 1901, quand le premier ministre Parent abolit le ministère de la Colonisation pour l'intégrer à celui des Travaux publics. Devant l'opposition du mouvement nationaliste et de certains milieux cléricaux, le ministère est rétabli en 1905, mais les efforts qui se font dans cette direction ne sont que des concessions aux éléments traditionalistes, bruyants politiquement, et n'amènent pas un engagement très fort de la part de l'État.

Les gouvernements qui se succèdent de 1897 à 1936 font adopter des lois et prennent des mesures favorables à l'exploitation des richesses naturelles par les grandes compagnies, leur accordant des privilèges nombreux et étendus et leur concédant de vastes territoires. Ces ressources, en particulier le potentiel hydro-électrique, deviennent des atouts que l'on utilise auprès des investisseurs américains pour les inciter à établir des usines au Québec. Cela est particulièrement évident au cours des années 1920, alors que, selon l'historien Yves Roby, «les libéraux semblent mobilisés pour une vaste opération de promotion industrielle».

Des liens très étroits se tissent d'ailleurs entre le personnel politique et les administrateurs des grandes entreprises. Il n'est pas rare de voir des ministres siéger à leurs conseils d'administration ou agir à titre d'avocats des grandes compagnies. Ces pratiques deviennent courantes à l'époque de Taschereau (1920-1936).

En général le gouvernement laisse aux entreprises privées une grande marge de manœuvre. Les difficultés du secteur des pâtes et papiers, à la fin des années 1920, provoquent toutefois une intervention exceptionnelle. Le premier ministre Taschereau, aidé de son collègue de l'Ontario, incite une compagnie récalcitrante, International Paper, à hausser ses prix et à se joindre au Newsprint Institute, un cartel mis sur pied par les autres entreprises pour se sortir du marasme dans lequel elles se trouvent.

Un autre aspect de l'intervention gouvernementale est l'équipement en infrastructures. L'abandon de la politique ferroviaire ne signifie pas un retrait du secteur des transports et c'est maintenant le réseau routier, si longtemps négligé, qui est l'objet d'attentions. La progression rapide de l'automobile nécessite un vigoureux coup de barre en ce domaine : la politique des bonnes routes, adoptée en 1912, et la création en 1914 du ministère de la Voirie témoignent de cette orientation nouvelle. Au cours des années 1920, la voirie est de loin le poste le plus important du budget de l'État québécois.

Nationalisme et développement

L'exploitation rapide des richesses naturelles et l'attitude très accueillante du gouvernement vis-à-vis du capital américain suscitent des réactions. Les plus vives viennent des milieux nationalistes regroupés autour d'Henri Bourassa avant la guerre, puis autour de Lionel Groulx et de la revue *L'Action française* au cours des années 1920. Les nationalistes font pression sur le gouvernement afin que l'exploitation des richesses naturelles serve d'abord les Québécois, et plus particulièrement la bourgeoisie canadienne-française. Leur lutte porte principalement sur trois points: la propriété des ressources, la participation du capital canadien-français et la transformation des produits au Québec.

La question de la propriété des ressources se pose d'abord à propos des chutes d'eau, dont l'aménagement permet la production d'énergie électrique. La politique en vigueur est de les vendre aux enchères. Les nationalistes et leurs alliés conservateurs réclament que le gouvernement loue plutôt les chutes par bail emphytéotique (pour 99 ans) de sorte qu'à la fin de la période de location, elles soient remises à l'État. Le gouvernement accède à cette demande en 1907.

La propriété publique serait mieux assurée si l'État prenait lui-même en charge la production de l'électricité. C'est d'ailleurs la solution qu'adopte la province voisine en 1906, avec la création d'Hydro-

Ontario. Mais l'étatisation n'intéresse pas le gouvernement québécois et les nationalistes n'insistent pas trop. Il faudra attendre les années 1930 pour que la question de l'étatisation de l'électricité fasse l'objet d'un vaste débat public. Avant 1930, on songe plutôt à des solutions de nature locale comme la municipalisation. Un certain nombre de villes — les plus importantes sont Sherbrooke et Westmount — ont leur propre service d'électricité. Mais il s'agit d'exceptions. Dans la plupart des cas, l'énergie électrique est produite et distribuée par des entreprises privées. La question de la municipalisation est surtout discutée à Montréal, où la puissante Montreal Light, Heat & Power impose des tarifs élevés et réalise des profits fabuleux. Mais l'entreprise réussit à contrer toutes les velléités de municipalisation.

La question de la propriété se pose différemment dans le cas des forêts. Le gouvernement du Canada-Uni a mis fin dès le milieu du 19e siècle à la vente des forêts situées sur les terres de la couronne: les entrepreneurs forestiers obtiennent, moyennant paiement d'une redevance, des concessions annuelles renouvelables. Les nationalistes s'en prennent à l'ampleur des concessions attribuées par le gouvernement libéral. Ils voudraient que celui-ci ne concède que les ressources énergétiques et forestières immédiatement exploitables afin de conserver la propriété de ce qui reste pour les générations futures. Sur cette question, ils n'ont pas gain de cause.

Un autre grand sujet de débat est la participation du capital canadien-français au développement des ressources. Les gouvernements libéraux ne se préoccupent guère de savoir d'où vient l'argent: le plus offrant l'emporte. Ils veulent industrialiser le Québec et sont convaincus que cela ne pourra pas se faire sans la venue du capital américain. La vente de la chute de Shawinigan en 1897 illustre bien leur attitude. Après entente avec deux entrepreneurs locaux, le gouvernement conservateur a offert la chute aux enchères avec une mise à prix de 10 000$. Entre temps, les libéraux remportent les élections et aussitôt le nouveau ministre des Terres et Forêts, S.-N. Parent, modifie les conditions de vente. Non seulement la mise à prix est portée à 50 000$ mais l'acheteur éventuel devra dépenser 2 millions dans les 18 mois qui suivent la vente et verser 200 000$ par année en salaires, en plus de s'engager à mettre en service la centrale dans un délai de 20 mois. Les nouvelles conditions dépassent largement les moyens des deux hommes d'affaires canadiens-français et la chute est achetée par un capitaliste américain, qui trouvera principalement aux États-Unis les capitaux requis.

Si les nationalistes veulent une meilleure place pour les capitalistes canadiens-français dans le développement économique du Québec, il ne s'entendent pas sur les moyens. La majorité propose des solutions volontaristes: regroupement d'hommes d'affaires mettant en commun leurs ressources, politique d'achat chez nous, etc. Une minorité, moins traditionaliste, voudrait que l'État intervienne pour favoriser la bourgeoisie canadienne-française.

Le parti libéral n'est guère favorable à ce genre d'intervention. Certes, on souhaite que les Canadiens français participent davantage au développement économique, mais ils doivent le faire dans le cadre de la libre entreprise, en ne comptant que sur leurs efforts individuels. Le gouvernement peut tout au plus les encourager dans cette direction par la création d'écoles spécialisées qui permettent de former en plus grand nombre des hommes d'affaires et des techniciens canadiens-français. Dans certains cas toutefois, il est amené à faire des exceptions. C'est ainsi qu'en 1923 le gouvernement Taschereau intervient pour sauver de la faillite l'une des trois banques canadiennes-françaises, la Banque Nationale, à laquelle est liée une bonne partie de la bourgeoisie de la capitale. Il avance une somme de 15 millions de dollars et provoque la fusion de cette institution en difficulté avec la Banque d'Hochelaga pour former la Banque Canadienne Nationale. Mais il s'agit là d'une intervention ponctuelle qui reste exceptionnelle.

Une troisième question est au centre des débats sur les politiques économiques, celle de la transformation des produits au Québec. L'exploitation des richesses naturelles a des effets d'entraînement importants si les matières premières sont transformées sur place plutôt qu'exportées à l'état brut. Ayant pour objectif de créer des emplois, les gouvernements libéraux souhaitent amener les entreprises exploitantes à transformer les matières premières au Québec même. Ils sont cependant réticents à recourir à des mesures coercitives pour y parvenir. À l'encontre du mouvement nationaliste qui réclame des politiques assez fermes, ils craignent que les investisseurs ne s'en aillent ailleurs, s'ils se montrent trop exigeants.

Dans le domaine des pâtes et papiers, le gouvernement québécois dispose toutefois d'une marge de manœuvre plus grande parce que la demande américaine de papier journal est forte. À la fin du 19e siècle, il impose une taxe sur le bois à pâte coupé sur les terres publiques qui est exporté sans transformation. Le mouvement nationaliste réclame plus: l'interdiction pure et simple de ces exportations comme l'Ontario l'a fait en 1900. Un tel embargo est également réclamé par les producteurs canadiens. Le gouvernement Gouin cède aux pressions en 1910: dorénavant, tout le bois coupé sur les terres publiques devra être transformé au Québec. La mesure, qui ne s'applique cependant pas au bois coupé sur des terrains privés, contribue, parmi bien d'autres facteurs, à accélérer le mouvement continental de migration vers le nord de l'industrie des pâtes et papiers.

L'exportation d'électricité suscite des préoccupations semblables. En 1924, lorsque des capitalistes proposent de financer la construction d'un barrage à Carillon, à la condition que la majeure partie de l'électricité produite soit exportée aux États-Unis, Taschereau s'y oppose. Permettre l'exportation d'électricité équivaudrait à renoncer à sa politique d'utiliser l'énergie pour attirer des entreprises et créer des emplois. Dans le domaine minier, on assiste cependant au laisser-faire le plus total. Le gouvernement n'intervient pas pour amener les producteurs à transformer sur place les matières premières.

Dans l'ensemble, on peut dire que les préoccupations gouvernementales restent à court terme. Visant l'industrialisation à tout prix et la création immédiate d'emplois, les politiques de développement par et au service de l'étranger prennent le pas sur les politiques de type nationaliste dont la réalisation exige de dépasser le court terme.

L'impact des politiques canadiennes

De juridiction provinciale, les richesses naturelles sont au centre des politiques économiques de l'État québécois. C'est cependant l'État fédéral qui détient les principaux pouvoirs en matière économique et ses politiques font sentir leur impact au Québec.

La Politique nationale

La période 1896-1929 est caractérisée par le maintien de la Politique nationale qui s'appuie sur trois éléments: protection douanière pour les industries canadiennes, aide aux chemins de fer et stimulants à l'immigration et au développement de l'Ouest.

Après leur prise du pouvoir en 1896, les libéraux fédéraux maintiennent la politique tarifaire des conservateurs en y apportant certains réaménagements. Le plus important est l'adoption d'un régime de préférence britannique en vertu duquel on accorde une réduction des droits de douane sur les produits importés de Grande-Bretagne. En 1910, le parti libéral révise toutefois sa position sous la pression des agriculteurs de l'Ouest. Il négocie alors avec les États-Unis une entente de réciprocité prévoyant l'abolition ou la réduction des droits de douane sur certains produits. À la suite de la défaite du gouvernement Laurier, en 1911, ce projet d'entente est abandonné et l'ancienne politique tarifaire est maintenue jusqu'à la crise des années 1930.

Une partie importante de l'industrie manufacturière québécoise se situe dans les secteurs protégés par le tarif. Il n'est donc pas étonnant que les industriels et les syndicats ouvriers du Québec soient d'ardents partisans de la politique tarifaire. Mais l'un des effets de cette politique est de favoriser l'implantation américaine. La création de filiales canadiennes est une façon de contourner le mur tarifaire et de permettre aux produits américains de pénétrer au Canada. En ce sens, la Politique nationale favorise surtout l'industrialisation de l'Ontario, puisque les filiales de sociétés américaines s'implantent massivement dans cette province.

Le second volet de la Politique nationale est la construction ferroviaire. On construit, au début du siècle, deux nouvelles voies transcontinentales pour lesquelles on engage des investissements énormes. L'effet d'industrialisation induit par le développement ferroviaire est limité à la région de Montréal. La ville de Québec y gagne toutefois une nouvelle vocation de centre de communications et agrandit son aire d'influence. Mais comme les nouveaux chemins de fer, particulièrement le National Transcontinental, traversent au Québec des zones peu peuplées, leur impact reste limité. Le National Transcontinental favorise l'ouverture de l'Abitibi à la colonisation et permettra plus tard de transporter une partie de la production minière.

Le troisième volet de la Politique nationale, l'immigration, est centré sur le peuplement de l'Ouest. En ce domaine, le gouvernement fédéral se montre très actif; les immigrants arrivent en très grand nombre durant les années qui précèdent la guerre et au cours des années 1920. Ceux qui vont dans l'Ouest représentent un nouveau marché de consommateurs pour l'industrie québécoise. En outre, une moitié de ces nouveaux venus se dirigent vers le Québec et l'Ontario. On en retrouve une bonne partie dans les camps qui dépendent des chantiers de construction du nord du Québec et dans les nouvelles villes minières. C'est toutefois vers les centres urbains, surtout à Montréal, que ces nouveaux Québécois se dirigent. Juifs d'Europe de l'Est ou Italiens, ils forment

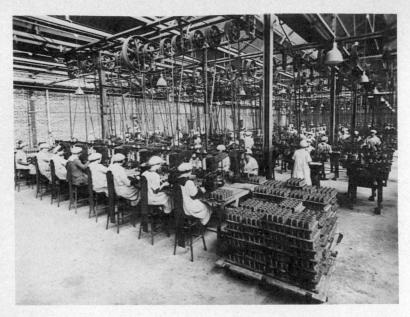

Pendant la guerre, le gouvernement fédéral mobilise l'économie pour la production militaire. On voit ici des ouvrières dans une usine de munitions à Verdun. (ANC, PA24437)

la nouvelle main-d'œuvre à bon marché de l'industrie manufacturière et de la construction.

L'impact de la guerre

Le déclenchement de la guerre provoque en 1914 des bouleversements dans l'économie canadienne. Le gouvernement fédéral se fait attribuer par le parlement des pouvoirs extraordinaires de contrôle de l'activité économique. Même s'ils ne sont pas pleinement utilisés, ils amènent un degré d'intervention gouvernementale inconnu jusque-là. Le gouvernement fédéral fait toutefois preuve de beaucoup d'inexpérience.

L'objectif est de concentrer les décisions relatives à la production afin de maximiser l'effort de guerre. Le Canada devient alors un des principaux fournisseurs des Alliés. Une série d'organismes sont mis sur pied pour contrôler l'approvisionnement en munitions, en nourriture et en combustible. L'industrie canadienne, dont l'activité est ralentie au début du conflit, se réoriente vers la production de guerre et tourne à plein régime en 1918. C'est d'abord l'industrie ontarienne qui est favorisée et, secondairement, celle du Québec. La guerre a par ailleurs un impact important sur l'agriculture québécoise en permettant l'équipement des fermes et en stimulant la production de denrées alimentaires.

Le gouvernement fédéral tente d'étendre son emprise sur les gouvernements provinciaux en voulant contrôler les emprunts que ceux-ci font à l'étranger. Au Québec, le premier ministre Lomer Gouin s'oppose vivement à cette mesure et Ottawa doit battre en retraite.

Pour financer l'effort de guerre, le gouvernement fédéral recourt à de nouvelles mesures financières. Il hausse d'abord les droits de douane, puis se résout à créer de nouveaux impôts: taxes sur les profits des sociétés et surtout impôt sur le revenu, créé en 1917 et qui doit être aboli à la fin de la guerre. Ces ponctions sur l'épargne s'avèrent insuffisantes et le gouvernement est obligé d'effectuer de lourds emprunts. Il va d'abord à New York, puis se tourne pour la première fois vers le marché intérieur en offrant aux Canadiens des obligations baptisées «Bons de la Victoire».

À la fin de la guerre, le gouvernement fédéral doit continuer d'intervenir pour faciliter la conversion de l'économie à la production de paix. Il tente cependant de se retirer le plus tôt possible, de revenir à la normale en laissant le contrôle de l'activité économique à l'entreprise privée. Mais il reste évidemment des séquelles. La très lourde dette de guerre et celle des chemins de fer l'obligent à maintenir l'impôt sur le revenu, contrairement à ce qui avait été initialement prévu. De la même manière, il poursuit les programmes à frais partagés ou «plans conjoints» qu'il a imposés aux provinces pendant la guerre.

ORIENTATIONS BIBLIOGRAPHIQUES

Gow, James Iain. *Histoire de l'administration publique québécoise, 1867-1970.* Montréal, Presses de l'Université de Montréal, 1986, p. 79-137.

Levitt, Joseph. *Henri Bourassa and the Golden Calf. The Social Program of the Nationalists of Quebec, 1900-1914.* Ottawa, Éditions de l'Université d'Ottawa, 1969. 178 p.

Roby, Yves, *Les Québécois et les investissements américains (1918-1929).* Québec, PUL, 1976, 250 p.

Roy, Jean-Louis, *Les programmes électoraux du Québec.* Montréal, Leméac, 1970. Tome I, 236 p.

Chapitre 25

LES CLASSES DIRIGEANTES
ET LE POUVOIR

Les transformations économiques qui caractérisent les premières décennies du siècle ne manquent pas de se répercuter sur la structure sociale et plus spécifiquement sur les classes dirigeantes. Ainsi, le mouvement de concentration économique a pour effet d'accroître substantiellement le pouvoir de la grande bourgeoisie. Les contrecoups s'en font sentir sur la moyenne bourgeoisie qui, tout en profitant de l'expansion économique, tente de résister à la marginalisation. Quant aux élites traditionnelles issues de la petite bourgeoisie, elles tirent parti de la croissance de la demande de services et de celle des institutions politiques. Au sein de ces classes dirigeantes, le clivage ethnique continue d'être important et alimente des luttes de pouvoir qui s'expriment publiquement.

La grande bourgeoisie et la concentration du pouvoir

La concentration du pouvoir économique est particulièrement visible dans le secteur financier. Dans le cas des banques, trois institutions — Banque de Montréal, Banque Royale et Banque Canadienne de Commerce — détiennent ensemble le tiers des actifs bancaires canadiens en 1900. Trente ans plus tard, leur part est passée à 72%. En 1926, deux sociétés de fiducie, Royal Trust et Montreal Trust, contrôlent ensemble 62% des actifs de leur secteur. Dans l'assurance-vie, la concurrence est plus importante, mais deux grandes sociétés, Sun Life et Canada Life, n'en dominent pas moins ce secteur, en 1900 comme en 1930. Cette situation a pour résultat que d'immenses ressources financières sont placées entre les mains d'un petit nombre d'administrateurs. Ceux-ci, en acceptant ou refusant des prêts ou d'autres formes de financement, possèdent un droit de vie ou de mort sur la grande majorité des sociétés commerciales ou industrielles. Les petites et les moyennes entreprises sont particulièrement vulnérables à cet égard, car seules les plus solides peuvent réaliser un financement interne qui les dispense de recourir aux institutions financières.

Par ailleurs, la monopolisation qui s'opère dans les secteurs industriel et commercial permet aux grandes entreprises de contrôler les marchés, de fixer les prix, de décider des produits qui seront ou ne seront pas fabriqués et d'imposer ces choix aux consommateurs grâce au recours croissant à la publicité.

Mais la concentration du pouvoir va encore plus loin, puisque des liens de plus en plus étroits unissent les dirigeants des grandes sociétés financières, commerciales et industrielles. C'est ainsi qu'on assiste à la constitution de véritables réseaux, généralement centrés sur une institution financière. En identifiant les administrateurs communs à diverses

Herbert Samuel Holt, 1856-1941. (Archives Notman, Musée McCord)

entreprises, l'historien Gilles Piédalue a pu isoler ces grands réseaux pour 1930. La présence d'administrateurs siégeant simultanément au conseil de deux entreprises n'implique pas nécessairement le contrôle de l'une par l'autre, bien que ce soit parfois le cas; elle révèle à tout le moins l'existence de réseaux d'information et de coopération.

Certains grands bourgeois sont membres de très nombreux conseils

TABLEAU 1

POSTES D'ADMINISTRATEUR DÉTENUS PAR HERBERT S. HOLT, 1912

Président

Montreal Light, Heat & Power Co.
Royal Bank of Canada
Montreal Trust Co.
Colonial Bleaching & Printing Co.
Kaministiquia Power Co.
Montreal Gas Co.
Calgary Power Co.
Imperial Writing Machine Co.

Vice-président

Steel Co. of Canada
American Bankers Association
Permanent Insurance Agency
Dominion Textile Co.
Canada Paper Co.

Administrateur

Montreal Cotton Co.
Shawinigan Water & Power Co.
Canadian General Electric Co.
Carlton Hotel Co.
Canadian Pacific Railway Co.
Ogilvie Flour Mills Co.
National Trust Co.
Canadian Car Co.
London Street Railway Co.
Detroit Railway
Toledo Railways & Light Co.
Sun Life Insurance Co.
Imperial Life Assurance Co.
Monterey Railway & Light Co.

Source: Morgan, *Canadian Men and Women of the Time*, p. 544.

d'administration et possèdent une influence considérable; leurs avis pèsent lourdement auprès des hommes d'affaires et des dirigeants politiques. Montagu Allan est l'un de ces hommes; il représente le cas d'une fortune transmise d'une génération à l'autre. Fils de Hugh Allan, qui était déjà l'un des plus riches bourgeois montréalais à l'époque de la Confédération, il collectionne les postes d'administrateur: en 1912, il en détient 24, dont 6 présidences. Herbert S. Holt illustre le cas d'une fortune plus récemment acquise. Immigrant d'origine irlandaise et de religion protestante, ingénieur de formation, il commence sa carrière en obtenant des contrats de construction du Canadien Pacifique, dans les années 1880. Au cours de la décennie suivante, il amorce à Montréal une ascension rapide qui le mène à la présidence de la Banque Royale (1908-1934) et au conseil d'administration de multiples entreprises (tableau 1).

Louis-Joseph Forget — tout comme Max Aitken ou Arthur J. Nesbitt, parmi d'autres — témoigne d'un autre profil de carrière: celui du courtier en valeurs qui, grâce à sa participation à des réorganisations d'entreprises et à des fusions, réalise des bénéfices importants et obtient des blocs d'actions dans de nombreuses sociétés. Son neveu et associé, Rodolphe Forget, est également un financier très actif.

Enfin, Lomer Gouin, premier ministre du Québec de 1905 à 1920, représente un autre type de participation à la grande bourgeoisie: celle de l'homme politique dont l'expérience et l'influence peuvent s'avérer précieuses. Pendant qu'il dirige les destinées du Québec, il siège au sein de plusieurs conseils d'administration et, à l'écoute des grands hommes d'affaires, il tient compte de leurs désirs dans l'élaboration de ses politiques. Lors de sa retraite de la vie publique, il se voit offrir un siège au conseil d'administration de la puissante Banque de Montréal et à ceux d'autres sociétés. Il devient en quelque sorte l'un des porte-parole du groupe lié à la Banque de Montréal auprès des dirigeants politiques.

Cette grande bourgeoisie œuvre à l'échelle canadienne et souvent à l'échelle internationale. Son action dépasse largement le cadre québécois, bien que près de la moitié de ses effectifs aient encore leur base au Québec, principalement à Montréal. Les travaux des historiens Acheson et Piédalue sur les caractéristiques des administrateurs des plus grandes sociétés canadiennes permettent de constater que 49% d'entre eux résident dans la «région du Saint-Laurent» (le Québec et l'est de l'Ontario jusqu'à Kingston) en 1910; vingt ans plus tard, on en trouve encore 46% dans la même région. Mais la région de l'«Ontario péninsulaire», centrée sur Toronto, gagne en importance, puisque le pourcentage d'administrateurs qui y résident passe de 27% à 38% pendant la même période.

Le recrutement des membres de ce groupe se fait aussi dans un cercle de plus en plus restreint. Si, en 1885, 32% d'entre eux étaient nés d'un père agriculteur ou artisan, ce n'est plus le cas que pour 16% en 1910; enfin, en 1930, aucun n'est d'origine modeste. À la fin de la période, tous les administrateurs sont nés d'un père membre des professions libérales, homme d'affaires, manufacturier ou directeur gérant. Les Canadiens français sont peu nombreux parmi cette élite économique canadienne qui forme la couche supérieure de la bourgeoisie. Selon Piédalue, ils ne représentent que 2,4% des effectifs du groupe en 1910 et 4,6% en 1930.

Ainsi, de 1897 à 1930, la hiérarchie sociale du Québec est nettement dominée par une grande bourgeoisie qui a augmenté substantiellement son contrôle de l'économie et son pouvoir, tout en limitant ses sources de recrutement. Elle est massivement anglophone et concentrée à Montréal. Son pouvoir est cependant loin d'être absolu, car elle doit composer avec d'autres groupes au sein de la société.

La moyenne bourgeoisie: expansion et marginalisation

Le plus gros des effectifs de la bourgeoisie se retrouve en effet à un autre niveau. Pour la moyenne bourgeoisie, la croissance économique rapide multiplie les possibilités d'affaires et entraîne une hausse des effectifs. Cette croissance se fait cependant dans un environnement économique en mutation, car la concentration et la monopolisation signifient pour ce groupe la perte de nombreux instruments économiques. Plusieurs entreprises de moyenne envergure sont absorbées lors de fusions ou doivent disparaître parce qu'elles ne peuvent pas concurrencer les monopoles. La moyenne bourgeoisie perd aussi le contrôle de certains instruments de développement économique. Les chemins de fer à vocation régionale sont intégrés au sein des grands réseaux; les banques ayant des assises régionales disparaissent, à l'exception de deux institutions montréalaises à capital francophone. Par ailleurs, les dirigeants de petites et moyennes entreprises se retrouvent de plus en plus en position de faiblesse face à des fournisseurs exerçant un contrôle monopolistique sur le marché, et leur degré d'autonomie s'en trouve réduit. On peut donc parler d'une certaine marginalisation pour cette couche de la bourgeoisie. Ce phénomène, qui n'est pas propre au Québec, varie cependant en intensité selon les régions et les secteurs.

Il faut d'abord constater que certains secteurs subissent moins que d'autres les effets de la monopolisation et restent encore fortement concurrentiels. Des industries comme celles de la chaussure, du vêtement, des scieries, des portes et châssis, de l'imprimerie et plusieurs autres sont encore marquées par la présence d'un grand nombre d'entreprises d'envergure moyenne. Il en est de même pour le commerce de gros. Tout le secteur foncier et immobilier est également peu touché par la monopolisation. Ce sont là les principaux domaines où se situent les assises économiques de la moyenne bourgeoisie. Même dans les secteurs monopolisés, certaines entreprises indépendantes, qui représentent un faible pourcentage de la production totale, peuvent subsister et être rentables parce qu'elles ont des assises régionales et un marché bien concentré géographiquement. Il y a d'ailleurs encore, dans les premières décennies du 20ᵉ siècle, des possibilités de carrières ou de création d'entreprises dans des champs nouveaux ou dans des secteurs en expansion.

Une caractéristique importante de la moyenne bourgeoisie est la dimension régionale de ses bases économiques, bien que, dans certains cas, des entrepreneurs étendent leurs activités sur une plus grande échelle. À ce niveau d'ailleurs, l'entreprise garde souvent une dimension familiale et on ne voit guère se constituer des réseaux de compagnies comme ceux de la grande bourgeoisie.

Il arrive aussi que les hommes d'affaires qui composent la moyenne bourgeoisie cherchent à résister au pouvoir croissant des monopoles et à protéger leur autonomie. Le phénomène est plus marqué en Ontario où ils trouvent un certain appui auprès du gouvernement provincial. Ce sont eux, par exemple, qui luttent contre de grands financiers de Toronto pour obtenir la création d'Hydro-Ontario. Au Québec, la lutte contre les trusts est moins vigoureuse. En outre, le gouvernement québécois affiche une attitude très favorable aux grandes entreprises. La prééminence de Montréal comme métropole financière du Canada y est sans doute pour quelque chose. De plus, les divisions ethniques affaiblissent probablement la capacité de résistance de la PME.

La moyenne bourgeoisie du Québec n'est cependant pas dénuée de toute influence politique. Ses membres sont généralement très actifs au sein des partis. Ils profitent à des degrés divers des contrats gouvernementaux. Ils exercent une influence parfois prépondérante à l'échelon local, en particulier auprès des conseils municipaux. Les gouvernements, tant provincial que fédéral, ne peuvent se passer de leur appui et doivent leur accorder un certain degré d'attention.

La situation est donc complexe. Si la grande bourgeoisie réussit à accroître son pouvoir et à marginaliser quelque peu la moyenne bourgeoisie, celle-ci est encore fort active et fort importante.

La place des francophones

Nous avons vu que la présence francophone au sein de la grande bourgeoisie reste marginale. Même en 1930, seulement 4,6% des administrateurs des grandes sociétés canadiennes sont des Canadiens français. La figure la plus connue de l'époque est le sénateur Louis-Joseph Forget, courtier en valeurs et administrateur de nombreuses sociétés, qui meurt en 1911. Le sénateur Frédéric-Liguori Béïque, que le *Montreal Star* classe comme «millionnaire» en 1911, est administrateur de la Banque d'Hochelaga, puis de la Banque Canadienne Nationale dont il devient président en 1928; il siège au conseil d'administration du Canadien Pacifique à compter de 1917 et entre au comité exécutif de cette puissante société en 1929. Son gendre, Beaudry Leman, gérant général de la Banque Canadienne Nationale, est également administrateur de Shawinigan Water & Power et d'autres sociétés.

Mais ce sont là des exceptions. La presque totalité des hommes d'affaires canadiens-français œuvrent au sein de la petite et moyenne entreprise. Pendant la seconde moitié du 19e siècle, ils ont commencé

À gauche: Frédéric-Liguori Béïque, 1845-1933. (Archives Notman, Musée McCord). *À droite:* J.-E.-A. Dubuc, 1871-1947. (Collection privée)

à se tailler une place parmi la moyenne bourgeoisie, mettant sur pied des entreprises commerciales et industrielles, ainsi que des banques. Cette poussée se poursuit pendant les premières décennies du 20e siècle.

Ils sont déjà bien implantés dans le commerce de gros, en particulier celui des aliments. Le grossiste Hormisdas Laporte, qui est aussi président de la Banque Provinciale de 1907 à 1934 et maire de Montréal de 1904 à 1906, est probablement la figure la plus importante dans ce secteur. Il y en a cependant de nombreux autres, à Montréal comme dans plusieurs villes du Québec. Le commerce de détail compte aussi un grand nombre de francophones avec, comme figures de proue, les Dupuis à Montréal et les Paquet à Québec.

Les hommes d'affaires de langue française sont moins solidement implantés dans l'industrie manufacturière, où l'accès à la technologie et les capitaux considérables que requièrent plusieurs immobilisations industrielles représentent des obstacles sérieux. Ils sont néanmoins fort actifs dans certains secteurs. Les familles Barsalou, Rolland, Viau, parmi d'autres, poursuivent sur la lancée du siècle précédent. On retrouve un grand nombre d'industriels francophones dans la chaussure, dans la transformation du bois, dans l'imprimerie et l'édition, dans certaines productions alimentaires, autant de secteurs où la technologie est relativement facile d'accès. Ailleurs le contrôle francophone est inexistant ou minime. Dans le secteur nouveau de la pâte et du papier journal, par exemple, il se limite au cas de J.-E.-A. Dubuc, un ancien gérant de banque qui prend la direction de la Compagnie de Pulpe de Chicoutimi, bâtit des usines, construit un port (Port-Alfred) et exporte de la pâte en Grande-Bretagne. À Montréal, le promoteur et financier Joseph Versailles, fondateur de Montréal-Est, lance une cimenterie qui veut faire concurrence au trust du ciment. À Sorel, Joseph Simard, d'abord simple commis, commence à acheter les entreprises qui formeront la base de son empire industriel, centré sur la construction navale.

Les francophones font aussi une percée dans le secteur financier. Outre les banques, dont il a été plus longuement question précédemment, ils mettent sur pied des compagnies d'assurances, des sociétés d'administration et de fiducie et des maisons de courtage. Ces dernières se spécialisent dans la mise en marché d'obligations d'institutions québécoises: municipalités, commissions scolaires et communautés religieuses. Pour plusieurs entrepreneurs canadiens-français, comme les frères Oscar et Marius Dufresne à Maisonneuve, la promotion foncière et le développement urbain représentent en outre un secteur important d'intervention et d'enrichissement à côté de leurs autres activités.

Ainsi, les hommes d'affaires francophones affichent un certain dynamisme et l'activité de plusieurs d'entre eux est multiforme: on voit de nombreux marchands et industriels investir également dans les institutions financières et la propriété foncière. En cela ils ne sont pas différents de leurs homologues anglophones. L'essor économique du début du siècle favorise d'ailleurs tout autant l'expansion des grandes familles que l'émergence d'hommes nouveaux. C'est, pour certains individus, une période d'ascension sociale rapide.

Mais le vent tourne durant l'après-guerre. Plusieurs entreprises francophones d'envergure moyenne sont emportées par la vague de fusions des années 1920 et sont intégrées au sein de grandes compagnies anglophones. D'autres doivent, pour financer leur expansion, accepter une forte injection de capital contrôlé par des Canadiens anglais ou des Américains: c'est le cas de Dubuc, de la famille Rolland ou encore de J.-A. Brillant, dont la Cie de pouvoir du Bas St-Laurent passe pour un temps sous la coupe des Américains.

Les difficultés économiques de la période font aussi leurs ravages. L'effondrement du marché immobilier en 1913, qui se prolonge pendant toute la guerre, affecte bon nombre d'hommes d'affaires. D'autres sont durement secoués par la crise du début des années 1920. La guerre du papier provoque le démantèlement, au milieu des années 1920, de l'entreprise de Dubuc. La grande crise des années 1930 vient ensuite, avec son cortège de faillites, ajouter à l'hécatombe.

En 1936, Victor Barbeau publie un ouvrage intitulé *Mesure de notre taille*, où il tente d'évaluer la place de l'entreprise canadienne-française dans l'économie. Dans la plupart des secteurs, il constate qu'elle est «nulle», «microscopique» ou «modeste»; sur la soixantaine de secteurs qu'il relève dans un tableau, une dizaine méritent la mention «bonne» ou «satisfaisante» et seulement trois la mention «excellente»: il s'agit des produits agricoles, du cuir et du beurre. L'étude est faite quelques années après la période examinée ici, mais elle reflète quand même une tendance évidente.

Malgré ce constat, il faut reconnaître que, depuis le milieu du 19e siècle, les francophones ont réussi à se tailler une place au sein du monde des affaires, y témoignant d'un dynamisme et d'un entrepreneurship certains. À l'échelle canadienne, leurs entreprises restent cependant modestes; leurs banques, par exemple, ne rassemblent que

6% à 7% des actifs bancaires du pays. Le Québec, où ces entreprises ont encore une position nettement minoritaire, constitue leur base d'accumulation et leur principal champ d'activité; leur clientèle est formée essentiellement de Canadiens français. La croissance démographique rapide de ceux-ci, leur urbanisation accélérée, leur intégration au marché du travail, leur alphabétisation plus poussée et la hausse relative de leur niveau de vie ont des effets sur la consommation et contribuent à accroître la clientèle des hommes d'affaires francophones. Cependant, la situation économique des Canadiens français impose aussi des limites. L'agriculture québécoise est, en général, moins prospère que celle de l'Ontario et de l'Ouest: la main-d'œuvre francophone est faiblement qualifiée et commande donc des salaires peu élevés; la taille des familles contribue à abaisser le revenu per capita. Le potentiel de croissance des entreprises francophones en souffre nécessairement.

Tout comme l'ensemble de la moyenne bourgeoisie, la fraction francophone subit donc une certaine marginalisation dans la foulée du mouvement de concentration. Plusieurs compagnies de taille moyenne disparaissent et les hommes d'affaires canadiens-français semblent, pour un temps, confinés surtout aux petites entreprises d'envergure locale. Ce recul apparent n'entraîne pas leur disparition complète. Ils utilisent à leur profit le patronage du gouvernement québécois et des municipalités. Ils conservent un certain nombre d'institutions importantes. Leurs assises économiques sont la source d'un pouvoir aux dimensions locales ou régionales, qui s'exerce dans les domaines économique, politique et social. Elles rendront possible un nouvel essor de l'entrepreneurship francophone après la Deuxième Guerre mondiale.

Des institutions sur mesure

La bourgeoisie québécoise, grande ou moyenne, s'appuie sur des institutions qui représentent son point de vue et fournissent des occasions de rencontres et de concertation. L'organisation la plus importante et la plus influente est certainement le Montreal Board of Trade. C'est la voix de la grande et de la moyenne bourgeoisie de Montréal. Cet organisme est massivement anglophone, bien que les hommes d'affaires canadiens-français les plus importants en soient membres. Il représente d'abord et avant tout les intérêts commerciaux de Montréal et est particulièrement actif dans tous les débats concernant le port. Il intervient également dans la politique municipale pour appuyer des programmes de réforme administrative. Les industriels, bien que présents au Board of Trade, s'estiment mieux représentés par l'Association des manufacturiers canadiens (Canadian Manufacturers Association) dont le siège est à Toronto et qui a des sections locales au Québec.

La bourgeoisie francophone, très minoritaire dans ces deux organisations, se regroupe principalement au sein des chambres de commerce. Celle de Montréal est particulièrement active. Elle mène souvent des actions conjointes avec le Board of Trade, indication d'une solidarité de classe qui dépasse les ethnies. Elle s'en distingue cependant par des interventions visant à appuyer les intérêts économiques des francophones. La chambre de commerce montréalaise s'intéresse beaucoup au développement du Québec, contrairement au Board of Trade, qui a des visées à l'échelle du Canada. En 1902, la chambre de Montréal lance un mouvement pour organiser des chambres de commerce dans d'autres villes; elle propose également la création d'une fédération de toutes les chambres du Québec; celle-ci est réalisée en 1909. Dans les deux cas, comme le souligne l'historien Ronald Rudin, le Board of Trade refuse ostensiblement de s'associer au mouvement, bien qu'il ait auparavant appuyé des tentatives semblables à l'extérieur du Québec.

En plus de ces institutions bien organisées, il existe de nombreux autres groupes d'intérêts, créés dans le but de promouvoir ou de défendre telle ou telle cause. Certains n'ont qu'une existence éphémère et sont dissous aussitôt l'objectif atteint. En 1918, par exemple, des détenteurs d'obligations de la ville de Maisonneuve se regroupent pour exprimer au premier ministre Lomer Gouin leurs craintes quant à la situation financière de la municipalité et donc quant à la sécurité de leurs investissements. Cette intervention semble être un facteur important dans la décision du gouvernement Gouin d'annexer de force Maisonneuve à Montréal.

La bourgeoisie compte également sur de nombreuses institutions qui fournissent des occasions de rencontres et de consultations: associations secrètes, comme les francs-maçons ou l'Ordre de Jacques-Cartier; clubs privés au recrutement très sélectif, comme le St. James Club, le Mount Royal Club, le club de la Garnison, le club Saint-Denis; enfin, associations philanthropiques et culturelles, où les représentants de la bourgeoisie monopolisent souvent les postes de direction.

Il faut souligner également l'existence de la presse d'affaires, comme le *Journal of Commerce*, le *Financial Times*, *Le moniteur du commerce* et *Le prix courant*. De nombreuses publications spécialisées

Le St. James Club, à Montréal. (Archives Notman, Musée McCord)

s'adressent à des groupes particuliers: banquiers, manufacturiers, commerçants, etc. Plus importante est la possibilité qu'a la bourgeoisie de véhiculer ses idées à travers les médias, en particulier la presse quotidienne à grand tirage.

Petite bourgeoisie et nouvelles élites

Les effets de la concentration se font aussi sentir du côté de la petite bourgeoisie. Les petits entrepreneurs et commerçants doivent traiter avec des fournisseurs — grossistes ou manufacturiers — qui sont maintenant de grandes entreprises et qui peuvent fixer les conditions de crédit. Ils doivent donc fonctionner dans des situations précaires et leur marginalisation dans l'ensemble de l'économie est évidente. Ils sont également dans un régime de concurrence très vive, où la lutte pour la survie est constante. L'urbanisation, dans un premier temps, favorise la multiplication des petits commerces de quartier. Comme l'entreprise indépendante est synonyme de promotion sociale, il y a toujours de nouveaux arrivants prêts à se lancer en affaires. Pour les immigrants, le petit commerce est aussi une voie d'ascension sociale, de sorte que la concurrence a bientôt des incidences culturelles. À côté des petits commerçants canadiens-français ou britanniques apparaissent des petits commerçants d'origine juive, syrienne, etc. Cette diversification ethnique accentue les tensions. Mais, après un certain temps, l'urbanisation favorise aussi la constitution de chaînes de magasins ou d'entreprises à succursales qui font encore reculer les positions du petit commerçant indépendant. À la fin des années 1920, les assises économiques traditionnelles de ce groupe paraissent moins solides.

Mais les professions libérales, que certains auteurs désignent aussi sous l'appellation de petite bourgeoisie professionnelle, forment l'élément qui assure le leadership au sein de cette classe. Elles jouissent d'un prestige indéniable au sein de la société québécoise. Nombreux sont ceux qui dénoncent l'attrait qu'elles exercent sur les jeunes francophones, qui seraient portés à les préférer aux affaires. La formation élitiste reçue dans les collèges classiques donne à ce groupe une assez grande cohésion sociale.

Les avocats bénéficient du plus grand prestige et d'une influence considérable. Ils sont les intermédiaires omniprésents entre les groupes ethniques et sociaux, entre la société civile et le monde politique. C'est une profession que l'on qualifie régulièrement d'encombrée au Québec. Il faut toutefois reconnaître qu'à une époque où l'éventail des disciplines enseignées dans les universités québécoises est encore peu diversifié, le droit offre une formation donnant accès à des carrières variées. La pratique du droit elle-même recouvre des réalités fort diverses. Si la situation la plus courante est la pratique individuelle, faite d'une multitude de petites causes, on voit aussi les avocats d'affaires prendre de l'importance; ils bénéficient de la clientèle des grandes entreprises et font le lien entre celles-ci et le monde politique. La carrière d'avocat débouche souvent sur celle de juge, honneur recherché couronnant une carrière juridique ou politique. Maillons essentiels du système judiciaire, les juges disposent d'un pouvoir considérable, balisé par la loi, et leurs décisions contribuent à façonner les rapports sociaux. Par ailleurs, le droit n'est, dans plusieurs cas, qu'un tremplin permettant à des individus d'exercer leurs talents dans d'autres domaines, en particulier la politique, le journalisme ou la fonction publique. Il y a également les nombreux avocats brasseurs d'affaires qui s'activent, comme investisseurs ou promoteurs, dans diverses entreprises; Frédéric-Liguori Béique et Alphonse Desjardins, dont il a été question précédemment, en sont des exemples éminents, démontrant que la profession d'avocat n'est pas toujours synonyme de petite bourgeoisie.

La médecine est l'autre grande profession de prestige au Québec.

C'est pourtant un prestige récemment acquis. Tout au cours du 19ᵉ siècle, les médecins québécois ont mené une longue bataille pour faire reconnaître leur monopole dans le secteur de la santé et pour améliorer la formation et les conditions d'exercice de leur profession. L'hygiène publique a été l'instrument qui leur a permis d'asseoir leur pouvoir. Les médecins canadiens-français ont participé activement à ce mouvement et, au début du 20ᵉ siècle, leurs chefs de file, bien au fait des progrès de la médecine à l'étranger, tiennent un discours résolument réformiste. De nombreux médecins occupent, dans la société québécoise de l'époque, une place qui dépasse la simple prestation des soins. Certains sont actifs en affaires, d'autres s'impliquent en politique et un grand nombre consacrent une partie de leur temps aux associations culturelles, philanthropiques ou religieuses. Le docteur Emmanuel-Persillier Lachapelle illustre au plus haut point cette tendance: promoteur de réformes hygiénistes et fondateur de nombreuses organisations médicales et sanitaires, dont l'Hôpital Notre-Dame, il est fort actif en affaires, siégeant au conseil d'administration de plusieurs compagnies, et en politique municipale, occupant la présidence du Bureau de contrôle de 1910 à 1914.

La trilogie des professions libérales traditionnelles se complète par le notariat. Le notaire a une image plus effacée, mais n'en joue pas moins un rôle essentiel dans le fonctionnement du droit civil. Rédacteur de contrats et de testaments, il est le témoin privilégié des transactions en même temps qu'un intermédiaire financier essentiel à une époque où le système bancaire ne rejoint pas directement l'ensemble de la population. Par ailleurs, de nouvelles professions libérales, en particulier celles d'ingénieur et de comptable, prennent une importance accrue au début du 20ᵉ siècle et fournissent aux entreprises et aux administrations publiques les cadres supérieurs et les experts dont elles ont un besoin croissant.

Outre le petit commerce et les professions libérales, le clergé est habituellement présenté comme le troisième pivot de la petite bourgeoisie traditionnelle. L'évolution du clergé sera examinée plus loin, mais on peut déjà souligner deux aspects de son insertion dans la structure sociale. Il y a d'abord la hausse de la demande pour les services sociaux, de santé et d'éducation, liée à l'urbanisation, qui accroît le recours aux bons offices du clergé. Il y a par ailleurs la volonté de l'Église de s'adapter aux nouvelles réalités du Québec moderne en diversifiant son action. Les évêques, les dirigeants et dirigeantes de communautés religieuses et les supérieurs de collèges classiques continuent à détenir des positions de pouvoir leur permettant d'influencer de multiples façons les orientations de la société québécoise. En outre, de nombreux prêtres se voient maintenant assigner des missions spécialisées dans la société civile: professeurs d'université comme le prêtre et historien Lionel Groulx ou le frère et botaniste Marie-Victorin, aumôniers d'organisations confessionnelles comme l'abbé Edmour Hébert, à la Confédération des travailleurs catholiques du Canada, animateurs comme le jésuite Joseph-Papin Archambault, à la tête de l'École sociale populaire.

À ces élites traditionnelles on peut en ajouter d'autres qui prennent une importance accrue au début du 20e siècle. Il y a d'abord l'élite des médias, dont l'influence s'étend avec l'alphabétisation croissante de la population et l'essor de la presse à grand tirage. Les patrons des entreprises de presse, devenues de grosses affaires, appartiennent de plus en plus à la bourgeoisie; c'est le cas de Hugh Graham (Lord Atholstan), du *Montreal Star*, ou de l'ancien typographe Trefflé Berthiaume, de *La Presse*. Les directeurs et rédacteurs sont cependant plutôt identifiés à la petite bourgeoisie. Les Henri Bourassa, Olivar Asselin, Godfroy Langlois, Lorenzo Prince, Omer Héroux et Georges Pelletier, parmi de nombreux autres, font partie de cette élite des médias qui représente un pouvoir avec lequel il faut compter.

Une nouvelle élite intellectuelle est également en émergence, surtout après la Première Guerre mondiale, et s'illustre dans les universités et à l'École des hautes études commerciales. Même si l'omniprésence de l'Église dans l'enseignement laisse la portion congrue aux intellectuels laïcs, ceux-ci voient leurs effectifs s'accroître dans trois champs principaux. Il y a d'abord les sciences économiques, dont le pôle principal est aux HEC. Édouard Montpetit devient le chef de file d'une lignée d'économistes canadiens-français qui, pendant plusieurs décennies, imprimeront leur marque aux débats sur le Québec et son devenir. Il y a ensuite les sciences sociales, qui font de timides débuts dans les années 1920. Il y a enfin l'important mouvement scientifique qui se met en branle pendant la même décennie et qui suscite des adhésions enthousiastes. Ces nouveaux intellectuels laïcs prennent publiquement la parole et sont fort actifs dans le mouvement nationaliste des années 1920.

Dans ce tour d'horizon des classes dirigeantes au Québec, il importe de mentionner également un autre groupe en pleine émergence : celui des gestionnaires de la grande et de la moyenne entreprise. Les directeurs généraux, gérants et autres cadres supérieurs viennent parfois des professions libérales, mais plusieurs, d'origine modeste, représentent des cas d'ascension sociale réalisée au cours d'une longue carrière dans l'entreprise. Associés de près aux détenteurs du pouvoir économique, ils sont en mesure d'influencer de façon importante la prise de décisions affectant le Québec et pèsent d'un poids considérable sur la vie et la carrière de milliers de travailleurs.

Le pouvoir

La bourgeoisie, grande et moyenne, d'une part, la petite bourgeoisie et les groupes qui lui sont associés, d'autre part, constituent les classes dirigeantes au Québec. Elles rassemblent les diverses élites sectorielles: celles des affaires, de la politique, du droit, de la santé, de la culture, etc. Il n'y a évidemment pas entre elles de coupure étanche. De nombreux individus sont actifs dans plus d'un secteur et les points de convergence entre certaines de ces élites sont évidents. Il n'y a pas non plus d'unanimité absolue au sein de chacune. Les luttes de pouvoir, les divergences quant aux objectifs ou aux stratégies font partie de la vie des élites, tout autant que les solidarités de classes.

Les premières décennies du siècle sont marquées par l'expansion et la diversification des élites et par le renouvellement de leurs effectifs. Les francophones, en particulier, y occupent une place accrue. Ils cherchent à redéfinir, à leur avantage, les règles du jeu, ce qui soulève la question du pouvoir au sein de la société québécoise.

Un premier enjeu important est celui de la répartition du pouvoir entre anglophones et francophones. Ces derniers réclament un rôle plus considérable dans la direction et la gestion de la société québécoise. Ils ont peu de succès dans le champ économique, où les hommes d'affaires canadiens-français occupent une position minoritaire. Leur adhésion aux principes du libéralisme les amène à laisser libre cours aux forces du marché. Celles-ci jouent en faveur des grandes entreprises canadiennes-anglaises et américaines et conduisent à moyen terme à une marginalisation relative et parfois même à la disparition des entreprises francophones. Certains intellectuels nationalistes proposent une stratégie différente en réclamant de l'État québécois qu'il limite l'expansion des grandes entreprises «étrangères», mais ils ne parviennent pas à convaincre les milieux d'affaires et les élites politiques. L'heure n'est pas encore au nationalisme économique. Évidemment, les hommes d'affaires francophones se préoccupent de leurs propres intérêts et savent les défendre au besoin. Leur principal porte-parole, la Chambre de commerce du district de Montréal, intervient auprès des gouvernements et ne craint pas de prendre des positions opposées à celles du Board of Trade; elle réclame une juste part pour les Canadiens français dans la répartition des dépenses fédérales, provinciales et municipales. Mais elle n'élabore pas encore de stratégie collective visant à consolider et à étendre l'influence de la bourgeoisie francophone. À l'heure de l'individualisme libéral, elle privilégie surtout la solidarité volontaire et l'association des hommes d'affaires au sein de chambres de commerce.

La situation est différente dans le champ politique. Comme ailleurs au Canada, la bourgeoisie a tendance à se retirer de l'action électorale directe pour laisser la place aux représentants de la petite bourgeoisie qui sont prêts à faire de l'action politique une profession. Elle ne se désintéresse pas du pouvoir pour autant, mais cherche à l'influencer par le financement des partis et de l'État, par les pressions discrètes auprès des gouvernements, par l'intervention publique de groupes d'intérêts bien organisés. Cette évolution ne va pas sans tensions, comme on peut le voir à Montréal, où la scène politique est l'enjeu de vives luttes de pouvoir. À cause de sa concentration démographique dans la métropole, la bourgeoisie anglophone, qui a dominé l'administration municipale pendant une bonne partie du 19e siècle, n'est pas prête à céder facilement sa place. La bataille qui oppose les réformistes, majoritairement des bourgeois anglophones, aux politiciens populistes francophones fait rage depuis les années 1880 et se poursuit au moins jusqu'à la Deuxième Guerre mondiale. À partir de 1914, les hommes politiques francophones et populistes l'emportent nettement, grâce à un électorat élargi, mais la bourgeoisie réussit à limiter les fruits de cette victoire en faisant intervenir le gouvernement québécois pour contrer ce qu'elle perçoit comme les effets pervers de la démocratie. Dans l'ensemble du Québec, les francophones accroissent leur emprise sur la scène politique au cours de la période, mais leur influence reste limitée puisque le pouvoir économique leur échappe encore en bonne partie.

Le clivage ethnique n'est d'ailleurs pas d'une étanchéité parfaite puisqu'il recoupe en partie les clivages sociaux. Les réformistes anglophones de Montréal, par exemple, obtiennent des appuis solides chez des individus comme Hormisdas Laporte ou le premier ministre Lomer

Gouin qui, sur plusieurs points, partagent les vues de la bourgeoisie en matière de gestion publique et mettent l'accent sur la «bonne entente» entre les deux communautés. De leur côté, les populistes peuvent compter sur le soutien de politiciens anglophones. Les alliances politiques peuvent se faire et se défaire au gré des questions à l'étude ou des projets débattus. Malgré cela, les clivages ethniques forment une dimension fondamentale des luttes de pouvoir qui agitent la société québécoise.

Par ailleurs, les francophones eux-mêmes ne sont pas unanimes sur un autre enjeu important: le devenir de la nation et l'adaptation du Québec aux réalités nouvelles. Deux grandes tendances les divisent: celle des modernistes et celle des traditionalistes. D'un côté, on trouve les milieux d'affaires, la majorité des hommes politiques et la presse à grand tirage; de l'autre, les intellectuels et les hommes politiques nationalistes, une partie de la petite bourgeoisie professionnelle, la majorité du clergé et la presse nationaliste ou cléricale.

Les débats d'idées auxquels ce clivage donne lieu seront abordés plus loin. Soulignons tout de même que modernistes et traditionalistes s'opposent sur plusieurs fronts. En éducation, par exemple, les premiers réclament des réformes et surtout un enseignement plus pratique, mieux adapté aux besoins de l'économie, alors que les seconds défendent un système sur lequel ils ont la haute main et qui sert si bien leurs intérêts. Sur le plan des politiques économiques, les modernistes prônent une stratégie de développement rapide, alors que les traditionalistes voudraient au contraire ralentir ce développement. Les premiers ont le contrôle du gouvernement provincial, les seconds celui des institutions locales: commissions scolaires, caisses populaires, etc.

La situation est complexe car l'un et l'autre camp veulent éviter que les luttes de pouvoir dégénèrent en conflit ouvert. Les modernistes refusent d'attaquer de front le clergé. Ce dernier n'appuie pas totalement le zèle jugé parfois excessif de certains intellectuels nationalistes. En outre, les représentants de l'un et l'autre camp sont parfois issus des mêmes milieux, plusieurs étant passés par les collèges classiques. Certains médecins, par exemple, sont partisans des réformes sanitaires alors que d'autres s'y opposent. D'inévitables compromis freinent donc le processus de modernisation du Québec sans toutefois le paralyser complètement.

Ainsi, les classes dirigeantes présentent un portrait composite. Clivages et solidarités les distinguent et les unissent tout à la fois. Si elles luttent pour le pouvoir, elles le détiennent tɔᵤᵣ de même en grande partie et sont peu enclines à le partager avec les deux autres grandes composantes de la société, les travailleurs et les ruraux.

ORIENTATIONS BIBLIOGRAPHIQUES

BARBEAU, Victor. *Mesure de notre taille*, Montréal, *Le Devoir*, 1936. 243 p.

BÉDARD, Roger-J., dir. *L'essor économique du Québec*. Montréal, Beauchemin, 1969. 524 p.

BÉLANGER, Yves et Pierre FOURNIER. *L'entreprise québécoise. Développement historique et dynamique contemporaine*. Montréal, Hurtubise HMH, 1987, p. 29-52.

CLEMENT, Wallace. *The Canadian Corporate Elite. An Analysis of Economic Power*. Toronto, McClelland and Stewart, 1975. 479 p.

LINTEAU, Paul-André. «Quelques réflexions autour de la bourgeoisie québécoise, 1850-1914», *Revue d'histoire de l'Amérique française*, 30, 1 (juin 1976): 55-66.

LINTEAU, Paul-André. *Maisonneuve ou comment des promoteurs fabriquent une ville (1883-1918)*. Montréal, Boréal Express, 1981. 280 p.

PIÉDALUE, Gilles. *La bourgeoisie canadienne et la réalisation du profit au Canada, 1900-1930*. Thèse de Ph.D. (histoire), Université de Montréal, 1976. 40 p.

PIÉDALUE, Gilles. «Les groupes financiers au Canada, 1900-1930. Étude préliminaire», *Revue d'histoire de l'Amérique française*, 30, 1 (juin 1976): 3-34.

PIERRE-DESCHÊNES, Claudine. *La tuberculose au Québec au début du XXᵉ siècle: problème social et réponse réformiste*. Mémoire de Maîtrise (histoire), Université du Québec à Montréal, 1980. 225 p.

ROY, Fernande. *Progrès, harmonie, liberté. Le libéralisme des milieux d'affaires francophones à Montréal au tournant du siècle*. Montréal, Boréal, 1988. 301 p.

RUDIN, Ronald. *The Development of Four Quebec Towns, 1840-1914: A Study of Urban and Economic Growth in Quebec*. Thèse de Ph.D. (histoire), Université York, 1977.

RUDIN, Ronald. *Banking en français. Les banques canadiennes-françaises, 1835-1925*. Montréal, Boréal, 1988. 244 p.

CHAPITRE 26

LA MAIN-D'ŒUVRE ET
LE MOUVEMENT OUVRIER

Pendant la seconde moitié du 19e siècle, l'industrialisation du Québec a provoqué un double mouvement quant à la composition de la main-d'œuvre: la baisse marquée du poids du secteur primaire, surtout de l'agriculture, et la montée du secteur secondaire, en particulier des emplois manufacturiers. Au cours des premières décennies du 20e siècle, la chute du primaire se poursuit, tandis que la part du secondaire tend à se stabiliser; le phénomène dominant est l'ascension rapide du tertiaire.

La tertiarisation ne se reflète cependant pas encore sur la composition du mouvement ouvrier, qui reste concentré dans l'industrie manufacturière et la construction, la seule exception notable se trouvant du côté des travailleurs des transports et communications. Le syndicalisme, qui ne rejoint qu'une minorité de la main-d'œuvre salariée, connaît néanmoins une forte poussée de croissance au début du siècle, suivie d'un certain essoufflement au cours des années 1920. Le militantisme syndical contribue à faire progresser quelque peu la législation ouvrière.

La main-d'œuvre

Pendant les trois premières décennies du siècle, la population active du Québec, c'est-à-dire le nombre de personnes sur le marché du travail, s'accroît respectivement de 22,5%, de 18,3% et de 30,6%. C'est un rythme plus rapide que celui de l'Ontario, ce qui contraste avec la situation inverse ayant prévalu entre 1851 et 1891. Malgré cela, il subsiste, selon l'économiste André Raynauld, un écart entre les deux provinces, le Québec comptant une plus faible proportion de sa population totale parmi la population active. Deux facteurs y contribuent: le Québec a proportionnellement plus d'enfants et le taux d'activité des femmes y est légèrement plus faible. Cela explique aussi en partie que le revenu moyen par habitant y soit moins élevé.

Les travailleurs et travailleuses du début du siècle sont plus instruits que ne l'étaient les générations précédentes, en particulier dans les villes. La population ouvrière est maintenant alphabétisée, ce qui concourt d'ailleurs à l'essor de la presse populaire en milieu urbain. La majorité ne reste cependant pas très longtemps à l'école. Ceci explique que la main-d'œuvre québécoise, surtout chez les francophones, compte une forte proportion de travailleurs sans qualifications, qui reçoivent en conséquence des salaires peu élevés. C'est particulièrement le cas des ruraux qui chaque année arrivent en grand nombre dans les centres urbains.

La structure de l'industrie manufacturière, examinée précédemment, confirme cette situation. Le Québec compte une forte proportion d'industries de biens de consommation reposant sur l'emploi d'une main-d'œuvre peu qualifiée et faiblement rémunérée. On y trouve cependant un grand nombre de travailleurs exerçant un métier qualifié dans l'industrie lourde, les chemins de fer, la construction, l'imprimerie et dans certains emplois spécifiques au sein de l'industrie légère. Le monde ouvrier est donc composite et les travailleurs de métier y forment ce qu'on appelle l'aristocratie de la classe ouvrière. Ils commandent de meilleurs salaires et sont en mesure d'exercer des pressions efficaces sur les patrons parce qu'ils sont plus difficiles à remplacer en cas de conflit. C'est d'abord à eux que profite le syndicalisme.

Mais le phénomène le plus significatif de la période est la croissance rapide des effectifs employés dans le secteur tertiaire. C'est évidemment un secteur très vaste et fort disparate, dans lequel on inclut les transports et communications, les services financiers, le commerce, l'administration publique et tous les services professionnels et personnels. Il regroupe un peu moins du quart de la main-d'œuvre en 1891 et 40% en 1931.

La diffusion de l'automobile, par exemple, multiplie rapidement les postes de mécaniciens et de garagistes, celle du téléphone fait de même pour les téléphonistes. L'expansion rapide du système bancaire, avec la création d'un grand nombre de succursales, permet d'ajouter des milliers de nouveaux emplois à la caisse ou à la comptabilité. Enfin, dans une société où la consommation s'élargit, le commerce requiert les services d'une armée de vendeurs et de vendeuses.

L'un des aspects les plus frappants de la tertiarisation est cependant

Travailleurs construisant un pont ferroviaire en 1898. (Archives du Canadien National)

la croissance des fonctions de gestion, résultat de la montée de la grande entreprise. C'est le cas dans les industries manufacturières où, selon le sociologue Graham S. Lowe, on relève en moyenne au Canada 8,6 employés d'administration pour 100 ouvriers de la production en 1905-1911; au début des années 1930, ce rapport est de 16,9. Le phénomène est encore plus marqué dans les grandes sociétés financières: par exemple, au siège social de la compagnie d'assurances Sun Life, à Montréal, le nombre d'employés grimpe de 20 en 1890 à 2856 en 1930.

La croissance phénoménale du personnel de bureau entraîne d'ailleurs une réorganisation du travail, qui n'est pas sans rappeler celle qui s'est produite dans l'industrie manufacturière au siècle précédent. On assiste à la division ou au morcellement des tâches et à l'établissement d'une structure hiérarchique plus complexe. Les milliers de nouveaux emplois créés sont en majorité des postes de commis ou de dactylos qui exigent une éducation de base mais peu de formation professionnelle. Il s'agit d'emplois moins bien rémunérés, que l'on confie de plus en plus à des femmes. Cette révolution administrative, en multipliant les postes et les niveaux, permet au personnel administratif d'envisager de faire carrière et de gravir les échelons au sein de l'entreprise.

Un véritable univers de cols blancs est donc en voie d'élaboration, avec des habitudes et des comportements qui se distinguent de ceux des cols bleus. L'environnement du bureau, le travail au centre-ville, même l'habillement contribuent à façonner ce qu'il n'est pas exagéré d'appeler une culture des employés liée à un statut social distinct. Cet aspect de la transformation de la société québécoise n'a guère été étudié jusqu'ici.

Militantisme et expansion syndicale, 1896-1914

Le monde du travail au Québec devient donc plus diversifié et plus complexe pendant les premières décennies du 20e siècle. L'historiographie n'a pas accordé à cette question toute l'attention qu'elle mérite. Elle s'est plutôt concentrée sur un aspect, fort significatif puisque porteur de changement, le mouvement syndical. Celui-ci, nous l'avons vu, s'est constitué graduellement au cours du siècle précédent, mais il prend véritablement son essor au début du 20e siècle, de sorte qu'en 1921, environ 14% de la main-d'œuvre non agricole est syndiquée.

Le Congrès des métiers et du travail du Canada (CMTC) regroupe en 1896 les syndicats affiliés aux unions internationales, et membres de la Fédération américaine du travail (FAT), ainsi que des syndicats nationaux canadiens, lesquels sont en majorité des Chevaliers du travail ayant rompu avec leur pendant américain. Les tensions sont fortes entre ces deux groupes. Mais, dans les années suivantes, les unions internationales entrent dans une phase d'expansion et accroissent de façon significative le nombre de leurs syndicats locaux. Les Chevaliers du travail, qui jouent un rôle très actif à la haute direction du CMTC, y deviennent néanmoins minoritaires. Le congrès du CMTC qui se déroule à Berlin (aujourd'hui Kitchener) en Ontario, en 1902, décide de régler le problème en décrétant l'expulsion des Chevaliers du travail et de tous les syndicats nationaux qui œuvrent dans le même domaine que des syndicats internationaux existants. Le CMTC devient dès lors étroitement inféodé à la FAT et à son président, Samuel Gompers.

Les syndicats expulsés, qui se trouvent principalement au Québec, se regroupent au sein d'un nouvel organisme, le Congrès national des métiers et du travail du Canada (CNMTC). Surtout présents dans les secteurs de la chaussure, de la construction et du textile, ces syndicats nationaux ont leur château fort dans la ville de Québec, où ils dominent la vie syndicale. Dans le but d'étendre ses effectifs au Canada anglais, le CNMTC se transforme, en 1908, en Fédération canadienne du travail (FCT). La nouvelle organisation ne représente cependant pas une force importante à côté du CMTC. Au Québec, après une période initiale de croissance, ses effectifs fondent à vue d'œil dans les années qui précèdent la guerre. Dans la métropole, l'expansionnisme des syndicats internationaux entraîne l'élimination de plusieurs syndicats nationaux. À Québec, ce sont plutôt les dissensions internes qui expliquent cette désaffection à l'endroit de la FCT; plusieurs unités syndicales de cette ville se retirent de la fédération, sans toutefois disparaître. Certains de ces syndicats nationaux devenus indépendants se transformeront plus tard en syndicats catholiques.

Ainsi, l'appartenance à une union internationale américaine devient la règle dans le syndicalisme canadien. En 1914, on estime à environ 166 000 le nombre des syndiqués au Canada; 134 348 d'entre eux sont membres d'unions internationales américaines, sans toutefois faire obligatoirement partie du CMTC qui, en 1914, ne représente que 80 000 syndiqués. Il est difficile d'obtenir des statistiques précises pour le Québec. On y compte 136 syndicats locaux en 1901 et 329 en 1916, mais on ne connaît pas le total de leurs effectifs. Les chiffres établis par l'historien Jacques Rouillard permettent de constater que ce sont les internationaux qui profitent surtout de cette période d'expansion. En 1901, avec 74 unités syndicales, ils sont presque nez à nez avec les nationaux (62 unités). Mais en 1916, on compte 236 unités internationales pour 70 nationales et 23 catholiques. Le nombre des syndicats n'est cependant pas suffisant pour mesurer le poids relatif des organisations, puisque le nombre de leurs membres est très variable.

Beaucoup de syndicats ont d'ailleurs une existence éphémère. Les patrons réussissent à en briser un certain nombre en utilisant des tactiques variées: refus assez généralisé de reconnaître le syndicat comme agent négociateur; renvoi de dirigeants et de travailleurs ayant adhéré à une organisation; appui à la création de syndicats de boutique pour contrer une organisation trop militante. Les travailleurs eux-mêmes ne se montrent pas constants et leur appui est aléatoire: une négociation réussie, une grève victorieuse peuvent faire grimper en flèche les effectifs, mais une erreur de stratégie, une défaite peuvent entraîner une démobilisation telle qu'elle provoque la mort du syndicat. Les rivalités intersyndicales ont également des effets négatifs.

Si les syndicats passent, le syndicalisme demeure. Malgré les difficultés et les échecs, le mouvement ouvrier élargit ses bases et connaît une progression appréciable en ce début du siècle. Il vit alors une période militante dont on voit les manifestations dans les revendications professionnelles et dans l'action politique. Les revendications se concentrent alors sur deux objectifs principaux: l'augmentation des salaires — ou leur maintien quand ils sont réduits — et la sécurité d'emploi. La période qui précède la guerre est marquée de nombreuses grèves.

Les usines de coton, qui comptent parmi les plus gros employeurs du Québec, sont frappées par un grand nombre d'arrêts de travail : Jacques Rouillard en relève 36 entre 1900 et 1915. En 1908, les grèves du textile comptent pour 90% des jours ouvrables perdus dans tout le secteur manufacturier. Mais, parce qu'ils sont peu qualifiés et donc facilement remplaçables, les ouvriers du textile n'ont qu'une force de pression limitée et n'obtiennent gain de cause que dans 22% des cas. Les conflits touchent les principales filatures, celles de Montréal, de Valleyfield, de Magog et de Montmorency.

La concentration ouvrière à Montréal fait de cette ville le point chaud des luttes. En plus de ceux des filatures, les travailleurs du tabac et ceux du vêtement y déclenchent de fréquents arrêts de travail. Il en est de même dans le secteur de la construction. Des conflits importants ont lieu dans les grandes entreprises ferroviaires et à la compagnie de tramways ainsi que chez les débardeurs. Le militantisme syndical se manifeste aussi dans l'action politique, avec la création du Parti ouvrier et l'élection d'Alphonse Verville comme député fédéral de Maisonneuve en 1906. Nous reviendrons plus loin sur cette dimension de l'action ouvrière.

Plusieurs facteurs peuvent expliquer cette effervescence. À la tradition de militantisme des Chevaliers du travail, qui survit à la disparition de l'organisation, s'ajoutent les conditions mêmes dans lesquelles se trouvent les travailleurs — en particulier l'insuffisance de leurs salaires —, qui expliquent les poussées d'exaspération manifestées dans les nombreuses grèves. De plus, les travailleurs immigrants qui arrivent en grand nombre au début du siècle ont souvent acquis une expérience de militantisme syndical dans leurs pays d'origine; ainsi, des Anglais et des Juifs d'Europe de l'Est jouent un rôle important dans le développement du mouvement syndical québécois. Il faut souligner aussi le poids des syndicats internationaux. Les mieux organisés et les plus importants sont en mesure d'encadrer l'action syndicale et de payer des organisateurs chargés de mettre sur pied de nouveaux syndicats locaux. Comme ils ne s'intéressent qu'aux syndicats de métiers, ils rassemblent les travailleurs les plus qualifiés, c'est-à-dire ceux qui peuvent le plus efficacement obtenir des concessions des patrons.

Parallèlement à l'essor des organisations internationales américaines, on assiste aux débuts, encore très modestes, du syndicalisme catholique. À l'opposition ouverte de l'archevêque de Québec, dans les années 1880, succède au début du 20e siècle une volonté d'établir un contrôle clérical sur les syndiqués et leurs organisations. La première manifestation de cet esprit nouveau apparaît à Québec en 1901. Une grève y oppose les travailleurs de la chaussure à leurs patrons. Pour régler le conflit, les deux parties acceptent de recourir à l'arbitrage de l'archevêque de Québec, Mgr Bégin. Celui-ci reconnaît aux travailleurs le droit de s'organiser, mais il leur demande de modifier la constitution de leur syndicat, pour la rendre plus conforme aux vues de l'Église, et d'accepter la nomination d'un aumônier.

Un autre pas est franchi en 1907, quand l'abbé Eugène Lapointe met sur pied la Fédération ouvrière de Chicoutimi, pour regrouper les travailleurs des usines de pâte du groupe Dubuc. S'apparentant au syndicalisme de boutique, cette organisation est très bien vue des patrons. Elle se proclame catholique et n'admet dans ses rangs que des travailleurs de cette religion. Ses débuts sont assez lents, mais elle se réorganise en 1912 et devient la Fédération ouvrière mutuelle du Nord, avec des implantations dans les principales villes du Saguenay. Des syndicats catholiques sont également créés à Montréal et à Trois-Rivières, mais tout cela reste bien modeste avant 1914.

Concurrence et essoufflement, 1914-1929

L'essor du syndicalisme catholique se fait après la guerre. Les événements de la période 1914-1919, en particulier la crise de la conscription et la grève de Winnipeg, y contribuent.

Le déclenchement de la Première Guerre mondiale provoque des tensions au sein du mouvement ouvrier canadien. À la tradition antimilitariste du syndicalisme et à la conviction de certains dirigeants qu'il s'agit d'une guerre impérialiste, menée sur le dos des travailleurs, s'oppose la tendance à appuyer l'effort de guerre, surtout par patriotisme. Cette opposition se manifeste tout au long du conflit. Au Québec, s'ajoute la tiédeur des francophones face à l'effort de guerre et leur rejet assez massif de l'enrôlement obligatoire. Lors de la crise de la conscription, en 1917, une minorité de délégués au CMTC voudrait s'opposer à la mesure gouvernementale en déclenchant une grève générale, mais la majorité décide ne pas la contester ouvertement. Cet appui tacite à la conscription est d'ailleurs influencé par la politique de la FAT et de son président Samuel Gompers qui, aux États-Unis, soutient à fond l'effort de guerre. Cette orientation de la direction américaine contribue à isoler les syndicalistes canadiens et québécois qui veulent s'opposer à la conscription. Aux yeux d'un grand nombre de syndiqués canadiens-français, la centrale canadienne prend ainsi une position qui va à l'encontre de leurs intérêts.

Ils ne sont pas les seuls à être déçus. Les dirigeants syndicaux de l'Ouest canadien, beaucoup plus radicaux, se sentent à l'étroit dans les limites que leur imposent la FAT et sa succursale canadienne. Un certain nombre d'entre eux sont amenés à jeter les bases d'une nouvelle organisation syndicale. Mais, pour le Québec, le syndicalisme de l'Ouest est surtout important à cause d'un autre événement, la grève générale de Winnipeg. Déclenchée en mai 1919 par le Conseil des métiers de cette ville pour appuyer les revendications d'un syndicat, la grève générale se poursuit pendant un peu plus d'un mois. Maître de la ville, le comité de grève mène une action pacifique. Des manifestations d'appui ont lieu dans les principales villes du Canada.

La grève suscite de très vives réactions au sein des classes dirigeantes de Winnipeg et de tout le Canada. Les autorités politiques affirment qu'il s'agit d'une situation révolutionnaire d'inspiration bolchévique. Voyant les succès que remportent les grévistes, elles décident de casser le mouvement par la force et font intervenir la police fédérale. Celle-ci passe à l'offensive et tire sur la foule des grévistes. Elle assure ainsi le triomphe de l'ordre établi. Au Québec, la grève de Winnipeg suscite les craintes des intellectuels nationalistes et des membres du clergé, qui y voient un indice des progrès du socialisme et des dangers du syndicalisme international. S'y ajoute l'impact considérable produit par la révolution bolchévique d'octobre 1917 en Russie. La solution leur paraît de plus en plus se trouver dans la création de syndicats catholiques.

Clercs et intellectuels nationalistes s'opposent aux unions internationales pour deux raisons principales. D'abord parce qu'il s'agit de syndicats neutres sur le plan religieux et ouverts à diverses tendances

Travailleurs dans une fonderie, pendant la guerre. (ANC, PA24447)

pouvant aller à l'encontre de la doctrine sociale prêchée par l'Église, ce qui risque d'ouvrir la porte au socialisme. En deuxième lieu, parce qu'il s'agit de syndicats qui, à cause de leur caractère international, reçoivent des directives de l'étranger, ce qui représente une menace pour la culture canadienne-française. L'exemple récent de la guerre et de la conscription est là pour rappeler que les mots d'ordre de Washington peuvent aller à l'encontre des intérêts nationaux des Canadiens français.

Un groupe de prêtres et de laïcs prépare donc une réponse. Il s'agit de créer des syndicats formés uniquement de catholiques, solidement encadrés par un aumônier, et qui seront nationaux, c'est-à-dire dont les centres de décision resteront au Canada. L'idée séduit un certain nombre de syndicalistes canadiens-français que l'expérience récente a éloignés des syndicats internationaux. Le plus célèbre est Alfred Charpentier, ancien membre de l'Union internationale des briquetiers, maçons et plâtriers d'Amérique, qui se «convertit» au syndicalisme catholique vers 1917 et devient bientôt l'un des leaders du mouvement.

À compter de 1918, le mouvement prend une nouvelle ampleur et le rythme des fondations s'accélère. Appuyé par un ensemble d'institutions catholiques, propagé par ses aumôniers, le message du syndicalisme catholique est diffusé dans tous les centres industriels du Québec. Il devient bientôt nécessaire de regrouper ces nouveaux syndicats au sein d'une structure fédérative. Lors d'un congrès tenu à Hull, en 1921, les délégués créent la Confédération des travailleurs catholiques du Canada (CTCC).

Malgré son nom, la nouvelle centrale recrute surtout ses adhérents au Québec, parmi les Canadiens français. Au moment de sa fondation, elle prétend compter 45 000 membres, mais ce nombre est nettement exagéré; selon l'estimation de Jacques Rouillard, ses effectifs sont en 1922 de 17 600 syndiqués, regroupés en 120 unités. Ainsi, la CTCC représente environ le quart de tous les effectifs syndicaux du Québec. C'est d'ailleurs sa meilleure performance de la période, puisque après 1921 elle entre dans une phase de stagnation et même de déclin relatif. Les syndicats catholiques sont surtout implantés à Québec et dans les centres industriels autres que Montréal; ils sont nettement minoritaires dans la métropole, où les syndicats internationaux dominent.

Quant aux syndicats nationaux qui ne se définissent pas comme catholiques et qui continuent à être rejetés par le CMTC, ils se regroupent en 1927 dans une nouvelle centrale, le Congrès pancanadien du travail. Sa composante principale est la Fraternité canadienne des cheminots. Le congrès reste cependant une organisation assez faible. Au cours des années 1920, le nombre des syndicats nationaux au Québec varie entre 30 et 40, mais ils ne sont pas tous affiliés au CPT. Pendant cette décennie, syndicats catholiques et syndicats nationaux rassemblent environ le tiers des effectifs québécois.

Les scène syndicale est toujours dominée par le CMTC, qui se définit comme le regroupement des filiales canadiennes des syndicats internationaux. Le CMTC est dans une phase de stagnation au cours des années 1920, le nombre de ses unités au Québec tombant même de 334 en 1921 à 314 en 1926. La forte inflation, qui s'accélère pendant la guerre, stimule les revendications ouvrières, surtout en 1918 et 1919, et permet au mouvement syndical de recruter un grand nombre de nouveaux adhérents. Le ralentissement économique et le chômage du début des années 1920 entraînent une nette démobilisation et une baisse des effectifs, dont le mouvement syndical ne se remet que lentement. Les syndicats internationaux réduisent leurs efforts de recrutement, mais connaissent tout de même une certaine expansion dans les secteurs de la métallurgie et des pâtes et papier. Ils continuent à représenter la majorité (environ 60%) des syndicats implantés au Québec.

L'option des syndicats internationaux pour le syndicalisme de métiers les empêche de répondre adéquatement aux besoins de groupes importants de travailleurs: les ouvriers sans qualifications et les employés des très grandes entreprises où œuvrent des représentants de plusieurs métiers. Pour s'adapter à cette situation, il faudrait créer des syndicats industriels, regroupant tous les travailleurs d'une industrie, indépendamment de leurs métiers ou de leurs qualifications; mais les syndicats internationaux manifestent peu d'intérêt pour cette solution.

Les années 1920 sont donc marquées par la division du mouvement ouvrier et par un net ralentissement des efforts d'organisation. Le militantisme est en déclin et l'action politique ouvrière est presque réduite à néant. Ces années sombres contrastent avec le dynamisme du mouvement syndical du début du siècle.

La législation ouvrière

Avec plusieurs années de retard et de façon très lente, le gouvernement québécois commence à donner suite à certaines recommandations formulées en 1889 par la Commission royale d'enquête sur les relations entre le capital et le travail et maintes fois reprises par les syndicats. Dans les trois premières décennies du siècle, les principales lois du gouvernement québécois en matière de travail portent sur les accidents, les bureaux de placement, le travail des femmes, celui des enfants, la conciliation et l'arbitrage et la reconnaissance juridique des syndicats. En trente ans, c'est peu.

L'industrialisation accélérée pose avec acuité le problème des accidents du travail et de leurs conséquences pour ceux qui en sont victimes. De 1890 à 1907, les inspecteurs des établissements industriels recensent 4608 cas d'accidents, dont 263 mortels. Comme les patrons ne déclarent pas tous les cas d'accidents, il est certain que le nombre est plus élevé.

L'ouvrier victime d'un accident, ou sa famille en cas de décès, doit recourir aux tribunaux pour être indemnisé. Or il est pratiquement impossible à un ouvrier d'engager des procédures judiciaires coûteuses, car il doit faire la preuve que le patron est responsable de l'accident. Les syndicats demandent depuis longtemps à l'État de corriger cette situation qui jette dans la misère des centaines de familles ouvrières.

Après une enquête, le gouvernement québécois, à l'instar de ceux d'autres provinces propose une loi pour remédier à la situation. La loi des accidents du travail de 1909 consacre le principe du risque profes-sionnel, c'est-à-dire qu'indépendamment de la faute du patron ou de l'ouvrier, celui-ci sera indemnisé en cas d'accident. Cependant, l'in-demnité maximale n'est que de 50% de son salaire.

En 1926, le gouvernement apporte quelques amendements à la loi, en réponse aux pressions des syndicats. Désormais, le patron doit s'assurer auprès d'une compagnie d'assurances reconnue, afin que les travailleurs soient protégés même si l'entreprise vient à disparaître. L'indemnité est augmentée et couvre maintenant jusqu'aux deux tiers du salaire régulier. Après deux ans de tergiversations, la nouvelle loi entre en vigueur. Le gouvernement finit par se résoudre à instituer, comme en Ontario, une Commission des accidents du travail (CAT), qui sert de tribunal en matière d'accidents et qui détermine le montant de l'indemnité. Les travailleurs ne peuvent en appeler d'une décision de la CAT devant les tribunaux ordinaires. S'il est vrai que cette nouvelle loi améliore le sort des accidentés, elle comporte aussi des lacunes, car elle reste muette sur la question des maladies industrielles. Chose certaine, elle répond à un problème aigu puisque, dans la seule année 1929, on recense 21 377 cas d'accidents, dont 152 entraînent le décès de la victime et 2497 produisent une incapacité permanente.

Outre les accidents, le chômage demeure un problème majeur pour les ouvriers. Il n'existe aucun système de protection contre ce fléau et plusieurs témoignages disent la misère dont souffrent les familles qui en sont frappées. Aucune statistique ne permet d'en mesurer l'ampleur, mais c'est indéniablement un phénomène important. Il prend d'ailleurs deux formes: une première, liée aux fluctuations économiques, et une seconde, liée au ralentissement saisonnier de certaines activités. Ainsi, les travailleurs des ports du Saint-Laurent et ceux de la construction sont, chaque année, soumis au chômage durant la saison froide, quelle que soit la conjoncture. La seule mesure législative pour contrer le chômage est la création par le gouvernement provincial de bureaux de placement publics fonctionnant parallèlement aux bureaux privés et offrant leurs services gratuitement. Quant aux bureaux privés, on leur interdit en 1914 d'exiger plus de 3$ d'honoraires. En 1918, le gouver-nement fédéral offre de payer une partie des coûts encourus par les provinces pour ce service à condition qu'elles acceptent de coordonner

SEPT HOMMES SONT BROYES A MORT, HIER, A KENOGAMI

Un terrible accident est arrivé à la nouvelle pulperie que construit la Canadian Stewart Co., pour la compagnie Price.--Les victimes sont presque toutes des Canadiens-Français.

(Du correspondant de la PRESSE)

Jonquière, 2. — Un terrible accident, qui a causé la mort de 7 personnes, est arrivé, hier' après-midi, vers quatre heures, à Kenogami. Les victimes, qui étaient à l'emploi de la Canadian Stewart Company, qui construit une pulperie pour la compagnie Price ,travaillaient sous un concasseur, lorsqu'une poutre surchargée céda. Les hommes furent broyés à mort. Six d'entre eux sont canadiens-français et le septième est anglais. Quelques-uns sont mariés et père de famille. Parmi les victimes on compte un de nos concitoyens, M. Girard. Ce dernier est marié mais n'a pas d'enfants. Les autres sont tous des étrangers et ne sont pas connus ici. Le coroner doit tenir une enquête.

LES VICTIMES

Québec, 2 — Une dépêche de Jonquières nous apprend que les victi-

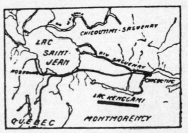

CARTE INDIQUANT où se trouve Kenogami, le théâtre d'un terrible accident qui a coûté la vie à sept ouvriers, dont six Canadiens-français.

mes de l'accident de Kenogami sont les suivantes: Frank Aubut, Joseph et Edmond Plourde, de Saint-Godfroi de Bonaventure; Jean Huard, de Paspébiac, comté Bonaventure; Daniel Durcel, Baie Saint-Paul; David Girard, Jonquières, et J. Chardoux, Suisse.

Le problème des accidents de travail est l'un des plus importants qui se pose sur la scène ouvrière au début du siècle. (*La Presse*, 2 juillet 1912)

leurs efforts. Ces bureaux, qui ne s'attaquent que très partiellement au problème du chômage, ont pour but de favoriser un meilleur ajustement entre l'offre et la demande sur le marché du travail et, à ce titre, sont bien vus tant des patrons que des ouvriers. De 1911 à 1929, plus de 240 000 ouvriers obtiennent un emploi grâce aux cinq bureaux publics.

Dans la seule année 1929, sur 52 000 demandes d'emploi, les bureaux réussissent à placer 27 330 personnes.

Les gouvernements ne font cependant à peu près rien d'autre pour les chômeurs. Ils sont toutefois obligés de poser quelques gestes pour les travailleurs les plus vulnérables, c'est-à-dire les enfants et les femmes. En effet, depuis longtemps, plusieurs groupes dénoncent les abus auxquels sont soumis ces travailleurs, en particulier en ce qui a trait à l'âge d'entrée sur le marché du travail, au nombre d'heures de travail et aux salaires.

Le meilleur moyen, sinon le seul, d'éviter l'exploitation du travail des enfants est encore de rendre l'école obligatoire, comme le demandent certains syndicats et certains libéraux qualifiés de radicaux. Le clergé en particulier est hostile à cette solution. Le gouvernement, qui ne veut pas affronter l'Église catholique et qui veut enlever des armes aux partisans de l'école obligatoire, essaie par diverses contorsions législatives de corriger la situation. En 1907, il fait adopter une loi stipulant que les enfants au travail, âgés de 12 à 16 ans et qui ne savent pas lire ou écrire couramment, doivent suivre des cours du soir. C'est évidemment une mesure cruelle, comme le font remarquer les inspecteurs des établissements industriels. En effet, comment exiger d'un enfant qui travaille dix heures par jour, six jours par semaine, de suivre en plus des cours du soir? C'est pourquoi, en 1910, le gouvernement interdit tout simplement d'embaucher des enfants analphabètes de moins de 16 ans. Quant à ceux qui savent lire, la loi permet, depuis 1885, de les embaucher à compter de 12 ans, s'il s'agit d'un garçon, et de 14 ans, s'il s'agit d'une fille. En 1910, la loi porte à 14 ans l'âge minimum pour pouvoir travailler dans un établissement industriel. Une telle loi ne règle pourtant pas le problème des milliers d'enfants qui travaillent ailleurs que dans les usines, comme livreurs d'épicerie, commis de magasin, manutentionnaires ou domestiques. Elle néglige également ceux qui ne sont pas directement sur le marché du travail, comme ces filles qui doivent rester à la maison pour élever leurs frères et sœurs.

Le gouvernement est aussi amené à limiter les heures de travail pour les enfants et les femmes. Progressivement, dans certains secteurs, la semaine de travail est réduite de 60 à 55 heures et, en 1919, on institue la Commission du salaire minimum pour les femmes qui, en fait, ne commence à fonctionner qu'en 1925. Ces lois protectrices sont, dans

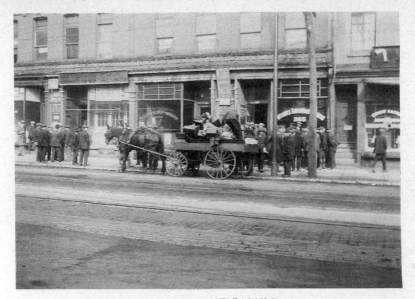

Un bureau de placement privé en 1924. (ANC, PA86586)

l'ensemble, difficiles à appliquer et relativement inoffensives pour les patrons.

Un autre secteur qui attire l'attention des gouvernants est celui des relations de travail. Dès le début du siècle, on s'efforce de réduire le nombre de conflits. En 1900, le gouvernement fédéral, imité par celui du Québec en 1901, propose aux parties syndicales et patronales des services de conciliation et d'arbitrage. Elles sont libres d'y recourir et les décisions n'ont pas de caractère contraignant. L'intervention de l'État dans ce secteur amène la création de services spécialisés qui se transforment graduellement en ministères du Travail, tant à Ottawa qu'à Québec.

Dès 1907, le fédéral veut rendre la conciliation obligatoire dans plusieurs secteurs. Mais en 1925, le Conseil privé estime qu'il outrepasse ses pouvoirs en intervenant aussi largement dans un domaine qui touche la propriété et les droits civils relevant des provinces. Le tribunal reconnaît cependant qu'Ottawa peut intervenir dans certains secteurs qui relèvent directement de sa compétence, comme les chemins de fer. Cet effort pour encadrer et possiblement freiner les mouvements de grèves est aussi partagé par les gouvernements provinciaux. Ainsi en 1921, à la suite de grèves chez les pompiers et les policiers de Montréal, puis dans d'autres services municipaux de la métropole et de Québec, le gouvernement décide de rendre obligatoire le recours à la conciliation et à l'arbitrage dans ces secteurs, avant le déclenchement d'une grève ou d'un lock-out.

Le gouvernement essaie aussi de mieux encadrer le syndicalisme en faisant voter en 1924 la loi des syndicats professionnels, qui permet à ceux-ci d'obtenir une pleine reconnaissance juridique. En principe, une telle loi protège les syndiqués, mais elle contient aussi des clauses restrictives, comme l'obligation pour les dirigeants d'un syndicat reconnu d'être sujets britanniques. Les deux tiers des membres doivent aussi être sujets britanniques. Cette loi est facultative. Les syndicats catholiques voient d'un œil favorable une telle mesure, qu'ils avaient réclamée depuis quelques années, tandis que les syndicats internationaux, qui s'opposent à l'incorporation, la boudent.

Au Québec, les relations de travail sont d'abord considérées comme des relations individuelles, donc relevant du code civil, ce qui a pour effet certain de favoriser les patrons. Peu à peu, sous la pression des travailleurs, le gouvernement est obligé d'intervenir pour au moins limiter les pires abus et finit par admettre que les problèmes de travail ont un caractère collectif. Les milieux patronaux exercent des pressions en sens inverse pour obtenir un meilleur contrôle des syndicats et une limite aux mouvements de grèves. Mais, somme toute, le gouvernement ne prend guère d'initiative et se contente d'une législation minimale pendant cette période d'intense industrialisation.

ORIENTATIONS BIBLIOGRAPHIQUES

ARMSTRONG, Robert. *Structure and Change. An Economic History of Quebec*. s.l., Gage, 1984. Chap. 15.

COPP, Terry. *Classe ouvrière et pauvreté. Les conditions de vie des travailleurs montréalais 1897-1929*. Montréal, Boréal Express, 1978. 213 p.

DAGENAIS, Michèle. *Division sexuelle du travail en milieu bancaire: Montréal, 1900-1930*. Thèse de M.A. (histoire), Université du Québec à Montréal, 1987. 180 p.

GAGNÉ, Jean H. et Gérard TRUDEL. *La législation du travail dans la province de Québec, 1900-1953*. Québec, Commission royale d'enquête sur les problèmes constitutionnels, 1955. Annexe 6, 81 p.

HARVEY, Fernand, dir. *Le mouvement ouvrier au Québec*. Montréal, Boréal Express, 1980. 330 p.

Histoire du mouvement ouvrier au Québec. 150 ans de luttes. 2ᵉ édition. s.l., CSN-CEQ, 1984. Chap. II.

LOWE, Graham S. *Women in the Administrative Revolution. The Feminization of Clerical Work*. Toronto, University of Toronto Press, 1987. 234 p.

MINVILLE, Esdras. *La législation ouvrière et le régime social dans la province de Québec*. Étude préparée pour la Commission royale des relations entre le Dominion et les provinces. Ottawa, Imprimeur du roi, 1939. Appendice 5, 98 p.

PELLETIER, Michel et Yves VAILLANCOURT. *Les politiques sociales et les travailleurs*. Cahier I : *Les années 1900 à 1929*. Montréal, s.e., 1974. 132 p.

RAYNAULD, André. *Croissance et structure économiques de la province de Québec*. Québec, ministère de l'Industrie et du Commerce, 1961. Chap. 6.

ROUILLARD, Jacques. *Les travailleurs du coton au Québec, 1900-1915*. Montréal, PUQ, 1974, 152 p.

ROUILLARD, Jacques. «L'action politique ouvrière, 1899-1915», Fernand DUMONT *et al.*, dir., *Idéologies au Canada français 1900-1929*, (Québec, PUL, 1974): 267-312.

ROUILLARD, Jacques, *Les syndicats nationaux au Québec de 1900 à 1930*. Québec, PUL, 1979. 342 p.

ROUILLARD, Jacques. *Histoire du syndicalisme québécois. Des origines à nos jours*. Montréal, Boréal, 1989. Chap. 2.

SAINT-PIERRE, Arthur. *L'organisation ouvrière dans la province de Québec*. Montréal, École sociale populaire, 1911.

CHAPITRE 27

LES RURAUX

En 1931, la population rurale s'élève à 1 060 649 personnes, dont seulement 73% vivent sur des fermes. C'est donc dire que plus du quart demeure dans les villages et est composé de journaliers, d'artisans, de commerçants, de rentiers et de membres des professions libérales. Quant aux 135 957 fermes recensées en 1931, elles comptent une moyenne de 5,7 personnes et utilisent une main-d'œuvre importante, en majorité non salariée, composée surtout de membres de la famille. Socialement, les agriculteurs ne forment pas un groupe homogène: il n'y a pas de commune mesure entre une ferme de 100 acres dans une nouvelle région de colonisation et une exploitation de la même taille dans l'île Jésus. On trouve toutes les variantes possibles entre une agriculture de subsistance fonctionnant presque en vase clos et une agriculture de caractère commercial, liée aux marchés urbains ou à une spécialisation. Encore une fois, le monde rural n'est pas homogène.

Toutefois, au début des années 1920, l'agriculture est touchée durement par la récession; non seulement les prix s'effondrent, mais la surproduction de guerre a entraîné un endettement important chez les cultivateurs, pour s'acheter qui de la terre, qui de la machinerie. Dans ces circonstances — et cette conjoncture dépasse les frontières du Québec —, les agriculteurs cherchent à renforcer leurs organisations coopératives et à se doter d'une association professionnelle. Certes, déjà au 19ᵉ siècle, ont existé des associations agricoles, mais elles étaient soit organisées, soit contrôlées par le gouvernement ou le clergé. L'exemple le plus connu est celui des cercles agricoles, qui se sont multipliés après 1876. Très rapidement, par le jeu des subventions, le gouvernement s'en est emparé et a réduit leurs activités à l'organisation de conférences et de concours. En définitive, les agriculteurs n'avaient pas d'organisations qui leur étaient propres. Mais voici qu'au tournant du siècle apparaissent des organisations d'un type nouveau, les coopératives.

Les coopératives

Aux États-Unis, c'est le mouvement des *Grangers*, fondé en 1867, qui joue le rôle de pionnier dans la coopération agricole. Très rapidement, il s'étend au Canada, particulièrement en Ontario, où les Grangers obtiennent du gouvernement provincial la tenue d'une enquête sur l'état de l'agriculture en 1879. Cependant, cette influence n'est pas la seule à agir sur le mouvement coopératif canadien. Les premières coopératives de consommation sont implantées par des ouvriers d'origine britannique et s'inspirent largement de l'exemple anglais. Le Québec, quant à lui, ajoute à ces influences celles de la France et surtout de la Belgique, où une coopérative d'agriculteurs catholiques sert de modèle à l'abbé Allaire, animateur du mouvement coopératif durant les deux premières décennies du siècle.

Un premier type d'institutions de coopération a vu le jour vers le milieu du 19e siècle dans le monde agricole: les mutuelles-incendie et les sociétés de fabrication de beurre et de fromage. Avant 1900, existent une trentaine de sociétés mutuelles-incendie, la première remontant à 1852. Les deux premières sociétés de fabrication de beurre et de fromage sont celles de la baie du Febvre et de Rivière-Ouelle ; dès 1883, il en existe un certain nombre, toutes organisées en fonction de la production. À partir de 1891, la Société d'industrie laitière de la province de Québec, fondée en 1882, organise un nouveau type d'association: des syndicats de beurrerie et de fromagerie, surtout préoccupés d'améliorer la qualité de la production. Dans ce but, elle met sur pied un service d'inspection et un service de professeurs-visiteurs assurant la diffusion des nouvelles techniques.

Le mouvement de coopération agricole prend vraiment son essor durant les premières décennies du 20e siècle. C'est en 1903 qu'est fondée, dans le comté de Shefford, la première coopérative agricole locale. Le mouvement prend rapidement de l'ampleur et se trouve facilité par la loi de 1906 régissant les syndicats coopératifs. À l'époque de la Première Guerre mondiale, une confédération de coopératives agricoles regroupe une centaine d'organismes membres, mais disparaît en 1920.

Parallèlement à la création de coopératives locales, on assiste à la fondation, à quelques années d'intervalle, de coopératives centrales, regroupant les cultivateurs non plus sur une base locale, mais autour d'une production ou d'un service. En 1911, à l'instigation de la Société

Une fête rurale typiquement québécoise: l'épluchette de blé-d'Inde. (gravure d'Edmond-Joseph Massicotte)

d'industrie laitière, naît à Montréal la Coopérative des fromagers du Québec, dont les activités s'étendent très rapidement aux produits avicoles, au miel et même aux produits de l'élevage, notamment le bacon. L'année suivante, on met sur pied une centrale d'achats, le Comptoir coopératif de Montréal, qui regroupe des cercles agricoles, des coopératives ou des individus. Enfin, en 1914, apparaît la Société coopérative des producteurs de grains de semence de Québec, qui a pour but d'assurer aux cultivateurs des semences de meilleure qualité.

Au début des années 1920, l'idée d'une fusion de ces trois coopératives est dans l'air. Cependant, la conjoncture de crise agricole donne à ce mouvement, ainsi qu'à celui qui aboutit à la formation de l'Union catholique des cultivateurs, une coloration et une importance inattendues. À partir de la fin de la guerre, les milieux agricoles canadiens sont en pleine effervescence et on assiste à la montée en flèche d'un militantisme qui n'est pas sans inquiéter les gouvernements. Une association originaire de l'Ouest canadien, les Fermiers unis, déjà au pouvoir dans trois provinces et jouant un rôle important à Ottawa, s'implante lentement dans l'ouest du Québec et, en 1920, elle s'entend avec l'Union des cultivateurs, dont il sera question plus bas, pour se partager les comtés et pour se donner l'objectif commun de former un parti agraire. De fait, aux élections fédérales de 1921, les Fermiers unis, forts d'environ 5000 membres, forment avec l'Union des cultivateurs le Parti fermier-progressiste du Québec. Le nouveau parti présente des candidats dans 21 circonscriptions et, s'il ne réussit pas à entamer le bloc libéral, il n'en recueille pas moins 11% des voix. Le gouvernement Taschereau est d'autant plus inquiet que des membres influents des organismes agricoles prennent ouvertement fait et cause pour le nouveau parti.

D'après Firmin Létourneau, c'est devant la montée des Fermiers unis en 1921 que le ministre de l'Agriculture décide de gagner de vitesse celui qui a été l'un des plus ardents propagandistes du mouvement, l'agronome J.-N. Ponton, et de fusionner d'office les trois coopératives centrales dans la Coopérative fédérée. En 1922, en effet, Ponton, se remettant de la défaite électorale des Fermiers unis, relance le débat autour de la coopération dans le *Bulletin des agriculteurs* et le ministre J.-E. Caron peut craindre que la fusion ne se fasse au bénéfice des Fermiers unis.

Après la création de la Fédérée en 1922, la lutte se fait à l'intérieur des structures et, rapporte Firmin Létourneau, «les assemblées annuelles de la coopérative fédérée dégénèrent en assemblées contradictoires: M. Caron et ses amis d'un bord, Ponton et les siens de l'autre». Ce n'est qu'en 1929 que cette petite guerre cesse, alors qu'un nouveau ministre de l'Agriculture forme un comité d'enquête sur la coopérative. Celui-ci propose de lever la tutelle du ministère et de donner le pouvoir aux coopératives affiliées. C'est chose faite en 1930. Entre temps, cependant, l'Union catholique des cultivateurs, méfiante, a lancé son propre mouvement coopératif, si bien que deux organisations parallèles existeront jusqu'en 1938.

Les associations professionnelles

Avant la Première Guerre mondiale, les cultivateurs n'ont jamais eu d'organisation professionnelle. Au 19e siècle, ont existé les sociétés d'agriculture et les cercles agricoles, mais même si ceux-ci étaient plus près des cultivateurs grâce à leur base paroissiale et à leurs préoccupations, les deux mouvements demeuraient dirigés d'en haut et dépendaient financièrement des autorités politiques.

En 1918, le projet du gouvernement fédéral de conscrire les jeunes cultivateurs et garçons de ferme de la tranche d'âge de 20-22 ans suscite, pour la première fois, une réponse spécifique des agriculteurs comme groupe d'intérêt. Au mois de mai de la même année, le Comptoir coopératif de Montréal décide de se joindre aux Fermiers unis de l'Ontario pour aller manifester à Ottawa contre la décision gouvernementale. Près de 2000 cultivateurs répondent à l'appel.

Par la suite, encouragés par le succès de cette manifestation, des cultivateurs veulent se doter d'une association. Le congrès de fondation a lieu en août 1918, à Saint-Hyacinthe, et le maire de cette ville, T.-D. Bouchard, également député libéral, réussit à s'immiscer dans les débats et à influencer l'orientation de l'association. D'après l'historien Robert Migner, il agit sans doute de concert avec le ministre de l'Agriculture, qui se méfie beaucoup d'un éventuel mouvement autonome. À une assemblée ultérieure, la proposition de Bouchard de désigner l'association sous le nom d'Union des agriculteurs de la province de Québec est adoptée et il est lui-même choisi comme organisateur du mouvement après avoir fait élire six de ses collaborateurs comme directeurs. Mais, en décembre de la même année, des militants déçus de la tournure des événements fondent à Saint-Jérôme une organisation rivale, l'Union des cultivateurs de la province de Québec. Très rapidement, les contacts se multiplient entre les deux associations et, malgré l'hostilité du ministre Caron, la fusion se fait en juillet 1919. En janvier 1920, la nouvelle Union des cultivateurs ne compte que 500 membres et le ministre Caron, qui ne semble pas avoir renoncé à tout espoir de contrôle, déclare: «Je ne crains pas de voir nos agriculteurs former des associations, pourvu que ces associations ne mènent pas à la lutte des classes.»

Vers 1921, l'Union des cultivateurs s'allie aux Fermiers unis de Québec. Cette organisation, fondée en 1920 dans la foulée du mouvement canadien du même nom, vise des objectifs à la fois professionnels et politiques. Elle est bien implantée dans la région de l'Outaouais, le nord de Montréal et les Cantons de l'Est; elle attire également une bonne proportion d'agriculteurs anglophones. Rassemblant jusqu'à 5000 membres en 1923, elle semble hésiter à maintenir ses objectifs d'action politique autonome des cultivateurs, après l'expérience du Parti fermier-progressiste (1921) et les élections provinciales de 1923.

Cependant, l'idée d'une nouvelle association vouée exclusivement à la défense des intérêts professionnels des cultivateurs gagne du terrain. En octobre 1924, un groupe animé par Ponton organise dans ce but un congrès à Québec. On n'y attend que 600 cultivateurs, il en vient 2400, qui créent l'Union catholique des cultivateurs de la province de Québec. À la direction de l'UCC, se trouvent deux des instigateurs du mouvement, le cultivateur Laurent Barré et l'agronome Firmin Létourneau.

Le principal problème de la nouvelle association est sa crédibilité. Pour tenter de neutraliser l'influence du ministre de l'Agriculture, qui voit dans toute association professionnelle se profiler un parti politique,

Laurent Barré, 1866-1964, premier président de l'Union catholique des cultivateurs. (ANQ)

les dirigeants de l'UCC se tournent vers l'Église catholique. Or cette dernière demande des gages; elle ne veut pas d'une association trop politisée, ni trop radicale. En particulier, la tension entre J.-N. Ponton, propriétaire du *Bulletin des agriculteurs*, organe officieux de l'UCC, et le ministre de l'Agriculture, comme d'ailleurs l'attitude militante du président Laurent Barré, lui apparaissent comme autant d'obstacles. Au congrès de 1926, alors que l'association connaît un essor indiscutable — 13 000 membres — en échange d'un appui de l'épiscopat, Barré et Ponton décident de s'effacer et démissionnent. L'association y perd un président dynamique et un journal de combat. Enfin, en 1928, l'épiscopat approuve l'Union catholique des cultivateurs, tout en insistant sur la neutralité politique de l'association.

L'UCC repose sur une structure à deux niveaux: au niveau local, les cercles paroissiaux et, à l'échelle provinciale, le bureau central. Il y aura éventuellement un niveau intermédiaire, la fédération diocésaine. En 1929, l'UCC a définitivement écarté les autres associations — les Fermiers unis voient le nombre de leurs membres décroître sans cesse — pendant que le changement de titulaire au ministère de l'Agriculture, en cette même année, vaut à l'union la reconnaissance juridique officielle en vertu de la loi des compagnies. Toutefois, vers la même époque, l'importance de la représentation de la région de Montréal a beaucoup diminué, alors qu'au début des mouvements de revendication agricole les cultivateurs de cette région étaient très actifs. Les premières années de l'UCC sont marquées surtout par des problèmes d'organisation interne; mais l'examen des résolutions de ses congrès annuels montre que l'union tente de prendre en charge les grands problèmes des agriculteurs, en particulier celui du crédit agricole à long terme, celui de la colonisation et celui du financement des écoles.

Au cours des trente premières années du siècle, le monde rural ne reste pas inerte et passif devant les transformations qu'il subit. Au sortir de la Première Guerre mondiale, la montée du militantisme rural témoigne d'une volonté réelle de changement. Même si l'aventure politique du parti agraire reste sans lendemain, il en va tout autrement du mouvement coopératif et de l'Union catholique des cultivateurs, tous deux promis à un très riche avenir.

ORIENTATIONS BIBLIOGRAPHIQUES

FAUCHER, Albert. *Histoire économique et unité canadienne.* Montréal, Fides, 1970. 296 p. Première partie, chapitres 5 et 6; deuxième partie, chapitre 5.

HAMELIN, Jean et Yves ROBY. «Québec 1896-1929: une deuxième phase d'industriali- sation». Fernand DUMONT et al., dir., *Idéologies au Canada français 1900-1929,* (Québec, PUL, 1974): 15-28.

HAYTHORNE, G.V. et L.C. MARSH. *Land and Labour.* Toronto, Oxford University Press, 1941, 568 p.

KESTEMAN, Jean-Pierre, en collaboration avec Guy BOISCLAIR et Jean-Marc KIROUAC. *Histoire du syndicalisme agricole au Québec. UCC-UPA 1924-1984.* Montréal, Boréal, 1984. 327 p.

LÉTOURNEAU, Firmin, *Histoire de l'agriculture.* s.l., s.e., 1968. 398 p.

MIGNER, Robert-Maurice. *Le monde agricole québécois et les premières années de l'Union catholique des cultivateurs (1918-1930).* Thèse de Ph.D. (histoire), Université de Montréal, 1975. 424 p.

MIGNER, Robert-Maurice. *Quand gronde la révolte verte.* Montréal, La Presse, 1980. 263 p.

NOISEUX, Danielle. *La modernisation agricole dans les comtés de Laprairie et Napierville, 1920-1970: les choix des producteurs.* Mémoire de maîtrise (histoire), Université du Québec à Montréal, 1985. 158 p.

CHAPITRE 28

LES CONDITIONS DE VIE

La vie à la campagne

Si en apparence les conditions de vie et de travail dans le monde rural ne changent pas radicalement entre 1896 et 1929, ces années sont néanmoins marquées par un mouvement de modernisation très présent qui investit lentement les pratiques anciennes et les transforme. L'anthropologue Horace Miner, qui a étudié minutieusement une paroisse de type traditionnel en 1936, écrit que la culture rurale canadienne-française a davantage changé durant les quarante années précédant son enquête qu'au cours de tout le siècle antérieur. Ce mouvement amène les ruraux à adopter des valeurs et des comportements nouveaux et se caractérise par l'intégration de plus en plus poussée du monde rural à la société industrielle ambiante. Ces changements sont plus visibles dans la consommation quotidienne, où Miner observe le recul de l'autosuffisance. Les biens fabriqués ailleurs qu'à la ferme s'introduisent graduellement, coexistant dans un premier temps avec les productions domestiques. Par exemple, si on trouve à Saint-Denis-de-Kamouraska des fermes où on utilise encore le four à pain, un boulanger passe dans la paroisse deux fois par semaine; pareillement, le savon domestique recule devant celui que vend le magasin général.

Les élites de l'époque ne s'y trompent d'ailleurs pas. Le passage suivant, tiré de l'introduction du roman *La campagne canadienne* du jésuite Adélard Dugré, est révélateur de la perception qu'on a des changements en 1925: «Les campagnes elles-mêmes ne sont plus un refuge assuré pour nos vieilles coutumes. Depuis longtemps déjà, mais surtout depuis l'invasion de nos paisibles paroisses par la grosse presse, l'automobile et les catalogues des grosses maisons d'affaires, nos bonnes gens s'enorgueillissent d'adopter le langage, les modes et les mœurs de la ville, qui sont une imitation de la langue, des modes et des mœurs américaines.»

Le travail aux champs mobilise adultes et enfants. (ANQ, GH1072-33)

Le phénomène de l'accélération des contacts y est pour beaucoup. Même si le monde rural n'a jamais été complètement isolé, il reste que les effets conjugués du chemin de fer et de l'automobile, auxquels s'ajoute l'impact de la Première Guerre mondiale, transforment en profondeur la vie de relation des campagnes durant les deux premières décennies du 20e siècle. Le réseau ferroviaire, qui atteint la plupart des régions du Québec vers la fin du siècle précédent, permet d'intensifier les relations entre elles, tout en favorisant les échanges de population avec les États-Unis. La création, en 1912, du département de la Voirie marque le départ d'une politique d'amélioration des routes qui se poursuit activement en réponse aux besoins créés par la diffusion de l'automobile et l'essor du tourisme. Le réseau routier, dont la qualité et l'entretien s'améliorent lentement, dessert de mieux en mieux le territoire, facilitant d'autant les contacts. C'est le cas non seulement dans le voisinage des villes, auxquelles les ruraux ont ainsi un accès plus facile, mais aussi dans les régions traditionnellement plus isolées, comme la Gaspésie, où la route de ceinture, tout en favorisant le tourisme, améliore les communications locales.

Le tissage artisanal à Saint-Bruno. (Archives du Canadien National)

La Première Guerre mondiale accélère l'intégration plus grande du monde rural aux courants qui affectent l'ensemble de la société. Les gouvernements contribuent alors à étendre l'articulation au marché en incitant les agriculteurs à se tourner vers les productions plus spécialisées, sources de revenu monétaire. De jeunes ruraux s'enrôlent et découvrent ainsi de nouveaux horizons, tandis que d'autres viennent chercher, à la ville, les emplois créés par la production de guerre. Enfin, l'intense mouvement de population vers les États-Unis, qui se poursuit, exerce lui aussi un effet d'ouverture: visites de la parenté, séjours de travail et retours définitifs mettent en contact de vastes segments du monde rural québécois avec des expériences et des réalités nouvelles.

En apparence, la diffusion des innovations demeure limitée et partielle. Encore en 1930, par exemple, bien que le tiers du parc automobile du Québec soit en milieu rural, seulement une ferme sur cinq est équipée d'une auto ou d'un camion. L'accès à l'électricité est également limité, puisque moins de 15% des fermes sont alors desservies; c'est ce qui explique en partie la lenteur de la pénétration de la radio à la campagne: le nombre de foyers ruraux possédant un récepteur n'atteint pas 10%, tandis que pour les fermes, la proportion baisse à 6,3%. Par contre, le téléphone est plus répandu: près du cinquième des fermes en est pourvu. Enfin, près de 14% des exploitations agricoles disposent de l'eau courante dans la cuisine. Beaucoup de ces nouveautés sont d'ailleurs récentes et liées à la prospérité des années 1920. De plus, leur diffusion est inégale: plus rapide au voisinage des grandes villes et en particulier dans la plaine de Montréal, elle touche différemment les autres régions. Toutefois, les retombées sont plus larges que ne le laisseraient croire ces mesures. L'utilisation collective de certaines de ces nouveautés, comme la radio, augmente leur force d'impact, et les modèles qu'elle diffuse modifient toutes les dimensions de la vie rurale, idées, culture, vie matérielle.

Cette vie rurale conserve cependant ses grands traits. La famille y joue toujours le rôle central, tant pour l'organisation de la sociabilité que pour celle du travail. L'agriculture demeure une entreprise familiale, où tous les membres prennent part aux travaux et où le niveau de la production est déterminé par leurs besoins. Le rang, le village et la paroisse restent les institutions essentielles. Les différences entre groupes de cultivateurs, entre le village et les rangs ou entre régions anciennes et régions de colonisation existent toujours.

L'importance des saisons dans la vie quotidienne constitue un autre élément de continuité. Le travail dépend étroitement des cycles de végétation et de reproduction animale mais, avec l'essor de la production laitière, le soin d'un troupeau de plus en plus nombreux exige des opérations quotidiennes plus contraignantes et laisse beaucoup moins de répit que les grandes cultures, qui sont de nature saisonnière. Les cultivateurs doivent aussi concilier les diverses activités dont ils tirent leurs revenus: vente de bois de chauffage, production de sucre d'érable, fourniture de pierre à concasser et participation aux travaux de voirie. Enfin, le cas des cultivateurs qui sont en même temps bûcherons ou pêcheurs est bien connu.

Les conditions sanitaires ne s'améliorent que lentement à la campagne. Outre les problèmes de qualité de l'eau, il faut souligner l'inégalité dans l'accès aux soins médicaux. Les hôpitaux sont généralement dans les villes et la dispersion de la population dans les rangs ne facilite pas le travail des médecins. Sur le plan de la santé publique, l'action du Conseil provincial d'hygiène amène, à compter de 1915, un resserrement de l'inspection sanitaire des 1158 municipalités québécoises qui se traduit par des progrès certains. Cependant, le changement le plus important est la création des unités sanitaires de comté durant les années 1920 grâce à l'appui financier de la Fondation Rockefeller. Ces unités ont exclusivement un objectif d'éducation et de dépistage. Les premières sont établies sur une base expérimentale en 1926 et, après l'adoption d'une loi en 1928, elles se multiplient. Dès 1929-1930, on compte 23 unités desservant 29 comtés.

Ainsi, les premières décennies du 20ᵉ siècle sont marquées par une nette évolution des conditions de vie du monde rural qui se fait toutefois dans une certaine continuité, sans ruptures brusques.

Vivre en ville

L'urbanisation rapide signifie qu'une proportion croissante de Québécois voient leur vie quotidienne se dérouler dans un cadre urbain. Au 19ᵉ siècle, les conditions de vie dans les villes, pour une grande partie de la population ouvrière, étaient difficiles: piètre qualité du logement, environnement insalubre, mortalité élevée. Qu'en est-il pour les premières décennies du 20ᵉ siècle? L'état de l'historiographie ne permet d'apporter que des réponses partielles, mais certains aspects se sont précisés au fil des ans. Au cours des années 1970, les premiers travaux, en particulier ceux de l'historien Terry Copp, livrent une image assez sombre des conditions de vie. Copp soutient qu'à Montréal elles ne s'améliorent guère et que, en 1930 comme en 1897, une partie importante de la population ouvrière vit sous le seuil de la pauvreté. Les recherches plus récentes permettent de nuancer quelque peu cette vision des choses. Elles indiquent une nette amélioration de la situation, même si tous les problèmes sont loin d'être réglés. À cet égard, il importe de distinguer la période du début du siècle de celle de l'après-guerre. On perçoit aussi un peu mieux la diversité du monde urbain et la complexité de sa trame sociale. Les travailleurs ne forment d'ailleurs pas un bloc homogène, aux conditions de vie indifférenciées.

Il faut d'abord rappeler que la diversité sociale et les inégalités sont inscrites dans l'espace. L'historien Jean-Pierre Kesteman le montre bien en examinant l'impact des fluctuations économiques sur les différentes unités de voisinage à Sherbrooke, entre 1870 et 1914. Les zones habitées par la bourgeoisie ou la petite bourgeoisie sont peu touchées par les mouvements de la conjoncture, tandis que celles des artisans et surtout celles des journaliers en subissent des contrecoups marqués:

entassement de population en période de croissance et départs de la ville lors des ralentissements.

À Montréal, la situation est complexe, car à la stratification sociale s'ajoute une plus grande diversité ethnique. À la faveur des migrations, l'espace montréalais se transforme notablement. Ainsi, la bourgeoisie anglophone, d'abord concentrée dans le *Golden Square Mile*, s'étend en direction de Westmount. La bourgeoisie francophone, dont le pôle principal se situe dans les environs des rues Sherbrooke et Saint-Denis, commence à migrer vers Outremont. Au sud-ouest, la nouvelle ville de Verdun se peuple d'ouvriers qualifiés, anglophones et francophones, alors que Saint-Henri attire surtout des ouvriers francophones peu qualifiés. À Maisonneuve, une subtile différence s'établit entre le quartier de Viauville, où les cols blancs sont un peu plus nombreux, et les deux autres quartiers, où dominent les ouvriers. Les nouveaux immigrants juifs montent graduellement vers le nord, dans l'axe de la rue Saint-Laurent, et leur ancien territoire se transforme en quartier chinois. Quant aux Italiens, ils s'installent entre autres dans le *Mile End*. De plus, dans chaque quartier se manifeste une division sociale et même ethnique par rues. On peut aussi déceler une hiérarchie sociale verticale dans le triplex: le propriétaire habite au rez-de-chaussée un logement beaucoup plus spacieux que ses quatre locataires des deux étages supérieurs.

La séparation entre lieu de résidence et lieu de travail, amorcée au siècle précédent, devient encore plus marquée. Des secteurs entiers ont maintenant une vocation surtout résidentielle: par exemple, l'immense plateau Mont-Royal ou le vaste quartier de Notre-Dame-de-Grâce. Même dans une ville industrielle comme Maisonneuve, les habitations occupent un espace distinct, entre deux zones couvertes d'usines. Cette division de l'espace, alliée à l'expansion territoriale, accroît la dépendance envers le tramway. Les historiens Christopher Armstrong et H.V. Nelles estiment que 63% de la main-d'œuvre montréalaise utilise quotidiennement le tramway en 1911.

La qualité de l'habitat varie considérablement selon la rue et le quartier. En général, nous l'avons vu, Montréal ne souffre pas, à la fin du 19ᵉ siècle, des problèmes de surpeuplement que connaissent New York ou Boston. Il semble cependant que la situation se détériore quelque peu avec l'arrivée massive de nouveaux citadins au début du siècle. Malgré la forte poussée de construction domiciliaire, les logements disponibles ne permettent pas de répondre entièrement à la demande et, assez souvent, les familles doivent faire de la place pour des chambreurs ou même une seconde famille. Il peut s'agir d'un phénomène temporaire, mais qui témoigne tout de même d'un malaise. La situation semble s'aggraver pendant la guerre, car la construction est ralentie. Au cours des années 1920, une nette amélioration se fait sentir et le nombre moyen de personnes par logement diminue.

La migration des populations plus anciennes vers des quartiers neufs accélère le cycle de détérioration du logement et la multiplication des taudis dans les vieux quartiers. Les Chinois de Montréal, par exemple, s'installent dans un secteur autrefois coquet mais où, entre-temps, les conditions d'habitat se sont nettement détériorées. Ailleurs, les anciennes résidences des bourgeois partis s'établir en banlieue sont subdivisées en plusieurs appartements, souvent mal conçus, ou réaménagées en maisons de chambres. Les règlements municipaux étant peu contraignants et guère respectés, les propriétaires ont toute latitude pour faire ce que bon leur semble.

Les logements neufs sont généralement de meilleure qualité et, au moins à partir de 1914, à peu près tous dotés d'éléments de confort moderne, comme l'éclairage à l'électricité, la baignoire, la toilette avec chasse d'eau. Ainsi, malgré l'existence de nombreux taudis, et les dénonciations dont ils sont l'objet, le tableau du logement dans la métropole est loin d'être totalement noir.

Les maisons construites à l'époque sont encore en majorité des duplex à trois logements et, de plus en plus, des triplex à cinq logements, parés des célèbres escaliers extérieurs. La disposition intérieure, axée sur un long couloir reliant les pièces du logis, n'est pas modifiée. Plusieurs observateurs dénoncent les déficiences de ces logements, qu'ils estiment mal éclairés et mal aérés. Il faut toutefois reconnaître qu'ils répondent bien à la nécessité de loger un nombre croissant de familles qui sont, à plus de 80%, locataires. De nouveaux modèles de maisons font aussi leur apparition, surtout dans les secteurs anglophones de l'ouest de la ville. Il y a, d'une part, la grande conciergerie, ou maison d'appartements, qui se répand dans les années 1920, et, d'autre part, le cottage qui s'implante dans certaines villes de banlieue comme Hampstead.

Si la situation du logement s'améliore, celle de l'environnement urbain stagne. Certes, les rues sont graduellement pavées et la disponibilité des services publics s'améliore. La rue a meilleur aspect, malgré la forêt de poteaux qui la défigurent, mais la ruelle, avec ses hangars faits d'assemblage de bois et de tôle, a une tout autre allure. La pollution industrielle reste très présente, les arbres et les espaces verts sont à peu près inexistants dans les quartiers ouvriers. Les enfants n'ont pour tout terrain de jeux que la ruelle. Un organisme comme la Parks and Playgrounds Association fait des pressions pour obtenir l'aménagement de terrains de jeux, mais les autorités politiques ne manifestent guère d'intérêt pour la question.

Des préoccupations d'urbanisme commencent alors à se faire jour, mais elles ont souvent une orientation étroitement esthétique, mettant l'accent sur les parcs de prestige et les grands boulevards. Cet urbanisme de façade se manifeste avec éclat à Maisonneuve, où une administration composée d'hommes d'affaires lance un projet grandiose : des édifices publics majestueux, deux grands boulevards et le vaste parc Maisonneuve. Cette politique de grandeur n'a rien à offrir aux ouvriers qui composent la presque totalité de la population de la ville et qui ne disposent, dans la zone résidentielle, d'aucun espace vert aménagé. L'exemple de Maisonneuve reste cependant isolé. À Montréal comme dans la plupart des villes du Québec l'urbanisme ne fait pas partie des préoccupations des dirigeants politiques. Seules font exception des municipalités bourgeoises comme Westmount et certaines villes planifiées par des entreprises, telles Shawinigan, Arvida et Temiskaming, mais même là il y a des différences notables entre les secteurs destinés aux cadres et ceux des ouvriers.

Par ailleurs, les conditions de vie dans les villes continuent à être caractérisées par de sérieuses déficiences dans l'état de santé des populations, même si des progrès notables sont enregistrés au cours de la période.

Montréal en particulier se distingue par un niveau extrêmement élevé de mortalité, supérieur à celui de toutes les grandes villes occidentales. Cette situation, qui existait déjà pendant la période précédente, persiste tout au cours des premières décennies du siècle. Il faut attendre l'après-guerre pour voir le taux de mortalité baisser de façon significative, mais il reste toujours plus élevé que celui de Toronto, par exemple, même si l'écart entre les deux tend à se rétrécir (graphique 1).

La composante principale de la mortalité montréalaise est certainement la mortalité infantile (graphique 2). Avant la guerre, un enfant sur quatre meurt avant d'avoir atteint l'âge d'un an. Ce taux baisse rapidement par la suite, grâce aux mesures sanitaires adoptées par l'administration mais, là encore, il reste plus élevé qu'à Toronto. Cette

GRAPHIQUE 1

TAUX GÉNÉRAL DE MORTALITÉ (DÉCÈS PAR 1000 HABITANTS)
À MONTRÉAL ET À TORONTO, 1897-1931

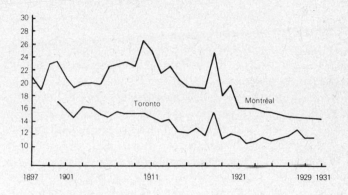

GRAPHIQUE 2

TAUX DE MORTALITÉ INFANTILE
(DÉCÈS ENTRE 0 ET 1 AN PAR 1000 NAISSANCES VIVANTES)
À MONTRÉAL ET À TORONTO, 1897-1931

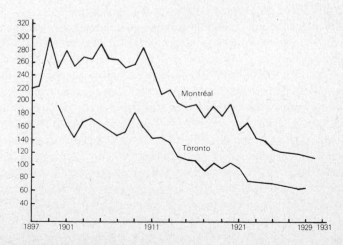

Source: T. Copp, *Classe ouvrière et pauvreté*, 182.

baisse générale n'est d'ailleurs pas répartie également dans toutes les parties de la ville, et il existe des différences notables d'un quartier à l'autre (voir la carte). En 1922, les quartiers ouvriers de l'est et du sud-ouest de la ville affichent des taux de mortalité infantile encore très élevés, alors que ceux des secteurs de l'ouest sont très bas; le taux dans Sainte-Marie ou dans Saint-Henri est quatre fois plus élevé que celui de Westmount.

La mauvaise qualité de l'eau et du lait distribués à Montréal en est un facteur déterminant. La chloration et la filtration de l'eau et la pasteurisation du lait permettent d'ailleurs d'améliorer la situation, mais sans faire disparaître les écarts considérables. Ceux-ci s'expliquent probablement en partie par des facteurs culturels et démographiques propres aux francophones, mais également par les inégalités sociales. Le système de pauvreté dans lequel vit une partie de la classe ouvrière montréalaise explique la piètre qualité de l'alimentation et du logement, lesquels ont des effets négatifs évidents sur la santé.

La mortalité infantile n'est d'ailleurs pas le seul problème. Diverses maladies affectent les Montréalais et, encore plus durement, la classe ouvrière. La tuberculose, par exemple, fauche un grand nombre de vies au début du siècle: de 1900 à 1908, le taux de mortalité par tuberculose dépasse les 200 décès par 100 000 habitants. D'après l'historien Terry Copp, ce chiffre est le plus élevé de toutes les grandes villes d'Amérique du Nord et, même s'il diminue après la guerre, il demeure trois fois plus élevé qu'à Toronto pendant les années 1920.

On relève malgré tout une importante évolution dans le domaine de la santé publique. Dans les années 1880, le Bureau de santé de la ville se limitait à un rôle d'inspection sanitaire: élimination des déchets, condamnation des logis insalubres, collecte de statistiques sur les maladies, etc. Mais au tournant du siècle, son action prend une nouvelle ampleur. C'est l'époque où les médecins, en particulier les hygiénistes, prennent ouvertement la parole pour réclamer un train de mesures touchant la vaccination, l'alimentation et la modernisation du réseau institutionnel. Mais l'administration tant municipale que gouvernementale hésite à imposer des mesures coercitives et elle n'est pas prête à consacrer des fonds importants à la santé publique. Malgré ces réticences des pouvoirs publics, on obtient des réformes qui font lentement reculer la mortalité. Les médecins hygiénistes peuvent également compter sur l'appui d'associations privées, comme la Ligue de Montréal contre la tuberculose et pour la santé publique. Regroupant surtout des hommes

TAUX DE MORTALITÉ INFANTILE
(DÉCÈS ENTRE 0 ET 1 AN PAR 1000 NAISSANCES VIVANTES)
DANS LES DIVERS QUARTIERS DE MONTRÉAL, 1922

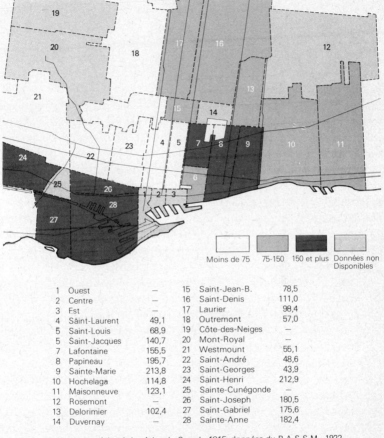

Moins de 75   75-150   150 et plus   Données non
                                      Disponibles

1	Ouest	—	15	Saint-Jean-B.	78,5
2	Centre	—	16	Saint-Denis	111,0
3	Est	—	17	Laurier	98,4
4	Saint-Laurent	49,1	18	Outremont	57,0
5	Saint-Louis	68,9	19	Côte-des-Neiges	—
6	Saint-Jacques	140,7	20	Mont-Royal	—
7	Lafontaine	155,5	21	Westmount	55,1
8	Papineau	195,7	22	Saint-André	48,6
9	Sainte-Marie	213,8	23	Saint-Georges	43,9
10	Hochelaga	114,8	24	Saint-Henri	212,9
11	Maisonneuve	123,1	25	Sainte-Cunégonde	—
12	Rosemont	—	26	Saint-Joseph	180,5
13	Delorimier	102,4	27	Saint-Gabriel	175,6
14	Duvernay	—	28	Sainte-Anne	182,4

Adapté de: *Atlas du Canada 1915*; données du R.A.S.S.M., 1922.

Source: T. Copp, *Classe ouvrière et pauvreté*, 103.

d'affaires, de telles associations s'inspirent à la fois de la tradition philanthropique et de l'intérêt bien compris d'avoir des travailleurs en meilleure santé.

Les réformes les plus importantes concernent l'approvisionnement en eau et en lait, qui touche l'ensemble de la population. La chloration de l'eau, à partir de 1910, contribue à réduire de façon marquée l'incidence de la typhoïde et permet une baisse significative de la mortalité infantile (graphique 2); la filtration y concourt également. Il faut cependant attendre 1914 pour que les Montréalais soient alimentés avec de l'eau filtrée. Dans la banlieue, la société privée Montreal Water & Power s'est d'abord refusée à filtrer son eau mais elle y consent finalement sous la pression de Westmount; cette municipalité bourgeoise réussit là où les villes à population ouvrière de Saint-Henri, Saint-Louis et Maisonneuve ont échoué.

Le lait distribué à Montréal au début du siècle est de très mauvaise qualité et en partie impropre à la consommation. La lutte pour obtenir la pasteurisation prendra plusieurs années. En 1914, seulement le quart du lait consommé à Montréal est pasteurisé, et les grandes laiteries en limitent la distribution aux secteurs cossus de l'ouest de la ville. Au cours de la décennie suivante, la pasteurisation se généralise mais il faut attendre 1926 avant qu'une loi la rende obligatoire. Pour contourner la difficulté, la ville subventionne, durant les années qui précèdent la guerre, les institutions appelées *Gouttes de lait*. Celles-ci sont des centres de puériculture, installés dans divers quartiers, où on distribue gratuitement aux enfants du lait de bonne qualité.

L'action sanitaire auprès des enfants prend plus d'ampleur au cours des années 1920, alors que se multiplient dans les quartiers les dispensaires administrés par la municipalité. Par ailleurs, un groupe de femmes, dirigé par Justine Lacoste-de-Gaspé-Beaubien, crée en 1907 l'Hôpital Sainte-Justine pour les enfants. Le Royal Edward Institute et l'Institut Bruchési sont créés pour le traitement de la tuberculose et l'Hôpital du Sacré-Cœur, construit dans les années 1920, est destiné principalement aux tuberculeux. Malgré cela, le réseau d'institutions de santé reste insuffisant pour répondre aux besoins de la population, sans compter qu'une partie de celle-ci n'est pas en mesure de payer le coût des traitements.

L'insuffisance des revenus est d'ailleurs au cœur des mauvaises conditions de vie prévalant dans certains quartiers de Montréal. Le salaire d'un ouvrier non qualifié reste insuffisant pour assurer à sa famille le minimum vital. Pour s'en tirer un peu mieux, la famille doit trouver des solutions complémentaires : second emploi pour le chef de ménage, travail salarié pour la femme ou les enfants, travaux rémunérés à domicile pour la mère, location d'une chambre ou entretien d'un

La Goutte de lait Sainte-Justine, 1912.

potager, comme le font les immigrants italiens. Pour parer à l'irrégularité du revenu, il faut compter sur le crédit qu'accordent l'épicier et les autres fournisseurs du quartier. Le travail non rémunéré accompli par la mère à la maison est aussi un facteur important; la couture et le reprisage des vêtements, le choix et la préparation des aliments sont autant d'éléments qui influent sur le budget familial. Ces stratégies de survie n'ont guère été étudiées pour la période. Les recherches mettent l'accent sur l'élément le plus visible, le salaire, mais négligent les autres composantes, monétaires et non monétaires, des conditions de vie. En outre, elles se concentrent sur les ouvriers, de sorte qu'on ne sait à peu près rien de la situation des travailleurs des services, pourtant de plus en plus nombreux. Enfin, elles tiennent peu compte du cycle de vie qui influence grandement le revenu familial.

Les indices dont nous disposons semblent toutefois indiquer que les conditions de vie s'améliorent au cours de la période, surtout pendant la dernière décennie. Le niveau d'éducation s'élève, la mortalité recule, les logements sont nombreux et de meilleure qualité, leur prix n'est pas très élevé, l'inflation est jugulée et les travailleurs peuvent s'offrir des services qui ne leur étaient pas financièrement accessibles au siècle précédent, comme l'usage quotidien du tramway ou encore des divertissements tels les parcs d'attractions, le cinéma ou les compétitions sportives. Il y a néanmoins une partie de la population qui, à Montréal comme dans les autres villes du Québec, reste désavantagée et vit en permanence dans la pauvreté et même la misère. Les travailleurs sans qualifications et ne comptant que sur un travail très irrégulier sont particulièrement vulnérables.

La sociabilité urbaine

La sociabilité urbaine reste centrée sur la famille, la rue et la paroisse. Celle-ci, chez les catholiques, demeure une institution indispensable, non seulement comme centre de la vie religieuse, mais aussi comme foyer organisateur de la vie sociale et communautaire. On assiste toutefois à l'émergence de nouveaux facteurs de sociabilité qui accentuent les différences entre la ville et la campagne et favorisent le développement d'une authentique culture urbaine, dont les référents se trouvent beaucoup plus du côté de la modernité que de la tradition.

L'un des phénomènes les plus importants de la période est certainement l'émergence des médias de masse. Le premier et le plus significatif est la presse quotidienne qui connaît un essor considérable et dont le tirage global dépasse le demi-million d'exemplaires en 1914. Selon l'historien Jean de Bonville, le taux de pénétration des quotidiens augmente de façon sensible au début du siècle, de sorte que dans les grandes villes ils rejoignent vraisemblablement une très forte proportion des familles. En accordant une grande place à la nouvelle locale et à la politique municipale, ils contribuent à accroître l'identification des citoyens à leur ville. En diffusant abondamment l'information étrangère, ils ouvrent leurs lecteurs sur le monde et deviennent des instruments d'éducation populaire. Les inventions et innovations y sont présentées en termes louangeurs valorisant le modernisme. La place croissante qu'ils accordent à l'information sportive est aussi une nouveauté, reflet de l'implantation du sport professionnel devenu divertissement des masses.

Au cours des années 1920, s'ajoute la radio, qui est à l'époque un média essentiellement urbain. Elle rejoint plus du tiers des foyers urbains du Québec en 1931, son taux de pénétration atteignant même 40% à Montréal et 51% à Verdun. Son contenu en information étant assez mince, elle ne concurrence pas encore le journal. L'impact social de la radio deviendra cependant beaucoup plus significatif dans les années 1930. Si elle ouvre sur le monde, elle reste néanmoins un divertissement qui se consomme à la maison, en famille.

Ce qui caractérise peut-être plus la sociabilité urbaine des premières décennies du siècle est la multiplication des lieux publics de divertissement populaire. Parmi ceux-ci, il faut souligner que les parcs d'attractions continuent à attirer une importante clientèle en été. Certains sont situés à l'extrémité d'une ligne de tramways de banlieue, comme le parc Dominion à Longue-Pointe ou le parc Belmont à Cartierville; leur caractère d'évasion de la vie quotidienne s'en trouve ainsi accentué.

Mais la grande nouveauté de la période est le cinéma, apparu à la toute fin du 19e siècle et qui devient rapidement très populaire. Il entraîne la construction de plusieurs grandes salles consacrées au septième art. Assez tôt, la production américaine domine, de sorte que le cinéma devient un agent, parmi d'autres, de l'américanisation de la culture populaire francophone en milieu urbain. Ce phénomène est également visible dans le succès des spectacles de burlesque.

Le début du siècle voit en outre l'essor du sport comme spectacle. La plupart des sports d'équipe qui se sont organisés dans les dernières décennies du 19e siècle sont maintenant beaucoup mieux structurés, avec l'émergence des joueurs professionnels. La crosse connaît un déclin de popularité, mais le baseball et le hockey attirent des foules de spectateurs. C'est en 1909 que s'amorce l'histoire légendaire des *Canadiens* de Montréal.

Certains éléments de la nouvelle sociabilité urbaine touchent tout autant les classes populaires que les élites; d'autres sont destinés principalement à ces dernières. C'est le cas de certaines manifestations de la vie intellectuelle, qui connaît un essor à Montréal et à Québec. L'ouverture, dans la métropole, de la bibliothèque Saint-Sulpice et de la bibliothèque municipale vient combler un sérieux vide. Les universités francophones deviennent plus nettement des lieux de rayonnement intellectuel, en organisant de nombreuses conférences publiques et en invitant des professeurs français qui viennent maintenant en plus grand nombre. De leur côté, de nombreux intellectuels québécois vont séjourner en France. Les voyages en Europe sont d'ailleurs beaucoup plus accessibles aux membres des élites et nombreux sont les clercs, les membres des professions libérales et les hommes d'affaires qui en profitent. Les élites anglophones, de leur côté, restent encore tournées vers la Grande-Bretagne sur le plan culturel, bien que l'influence américaine se fasse aussi sentir de façon croissante.

En dehors de Montréal et de Québec, la vie intellectuelle est cependant bien pauvre. Dans les petites villes, le seul foyer un peu actif est habituellement le collège classique ou le séminaire local, mais il concentre ses efforts sur la formation de ses élèves. À l'extérieur de ces institutions, les bibliothèques sont à peu près inexistantes et la vie culturelle doit s'alimenter aux journaux des grandes villes et aux tournées occasionnelles de troupes de théâtre et de conférenciers.

Les élites continuent à accorder une grande importance à la vie associative. Les organismes spécialisés se multiplient dans plusieurs champs d'activité. Ils ont généralement comme base territoriale la ville plutôt que la paroisse. Les associations professionnelles, les groupes d'intérêts, les mouvements de réforme, les groupes culturels sont des lieux d'échanges et de pouvoir. Ils confirment la dimension publique de la vie urbaine.

Ainsi, la sociabilité urbaine gagne en diversité pendant les premières décennies du 20e siècle. On ne peut cependant manquer d'évoquer ce qui semble en être une négation: le désir de fuir la ville et de retrouver, pour un temps, le décor plus paisible de la campagne. Ce désir semble augmenter avec l'intensité de la vie urbaine. La réponse de l'époque est la villégiature, qui prend un essor considérable dans les Laurentides, au nord de Montréal, ou dans le Bas-du-Fleuve et sur la côte de Charlevoix. Il s'agit là encore d'un phénomène qui touche essentiellement les élites et qui s'accompagne d'un certain rituel. Pour le commun des mortels, l'évasion prend la forme du pique-nique du dimanche avec brève excursion en train ou en tramway de banlieue.

Des interventions timorées

Avec la croissance de l'urbanisation, le réseau de charité privée devient de moins en moins capable de répondre seul aux nouveaux besoins. Cependant, les conceptions traditionnelles à propos des responsabilités respectives des individus, des familles et des Églises demeurent, et l'engagement de l'État ne se fait que très lentement, lorsque le système en place démontre ses insuffisances.

Jusque dans les années 1920 en effet, le gouvernement québécois intervient peu dans les secteurs du bien-être et de la santé publique: il

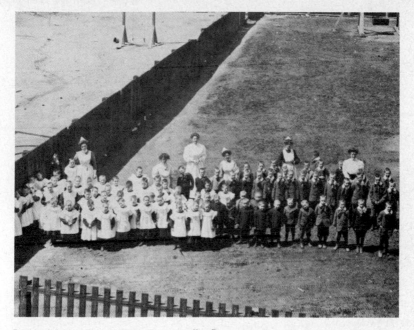

La charité en milieu anglophone: la Ladies Benevolent Institution. (Archives Notman, Musée McCord)

y consacre moins de 10% de ses dépenses et s'occupe surtout des asiles d'aliénés. Pour le reste, on s'en remet aux institutions de charité et aux municipalités. Celles-ci sont autorisées par le code municipal de 1871 à s'occuper de leurs indigents, mais elles n'y sont pas obligées. Ainsi, en 1920, la contribution du gouvernement et des municipalités pour les hôpitaux, hospices, orphelinats, crèches et autres institutions ne s'élève qu'à 372 677$, soit moins de 6% des dépenses totales de ces institutions. La même année, le gouvernement verse par ailleurs 974 483$ pour l'hospitalisation de 5491 aliénés.

Les familles frappées par le chômage ou la maladie doivent donc s'en remettre aux institutions d'assistance qui restent des organisations privées. L'État en vient à subventionner un peu plus ces organismes mais sans agir sur leur orientation. Terry Copp résume dans quel esprit se fait alors la charité privée: «Les pauvres posaient alors un problème délicat. Une société vouée aux principes du laisser-faire ne pouvait supporter l'idée du paupérisme; l'obligation pour chacun de se tirer seul d'affaire dans la vie constituait le fondement même de l'ordre social. Pourtant, les pauvres étaient toujours là. La crainte de désordres sociaux, si l'on ne satisfaisait pas à leurs besoins essentiels, et une conscience écorchée à vif poussaient les classes favorisées à faire la charité. Mais, dans ce contexte, c'était forcément une charité austère, une charité qui devait être la moins accueillante, la plus avilissante possible. La charité chrétienne commandait de secourir son prochain dans le besoin, mais non d'encourager les gens dépravés à se complaire dans la misère. »

On assiste à des tentatives, surtout chez les anglophones, de professionnaliser les organisations de charité. La création de la Charities Organization Society en 1900, puis du Montreal Council of Social Agencies en 1919, vise à mieux coordonner l'action des sociétés de bienfaisance. Mais cette modernisation n'est qu'apparente. Les nouvelles organisations ne s'attaquent pas aux racines de la pauvreté, qu'elles continuent à considérer comme un problème individuel guérissable, plutôt que comme un phénomène social, résultant du chômage, des bas salaires ou de la maladie. Elles mettent donc l'accent sur l'action auprès des individus susceptibles de réussir à se libérer de l'état de pauvreté. Même si les institutions catholiques francophones, comme la société Saint-Vincent-de-Paul, cherchent à mieux s'adapter aux besoins de chacun plutôt que d'adopter des normes rigides, elles n'en ont pas moins une approche individuelle qui ne peut que soulager la misère sans contribuer à réduire la pauvreté.

L'aide directe aux familles ne représente qu'une facette du réseau d'assistance. Il faut y ajouter les nombreuses institutions spécialisées dirigées par des communautés religieuses chez les catholiques et par des organisations bénévoles chez les protestants.

Mais les institutions privées sont débordées: en 1900, on ne dénombre au Québec que 24 hôpitaux et environ 70 hospices et autres institutions d'assistance; de 1901 à 1929, s'ajoutent 42 autres hôpitaux qui tentent de répondre tant bien que mal aux besoins énormes de la population. En 1920, les 183 institutions, qui abritent 20 915 personnes, sont aux prises avec de très sérieuses difficultés financières.

Le gouvernement Taschereau doit donc intervenir et fait adopter en 1921 une première grande loi dans le domaine du bien-être, la loi de l'assistance publique. Elle stipule que les coûts d'hospitalisation des indigents seront partagés, à parts égales, entre les institutions, les municipalités et le gouvernement. Ces subventions ne s'appliquent cepen-

Les religieuses occupent une place importante dans les institutions de bienfaisance. (Archives des sœurs de la Providence)

dant qu'aux indigents, c'est-à-dire à ceux qui peuvent prouver qu'ils n'ont aucun moyen de payer pour les soins qu'ils reçoivent et qu'ils n'ont pas de parents pouvant prendre cette responsabilité. Dans l'esprit du législateur, chaque individu, ou sa famille, est responsable des frais occasionnés par la maladie ou par tout autre problème social.

Même si la loi répond à un besoin pressant, elle suscite dans les milieux cléricaux et conservateurs une vive résistance. Henri Bourassa la dénonce dans une série d'éditoriaux, publiés par la suite en brochure. Il y voit un début d'étatisme et de laïcisme qui constitue une «formidable menace à la charité libre». Cette loi, selon lui, porte atteinte aux droits et aux responsabilités des individus, des familles, des communautés religieuses et des institutions privées. Le premier ministre Taschereau, étonné de cette attaque, réplique: «Il n'est nullement question d'une mainmise de l'État sur nos institutions d'assistance publique. La charité fait des merveilles qu'aucun gouvernement ne pourrait accomplir et il convient de lui laisser toute son initiative. Nous voulons simplement aider le plus possible nos hôpitaux et toutes nos œuvres d'assistance.»

Cette déclaration ne suffit pas à convaincre les opposants. En 1922, dans une lettre confidentielle au premier ministre, les évêques catholiques demandent au gouvernement d'amender sa loi afin que celui-ci n'exerce aucun contrôle sur les sommes versées aux institutions. Taschereau réplique qu'il est impossible pour un gouvernement responsable de verser un million de dollars à des institutions sans s'assurer qu'il pourra rendre compte de l'utilisation des fonds publics. Peu à peu, les institutions se résignent et s'inscrivent au nouveau régime, mais certains évêques résistent; des négociations discrètes s'engagent entre l'épiscopat et le gouvernement, qui aboutissent en 1925. Le gouvernement fait alors adopter un amendement qui déclare que rien dans la loi ou les règlements ne portera atteinte aux droits des évêques sur les communautés religieuses ni aux intérêts moraux, religieux ou disciplinaires des communautés.

Ce genre de querelle de principe entre l'Église et l'État donne l'impression que les protagonistes cherchent davantage à protéger leurs pouvoirs qu'à régler les véritables problèmes. Malgré tout, grâce à la taxe d'amusement, à une taxe sur les repas et à une partie des revenus provenant de la vente des alcools, le gouvernement et les municipalités peuvent verser des millions de dollars aux institutions.

Dans le domaine plus spécifique de la santé, l'État doit aussi intervenir plus activement. Certes, depuis 1886, il existe un organisme provincial, le Conseil provincial d'hygiène, qui joue un rôle d'information et essaie d'inciter les municipalités ou la population à mettre en œuvre des réformes. Mais le Conseil n'est pas doté de moyens financiers suffisants; en outre il craint d'exercer son autorité auprès des municipalités. En 1922, cependant, le gouvernement accepte de consacrer 500 000$ pour établir des dispensaires antituberculeux et des centres de puériculture (Gouttes de lait). Rappelons également la mise sur pied des unités sanitaires en milieu rural.

Le gouvernement fédéral, qui crée un ministère de la Santé au lendemain de la guerre, commence lui aussi à s'intéresser à la législation sociale. C'est d'Ottawa que vient une des mesures les plus importantes de l'époque, la loi des pensions de vieillesse, adoptée en 1927. Réclamée depuis longtemps par les syndicats, cette mesure ne s'adresse qu'aux personnes âgées de 70 ans et plus qui ne disposent pas d'un revenu dépassant 365$ par année. À ces vieillards démunis, le gouvernement verse un maximum de 20$ par mois.

La loi prévoit que les coûts seront partagés également entre les provinces et le gouvernement central; la mise en œuvre du programme exige donc la collaboration du gouvernement québécois. Mais le premier ministre Taschereau refuse son assentiment, en se fondant sur trois arguments: les pensions de vieillesse sont de compétence provinciale et le fédéral ne devrait pas légiférer en ce domaine; une telle mesure obligerait le gouvernement québécois à augmenter ses impôts pour acquitter sa part; enfin, une telle loi minerait la charité privée et risquerait d'encourager l'irresponsabilité des individus face à leur avenir et face à l'obligation d'aider leurs parents. C'est ainsi que les Québécois qui, pendant des années, versent des impôts au fédéral, contribuent au paiement des pensions de vieillesse distribuées dans les autres provinces. La crise des années 1930 rendra le problème plus aigu et, à la toute fin de son règne, en 1936, Taschereau devra céder à la pression de l'opinion publique.

Dans le domaine de l'habitation, cependant, les deux niveaux de gouvernement collaborent sans heurts. C'est sans doute que dans ce domaine l'urbanisation rapide crée des problèmes trop criants pour être esquivés. Rappelons que si en milieu rural environ 80% des familles sont propriétaires, en milieu urbain c'est moins du tiers qui l'est et, dans une ville comme Montréal, moins de 20%.

À la veille de la Première Guerre mondiale, le gouvernement québécois adopte donc une loi pour favoriser la construction d'habitations dans les villes. Elle autorise les municipalités à garantir les emprunts de certaines sociétés d'habitation. Bien que fort modeste, cette loi n'est pas appliquée à cause de la guerre, et c'est le gouvernement fédéral qui prend la relève en 1919, en mettant à la disposition des provinces un prêt de 25 millions de dollars pour la construction de logements. La part du Québec s'élève à environ 8,6 millions de dollars, mais cette somme n'est que prêtée aux municipalités, qui doivent rembourser capital et intérêt. De 1919 à 1924, vingt-huit municipalités empruntent ainsi plus de 7 millions pour construire quelque 2100 habitations, ce qui reste encore bien en deçà des besoins.

L'attention de l'État est également sollicitée par d'autres problèmes tels que l'adoption des enfants, l'observance du dimanche, la présence des enfants au cinéma et la prohibition. Dans ces domaines, le gouvernement doit tenir compte des vues de l'Église catholique et de ses porte-parole qui le prennent à partie fréquemment. Ainsi, on lui reproche sa loi d'adoption de 1924 parce qu'elle ne spécifie pas que les parents adoptifs doivent être mariés et de même religion que l'enfant.

Le gouvernement modifie sa loi en conséquence. De même, on l'accuse de ne pas appliquer avec sévérité la loi qui oblige, sauf exception, les industries et les commerces à fermer le dimanche. Le gouvernement tergiverse, car il y a derrière cette question des intérêts économiques importants, notamment dans le cas des usines de pâtes et papiers. On critique aussi le «privilège juif», c'est-à-dire l'autorisation spéciale donnée à ce groupe de travailler le dimanche. Cette critique, à saveur antisémite, se fera insistante pendant la crise. Par ailleurs, sous la pression des milieux cléricaux, le cinéma est interdit aux enfants de moins de 16 ans. Sur la question de la prohibition, cependant, le gouvernement québécois adopte une politique originale en créant la Commission des liqueurs et en lui confiant le monopole de la vente des vins et de l'alcool. Ainsi, dans une Amérique prohibitionniste, le Québec refuse de suivre le courant. La Commission réalise des profits intéressants et constitue une source d'enrichissement pour l'État. Certes, le patronage y fleurit, mais les Québécois échappent à l'alcool frelaté et aux Al Capone, produits de la croisade prohibitionniste.

Le rapport de la Commission des assurances sociales, créée en 1930, et surtout la crise économique montreront que les modestes progrès des années 1920 sont nettement insuffisants pour faire face aux problèmes d'un pays industrialisé.

ORIENTATIONS BIBLIOGRAPHIQUES

ABBOTT, Maude E. «Medicine and Surgery in the Province of Quebec», W. WOOD, dir., *The Storied Province of Quebec. Past and Present*, vol. II. Toronto, The Dominion Publishing Co., 1931. p. 1066-1150.

CHOKO, Marc H. *Crises du logement à Montréal (1860-1939)*. Montréal, Éditions coopératives Albert Saint-Martin, 1980. 282 p.

COPP, Terry. *Classe ouvrière et pauvreté*. Montréal, Boréal Express, 1978. 213 p.

DE BONVILLE, Jean. *La presse québécoise de 1884 à 1914. Genèse d'un média de masse*. Québec, Presses de l'Université Laval, 1988. 416 p.

DUGRÉ, Adélard. *La campagne canadienne. Croquis et leçons*. Montréal, Imprimerie du Messager, 1925. 235 p.

DUPONT, Antonin. «Louis-Alexandre Taschereau et la législation sociale au Québec, 1920-1936», *Revue d'histoire de l'Amérique française*, 26, 3 (déc. 1972): 397-426.

GÉRIN, Léon. *Le type économique et social des Canadiens*. Montréal, ACF, 1937. 218 p.

GOW, James I. *Histoire de l'administration publique québécoise 1867-1970*. Montréal, Presses de l'Université de Montréal, 1986. 443 p.

HAYTHORNE, G.V. et L.C. MARSH. *Land and Labour*. Toronto, Oxford University Press, 1941, 568 p.

KESTEMAN, Jean-Pierre. «La condition urbaine vue sous l'angle de la conjoncture économique: Sherbrooke, 1875 à 1914», *Urban History Review/Revue d'histoire urbaine*, XII, 1 (juin 1983): 11-28.

LAVOIE, Elzéar. «L'évolution de la radio au Canada français avant 1940», *Recherches sociographiques*, XII, 1 (1971): 17-49.

LEVER, Yves. *Histoire générale du cinéma au Québec*. Montréal, Boréal, 1988. 555 p.

MINER, Horace. *Saint-Denis: un village québécois*. Montréal, HMH, 1985. 392 p.

MINVILLE, Esdras. *La législation ouvrière et le régime social dans la province de Québec*. Étude préparée pour la Commission royale des relations entre le Dominion et les provinces. Ottawa, Imprimeur du roi, 1939. Appendice 5, 98 p.

PELLETIER, Michel et Yves VAILLANCOURT. *Les politiques sociales et les travailleurs*. Cahier I: *Les années 1900 à 1929*. Montréal, s.e., 1974. 132 p.

PIERRE-DESCHÊNES, Claudine. *La tuberculose au Québec au début du XXᵉ siècle: problème social et réponse réformiste*. Mémoire de maîtrise, histoire, Université du Québec à Montréal, 1980. 225 p.

POULIN, Gonzalve. *L'assistance sociale dans la province de Québec, 1608-1951*. Québec, Commission royale d'enquête sur les problèmes constitutionnels, 1955. Annexe 2, 201 p.

PROVENCHER, Jean. *Les quatre saisons dans la vallée du Saint-Laurent*. Montréal, Boréal, 1988. 607 p.

TÉTREAULT, Martin. «Les maladies de la misère — aspects de la santé publique à Montréal — 1880-1914», *Revue d'histoire de l'Amérique française*, 36, 4 (mars 1983): 507-526.

VIGOD, Bernard L. *Quebec before Duplessis: the political career of Louis-Alexandre Taschereau*. Montreal, McGill-Queen's University Press, 1986. 312 p.

CHAPITRE 29

LES FEMMES ET LE MOUVEMENT FÉMINISTE

En gestation depuis la fin du 19ᵉ siècle, le mouvement féministe prend son essor au cours des décennies 1900-1930. Les progrès de l'industrialisation et de l'urbanisation provoquent en effet chez certaines Québécoises une prise de conscience de la situation injuste qui leur est faite dans la société. La Première Guerre mondiale accélère ce mouvement et, en 1929, Idola Saint-Jean peut écrire: «Le dernier conflit, conflit dans lequel la femme n'a, Dieu merci, aucune espèce de responsabilité, en entraînant les hommes à la tuerie, a forcé la femme à donner son rendement à la société. Elle a rempli toutes les charges, accompli toutes les besognes. Elle est par conséquent devenue consciente de ses capacités, et les ayant une fois mises au service de l'humanité, elle ne veut plus retourner à sa vie incomplète d'avant-guerre.» Mais les progrès accomplis depuis la guerre sont bien minces, car les efforts des féministes se heurtent au conservatisme des élites en place.

Le travail féminin

En 1901, les 84 612 femmes qui ont un emploi rémunéré représentent 15,6% de la population active totale du Québec, tandis qu'en 1931 elles sont 202 000 et comptent pour 19,7%. Ce pourcentage est légèrement supérieur à celui de l'Ontario. Proportionnellement toutefois, les femmes du Québec sont plus nombreuses que celles de l'Ontario dans les manufactures et les services, tandis qu'elles le sont moins dans les secteurs du commerce, de la finance et du travail de bureau. Depuis, la part des femmes mariées dans la main-d'œuvre féminine est sensiblement moindre au Québec que dans l'ensemble du Canada. En 1931, elles ne comptent que pour 6,9% des effectifs, les veuves et divorcées pour 7,4% et les célibataires pour 85,7%. La présence des femmes sur le marché du travail est particulièrement significative à Montréal. En

1931, elles représentent le quart de la main-d'œuvre active dans la métropole et se répartissent principalement entre les manufactures (23,4%), les services personnels (29,3%), les bureaux (18,9%) et les services professionnels (11,6%).

Le travail féminin se caractérise par sa concentration dans les emplois les moins rémunérés. C'est ainsi que le salaire moyen des femmes représente environ 56% de celui des hommes en 1931. Cette discrimination salariale fait de la femme une candidate toute désignée pour les industries qui requièrent une main-d'œuvre à bon marché, comme la confection, les textiles, le tabac et la chaussure. Les services personnels (domestiques, femmes de peine, coiffeuses, serveuses, etc.) occupent une grande partie des effectifs féminins. Le nombre de domestiques fluctue selon la conjoncture économique: en temps de prospérité, il diminue, tandis qu'en temps de crise, il augmente car, comme le soulignent les historiennes Marie Lavigne et Jennifer Stoddart, cette catégorie «semble jouer le rôle de réserve de main-d'œuvre pour le secteur manufacturier». La main-d'œuvre y est très mobile, car les domestiques doivent assurer de très longues heures de travail et une disponibilité constante auprès de leurs patrons et ne bénéficient d'aucune protection juridique. On ne se surprend guère de constater qu'elles préfèrent, lorsqu'elles le peuvent, s'astreindre au dur travail en manufacture qui leur laisse tout de même une certaine liberté après les heures de travail.

Au début du 20e siècle, les femmes commencent à entrer dans les bureaux, jusqu'alors une chasse gardée des hommes. Plusieurs femmes trouvent un emploi comme vendeuses à temps complet ou à temps partiel dans les magasins, où la journée de travail est très longue. À la suite de pressions, le gouvernement adopte ce qu'on a appelé la «Loi des sièges», qui permet aux vendeuses de s'asseoir en l'absence de clients, mais cette loi demeure très souvent lettre morte.

Les femmes ont peu accès aux professions libérales. Ce n'est en 1930 qu'elles sont admises à la pratique de la médecine et de la comptabilité. Le droit et le notariat leur restent interdits. Les seules carrières vraiment accessibles sont l'enseignement et les soins infirmiers. Dans les deux cas cependant, les laïques francophones doivent subir la concurrence des religieuses, qui contrôlent ces deux secteurs et exercent une pression à la baisse sur les salaires. Dans les hôpitaux du Québec, toutefois, les communautés religieuses peuvent de moins en moins suffire à la tâche. Alors qu'en 1923 les religieuses représentent près de

La guerre augmente considérablement le nombre de femmes travaillant en usine. (ANC, PA24436)

57% des garde-malades, en 1928 cette proportion tombe à près de 40%. Dans l'enseignement, les institutrices catholiques continuent à être particulièrement défavorisées. En effet, leur salaire moyen s'élève à un maigre 387$ par année, tandis que chez les institutrices protestantes il s'établit à 1068$. De part et d'autre cependant, la discrimination entre les hommes et les femmes exerçant le même travail est flagrante, puisque les instituteurs catholiques ont un revenu annuel moyen de 1552$ et les protestants de 2351$.

Le travail de bureau en 1924: les femmes occupent de plus en plus des emplois de secrétaire et de dactylo. (Archives Notman, Musée McCord)

Dans l'ensemble, les femmes subissent une exploitation éhontée sur le marché du travail. Pour les gouvernements, le clergé et même les syndicats, la place de la femme est au foyer. À leurs yeux, sa présence sur le marché du travail n'est qu'un état provisoire avant le mariage. Pour des raisons humanitaires, les gouvernements interviennent par quelques timides mesures protectrices, qui, en plus de placer les femmes dans la catégorie des mineurs au même titre que les enfants, n'ont à peu près aucune efficacité.

Ainsi, une loi interdit d'exiger des femmes plus de 60 heures de travail par semaine, norme qui est progressivement abaissée à 55 heures. Cette loi ne s'applique toutefois qu'aux établissements industriels et les patrons peuvent obtenir des autorisations spéciales pour y déroger. En 1919, le gouvernement fait voter la loi du salaire minimum des femmes, qui prévoit la création d'une commission de trois personnes dont une pourrait être une femme; mais, formé seulement en 1925, cet organisme ne comprend aucun commissaire féminin. La loi a une portée extrêmement limitée à cause de la façon dont les com-

Une religieuse gérant la pharmacie d'un hôpital. (Archives des sœurs de la Providence)

missaires l'appliquent. Ne voulant pas perturber le marché du travail, ceux-ci partent du principe que la femme au travail n'a pas de dépendants, ce qui les amène à fixer un salaire minimum très bas. En plus de perpétuer la discrimination salariale envers les femmes, cette attitude ne tient pas compte du fait que certaines d'entre elles sont soutiens de famille. En outre, les ordonnances de la commission ne s'appliquent qu'à certains secteurs et non à l'ensemble du marché du travail. Non seulement les salaires fixés à partir de 1927 sont nettement insuffisants, mais les employeurs trouvent le moyen d'échapper, du moins en partie, à la loi. En effet, ils peuvent donner un salaire moindre que le salaire minimum aux «apprenties», et l'apprentissage peut durer quelques années.

À part ces lois sur la durée du travail et le salaire minimum, on a interdit d'employer des femmes pour certains travaux dangereux, et on engage des inspectrices pour les établissements industriels. Mais celles-ci, tout comme leurs collègues masculins, n'ont guère de pouvoir et sont trop peu nombreuses pour exercer une surveillance efficace. Quoi qu'il en soit, chaque année elles formulent des recommandations pour améliorer les conditions de travail. Elles insistent sur la nécessité de réduire la promiscuité dans les usines en assurant aux femmes des cafétérias et des cabinets d'aisance distincts et elles demandent des améliorations à l'hygiène dans les établissements.

Si les femmes peuvent à peine compter sur les gouvernements, elles ne profitent guère plus de l'aide des syndicats. En général, eux aussi partagent l'idéologie de la femme au foyer et ne font pas de l'égalité des sexes une priorité, même si certains d'entre eux prônent l'égalité de salaire entre hommes et femmes pour un même travail ou revendiquent des mesures de protection spéciale pour les femmes comme pour les enfants.

À côté des syndicats, une organisation féministe, la Fédération nationale Saint-Jean-Baptiste, met sur pied des associations professionnelles pour les employées de magasins, les travailleuses en manufacture, les institutrices catholiques de Montréal, les aides ménagères. Ce ne sont pas des syndicats mais de simples organisations d'entraide et d'éducation à caractère confessionnel, la plupart du temps influencées par des femmes de la bourgeoisie. La FNSJB fait campagne pour la «Loi des sièges» et tente de convaincre les marchands de réduire volontairement les heures d'ouverture de leurs établissements. C'est grâce à son intervention qu'on retire le projet visant à exclure les femmes des postes de sténographes à la Cour supérieure. Mais, dans l'ensemble, ces associations ne sont guère revendicatrices en matière de relations de travail. Cela se comprend quand on sait que la section des employées de manufactures est présidée par l'épouse de l'industriel J.-B. Rolland et celle des magasins par la femme du propriétaire du grand magasin Dupuis Frères. Leur succès est très mitigé et on n'est guère surpris de constater que les aides domestiques, en particulier, ne sont pas enthousiastes à l'idée — toute bourgeoise — de suivre des cours d'arts ménagers pendant leurs rares loisirs.

Un féminisme tranquille

Dans ce contexte de discrimination et d'inégalité, les femmes songent à s'organiser pour revendiquer leurs droits. La section montréalaise du Conseil national des femmes du Canada, fondé en 1893, réussit à recruter certaines bourgeoises canadiennes-françaises comme Marie Gérin-Lajoie, Joséphine Dandurand, Caroline Béique et quelques autres qui font leurs premières armes au sein de ce mouvement majoritairement formé d'anglophones protestantes.

Ces femmes œuvrent aussi à la Société Saint-Jean-Baptiste, qui se trouve en difficulté financière à la suite de la construction du Monument national, et créent en 1902 une section de dames patronesses afin de l'aider à recueillir des fonds. Habituées à travailler ensemble, elles organisent en 1907 la Fédération nationale Saint-Jean-Baptiste (FNSJB), qui entend regrouper tous les organismes concernant les

Marie Gérin-Lajoie, 1867-1945. (Archives des sœurs de Notre-Dame du Bon Conseil)

femmes canadiennes-françaises et catholiques. Caroline Béique, première présidente du mouvement, prend bien soin de préciser que le féminisme qu'elle prône s'inscrit dans une vue chrétienne du rôle de la femme. Le clergé, très réticent, ne peut récuser ce mouvement, mais Mgr Bruchési, archevêque de Montréal, fixe lui-même des balises à l'action de ce féminisme: «Puisque le mot de féminisme a été introduit dans notre langue, je l'accepte, mais je réclame pour lui un sens chrétien, et je demande la permission de le définir ainsi: le zèle de la femme pour toutes les nobles causes dans la sphère que la Providence lui a assignée». Il poursuit en précisant ce qu'il faut exclure du «bon féminisme»: «Ce n'est pas dans vos assemblées que l'on entendra parler de l'émancipation de la femme, de ses droits méconnus, de la part trop obscure qui lui est faite dans la vie, des charges, des fonctions publiques et des professions auxquelles elle devrait être admise aussi bien que l'homme.»

Dès les débuts, la FNSJB regroupe 22 associations totalisant quelques milliers de membres et qui se répartissent en trois grandes catégories: œuvres de charité et de bienfaisance, œuvres d'éducation et œuvres professionnelles. La Fédération tient des congrès annuels, organise des semaines d'études et, à compter de 1913, publie un journal mensuel, *La Bonne Parole*, tirant à 2000 exemplaires. Luttant sur plusieurs fronts, elle déploie une activité intense. C'est grâce aux efforts de ces femmes qu'est fondé l'Hôpital Sainte-Justine pour les enfants, d'ailleurs présidé par une femme, et que sont créées de nombreuses «Gouttes de lait». Elles organisent des conférences sur l'hygiène, créent un service d'assistance maternelle et demandent des tribunaux spéciaux pour les enfants. Elles luttent contre l'alcoolisme, contre la «traite des blanches» et elles demandent la présence de policières dans les postes de police. Enfin, elles se dévouent pour des œuvres comme la Croix-Rouge et le Fonds patriotique.

Tout en étant réformistes, leurs luttes sont centrées sur la famille et le foyer, qui est présenté comme la place naturelle de la femme; leur action n'est donc pas incompatible avec l'idéologie clérico-nationaliste. Même Henri Bourassa, dont on a souvent dénoncé la misogynie, est bien obligé de leur ouvrir les pages du *Devoir*. Cependant, lorsque les féministes chrétiennes s'aventurent du côté de questions comme le droit de vote ou l'éducation, elles doivent prendre d'infinies précautions, car elles risquent de déborder ce que Mgr Bruchési appelle la sphère que leur a assignée la Providence. Les féministes anglophones n'ont pas cette timidité et souvent ce sont elles qui prennent l'initiative dans les combats d'ordre juridique et politique.

Les femmes du monde rural se dotent elles aussi d'une organisation, quoique d'une manière un peu différente. Fondés en 1915 à l'instigation d'un agronome, Alphonse Désilets, les Cercles des fermières se donnent comme objectif général d'attacher la femme à son foyer et de garder les enfants sur la terre. Les Cercles, qui se développent lentement au début, connaissent une croissance plus rapide durant les années 1920: de 1047 membres en 1919, ils passent à 11 230 membres en 1935, les fermières formant en moyenne plus de 60% des effectifs.

Leur revue, *La bonne fermière*, défend les institutions traditionnelles comme la famille et la paroisse, mais contribue aussi à la diffusion des connaissances techniques et pratiques, ainsi qu'à la stimulation de la production domestique.

Droit de vote et égalité

Au début du 20ᵉ siècle, les droits politiques des femmes sont à peu près inexistants. Au niveau municipal, seules les veuves et les célibataires ont le droit de vote. Mais en 1902, les échevins montréalais songent à retirer ce droit à celles d'entre elles qui sont locataires; Marie Gérin-Lajoie, au nom de la section montréalaise du Conseil national des femmes, proteste avec succès contre cette tentative. Cependant, les femmes subissent un échec lorsqu'en 1926 elles demandent le droit de suffrage municipal pour les femmes mariées.

Tant au palier provincial que fédéral, les femmes n'ont pas le droit de voter. Avec la montée du féminisme et les manifestations des suffragettes, notamment en Grande-Bretagne et aux États-Unis, les féministes canadiennes s'organisent. En 1913, elles fondent la Montreal Suffrage Association, mais les Canadiennes françaises participent peu à ce mouvement. En 1916 et en 1917, cinq provinces accordent le droit de vote aux femmes. En 1917, dans une manœuvre visant à augmenter l'appui à la conscription, le gouvernement fédéral accorde le droit de vote aux femmes, mais seulement à celles qui ont des proches parents dans l'armée. Cette mesure partielle relance le débat, qui débouche l'année suivante sur une loi étendant le suffrage, lors des élections fédérales, à toutes les femmes majeures. Plusieurs députés, sénateurs, journalistes et clercs canadiens-français s'opposent en vain à cette mesure qui, à leurs yeux, menace l'ordre social. Pour Henri Bourassa, par exemple, «la différence des sexes entraîne la différence des fonctions sexuelles, et la différence des fonctions sexuelles crée la différence des fonctions sociales. Le prétendu «droit» de suffrage n'est qu'une forme des *fonctions*, des *charges* sociales, qui incombent à l'homme soit à cause de sa conformation physique ou mentale, soit, surtout à cause de sa situation et de ses devoirs de chef de famille.» Pour ces gens, la fonction de la femme est donc la maternité, sa place est au foyer et l'inégalité politique est fondée sur la biologie. À cet argument s'en ajoutent plusieurs autres: la femme sera inévitablement souillée si elle descend dans l'arène politique, les familles seront divisées, les femmes n'ont pas les aptitudes requises pour participer à la vie politique, etc.

Quoi qu'il en soit, aux élections fédérales de 1921, toutes les Canadiennes peuvent pour la première fois exercer leur droit de vote. À partir de 1922 les Québécoises sont les seules à ne pas pouvoir voter aux élections provinciales. Cette situation contradictoire accentue la prise de conscience des féministes. Marie Gérin-Lajoie entreprend alors des démarches auprès de certains évêques pour essayer de les convaincre que rien dans la doctrine catholique ne s'oppose au suffrage féminin. Elle participe aussi très activement, avec une collègue anglophone, à la fondation du Comité provincial pour le suffrage féminin, qui essaiera de mobiliser les femmes et de faire pression sur les législateurs. Pendant ce temps, un autre groupe de femmes, encouragées par l'épiscopat et en particulier par Mgr Eugène Roy de Québec, organise une pétition qui recueille plusieurs dizaines de milliers de signatures contre le suffrage féminin. Marie Gérin-Lajoie tente de contourner cette opposition en faisant appel au Vatican. Elle se rend même à Rome au Congrès de l'union internationale des ligues catholiques féminines afin d'obtenir l'appui de cet important mouvement. Le Congrès se prononce en faveur du suffrage féminin, mais, à la dernière minute, à la demande expresse du cardinal Merry del Val, qui représente le pape, on ajoute que c'est à l'épiscopat de chaque pays de décider de l'opportunité d'appuyer ou non cette demande. Comme le souligne l'historien Luigi Trifiro, il n'est peut-être pas sans conséquence de noter qu'au moment du congrès Henri Bourassa, influent dans certains milieux ecclésiastiques et féroce adversaire du suffrage féminin, se trouve à Rome.

Marie Gérin-Lajoie voit aussi ses efforts échouer au niveau politique. En effet, avant de se rendre à Rome, elle rencontre, avec une délégation de féministes, le premier ministre Taschereau, qui déclare sans ambages que non seulement il s'oppose à leur revendication mais que jamais elles n'obtiendront gain de cause tant qu'il sera au pouvoir. À la suite de ces échecs et à cause de la pression cléricale, Marie Gérin-Lajoie démissionne du Comité provincial en 1922. Ce n'est qu'en 1927 qu'une autre féministe francophone, Idola Saint-Jean, reprend le flambeau en fondant l'Alliance canadienne pour le vote des femmes au Québec. Elle veut obtenir que la question soit débattue à l'Assemblée législative; un projet de loi proposant d'accorder le suffrage féminin est présenté par un député favorable à la cause, mais il est défait, comme ce sera le cas, chaque année, jusqu'en 1940. En 1928, Thérèse Casgrain devient présidente de la Ligue pour les droits de la femme et participe au «pèlerinage» annuel à Québec. Encore une fois, d'autres femmes encadrées par l'épiscopat réagissent contre les initiatives féministes en organisant la Ligue catholique féminine. En l'espace de quelques mois, celle-ci réussit à embrigader 10 000 femmes.

La seule consolation des féministes, sur le plan politique, est d'apprendre qu'elles peuvent être nommées sénateurs, au même titre que les hommes. Pour arriver à cela, il a fallu de longues luttes judiciaires. En 1928, la Cour suprême du Canada rend à ce sujet un jugement négatif, que le Comité judiciaire du Conseil privé renverse l'année suivante. Les savants juges de Londres estiment, contrairement à leurs collègues canadiens, que le mot «personne» utilisé dans la constitution canadienne s'applique aussi bien aux femmes qu'aux hommes.

Les féministes doivent aussi lutter pour l'accession aux études supérieures. En 1908, après de longues démarches, l'épiscopat accepte la fondation d'un premier collège classique pour jeunes filles. Le collège prend le nom d'École d'enseignement supérieur pour jeunes filles et est dirigé par les sœurs de la Congrégation de Notre-Dame, qui le rebaptiseront plus tard Collège Marguerite-Bourgeoys. Il faut attendre jusqu'en 1925 pour que s'ouvre un deuxième établissement du genre, le collège Sillery à Québec. L'épiscopat n'accède à cette demande que sous la menace de voir s'ouvrir un collège laïque. Ces établissements s'adressent d'abord à une clientèle de religieuses et de jeunes filles de bonne famille. Pour les autres, on prône notamment les écoles d'arts ménagers qui sont subventionnées par le gouvernement. En 1929, les 119 écoles ménagères comptent 21 219 étudiantes.

Les féministes entreprennent également des luttes sur le terrain juridique. La Ligue pour les droits de la femme obtient, en 1929, la création d'une Commission des droits civils de la femme, présidée par le juge Dorion. Cette commission, qui a pour tâche d'étudier le Code civil en rapport avec les régimes matrimoniaux, est composée uniquement de commissaires masculins, malgré la demande des femmes d'y avoir une représentante. L'année suivante, la commission remet son rapport et propose certains amendements dont le plus important a trait au salaire de la femme mariée: on recommande que celle-ci puisse en disposer sans l'autorisation de son mari. Cependant, on refuse l'idée de modifier les articles du Code relatifs à l'adultère, qui stipulent que: «Le mari peut demander la séparation de corps pour cause d'adultère de la femme. La femme peut demander la séparation de corps pour cause d'adultère du mari lorsqu'il tient sa concubine dans la maison commune.» Les commissaires allèguent, pour justifier cette loi foncièrement injuste, que: «quoi qu'on en dise, on sait bien qu'en fait la blessure faite au cœur de l'épouse n'est pas généralement aussi vive que celle dont souffre le mari trompé par sa femme».

Ainsi l'action des féministes au Québec ne conduit, avant 1930, qu'à des résultats modestes. Néanmoins, elles mettent sur pied des organisations et provoquent des remises en question qui préparent l'avenir. Par ailleurs, le rôle des femmes connaît une évolution significative en rapport avec la place croissante qu'elles occupent dans la vie économique et sociale.

ORIENTATIONS BIBLIOGRAPHIQUES

CLEVERDON, Catherine L. *The Woman Suffrage Movement in Canada*, 2ᵉ éd., Toronto, University of Toronto Press, 1974. 324 p.

COHEN, Yolande. «L'histoire des femmes au Québec 1900-1950», *Recherches sociographiques*, 21, 3 (sept.-déc. 1980): 39-45.

Collectif Clio. *L'histoire des femmes au Québec depuis quatre siècles*. Montréal, Quinze, 1982. 521 p.

DANYLEWYCZ, Marta. *Profession: religieuse. Un choix pour les Québécoises 1840-1920*. Montréal, Boréal, 1988. 246 p.

DUMONT-JOHNSON, Micheline. «Histoire de la condition de la femme dans la province de Québec», *Tradition culturelle et histoire politique de la femme au Canada*. Étude n° 8 préparée pour la Commission royale d'enquête sur la situation de la femme au Canada, Ottawa, Information Canada, 1971. 57 p.

FAHMY-EID, Nadia et Micheline DUMONT, dir. *Maîtresses de maison, maîtresses d'école. Femmes, famille et éducation dans l'histoire du Québec*. Montréal, Boréal, 1983. 413 p.

JEAN, Michèle. *Québécoises du 20ᵉ siècle*. Montréal, Éditions du Jour, 1974. 303 p.

LAVIGNE, Marie et Yolande PINARD, dir. *Travailleuses et féministes. Les femmes dans la société québécoise*. Montréal, Boréal Express, 1983. 430 p.

LAVIGNE, Marie et Jennifer STODDART. *Analyse du travail féminin à Montréal entre les deux guerres*. Mémoire de M.A (histoire), Université du Québec à Montréal, 1974. 268 p.

PINARD, Yolande. *Le féminisme à Montréal au commencement du XXᵉ siècle (1893-1920)*. Thèse de M.A. (histoire), Université du Québec à Montréal, 1976. 246 p.

PRENTICE, Alison *et al. Canadian Women. A History*. Toronto, Harcourt, Brace Jovanovich, 1988. 496 p.

STODDART, Jennifer. «The Woman Suffrage Bill in Quebec», Marylee STEPHENSON, dir., *Women in Canada*. Toronto, New Press, 1973, p. 90-106.

STODDART, Jennifer. «Quand les gens de robe se penchent sur les droits des femmes: le cas de la commission Dorion, 1929-1931», Marie LAVIGNE et Yolande PINARD, dir. *Travailleuses et féministes. Les femmes dans la société québécoise*, Montréal, Boréal Express, 1983, p. 307-335.

TRIFIRO, Luigi. «Une intervention à Rome dans la lutte pour le suffrage féminin au Québec», *Revue d'histoire de l'Amérique française*, 32, 2 (juin 1978): 3-18.

TROFIMENKOFF, Susan et Alison PRENTICE, dir. *The Neglected Majority: Essays in Canadian Women's History*, Toronto, McClelland and Stewart, 1977. 192 p.

CHAPITRE 30

L'ÉGLISE ET L'ÉCOLE

Les trois premières décennies du 20ᵉ siècle posent, à l'Église et à l'école, de nouveaux défis. D'une part, la poussée d'urbanisation et d'industrialisation du début du siècle modifie en profondeur l'environnement dans lequel l'Église est habituée à se mouvoir et, d'autre part, l'école doit s'adapter aux nouvelles demandes de la société pour former une main-d'œuvre mieux qualifiée.

Les Églises

L'équilibre des diverses confessions religieuses demeure sensiblement le même qu'auparavant: en 1931 comme en 1901, les catholiques forment plus de 85% de la population et les diverses confessions réformées constituent une minorité importante de 12% à 13%. La nouveauté de la période est la hausse du poids des juifs et des orthodoxes grecs. Les premiers ne représentent en 1901 que 0,4% alors qu'en 1931 leur pourcentage se situe à 2,1%, tandis que les seconds, absents en 1901, comptent pour 0,3% de la population en 1931.

Ces variations correspondent évidemment aux mouvements de population qui, dans le premier tiers du 20ᵉ siècle, amènent au Canada et au Québec une nouvelle immigration qui ne vient plus uniquement des Îles britanniques mais d'Europe centrale et orientale. En outre, il faut considérer que l'impact de cette immigration est plus grand que les variations de pourcentage ne le laissent entrevoir puisqu'elle est massivement concentrée à Montréal.

Les religions minoritaires

Avec la croissance du Canada, et en particulier avec le développement de l'Ouest, le centre de gravité du protestantisme canadien se déplace lui aussi dans la même direction. Donc, plus encore qu'au lendemain de la Confédération, le protestantisme québécois est lié à l'ensemble du protestantisme canadien et ne forme pas une entité distincte. Au Québec, trois confessions regroupent la majorité des fidèles des Églises réformées. En 1901, les anglicans, les méthodistes et les presbytériens représentent 86% du groupe réformé; en 1931, les anglicans, les fidèles de l'Église unie du Canada et les presbytériens en représentent encore 87,4%. Voilà donc un trait de persistance qui s'observe depuis la Confédération, si l'on considère que l'Église unie absorbe les méthodistes; les autres confessions réformées se partagent le reste. Les anglicans sont toujours les plus nombreux, en 1901 comme en 1931, avec environ 40% de la population protestante. Le second rang, tenu en 1901 par les presbytériens, est, en 1931, occupé par l'Église unie, récemment créée, avec près de 26%; la proportion des presbytériens est passée de 28% à 17,5%.

Le mouvement le plus important de la période est la constitution de l'Église unie du Canada. Au début du siècle, après une progression de l'idée œcuménique à l'intérieur de chacune des Églises, les presbytériens, lors de leur assemblée générale de Winnipeg en 1902, lancent un appel à l'unité. Bientôt, presbytériens, méthodistes et congrégationalistes établissent entre eux des contacts sur les plans doctrinal et ecclésial. Il faut non seulement prévoir un credo commun, mais aussi intégrer les différents clergés et rendre compatibles les structures administratives. Si les méthodistes et les congrégationalistes se montrent prêts à la fusion avant la Première Guerre mondiale, les presbytériens n'arrivent pas à faire l'unanimité, et c'est dans une atmosphère tendue que se forme finalement l'Église unie en 1925. Elle regroupe les méthodistes, les congrégationalistes et une partie des presbytériens, une large fraction de ces derniers ayant choisi de demeurer fidèle à l'ancienne confession. L'incapacité des protestants canadiens à réaliser l'unité complète marque les limites du mouvement œcuménique. Dès la fin des années 1920, les tensions entre les Églises se manifestent à nouveau, comme en témoigne le prosélytisme des presbytériens contre la nouvelle Église unie. Cette évolution du protestantisme canadien se retrouve également au Québec.

Vers la fin du 19e siècle, apparaissent un certain nombre de nouvelles sectes protestantes. La plus connue est l'Armée du salut, fondée en 1883, qui se voue à l'encadrement des masses urbaines plus ou moins délaissées par les Églises établies. Peu nombreux au Québec —

quelques centaines en 1901 et un millier en 1931 — les membres de l'Armée du salut inquiètent cependant à leurs débuts les autres Églises, avec leurs réunions en plein air. L'historien H.R. Walsh écrit qu'à Montréal et à Québec, les premières réactions sont plutôt dures, ponctuées par des arrestations massives, mais que, graduellement, et surtout après la Première Guerre mondiale, les salutistes sont mieux acceptés. Leur action contribue à faire prendre conscience aux Églises plus anciennes de leur tendance à se replier sur leur propre communauté, dominée par des représentants de la bourgeoisie, et à évacuer ainsi certaines préoccupations et certains groupes sociaux. Au tournant du siècle apparaît au Québec la secte des Témoins de Jéhovah.

Le protestantisme reste marqué par le respect des grandes traditions réformées. Le premier tiers du 20e siècle voit d'ailleurs surgir des controverses importantes sur les écritures, où s'opposent tenants de la tradition et nouveaux exégètes. Du côté des relations avec les autres Églises, on note au Québec une continuité dans le partage des zones d'influence; le prosélytisme se fait discret, surtout entre religions réformées et religion catholique.

À partir des dernières décennies du 19e siècle, se développe, à l'intérieur de la religion réformée, le mouvement appelé le *Social Gospel*, axé sur la prise de conscience des inégalités flagrantes causées par l'expansion du capitalisme industriel. C'est un mouvement parallèle à celui qui s'observe chez les catholiques depuis l'encyclique *Rerum Novarum*. Au Canada, le mouvement du *Social Gospel* joue un certain rôle jusqu'à la grève de Winnipeg, en 1919, qui marque un point de rupture dans les préoccupations ouvrières des pasteurs.

L'arrivée d'un nombre important de juifs, au tournant du siècle, modifie la composition religieuse du Québec. Il y avait depuis très longtemps des juifs à Montréal, où l'ouverture de la première synagogue remonte à 1777, mais leurs effectifs étaient restreints. De 1901 à 1931, l'importance relative de la religion juive passe de 0,4% à 2,1%; en fin de période, les juifs forment une communauté d'environ 60 000 personnes, fortement regroupée à Montréal, et sont alors aussi nombreux que les presbytériens.

Très rapidement, la question de l'intégration du nouveau groupe se pose, en particulier sur le plan scolaire, car l'enseignement public au Québec repose sur des bases confessionnelles. Y aura-t-il des écoles publiques juives ou devra-t-on intégrer les élèves de religion juive dans le système catholique ou protestant? Cette question sera traitée plus loin. Par ailleurs, du côté des institutions de bienfaisance, les juifs organisent assez rapidement leur propre réseau.

Alors que les relations entre les religions protestantes et le catholicisme ne sont plus marquées par l'hostilité ouverte, les relations entre juifs et catholiques sont difficiles. L'importante croissance du groupe juif s'accompagne de manifestations d'antisémitisme qui s'intensifieront jusqu'aux années 1930, alors qu'elles seront attisées par la crise et par le climat d'antisémitisme répandu à l'échelle du monde occidental. Cette attitude se retrouve aussi chez les protestants, même si les manifestations en sont plus discrètes.

Une Église omniprésente

L'Église catholique est encore en position de force entre 1896 et 1929. Rassemblant toujours plus de 85% de la population, elle voit ses effectifs cléricaux croître régulièrement. L'historien Jean Hamelin et la sociologue Nicole Gagnon ont mesuré l'évolution du clergé québécois et surtout le rapport prêtre/fidèles, qui est plus significatif. De 1901 à 1931, l'évolution de ce rapport montre un encadrement de plus en plus étroit: on compte 1 prêtre pour 680 fidèles en 1901, et 1 pour 576, en 1931. L'examen du personnel des communautés religieuses (prêtres, sœurs, frères) donne un second indice. Le nombre total de religieux des deux sexes vivant au Québec passe de 8612 en 1901, à 25 332 en 1931, ce qui donne, d'après le sociologue Bernard Denault, 1 religieux pour 166 catholiques en 1901 et 1 pour 97 en 1931. Voilà un rapport qui en dit long sur le caractère serré de l'encadrement des catholiques québécois.

Le personnel clérical est diversifié et s'occupe à des tâches très variées qui dépassent le simple ministère paroissial. Au sommet de la hiérarchie, on trouve les prêtres, qui se divisent en deux catégories: entre 1901 et 1931, 80% sont des séculiers, rattachés à un diocèse, et 20%, des réguliers, appartenant à une communauté religieuse. Les séculiers travaillent d'abord dans le ministère paroissial où l'on retrouve près de 60% des effectifs en 1931; l'enseignement, l'aumônerie et l'administration complètent l'éventail de leurs tâches. Les prêtres réguliers font un travail plus spécialisé; par exemple, les sulpiciens se vouent principalement à la formation des prêtres, les franciscains et

Le congrès eucharistique de Montréal en 1910: les représentants de la hiérarchie catholique et le premier ministre du Canada. (Archives de la ville de Montréal)

les rédemptoristes à la prédication et au maintien de certains lieux de pèlerinage, les eudistes et les jésuites à l'éducation.

Si certaines communautés religieuses ne comptent que des prêtres, d'autres regroupent également des frères, comme les Clercs de Saint-Viateur, ou ne sont formées que de frères, comme les Frères de l'instruction chrétienne. Les sœurs et les frères représentent cependant l'essentiel des effectifs des communautés religieuses; les femmes y sont d'ailleurs en majorité, avec 77% de l'ensemble en 1931 comme en 1901. Outre le travail des prêtres réguliers, l'action des communautés s'oriente surtout vers l'enseignement primaire, les soins hospitaliers et l'aide sociale. La paroisse, l'école et l'assistance sociale, voilà les trois bases de l'action de l'Église catholique. La création d'évêchés se poursuit au fur et à mesure des besoins; c'est ainsi que les diocèses de Joliette et de Gaspé sont créés, le premier en 1904 et le second en 1922, tandis que le vicariat apostolique du golfe Saint-Laurent est organisé en 1905.

La stratégie d'encadrement de l'Église se heurte à l'urbanisation croissante. Alors qu'en milieu rural les structures religieuses recouvrent parfaitement des unités sociales et économiques, à la ville il n'en va plus de même. Aussi, en milieu urbain, l'Église est-elle amenée à changer de tactique: d'abord multiplier les paroisses de manière à quadriller au maximum le territoire; ensuite créer une panoplie d'organisations dont le but est d'assurer un encadrement mieux adapté. Pour répondre à ces nouveaux défis, elle développe une structure pyramidale à trois niveaux: paroissial, diocésain et national. À la base, au niveau local, on retrouve diverses associations dont l'action ne dépasse pas les limites territoriales de chacune des paroisses. À l'échelle du diocèse, on trouve certaines organisations spécifiques, de même qu'une structure de regroupement, permettant de coordonner l'action des associations des diverses paroisses d'un même diocèse. Enfin, certains types d'organisation, qui s'adaptent mal au cadre paroissial ou diocésain, comme les syndicats catholiques, se rattachent au dernier niveau, dit national, où on trouve également des fédérations d'organisations diocésaines.

La paroisse continue néanmoins à jouer un rôle de premier plan. C'est l'institution de première ligne. Leur nombre croît sans cesse, passant de 736 en 1898, à 1182 en 1931. À la ville, on crée de plus des paroisses nationales, non territoriales, pour les catholiques d'autres origines ethniques, comme les Irlandais ou les Polonais; on en compte 25 à Montréal, en 1930. Les stratégies d'encadrement sont bien rodées, comme en témoigne le cas de la paroisse Saint-Jean-Baptiste de Montréal. En 1900, sept organisations pieuses ou charitables peuvent regrouper les fidèles selon leurs affinités ou leurs dispositions: Dames de la charité et Dames de Sainte-Anne pour les femmes, Congrégation de la Sainte Vierge pour les jeunes filles, Ligue du Sacré-Cœur, Garde d'honneur, Congrégation des hommes et Conférence Saint-Vincent-de-Paul pour les hommes. Outre ces associations pieuses et charitables, le curé L.-A. Dubuc dispose d'un ensemble d'institutions qui lui permettent d'étendre son contrôle. Ainsi, dès 1918, les mères qui travaillent envoient leurs enfants dans une école maternelle dirigée par des religieuses; de plus, le curé suit de près l'œuvre de l'assistance maternelle et la Goutte de lait. Côté charité, outre la Saint-Vincent-de-Paul, signalons l'action des religieuses de l'Hospice Auclair, qui visitent également les pauvres et les malades de la paroisse. La présence de l'Église est renforcée par les communautés religieuses qui s'occupent des trois académies que compte Saint-Jean-Baptiste. Le curé ne manque pas non plus d'organiser des tombolas et des pèlerinages pour stimuler la ferveur de ses ouailles. Enfin, un *Bulletin paroissial*, où paraît une chronique rédigée par un vicaire, complète et prolonge cette influence. Toutes les paroisses urbaines se dotent, à des degrés divers et selon leurs revenus, de ce type d'encadrement.

Les institutions d'enseignement, de santé et de services sociaux jouent un rôle essentiel pour l'Église et constituent des moyens importants d'encadrement. Les premières lui assurent un réseau de transmission pour ses valeurs et les autres, une présence dans un domaine social d'importance. Cependant, les changements les plus significatifs de la période concernent l'encadrement au niveau diocésain. Ils prennent leur source dans les directives des papes.

Dès 1891, dans son encyclique *Rerum Novarum*, le pape Léon XIII insistait sur la nécessité de «venir en aide, par des mesures promptes et efficaces, aux hommes des classes inférieures, attendu qu'ils sont pour la plupart dans une situation d'infortune et de misère imméritée». Le pape propose donc à l'Église de s'orienter vers une action sociale catholique, qui tienne compte des conditions nouvelles de la révolution industrielle. Ainsi, l'Église accepte le droit d'association des ouvriers, mais veut les encadrer pour éviter le danger du neutralisme et du socialisme. Rejetant la lutte des classes, elle vise plus globalement à créer une solidarité reposant sur la charité chrétienne et dépassant les intérêts propres à chaque classe. Pour y parvenir, elle mise sur la formation d'une élite de militants catholiques agissant dans le cadre d'un ensemble d'associations qu'elle organise. Comme l'écrit un intervenant lors de la première Semaine sociale tenue à Montréal en 1920: «Au premier rang l'Église. Toute question sociale est en son fond une question morale, et toute question morale une question religieuse.» Ainsi s'explique la volonté de catholiciser diverses organisations dont le champ d'action n'est pas d'abord religieux.

Pour élaborer et diffuser son nouveau message social, l'Église met sur pied, en 1911, l'École sociale populaire, dirigée par le jésuite Joseph-Papin Archambault. L'ESP devient le centre principal de formation des nouveaux militants catholiques chargés d'animer leurs milieux respectifs. Elle publie des brochures mensuelles, lance l'«œuvre des tracts», organise des retraites fermées. En 1920, elle inaugure les Semaines sociales du Canada, qui prolongent son action pédagogique: pendant une semaine, chaque année, quelques centaines de personnes suivent un cycle de conférences sur des sujets liés à la doctrine sociale de l'Église.

Par ailleurs, l'effort d'encadrement s'étend à des groupes sociaux ou professionnels particuliers, pour lesquels on crée des associations spécifiques qui ne sont plus nécessairement paroissiales. Dans plusieurs cas, elles sont calquées sur des modèles français ou belges. L'exemple le plus connu est celui du syndicalisme catholique. Après 1925, l'Union catholique des cultivateurs prolonge cette action dans les campagnes. De son côté, l'Association des voyageurs de commerce cherche à encadrer une classe de travailleurs que leur vie itinérante rend sans doute plus vulnérables aux tentations. La volonté de catholiciser s'étend aussi au mouvement féministe et amène la création de la Fédération nationale Saint-Jean-Baptiste en 1907. Mais surtout, on n'oublie pas la jeunesse. Dès 1903-1904, on crée l'Association catholique de la jeunesse canadienne-française, encore une fois sur le modèle français, qui regroupe les étudiants des divers collèges. À cette association s'ajoutent plus tard le mouvement des scouts catholiques et, vers la fin des années 1920, les mouvements d'action catholique pour les jeunes. En 1927, l'abbé Aimé Boileau organise le premier regroupement de jeunes ouvriers dans la paroisse Saint-Édouard de Montréal; la Jeunesse ouvrière catholique prendra rapidement son essor.

Toutes ces associations, liées à des préoccupations sociales très nettes, s'ajoutent aux sociétés mutuelles d'entraide et d'assurances qui jouent encore un rôle important au début du siècle. L'Alliance nationale, par exemple, regroupe 2292 membres en 1900, alors que les Artisans canadiens-français en ont 14 457. Ces mutuelles catholiques représentent un type d'action qui se poursuit avec l'essor des caisses populaires. Ces organismes, à caractère social et économique, reposent, pour leur diffusion et leur implantation dans le milieu, sur la structure de l'encadrement catholique. Cette influence de l'Église est sensible aussi en milieu rural, avec les coopératives agricoles fondées par l'abbé Allaire sur le modèle belge et catholique du *Boerenbond*.

Le journalisme catholique connaît lui aussi des changements importants qui ne sont pas étrangers à cet essor du militantisme. De plus en plus, les membres du clergé cherchent à jeter les bases d'une véritable presse catholique en créant ou en achetant des journaux un peu partout. Signalons la fondation par les oblats du *Droit* à Ottawa, celle de l'*Action catholique* à Québec et celle du *Bien public* à Trois-Rivières; en 1918, le clergé de Joliette achète l'*Action populaire* et en confie la rédaction à un clerc. Alors qu'avant 1896 le journalisme catholique était dominé par des individus, généralement laïcs, qui se faisaient les porte-parole de l'influence religieuse et cléricale en pratiquant un journalisme d'opinion, maintenant domine l'intervention directe du clergé, qui cherche à se doter d'organes de presse pour mieux diffuser ses consignes et tenter d'imposer une vision catholique de l'actualité. Montréal fait exception: *Le Devoir* y maintient la tradition du journalisme catholique indépendant et jamais le clergé ne tente d'y acheter ou d'y fonder un journal important. L'essor de cette presse est cependant limité par la croissance rapide de la presse populaire à grand tirage, dans les grands centres.

L'Église catholique québécoise continue d'aller chercher son inspiration à Rome. Toutefois, certaines des nouvelles directives romaines

Paul Bruchési, 1855-1939, archevêque de Montréal de 1897 à 1939.

mettent plus de temps à faire sentir leur effet au Québec, comme le démontre l'exemple de *Rerum Novarum*: il faut attendre une dizaine d'années après la parution du document pour voir les premières réactions. D'ailleurs, la doctrine sociale de l'Église qui en est issue reste fortement influencée par l'idéologie clérico-nationaliste et les problèmes sociaux sont souvent traités dans un esprit nationaliste. En réalité, il n'en résulte pas au Québec une réflexion profonde sur le phénomène de l'industrialisation et particulièrement sur la prolétari-

sation. D'après Jean Hamelin, l'encyclique «introduit donc dans l'idéologie une mince dimension sociale, assez large cependant pour que les
ouvriers occupent une place dans la cité terrestre projetée».

Par ailleurs, la séparation de l'Église et de l'État survenue en France
en 1905 a une incidence nette et imprévue sur le climat religieux. De
nombreux religieux français viennent en effet s'établir au Québec à la
suite de cet événement et ne manquent pas d'instiller dans leur action
une profonde méfiance à l'endroit de l'État.

Dans l'ensemble, l'Église cherche à exercer un rôle directeur sur la
société. Par sa position et ses institutions, elle est en mesure non
seulement d'infléchir l'orientation idéologique de ses ouailles, mais
d'intervenir à plusieurs niveaux; entre autres, elle joue un rôle
fondamental dans l'élaboration et la diffusion de la pensée nationaliste.
Valeurs catholiques et nationalisme canadien-français tendent à s'amal-
gamer. À cet égard, le rôle de l'Association catholique de la jeunesse
canadienne-française dans les maisons d'enseignement est crucial. Se
posant comme l'incarnation de la nation, l'Église peut ainsi s'affirmer
face à l'État. Comme le souligne Jean Hamelin: «La position centrale
qu'elle occupe dans les structures du pouvoir donne des dents à son
autorité morale et lui permet de confiner son vieil ennemi, l'État, dans
des rôles supplétifs.» L'affaire de la tentative de réforme scolaire du
gouvernement Marchand illustre bien cette influence.

L'Église cherche également à agir sur l'ensemble de la vie culturelle
des catholiques. Tout en appuyant les protestants québécois et canadiens dans la promotion du respect du dimanche ou dans le mouvement
antialcoolique, elle s'attaque aussi à la «photographie animée» et aux
journaux à grand tirage, un peu trop indépendants de l'influence
cléricale, mais elle obtient des succès limités. Pendant de longues
années, l'évêque Bruchési s'oppose à la constitution d'une bibliothèque
publique à Montréal. Pourtant, dès 1901 la ville est assurée d'un don
substantiel de la fondation Carnegie pour l'achat de livres, mais
l'Église tient à son contrôle et ne veut pas d'une institution laïque,
neutre; il faut attendre 1917 avant de voir s'ouvrir la bibliothèque
municipale. Les sulpiciens cherchent à combler le vide en créant, vers
1910, la bibliothèque Saint-Sulpice, qui deviendra la Bibliothèque
nationale, rue Saint-Denis.

L'examen de l'action de l'Église catholique du Québec durant ces
années débouche sur une double constatation. C'est une Église puissante, triomphante, et qui n'hésite pas à intervenir dans tous les

domaines où elle croit la foi menacée. Rome reconnaît son statut d'Église nationale et la tenue d'un congrès eucharistique mondial à Montréal, en 1910, confirme de manière éclatante cette nouvelle maturité et cette notoriété. Cependant, c'est une Église méfiante, qui craint toutes les inventions du siècle et trouve dans le passé son idéal de société.

Le pouvoir de cette Église omniprésente n'est cependant pas sans limites. Il y a d'abord son incapacité à investir le monde économique urbain. Or, dans son projet social, il lui importe de faire collaborer, dans l'esprit de la charité chrétienne, prolétariat et patronat catholiques, ce qui s'avère impossible dans le contexte québécois. De même, l'Église a beau jouer un rôle très important au niveau culturel, c'est un domaine où elle n'a pas le monopole et où elle doit compter avec les médias, comme la presse à grand tirage, le cinéma et la radio, qui font vite sentir leur influence et, par là, bornent sa puissance.

Ces limites apparaissent clairement dans deux cas importants. D'abord le succès très mitigé du syndicalisme catholique montre bien que dans le monde industriel existent d'autres forces que la sienne; ensuite, dans sa lutte contre le cinéma, elle devra rajuster son tir et se contenter d'une réglementation en deçà de ses désirs.

Toutefois, malgré ces limites, l'Église catholique demeure au Québec une force importante qui prend sa source non seulement dans la croyance religieuse mais aussi pour une bonne part dans le quasi-monopole qu'elle exerce sur certains services indispensables à la collectivité, comme la santé, la charité publique et l'éducation.

L'éducation

À feuilleter les statistiques publiées annuellement par le surintendant de l'Instruction publique, à lire la plupart des écrits de l'époque sur l'éducation, on pourrait croire que non seulement le système d'enseignement se porte bien, mais qu'il progresse à un rythme accéléré. Le nombre d'étudiants, d'enseignants et d'établissements augmente de même que s'accroissent les sommes consacrées à l'éducation.

Pourtant, le système québécois est fragmenté, il manque de coordination et il entretient de flagrantes inégalités. À part la brèche que réussit à percer l'État en créant un système public d'enseignement professionnel et technique, l'évolution est plutôt lente et les défenseurs du statu quo l'emportent généralement sur les réformistes. La même constatation s'impose lorsqu'on examine le fouillis des structures et des programmes et qu'on prend la mesure des effectifs et des ressources dont dispose le système d'enseignement.

Les grands débats

La période est marquée par trois grands débats: la tentative de créer un ministère de l'Instruction publique, la question de l'école obligatoire et le problème des écoles juives. Dans ces trois cas, les défenseurs du statu quo triomphent.

Lors de la campagne électorale de 1897, les libéraux promettent d'apporter des changements en éducation. Peu après son accession au pouvoir, le gouvernement Marchand agit promptement et présente un projet de loi qui entend modifier substantiellement les bases du système d'éducation. Ce projet déclenche un conflit majeur entre l'épiscopat et le gouvernement: celui-ci veut instituer un ministère de l'Instruction publique et il entend remettre aux tribunaux les pouvoirs quasi judiciaires dont dispose le surintendant de l'Instruction publique. Le gouvernement pourrait de sa seule autorité nommer deux inspecteurs généraux et les comités catholique et protestant pourraient exiger un «brevet de capacité» de tous les enseignants, clercs et laïcs. Finalement, le ministre pourrait choisir le matériel didactique et les manuels en usage dans les écoles, une fois que les comités les auraient approuvés.

Ce projet est reçu froidement par le comité catholique qui y voit une menace à ses pouvoirs et à son influence. Comme l'écrit le surintendant, «c'était bien de toute évidence l'ingérence de la politique avec toutes ses conséquences dans le domaine de l'éducation et la destruction dans ses parties vives, de l'économie de la loi de 1875».

Peu après la présentation du projet, Mgr Paul Bruchési, archevêque de Montréal, se rend à Rome. Le premier ministre Marchand, redoutant avec raison les pressions qu'exercera le prélat auprès du Vatican, s'empresse d'écrire à Rome pour exposer son point de vue. Quelques jours plus tard, il reçoit un télégramme de Bruchési: «Pape vous demande de surseoir pour bill de l'instruction publique.»

Le premier ministre, avec l'appui du lieutenant-gouverneur Chapleau, écrit à Rome pour expliquer le sens de la réforme proposée, qui veut essentiellement redonner à l'État les pouvoirs dont il a besoin pour remplir sa mission en matière d'éducation. Mgr Bruchési écrit à nouveau à Québec, disant que le pape lui-même demande au gouvernement

Une école de rang en 1915. (ANQ, N77-5-11-10)

de ne pas présenter cette mesure, Marchand écrit au lieutenant-gouverneur qu'il ne peut renier son engagement de réformer le système d'éducation et que s'il doit retirer ce projet de loi, plusieurs ministres et lui-même démissionneront et que cela provoquera une grande agitation au sein de la population. Chapleau écrit alors au secrétaire d'État du Vatican pour avertir Rome de la décision de Marchand. Le cardinal Rampolla répond par télégramme que le pape «n'a pas eu l'intention d'exercer de telles pressions qui puissent amener le ministre à donner démission». Par la suite, Mgr Merry Del Val, influent au Vatican et très au fait de la situation au Québec, écrit au lieutenant-gouverneur que la manière de Mgr Bruchési «d'interpréter la pensée du Saint-Père m'a paru bien étrange».

Disposant de ce double désaveu de Mgr Bruchési par Rome, le gouvernement n'a plus de raison de craindre exagérément l'opposition du clergé. Le projet est donc présenté à l'Assemblée et défendu par le secrétaire provincial Joseph-Émery Robidoux, qui, après avoir dit «nous garderons les crucifix aux murs de nos écoles», explique que la création d'un ministère signifie que le surintendant, qui a les pouvoirs d'un ministre mais sans responsabilité devant les chambres, sera remplacé par un ministre, en accord avec l'esprit des institutions parlementaires. Il ajoute: «c'est au gouvernement qu'il appartient de créer l'avenir d'une nation (...). Si le gouvernement est chargé de la fin, il doit pouvoir disposer des moyens.»

De retour au pays, Mgr Bruchési, soutenu par d'autres évêques, continue à combattre le projet. Celui-ci est quand même adopté par une forte majorité à l'Assemblée. Reste toutefois le Conseil législatif, majoritairement conservateur, où l'épiscopat trouve des alliés. Le Conseil rejette le projet par 13 voix contre 9. Bruchési s'empresse d'écrire à son ami Thomas Chapais qui a mené la bataille au Conseil: «Vous avez tué le BILL. Ces ministres devront comprendre maintenant quelle faute ils ont commise en ne suivant pas mes conseils et en ne se rendant pas à ma demande.»

En janvier 1899, Marchand présente un nouveau projet de loi, qui est un aveu de capitulation: il n'y aura pas de ministère de l'Instruction publique et les structures fondamentales du système resteront intactes. Cependant, le gouvernement aura le pouvoir de nommer ou destituer les inspecteurs, et dans chaque commission scolaire, on devra imposer des manuels uniformes. On prévoit aussi que le gouvernement pourra acheter les droits d'un auteur et distribuer gratuitement des livres de classe aux enfants. Même si Thomas Chapais voit dans cette modeste réforme «du communisme officiel et du socialisme d'État», la mesure est acceptée. Mais il faudra attendre 1964 pour que le Québec se dote d'un ministère de l'Éducation.

En opposant son veto à la création d'un ministère, le Conseil législatif se fait l'instrument de forces conservatrices puissantes. Le gouvernement aurait pu surmonter cette opposition en nommant quelques nouveaux conseillers en temps opportun, mais surtout en menant une vigoureuse campagne auprès de l'opinion publique. Il aurait même pu neutraliser l'opposition de l'épiscopat en utilisant les documents qui lui étaient parvenus du Vatican. Comment expliquer alors son attitude? Si le gouvernement capitule devant l'opposition du clergé, c'est à cause des pressions exercées par Laurier. Celui-ci tient à éviter les conflits avec l'Église catholique et à neutraliser l'opposition du clergé au Parti libéral. Il a aussi besoin de faire accepter par l'épiscopat le règlement qu'il négocie avec le gouvernement Greenway du Manitoba au sujet des écoles catholiques. Mgr Langevin de Saint-Boniface ayant dénoncé le compromis négocié par les libéraux, ceux-ci comptent en particulier sur Mgr Bruchési pour le calmer et surtout pour influencer favorablement le Vatican, qui doit se prononcer sur la question. En contrepartie, le premier ministre fédéral intervient auprès de Marchand pour qu'il laisse le champ libre à l'Église catholique au Québec.

Les relations entre l'archevêque et le premier ministre fédéral sont très étroites, comme en témoignent les échanges de bons procédés entre les deux hommes. Ainsi, lors d'une rencontre avec Laurier, Bruchési lui communique ses inquiétudes à propos de la situation financière de son diocèse, et en particulier de la dette de la cathédrale, qui s'élève à 200 000$. Peu après la défaite du projet Marchand, Laurier écrit à l'archevêque de Montréal qu'il pourra l'aider lorsque les négociations avec Mgr Langevin seront terminées au Manitoba. En effet, le puissant financier Donald Smith s'intéresse beaucoup à cette question et «quand je pourrai lui dire que Mgr Langevin est satisfait et que toutes les écoles sont sous l'autorité de la loi et que Votre Grandeur m'a puissamment aidé à obtenir ce résultat, je serai bien surpris s'il ne vous témoigne pas sa reconnaissance d'une manière tangible». On ne sait si Smith a versé l'argent, mais chose certaine Bruchési se montre satisfait du retrait du projet de ministère et écrit à l'un de ses correspondants: «vous devinez quelle influence a été exercée». On le devine sans peine, d'autant plus que dans cette lettre il vient juste de mentionner qu'il a rencontré Laurier et discuté avec lui des écoles du Manitoba.

Par la suite, le compromis entre Laurier et Bruchési sur la question scolaire continue à influencer la politique québécoise. Ainsi à la mort de Marchand, le secrétaire provincial, Joseph-Émery Robidoux, qui a défendu vigoureusement le projet de ministère et qui a récidivé par la suite en proposant la gratuité des livres scolaires, est écarté de la succession au poste de premier ministre. De même, en 1905, lorsque Lomer Gouin accède au pouvoir, il doit, selon Rumilly, promettre à Mgr Bruchési et à Laurier qu'il ne touchera pas aux bases du système d'éducation. C'est ainsi que malgré ses convictions personnelles il doit s'opposer aux radicaux de son parti qui demandent l'école obligatoire.

Cette question de l'école obligatoire est d'ailleurs au centre d'un autre débat. Après avoir été évoquée ici et là depuis 1875, elle est soulevée pour la première fois à l'Assemblée législative en 1899. Le député Boucher de Grosbois présente alors un projet de loi qui obligerait les parents à envoyer à l'école pendant au moins 16 semaines chaque année leurs enfants âgés de 8 à 13 ans. Le projet est rejeté et le sera à nouveau deux ans plus tard. En 1902, un groupe de citoyens comprenant des hommes politiques, des journalistes et des enseignants se réunit à Montréal pour fonder la Ligue de l'enseignement. Après avoir déclaré que «l'instruction publique est une charge d'État» et que l'avenir du peuple en dépend, la Ligue demande l'instruction obligatoire. Elle est vigoureusement dénoncée comme une organisation maçonnique qui veut promouvoir «l'école laïque, obligatoire et gratuite». Mgr Bruchési, comme l'explique Robert Rumilly, réussit à désagréger le groupe qui évoque pour lui le spectre des anticléricaux français de l'école des Ferry et des Gambetta.

Le problème refait surface à plusieurs reprises par la suite. Ainsi, en 1912, le comité protestant demande qu'on instaure une loi d'obligation scolaire pour les protestants. Le projet est discuté à l'Assemblée, mais il est rejeté par 62 voix contre 6. Le débat est relancé en 1918, lorsque les commissions scolaires de Drummondville et de Saint-Jérôme demandent au gouvernement d'autoriser les commissions scolaires, dans les villes de plus de 1000 habitants, à imposer l'école obligatoire aux enfants de 7 à 14 ans. Le député T.-D. Bouchard fait campagne dans son journal, Le Clairon de Saint-Hyacinthe. La controverse prend de l'ampleur et donne lieu à des articles, discours, brochures et livres sur le sujet. Le sénateur Raoul Dandurand fait signer une pétition qu'il présente à Mgr Bruchési et lui demande de la transmettre au Conseil de l'instruction publique. Mais, malgré une vigoureuse campagne, ni le CIP ni le gouvernement ne bougent et la polémique s'éteint pour ne reprendre que pendant les années 1930. Il faudra attendre 1942 pour que le Québec ait une loi d'instruction obligatoire.

Le troisième grand débat a trait à la minorité juive, dont la population s'accroît à un rythme très rapide dans les premières décennies du siècle. Alors qu'au 19e siècle il n'y avait que quelques centaines d'enfants juifs dans les écoles, en 1924, sur les 30 000 élèves des écoles protestantes de Montréal, 12 000 sont de religion juive. Ni les juifs ni les protestants ne sont satisfaits de leur coexistence obligée et le gouvernement, en voulant régler le problème d'une manière équitable, soulève une tempête chez tous les groupes, y compris les catholiques.

Depuis 1894, la communauté juive fréquente les écoles protestantes et y paye ses taxes. Cette situation est contestée dans les années 1920. Les protestants estiment que la minorité juive occupe trop de place et que l'arrangement financier ne rapporte pas suffisamment pour couvrir les coûts de l'instruction des juifs. Ceux-ci, de leur côté, se considèrent injustement traités, puisqu'ils n'ont pas de représentants à la commission scolaire et encore moins au Conseil de l'instruction publique.

Comme la constitution de 1867 ne prévoit que des écoles catholiques et protestantes, que faire des juifs si les deux groupes reconnus refusent de les accueillir? Un juif peut-il être commissaire d'écoles? Le gouvernement peut-il accorder aux juifs des écoles publiques séparées? Ces questions aboutissent devant les tribunaux et l'imbroglio juridique n'est dénoué qu'en 1928, lorsque le Conseil privé de Londres affirme que le gouvernement provincial peut créer des écoles séparées pour les juifs.

Le gouvernement convoque alors les représentants des autorités scolaires juives et protestantes pour leur soumettre un projet de solution. Le secrétaire provincial propose la création d'un comité juif de l'instruction publique qui veillerait aux intérêts des enfants juifs qui continueraient à fréquenter les écoles protestantes; le coût de l'éducation serait payé par les taxes des juifs et une partie de la taxe des neutres. Mais, à ce même moment, deux députés juifs à l'Assemblée législative se font les promoteurs d'un système d'écoles séparées sous la juridiction administrative et financière de leur communauté.

L'épiscopat catholique, qui n'a pas été consulté, manifeste son inquiétude. Dans une lettre au premier ministre Taschereau le cardinal Rouleau de Québec demande s'il ne s'agit pas d'une atteinte à la constitution du pays, qui ne prévoit que des écoles chrétiennes. Il indique qu'il y a un danger que le comité juif échappe à l'autorité du CIP. Finalement, il souligne que la création d'un tel comité n'est assortie d'aucune garantie «contre les entreprises de la propagande bolchéviste, alors même qu'avec les droits de surveillance actuelle, on affirme qu'il existe des écoles juives, ou russo-juives, à caractère bolchévisant, même dans la Province».

À part l'antisémitisme qui affleure dans ce débat, ce qui préoccupe les protestants autant que les catholiques, c'est la perte de leur monopole sur l'enseignement. Ils craignent par-dessus tout que les juifs n'obtiennent une place au CIP ou même quelques sièges au comité protestant ou dans les commissions scolaires. On redoute aussi qu'en accordant des écoles séparées aux juifs, on ne soit obligé par la suite d'en accorder à d'autres groupes. Dès 1930, on rapporte que 22 groupes demandent à leur tour des classes spéciales. Pour les évêques catholiques en particulier, cette situation présente le risque d'une intervention de l'État et d'une déconfessionnalisation des écoles.

Le gouvernement fait quand même voter une loi créant une commission scolaire juive en 1930, en espérant que les juifs et les protestants en viendront à un accord. Effectivement, peu après, les deux communautés signent une entente d'une durée de 15 ans, qui ramène pratiquement les choses au point où elles en étaient, sauf qu'il y aura une commission scolaire juive pour surveiller l'application de la convention. Mais la communauté juive étant elle-même très divisée sur la voie à suivre, les membres de la nouvelle commission scolaire démissionnent et on revient à toutes fins utiles à la situation antérieure.

Ces trois débats majeurs — ministère, obligation scolaire et écoles juives — illustrent bien la hantise des autorités catholiques et protestantes de voir leur monopole sur l'enseignement public entamé par l'État ou par un autre groupe. Ils défendent vigoureusement le statu quo confessionnel qui consacre leur pouvoir. Si les protestants ne s'alarment pas indûment à propos de la gratuité de l'école ou des livres ni même à propos de l'instruction obligatoire, l'épiscopat catholique, lui, voit derrière ces projets une menace qui entraînera nécessairement l'intervention de l'État et la neutralité scolaire.

Le fouillis des structures et des programmes

Le système d'enseignement est formé de deux sous-systèmes, protestant et catholique, autonomes et étanches l'un par rapport à l'autre. De chaque côté, il existe un secteur privé et un secteur public comprenant chacun divers niveaux d'enseignement mal définis et mal raccordés les uns aux autres. Les écoles et les programmes relèvent de diverses autorités et il est très difficile d'introduire des réformes dans cette structure confuse et fragmentée.

Depuis longtemps pourtant le besoin d'apporter des changements dans le système primaire public se fait sentir. Le cours primaire se limite, du moins sur papier, à quatre années jusqu'en 1923, alors qu'on se décide, après vingt ans de débats, à étendre cet enseignement sur six ans et à mettre un peu d'ordre dans les programmes. Cette réforme a pour effet d'inciter plusieurs élèves à fréquenter l'école deux années de plus. On accepte aussi d'ajouter au cours primaire proprement dit une 7e et une 8e années formant le cours primaire-complémentaire. L'élève peut y choisir les options industrielle, commerciale, agricole ou ménagère. Ici encore, cet ajout de deux ans permet à certains étudiants de prolonger leur scolarité. Mais il ne s'agit que d'une petite minorité, car à Montréal, en 1926, selon une enquête, 94% des enfants catholiques quittent l'école après la 6e année. Graduellement, à Montréal en particulier, on ajoute une 9e puis une 10e années au cours primaire, même

L'école ménagère de Roberval en 1905. (Archives Notman, Musée McCord)

s'il n'existe pas de programme officiel pour ces deux années. Ce n'est qu'en 1929 qu'est acceptée officiellement la création d'un cours primaire-supérieur de 3 ans. Mais ce cours ne débouche pas sur l'ensemble des études supérieures, ce qui est une grave lacune du système public catholique.

Par contre, les protestants ont depuis longtemps un système bien rodé, qui permet de passer sans rupture du primaire au *high school* puis à l'université. Le système protestant est aussi plus unifié et plus cohérent dans ses structures. Dès 1925, les protestants regroupent toutes leurs écoles de la ville de Montréal au sein d'une seule commission scolaire, ce qui est fort avantageux sur les plans financier, administratif et pédagogique. Les catholiques de Montréal les imiteront imparfaitement, mais seulement après que deux commissions d'enquête auront mis en relief la situation problématique de la métropole, fragmentée en une quarantaine de commissions scolaires.

Au niveau secondaire, la place centrale est occupée par le *high school* chez les protestants et le collège classique chez les catholiques. Ce dernier offre un cours de 8 ans après le primaire. Il existe, vers 1930, quelque 36 collèges classiques, dont seulement deux pour jeunes filles. Ces collèges, qui sont pour la plupart des séminaires, accueillent des pensionnaires et sont dirigés par des membres du clergé. Il s'agit d'institutions privées, qui préparent les jeunes à s'orienter surtout vers la prêtrise et les professions libérales traditionnelles: droit et médecine. Les carrières scientifiques sont nettement négligées. Ce système, de toute évidence, ne peut répondre adéquatement aux besoins d'un pays industrialisé auquel il faut une main-d'œuvre qualifiée et des spécialistes en sciences et en administration. C'est ce besoin de plus en plus manifeste qui amène l'État à intervenir directement en éducation.

En 1907, le gouvernement Gouin annonce la création de deux écoles techniques, l'une à Montréal, l'autre à Québec, afin de «procurer à nos manufacturiers des producteurs instruits, des chefs d'ateliers émérites, des contremaîtres expérimentés et des ouvriers d'élite»; elles ouvrent leurs portes en 1910. Dans les années 1920, on en inaugure également à Trois-Rivières et à Hull, auxquelles s'ajoutent des écoles techniques privées mais subventionnées à Shawinigan, Sherbrooke et Lachine. En 1926, le gouvernement crée la Corporation des écoles techniques afin de mieux coordonner le développement du réseau. On y accueille les élèves après la 6ᵉ année, pour y suivre un cours de métier, et après la 9ᵉ année, pour un cours technique. Mais étant donné les carences de l'enseignement public, on ne recrute pas autant d'élèves qu'on le souhaiterait.

Le gouvernement, qui au 19ᵉ siècle a fait des efforts pour développer l'enseignement professionnel supérieur, poursuit son œuvre en créant une école d'arpentage (1907) et une école forestière (1910), toutes deux rattachées à l'Université Laval. De même qu'il a été à l'origine de l'École polytechnique de Montréal en 1873, il met sur pied l'École des hautes études commerciales qui accueille ses premiers étudiants en 1910. Dans les années 1920, s'ajoutent à ce réseau deux écoles des Beaux-Arts, une à Québec, l'autre à Montréal. On favorise également l'expansion du réseau des écoles normales, mais celles-ci relèvent du comité catholique.

Le réseau universitaire est composé de quatre institutions: deux francophones (Laval et sa succursale montréalaise) et deux anglophones (McGill et Bishop). Succursale de l'Université Laval depuis 1876, l'Université de Montréal obtient son indépendance en 1919-1920. Elle lance alors une souscription publique et recueille 4 millions de dollars, dont 2 viennent du public, 1 des prêtres de Saint-Sulpice et 1 du gouvernement. La nouvelle université, en plus des facultés traditionnelles, compte parmi ses écoles affiliées Polytechnique, les HEC depuis 1915,

L'école technique de Québec. (ANQ, N78-4-40-11)

l'école d'agriculture d'Oka et l'école de médecine vétérinaire. Une faculté des sciences et une école des sciences sociales sont créées en 1920. Pleine d'optimisme, l'Université décide de construire un vaste immeuble sur le Mont-Royal mis en chantier en 1928. À cause de la crise l'ouvrage ne sera complété qu'en 1942. L'Université Laval, stimulée par Montréal, lance aussi en 1920 une campagne de souscription, qui lui rapporte 2,5 millions de dollars, et crée une école de chimie qui sera l'embryon d'une faculté des sciences.

Du côté anglophone, la petite université Bishop à Lennoxville abandonne sa faculté de médecine et axe son enseignement sur les arts, la théologie et la formation des maîtres. L'Université McGill continue son ascension. En 1907, un don de plusieurs millions de dollars de l'industriel Sir William MacDonald lui permet d'installer à Sainte-Anne-de-Bellevue une grande école d'agriculture et l'école normale de McGill. Le philanthrope subventionne également trois autres pavillons: physique, chimie, génie. McGill a même un collège affilié en Colombie britannique, qui deviendra l'université de cette province.

Les inégalités entre les universités francophones et anglophones apparaissent nettement quand on compare leurs fonds de dotation, alimentés par les dons que font de riches particuliers ou des entreprises. Alors que l'Université Laval et l'Université de Montréal ont ensemble, en 1919, un fonds de dotation total de quelques dizaines de milliers de dollars, McGill en a un de plus de 14 millions. Cette situation n'empêche pas le gouvernement de donner proportionnellement autant à McGill qu'aux autres. Ainsi, en 1920, ayant fait un don de 1 million de dollars à Laval et à Montréal, il s'empresse d'en donner autant à McGill.

Les effectifs

Les trois premières décennies du siècle semblent marquées par une croissance assez importante des effectifs scolaires (tableau 1). Le nombre d'enseignants augmente plus rapidement que celui des élèves et des étudiants; le pourcentage d'élèves et d'étudiants par rapport à la population totale des groupes 5-19 ans ou 5-24 ans s'accroît sensiblement. Il est difficile de pousser plus loin l'analyse de ces données, car le tableau est trop général. Il est certain cependant que si on pouvait comparer protestants et catholiques, l'avantage irait aux premiers. De plus, il est pratiquement impossible d'évaluer réellement la fréquentation scolaire, car on sait qu'à l'époque il y a une différence sensible entre élèves inscrits et élèves présents. On a tout lieu de croire que non seulement les statistiques relatives à cette question ne sont pas toujours recueillies convenablement mais qu'on a, dans certains cas, avantage à les gonfler pour des raisons financières ou idéologiques. En examinant de plus près les données qualitatives ou quantitatives dont nous disposons, il est quand même possible de dégager certaines constatations qui montrent que les progrès accomplis sont très relatifs.

Au niveau primaire, plusieurs se plaignent que les écoles sont de mauvaise qualité, que les enfants ne les fréquentent pas assidûment et que l'enseignement y est inadéquat. Une école de rang, bâtie au coût de 1200$, où enseigne une jeune fille de 17 ans pour moins de 200$ par année, à des élèves de 6 à 14 ans regroupés dans un même local, a son charme mais aussi ses limites. C'est pourtant ce genre d'école qui domine en 1931. Quant à l'assiduité des enfants, il est impossible, dans l'état actuel des connaissances, de la mesurer, mais ce n'est pas sans raison qu'on demande une loi de fréquentation scolaire obligatoire. Les enfants continuent de quitter l'école après leur première communion, vers 10-11 ans, et peu poursuivent généralement au delà de la 6e année.

TABLEAU 1

LES EFFECTIFS SCOLAIRES AU QUÉBEC, 1901 ET 1931

Écoles, enseignants ou élèves	1901	1931
Écoles	6 098	8 448
Enseignants	11 511	25 793
Élèves inscrits	330 173	653 351
% des 5-19 ans inscrits	57,8%	67,2%
% des 5-24 ans inscrits	45,7%	53,4%

Source: Louis-Philippe Audet, *Histoire de l'enseignement au Québec*, tome II, p. 279.

Depuis 1923, avec le nouveau programme, on note cependant une amélioration importante, puisqu'on recense quelque 175 000 élèves catholiques en 7ᵉ et 8ᵉ années.

Pour ceux qui veulent poursuivre leurs études, il y a l'enseignement technique et professionnel, l'école normale, les écoles ménagères, le collège classique chez les catholiques et le *high school* chez les protestants.

Dans les 7 écoles techniques existant en 1929, on compte quelque 4000 étudiants, mais en incluant ceux qui suivent les cours du soir, ce qui doit représenter une proportion assez élevée puisqu'il n'y a cette année-là que 76 diplômés. Les 20 écoles normales et les 119 écoles ménagères sont les débouchés réservés aux jeunes filles. Pour 1744 jeunes filles qui se préparent à l'enseignement (contre 177 garçons), 21 219 autres se préparent à la «vie domestique». Les religieuses et les jeunes filles de bonne famille peuvent avoir accès à deux collèges classiques. Les garçons peuvent s'inscrire en classe préparatoire dans des écoles professionnelles comme les HEC, Polytechnique, les écoles des Beaux-Arts, les écoles d'agriculture qui font partie de l'enseignement supérieur mais qui, à défaut de pouvoir recruter des bacheliers, doivent se contenter d'une clientèle moins bien préparée. Au total, il peut y avoir entre 1000 et 2000 étudiants réguliers dans ces établissements. La majorité des élèves du secondaire se retrouvent dans les 34 collèges classiques qui disposent d'un personnel de 1072 professeurs, dont moins de 100 sont des laïcs, et qui comptent 11 200 étudiants.

De tous ces chiffres, il ressort nettement que la réforme de 1923 a été très importante pour les catholiques. Mais au-delà de la 8ᵉ année, il y a un goulot d'étranglement qui se répercute sur les autres niveaux et qui peut être très néfaste pour les francophones. Les jeunes filles n'ont guère de débouchés, à part l'école normale et cette voie d'évitement que constituent les écoles ménagères. Quant aux garçons, les écoles techniques et professionnelles ne touchent qu'une infime minorité d'entre eux. Le secondaire, c'est d'abord le collège classique qui ouvre toutes les portes de l'université et des grandes écoles; mais peu y ont accès et il reste entièrement dans le secteur privé.

Les protestants, eux, ont le grand avantage de posséder le *high school* (9e à 11e année), qui est public, laïc et qui permet aux jeunes de parfaire leur culture et de se préparer à l'université. En 1929, plus de 18 000 élèves fréquentent ces écoles. Rappelons que du côté catholique, ce n'est qu'en cette même année qu'on acceptera de prolonger officiellement l'enseignement public jusqu'à la 11e année (école primaire-supérieure) mais, même quand le cours primaire-supérieur se sera développé, il ne donnera pas pleinement accès à l'université comme le fait le *high school*.

L'enseignement universitaire qui se trouve au bout de la chaîne est profondément marqué par le reste du système. Les universités francophones sont toutes deux sous la tutelle de l'Église catholique, tandis que McGill est plutôt sous la gouverne d'hommes d'affaires.

En 1901, la situation des universités francophones est peu reluisante: elles n'ont que 153 professeurs et 1175 étudiants contre 254 professeurs et 1208 étudiants du côté protestant. Il est vrai que les deux systèmes ne sont pas tout à fait comparables à cause du *high school* et du collège classique. De même il est certain que les universités catholiques progressent durant les trois premières décennies du siècle et qu'elles fournissent un nombre suffisant de prêtres, de médecins et de juristes. Cependant, leurs facultés des sciences sont de création récente et les scientifiques trop peu nombreux qui y enseignent déplorent le peu de moyens dont ils disposent et l'absence de préparation scientifique dans les collèges.

Malgré tout, de réels efforts sont faits en médecine et dans les facultés des sciences pour améliorer la formation scientifique des étudiants. La faculté de médecine de l'Université de Montréal exige une année préparatoire en sciences fondamentales, ce qui permettra de développer la faculté des sciences. Malgré tout le recrutement des étudiants demeure difficile. Ainsi, rapporte Chartrand, de 1924 à 1929, des 1210 bacheliers des collèges du Québec qui ne se destinent pas à la vie religieuse moins de 200 s'orientent vers des carrières scientifiques ou techniques. Dans ces conditions, il n'est pas étonnant qu'à l'Université de Montréal, de 1921 à 1931, une centaine de candidats seulement reçoivent un diplôme en sciences et qu'à Laval, à l'école de chimie, on ne compte que 33 diplômés entre 1925 et 1931. Selon l'historien Raymond Duchesne, il en est de même à l'École polytechnique qui ne produit en moyenne que 6 ou 7 nouveaux ingénieurs par an, entre 1877 et 1920. En 1929, il n'y a qu'une vingtaine d'étudiants en classe de finissants. La même année aux HEC, seulement 17 étudiants réguliers terminent leurs cours.

Un des grands problèmes de l'enseignement au début du siècle demeure la formation des maîtres. La majorité des enseignants apprennent leur métier sur le tas et ne détiennent qu'un brevet de capacité décerné par le Bureau central des examinateurs. L'élite des enseignants reçoit dans les écoles normales une formation d'une année, qui sera portée à deux ans dans les années 1920. Quant aux religieux et religieuses, ils n'ont pas à subir d'examen ni à détenir un diplôme, leur habit en tenant lieu; les communautés font néanmoins un effort pour améliorer la formation de leur personnel.

La création d'un bureau central d'examinateurs en 1898, pour remplacer les bureaux locaux, constitue une tentative pour améliorer la situation en élevant les normes des examens. Mais ce n'est qu'en 1939 que tous les enseignants seront tenus de détenir un diplôme d'école normale. Ces écoles voient leur nombre augmenter progressivement au cours du 20e siècle; on en compte 20 en 1929. En 1931, en outre, une dizaine de scolasticats religieux seront autorisés à délivrer des diplômes d'enseignement. Malgré les progrès accomplis, la majorité des enseignants catholiques, en 1929, n'a encore qu'un brevet de capacité. Chez les protestants, la situation est meilleure, puisque la majorité est diplômée. Qui plus est, pendant que la formation des maîtres protestants est rattachée à l'Université McGill, qui exige pour l'admission des étudiants une 11e année, chez les catholiques, on peut être admis après une 6e année dans une des nombreuses écoles normales dispersées sur le territoire.

L'enseignement reste une profession largement féminine. En 1928, dans les écoles primaires et les *high schools* du Québec, les femmes représentent plus de 80% des effectifs. C'est aussi une profession où les religieux et les religieuses catholiques sont nombreux. Dans l'ensemble du système d'éducation, en 1929, l'Église catholique dispose d'effectifs importants: 1272 prêtres, 2577 frères et 6630 sœurs, ce qui représente quelque 43% du nombre total d'enseignants de tous les niveaux. C'est dire que si on ne considérait que les enseignants catholiques, le pourcentage relatif de religieux serait encore plus élevé, car très peu de clercs protestants enseignent. Une troisième caractéristique persistante est le bas niveau des salaires et l'inégalité entre les sexes et les groupes ethniques pour un même travail. Ainsi, en 1929, dans les écoles catholiques, un instituteur gagne 1553$ et une institutrice 387$, chez les protestants, un homme gagne 2351$, une femme 1068$.

Les enseignants catholiques relèvent, sur le plan pédagogique, de l'Église, qui, en plus de disposer d'un personnel nombreux dans les écoles, contrôle tout l'enseignement public primaire et les écoles normales grâce à sa prédominance au comité catholique. De plus, elle domine entièrement les collèges classiques et les deux universités francophones. Le seul secteur où son influence ne soit pas prépondérante est celui de l'enseignement technique et professionnel, qui relève de l'État et de corporations publiques.

Au niveau universitaire, l'Église catholique, tout en conservant son monopole, doit faire place aux laïcs, car le clergé n'a pas toutes les compétences requises pour jouer un rôle dans toutes les facultés. Ainsi, à Polytechnique, aux HEC, en médecine, en droit et en sciences — sauf exceptions, comme l'abbé Alexandre Vachon, diplômé en sciences du Massachusetts Institute of Technology, ou le frère Marie-Victorin, botaniste autodidacte remarquable —, les professeurs spécialistes sont généralement des laïcs. De plus, l'Église doit compter, du moins dans une certaine mesure, sur les subventions de l'État, qui fait un effort particulier pour les grandes écoles nées de son initiative et pour les facultés des sciences. La vie des professeurs d'université n'a rien de reluisant, car on leur offre des salaires misérables, qui les obligent à exercer leur activité professionnelle en dehors de l'université pour joindre les deux bouts.

Un des développements les plus remarquables de la période est certainement l'expansion des écoles techniques et professionnelles et des facultés des sciences. Le Québec français comptant peu de spécialistes dans ces domaines, le gouvernement en recrute quelques-uns en Europe, notamment en France, en Suisse et en Belgique. De même, il crée un modeste système de bourses pour permettre à des Québécois, comme Édouard Montpetit, d'aller étudier en Europe pendant quelques années. En 1922, le gouvernement fait voter une loi l'autorisant à distribuer 15 bourses au lieu de 5, pour envoyer des professeurs étudier en Europe. Parallèlement, les universités font appel aux quelques scientifiques du milieu qui souvent sont des médecins ou des autodidactes.

En 1923, sous l'impulsion du frère Marie-Victorin, on crée l'Association canadienne-française pour l'avancement des sciences (ACFAS), dont le but est de regrouper les diverses sociétés scientifiques qui ont

Marie-Victorin, frère des Écoles chrétiennes et botaniste, 1885-1944.

surgi depuis quelques années. En 1926, les gouvernements français et québécois et l'Université de Montréal mettent sur pied l'Institut scientifique franco-canadien dans le but de favoriser les échanges entre la France et le Québec. En 1927, le gouvernement accorde une subvention de 100 000$ au docteur Gendreau pour la fondation de l'Institut de radium. Marie-Victorin, puis le mathématicien de Laval, Adrien Pouliot, soulèvent une polémique lorsqu'ils demandent publiquement que l'enseignement secondaire fasse une plus large place à l'étude des sciences. Ces quelques scientifiques déclenchent réellement le processus, mais les résultats sont modestes au début. Les scientifiques de cette génération sont les pionniers de la recherche universitaire et s'efforcent en même temps de vulgariser les connaissances scientifiques afin de sensibiliser les gouvernements, le public et les jeunes à l'importance de la science pour assurer le progrès économique de la nation.

Dans ces trois décennies, il y a certes des progrès, mais ils sont modestes. Le quasi-monopole de l'Église catholique et de la minorité protestante sur le système d'éducation et le rôle marginal de l'État constituent une des grandes faiblesses du système. Après l'échec de Marchand en 1897, il faut attendre une dizaine d'années pour que l'État prenne quelque initiative dans le domaine de l'éducation. Les gouvernements Gouin et Taschereau s'efforcent de développer l'enseignement technique et professionnel tant au niveau secondaire qu'universitaire. Pour le reste, l'État doit se contenter d'un rôle supplétif. L'Église catholique et la minorité protestante veillent à ce qu'il s'en tienne à ce rôle modeste, afin de préserver leur plus entière autonomie. À la différence des catholiques, les protestants, grâce à leurs ressources, ont les moyens de leur volonté autonomiste. L'absence de l'État ne les gêne pas dans leur développement. À tous points de vue, ils sont en avance sur les catholiques et le statu quo leur convient.

Dans un tel contexte, il n'est pas étonnant que, sur des dépenses évaluées en 1929 à un peu plus de 32 millions de dollars pour l'éducation, le gouvernement ne paie qu'environ 4 millions; le reste provient des impôts scolaires locaux (17,6 millions), des frais de scolarité (600 000$) et d'une somme estimée à près de 10 millions, qui représente la part des institutions indépendantes.

Le système public catholique est inadéquat, la formation des maîtres est insuffisante et trop de commissions scolaires refusent de payer des salaires convenables aux enseignants et de se doter d'équipements adéquats. Et la crise qui éclate en 1929 risque de compromettre les acquis des décennies précédentes.

ORIENTATIONS BIBLIOGRAPHIQUES

AUDET, Louis-Philippe. *Histoire de l'enseignement au Québec*. Tome II. Montréal, Holt, Rinehart & Winston, 1971. 496 p.

AUDET, Louis-Philippe. *Histoire du Conseil de l'instruction publique de la province de Québec, 1856-1964*. Montréal, Leméac, 1964. 346 p.

AUDET, Louis-Philippe. «La querelle de l'instruction obligatoire», *Cahiers des dix*, 24 (1959): 132-150.

BEAULIEU, André et Jean HAMELIN. «Une Église triomphaliste (1896-1940)», Nive VOISINE, dir., *Histoire de l'Église catholique au Québec 1608-1970*, Montréal, Fides, 1971, p. 55-72.

CHARLAND, Jean-Pierre. *Histoire de l'enseignement technique et professionnel*. Québec, IQRC, 1982. 482 p.

CHARTRAND, Luc, Raymond DUCHESNE ET Yves GINGRAS. *Histoire des sciences au Québec*. Montréal, Boréal, 1987. 487 p.

COLLECTIF CLIO. *L'histoire des femmes au Québec depuis quatre siècles*. Montréal, Quinze, 1982. 521 p.

DANYLEWYCZ, Marta. *Profession: religieuse. Un choix pour les Québécoises 1840-1920*. Montréal, Boréal, 1988. 246 p.

DENAULT, Bernard et Benoît LÉVESQUE. *Éléments pour une sociologie des communautés religieuses au Québec*. Montréal et Sherbrooke, PUM/Université de Sherbrooke, 1975. 220 p.

DUCHESNE, Raymond. *La science et le pouvoir au Québec, 1920-1965*. Québec, Éditeur officiel du Québec, 1978, 126 p.

DUMONT, Micheline et Nadia FAHMY-EID, dir. *Les couventines. L'éducation des filles au Québec dans les congrégations religieuses enseignantes 1840-1960*. Montréal, Boréal, 1986. 315 p.

FAHMY-EID, Nadia et Micheline DUMONT, dir. *Maîtresses de maison, maîtresses d'école. Femmes, famille et éducation dans l'histoire du Québec*. Montréal, Boréal Express, 1983. 413 p.

FROST, S.B. *McGill University. For the Advancement of Learning*. Vol 2, *1895-1971*. Montréal/Kingston, McGill-Queen's University Press, 1984. 493 p.

GALARNEAU, Claude. *Les collèges classiques au Canada français, 1620-1970*. Montréal, Fides, 1978. 287 p.

GRANT, John Webster. *The Church in the Canadian Era. The First Century of Confederation*. Toronto, McGraw-Hill Ryerson, 1972.

HAMELIN, Jean et Nicole GAGNON. *Histoire du catholicisme québécois*. Vol. III: *Le XXᵉ siècle*. Tome 1, *1898-1940*. Montréal, Boréal, 1984. p. 59-355.

HAMELIN, Louis-Edmond. «Évolution numérique séculaire du clergé catholique dans le Québec», *Recherches sociographiques*, 2, 2 (avril-juin 1961): 189-242.

HEAP, Ruby. *L'Église, l'État et l'enseignement primaire public catholique au Québec 1897-1920*. Thèse de Ph.D. (histoire), Université de Montréal, 1986. 1035 p.

LAJEUNESSE, Marcel, dir. *L'éducation au Québec, 19ᵉ et 20ᵉ siècles*. Montréal, Boréal Express, 1971. 145 p.

PERCIVAL, Walter P. *Across the Years. A Century of Education in the Province of Quebec*. Montréal, Gazette Printing Company, 1946. 195 p.

Royal Commission on Industrial Training and Technical Education, Report of the Commissioners. Ottawa, King's Printer, 1913. Part. IV. p. 1838-1893.

RUMILLY, Robert. *Histoire de l'École des Hautes Études Commerciales de Montréal*. Montréal, Beauchemin, 1966. 214 p.

THIVIERGE, Nicole. *Écoles ménagères et instituts familiaux: un modèle féminin traditionnel*. Québec, IQRC, 1982. 475 p.

VIGOD, Bernard V. «Qu'on ne craigne pas l'encombrement des compétences: le gouvernement Taschereau et l'éducation, 1920-1929», *Revue d'histoire de l'Amérique française*, 28, 2 (sept. 1974): 209-244.

WALSH, H.H. *The Christian Church in Canada*. Toronto, The Ryerson Press. 1968.

Chapitre 31

DE NOUVEAUX RÔLES POUR L'ÉTAT

Au début du 20ᵉ siècle, le Québec vit encore dans un certain âge d'or du libéralisme économique. Les dirigeants politiques valorisent le développement économique et l'entreprise privée, ne concevant le rôle de l'État qu'en termes supplétifs. Cette vision des choses sera brutalement remise en question par la crise des années 1930. Mais déjà, entre 1896 et 1929, on perçoit une transformation de la nature des interventions étatiques.

Les nouvelles orientations de l'État

Le principal facteur qui oriente dans de nouvelles voies l'action gouvernementale est l'ampleur des problèmes sociaux liés à l'industrialisation et à l'urbanisation. L'importance du chômage saisonnier milite en faveur de la création de bureaux de placement et le nombre élevé d'accidents du travail rend nécessaire la mise en place d'un mécanisme d'indemnisation. L'évolution des relations de travail vers la négociation collective et les conflits patrons-ouvriers qui en résultent appellent la création de moyens de conciliation. Le relâchement des structures familiales à la suite de l'exode rural rend essentiel l'établissement des pensions pour les vieillards. Le coût croissant de l'aide aux indigents oblige l'État à contribuer à son financement. Enfin, la mortalité élevée et les conditions sanitaires des grandes villes accentuent le degré de l'intervention étatique dans le domaine de la santé.

Sur un autre plan, la création des monopoles, en particulier dans les services publics, suscite l'opposition de groupes de citoyens qui se plaignent de leurs tarifs trop élevés, de leurs profits exorbitants et de la mauvaise qualité de leurs services. Le gouvernement est amené à jouer un peu plus, encore que bien timidement avant 1930, le rôle de protecteur de l'ensemble des citoyens face aux pouvoirs considérables des trusts. Le pouvoir de réglementation s'exerce principalement par l'intermédiaire de nouvelles institutions: les commissions ou régies d'État. Mais ces interventions ne remettent pas en question l'initiative privée car, sauf dans quelques cas d'exception comme la vente des alcools, l'État ne se transforme pas en entrepreneur. Son action prend plutôt la forme d'un appui à l'initiative privée, tout en la réglementant jusqu'à un certain point.

Le financement des nouvelles activités de l'État amène la création de taxes ayant des objets spécifiques. Ainsi, la loi de l'assistance publique de 1921 prévoit que le coût de l'entretien des indigents dans les institutions privées d'assistance est partagé à parts égales entre le gouvernement, la municipalité et l'institution. L'État et les municipalités financent leur participation au régime grâce à une taxe spéciale sur les spectacles, souvent désignée comme «le sou du pauvre», dont les revenus vont pour moitié à la municipalité qui les perçoit et pour moitié au gouvernement. Le fonds de l'Assistance publique est administré par des fonctionnaires qui ont un droit de regard sur son utilisation par les institutions. Cette mesure de contrôle suscite la résistance de ceux qui y voient une ingérence de l'État dans les affaires internes des communautés religieuses. Le gouvernement Taschereau finit par amender la loi de manière à préciser que le contrôle gouvernemental ne portera pas préjudice aux pouvoirs des évêques sur les communautés, mais le principe du droit de regard de l'État sur l'utilisation des fonds reste intact.

Certains groupes voudraient même faire de l'État le garant des bonnes mœurs. On rêve de faire disparaître l'alcool ou à tout le moins d'en contrôler sévèrement la fabrication et la vente. Quant au problème du respect du dimanche, il fait l'objet de controverses: les grandes usines de papier ont généralisé le travail le dimanche et les évêques demandent au gouvernement d'interdire cette pratique. Des groupes puritains, surtout chez les protestants, vont même plus loin, voulant faire interdire diverses formes de loisirs cette journée-là. Le cinéma en particulier représente pour le clergé une menace, car il ne peut en contrôler le contenu; d'où les demandes d'intervention pour interdire le cinéma aux enfants et pour l'interdire plus généralement le dimanche, seule journée de loisir dont disposent les travailleurs.

Les finances publiques

Le gouvernement du Québec a connu une certaine indigence financière pendant les trente premières années du régime fédéral, mais la situation change radicalement après 1897. D'une part, les revenus de l'État connaissent une hausse importante grâce à l'exploitation des richesses naturelles et au produit des nouvelles taxes. D'autre part, les gouvernements libéraux qui se succèdent au pouvoir adoptent une politique de prudence dans la gestion des dépenses publiques.

En fait, les recettes de l'État se multiplient par 10 au cours des trois premières décennies du siècle, passant de 4 à 40 millions de dollars (tableau 1). Les dépenses augmentent sensiblement au même rythme, mais les gouvernements prennent bien soin de les maintenir officiellement au-dessous du niveau des recettes; afficher un surplus est pour eux un gage de saine administration.

TABLEAU 1

RECETTES ET DÉPENSES COURANTES DU GOUVERNEMENT QUÉBÉCOIS (EN MILLIERS DE DOLLARS), 1897-1929

Année financière	Recettes	Dépenses	Surplus
1897-98	4 178	4 365	− 187
1902-03	4 700	4 596	104
1907-08	6 017	4 981	1 036
1912-13	8 383	7 954	429
1917-18	13 806	11 672	2 135
1922-23	21 635	20 190	1 444
1927-28	34 808	32 821	1 987
1928-29	39 976	35 964	4 012

Source: *Annuaire du Québec.*

En réalité, ce surplus est souvent artificiel. En effet, en plus du budget courant, le gouvernement administre un «budget extraordinaire constitué par l'emprunt et par certains fonds en fidéicommis ou dépôts». Celui-ci sert à financer les dépenses de construction d'édifices publics, de routes, de ponts, de barrages, les prêts aux municipalités pour fins de construction routière, la participation gouvernementale à l'Assistance publique, le remboursement d'emprunts, etc. Le montant de ce budget varie considérablement d'une année à l'autre, au gré des travaux de construction et des échéances des emprunts. Les années d'élections amènent souvent une hausse marquée des dépenses tant ordinaires qu'extraordinaires.

En prenant en compte l'ensemble des dépenses d'activité de l'État, le politologue James Iain Gow est amené à réviser à la hausse les chiffres officiels. Ainsi, pour l'année 1920-1921, les dépenses atteindraient 25 millions de dollars alors que les revenus ne sont que de 16 millions. La croissance des dépenses apparaît cependant beaucoup moins spectaculaire quand on tient compte de l'augmentation de la population. Gow calcule que les dépenses per capita passent de 3,94$ en 1897-1898 à 16,82$ en 1929-1930, avec des fluctuations marquées d'une année à l'autre; en éliminant l'inflation, il obtient des chiffres de 7,05$ et de 13,70$ en dollars constants. Cela l'amène à constater, d'une part, que les dépenses per capita affichent une croissance plus lente pendant cette période que pendant la précédente et, d'autre part, que leur niveau après 1910 est nettement inférieur à celui de l'Ontario. L'image de prudence financière attachée aux gouvernements libéraux de l'époque s'en trouve donc renforcée.

TABLEAU 2

PRINCIPALES SOURCES DE REVENU DU GOUVERNEMENT QUÉBÉCOIS, 1912 ET 1929 (EN POURCENTAGE DE L'ENSEMBLE DES REVENUS)

Source	1912	1929
Subsides du gouvernement fédéral	25,4	5,8
Terres et forêts	20,6	16,3
Droits sur les successions	15,2	10,5
Licences, droits, etc.	17,6	8,0
Loi des automobiles	0,6	12,2
Taxes sur les corp. commerciales	9,6	7,7
Divers	11,0	39,5

Source: *Annuaire du Québec*, 1929.

La composition des revenus évolue sensiblement au cours de la période en se diversifiant: les sources traditionnelles sont maintenues, mais leur importance relative décroît (tableau 2). Le subside fédéral, rajusté en 1907, représente encore le quart du revenu de la province à la veille de la guerre; mais, comme il varie peu, son poids dans l'ensemble diminue rapidement par la suite; il est de moins de 6% à la fin de la période. Les droits, permis et revenus de type judiciaire ne représentent plus que 8% du total en 1929. Les revenus dérivés de l'exploitation des richesses naturelles (terres et forêts) forment toujours un élément important des finances publiques, même si leur part tend à se réduire. Il y a aussi de nouvelles sources de revenu dont le produit grimpe en flèche: d'une part, les taxes dérivées de la loi des automobiles, en particulier l'immatriculation, d'autre part, les revenus de la Commission des liqueurs, à partir de 1922, et la taxe sur l'essence, créée en 1924, qui alimentent le poste «divers» et gonflent substantiellement les recettes.

Du côté des dépenses (tableau 3), le changement le plus spectaculaire survient dans le domaine de la voirie. Ce poste ne comprend pas les dépenses de construction, financées par des emprunts; il s'agit ici du coût d'entretien des grandes routes que le gouvernement Taschereau fait payer par l'État, soulageant d'autant les municipalités.

TABLEAU 3

RÉPARTITION DES DÉPENSES COURANTES DU GOUVERNEMENT QUÉBÉCOIS, 1912 ET 1929 (EN POURCENTAGE DES DÉPENSES TOTALES)

Dépenses	1912	1929
Service de la dette	15,3	12,1
Instruction publique	15,9	10,0
Administration de la justice	12,1	6,6
Travaux publics et travail	8,0	6,1
Agriculture	12,0	5,8
Voirie	—	21,0
Terres et forêts	4,3	6,0
Colonisation, mines et pêcheries	4,3	6,2
Divers	28,1	26,2

Source: *Annuaire du Québec*, 1929.

En 1897, la dette du Québec, encourue surtout pour financer la construction ferroviaire, est de 24 millions de dollars. En prenant le pouvoir, les libéraux évitent systématiquement d'emprunter; jusqu'à la guerre, le niveau de la dette oscille entre 24 et 25 millions. Mais la politique de voirie adoptée à compter de 1912 nécessite de nouveaux emprunts et, à la fin de la période, la dette consolidée atteint près de 57 millions. Malgré cet accroissement, le Québec a alors un des plus bas niveaux d'endettement per capita parmi les provinces canadiennes.

Il ne faut pas oublier qu'une partie substantielle des dépenses publiques est effectuée par les municipalités. Les revenus courants de l'ensemble des municipalités québécoises dépassent encore nettement ceux du gouvernement; ils passent de 26 millions de dollars en 1917 à 54 millions en 1927. De même, leurs recettes extraordinaires sont beaucoup plus élevées que celles du gouvernement. En effet, les municipalités recourent massivement aux emprunts pour financer les travaux de construction d'égouts, de rues, etc. Cela explique que la dette totale des municipalités atteigne 182 millions en 1915 et 301 millions en 1927; la ville de Montréal à elle seule doit un peu plus de la moitié de ce montant, soit 164 millions. Les commissions scolaires dont les revenus courants passent de 11 millions en 1918-1919 à 21 millions en 1927-1928 sont également emprunteurs: leur passif passe de 35 millions en 1918-1919 à 67 millions en 1927-1928. C'est elles qui assument le plus gros des dépenses en matière d'éducation.

L'appareil administratif

L'évolution du rôle de l'État se manifeste également dans les transformations que subit l'appareil administratif par la création ou la réorganisation de ministères et de régies. Trois nouveaux ministères voient le jour. L'intervention plus fréquente de l'État explique la mise sur pied en 1905 d'un «département» du travail rattaché aux travaux publics et qui devient un ministère distinct en 1931. Les nouvelles politiques en matière de construction routière amènent l'organisation d'un ministère de la Voirie en 1914. Enfin, en 1918, on crée le ministère des Affaires municipales, qui permet à l'État de mieux contrôler les municipalités et d'en coordonner l'action. En outre, plusieurs ministères existants sont réorganisés, en particulier dans le secteur des terres et forêts, des pêcheries, des mines et de la colonisation. Dans certains cas, des organismes acquièrent une dimension nouvelle: par exemple, sous l'impulsion d Athanase David, qui en est le titulaire sous le gouvernement Taschereau, le bureau du secrétaire et registraire joue un rôle accru dans la promotion des arts et de l'éducation. À la fin de la période, le Québec compte 9 ministères, en plus du poste de premier ministre. Au sein de ces ministères, des bureaux et services spécialisés sont mis sur pied. Parmi ceux-ci, il faut signaler le Bureau des statistiques, créé en 1912 et qui publie, à compter de 1914, l'*Annuaire statistique du Québec*.

L'une des nouveautés est la création d'organismes para-gouverne-

Caricature sur la gestion par l'État de la vente des alcools. (ANQ, GH871-6)

mentaux, les régies ou commissions. Le gouvernement québécois suit en cela un mouvement qui prend de l'ampleur aux États-Unis. La Commission des services d'utilité publique (1909) a pour mandat de régir les entreprises exploitant des services de communications, de transport ou d'énergie et en particulier de fixer leurs tarifs. Créée pour désamorcer les critiques à l'endroit des monopoles dans les services publics, elle déçoit rapidement car, loin de protéger activement les intérêts des consommateurs, elle se contente généralement d'approuver les demandes d'augmentation de tarifs soumises par les entreprises. La Commission des eaux courantes (1910) est chargée de surveiller l'utilisation des rivières et d'en régulariser le débit au moyen de barrages, afin d'accroître la capacité des usines électriques (les coûts des travaux sont ensuite payés, sous forme de loyer, par les entreprises qui en profitent). La Commission des liqueurs (1921) a le monopole de la vente de l'alcool et régit l'émission et le contrôle des permis des établissements hôteliers et autres. Sa mise sur pied s'explique dans un contexte où, partout ailleurs au Canada et aux États-Unis, règne la prohibition, une mesure que les Québécois francophones ne sont pas prêts à accepter. En créant un monopole d'État, le gouvernement espère limiter la consommation d'alcool en la contrôlant de plus près. La mesure a des effets désastreux pour les épiciers en gros dont une partie appréciable du chiffre d'affaires provenait du commerce des vins et spiritueux. Elle procure néanmoins au gouvernement des revenus substantiels. La Commission du salaire minimum pour les femmes est créée en 1919, mais ne fonctionne qu'à partir de 1925. Enfin, à compter de 1928, la Commission des accidents du travail a pour tâche de fixer les indemnités à payer aux accidentés.

Pour répondre aux nouveaux besoins, il faut engager plus de spécialistes, tels les agronomes et les ingénieurs forestiers, ainsi que de nombreux agents et inspecteurs. Au total, la fonction publique québécoise voit ses effectifs passer d'environ 625 personnes en 1900 à 5745 trente ans plus tard, sans compter près de 1500 employés qui œuvrent à la Commission des liqueurs et à la Commission des accidents du travail. Ces fonctionnaires subissent l'ingérence politique et le patronage, mais le maintien au pouvoir des libéraux leur assure une assez grande stabilité d'emploi. L'administration devient donc plus complexe et aussi plus centralisée, quoique de nombreux services soient dispensés de façon décentralisée, grâce aux agents de ministères tels l'Agriculture et la Colonisation ou la Voirie qui sont en poste dans chaque comté. Malgré la centralisation accrue, la gestion de l'intervention étatique reste encore marquée, selon Gow, par l'absence de coordination et par un certain désordre en matière de contrôle financier.

La réforme municipale

Par ailleurs, la réorganisation de l'administration municipale occupe une place importante dans l'évolution de l'exercice du pouvoir étatique. On peut déceler un double phénomène. D'une part, le gouvernement québécois s'immisce de plus en plus dans des domaines qui avaient été jusque-là laissés à l'initiative des municipalités, en particulier dans les champs de la santé publique, avec le renforcement des pouvoirs du Conseil supérieur d'hygiène en 1915, de l'aide sociale, à la suite de l'adoption de la Loi de l'assistance publique en 1921, de la voirie, avec

La corruption qui caractérise les mœurs politiques provoque parfois des scandales. Celui du parc de Maisonneuve fait suite à une expropriation de terrains dans laquelle des intermédiaires ont réalisé des profits substantiels en pratiquant la technique des reventes successives.

la loi des bons chemins de 1912, et des services publics, régis par la commission créée en 1909. Dans tous ces domaines, il laisse aux municipalités des responsabilités importantes, mais en leur imposant des normes plus contraignantes et en participant au financement. D'autre part, le gouvernement intervient de façon croissante dans la gestion des municipalités, ce dont témoigne la création du ministère des Affaires municipales en 1918. Dès 1903, il se réserve le droit d'approuver tout nouvel emprunt d'une municipalité trop endettée et, en 1922, il étend cette mesure à tous les emprunts municipaux. En 1924, il met sur pied au sein du ministère un Bureau des inspecteurs-vérificateurs chargé de contrôler l'état des finances municipales. Toutes ces interventions amorcent un mouvement de réduction de l'autonomie municipale que l'on peut observer dans toutes les provinces du Canada et qui prendra plus d'ampleur à partir de la crise des années 1930.

Les atteintes les plus spectaculaires à l'autonomie municipale concernent Montréal. La métropole est administrée par un maire et surtout par des conseillers élus pour représenter des quartiers. Les membres du conseil se répartissent au sein de comités mal coordonnés et qui ont chacun la haute main sur un secteur de l'administration municipale. Les hommes d'affaires se plaignent de l'inefficacité de ce système et de la corruption qu'il engendre. Ils voudraient que la ville soit administrée comme une entreprise et qu'elle fournisse des services efficaces et à bas prix. Des groupes s'organisent pour proposer des réformes. D'une part, on exige une fonction publique recrutée selon la compétence plutôt que par patronage; on veut que les services soient administrés par des «experts». D'autre part, on pense limiter la corruption et le patronage en réduisant le pouvoir des élus et en les faisant élire non plus par chaque quartier mais par l'ensemble de la ville, pour les soustraire aux pressions des électeurs.

Un «comité de citoyens» formé par le Board of Trade et la Chambre de commerce obtient du gouvernement la création d'une commission d'enquête en 1909. Celle-ci met au jour un régime généralisé de corruption et de patronage à l'hôtel de ville. Le comité de citoyens réussit alors à faire adopter une réforme administrative qui est mise en vigueur en 1910, après avoir été acceptée par référendum. Les pouvoirs du conseil municipal sont réduits et on lui superpose un bureau de contrôle de 4 membres, élus par l'ensemble de la population, qui dirige véritablement l'administration. Cette nouvelle structure n'ayant pas donné les résultats escomptés, le gouvernement, sous la pression des hommes d'affaires, la remplace en 1918 par une autre encore moins démocratique. Le conseil municipal voit ses effectifs réduits et ses pouvoirs encore plus restreints; la ville est dirigée par une commission administrative de 5 membres (3 directeurs de services municipaux et 2 membres nommés par Québec). Mais dès 1921 on doit revenir à un régime plus démocratique, avec un conseil municipal dont les élus représentent des quartiers; le conseil choisit en son propre sein les membres du comité exécutif chargé de diriger l'administration. Dans ce cas, la résistance autonomiste de la population a raison de la tutelle imposée par la bourgeoisie montréalaise et le gouvernement québécois.

Le personnel politique

Tous ces changements se reflètent également dans la composition du personnel politique. Même si les sessions de la législature ne durent pas plus de deux ou trois mois par année, le poste de député exige de plus en plus de temps. Avec le renforcement du système de partis, le député devient plus nettement l'homme de l'organisation, celui qui fait le lien avec les électeurs et qui sait prendre les moyens de conserver sa circonscription dans le giron du parti. On fait donc appel à un personnel politique professionnel qui se recrute au sein de la petite bourgeoisie plutôt que de la bourgeoisie. Les grands hommes d'affaires se font maintenant rares parmi la députation, où ils sont remplacés par des petits commerçants et des avocats. Les anglophones deviennent aussi moins nombreux.

Le conseil des ministres continue cependant à se recruter dans une élite, liée à la bourgeoisie. Les origines sociales et les liens familiaux sont importants à ce niveau. C'est d'ailleurs le cabinet qui exerce la réalité du pouvoir politique, assuré qu'il est de la fidélité de ses troupes. Sous les gouvernements libéraux qui se succèdent de 1897 à 1929, les ministres les plus influents sont très près des milieux d'affaires. Ils siègent aux conseils d'administration de nombreuses sociétés et prêtent une oreille attentive aux demandes des hommes d'affaires. Ces derniers peuvent donc se retirer en toute quiétude de l'action politique directe. Le changement dans les caractéristiques du personnel politique n'affecte pas leur pouvoir réel.

ORIENTATIONS BIBLIOGRAPHIQUES

ARMSTRONG, Christopher et H.V. NELLES. *Monopoly's Moment. The Organization and Regulation of Canadian Utilities, 1830-1930*. Philadelphie, Temple University Press, 1986. 393 p.

GAUVIN, Michael. *The Municipal Reform Movement in Montreal, 1886-1914*. Thèse de M.A. (histoire), Université d'Ottawa, 1972.

GOW, James Iain. *Histoire de l'administration publique québécoise, 1867-1970*. Montréal, Presses de l'Université de Montréal, 1986. 443 p.

LEMIEUX, Vincent, dir., *Personnel et partis politiques au Québec: aspects historiques*. Montréal, Boréal, 1982. 350 p.

LINTEAU, Paul-André. «Rapports de pouvoir et émergence d'une nouvelle élite canadienne-française à Montréal, 1880-1914», *Études canadiennes/Canadian Studies. Revue interdisciplinaire des études canadiennes en France*, 21, tome 1 (1986): 163-172.

MAGNUSSON, Warren. «Introduction: The development of Canadian urban government», W. MAGNUSSON et A. SANCTON, dir., *City Politics in Canada*, (Toronto, University of Toronto Press, 1982): 3-57.

NAGANT, Francine. *La politique municipale à Montréal 1910-1914: l'échec des réformistes et le triomphe de Médéric Martin*. Thèse de M.A. (histoire), Université de Montréal, 1982.

TAYLOR, John H. «Urban autonomy in Canada: Its evolution and decline», G.A. STELTER et A.F.J. ARTIBISE, dir., *The Canadian City, Essays in Urban and Social History*, (Ottawa, Carleton University Press, 1984): 478-500.

VIGOD, Bernard L. *Quebec Before Duplessis: The Political Career of Louis-Alexandre Taschereau*. Montréal, McGill-Queens University Press, 1986. 312 p.

CHAPITRE 32

PARTIS ET MOUVEMENTS POLITIQUES

La scène politique québécoise, entre 1897 et 1929, est marquée par la domination incontestée du Parti libéral. Son principal adversaire, le Parti conservateur, a peine à se tailler une place et n'offre pas de véritable solution de rechange. Un certain consensus idéologique fait que ces deux formations n'ont pas des pensées très éloignées l'une de l'autre. Les idées différentes sont plutôt présentées par des groupes prenant l'allure de tiers partis.

La structure des partis

Au sein des deux grands partis ainsi que dans le mouvement nationaliste, la direction reste élitiste. Le chef a la haute main sur son groupe, assisté d'une poignée d'organisateurs et de députés plus influents. Les organisations ne prennent pas la forme d'associations; elles n'ont pas de membres, mais des partisans.

La fidélité au parti, surtout quand il est au pouvoir, est assurée par le système de patronage. L'expansion des ressources financières de l'État et de ses champs d'intervention permet de réaliser un patronage plus généreux et touchant plus de personnes. C'est le cas pour la voirie, qui devient un important secteur d'interventions gouvernementales. L'amélioration des communications qui en résulte est profitable à la population, et le choix des régions à aider favorise les électeurs fidèles au parti au pouvoir. D'autres retombées peuvent privilégier les électeurs appuyant le gouvernement: les contrats de construction et d'entretien, la possibilité pour les cultivateurs de trouver un emploi à temps partiel ou de fournir des matériaux. Les conservateurs accusent d'ailleurs les libéraux d'utiliser les dépenses de voirie à des fins de favoritisme. L'existence du patronage est un phénomène de notoriété publique, mais les études systématiques manquent pour en vérifier l'ampleur ou en décrire toutes les caractéristiques.

Un autre phénomène important est l'existence d'une presse très partisane, qui se transforme d'ailleurs avec l'essor des journaux à grand tirage. Le Parti libéral a deux quotidiens principaux: *Le Soleil* à Québec et *Le Canada* à Montréal. Le Parti conservateur peut compter à Québec sur l'*Événement* et le *Quebec Chronicle* et, à Montréal, sur le *Star* et *La Patrie* qui, d'abord libérale, passe aux conservateurs vers 1905. Il existe aussi des journaux régionaux alignés politiquement. Tout en appuyant un parti, d'autres journaux ne sont pas des publications partisanes, en ce sens qu'ils n'ont pas à suivre les directives des chefs politiques. C'est le cas de *La Presse* de Montréal qui, à compter de 1904, appuie le Parti libéral, mais garde une politique rédactionnelle indépendante.

La distinction entre les niveaux fédéral et provincial n'est pas très nette dans l'organisation des partis. Les deux structures ne sont pas séparées et on retrouve les mêmes équipes d'organisateurs aux élections fédérales et provinciales. La répartition des tâches se fait plus sur une base régionale que selon la distinction des niveaux. C'est ainsi que le sénateur Raoul Dandurand, organisateur du Parti libéral dans la région de Montréal, joue un rôle clé dans les élections fédérales et provinciales. Dans le cas du Parti libéral tout au moins, il faut souligner le poids du chef fédéral, qui intervient très directement dans le choix du chef provincial.

Le Parti libéral: stabilité et continuité

Sur la scène québécoise, le Parti libéral jouit, pendant toute la période, d'une stabilité peu commune. Il reste au pouvoir pendant près de 40 ans, de 1897 à 1936; quatre chefs se succèdent à sa tête et deux s'y maintiennent une quinzaine d'années. Félix-Gabriel Marchand en prend la direction après la défaite de Mercier en 1892; leader de l'opposition, il devient premier ministre à la suite de sa victoire électorale en 1897. À sa mort, en 1900, Simon-Napoléon Parent lui succède, mais, trop autocrate, il doit démissionner en 1905, face à une révolte de ses troupes. Lomer Gouin le remplace et conserve bien en main la direction jusqu'à sa démission en 1920. Il s'est d'ailleurs préparé un successeur en la personne de Louis-Alexandre Taschereau, qui prend la relève sans heurts et demeure à la tête des libéraux jusqu'en 1936. Ainsi, après 1897, le chef du parti, choisi par les députés et les organisateurs, devient automatiquement premier ministre, sans éprouver la nécessité de faire ratifier sa nomination par les électeurs. D'ailleurs, Parent, Gouin et Taschereau, avant de devenir premiers ministres, ont fait partie du cabinet de leur prédécesseur, ce qui accentue l'effet de continuité.

En effet, le Parti libéral reste, pendant ces quatre décennies, fidèle aux mêmes grandes valeurs politiques: développement économique par la mise en valeur des richesses naturelles et l'appui au capital étranger; politiques sociales timides; réformes scolaires partielles visant à mieux ajuster le système d'éducation aux besoins de l'économie. Ces orientations fondamentales ne sont jamais remises en question, même si chaque chef imprime sa marque en accentuant l'un ou l'autre aspect.

Derrière cette stabilité, le Parti libéral subit des tensions internes. La vieille tradition radicale, héritée des rouges, est toujours représentée par quelques députés et organisateurs et s'exprime dans certains journaux. Mais le groupe radical n'a pas de prise véritable sur la direction, qui tend à l'étouffer ou à le mettre en veilleuse. Les radicaux les plus bruyants sont même éliminés: on expédie Godfroy Langlois à Bruxelles, comme délégué du Québec; on provoque la défaite électorale de T.-D. Bouchard aux mains d'un libéral indépendant pour lui apprendre la modération.

Mais les rivalités au sein du parti ne sont pas seulement de nature idéologique, elles tiennent aussi aux personnalités, aux styles d'action. S.-N. Parent s'aliène peu à peu l'appui de ses députés par sa façon de gouverner. Lomer Gouin prend la tête des mécontents et force la démission du premier ministre. Cette rivalité Parent-Gouin a aussi des bases régionales et symbolise la vieille opposition entre Québec, fief de Parent, et Montréal, que représente Gouin.

Il y a également des tensions entre députés fédéraux et provinciaux. La véritable tutelle qu'exerce sur le parti le chef Wilfrid Laurier suscite les réactions d'un Lomer Gouin qui, en prenant la direction à Québec, marque ses distances à l'égard d'Ottawa. Les frictions au niveau des comtés sont avivées par la faiblesse électorale de l'opposition. Les candidats libéraux étant à peu près certains d'être élus, nombreux sont les partisans qui aspirent à devenir députés. Ceux qui ne sont pas choisis par la direction du parti sont tentés de se présenter comme libéraux indépendants.

Toutes ces tensions ne sont pas suffisantes pour provoquer un éclatement du parti. La menace la plus grave à l'unité a lieu lors de la révolte des députés contre leur chef en 1905, mais comme le mécontentement est alors généralisé, Parent n'a d'autre choix que de démissionner. L'éclatement ne se produira que pendant la période suivante, au cours des années 1930.

Les difficultés du Parti conservateur

Le Parti conservateur a dominé la scène politique québécoise pendant toute la deuxième moitié du 19e siècle. Les élections de 1897 marquent pour lui le début d'un séjour prolongé dans l'opposition. Le parti éprouve alors trois types de difficultés. La première tient au régime électoral en vigueur. Comme nous le verrons plus loin, les conservateurs obtiennent, tout au cours de la période, un nombre de sièges nettement inférieur à leur force réelle auprès de l'électorat; le scrutin uninominal à un tour et les distorsions de la carte électorale en sont la cause. Une seconde difficulté vient de l'orientation vers la droite du Parti libéral et de son identification au milieu des grandes affaires; il devient alors difficile pour les conservateurs de se définir un programme nettement distinct et ils sont en ce domaine à la remorque des libéraux. S'ils trouvent parfois une solution dans le rapprochement avec les nationalistes, ils s'aliènent alors les appuis importants qu'ils ont au sein de la bourgeoisie anglophone. En troisième lieu, les conservateurs subissent négativement les effets de la politique fédérale. Le Parti conservateur fédéral ne réussit pas à présenter des leaders canadiens-français aussi prestigieux que Wilfrid Laurier ou Ernest Lapointe. L'orientation pro-impérialiste du parti fédéral et sa politique de conscription pendant la guerre ont des effets négatifs sur sa clientèle québécoise.

On peut distinguer cinq grandes étapes dans l'évolution du Parti conservateur québécois. La période s'ouvre par une phase de désagrégation qui dure jusqu'en 1908. Le double échec électoral de 1896 au niveau fédéral et de 1897 au provincial lui porte un dur coup. L'ex-premier ministre Edmund-James Flynn dirige tant bien que mal des troupes décimées. La déroute est accentuée par les méthodes brutales du premier ministre S.-N. Parent qui, en 1900 et en 1904, provoque des élections rapides sans laisser aux conservateurs le temps de s'organiser. Défait en 1904, Flynn doit céder sa place à Évariste Leblanc. Le parti reprend du poil de la bête à compter de 1908 grâce à une alliance électorale et parlementaire avec les nationalistes d'Henri Bourassa. Leblanc ayant été défait aux élections de 1908, c'est Mathias Tellier qui devient chef de l'opposition. Avec l'appui très actif de Bourassa, élu député à Québec, il peut talonner le gouvernement en chambre.

Toutefois, après 1912, le parti entre dans une nouvelle période de déclin qui dure jusqu'en 1920. La retraite de Bourassa de la vie politique active affaiblit l'opposition. La prise du pouvoir à Ottawa par le Parti conservateur en 1911, avec l'appui des nationalistes, suscite des espoirs vite déçus. La politique impérialiste du gouvernement Borden jette le discrédit sur le parti au Québec. La crise de la conscription de 1917 a des effets plus nets: le Parti conservateur fédéral devient le parti des Canadiens anglais et les Canadiens français se rangent massivement du côté libéral. Par ailleurs, en Ontario, le règlement 17, qui restreint sévèrement l'utilisation du français comme langue d'enseignement et

Arthur Sauvé, 1874-1944, chef de l'opposition conservatrice à Québec, 1916-1929. (ANQ, GH571-9)

comme matière d'étude dans les écoles bilingues, heurte de front les Franco-Ontariens. Le Parti conservateur du Québec, dirigé par Philémon Cousineau de 1915 à 1916, subit les contrecoups de ces événements extérieurs.

Pour Arthur Sauvé, le nouveau chef de l'opposition après les élections de 1916, la seule solution est de différencier très nettement l'aile provinciale de l'aile fédérale du parti. Son attitude plus nationaliste déplaît à ses partisans anglophones, mais la crise économique qui frappe le Québec au début des années 1920 donne plus de poids à ses critiques contre le gouvernement libéral. Le parti réussit à obtenir un appui très important dans les grands centres urbains; il se retrouve pourtant avec un nombre restreint de sièges à cause des distorsions de la carte électorale. La tentative de reconstruction du parti par Arthur Sauvé (1916-1929) échoue donc sur le plan électoral. En 1929 s'amorce une nouvelle phase, d'orientation populiste, avec l'élection à la direction du parti de Camillien Houde, maire de Montréal.

Le mouvement nationaliste

Ce qu'on appelle le mouvement nationaliste naît, au tournant du siècle, en réaction contre la résurgence de l'impérialisme anglais. Ce mouvement s'identifie d'abord étroitement à un homme, Henri Bourassa, qui le marque de son empreinte au point de vue idéologique et qui, jusqu'à un certain point, l'empêche de se transformer en véritable parti politique. La question de l'impérialisme se pose avec force au Canada en 1899, lorsque la Grande-Bretagne, attirée par l'or du Transvaal, s'engage dans une guerre en Afrique du Sud contre les Boers. Le ministre britannique des colonies, Joseph Chamberlain, et certains Anglo-Canadiens demandent que le Canada intervienne aux côtés de la métropole. Bien que très réticent, le premier ministre Laurier doit céder aux pressions des anglophones.

Henri Bourassa, petit-fils de Louis-Joseph Papineau et jeune député libéral, démissionne alors de son siège à la Chambre des communes pour protester contre le gouvernement qui n'a pas consulté le parlement avant d'engager le Canada d'une manière aussi cruciale. Bourassa se fait réélire sans opposition dans sa circonscription de Labelle. De retour à la Chambre des communes, il combat sans répit l'impérialisme au nom d'un nationalisme pan-canadien. Au cours de ses nombreuses interventions, Bourassa est amené à préciser davantage le sens de son nationalisme. Selon lui, s'il ne veut pas sombrer dans l'insignifiance coloniale, le Canada doit absolument affirmer et maintenir son autonomie face à la métropole. La résistance à l'impérialisme est nécessaire mais non suffisante pour assurer le développement harmonieux du pays. Celui-ci étant fondé sur la coexistence et la coopération des Canadiens français et des Canadiens anglais, le respect de la dualité culturelle s'impose, notamment en ce qui concerne les droits linguistiques et religieux. De plus, les Canadiens doivent s'assurer la plus grande maîtrise possible de l'exploitation de leur patrimoine économique et même intellectuel. La lutte vigoureuse que mène Bourassa, quelquefois contre son propre parti, lui vaut l'admiration de la jeunesse canadienne-française. Un groupe de disciples décide, en 1903, de créer un mouvement ayant pour objectif de propager les idées mises de l'avant par le député libéral. Animé par de jeunes journalistes — Olivar Asselin, Armand Lavergne, Omer Héroux et Jules Fournier — , il choisit le nom

Henri Bourassa, 1868-1952, leader nationaliste et fondateur du journal *Le Devoir*. (ANC, C4956)

de Ligue nationaliste canadienne. Il publie, avec l'approbation de Bourassa, un manifeste qui s'inspire de ses écrits et de ses discours. Le manifeste de 1903 devient le programme politique de la ligue, dont le contenu se précise et se développe par la suite à travers les interventions publiques de Bourassa.

La ligue nationaliste canadienne propose un programme en trois volets. Le premier concerne les relations entre le Canada et la Grande-Bretagne. La ligue réclame «la plus large mesure d'autonomie politique, commerciale et militaire compatible avec le maintien du lien colonial». Cela implique le rejet de la participation à un parlement impérial, le droit pour le Canada d'avoir une représentation internationale directe et de négocier des accords commerciaux et, finalement, la non-participation du Canada aux guerres de l'Empire britannique, accompagnée d'une canadianisation du commandement de la milice.

Sur le plan des relations fédérales-provinciales, le programme de la ligue est beaucoup moins novateur. Réclamant «la plus large mesure d'autonomie compatible avec le maintien du lien fédéral», elle réaffirme la nécessité de conserver les droits garantis aux provinces en 1867 et d'assurer le respect du droit des minorités à des écoles séparées. Elle souhaite un accroissement des subventions fédérales aux provinces et la prise en charge de l'administration de la justice criminelle par le gouvernement central. Elle réclame aussi la nomination des juges des tribunaux civils par les provinces.

Finalement, la ligue souhaite pour l'ensemble du Canada «une politique de développement économique et intellectuel exclusivement canadienne». Cet objectif se concrétise dans quelques propositions. Certaines s'adressent principalement au gouvernement fédéral. On veut qu'il oriente davantage sa politique douanière en fonction des intérêts canadiens, qu'il cesse de subventionner les entreprises privées et qu'il contrôle plus étroitement les tarifs de transport et le tracé des lignes de chemins de fer. Les propositions adressées au gouvernement provincial concernent principalement la gestion des ressources: appui plus actif à la colonisation, attribution des chutes d'eau par location plutôt que par vente et réforme du mode d'exploitation des forêts en vue d'en assurer la conservation. On a là l'essentiel du programme économique du mouvement nationaliste. Celui-ci réclame en outre le développement d'un enseignement patriotique et l'appui à la production littéraire et artistique. Il voudrait enfin l'adoption de lois garantissant la sécurité du travail et la liberté d'association.

Pour diffuser son programme, la ligue organise des assemblées publiques et invite Henri Bourassa à y prendre la parole. Dès 1904, elle se dote d'un journal hebdomadaire, *Le Nationaliste*. Fondé avec l'appui financier et rédactionnel de Bourassa, le journal permet aux jeunes nationalistes de la ligue d'exercer leur métier. Il assure surtout au mouvement un précieux instrument pour préciser ses idées et les faire connaître. *Le Nationaliste* devient rapidement un journal de combat. La mise en valeur de ses idées passe par la critique des politiques des partis en place, à Ottawa comme à Québec, ce qui vaut à ses rédacteurs l'opposition des hommes politiques. C'est ainsi que la ligue, qui se définit au point de départ comme un mouvement d'éducation distinct des partis, est peu à peu amenée à intervenir dans le combat politique et, inexorablement, à s'engager sur la scène électorale.

Après la guerre des Boers, Laurier adoptant une politique plutôt favorable à l'autonomie du Canada dans l'empire, Bourassa insiste davantage sur les autres aspects de son programme: les droits scolaires des minorités et le développement de l'économie canadienne par et pour les Canadiens. Comme l'agriculture, la colonisation et l'exploitation des richesses naturelles relèvent des provinces, Bourassa et les jeunes nationalistes critiquent de plus en plus âprement les politiques du gouvernement québécois. Ainsi, même s'il est toujours député libéral à Ottawa, Bourassa devient un redoutable adversaire des libéraux québécois.

En 1907, cette opposition se transforme en hostilité ouverte, en particulier au sujet de la politique de colonisation, de l'exploitation des richesses naturelles et de la corruption politique. Le ministre Adélard Turgeon met Bourassa au défi de démissionner de son siège aux Communes et de se présenter contre lui dans sa circonscription de Bellechasse. Bourassa, quelque peu téméraire, accepte et subit la défaite. En 1908 cependant, aux élections générales, le mouvement nationaliste plonge dans la mêlée. Bourassa se présente contre Lomer Gouin dans Saint-Jacques et son ami Armand Lavergne abandonne aussi son poste de député à Ottawa et devient candidat au provincial. Bourassa reçoit l'appui des conservateurs provinciaux et il contribue puissamment à la remontée de ce parti. Il réussit même à infliger une défaite au premier ministre Gouin dans la circonscription de Saint-Jacques. Au point de vue strictement électoral, les nationalistes ne constituent pas une grande menace pour les libéraux puisqu'ils ne présentent que deux candidats. Mais l'enthousiasme déclenché par Bourassa et Lavergne et leur alliance tacite avec les conservateurs, qui prétendent accepter les idées des nationalistes, ne sont pas sans inquiéter les libéraux. Les élections de 1908 permettent aux conservateurs de passer de 5 à 13 députés, outre les deux candidats nationalistes élus. De 1908 à 1912, le gouvernement Gouin doit donc faire face à une opposition beaucoup plus vigoureuse. Et ce d'autant plus qu'à compter de 1910, le mouvement nationaliste dispose d'un quotidien, *Le Devoir*, fondé et dirigé par Henri Bourassa. C'est un peu à regret que ce dernier a participé aux élections de 1908, car il est depuis longtemps convaincu que les efforts du mouvement qu'il dirige doivent s'orienter d'abord et avant tout vers l'éducation des électeurs, prisonniers de la presse partisane. Pour assurer l'indépendance du *Devoir* à l'égard des vieux partis, Bourassa réussit à convaincre les bailleurs de fonds de l'entreprise de lui accorder pleine et entière autorité sur le journal tant qu'il en assumera la direction.

En 1911, Bourassa et *Le Devoir* sont surtout préoccupés par la question impérialiste, qui se discute au parlement d'Ottawa, et se désintéressent quelque peu de la scène provinciale. Les nationalistes sont de plus en plus déçus des positions adoptées par le gouvernement Laurier qui, cédant aux pressions de la Grande-Bretagne, entend créer une marine canadienne promise au service de la métropole en temps de guerre. Les nationalistes, indignés par l'impérialisme de Laurier, participent activement aux élections fédérales de 1911 et appuient les conservateurs, qui n'osent guère préciser leur position au sujet de la marine. Quoi qu'il en soit, les conservateurs, appuyés par les nationalistes, font élire 28 députés au Québec, alors que précédemment ils n'en avaient que 11: plusieurs des conservateurs élus au Québec sont en réalité des disciples de Bourassa et celui-ci pourrait jouer un rôle important dans l'orientation des conservateurs fédéraux s'il acceptait de s'engager directement dans la politique fédérale. Mais, faute de leadership, les conservateurs indépendants ou nationalistes sont absorbés par le Parti conservateur ou marginalisés. La politique conservatrice à Ottawa s'avère encore plus impérialiste que celle de Laurier et peu favorable à la défense des droits des minorités.

Aux élections provinciales de 1912, déçu de la politique, Bourassa ne se représente pas et ne participe pas à la campagne électorale. Cependant, les nationalistes continuent à appuyer les conservateurs et ceux-ci réussissent à faire élire 15 députés et à obtenir 45% des suffrages. Armand Lavergne, le seul nationaliste élu, appuie l'opposition. Cette campagne met fin à l'action proprement électorale du mouvement nationaliste, dont l'intervention directe dans le combat politique aura donc duré six ans. Deux aspects de cette action doivent être soulignés: le type d'organisation et les appuis du mouvement.

Une difficulté importante du mouvement nationaliste tient à la faiblesse de son organisation. Celle-ci résulte du refus d'Henri Bourassa de créer un véritable parti politique. Tout au cours de sa carrière, Bourassa s'oppose à «l'esprit de parti», à cette solidarité que doivent respecter les députés. Il vante les mérites du député indépendant qui, au parlement, vote selon sa conscience plutôt que selon les directives partisanes. Une telle conception va à l'encontre de la réalité du fonctionnement des institutions parlementaires de type britannique. Refusant de transformer son mouvement en parti, Bourassa lui assigne plutôt la tâche de favoriser l'élection soit de députés indépendants, soit de membres de l'un ou l'autre des partis en place qui sont prêts à appuyer son programme.

Le mouvement nationaliste n'a donc pas d'organisation bien définie. Tout est centré sur Bourassa lui-même, qui se perçoit comme le guide de la nation. La direction du mouvement est très élitiste et pousse plus loin que les autres partis le culte de la vedette et de la personnalité. On profite d'ailleurs de l'enthousiasme de la jeunesse, dont Bourassa est le nouveau héros.

L'assemblée publique et le journal sont les deux moyens d'action du mouvement nationaliste. On organise régulièrement de grandes assemblées où le principal orateur est Bourassa, qui prononce de longs discours abondamment documentés et bien construits. En période électorale, ces assemblées prennent un autre relief puisqu'elles attirent un grand nombre de partisans et aussi de badauds pour qui, avant l'ère de la radio et de la télévision, elles sont un spectacle. La fougue de Bourassa et des jeunes orateurs qui l'accompagnent contribue au succès de ce type de réunions. Les journaux du mouvement, *Le Nationaliste*, puis *Le Devoir*, créent un lien entre les partisans et les informent rapidement des activités du chef. Ce ne sont toutefois pas des journaux populaires. Leur tirage est peu élevé et ils atteignent d'abord un public d'étudiants, d'intellectuels, de membres du clergé et d'hommes politiques.

Malgré les déficiences de son organisation, le mouvement nationaliste réussit à obtenir des appuis réels mais dont il est difficile de mesurer le poids exact. L'appui le plus visible lui vient des étudiants qui peuplent les collèges classiques. Bourassa exerce une véritable fascination sur ce groupe au début du siècle et certains collégiens acquièrent alors des convictions nationalistes qu'ils conserveront au cours de toute leur carrière et que l'on verra s'exprimer dans les années 1930 autour de l'Action libérale nationale. Un groupe de prêtres enseignant dans les collèges mettent sur pied, en 1903, l'Association catholique de la jeunesse canadienne-française (ACJC). Cette organisation d'encadrement met à la fois l'accent sur le catholicisme et sur le nationalisme canadien-français. Elle constitue un terrain propice à la diffusion des idées nationalistes; celles-ci reçoivent aussi un accueil chaleureux au sein du clergé, auprès des intellectuels et chez plusieurs représentants des professions libérales, qui forment une partie importante de la clientèle du *Devoir*.

Le mouvement nationaliste obtient en outre l'appui tactique du Parti conservateur, qui profite du mécontentement suscité contre le gouvernement libéral par les critiques de Bourassa. Comme les nationalistes eux-mêmes présentent très peu de candidats, les retombées électorales vont principalement aux conservateurs. Ceci explique que les hommes d'affaires qui acceptent de financer *Le Devoir* soient pour la plupart des conservateurs reconnus.

Il est incontestable que Bourassa et ses disciples contribuent à animer le débat politique au Québec au début du siècle. Ils revigorent la chétive opposition conservatrice et obligent le gouvernement Gouin à gérer l'exploitation des richesses naturelles d'une manière plus cohérente et plus profitable à la collectivité. Au niveau purement électoral, les nationalistes exercent une influence surtout indirecte, étant donné le refus de Bourassa de transformer le mouvement en véritable parti. Le mouvement nationaliste réussit tout de même à influencer le Parti libéral, tant au niveau fédéral que provincial. Pour maintenir son emprise sur le Québec, ce parti doit se montrer autonomiste face à la Grande-Bretagne et dans le domaine des relations fédérales-provinciales. Dans les années 1920, les conservateurs du Québec tentent de se rapprocher des nationalistes et de profiter de leur influence en se dissociant des conservateurs fédéraux, beaucoup plus réfractaires à leurs idées.

Les nationalistes s'avèrent toutefois incapables de réaliser leur projet politique visant à l'indépendance du Canada et à l'égalité des deux groupes linguistiques. S'ils ont raison de se méfier de l'impérialisme anglais, ils sont incapables de comprendre que l'impérialisme des Canadiens anglais est l'expression politique de leur nationalisme. Ces derniers sont prêts ou du moins se résignent à reconnaître certains droits linguistiques et religieux aux Canadiens français à l'intérieur du Québec, mais non dans les autres provinces. Somme toute, tant sur la question impérialiste que sur la nécessité de respecter la dualité culturelle du Canada, le mouvement nationaliste n'a guère de succès auprès des anglophones.

L'échec des nationalistes comme mouvement politique amène leur départ de la scène électorale à la veille de la guerre. Il ne provoque pas pour autant leur disparition, mais les réoriente vers un autre type d'action. Le règlement 17 en Ontario, les tensions ethniques pendant la guerre et la crise de la conscription de 1917 amènent les disciples de Bourassa à douter de la possibilité d'un nationalisme pancanadien dans un pays bilingue et biculturel. Ils se tournent de plus en plus vers un nationalisme canadien-français centré sur le Québec et n'hésitent pas à flirter, même temporairement, avec l'idée de l'indépendance.

Au cours des années 1920, ils abandonnent complètement l'action politique de type électoral et choisissent plutôt l'action intellectuelle à travers leurs publications, la formation des étudiants et l'encadrement dans des organisations comme l'ACJC et l'Action française. La montée d'un nouveau leader nationaliste, prêtre et professeur, Lionel Groulx, représente bien cette orientation nouvelle. Quant à Bourassa, il s'isole de plus en plus de ses anciens disciples en condamnant leur nationalisme plus canadien-français que canadien. Il revient sur la scène politique fédérale en se faisant élire en 1925, mais pratique une politique individuelle et ne cherche pas à faire renaître le mouvement d'avant-guerre.

Le Parti ouvrier

Au début du siècle, pendant une dizaine d'années, le Parti ouvrier joue un rôle très actif sur la scène politique montréalaise et présente à la population un programme de type travailliste. Il enregistre des succès électoraux et témoigne du dynamisme et du militantisme qui animent alors le mouvement ouvrier montréalais.

Au cours des années 1880, nous l'avons vu, le mouvement ouvrier s'est lancé dans l'action politique, sous l'impulsion des Chevaliers du travail. Ces interventions étaient cependant sporadiques et limitées aux périodes électorales. Au début du 20e siècle, on franchit un pas de plus en mettant sur pied une organisation permanente vouée à l'action politique. Une première tentative de création d'un Parti ouvrier survient en 1899, à Montréal. Le principal responsable est J.-A. Rodier, chroniqueur syndical à *La Presse*; ce journal, qui vise une clientèle principalement ouvrière, appuie d'ailleurs le mouvement. Mais un cuisant échec aux élections de 1900 aboutit à la disparition du parti. Il renaît de ses cendres en 1904, à la suite des élections provinciales. Sans remporter de sièges, quelques candidats ouvriers font alors belle figure, ce qui suffit à ranimer l'ardeur des partisans d'une structure permanente. Le

Conseil des métiers de Montréal se fait alors l'artisan de la création du Parti ouvrier, qui voit le jour en décembre 1904.

Voulant défendre les intérêts des travailleurs, le parti présente un programme qui réclame, entre autres, la nationalisation des banques et des services publics, l'institution d'une assurance d'État gratuite contre le chômage, la maladie et la vieillesse et l'instruction gratuite et obligatoire. On y trouve des revendications inspirées du populisme nord-américain, comme l'élection des juges par le peuple, le référendum et l'abolition du Sénat. Plusieurs articles concernent les conditions de travail: établissement de la responsabilité des patrons dans les accidents de travail, adoption de la journée de travail de huit heures, interdiction du travail des prisonniers ainsi que des enfants de moins de 14 ans, etc. D'autres demandes, enfin, visent à démocratiser le processus électoral: «un homme, un vote», suffrage universel, abolition de la qualification foncière, etc.

Le parti comprend trois types d'organisations membres ayant chacune des délégués: le Conseil des métiers et du travail de Montréal, les syndicats, et surtout les clubs ouvriers. Ces clubs, organisés sur une base régionale correspondant aux circonscriptions électorales, rassemblent des travailleurs de divers métiers, qu'ils soient syndiqués ou non.

Le Parti ouvrier est essentiellement une institution montréalaise, bien que des candidatures ouvrières soient présentées aussi à Québec et dans quelques autres villes. Le premier succès électoral survient en 1906, lors d'une élection fédérale partielle dans le comté ouvrier de Maisonneuve. Le parti y présente la candidature d'Alphonse Verville, président du Congrès des métiers et du travail du Canada. Il fait face au candidat libéral J.-O. Grothé, un industriel détesté des ouvriers. L'élection de Verville marque la victoire du mouvement syndical, mais elle reste un phénomène isolé. Même si Verville sera réélu par la suite, les deux grands partis réussissent à bloquer toute nouvelle candidature ouvrière en choisissant des candidats aux allures populistes. D'ailleurs, Verville lui-même adoptera une politique très modérée à la Chambre des communes, appuyant la plupart du temps le Parti libéral. Il réclame des réformes en faveur des ouvriers, dans l'esprit du programme de son parti, mais, isolé, il ne peut réussir à infléchir l'action gouvernementale. À l'échelle provinciale, aucun candidat du parti ne réussit à se faire élire.

Devant la difficulté d'effectuer une véritable percée au niveau fédéral ou provincial, le Parti ouvrier se tourne de plus en plus vers la scène politique municipale, où il se croit en mesure d'agir plus concrètement sur les conditions de vie de la classe ouvrière. Il remporte sa plus grande victoire en 1910, alors qu'il fait élire son candidat, Joseph Ainey, à l'un des quatre postes du bureau de contrôle, ainsi que plusieurs conseillers municipaux.

À compter de 1912, le parti entre dans une phase de déclin rapide. Une scission entraîne la formation d'une organisation rivale, la Fédération des clubs municipaux. La plupart des syndicats membres du parti s'en retirent et le nombre de clubs ouvriers diminue. Au début de la guerre, le parti n'est plus que l'ombre de lui-même. Les difficultés que connaissent les syndicats, avec la montée du chômage à la veille de la guerre, ne sont sans doute pas étrangères à cet affaiblissement.

Les associations réformistes

Du côté de la bourgeoisie, on voit aussi apparaître des organisations politiques nouvelles œuvrant sur la scène municipale et qui s'inscrivent dans le courant du réformisme urbain. Elles naissent à la fin du 19ᵉ siècle, dans le but d'assainir la politique municipale et d'en éliminer la corruption. Elles recrutent leurs membres au sein de la bourgeoisie montréalaise et principalement du groupe anglophone, éprouvant plus de difficultés à attirer dans leurs rangs les francophones. De caractère élitiste et antidémocratique, ce sont des regroupements d'hommes d'affaires qui veulent que la ville soit administrée comme une entreprise et qui souhaitent réduire l'emprise des élus locaux trop soumis aux pressions de l'électorat. Pour cela, ils réclament un mode d'administration plus technocratique.

Les réformistes, groupés autour de H.B. Ames et de Hormisdas Laporte, s'organisent d'abord, à la fin du 19ᵉ siècle, pour lutter contre la machine politique que le conseiller municipal Raymond Préfontaine a mise en place à l'hôtel de ville. Ils fondent des associations aux noms variés, qui obtiennent l'élection de quelques candidats. En 1900, leur Parti de la réforme réussit à abattre les têtes dirigeantes de la machine de Préfontaine. Les réformistes sont alors en mesure d'assainir les finances municipales et d'améliorer les conditions sanitaires de la ville. Leur action est cependant ralentie par les clivages ethniques et les oppositions entre quartiers qui divisent le conseil municipal. Après 1902, la corruption et le patronage reprennent de plus belle.

En 1908, le Board of Trade et la Chambre de commerce unissent leurs efforts pour mettre sur pied le Comité des citoyens, qui devient plus tard l'Association des citoyens. Cet organisme obtient la tenue d'une enquête et l'adoption d'une nouvelle structure administrative. De 1910 à 1914, les réformistes dominent le nouveau bureau de contrôle, mais sans véritablement éliminer la corruption. La prise du pouvoir en 1914 par un groupe dirigé par le populiste Médéric Martin met fin à l'expérience réformiste.

Malgré les limites de leur action, les réformistes réussissent à insuffler un peu plus d'efficacité dans l'administration municipale. Mais leur caractère élitiste et bourgeois les empêche d'obtenir un appui populaire massif, sauf en 1910, lorsque les révélations de scandales favorisent l'adoption de leur projet de réorganisation administrative. Un homme comme Médéric Martin, maire à compter de 1914, n'a aucune difficulté à stigmatiser auprès de la population francophone et ouvrière ces anglophones bien nantis défendant les intérêts de l'ouest de la ville; cette recette lui permettra de se faire réélire à plusieurs reprises.

Le phénomène électoral

Si la période 1867-1897 a été caractérisée par de substantielles réformes de la loi électorale, il n'en est pas de même pour la période suivante. Les réformes de 1875 et de 1895 ont en effet apporté plusieurs améliorations: scrutin secret, réduction de la franchise électorale, contrôle des dépenses électorales, etc. D'une manière générale, cette législation a permis de mieux définir les règles du jeu, d'élargir le droit de suffrage, de réduire les fraudes, de diminuer la violence physique et morale qui compromettait la liberté de l'électeur. Après 1897, les libéraux remportent constamment des victoires et sont donc peu empressés de modifier le système qui sert si bien leurs intérêts. Leur seule réforme est l'élargissement du droit de suffrage. Malgré cela, la qualité démocratique du système électoral régresse, à cause de l'abandon du contrôle des dépenses et des distorsions croissantes que crée la carte électorale.

Cette régression est particulièrement évidente dans le contrôle des dépenses électorales. Dès 1903, le gouvernement Parent abolit le plafonnement de ces dépenses stipulé par la loi de 1895. Il réduit aussi les peines prévues contre les personnes coupables d'entorse à la loi électorale. En 1926, les libéraux abolissent l'obligation pour les candidats de rendre publics leurs bilans. Il ne reste plus que la nécessité pour les candidats d'avoir un agent spécial pour effectuer leurs dépenses, limitation qui disparaîtra en 1932. Comme Israël Tarte, organisateur libéral lors des élections de 1896 et de 1897, les libéraux sont convaincus que les élections ne se font pas avec des prières!

La seule mesure progressiste importante en matière électorale est présentée en 1912. Cette loi du gouvernement Gouin contribue sensiblement à démocratiser le droit de suffrage. Les libéraux se vantent de mettre en pratique le principe «un homme, un vote» par l'abolition du vote plural, qui permettait à un citoyen ayant des biens dans plusieurs circonscriptions de voter dans chacune d'elles. La nouvelle loi stipule qu'un électeur ne peut voter que dans la circonscription où il a son domicile. Même si cette réforme ne suscite pas de grands débats, elle n'est pas sans importance. Dans plusieurs circonscriptions commerciales, notamment à Montréal, on note une diminution sensible des inscriptions sur les listes électorales, ce qui donne plus de poids aux véritables résidants. Selon Jean Hamelin, le vote plural pouvait représenter jusqu'à 10% des inscriptions sur les listes.

La loi de 1912 élargit aussi l'accès au suffrage en abaissant notamment le cens électoral à 10$ de revenu par mois en moyenne. À toutes fins utiles, nous pouvons dire que le Québec dispose dès lors du suffrage universel masculin. En 1915, on prend soin cependant d'exclure spécifiquement les autochtones, en stipulant que «les Sauvages et individus de sang sauvage qui sont domiciliés dans une réserve» n'ont pas le droit de voter. Bien entendu, le suffrage dit universel ne l'est qu'à demi puisque les femmes sont privées de ce droit, qu'elles n'obtiendront qu'en 1918 au fédéral et en 1940 à Québec.

Ces importantes réserves faites, il reste que le droit de suffrage s'élargit sensiblement. En effet, en 1871, l'électorat représentait 14,8% de la population totale, tandis qu'en 1912, après la suppression des inscriptions multiples dues au vote plural, il en représente 23,9%.

Le principe «un homme, un vote» corrige une inégalité qui repose sur la richesse, mais il ne signifie pas nécessairement que chaque électeur dispose d'un droit de vote ayant un poids équivalent. Il reste le problème de la carte électorale ou plus précisément des écarts considérables de population entre les circonscriptions. En 1927 par exemple, les 15 circonscriptions de la région de Montréal ont une population moyenne de 58 607, tandis que, dans les 4 circonscriptions de la ville de Québec, la moyenne s'élève à 28 225 et que, dans le reste de la province, elle n'est que de 23 420. Cette même année, la seule circonscription de Montréal-Mercier a une population égale à celle des huit plus petites du Québec. C'est ainsi, fait remarquer le politologue Harold Angell, que les 21 plus petites circonscriptions ne rassemblent que 12,5% de la population totale, tandis que les 21 plus grandes en représentent 43%. Comme les petites circonscriptions sont générale-ment rurales et que les grandes sont urbaines, les premières sont sur-représentées et les secondes sous-représentées. Globalement, en 1926, comme le note Angell, les circonscriptions urbaines ne contrôlent que 29 sièges à l'Assemblée législative contre 56 pour les circonscriptions rurales, bien que la majorité de la population vive maintenant dans les villes.

La distorsion de la carte électorale donne une très grande importance aux électeurs ruraux et oriente la stratégie des partis. Les conservateurs, pour s'attirer la sympathie des ruraux, attaquent constamment le gou-vernement en soutenant qu'il ne fait pas suffisamment pour les agricul-teurs et les colons. Les libéraux continuent à prôner l'industrialisation mais soutiennent que les campagnes bénéficient des retombées de cette politique. Surtout, ils s'efforcent d'étouffer toute velléité d'organisation politique du monde rural et ils pratiquent, sur une haute échelle, diverses formes de patronage pour maintenir leur emprise sur ce monde qui est l'assise de leur pouvoir. Comme le fait remarquer l'historien Richard Hofstadter, qui a observé le même phénomène aux États-Unis, la situation s'aggrave avec l'urbanisation croissante; les ruraux sont moins nombreux, donc plus faciles à contrôler et à «acheter», tandis que les gouvernements disposent de plus en plus de ressources finan-cières provenant largement des contribuables urbains, toujours plus nombreux.

Les hommes politiques soutiennent qu'en établissant les frontières d'une circonscription électorale, il faut tenir compte non seulement du nombre d'électeurs mais aussi des caractéristiques géographiques et historiques du milieu, des moyens de communication, etc. Il n'en reste pas moins que le système politique, pour conserver sa crédibilité démocratique, doit maintenir un certain équilibre entre les circonscrip-tions, ce qui est de moins en moins le cas au cours de la période.

D'une manière générale, les retouches à la carte électorale, qui s'effectuent à l'initiative du parti ministériel et non pas d'une commis-sion indépendante, servent toujours, à quelques exceptions près, les intérêts du parti au pouvoir. Le *gerrymandering*, c'est-à-dire la manipulation de la carte électorale à des fins partisanes, a pour effet la création de nouvelles circonscriptions dont la composition favorise les libéraux ou permet de neutraliser un adversaire. Très secondairement, les modifications à la carte peuvent servir à atténuer la sous-représentation de certains électeurs. De 1897 à 1930, le nombre de sièges à l'Assemblée législative passe de 74 à 90. Seulement 7 des 16 nouveaux sièges sont urbains, ce qui est bien insuffisant pour atténuer la disproportion excessive entre les circonscriptions rurales et urbaines.

Le déséquilibre de la carte électorale, joint au mode de scrutin uninominal à un tour, a pour effet d'aggraver la disproportion entre le nombre de sièges et le nombre de votes obtenus par un parti lors d'une élection. Ainsi, les libéraux sont systématiquement surreprésentés et les conservateurs sous-représentés. En 1923, par exemple, avec 44% des suffrages exprimés, les conservateurs ne réussissent à obtenir que 24,5% des sièges à l'Assemblée; en 1927, avec 37% des suffrages exprimés, ils n'ont que 10 sièges sur 95, soit 11,7%. Cette distorsion des résultats électoraux n'a sûrement pas pour effet d'encourager la participation des électeurs et la confiance dans le système démocratique. Les déficiences du système contribuent à démobiliser l'opposition, comme on peut le constater par la fréquence des élections sans contestation. Il arrive même, en 1904 et en 1919, que le nombre des libéraux élus sans opposition soit tel que ceux-ci sont assurés de la majorité absolue des sièges à l'Assemblée avant même le jour du scrutin !

Le dossier des libéraux en matière de législation électorale n'est guère reluisant au cours de cette période. Il est vrai que le système les sert bien et qu'ils n'ont guère de raisons de le modifier. Quant à l'opposition, elle dénonce la corruption du gouvernement, mais elle est incapable de le renverser, et elle ne s'attaque pas au problème crucial de la carte électorale. Les nationalistes, dégoûtés de la politique partisane, espèrent que la population des campagnes, «plus saine» que celle des villes, votera correctement, un jour ou l'autre, ce qui les empêche, eux aussi, de dénoncer la disproportion entre les comtés urbains et ruraux. Il faudra les excès des élections de 1931 et de 1935 pour susciter une brève indignation.

ORIENTATIONS BIBLIOGRAPHIQUES

ANGELL, H.M. *Quebec Provincial Politics in the 1920s*. Mémoire de M.A., Université McGill, 1960.

DUROCHER, René. «Un journaliste catholique au XXᵉ siècle: Henri Bourassa», Pierre HURTUBISE, dir., *Le laïc dans l'Église canadienne-française de 1830 à nos jours* (Montréal, Fides, 1972): 185-213.

GAUVIN, Michael. *The Municipal Reform Movement in Montreal 1886-1914*. Mémoire de M.A. (histoire), Université d'Ottawa, 1972.

GERMAIN, Annick. *Les mouvements de réforme urbaine à Montréal au tournant du siècle. Modes de développement, modes d'urbanisation et transformation de la scène politique*. Montréal, Département de sociologie, Université de Montréal, 1984.

HAMELIN, Marcel, dir. *Les mémoires du sénateur Raoul Dandurand (1861-1942)*. Québec, PUL, 1967. 372 p.

L'action politique des ouvriers québécois (fin du XIXᵉ siècle à 1919). Recueil de documents. Montréal, PUQ, 1976. 176 p.

LAFORTE, Denis et André BERNARD. *La législation électorale au Québec, 1790-1967*. Montréal, Éditions Sainte-Marie, 1969. 197 p.

LEMIEUX, Vincent, dir. *Personnel et partis politiques au Québec*. Montréal, Boréal Express, 1982. 350 p.

NAGANT, Francine. *La politique municipale à Montréal, 1910-1914 : l'échec des réformistes et le triomphe de Médéric Martin*. Mémoire de M.A. (histoire), Université de Montréal, 1982.

ROUILLARD, Jacques. «L'action politique ouvrière au début du 20ᵉ siècle», Fernand HARVEY, dir. *Le mouvement ouvrier au Québec* (Montréal, Boréal Express, 1980): 185-213.

RUMILLY, Robert. *Henri Bourassa. La vie politique d'un grand Canadien*. Montréal, Chantecler, 1953. 791 p.

RUSSELL, Daniel. *H.B. Ames and Municipal Reform*. Mémoire de M.A. (histoire), Université McGill, 1971.

WADE, Mason. *Les Canadiens français de 1760 à nos jours*. Montréal, Cercle du Livre de France, 1963. 2 vol.

CHAPITRE 33

LE RÈGNE DES LIBÉRAUX

Dans le sillage de Laurier: Marchand et Parent

L'année 1896 marque le début d'une nouvelle période au point de vue politique avec l'accession de Wilfrid Laurier au poste de premier ministre du Canada. C'est la première fois, depuis la Confédération, qu'un Canadien français accède à la tête du gouvernement fédéral, ce qui suscite de grands espoirs au Québec.

Ce triomphe de Laurier est arraché de haute lutte, car presque tous les évêques appuient les conservateurs qui ont promis de rétablir par une loi spéciale les droits scolaires de la minorité franco-manitobaine. Laurier s'est opposé à cette mesure en alléguant qu'elle serait inapplicable et que la seule solution au problème consistait à négocier un compromis avec le gouvernement manitobain. Il s'engage, s'il est élu, à obtenir une entente satisfaisante et demande qu'on lui fasse confiance.

L'épiscopat n'est pas prêt à lui donner ce blanc-seing. Malgré tout, le Parti libéral obtient une éclatante victoire au Québec, faisant élire 49 députés contre seulement 16 pour les conservateurs. Cette majorité de 33 sièges au Québec est, à peu de choses près, la majorité dont Laurier dispose à la Chambre des communes; c'est dire le rôle décisif joué par le Québec lors de ces élections.

Laurier gagne une bataille contre les évêques, mais il ne veut pas s'engager dans une guerre politico-religieuse, contrairement à certains de ses partisans. Pour ramener les évêques au calme, il envoie des émissaires à Rome, à la suite de quoi le pape délègue Mgr Merry Del Val pour enquêter sur la situation. Les tractations entre Laurier et le Vatican ne seront pas sans conséquences pour l'avenir du Québec.

Après la victoire de Laurier, les conservateurs, qui sont toujours au pouvoir à Québec, se sentent menacés. Élus en 1892, ils attendent jusqu'en 1897 pour faire face à l'électorat. Les libéraux provinciaux dirigés par F.-G. Marchand reçoivent un appui si massif de leurs collègues fédéraux qu'on a l'impression que les Québécois votent plus pour Laurier que pour Marchand. Celui-ci ne jouit pas d'une très grande autorité auprès de Laurier. On a même songé dans certains cercles libéraux à se débarrasser de lui à la veille des élections, mais il sait manœuvrer au milieu des écueils et sa victoire électorale, lui accordant 51 des 74 sièges, renforce sa position.

À vrai dire, Marchand est un homme politique très expérimenté. Député depuis 1867, il a été ministre dans le gouvernement Joly et

Wilfrid Laurier, 1841-1919, premier ministre du Canada, 1896-1911. (ANC, C16748)

président de l'Assemblée législative sous Mercier. Il est notaire de profession, mais écrivain et journaliste d'inclination. Grâce à son journal, *Le Canada français*, il est solidement implanté dans son milieu de Saint-Jean, où il a été aussi commissaire d'écoles. Mais la formation de son cabinet s'avère difficile, car il doit tenir compte des désirs tacites ou explicites des libéraux fédéraux, qui ont joué un rôle décisif dans son élection. Laurier, semble-t-il, souhaite que Marchand forme un cabinet de modérés qui ne soulèverait pas l'hostilité du clergé.

Les libéraux ont promis d'assainir la situation financière du Québec, de stimuler le développement des ressources naturelles et de réformer

TABLEAU 1

RÉSULTATS DES ÉLECTIONS QUÉBÉCOISES, 1897-1931

Élections	Partis	% du vote obtenu	Nombre de sièges
1897	Parti libéral	54,3	51
	Parti conservateur	45,7	23
	Autres	0,0	—
1900	Parti libéral	56,3	67
	Parti conservateur	43,8	7
	Autres	0,0	—
1904	Parti libéral	67,7	68
	Parti conservateur	25,4	6
	Autres	6,9	—
1908	Parti libéral	55,3	58
	Parti conservateur	39,9	13
	Autres	4,8	3
1912	Parti libéral	54,3	64
	Parti conservateur	45,1	15
	Autres	0,6	2
1916	Parti libéral	64,6	75
	Parti conservateur	35,1	6
	Autres	0,3	—
1919	Parti libéral	70,0	74
	Parti conservateur	23,7	5
	Autres	6,3	2
1923	Parti libéral	55,3	64
	Parti conservateur	44,4	20
	Autres	0,3	1
1927	Parti libéral	62,7	75
	Parti conservateur	36,6	9
	Autres	0,7	1
1931	Parti libéral	55,6	79
	Parti conservateur	44,2	11
	Autres	0,2	—

Source: J. Hamelin, J. Letarte et M. Hamelin, «Les élections provinciales dans le Québec, 1867-1956».

le système d'éducation. Grâce aux compressions budgétaires et à l'amélioration de la conjoncture économique, le gouvernement Marchand réussit, pour sa deuxième et troisième années de gouvernement, à déclarer de modestes surplus budgétaires. Ce geste est hautement apprécié et considéré comme le signe certain d'un gouvernement efficace. Le secteur des ressources naturelles est confié au ministre des Terres, S.-N. Parent, qui réussit à améliorer très sensiblement les revenus tirés de l'exploitation de la forêt et des chutes d'eau. Il contribue non seulement à accroître l'activité économique au Québec, mais aussi à remplir les coffres de l'État.

Dès son arrivée au pouvoir, le premier ministre Marchand prépare un projet de loi en vue d'apporter de substantielles réformes au système d'éducation. Mais, comme nous l'avons vu, son intention de remplacer le surintendant de l'Instruction publique par un ministre soulève une opposition acharnée de l'épiscopat et déclenche une querelle politico-religieuse de grande envergure. Le conflit amène même l'ingérence du Vatican et du gouvernement d'Ottawa dans les affaires québécoises. Cette ultime bataille entre les libéraux et l'épiscopat met un terme aux querelles politico-religieuses qui ont caractérisé les relations entre ce parti et l'Église catholique depuis l'époque de Papineau. Certes, il y aura d'autres accrochages, et le clergé se montrera vigilant sur ses privilèges, mais les conflits n'auront plus la même ampleur.

À la mort de Marchand, en 1900, le secrétaire provincial, Joseph-Émery Robidoux, qui s'est fait le défenseur éloquent du ministère de l'Instruction publique et de la gratuité des livres scolaires, est écarté de la succession à laquelle il aspire, étant perçu comme trop radical. On lui préfère Simon-Napoléon Parent, avocat, maire de Québec, président de la Compagnie du Pont de Québec, administrateur du *Soleil*, de Quebec Light Heat and Power et, depuis 1897, ministre des Terres et Forêts. Il est considéré comme un administrateur et un homme d'affaires important. Mais ses meilleurs titres à la succession de Marchand sont sans doute ceux d'homme lige de Laurier et de grand dispensateur de patronage (municipal, provincial et fédéral) dans la région de Québec.

À peine assermenté comme premier ministre, Parent s'engage dans la campagne électorale fédérale. Laurier, très admiré des Canadiens français, remporte une victoire facile, malgré la crise que provoque la participation canadienne à la guerre des Boers. Aussitôt après le triomphe de Laurier, Parent déclenche des élections provinciales, voulant profiter de la vague libérale qui déferle alors sur le Québec en 1900.

Démoralisé, le Parti conservateur accuse Parent d'être à la solde du premier ministre fédéral et de mettre en danger l'autonomie de la province. Il l'accuse aussi de dilapider le patrimoine national au profit des étrangers. Ces griefs n'impressionnent guère l'électorat puisque

À gauche: Félix-Gabriel Marchand, 1832-1900, premier ministre du Québec, 1897-1900. (Éditeur officiel du Québec, 6941196). *À droite:* Simon-Napoléon Parent, 1855-1920, premier ministre du Québec, 1900-1905. (ANQ, N974-39)

35 libéraux sont élus sans opposition et 32 autres le jour du scrutin; les conservateurs ne peuvent compter que sur 7 représentants à l'Assemblée.

S.-N. Parent est très conscient que le Québec entre dans une ère économique nouvelle grâce à l'hydro-électricité et à l'importance croissante de la forêt québécoise dans l'économie nord-américaine. Même premier ministre, il conserve son portefeuille des Terres, mines et pêcheries et, en 1904, il se félicite de ce que son ministère a rapporté aux finances gouvernementales la somme record de 1 360 000$. La vente des chutes d'eau et les concessions forestières qui se multiplient permettent à son gouvernement de présenter, chaque année, des surplus budgétaires.

À court terme, la politique économique du gouvernement paraît rentable; mais ses adversaires ne manquent pas de lui reprocher de céder le patrimoine québécois aux étrangers. Ce qui importe à Parent, ce n'est pas que le capital soit étranger ou autochtone, mais qu'il y ait mise en valeur des ressources naturelles, développement économique et création d'emplois. Aussi sa politique est-elle favorable aux milieux d'affaires: il n'hésite pas, par exemple, à réduire de 1,50$ à 0,65$ le droit d'exportation sur chaque corde de bois à pâte. Sa crainte, c'est de se montrer trop exigeant à l'égard des capitalistes qui «donnent du travail à la population». Les chantiers sont, dans certaines régions, la principale source de revenus des colons et un revenu d'appoint important pour les agriculteurs. Le premier ministre est tellement convaincu de la nécessité de favoriser les exploitants forestiers, qu'il abolit purement et simplement le ministère de la Colonisation. Cette mesure lui attire l'hostilité des milieux conservateurs et nationalistes, qui attachent une importance considérable à la colonisation. D'ailleurs, les accusations de mauvaise administration des terres publiques et de corruption pleuvent contre Parent, responsable de ce domaine comme ministre des Terres.

Bref, au temps de Parent, le Québec a un «gouvernement d'affaires», pour reprendre l'expression de *La Presse*, qui écrit en 1901: «La session qui vient de se terminer à Québec porte le cachet d'un grand esprit pratique. Le rêve de ceux qui veulent introduire dans nos institutions provinciales le principe pur et simple des affaires est réalisé.» Et cela vaut pour tout ce régime, de 1900 à 1905. Car, en 1904, Parent remporte une autre victoire électorale facile en utilisant la même tactique qu'en 1900, c'est-à-dire en se faufilant dans le sillage de Laurier qui vient d'être réélu au fédéral. Le 4 novembre, soit le lendemain du triomphe de Laurier, il fait dissoudre l'Assemblée et fixe les élections au 25 novembre avec mise en candidature le 18. Abattus par la défaite de leur parti au fédéral, les conservateurs doivent procéder au choix de leurs candidats dans 64 comtés en 13 jours. Flynn, leur chef, songe à proposer à ses partisans de boycotter le scrutin en ne présentant aucun candidat, pour protester contre l'attitude antidémocratique du gouvernement. Sa suggestion n'a pas de suite et les libéraux font élire 68 députés, dont 38 sans opposition, contre 6 pour les conservateurs, dont le pourcentage du vote tombe à 25,4%.

Mais pour Parent cette victoire est de courte durée. En effet, en l'absence d'une forte opposition conservatrice sur la scène électorale, il voit naître au sein de son propre parti une réaction contre ses méthodes affairistes et autocratiques. Des libéraux fédéraux, tels Henri Bourassa et surtout les sénateurs Legris et Choquette, lancent publiquement des accusations de corruption contre lui. Dans plusieurs circonscriptions, la lutte se fait entre libéraux «parentistes» et «antiparentistes». Après les élections, le parti est divisé et la situation de Parent est si compromise que Laurier lui-même est incapable d'empêcher sa chute. Démissionnant du cabinet, des ministres obtiennent l'appui de la majorité des députés libéraux et obligent le premier ministre à se retirer.

Lomer Gouin

Partisan de réformes en éducation, Lomer Gouin passe alors pour un radical. Avocat, il a épousé la fille de l'ex-premier ministre Honoré Mercier. D'abord défait comme candidat au fédéral, il réussit à se faire élire comme échevin à Montréal et député à Québec en 1897; il devient ministre de la Colonisation et des Travaux publics en 1900. Trois ans plus tard, il n'hésite pas à se heurter à Laurier lui-même, en prononçant un vigoureux plaidoyer en faveur d'une révision constitutionnelle qui hausserait le subside fédéral aux provinces. Gouin se veut en effet le continuateur de Mercier et, contrairement à Parent, il se sent plutôt libre à l'égard du chef fédéral.

Son leadership à l'intérieur du parti est tel qu'en 1905 il peut prendre la tête du mouvement qui renverse Parent. Une fois au pouvoir, il s'y installe pour 15 ans. Ce long règne contraste avec les gouvernements précédents, puisque de 1867 à 1905 aucun premier ministre n'a occupé ce poste plus de six ans. Sachant consulter et pratiquer le compromis, Lomer Gouin affirme son autorité à l'intérieur du parti et réussit à assurer une grande stabilité à son régime. Sous sa direction, l'État élargit ses champs d'activité et se modernise. Malgré des moyens financiers encore modestes et les professions de foi en faveur du libéralisme le plus pur, le gouvernement réglemente de plus en plus la vie économique, en particulier dans le secteur des ressources naturelles, et s'implique davantage dans le développement des infrastructures, la formation de la main-d'œuvre et la modernisation de l'appareil étatique.

Gouin est pourtant un gestionnaire prudent. Chaque année, il est fier d'annoncer un surplus budgétaire et, en dépit d'un ambitieux programme de voirie, il s'efforce de réduire la dette publique. Sa gestion conservatrice lui vaut d'ailleurs une approbation à peu près unanime. En plus d'obtenir une augmentation du subside fédéral, son gouvernement tire des revenus très importants du domaine public. Surtout, il utilise de plus en plus son pouvoir fiscal en imposant diverses taxes: aux compagnies, sur les transactions boursières, sur l'alcool, sur les automobiles, etc. Mais au total, son administration financière demeure sinon timide, du moins très prudente, et il n'est pas certain que le gouvernement sache tirer pleinement profit entre autres de l'exploitation des ressources naturelles.

À défaut de nationaliser la production et la distribution de l'électricité, comme l'Ontario le fait dès 1906, Gouin, sous la pression des nationalistes, pilote une série de mesures pour corriger les pires abus. Ainsi, au lieu de vendre les ressources hydrauliques, on les louera par bail emphytéotique et, dans certains cas, on obligera les locataires à utiliser dans des délais assez brefs les sources louées afin de combattre la spéculation et de favoriser l'industrialisation. Dans la même ligne de pensée, est créée en 1914 la Commission des eaux courantes.

En 1910, le gouvernement impose un embargo sur l'exploitation du bois à pâte coupé sur les terres publiques: dorénavant le bois doit être transformé en pâte ou en papier avant d'être exporté. Il ne fait aucun doute que cette mesure stimule l'industrie des pâtes et papiers, dont la production passe de 7,4 millions de dollars en 1905 à 64,5 millions en 1919.

Le gouvernement s'efforce également de développer le réseau routier, perçu comme un des facteurs clés du développement économique. Cela s'impose pour la commercialisation de l'agriculture et l'exploitation forestière, mais aussi pour l'industrie et le commerce en général et pour le tourisme automobile, qui commence à se développer dans les années 1910 et 1920. Certes, le gouvernement s'efforce de passer une partie du fardeau financier aux municipalités. Mais il est obligé d'assumer une part croissante des dépenses et d'intervenir pour planifier et organiser le développement du réseau routier, ce qui s'avère par ailleurs très rentable sur le plan électoral.

Le gouvernement donne enfin une nouvelle impulsion à la cause de l'éducation. Pour Lomer Gouin en particulier, l'éducation constitue le moyen par excellence de promotion individuelle et collective. Dès 1898, il est membre du comité catholique, et pendant toute sa carrière publique il s'occupe activement de cette cause. Après sa démission comme premier ministre, il devient président de l'Université de Montréal puis il préside deux commissions d'enquête sur la Commission des écoles catholiques de Montréal. Tout en souhaitant des réformes profondes dans le système d'éducation, il doit composer avec le clergé et renier, au moins officiellement, ses amis radicaux qui prônent l'école obligatoire. De même, il doit composer avec les commissions scolaires, plus soucieuses de faire payer le moins d'impôts possible que d'assurer le progrès de l'instruction publique. Les réformes sont donc partielles: les salaires des enseignants restent pitoyables, l'éducation n'est ni gratuite ni obligatoire et le système public d'enseignement souffre de carences nombreuses. Néanmoins, le gouvernement Gouin réussit à créer, sous l'autorité de l'État, un système d'enseignement professionnel et technique qui se développe en marge du système général d'enseignement: HEC, écoles techniques, etc.

Si Lomer Gouin s'impose rapidement comme chef de parti et de gouvernement, il est vivement contesté par les nationalistes. Ceux-ci lui

Lomer Gouin, 1861-1929, premier ministre du Québec, 1905-1920. (ANQ, GH370-99)

reprochent de tolérer la corruption, de céder les richesses naturelles aux étrangers, de négliger l'agriculture et la colonisation. La faible opposition conservatrice ne peut que se réjouir des attaques virulentes menées par Bourassa, Lavergne et *Le Nationaliste*. Au lendemain des élections de 1908, les libéraux restent solidement majoritaires, mais l'alliance des nationalistes et des conservateurs leur a tout de même enlevé 10 sièges et quelque 12% du vote. De plus, le premier ministre a subi une humiliante défaite dans le comté de Saint-Jacques contre Henri Bourassa. Il est vrai qu'il a pris la précaution de se présenter, en même temps, dans un autre comté (Portneuf), comme le permet la loi. De 1908 à 1912, le gouvernement Gouin, talonné par l'opposition, doit offrir une meilleure performance législative; ce sont certainement les années les plus productives de ce régime.

Après la retraite politique de Bourassa en 1912, les nationalistes continuent à appuyer les conservateurs sur la scène québécoise, mais l'impérialisme des conservateurs fédéraux, au pouvoir depuis 1911, la question des écoles franco-ontariennes et la politique de guerre favorisent encore une fois le Parti libéral et amènent l'effritement de l'alliance des nationalistes et des conservateurs. Aux élections de 1916, Henri Bourassa, tout en ayant quelques réserves à l'endroit du gouvernement Gouin, s'oppose aux conservateurs provinciaux, tandis qu'Armand Lavergne ne se représente pas dans sa circonscription. De plus, les conservateurs n'arrivent pas à présenter de solutions de rechange au programme des libéraux et ceux-ci triomphent facilement en remportant 75 sièges, dont 23 sans opposition, contre 6 seulement aux conservateurs, qui conservent tout de même 35% des suffrages. La crise de la conscription en 1917 ne fait qu'aggraver la situation des conservateurs qui, aux élections québécoises de 1919, n'obtiennent que 5 sièges et 23,7% des suffrages exprimés, soit leur plus faible pourcentage depuis 1867.

Non seulement la guerre permet à Gouin de triompher facilement de ses adversaires, mais elle est aussi l'occasion pour lui de s'attirer le respect des nationalistes. Il devient, d'une certaine façon, le porte-parole politique le plus éminent des Canadiens français. Certes, son gouvernement participe activement à l'effort de guerre du Canada, fait des dons à l'Angleterre, encourage les campagnes de charité, la vente d'obligations de guerre et l'enrôlement volontaire. Mais Gouin s'oppose vigoureusement à la conscription et conseille à Laurier de s'y opposer également sous peine de voir le Québec passer aux nationalistes. À la suite de la conscription, il permet à l'un de ses députés, J.-N. Francœur, de présenter, en 1918, une motion qui fait sensation: «Cette chambre est d'avis que la province de Québec serait disposée à accepter la rupture du pacte confédératif de 1867 si, dans les autres provinces, on croit qu'elle est un obstacle au progrès et au développement du Canada.» Devant de nombreux journalistes francophones et anglophones, plusieurs députés prennent la parole pour dénoncer les calomnies proférées contre le Québec et les Canadiens français et le sort injuste réservé aux minorités françaises, particulièrement en Ontario.

Mais tous, comme Lomer Gouin d'ailleurs, qui prononce un grand discours très attendu, se déclarent fédéralistes et attachés au Canada. Les Canadiens français sont reconnaissants à Gouin d'avoir exprimé leurs griefs et les Canadiens anglais sont satisfaits parce que le Québec respecte la loi et ne remet pas en cause le fédéralisme. Quant aux nationalistes, étant eux aussi fédéralistes, ils ne peuvent que se rallier. La motion Francœur, qui de toute façon n'a qu'une valeur symbolique, est retirée avant même qu'on prenne le vote à son sujet. Porte-parole des Canadiens français, Gouin l'est également dans l'affaire du règlement 17 qui restreint gravement l'enseignement en français dans les écoles d'Ontario. Devant l'indignation des francophones, il prend position en faisant adopter une loi qui permet aux commissions scolaires catholiques du Québec d'aider financièrement les écoles franco-ontariennes.

D'une manière plus générale, Lomer Gouin, comme son beau-père Honoré Mercier, se fait le défenseur de l'autonomie provinciale et, tout en étant un libéral orthodoxe, il sait garder ses distances vis-à-vis de Laurier. En 1920, au sommet de son prestige, Gouin se retire et laisse la succession à un de ses ministres, Louis-Alexandre Taschereau. Il fera plus tard un retour en politique active sur la scène fédérale et deviendra ministre de la justice de 1921 à 1924. Sa rivalité avec Ernest Lapointe et l'alliance de libéraux avec les progressistes de l'Ouest l'amèneront à démissionner. Cependant Gouin est fort actif dans le monde des affaires où il siège au conseil de plusieurs grandes compagnies, notamment celui de la Banque de Montréal. Il reste très attaché à la cause de l'éducation: il est président de l'Université de Montréal et il préside deux commissions d'enquête sur les écoles à Montréal. En 1929, quelques mois à peine avant son décès, il est nommé lieutenant-gouverneur du Québec.

Louis-Alexandre Taschereau

Louis-Alexandre Taschereau restera au pouvoir jusqu'en 1936. Député depuis 1900 et ministre depuis 1907, il vient d'une grande famille qui a donné des lieutenants-gouverneurs, un ministre fédéral, un juge à la Cour suprême et un cardinal. Taschereau lui-même est un avocat et un homme d'affaires parfaitement rompu à la vie politique et à l'administration. Disposant d'une forte majorité à l'Assemblée, il présente deux grandes mesures qui font couler beaucoup d'encre: la loi de l'assistance

publique et la création de la Commission des liqueurs. Dans les autres
secteurs, il continue sur la lancée de Lomer Gouin, notamment en
matière d'éducation et de voirie. De même, sa gestion des finances
publiques reste fidèle au principe sacré de l'équilibre budgétaire.

Au début de son mandat, Taschereau fait face aux difficultés résultant des réajustements économiques d'après-guerre et de la récession de
1921-1922. Celle-ci touche particulièrement le monde rural où l'on
assiste non seulement à un accroissement de l'émigration vers les villes
et vers les États-Unis, mais aussi à une poussée de militantisme agricole et à des tentatives d'action politique. Le gouvernement et en particulier le ministre de l'Agriculture, J.-E. Caron, font de grands efforts
pour contrer ce début de protestation agraire qui menace la base électorale des libéraux. Pour arrêter l'émigration, le clergé, les nationalistes
et les conservateurs prônent à nouveau le retour à la terre. Le gouvernement Taschereau pense au contraire que la solution se trouve dans
l'industrialisation, mais devant les pressions, il augmente modestement
les crédits à l'agriculture et à la colonisation.

Le malaise atteint également les villes, la très forte inflation de la
guerre et de l'immédiat après-guerre affectant le niveau de vie de la
population. Les élections de 1923 s'annoncent donc difficiles. Les libéraux fédéraux viennent prêter main forte à leurs collègues provinciaux,
tandis que les conservateurs mènent leur lutte de manière autonome de
peur d'aviver le souvenir de la conscription. Ils blâment le gouvernement pour sa politique d'industrialisation à outrance au profit des
étrangers et l'accusent de négliger l'agriculture et la colonisation, qui
leur apparaissent prioritaires. Ils attaquent l'étatisme, manifeste dans la
loi de l'assistance publique et la Commission des liqueurs, «qui empoi-
sonne notre race». L'opposition promet de respecter davantage l'autonomie des municipalités, en particulier celle de la métropole, et
dénonce la tyrannie et la corruption du gouvernement libéral depuis
trop longtemps au pouvoir.

Les attaques conservatrices rejoignent très souvent les critiques formulées par les milieux nationalistes et cléricaux. Le Devoir et L'Action
catholique appuient le chef conservateur, Arthur Sauvé; dans une série
d'éditoriaux, Henri Bourassa dénonce vigoureusement le régime libéral, tandis qu'Armand Lavergne fait la lutte à Taschereau dans Montmorency. On se croirait revenu en 1908. Cet appui des nationalistes
rend Sauvé suspect aux yeux des journaux anglophones et des bailleurs
de fonds conservateurs, tandis que les libéraux s'empressent de

rappeler la «trahison» des nationalistes qui a abouti à la défaite de Laurier en 1911 et à son remplacement par les conservateurs conscriptionnistes.

Mais la guerre est terminée, Sauvé s'est dissocié des conservateurs fédéraux et ses critiques trouvent écho auprès de la population. Les conservateurs obtiennent 44,4% des suffrages exprimés, soit près du

Louis-Alexandre Taschereau, 1867-1952, premier ministre du Québec, 1920-1936. (Éditeur officiel du Québec, 283-61H)

double de leur résultat de 1919. Ils remportent une éclatante victoire sur l'île de Montréal, enlevant 13 des 15 sièges. Ils en prennent 2 sur 4 à Québec et gagnent les circonscriptions urbaines de Sherbrooke et Beauharnois. Ils ne réussissent cependant pas à effectuer une percée dans le monde rural, qui fait la force des libéraux, aussi paradoxal que cela puisse paraître pour un parti dont la politique est axée sur l'industrialisation. Quoi qu'il en soit, les conservateurs ont 19 députés au lieu de 5, mais les libéraux, avec 64, restent solidement majoritaires.

Les thèmes et les enjeux des élections de 1927 rappellent ceux de 1923, mais les conditions ne sont plus les mêmes. La conjoncture économique est bien meilleure; la politique d'industrialisation axée sur l'exploitation des ressources naturelles semble porter fruit et la production augmente dans à peu près tous les secteurs. Le régime Taschereau n'hésite pas à s'attribuer le mérite de cette prospérité. À vrai dire, les libéraux n'ont pas cessé de faire des efforts pour attirer les capitaux étrangers au Québec en vantant, en toutes occasions, l'abondance des ressources naturelles, le potentiel hydro-électrique, la main-d'œuvre docile et laborieuse et leur gouvernement favorable à l'entreprise privée. En s'opposant à la canalisation du Saint-Laurent et à l'exportation d'électricité aux États-Unis, le gouvernement entend attirer encore plus d'entreprises et créer plus d'emplois, ce qui freinera l'exode vers le sud. Taschereau répète inlassablement qu'il vaut mieux importer des capitaux étrangers que d'exporter des Québécois aux États-Unis. Le gouvernement défend avec conviction ses réalisations comme la Commission des liqueurs, la loi des accidents du travail, qu'il a entrepris d'améliorer, ou la commission métropolitaine, qui cherche à mieux répartir le fardeau fiscal des municipalités.

Les conservateurs, toujours dirigés par Sauvé, sont divisés, à court d'idées, et disposent de moyens limités. Les journaux anglophones conservateurs ne les appuient pas, la rue Saint-Jacques leur est hostile. Leurs seuls alliés sont encore les nationalistes et la presse cléricale. L'opposition dénonce toujours la mainmise des étrangers sur l'économie québécoise et l'industrialisation intense qui se fait au détriment des agriculteurs et des colons. On cherche par exemple à créer un scandale de «la tragédie du Lac-Saint-Jean»; en réalité, il s'agit d'une opération par laquelle la compagnie Duke-Price avait inondé, après les avoir achetées, des terres arables, dans le but d'accroître son potentiel de production électrique. Mais cette stratégie est vaine et la population vote massivement pour les libéraux qui gagnent 75 sièges, n'en laissant que 9 aux conservateurs.

Découragé par trois échecs successifs, Sauvé remet sa démission. La succession reviendra à Camillien Houde, maire de Montréal et député. La crise économique qui débute en 1929 et le retour au pouvoir en 1930 des conservateurs fédéraux, qui ont même réussi une percée au Québec, augurent bien pour le nouveau chef. Mais Houde se heurtera aux mêmes difficultés que son prédécesseur et le long règne des libéraux se poursuivra encore quelques années.

Ainsi, pendant les trois décennies, les libéraux dominent la scène politique, obtenant entre 54% et 70% des suffrages exprimés au cours des neuf élections tenues de 1897 à 1927. Leur force est singulièrement amplifiée par le mode de scrutin et la carte électorale: à quatre reprises, ils obtiennent plus de 90% des sièges et jamais moins de 69%. Cette situation favorise le parti au pouvoir qui peut recourir abondamment au patronage pour mieux asseoir son organisation et son financement.

Il faut dire que la pensée et l'action politiques des libéraux sont plus cohérentes et plus dynamiques que celles des conservateurs, qui paraissent à la remorque de leurs adversaires sur le plan idéologique. Il faut aussi reconnaître que la politique d'industrialisation des libéraux convient non seulement à la population urbaine, mais aussi à la population rurale, qui profite de ses retombées.

Finalement, les libéraux québécois jouissent de l'appui de leurs confrères fédéraux qui maintiennent leur image de défenseurs des Canadiens français, tandis que les conservateurs doivent constamment se dissocier du parti fédéral et de son image francophobe. Ces facteurs donnent l'impression que les libéraux sont invincibles et aident à comprendre le découragement des nationalistes, qui désespèrent des partis politiques et des possibilités démocratiques.

ORIENTATIONS BIBLIOGRAPHIQUES

ANGELL, Harold M. *Quebec Provincial Politics in the 1920's.* Thèse de M.A. (science politique), Université McGill, 1960.

BECK, J. Murray. *Pendulum of Power. Canada's Federal Elections.* Scarborough, Prentice-Hall, 1968. 442 p.

BONENFANT, Jean-Charles. «La vie politique du Québec de 1910 à 1935», Léon LORTIE et Adrien PLOUFFE, dir., *Aux sources du présent*, Toronto, University of Toronto Press, 1960. p. 25-33.

DUPONT, Antonin. *Les relations entre l'Église et l'État sous Louis-Alexandre Taschereau 1920-1936.* Montréal, Guérin, 1972. 366 p.

HAMELIN, Jean *et al.* «Les élections provinciales dans le Québec», numéro spécial, *Cahiers de Géographie de Québec*, 4, 7 (oct. 1959 - mars 1960): 5-207.

LOVINK, J. Anton. *The Politics of Quebec: Provincial Political Parties, 1897-1936.* Thèse de Ph. D., Duke University, 1967. 397 p.

NEATBY, H. Blair. *Laurier and a Liberal Quebec.* Toronto, McClelland and Stewart, 1973. 244 p.

ORBAN, Edmond. *Le Conseil législatif du Québec, 1867-1967.* Montréal, Bellarmin, 1967. 355 p.

ROBY, Yves. *Les Québécois et les investissements américains (1918-1929).* Québec, PUL, 1976. 247 p.

VIGOD, Bernard. *Quebec Before Duplessis. The Political Career of Louis-Alexandre Taschereau.* McGill/Queen's University Press, Montréal, 1986. 312 p.

WEILBRENNER, Bernard. «Les idées politiques de Lomer Gouin», *Rapport de la Société historique du Canada* (1965): 46-57.

CHAPITRE 34

LES RELATIONS
FÉDÉRALES-PROVINCIALES

De 1867 à 1896, l'équilibre entre le fédéral et les provinces s'est modifié sensiblement. Celui qui prévaut pendant les trois premières décennies du siècle met l'accent sur la souveraineté des provinces dans les domaines de leur juridiction et, en pratique, limite le gouvernement fédéral aux pouvoirs énumérés dans l'article 91 de l'AANB. Il crée un fédéralisme où, théoriquement, les deux niveaux de gouvernement jouissent d'un statut d'égalité plutôt que de subordination. Fait exception la période de la guerre, alors que le gouvernement fédéral domine entièrement, grâce aux pouvoirs d'urgence que lui reconnaît la constitution.

Un nouvel équilibre

En 1896, des circonstances nouvelles favorisent l'autonomie provinciale. Il y a d'abord l'arrivée au pouvoir à Ottawa des libéraux qui, alors qu'ils étaient dans l'opposition, se sont souvent prononcés en faveur d'un plus grand respect des droits des provinces. D'ailleurs, le premier gouvernement Laurier ne compte pas moins de quatre anciens premiers ministres provinciaux: Joly du Québec, Blair du Nouveau-Brunswick, Fielding de la Nouvelle-Écosse, et Mowat de l'Ontario. Les deux derniers ont été d'ardents autonomistes. En même temps, le Canada entre dans une ère de prospérité économique, en grande partie liée à l'exploitation des richesses naturelles, qui sont de juridiction provinciale. Le Québec, l'Ontario et la Colombie britannique s'engagent, au tournant du siècle, dans une nouvelle phase d'industrialisation, dans laquelle les forêts, les forces hydrauliques et les mines ont une importance croissante. Il est significatif qu'au cours de cette période les gouvernements préfèrent régler les problèmes constitutionnels par des réunions plutôt que de recourir au droit de désaveu ou aux jugements du Conseil privé. Alors que de 1867 à 1896 on n'a tenu qu'une seule conférence interprovinciale, à laquelle Ottawa a d'ailleurs refusé de participer, de 1896 à 1930, il n'y a pas moins de sept conférences fédérales-provinciales ou interprovinciales.

On peut distinguer trois phases dans l'évolution des relations fédérales-provinciales: 1896 à 1914, la période de la guerre, les années 1920. La première est caractérisée par les revendications financières des provinces. Les subventions fédérales étant fixes, elles représentent une part toujours décroissante des revenus des provinces, dont les besoins grandissent avec l'urbanisation accélérée et l'accroissement rapide de la population. En 1902, les premiers ministres provinciaux se réunissent pour réclamer des augmentations. À cette occasion, ils se heurtent à un refus, mais, quatre ans plus tard, le premier ministre Laurier convoque une conférence fédérale-provinciale, au terme de laquelle il accepte d'augmenter les subventions d'environ un tiers et de les réajuster par la suite en fonction de la population à chaque recensement. La conférence de 1910 n'a pas pour objet les subventions fédérales, mais traite uniquement de la représentation des Maritimes à la Chambre des communes. En 1913, cependant, les provinces reviennent à la charge et demandent, sans succès, qu'en plus des subventions statutaires, le gouvernement fédéral leur verse chaque année 10% des sommes qu'il retire des taxes d'accise et des douanes.

Malgré les augmentations prévues en 1907, les subventions fédérales qui représentaient 43,1% des revenus des provinces en 1896 ne comptent plus que pour 28,6% en 1913, alors que la part des sommes tirées du domaine public et de la vente des permis et licenses varie peu, durant cette période, passant de 47,3% à 50,7% des revenus provinciaux. Pour combler leur budget, les provinces doivent compter de plus en plus sur les impôts directs qui passent de 9,6% à 20,7% de leurs revenus. De 1896 à 1913, le montant des dépenses courantes per capita des provinces se multiplie par trois, et celui de leur dette per capita par quatre, ce qui démontre, comme le souligne le rapport Rowell-Sirois, que les provinces jouent un rôle grandissant dans le développement du territoire et l'organisation de la société.

La guerre qui éclate en 1914 vient freiner ce mouvement et favoriser la centralisation fédérale. Invoquant la situation d'urgence, le gouvernement d'Ottawa fait voter la loi des mesures de guerre, qui lui donne d'amples pouvoirs pour mobiliser la population et l'économie. L'effort de guerre exige le recours aux emprunts et à l'utilisation maximale des pouvoirs fiscaux. En 1916, pour la première fois, le gouvernement lève un impôt sur les profits des compagnies et, en 1917, sur le revenu des particuliers, avec l'intention de se retirer après la guerre de ces champs de taxation considérés jusque-là comme exclusifs aux provinces. Le gouvernement songe aussi à contrôler les emprunts des provinces mais, devant les protestations du Québec et de l'Ontario, il n'applique pas cette mesure.

L'effort spectaculaire fourni pendant la guerre accroît considérablement la capacité productive de l'économie et le Canada s'affirme sur la scène internationale. Mais, au passif, le pays est profondément divisé tant sur le plan ethnique que sur le plan social et régional. Les provinces sont d'autant plus critiques à l'égard du gouvernement conservateur qu'elles ont d'énormes besoins à combler. Or, le gouvernement central refuse d'abandonner les deux grands impôts directs: il propose plutôt de venir en aide, par des prêts, aux provinces les plus en difficulté. C'est ainsi qu'il recourt aux subventions conditionnelles pour des programmes en matière de santé (maladies transmissibles sexuellement) et d'éducation (enseignement technique). Cette technique de financement, qui jouera un rôle si important par la suite, est utilisée pour la première fois en 1912 en matière d'agriculture et ne suscite pas d'opposition.

Mais cette attitude centralisatrice ne va pas très loin: la décennie 1920 est en effet marquée par l'essoufflement du gouvernement fédéral. À cause de l'effort de guerre et de la faillite des chemins de fer, la dette publique s'est multipliée par sept de 1913 à 1920. Le gouvernement désire revenir à une politique financière orthodoxe: réduction de la dette, baisse des impôts, équilibre du budget. La seule grande mesure sociale de la période est l'instauration des pensions de vieillesse en 1927. Le gouvernement s'engage à payer 50% du coût de la pension versée aux vieillards dans les provinces qui acceptent de participer à l'entente. Les provinces qui rejettent une telle intrusion dans un domaine de leur compétence subissent une injustice évidente, puisque leurs citoyens paient des impôts pour un service qu'ils ne reçoivent pas. Mais c'est alors une technique singulièrement efficace pour forcer les provinces à se plier aux orientations décidées par Ottawa. Le Québec sera le dernier à céder, en 1936. Ce genre d'arrangement reste toutefois un cas d'exception avant 1930.

Par ailleurs, le développement des industries axées sur les ressources naturelles et l'importance croissante de l'automobile permettent aux provinces de jouer un rôle économique majeur. Elles doivent non seulement investir davantage dans l'infrastructure, mais aussi assumer des responsabilités, dans le domaine de la santé ou de l'éducation, qui dépassent désormais les possibilités des municipalités. Les provinces doivent donc trouver de nouvelles sources de revenus. Les grands impôts directs rapportent davantage avec la prospérité, d'autant plus que le fédéral se montre fort modéré dans ces secteurs. La vente de l'alcool et l'immatriculation des automobiles, notamment, rapportent des sommes intéressantes. Mais les provinces ajoutent à leur panoplie fiscale les taxes sur la consommation: taxe d'amusement, taxe sur l'essence, taxe sur le tabac et taxe de vente.

Tout compte fait, on peut dire que les années 1920 sont l'âge d'or de l'autonomie provinciale. Le gouvernement central, qui effectuait 64% de toutes les dépenses des gouvernements en 1874, n'en assume plus que 46% en 1930. Les revenus des provinces augmentent de plus de 800% de 1896 à 1921, passant de 11 à 90 millions de dollars et ils doublent encore de 1921 à 1930 pour atteindre 183,4 millions. Ajoutons que leur dépendance financière face au gouvernement central décroît puisque ce dernier finançait 57,7% des dépenses des provinces au moyen de subventions statutaires en 1874 et que cette part tombe à 10,3% en 1930. Enfin, les provinces remplacent de plus en plus les municipalités dans le secteur de la politique sociale.

Cependant, ce type de développement crée des problèmes d'inégalités entre les régions. Les Maritimes et les Prairies ne sont pas en mesure de bénéficier de l'industrialisation au même titre que le Québec, l'Ontario et la Colombie britannique, comme on peut le constater lors des conférences fédérales-provinciales de 1918, 1926 et 1927. Le gouvernement fédéral doit venir en aide aux régions défavorisées. À la suite du rapport de la Commission Duncan, il augmente ses subventions aux Maritimes et verse des octrois aux chemins de fer pour abaisser les coûts du transport. En 1930, il cède enfin aux Prairies l'administration de leurs ressources naturelles et leur donne une compensation financière. Mais si l'Ontario et le Québec ne s'opposent pas à de tels arrangements et ne demandent pas de subventions, la Colombie britannique se considère comme lésée d'avoir été classée parmi les régions favorisées.

Dans l'ensemble, le système fédéral fonctionne avec une certaine harmonie au cours de ces années de prospérité. C'est la crise économique des années 1930 qui fera éclater au grand jour le problème des inégalités régionales et sociales du fédéralisme canadien et qui suscitera une remise en question fondamentale du type de fédéralisme qui s'est développé depuis 1896.

Un Québec autonomiste

Pour évaluer la position du Québec dans le processus général que nous venons de décrire, il faut examiner deux autres questions: l'influence des dirigeants québécois sur la politique fédérale et l'impact des conflits ethniques. Dans les trois premières décennies du 20ᵉ siècle, le Québec joue un rôle beaucoup plus actif qu'auparavant dans la défense de l'autonomie provinciale. Au début de la période, il s'en tient à une position traditionnelle, qui consiste essentiellement à demander plus d'argent à Ottawa sous forme de subventions statutaires. C'est ainsi que, dès 1899, le premier ministre Marchand consulte ses collègues provinciaux à ce sujet. Le premier ministre de l'Ontario se montre peu enthousiaste, préférant que les provinces tirent leurs revenus des impôts directs, attitude très logique de la part de la province la plus riche. Le décès de Marchand, en 1900, arrête le projet de conférence, mais son successeur, S.-N. Parent, relance l'idée et le nouveau gouvernement ontarien se montre favorable au point de vue québécois, partagé aussi par les autres provinces. Mais, comme nous l'avons vu, ce n'est qu'en 1907 que le fédéral accepte de nouveaux arrangements financiers; le subside du Québec passe alors de 1 086 000$ à 1 686 000$ annuellement.

La guerre amène un changement dans la stratégie. Au lieu de demander des augmentations du subside fédéral, le Québec, tout comme l'Ontario d'ailleurs, mène la lutte pour protéger sa part des impôts directs et son autonomie financière. La menace de Gouin de ne pas respecter le règlement fédéral qui empêcherait le Québec d'emprunter à l'étranger est fort significative à cet égard.

Si, pendant la guerre, le Québec doit subir la centralisation fédérale, le premier ministre Taschereau en dénonce vigoureusement les séquelles, une fois la paix revenue. Il rappelle qu'en 1867 les subventions fédérales aux provinces représentaient 20% du revenu du gouvernement central, alors qu'en 1920 ce n'est plus que 2%. Au lieu de donner aux provinces, dit Taschereau, Ottawa s'ingère dans les affaires de juridiction provinciale: voirie, éducation, agriculture, etc. Et il ajoute: «Voici qu'Ottawa taxe nos revenus, taxe les profits, taxe les corporations commerciales, taxe les ventes, taxe tout. Il ne nous reste plus, si nos revenus sont insuffisants, qu'à augmenter pour notre propre compte tous ces impôts qui sont déjà assez élevés. Ottawa s'est attribué, sans plus de cérémonie, nos propres sources de revenus.»

Mais la situation se régularise dans les années 1920. Le Québec défend plus vigoureusement son autonomie et, d'accord avec l'Ontario, il veille à utiliser ses propres impôts plutôt que de demander des subventions. Taschereau dénonce les tentatives d'ingérence du fédéral dans le secteur des richesses naturelles, comme il conteste sa compétence dans le nouveau domaine de la radio. Et c'est au nom de l'autonomie provinciale qu'il s'oppose à tout projet de canalisation du Saint-Laurent et qu'il rejette le plan fédéral sur les pensions de vieillesse. Il réussit par ailleurs à obtenir pleine compétence dans le domaine des pêcheries et n'hésite pas à recourir à la taxe de vente, malgré les prétentions de l'opposition voulant qu'il s'agisse d'un impôt indirect, donc réservé au fédéral. Bref, dans les années 1920, le premier ministre Taschereau se montre un défenseur vigilant de l'autonomie provinciale.

Les allégeances partisanes des dirigeants politiques et les liens qui les unissent peuvent affecter l'évolution des relations fédérales-provinciales. Au début de la période, le prestige de Laurier est tel que cela a tendance à brouiller les lignes de démarcation entre les deux niveaux de gouvernement et à placer les dirigeants québécois dans un état de dépendance vis-à-vis d'Ottawa. Ainsi, F.-G. Marchand, qui prend le pouvoir dans le sillage de Laurier, doit consulter celui-ci avant de former son cabinet. Une des conséquences fâcheuses de cette dépendance est notamment de forcer le gouvernement Marchand à retirer son projet de création d'un ministère de l'Instruction publique. S.-N. Parent, qui devient premier ministre en 1900, est l'homme lige de Laurier et les relations entre les ailes fédérale et provinciale du Parti libéral sont étroites. Avec Lomer Gouin, la situation se modifie quelque peu, car celui-ci est moins inféodé au premier ministre fédéral.

Lorsque les conservateurs sont au pouvoir, Gouin apparaît de plus en plus comme le porte-parole du Québec. Il en va de même pour Taschereau qui, tout en maintenant des liens étroits entre les deux ailes du parti, n'hésite pas à prôner la cause de l'autonomie provinciale. Cette médiation des relations fédérales-provinciales à travers le Parti libéral est sans doute une des raisons qui expliquent la relative harmonie dans ce domaine au cours de la période.

Mais le fédéralisme canadien repose aussi sur la coexistence des Canadiens français et des Canadiens anglais à l'intérieur d'une même structure politique. La période est marquée par les conflits ethniques à propos des écoles des minorités et par la crise de la conscription. Ces conflits, malgré leur gravité, ne remettent pas tant en cause le fédéralisme que le Parti conservateur, car les libéraux fédéraux savent tirer pleinement parti de la situation.

Quant aux nationalistes québécois, sous l'influence de Bourassa, ils sont davantage tournés vers Ottawa que vers Québec. Certes, ils sont en faveur de l'autonomie provinciale, mais leur intérêt se porte surtout du côté fédéral, car ils espèrent toujours réussir, en affirmant leur présence à Ottawa, à corriger les injustices faites aux minorités françaises hors Québec et à convaincre la majorité des Canadiens de ne pas se laisser entraîner dans les guerres impériales.

Dans les années 1920, sous l'inspiration de la revue *L'Action française* et de l'abbé Groulx, après les déceptions aiguës du règlement 17 et de la conscription, on se tourne davantage vers Québec. Les nationalistes de *L'Action française* jonglent pour un temps avec l'idée d'indépendance, mais finissent par se rabattre sur le respect du «pacte» de 1867 en reprenant les griefs traditionnels: justice pour les minorités, respect du bilinguisme à Ottawa et au Québec, plus grand nombre de Canadiens français dans la fonction publique fédérale, contrôle relatif du Québec sur la politique d'immigration. Ils appuient en somme la politique autonomiste de Taschereau vis-à-vis d'Ottawa, bien qu'ils dénoncent sa politique économique qui cède les richesses du Québec aux étrangers.

Les Canadiens français et le gouvernement fédéral

Le Québec dispose toujours de 65 députés à Ottawa, mais son poids relatif tend à diminuer au fur et à mesure que la population canadienne s'accroît. Les députés québécois occupent 30,5% des sièges en 1896 et 26,4% en 1926. La grande majorité des députés sont membres du Parti libéral, ce qui ne manque pas d'influer sur leur poids au sein du cabinet. À ce niveau, le Québec peut compter sur quelques-uns de la vingtaine de ministères, généralement entre quatre et six dont un ou deux vont à des Anglo-Québécois. En général, les postes confiés à des Québécois sont des ministères secondaires, caractérisés très souvent par leur potentiel de patronage, comme les Postes et les Travaux publics. Ce modèle général varie évidemment selon les circonstances ou le parti au pouvoir.

De 1896 à 1911, avec cinq ministres, dont deux anglophones, les Québécois sont surtout satisfaits d'avoir un des leurs à la tête du pays. Les bonnes relations entre libéraux provinciaux et fédéraux et la prospérité aidant, le Québec reçoit sa part de patronage et des investissements publics. Mais il ne faut pas perdre de vue que le centre du pouvoir est l'Ontario; Laurier est entouré de ministres ontariens influents. D'ailleurs, il doit accepter des compromis, tant sur les droits des minorités que sur les relations entre la Grande-Bretagne et le Canada, qui suscitent au Québec la réaction des nationalistes. Ceux-ci finissent par se dresser contre le leader canadien-français et par s'allier aux conservateurs en 1911. À cette occasion, les Québécois élisent assez de conservateurs et de nationalistes pour participer activement au ministère conservateur de Robert Laird Borden. Mais celui-ci dispose d'appuis suffisants dans les autres provinces pour gouverner sans le Québec, dont les représentants sont divisés et ne comptent guère d'hommes d'envergure. Il est vrai que le Québec obtient environ cinq postes, dont deux vont à des anglophones; mais, de 1911 à 1917, les ministres québécois jouissent de peu de prestige dans leur province et de peu d'influence à Ottawa.

En 1917, dans le but de faire accepter leur projet de conscription, les conservateurs proposent aux libéraux de former une coalition et d'établir un cabinet d'union. Les députés francophones et quelques anglophones, regroupés derrière Laurier, refusent, alors qu'une majorité de libéraux anglophones acceptent de se joindre aux conservateurs. De 1917 à 1921, sous le gouvernement d'union, l'influence du Québec est à peu près nulle. Le gouvernement ayant imposé la conscription, les rares Canadiens français qui collaborent avec lui sont dénoncés comme des traîtres. Dans le cabinet d'union, il y a deux Anglo-Québécois et un seul francophone, P.-E. Blondin, qui ne réussit pas à se faire élire et qu'il faut nommer sénateur. Lorsque Arthur Meighen succède à Borden en 1920, il nomme quelques Canadiens français au cabinet. En 1921, le Québec réplique en élisant 65 libéraux et aucun conservateur.

De 1921 à 1930, sauf pour une courte interruption de quelques mois, en 1926, les libéraux sont au pouvoir sous la direction de William Lyon Mackenzie King. Celui-ci est choisi comme successeur de Laurier en 1919. L'opposition de King à la conscription lui a valu la défaite aux élections de 1917, mais la fidélité des Québécois. King ne parle pas français et n'a pas la prétention de connaître le Québec; c'est pourquoi il s'en remet à l'organisation libérale et cherche à se doter d'un

TABLEAU 1

RÉSULTATS DES ÉLECTIONS FÉDÉRALES AU QUÉBEC ET AU CANADA
1896-1926

		Québec		Autres provinces		Canada	
Élections	Partis	% vote obtenu	Sièges	% vote obtenu	Sièges	% vote obtenu	Sièges
1896	Libéral	53,5	49	42,2	69	45,1	118
	Conservateur	45,8	16	46,3	72	46,1	88
	Autres	0,7	—	11,5	7	8,8	7
1900	Libéral	55,9	57	49,7	76	51,2	133
	Conservateur	43,5	8	48,8	72	47,4	80
	Autres	0,6	—	1,6	—	1,3	—
1904	Libéral	56,4	53	49,3	85	52,0	138
	Conservateur	41,7	11	46,8	64	46,4	75
	Autres	1,9	1	1,4	—	1,5	1
1908	Libéral	56,7	54	48,5	81	50,4	135
	Conservateur	40,8	11	48,8	74	46,9	85
	Autres	2,5	—	2,8	1	2,7	1
1911	Conservateur	41,5	27*	51,9	107	50,9	134
	Libéral	58,5	38	46,9	49	47,7	87
	Autres	—		1,2	—	1,4	—
1917	Conservateur**	4,6	3	63,6	150	57,0	153
	Libéraux***	95,4	62	33,2	20	39,9	82
	Autres			3,2	—	3,1	—
1921	Libéral	70,2	65	30,7	51	40,7	116
	Conservateur	18,4	—	34,3	50	30,3	50
	Progressiste	3,7	—	29,4	64	22,9	64
	Autres	7,7	—	5,6	5	6,1	5
1925	Libéral	59,3	59	33,3	40	39,9	99
	Conservateur	33,7	4	50,9	112	46,5	116
	Progressiste	—	—	12,0	24	8,9	24
	Autres	7,0	2	3,9	4	4,7	6
1926	Libéral	62,3	60	40,7	68	46,1	128
	Conservateur	34,3	4	48,9	87	45,3	91
	Progressiste	—	—	7,0	20	5,3	20
	Autres	3,4	1	3,4	5	3,4	6

* Sont inclus parmi les conservateurs les 17 conservateurs-nationalistes du Québec.

** En fait, il s'agit des élus (conservateurs et libéraux) appuyant le gouvernement d'Union.

*** Libéraux fidèles à Laurier et s'opposant au gouvernement d'Union.

Source: J.M. Beck. *Pendulum of Power. Canada's Federal Elections*. Scarborough, Prentice-Hall, 1968.

lieutenant canadien-français qui est, à compter de 1924, Ernest Lapointe. Le Québec a toujours de quatre à six ministres dans les postes traditionnels. Les libéraux provinciaux et fédéraux maintiennent de bonnes relations et le tandem King-Lapointe essaie de ne pas trop heurter Taschereau. Ce qui n'empêche pas le fédéral de défendre très mollement les intérêts du Québec dans l'affaire du Labrador et d'adopter, malgré l'opposition de Taschereau, la Loi des pensions de vieillesse pour s'attirer l'appui des progressistes de l'Ouest. Autant les Québécois s'étaient sentis isolés dans les années 1910, autant ils ont l'impression de jouir d'une honnête influence dans les années 1920 avec, en plus, la satisfaction, répétée à toutes les élections, de se venger de la conscription en écrasant les conservateurs. Les nationalistes se plaignent cependant que les Canadiens français ne sont pas équitablement représentés dans la fonction publique et que le français ne jouit pas d'une véritable reconnaissance à Ottawa. Les libéraux, avec des mesures anodines comme les timbres-poste bilingues en 1927, essaient de les calmer sans indisposer le reste du Canada.

La formule des libéraux semble bien fonctionner au Québec, qui pendant ces trente années, sauf en 1911, les appuie massivement. Le vote en bloc des Québécois en faveur des libéraux est quelquefois décisif. Ainsi, en 1896, Laurier dispose d'une majorité de 30 sièges, grâce surtout aux 49 députés québécois. En 1921, Mackenzie King, avec 116 sièges dans l'ensemble du Canada, en a 65 qui lui viennent du Québec. En 1925, malgré les 116 sièges obtenus par les conservateurs, les libéraux s'accrochent au pouvoir avec 99 sièges, dont 59 du Québec.

En revanche, lorsque les conservateurs accèdent au pouvoir, les Québécois sont peu représentés et peu influents. En 1911, l'alliance conservateurs-nationalistes, bâtie sur un malentendu, tourne court. En effet, les nationalistes s'opposent à l'impérialisme de Laurier en votant pour un parti encore plus impérialiste. Le refus de Bourassa d'encadrer les nationalistes fait qu'en moins d'un an ceux-ci deviennent pour la plupart des conservateurs orthodoxes, sans pour autant changer l'équilibre des forces dans le cabinet. En 1917, avec la conscription et la formation du gouvernement d'union, il n'y a plus d'équivoque possible, les Québécois sont massivement opposés à tout ce qui est «bleu». Non seulement ils ne se préoccupent pas d'être isolés mais ils en sont fiers, et tout politicien francophone qui accepte de collaborer avec le gouvernement Borden ou Meighen est assuré d'une retentissante défaite, si jamais il ose se présenter devant l'électorat canadien-français du Québec, qui n'a jamais été aussi unanime qu'au moment de cette crise.

La crise de la conscription

Depuis la guerre des Boers en 1899, le mouvement nationaliste dénonce l'impérialisme anglais et prédit que tôt ou tard le Canada sera entraîné dans d'autres guerres impériales encore plus meurtrières. Les nationalistes, tout en prêchant la loyauté au Canada et tout en se disant

Pendant la guerre, on utilise diverses formes de propagande pour inciter les Canadiens français à s'enrôler.

toujours prêts à combattre pour la défense du territoire canadien, s'opposent avec véhémence à toute tentative pour les obliger à défendre la Grande-Bretagne ou tout autre pays, y compris la France. Lorsque éclate la guerre de 1914, ils ne s'opposent pas à la participation du Canada et plusieurs francophones s'enrôlent. La population accueille avec enthousiasme la formation du 22e bataillon canadien-français.

Mais très tôt le recrutement se tarit et des francophones expriment des réserves sur l'ampleur de la participation envisagée. À mesure que la guerre se prolonge, l'effort s'intensifie. Le gouvernement canadien qui avait fixé la participation du pays à 250 000 hommes annonce, en 1916, que ce nombre est porté à 500 000. C'est beaucoup pour un pays d'environ 8 millions d'habitants. L'enrôlement volontaire, malgré la propagande intense qui déferle, ne permet pas d'atteindre le chiffre visé, surtout que les combats meurtriers qui se déroulent en Europe déciment les troupes.

Au Canada anglais on accuse ouvertement les Canadiens français de ne pas faire leur part. Comme le fait remarquer l'historien Jean-Pierre Gagnon, même en tenant compte des Québécois anglophones, la participation du Québec est proportionnellement moindre que celle du Canada anglais. C.A. Sharpe établit que les volontaires et les conscrits représentent 22,4% de la population masculine québécoise, âgée de 18 à 45 ans, admissible à l'engagement, contre 35,2% pour l'ensemble du Canada. Pour les seuls enrôlés volontaires, le pourcentage est de 14,9% au Québec contre 28,1% pour l'ensemble du Canada.

Il est impossible de connaître le nombre exact de Canadiens français ayant servi dans les forces armées, mais selon l'historienne Elisabeth Armstrong on peut estimer ce nombre à 35 000, ce qui représenterait un maigre 5% du total des personnes ayant servi. Les historiens Serge Bernier et Jean Parizeau considèrent que ce chiffre biaise quelque peu la réalité. En effet, il est reconnu que les Britanniques résidant au Canada se sont enrôlés en nombre proportionnellement beaucoup plus élevé que les autres Canadiens. Si l'on compare le nombre de soldats canadiens-français aux militaires d'origine canadienne, ils représentent 11% du total. Évidemment, cela reste une faible participation puisque le Canada français représente environ 28,5% de la population du Canada au moment de la guerre.

On a invoqué plusieurs raisons pour expliquer cette situation: liens avec l'Europe coupés depuis un siècle et demi, structure de la population différente, controverse des écoles franco-ontariennes, rapports ambigus face à la Grande-Bretagne, etc. Chose certaine, l'armée canadienne est une institution massivement anglophone qui n'a jamais fait d'efforts pour attirer les Canadiens français. Par exemple, comme le notent Bernier et Parizeau, le seul collège militaire chargé de former des officiers est situé à Kingston et, de 1867 à 1914, sur 255 diplômés, 11 seulement sont des francophones. L'armée fonctionne en anglais;

Une manifestation contre la conscription à Montréal, en 1917. (ANC, C6859)

seuls ceux qui servent dans le 22ᵉ bataillon, au nombre de 5584 selon l'historien Jean-Pierre Gagnon, peuvent combattre outre-mer en français.

Quoi qu'il en soit, pour obtenir un effort maximum du Québec et du reste du Canada, le premier ministre Borden, répondant aux vœux des porte-parole de la majorité anglophone, présente un projet de loi rendant le service militaire obligatoire. Au Québec, la réaction est véhémente: les journaux francophones, sauf *La Patrie* et *L'Événement*, d'allégeance conservatrice, dénoncent le projet de loi. On organise des ligues anticonscriptionnistes, on tient de nombreuses assemblées de protestation, la maison d'été du propriétaire du *Star* est dynamitée. Lorsque la loi est sanctionnée par le gouverneur général à la fin du mois d'août, de véritables émeutes éclatent à Montréal: vitrines en éclats, bagarres dans les rues, coups de feu. Mᵍʳ Bruchési, qui fait preuve d'une indéfectible loyauté à propos de la participation, écrit à Borden le 31 août: «Le peuple est ameuté. Il peut se porter à tous les excès. Les bagarres se succèdent. Des tueries sont à craindre dans nos

L'émeute de la conscription à Québec, en avril 1918.

villes. Les gens des campagnes ne se rendront pas. Ils semblent décidés à tout. Et il n'y a personne capable de les calmer. La vie de tous ceux qui ont favorisé ou voté cette loi est en danger.»

Aux élections de décembre 1917, les unionistes sont incapables de tenir des assemblées publiques tant la population est en colère. Trois conservateurs anglophones seulement sont élus contre 62 libéraux. Le Canada est divisé en deux blocs et les Canadiens français doivent subir la loi de la majorité. Ils résistent comme ils peuvent, sous l'empire de la loi des mesures de guerre. Plusieurs conscrits fuient dans les bois ou se cachent dans des greniers; d'autres cherchent à obtenir des exemptions. La police pourchasse les jeunes et la colère gronde. Fin mars 1918, une émeute éclate à Québec. L'armée intervient, on proclame la loi martiale. Les soldats tirent sur la foule: 5 civils sont tués et plusieurs dizaines sont blessés.

La conscription est un échec; on ne réussit à conscrire que 19 050 Québécois, tandis que 18 827 autres refusent de se soumettre. Le nationalisme canadien-français des années 1920 sera profondément marqué par cette expérience.

Par ailleurs, le Canada, qui a mobilisé plus de 600 000 personnes, dont 418 000 ont servi outre-mer, a accompli un effort considérable. La guerre a fait 60 000 morts et 150 000 blessés. À la suite de cette guerre, le Canada s'est gagné une place sur la scène internationale et a connu un développement important au point de vue industriel et commercial. Cependant, le pays est profondément divisé et comme l'écrit l'historien Desmond Morton: «Si la guerre est une de ces expériences vécues en commun qui transforme un peuple en une nation, le Canada, à la suite de la Première Guerre, est devenu un pays formé de deux nations.»

ORIENTATIONS BIBLIOGRAPHIQUES

ARMSTRONG, Elisabeth. *The Crisis of Quebec, 1914-1918*. Toronto, McClelland & Stewart, 1974. 275 p.

BECK, J. Murray. *Pendulum of Power. Canada's Federal Elections*. Scarborough, Prentice-Hall, 1968. 442 p.

BÉLANGER, Réal. *L'impossible défi: Albert Sévigny et les conservateurs fédéraux (1902-1918)*. Québec, PUL, 1983. 368 p.

BERGER, CARL, dir. *Conscription 1917*. Toronto, University of Toronto Press, s.d. 77 p.

BERNIER, Serge. «La place des francophones», dans André DONNEUR et Jean PARIZEAU, dir., *Regards sur le système de défense du Canada*, Toulouse, Presses de l'Institut d'études politiques de Toulouse, 1989, p. 39-56.

BRUNET, Michel. *Québec/Canada anglais. Deux itinéraires, un affrontement*. Montréal, HMH, 1968. p. 231-286.

Conférences fédérales-provinciales et conférences interprovinciales, 1887 à 1926. Ottawa, Imprimeur du roi, 1951. 112 p.

Conférence fédérale provinciale du 3 au 10 novembre 1927. Ottawa, Imprimeur du roi, 1928. 36 p.

COOK, Ramsay. *L'autonomie provinciale, les droits des minorités et la théorie du pacte, 1867-1931*. Étude nº 4 de la Commission royale d'enquête sur le bilinguisme et le biculturalisme, Ottawa, Imprimeur de la reine, 1969. 82 p.

DUROCHER, René. «Henri Bourassa, les évêques et la guerre de 1914-1918», Société historique du Canada, *Communications historiques* (1971): 248-275.

FILTEAU, Gérard. *Le Québec, le Canada et la guerre, 1914-1918*. Montréal, L'Aurore, 1977. 231 p.

GAGNON, Jean-Pierre. *Le 22e bataillon*. Québec, PUL, 1986. 460 p.

GIBSON, FREDERICK W. *La formation du ministère et les relations biculturelles*. Étude nº 6 de la Commission royale d'enquête sur le bilinguisme et le biculturalisme, Ottawa, Imprimeur de la reine, 1970. 202 p.

GRANATSTEIN, J.L. et J.M. HITSMAN. *Broken Promises. A History of Conscription in Canada*. Toronto, Oxford University Press, 1977, 281 p.

LAMONTAGNE, Maurice. *Le fédéralisme canadien*. Québec, PUL, 1954. 298 p.

MOORE, A. Milton *et al. Le financement de la fédération canadienne.* Toronto, Association canadienne d'études fiscales, 1966. 164 p.

MORTON, Desmond et J.L. GRANATSTEIN. *Marching to Armageddon: Canadians and the Great War, 1914-1919.* Toronto, Lester & Orpen Dennys, 1989. 287 p.

MORTON, Desmond. «Le Canada français et la milice canadienne, 1868-1914» dans J.-Y. GRAVEL, dir., *Le Québec et la Guerre, 1867-1960,* Montréal, Boréal Express, 1974, p. 23-46.

PARIZEAU, Jean et Serge BERNIER. *Les Canadiens français et le bilinguisme dans les forces armées canadiennes.* Tome 1, *1763-1969: Le spectre d'une armée bicéphale.* Ottawa, Service historique de la Défense nationale, 1987.

PROVENCHER, Jean. *Québec sous la loi des mesures de guerre.* Montréal, Boréal Express, 1971. 148 p.

SHARPE, C.A. «Enlistment in the Canadian Expeditionary Force 1914-1918: A Regional Analysis», *Revue d'études canadiennes,* 18,41 (hiver 1983-1984): 15-29.

WADE, Mason. *Les Canadiens français de 1760 à nos jours.* Tome 2. Montréal, Cercle du Livre de France, 1963. 576 p.

CHAPITRE 35

LIBÉRALISME ET
CLÉRICO-NATIONALISME

Au cours du 19ᵉ siècle, deux grands courants de pensée se sont élaborés au Québec: l'un, inspiré de l'idéologie libérale, l'autre, alimenté par l'idéologie catholique ultramontaine. Au début du 20ᵉ siècle, le courant libéral s'affirme avec encore plus de vigueur et la diffusion de son projet de société semble justifiée par le contexte de croissance économique et l'amélioration du niveau de vie. L'autre courant se transforme quelque peu. L'épithète ultramontain tend à disparaître du vocabulaire, à la suite du discrédit attaché à la tendance intransigeante de l'idéologie ultramontaine. De plus, les nouveaux penseurs qui s'inspirent de la tradition catholique expriment un projet de société qui, tout en étant réfractaire aux idées libérales, met beaucoup plus l'accent sur la nation, toujours définie en étroite relation avec la religion. Par ailleurs, les courants valorisant une pensée ouvrière s'affirment également, même s'ils restent toujours marginaux.

Le courant libéral

Fondée sur le primat de la propriété et de l'individu, l'idéologie libérale est véhiculée par les hommes d'affaires, les dirigeants politiques et la presse à grand tirage. Le discours qui s'en inspire au début du 20ᵉ siècle met particulièrement l'accent sur le progrès matériel, assuré par le développement économique. Les périodes de forte croissance que connaît le Québec entre 1896 et 1929 fournissent d'ailleurs l'occasion d'entonner de nombreux couplets à la gloire de l'industrialisation et du progrès. Déjà en 1894, l'auteur de *Montreal Illustrated* décrivait sa ville avec une fierté débordante: «Bien que les souvenirs de la découverte de Montréal soient mêlés d'aventures romanesques et de tradition indigène, elle est devenue essentiellement et nettement une ville moderne. Aujourd'hui, quel que soit le côté d'où on l'approche, quel que soit le point de vue d'où l'on se place, elle présente tous les éléments et les aspects de la vie d'une métropole fin-de-siècle. De tous côtés on voit des preuves immanquables de richesse matérielle et de prospérité, des indications irréfutables de confort et de luxe, de bon goût, de culture et de raffinement. Les caractéristiques d'une métropole sont encore plus visibles quand on regarde ses principales artères commerciales, bordées d'établissements gigantesques et magnifiques.» La croissance devient même synonyme de beauté. En 1908, *La Presse* présente sous le titre «Les merveilles d'un grand port» les structures d'acier des nouveaux hangars du port de Montréal.

Les dirigeants politiques ne manquent pas de souligner que la prospérité est due à leur ouverture au progrès. En 1912, le maire de la municipalité industrielle de Maisonneuve proclame: «C'est une prospérité sans pareille dans les annales du pays. Cela est dû à la politique de progrès dont les têtes dirigeantes de la municipalité de Maisonneuve ont toujours fait preuve.» En 1916, le premier ministre Lomer Gouin, justifiant sa politique de construction de barrages, déclare: «Par le barrage du Saint-Maurice, nous allons créer le plus grand réservoir artificiel du monde, réservoir plus que double de celui d'Assouan, sur le Nil, le plus grand qui existe aujourd'hui. Messieurs, je vous donne rendez-vous, ici, dans cinq ans, pour constater la somme d'énergie, de développement, de progrès et de richesse que produira pour notre pays ce travail gigantesque».

Si au 19e siècle les projets de chemins de fer étaient présentés comme des symboles de croissance, au début du 20e deux thèmes sont utilisés à cette fin: la promotion urbaine et l'industrialisation liée aux richesses naturelles. «Nous voulons multiplier, sur le territoire de notre province, le nombre de ces centres industriels qui répandent le progrès et la richesse», déclare encore Lomer Gouin, en 1919. Dans le programme-souvenir publié à l'occasion du Congrès eucharistique de Montréal, en 1910, on peut lire: «Progrès constants et ininterrompus de Maisonneuve. La ville la plus industrieuse de la Province de Québec et dont le développement considérable vaut à Messieurs les Capitalistes, Industriels, Constructeurs, Ouvriers et aux Jeunes Gens d'initiative qui y placeront leurs capitaux, leurs économies et leur travail une fortune *rapide et solide*.» Dans ce contexte, il est tout à fait normal de vanter les mérites du capital étranger. Cela est particulièrement vrai sous le gouvernement Taschereau, comme le montre l'historien Yves Roby. Le premier ministre se félicite alors des effets bénéfiques du capital américain et souhaite qu'il en vienne plus encore.

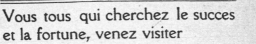

Vous tous qui cherchez le succes
et la fortune, venez visiter

MAISONNEUVE

*Et y prendre votre part de la
grande prosperite qui y regne.*

De grands thèmes du discours libéral: progrès, enrichissement et égalité des chances
pour tous.

La croyance au progrès repose sur la valorisation de l'entreprise privée et de l'effort individuel. On propage de plus belle le mythe de la richesse accessible à tous, du succès qui récompense l'effort. Les journaux à grand tirage multiplient les *success stories*. Les répertoires biographiques chantent les louanges de ces hommes d'affaires qui ont réussi à force de travail et d'énergie et qui, en créant des entreprises, sont devenus des bienfaiteurs du peuple et de «grands Canadiens». L'éducation est présentée encore plus nettement au début du 20e siècle comme la voie du progrès pour les Canadiens français. C'est par une éducation plus poussée et surtout mieux adaptée aux conditions économiques que les membres de la collectivité auront la possibilité d'améliorer leur sort et d'accéder aux postes de commande. Ce thème revient fréquemment dans le discours libéral des premières décennies du siècle.

Pour atteindre cet objectif, il faut de toute nécessité moderniser le système scolaire et l'adapter aux besoins nouveaux de l'économie. D'où l'importance de mettre sur pied un réseau d'écoles spécialisées visant à former des techniciens et des administrateurs. La formation professionnelle devient une dimension essentielle des projets de société que formulent les gouvernements de Gouin et de Taschereau. Lomer Gouin déclare en 1919: «Nous voulons ajouter à tout ce que nous avons fait pour la grande cause de l'éducation et spécialement faire en sorte que les parents de chaque enfant puissent le diriger vers l'école professionnelle où l'on pourra mettre en valeur ses qualités et ses aptitudes naturelles.» Trois ans plus tard, le gouvernement Taschereau peut déclarer à son tour: «C'est désirable, pour les besoins de l'industrie, du commerce et de l'agriculture, d'encourager la création et le développement de cours professionnels adaptés à la préparation immédiate d'ouvriers techniciens ou d'employés compétents, que réclament de plus en plus les industriels, les commerçants et les agriculteurs de la province.»

Un courant plus radical continue à vouloir une transformation encore plus profonde du système scolaire, transformation de nature plus politique et qui remet en cause la domination de l'Église catholique. Ses porte-parole réclament l'instruction obligatoire et la laïcisation de l'enseignement. La nécessité de composer avec le clergé force cependant les dirigeants politiques à ignorer les demandes plus radicales de ce groupe qui reste minoritaire.

C'est aussi au sein du courant libéral que s'expriment les champions des réformes sociales, en particulier dans le domaine de la santé publique. Ils valorisent les conquêtes de la science, de la technologie et de la médecine car la maladie et la mortalité élevée sont à leurs yeux des défis à la raison et au progrès. Une société qui se veut moderne doit être salubre. Comme le soulignent de nombreux réformistes et hygiénistes, la maladie de quelques-uns peut mettre en danger la santé de tous. Aussi voit-on se multiplier, au début du siècle, les déclarations, les conférences, les articles, sur la nécessité d'une intervention étatique pour améliorer les conditions d'hygiène et de santé, la salubrité des logements, etc. Le courant réformiste se présente en fait comme une facette de l'idéologie libérale, s'adaptant aux conditions nouvelles créées par l'industrialisation et l'urbanisation.

L'évolution de l'idéologie libérale amène aussi certains de ses représentants, tout en continuant d'insister sur la responsabilité individuelle, à proposer l'intervention étatique dans les domaines où les problèmes sociaux atteignent des proportions nouvelles, comme l'aide aux indigents. C'est toutefois une transformation qui se fait à un rythme très lent au Québec, car elle heurte le conservatisme social profond des classes dirigeantes.

Le discours libéral favorise aussi la rationalisation de l'appareil de l'État. On veut que l'administration fonctionne selon des règles d'efficacité. On valorise le rôle de l'expert, du technocrate. Cette rationalisation a aussi pour objectif de contrer les effets imprévus d'une démocratie qui est maintenant plus ouverte, donc plus difficile à contrôler. Ce sont par exemple les hommes d'affaires montréalais qui réclament que leur ville soit administrée par des experts plutôt que par des élus.

Malgré tout, plusieurs porte-parole libéraux, en particulier chez les hommes politiques, font une large place au respect de la tradition et continuent à chanter les louanges de la culture canadienne-française traditionnelle et du mode de vie rural. Cette apparente contradiction s'explique par diverses raisons, comme le poids politique du vote rural, la nécessité de composer avec un clergé attaché à ces valeurs ou même le fait que plusieurs membres de ces élites ont reçu dans les collèges classiques une formation qui accordait une grande place à la tradition. Dans l'ensemble, cependant, le projet de société d'inspiration libérale va beaucoup plus dans le sens de la modernisation que dans celui du repli sur le passé.

Le nationalisme n'est certainement pas le thème principal de l'idéologie libérale, mais il y tient une certaine place. Les représentants de la bourgeoisie québécoise, tant francophones qu'anglophones, s'entendent assez bien pour mettre en veilleuse la question nationale, pour prêcher la bonne entente entre les «races» (vocable qui est alors employé comme synonyme de nation ou de peuple). Il s'agit d'éviter tout affrontement en usant de tolérance et en permettant à chaque groupe ethnique majeur de contrôler ses institutions d'éducation et de bienfaisance. Les dirigeants francophones manifestent leur attachement aux traditions canadiennes-françaises tout en proclamant les bienfaits des liens unissant le Canada à la Grande-Bretagne. Les porte-parole anglophones du Québec témoignent d'un grand zèle impérialiste tout en respectant les particularités des Canadiens français.

La guerre vient ébranler quelque peu cette bonne entente. Les grands hommes d'affaires anglophones de Montréal affichent une ardeur impérialiste peu commune, qui leur apporte décorations royales et plantureux contrats de guerre. Les dirigeants canadiens-français ne peuvent pas commettre les mêmes excès de zèle, car ils risquent de perdre tout appui populaire; ils secondent tout de même l'effort de guerre, mais de façon beaucoup plus mesurée et en accompagnant leur démarche d'une défense des Canadiens français.

La vision libérale du progrès matériel est principalement propagée par la presse à grand tirage, qui, par ses gros titres, ses reportages à sensation, sa publicité, fait un véritable travail de propagande. Le discours politique est aussi un bon instrument pour vanter les merveilles du progrès, les bienfaits de l'industrie, de l'entreprise privée et du capital étranger, les possibilités innombrables auxquelles donne accès l'éducation. Les Québécois répondent-ils à cet appel? Les majorités électorales qu'ils accordent au Parti libéral, identifié à l'effort de modernisation, la rapidité avec laquelle ils s'urbanisent, leur intérêt pour la presse à sensation et de nombreux autres indices semblent confirmer qu'ils n'y sont pas sourds et qu'ils acceptent de plus en plus ces valeurs.

Le courant clérico-nationaliste

Tout autre est le projet de société que présente l'idéologie clérico-nationaliste. Véhiculée par les membres du clergé et, avec plus de force encore, par les groupements nationalistes, cette idéologie atteint sa formulation la plus achevée dans les éditoriaux du *Devoir* et les articles de la revue l'*Action française*.

Plusieurs historiens et sociologues se sont penchés sur l'étude de cette idéologie clérico-nationaliste, dite aussi de conservation, au point de ne plus voir qu'elle dans le paysage idéologique québécois. De là à la qualifier d'«idéologie dominante», il n'y avait qu'un pas qui été vite franchi. Parce qu'elle est véhiculée par des clercs et des intellectuels, sa formulation écrite — dans les éditoriaux ou les discours publiés — est caractérisée par une cohérence interne qui la rend plus facile à analyser.

Le projet clérico-nationaliste est systématiquement tourné vers le passé. Il se caractérise par le rejet des valeurs nouvelles et par le repli constant sur la tradition canadienne-française et catholique. Ses porte-parole sont convaincus que pour survivre comme peuple, les Canadiens français doivent s'accrocher à ces valeurs traditionnelles et les conserver comme un héritage précieux. L'abbé Lionel Groulx écrit en 1921: «Plus nous gardons nos vertus françaises et catholiques, plus nous restons fidèles à notre histoire et à nos traditions, plus aussi nous gardons l'habitude d'aimer ce pays comme notre seule patrie, plus nous restons l'élément irréductible à l'esprit américain, le représentant le plus ferme de l'ordre et de la stabilité.»

La famille est présentée comme l'unité sociale fondamentale dont les membres sont solidaires et ont des responsabilités les uns envers les autres. La valorisation de la famille est d'ailleurs un élément de base de la pensée sociale catholique, au Québec comme ailleurs. La famille apprend le respect de la hiérarchie — la femme est soumise à son mari, les enfants doivent obéir à leurs parents — et elle est un gage de stabilité sociale. La famille doit avoir la haute main sur l'éducation de ses membres; elle a la responsabilité de leur venir en aide quand ils sont malades ou dans le besoin. L'Église catholique se perçoit comme le mandataire de la famille dans les domaines de l'éducation, de la santé et du bien-être. Toute tentative d'intervention de l'État dans ces domaines est présentée comme une attaque contre la famille, comme une atteinte à l'ordre social.

La religion est un autre pôle de cette idéologie. Il ne s'agit pas seulement d'une religion qui se limite au culte, mais d'un ensemble de valeurs que l'Église transmet depuis des siècles et qui doivent imprégner toute la vie du chrétien. C'est ainsi que l'éducation doit être catholique, que la charité doit être catholique, que les rapports entre patrons et ouvriers doivent s'établir selon des principes chrétiens, etc. D'où cette tentative du clergé de catholiciser les principales activités de la vie et d'encadrer chaque groupe social dans des associations confessionnelles.

Cette primauté de la religion amène à réclamer une place déterminante dans la société pour l'Église catholique et pour ses porte-parole officiels, les prêtres et les évêques. De la conception du clergé comme guide des fidèles, on passe rapidement à celle du clergé comme autorité. Le contrôle des consciences et la censure peuvent dès lors être utilisés en toute quiétude. Jean Hamelin et André Beaulieu résument bien les conséquences de l'omniprésence cléricale: «Porteuse d'un message évangélique éternel qu'elle a incarné une fois pour toutes dans une idéologie, l'Église plus soucieuse de la formulation que du contenu de son message tombe dans le travers des idéologies de tous les temps; elle devient dogmatique, intolérante, méfiante à l'égard de la nouveauté et des compromis. Cette attitude l'amène à dénoncer toute innovation qui pourrait compromettre le devenir de la société qu'elle entend réaliser.»

L'agriculture et le mode de vie rural forment, avec la famille et la religion, un troisième élément de base du type de société proposé par l'idéologie clérico-nationaliste. Dans une brochure publiée en 1916 et intitulée *Les avantages de l'agriculture*, le jésuite Alexandre Dugré présente une bonne synthèse de la pensée agrarienne au Québec. Il y énumère les principaux avantages de l'agriculture sur la vie urbaine. Certains sont d'ordre économique: l'agriculteur est beaucoup plus à l'abri des fluctuations économiques que le citadin, car la population a toujours besoin de produits alimentaires. Tout en ayant des dépenses moindres que le citadin, l'agriculteur voit son revenu augmenter grâce au perfectionnement des techniques et de l'outillage. L'auteur s'en prend à certains obstacles au progrès de l'agriculture: l'esprit routinier des agriculteurs, mais aussi l'incurie des hommes politiques et une éducation trop orientée vers les affaires. Il relève ensuite des avantages physiques: la vie au grand air est fortifiante et les ruraux sont en meilleure santé que les urbains; d'ailleurs, ces derniers regrettent la campagne, puisqu'ils ne ratent pas une occasion de s'évader de la ville pour aller en villégiature. Le père Dugré insiste enfin sur les avantages moraux, qui sont pour lui les plus importants: «noblesse de l'agriculture», seule activité vraiment créatrice; nature chrétienne de la campagne; liberté de l'agriculteur, qui n'est pas soumis au sifflet de l'usine; «sauvegarde des traditions» et de la race; stabilité de la famille; force de la vie paroissiale. Tous ces avantages sont préférables, selon lui, à l'instabilité de la vie urbaine et aux difficultés qui y surgissent.

La ville est en effet le repoussoir à l'aide duquel on définit un idéal de société. Comme le rappellent Jean Hamelin et André Beaulieu, «la ville dans l'idéologie clérico-nationaliste, c'est parfois un cadre de vie pollué, souvent un mode de vie dangereux, le plus souvent un système de valeurs et de conduites qui ravale l'homme à la bête. Évoquer la ville, c'est susciter le spectre de la presse qui ruine les fondements des croyances et des mœurs, des dimanches qu'on profane, de la piété qu'on ridiculise, de l'infidélité conjugale et de l'ivrognerie qui détruisent la famille, de l'immoralité des modes, des danses et des spectacles qui corrompent la jeunesse. Foyer pestilentiel, la ville est le tombeau de la catholicité québécoise. Elle n'a pas de place dans la société idéale.»

L'agriculture est donc valorisée à la fois comme activité économique et comme mode de vie, ce qui amène certains auteurs à discréditer les autres secteurs de l'économie, à les considérer comme étrangers à l'essence de la nationalité canadienne-française. Dans un discours célèbre de 1902, Mgr Paquet, de Québec, déclare: «Notre mission est moins de manier des capitaux que de remuer des idées; elle consiste moins à allumer le feu des usines qu'à entretenir et à faire rayonner au loin le foyer lumineux de la religion et de la pensée.»

Les penseurs nationalistes s'intéressent tout de même au développement économique, mais en l'articulant autour de l'agriculture et de la colonisation. Ils consacrent aux problèmes ruraux une foule d'articles et de publications. La rencontre annuelle des Semaines sociales du Canada, en 1928, a même pour thème: «Le problème économique considéré surtout au point de vue agricole». On ne boude pourtant pas totalement l'industrie: curés et évêques bénissent à qui mieux mieux les nouvelles usines; Mgr Labrecque remercie en 1902 «les bons capitalistes» qui ont fait construire l'usine de Val-Jalbert. Mais ce que l'on souhaite ce sont des entreprises fortement intégrées au milieu rural. L'usine idéale devrait être de petite dimension, s'implanter dans une zone agricole, utiliser comme matière première un ou plusieurs produits de l'agriculture et ne fonctionner que pendant l'hiver pour employer la main-d'œuvre agricole disponible en cette saison. On veut donc l'établissement d'une économie où la production industrielle sera subordonnée aux intérêts supérieurs de l'agriculture.

Il va sans dire que la société réelle est organisée bien autrement, au grand regret de plusieurs penseurs qui voudraient freiner les transformations. Car si l'idéologie clérico-nationaliste s'accommode dans une certaine mesure de l'industrie, elle rejette l'industrialisation, ce processus socio-économique qui met en péril la société rurale qu'on idéalise par ailleurs. Cette résistance devient de plus en plus manifeste au cours de la période. L'ampleur des nouveaux investissements industriels provoque une levée de boucliers dans la presse nationaliste. On réclame du gouvernement un coup de barre énergique pour relancer l'agriculture et la colonisation et freiner ainsi l'exode des ruraux vers les villes. La situation paraît d'autant plus grave que l'industrialisation est réalisée par le capital étranger, qui amène avec lui ses valeurs, provoquant la déchéance de la civilisation catholique et française.

Cependant, au sein du groupe nationaliste, un courant accepte la nécessité d'une certaine industrialisation et souhaite que les Canadiens français n'y participent pas qu'en subalternes. Dès 1901, Errol Bouchette propose qu'à la devise traditionnelle «emparons-nous du sol» s'en ajoute une autre: «emparons-nous de l'industrie». Le journaliste Olivar Asselin, l'économiste Édouard Montpetit, le financier Joseph Versailles représentent bien ce courant de pensée qui emprunte beaucoup au libéralisme en le teintant de déclarations nationalistes.

Le nationalisme est l'un des traits dominants de cette idéologie. La nation y est définie tout autant par son catholicisme et ses origines rurales que par ses caractéristiques ethniques et linguistiques. La dimension nationale du projet clérico-nationaliste évolue cependant au cours de la période et deux grands penseurs la marquent tour à tour: Henri Bourassa et Lionel Groulx.

Bourassa entre en scène le premier. Nous avons vu qu'il réagit contre le nationalisme canadien-anglais de type impérialiste qui se manifeste avec force au tournant du siècle. Il croit que l'attachement premier des Canadiens devrait être envers leur pays plutôt qu'envers la Grande-Bretagne. Il prône donc le développement d'un véritable nationalisme canadien, qui respecterait les traits spécifiques des deux groupes linguistiques. En 1904, répondant au journaliste Jules-Paul Tardivel qui favorise un nationalisme canadien-français, Bourassa définit ainsi sa pensée: «Notre nationalisme à nous est le nationalisme canadien, fondé sur la dualité des races et sur les traditions particulières que cette dualité comporte. Nous travaillons au développement du patriotisme canadien, qui est à nos yeux la meilleure garantie de l'existence des deux races et du respect mutuel qu'elles se doivent. Les nôtres, pour nous comme pour M. Tardivel, sont les Canadiens français; mais les Anglo-Canadiens ne sont pas des étrangers, et nous regardons comme des alliés tous ceux d'entre eux qui nous respectent et qui veulent comme nous le maintien intégral de l'autonomie canadienne. La patrie, pour nous, c'est le Canada tout entier, c'est-à-dire une fédération de races distinctes et de provinces autonomes. La nation que nous voulons voir se développer, c'est la nation canadienne, composée des Canadiens français et des Canadiens anglais, c'est-à-dire de deux éléments séparés par la langue et la religion, et par les dispositions légales nécessaires à la conservation de leurs traditions respectives, mais unies dans un attachement de confraternité, dans un commun attachement à la patrie commune.»

Il s'agit donc d'un nationalisme canadien, mais qui a aussi un caractère bi-ethnique, bilingue et biculturel. Cela amène Bourassa à exiger le respect du droit des minorités, partout au Canada. Comme la minorité anglophone du Québec n'est nullement menacée, Bourassa devient le défenseur de la cause des minorités francophones hors du Québec. Le type de nationalisme qu'il propose n'a guère de succès au Canada anglais, où l'on souhaite l'assimilation de tous les groupes minoritaires, y compris les francophones. Dans la plupart des provinces ou territoires, les Canadiens français voient en particulier leurs droits scolaires diminuer pendant la période. Bourassa entreprend de véritables croisades pour lutter contre cette situation ainsi que contre la participation aux guerres de la Grande-Bretagne. Il n'a guère de succès ni sur l'un ni sur l'autre front et le principal résultat de ses campagnes est de stimuler le nationalisme canadien-français au Québec.

La guerre de 1914-1918 provoque une véritable cassure entre

Lionel Groulx, 1878-1967, à son bureau de l'Action française en 1925. (Archives de l'Institut d'histoire de l'Amérique française)

Canadiens anglais et Canadiens français et confirme l'échec du type de nationalisme proposé par Bourassa. Ses disciples s'orientent de plus en plus vers un nationalisme purement québécois. Quant à Henri Bourassa lui-même, il connaît, au cours des années 1920, une évolution personnelle qui l'amène à mettre en veilleuse son nationalisme et à placer l'accent sur la suprématie de la religion et de l'Église.

Celui qui prend la relève est un prêtre et historien, Lionel Groulx. Il réunit autour d'une revue, l'*Action française*, une équipe de jeunes intellectuels qui relancent le nationalisme sur des pistes nouvelles, mettant l'accent sur les questions de langue et de culture et s'intéressant au nationalisme économique. Le groupe connaît même une brève phase indépendantiste en 1922. La reconnaissance du principe des nationalités aux négociations de Versailles et les tensions politiques au Canada même leur font croire à l'éclatement prochain du pays. Dans une grande enquête intitulée *Notre avenir politique*, les collaborateurs examinent la viabilité d'un Canada français séparé. Cette indépendance, ils ne la réclament pas, mais elle leur apparaît inévitable. Leurs appréhensions n'étant pas fondées, ils oublient vite leurs velléités d'indépendance.

Si, par la suite, ils ne remettent pas fondamentalement en question le lien fédéral, ils n'en développent pas moins un nationalisme centré surtout sur le Québec. Lionel Groulx s'applique d'abord à asseoir la conscience historique du nationalisme. Il s'intéresse beaucoup à la Nouvelle-France, qu'il idéalise et qui devient le symbole des vertus ancestrales et des racines catholiques et françaises. Il va même jusqu'à créer un culte du héros autour du personnage de Dollard des Ormeaux. Il s'intéresse tout autant à l'histoire des luttes constitutionnelles qu'ont dû mener les Canadiens français depuis la Conquête.

Groulx est professeur, d'abord au collège classique puis à l'université. Ses préoccupations d'éducateur l'amènent à privilégier la formation nationaliste de la jeunesse en vue de préparer ce qu'il estime être l'élite de demain. Avec ses disciples, il défend avec force la langue et la culture françaises. Il faut dire que le français est bien mal en point au Québec, où il est pourtant la langue de la majorité. Dans un grand nombre de services publics, de magasins et d'entreprises, toutes les communications sont en anglais et le citoyen qui veut correspondre avec le ministère du trésorier provincial ne peut le faire que dans la langue de Shakespeare. S'ajoute à cette situation la crainte de l'américanisation. La culture française apparaît donc sérieusement menacée, en particulier dans les villes.

Menacée aussi est la présence francophone dans l'économie. Les progrès des monopoles et l'invasion du capital étranger réduisent à la portion congrue la part de la bourgeoisie canadienne-française. D'où la formulation d'un nationalisme économique qui valorise le repli sur le monde rural et le petit commerce, rejetant l'industrialisation massive amenée par l'étranger. Même si les idées du groupe de l'*Action française* ne sont pas totalement partagées par l'ensemble du clergé et des nationalistes, elles prennent de plus en plus d'importance dans le cadre de l'idéologie clérico-nationaliste et sont largement diffusées dans les rangs de la petite bourgeoisie.

Une partie importante de cette petite bourgeoisie et du clergé forme le groupe qui soutient l'idéologie clérico-nationaliste. Son projet de société s'oppose, sur plusieurs plans, au projet libéral. Là encore, il n'est pas facile de mesurer la pénétration de ces idées au sein de la population. Par son contrôle de l'éducation et grâce à l'appareil religieux, le clergé est en mesure de diffuser son message. Il met en outre sur pied des organisations catholiques ou prend le contrôle d'associations existantes en les confessionnalisant. Parmi ces organismes, mentionnons l'Association catholique de la jeunesse canadienne-française (ACJC), l'École sociale populaire et les syndicats catholiques.

Le message clérico-nationaliste est aussi diffusé à travers un réseau de journaux appelé «presse catholique» ou la «bonne presse». Le plus célèbre est sans contredit *Le Devoir*, de Montréal, fondé en 1910 par Henri Bourassa. Il y a aussi *L'Action catholique* à Québec, *Le Droit* à Ottawa, *Le Bien Public* à Trois-Rivières, *Le Progrès du Saguenay* et quelques autres. Ces journaux n'ont pas les moyens et la diffusion de *La Presse*, de *La Patrie*, du *Star* ou du *Soleil*. Ils rejoignent plutôt les membres du clergé et les intellectuels catholiques.

Il est indéniable que l'idéologie clérico-nationaliste exerce alors une grande influence au Québec. Mais elle ne réussit pas à imposer totalement son modèle de société, se heurtant à la résistance du pouvoir politique et du pouvoir économique. D'ailleurs, les tenants du libéralisme et ceux du clérico-nationalisme doivent accepter des compromis, car chacun des deux groupes a sa sphère d'influence propre, de sorte qu'aucun n'exerce un contrôle complet sur la société.

La pensée ouvrière

La période que nous étudions est également témoin de la diffusion d'une pensée ouvrière dont le contenu varie selon les groupes qui la formulent. Le courant le plus important, représenté par le Parti ouvrier et par des dirigeants québécois de syndicats internationaux, propose une idéologie de type travailliste. Il ne remet pas en cause fondamentalement le système capitaliste lui-même, mais dénonce les abus auxquels il conduit et l'exploitation de l'ouvrier qu'il engendre. Il croit possible de redresser les torts et d'éliminer l'exploitation en établissant des règles du jeu plus égalitaires. Une partie de son programme vise donc l'amélioration du sort de l'ouvrier et une autre, la limitation du pouvoir des capitalistes.

En ce qui concerne l'ouvrier, on exprime la conviction que le progrès passe par l'éducation, d'où les réclamations pour en faciliter l'accès: instruction gratuite et obligatoire, interdiction du travail des enfants, création d'un ministère de l'Éducation et mise en place d'un réseau de bibliothèques publiques. On propose par ailleurs l'adoption de mesures de protection qui mettront les travailleurs à l'abri d'une exploitation trop poussée. Ces mesures touchent aussi bien les heures de travail, la protection du salaire et des biens dont on veut interdire la saisie que l'abolition du prêt usuraire. Le sort des ouvriers serait également amélioré par un accès plus facile au crédit hypothécaire et aux tribunaux. Enfin, une assurance-maladie et des pensions de vieillesse corrigeraient la situation que vivent la plupart des travailleurs. En effet, leurs revenus souvent irréguliers ne leur permettent généralement pas d'accumuler des épargnes en vue de la retraite ou en cas de maladie. Quant au pouvoir des capitalistes, les tenants de l'idéologie travailliste s'en prennent surtout aux monopoles, en particulier dans les services publics, et ils en demandent l'étatisation. De même, dans le secteur financier, ils réclament la création d'une banque d'État et la suppression des banques privées. Mais les travaillistes ne vont pas plus loin et ne proposent pas un programme général de nationalisations; c'est là un aspect qui les distingue nettement des socialistes. Par ailleurs, ils exigent la reconnaissance de la responsabilité des patrons en cas d'accident de travail.

La réalisation de ces objectifs ne peut se faire que si les ouvriers ont leur mot à dire dans les décisions politiques. Pour cela, il faut faciliter et étendre l'exercice du droit de vote en adoptant des mesures comme le suffrage universel, le vote obligatoire, la garantie d'un congé les jours d'élections, le principe «un homme, un vote», la représentation proportionnelle. Il faut même aller plus loin en favorisant la présence des ouvriers au sein des instances politiques, d'où les tentatives répétées, depuis les années 1880, du côté de l'action politique ouvrière. Avec l'intérêt nouveau des ouvriers pour la scène municipale au début du siècle, on voit leurs dirigeants réclamer avec vigueur l'abolition de l'exigence de la qualification foncière pour les candidats. Le désir d'assurer un poids politique plus important à la classe ouvrière explique aussi des demandes de type populiste, comme l'élection des juges par le peuple ou l'adoption du principe du référendum.

Parmi les travaillistes, l'appui à l'action politique directe n'est cependant pas unanime. Les succès électoraux mitigés des candidats ouvriers amènent de nombreux dirigeants de syndicats internationaux, surtout après 1914, à favoriser plutôt une action de type groupe de pression, menée par les organisations syndicales.

Par ailleurs, la pensée socialiste reste assez marginale au Québec et paraît ne rejoindre que quelques centaines de personnes. Certes, le défilé organisé à Montréal par le Parti socialiste en 1906, pour fêter le

1er mai, attire cinq à six cents personnes et suscite tout un émoi chez les membres du clergé, les dirigeants politiques et même au sein du Parti ouvrier, mais cette manifestation d'éclat n'a guère de suite. Chez les Canadiens français, le leader socialiste est Albert Saint-Martin, alors que l'avocat anglophone W.U. Cotton exerce une certaine influence en publiant un hebdomadaire socialiste, le *Cotton's Weekly*. L'arrivée de nombreux immigrants européens à Montréal, au début du siècle, crée un milieu favorable à la diffusion du socialisme. Mais, dans l'état actuel des recherches, il est difficile de mesurer avec précision le degré de pénétration des divers groupes socialistes qui se développent au Québec. La fondation à Montréal, en 1925, de l'Université ouvrière marque une étape importante dans la diffusion des idées socialistes. À la toute fin de la période, le Parti communiste canadien, créé au début des années 1920, commence un travail d'organisation au Québec, où il ne compte en 1928 qu'une soixantaine de militants, dont une dizaine sont canadiens-français.

Il ne saurait être question d'idéologie ouvrière dans le cas des syndicats catholiques, du moins à leurs débuts. Ils se contentent de véhiculer l'idéologie clérico-nationaliste en y précisant la place des ouvriers. Ils ne présentent pas un projet de société bâti à partir d'un point de vue ouvrier. D'ailleurs, plusieurs des textes importants définissant la pensée officielle des syndicats catholiques sont dus à la plume de membres du clergé.

Ainsi, dès le début du 20e siècle, on assiste à la formation et à la diffusion d'une pensée ouvrière de type travailliste véhiculée dans le cadre syndical. Elle ne bénéficie pas des moyens de diffusion dont disposent les deux autres grandes idéologies, ce qui limite sérieusement sa pénétration, concentrée surtout à Montréal. Quant aux courants socialiste et communiste, leurs problèmes de diffusion sont encore plus considérables et leur influence paraît limitée à des groupes restreints.

ORIENTATIONS BIBLIOGRAPHIQUES

ANGERS, François-Albert, dir. *La pensée de Henri Bourassa*. Montréal, Action nationale, 1954. 244 p.

BOURQUE, Gilles et Nicole LAURIN-FRENETTE. «Classes sociales et idéologies nationalistes au Québec (1760-1970)», *Socialisme québécois*, 20 (avril-mai-juin 1970): 13-55.

BRUNET, Michel. «Trois dominantes de la pensée canadienne-française: l'agriculturisme, l'anti-étatisme et le messianisme», *La présence anglaise et les Canadiens*. Montréal, Beauchemin, 1964. p. 113-166.

DUMONT, Fernand *et al.*, dir. *Idéologies au Canada français 1900-1929*. Québec, Presses de l'Université Laval, 1973. 377 p.

FOURNIER, Marcel. «Histoire et idéologie du groupe canadien-français du parti communiste (1925-1945)», *Socialisme 69*, 16 (janv.-mars 1969): 63-78.

HAMELIN, Jean et André BEAULIEU. «Une Église triomphaliste», Nive Voisine, dir., *Histoire de l'Église catholique au Québec (1608-1970)*. Montréal, Fides, 1971. p. 55-72.

LEVITT, Joseph. *Henri Bourassa and the Golden Calf. The Social Program of the Nationalists of Quebec, 1900-1914*. Ottawa, Éditions de l'Université d'Ottawa, 1969. 178 p.

LINTEAU, Paul-André. *Maisonneuve ou comment des promoteurs fabriquent une ville (1883-1918)*. Montréal, Boréal, 1981. 282 p.

RIOUX, Marcel. «Sur l'évolution des idéologies au Québec», *Revue de l'Institut de sociologie* (Bruxelles), 1 (1968): 95-124.

ROBY, Yves. *Les Québécois et les investissements américains (1918-1929)*. Québec, PUL, 1976. 250 p.

ROUILLARD, Jacques. «L'action politique ouvrière au début du 20ᵉ siècle», Fernand HARVEY, dir. *Le mouvement ouvrier au Québec*, Montréal, Boréal, 1980, p. 185-213.

ROY, Fernande. *Progrès, harmonie, liberté. Le libéralisme des milieux d'affaires francophones à Montréal au tournant du siècle*. Montréal, Boréal, 1988. 301 p.

ROY, Jean-Louis. *Les programmes électoraux du Québec*. Montréal, Leméac, 1970. Tome I, 236 p.

RUTHERFORD, Paul. «Tomorrow's Metropolis: The Urban Reform Movement in Canada, 1880-1920», *Société historique du Canada, Communications historiques* (1971): 203-224.

RYAN, William F. *The Clergy and Economic Growth in Quebec (1896-1914)*. Québec, Presses de l'Université Laval, 1966. 348 p.

TROFIMENKOFF, Susan. *Action Française: French-Canadian Nationalism in the Twenties*. Toronto, University of Toronto Press, 1975. 157 p.

WADE, Mason. *Les Canadiens français de 1760 à nos jours*. Montréal, Cercle du Livre de France, 1963. Tomes 1 et 2.

Chapitre 36

LES LETTRES ET LES ARTS

Dans le Québec des années 1897 à 1929, la littérature et les beaux-arts restent encore fortement marqués par la tradition conservatrice héritée du 19e siècle. On n'y prend guère acte des révolutions esthétiques survenues ailleurs en Occident; ou quand on le fait c'est généralement avec réticence et quelques décennies de retard. Pourtant, écrivains, peintres et sculpteurs tentent à leur manière de mieux adapter leurs œuvres aux exigences de la situation et de prendre en compte les transformations que subit leur milieu. Si la plupart le font en réaffirmant leur attachement à des valeurs et à des modèles de moins en moins actuels et de plus en plus menacés, d'autres cherchent les voies d'un renouveau. En littérature comme en arts visuels, ces années sont plus que jamais celles des grands débats : entre la défense du passé et l'exaltation du présent, entre la fidélité au groupe et la liberté de l'individu, entre l'illustration de la différence nationale et le consentement à l'universel. Dans ce climat d'interrogation et de recherche, s'affirment de puissantes personnalités, comme Émile Nelligan ou Louis Hémon en littérature, Ozias Leduc ou James Wilson Morrice en peinture.

La littérature*

À la fin du 19e siècle, la littérature québécoise accuse un net retard tant formel que thématique sur l'évolution esthétique européenne et semble coupée du contexte socio-économique immédiat. Sous le mode de l'évasion et de la compensation, elle se confine dans le rappel des hauts faits glorieux du passé, dans l'aventure ou dans l'idéalisation de la vie paysanne, passant sous silence, quand elle n'en donne pas un tableau exagérément négatif, l'industrialisation rapide, l'exploitation des res-

---

* Cette section a été rédigée par Sylvain Simard.

sources naturelles et l'urbanisation. Littérature des élites, elle privilégie le repli sur les valeurs rurales et sur le passé.

On assiste toutefois, dans les dernières années du siècle, à l'éclosion d'un mouvement poétique dont le désir de changement tranche nettement sur le conformisme et le conservatisme ambiants. Groupés dans de minuscules clubs littéraires, de jeunes poètes montréalais forment l'École littéraire de Montréal. Groupe structuré sur le modèle des académies littéraires, l'École vise à une véritable révolution, à la fois esthétique et thématique. Les modèles établis du romantisme et du classicisme font place au symbolisme et à l'écriture parnassienne, tandis que la défense obligée des intérêts supérieurs de la nation et l'expression de l'âme de la race le cèdent à une poésie de l'homme, de la mort et de l'amour. Un grand nom illustre le mouvement, étoile filante qui laisse peu d'héritiers: Émile Nelligan, dont la production poétique, entre 1896 et 1898, éclipse celle de tous ses prédécesseurs. Mais Nelligan échoue bientôt dans l'«abîme du rêve» et les jeunes bohèmes sont un à un engloutis par les exigences d'une société qui n'a que faire d'une poésie «littéraire» et «gratuite». Vingt ans plus tard, de talentueux «retours d'Europe», regroupés autour d'une revue, *Le Nigog*, cherchent aussi en France les grands outils de création artistique. Mais là encore, il s'agit d'esthètes distingués, dont les œuvres ont peu d'influence sur leurs compatriotes.

Malgré ces brefs mouvements d'innovation, la littérature québécoise, de 1896 à 1930, se fait avant tout dans la continuité du 19e siècle Coupée du reste du monde et repliée sur les valeurs traditionnelles, elle se déroule pour ainsi dire en vase clos. L'essai est le véhicule presque exclusif d'un nationalisme conservateur, alors qu'en poésie l'essentiel de la création demeure sous le signe du terroir et du régionalisme. Quant au roman, il reste prisonnier d'une esthétique anachronique, paralysé par de rigides canons moraux et limité par les nécessités étroites de la thématique historique et paysanne. Quelques œuvres, marquées par un certain réalisme, annoncent toutefois le renouveau. C'est le cas non seulement du *Maria Chapdelaine* (1916) de Louis Hémon, qui connaît un succès remarquable, mais aussi d'œuvres moins largement diffusées, comme *La Scouine* (1918) d'Albert Laberge, qui décrit pour la première fois la misère paysanne, ou comme le roman urbain d'Arsène Bessette, *Le débutant* (1914).

La querelle du régionalisme

Cette époque est marquée, dans le milieu intellectuel et littéraire, par un débat important qu'on a appelé la querelle des régionalistes et des exotiques. Ce débat, qui fait surtout rage entre 1905 et 1925 environ, porte sur la nature de la littérature canadienne-française et a donc des implications fondamentales tant pour les écrivains et les éditeurs que pour le public lecteur. Que doit être la littérature canadienne? Quels thèmes doit-elle privilégier? Quels doivent être ses rapports avec la littérature française? Voilà quelques-unes des questions qui divisent alors l'opinion en deux camps.

D'un côté, les régionalistes veulent une littérature aussi «canadienne» que possible, c'est-à-dire différente de la littérature française moderne et axée sur l'illustration des spécificités locales. Les écrivains doivent décrire les mœurs et les paysages d'ici, chanter leur «patrie intime», utiliser dans leurs œuvres le parler local, et s'adresser d'abord à leurs compatriotes, donc respecter leur culture et leurs croyances. Les champions du régionalisme se recrutent surtout dans les rangs des nationalistes conservateurs et dans les milieux proches du clergé: Mgr Camille Roy, qui réclame en 1904 la «nationalisation de la littérature canadienne», Adjutor Rivard, co-fondateur de la Société du parler français et auteur d'ouvrages aux titres éloquents (*Chez nous*, 1914; *Chez nos gens*, 1918), Lionel Groulx, directeur de la revue *L'Action française*, le frère Marie-Victorin, qui publie ses *Croquis laurentiens* en 1920, ou encore le romancier Damase Potvin (*Restons chez nous*, 1908), en sont les principaux représentants.

Ils font face à d'autres écrivains et critiques qui, pour leur part, veulent privilégier l'universel. La littérature canadienne ne sera valable, disent-ils, que si l'écrivain puise son inspiration là où il le désire, que ce soit dans l'histoire et le décor des pays étrangers ou dans ses préoccupations les plus personnelles. Ce n'est pas le sujet qui compte, mais la qualité formelle et la beauté de la langue, une langue qui doit éviter les provincialismes et être lisible aussi bien en France qu'ici. Cette position moderniste, illustrée si brillamment par Émile Nelligan, est surtout défendue par de jeunes écrivains francophiles comme le poète Paul Morin, le critique Marcel Dugas, l'essayiste Jules Fournier ou le polémiste Victor Barbeau.

Chacun des deux camps méprise l'autre et l'accuse de nuire à la littérature. Aux yeux des régionalistes, les «exotiques» sont des snobs déracinés qu'ils surnomment les «francissons». Pour ces derniers, en revanche, les régionalistes sont des incultes qui n'aiment que la littérature «dans le genre patriotico-religieux-abruti-traditionnel», comme le dit ironiquement le poète Guy Delahaye. Au bout du compte, la querelle ne débouche sur aucune victoire véritable. En apparence, les régionalistes réussissent à imposer leurs vues sur le moment, car leurs positions répondent mieux aux préoccupations des élites soucieuses de survivance nationale. Mais c'est l'«exotisme» qui aura le plus de suite dans les années 1930 et 1940, car ce mouvement est plus ouvert à la modernité et à l'innovation.

Quoi qu'il en soit, la question resurgira encore souvent dans la littérature québécoise, car elle touche sa définition et son orientation mêmes.

La poésie

La poésie de cette période s'identifie presque complètement, si l'on excepte l'épisode du *Nigog*, aux fortunes et aux orientations diverses de l'École littéraire de Montréal. Née vers 1890 des réunions, au Café Ayotte, rue Sainte-Catherine, du groupe des «six éponges», composé entre autres de Jean Charbonneau et de Louvigny de Montigny, l'École littéraire de Montréal tient sa réunion de fondation le 7 novembre 1895. On y invite les jeunes poètes les plus révolutionnaires de leur génération et quelques «anciens». Siégeant d'abord chez le président Germain Beaulieu, puis chez le secrétaire Louvigny de Montigny, cette académie tient, à partir de 1898, des séances publiques au Château de Ramezay. Le groupe survivra à bien des vicissitudes jusqu'au début des années 1930.

Paul Wyczynski décèle trois grands moments dans la vie de l'École, séparés par des périodes d'essoufflement et d'accalmie. Une première période d'effervescence, de 1895 à 1900, est marquée surtout par un désir de renouvellement formel à l'instar des parnassiens et des symbolistes européens. Puis, de 1907 à 1913, on assiste à un nouveau regroupement des forces poétiques autour de la revue régionaliste *Le Terroir*. Enfin, après un autre entracte d'une dizaine d'années, l'École reprend vie dans les années 1920, alors que l'éclectisme dominant permet à des poètes de différentes orientations esthétiques et thématiques de cohabiter sans vraiment s'influencer.

C'est à l'École littéraire de Montréal première manière, celle de l'effervescence créatrice des années 1895-1900, que nous devons les œuvres les plus intéressantes, parmi lesquelles brillent particulièrement les poèmes d'Émile Nelligan (1879-1941). Écrivant toute son œuvre entre 18 et 20 ans, il est le premier non seulement à nourrir son art des œuvres de Baudelaire, Rimbaud, Verlaine ou Rodenbach, mais aussi à intégrer profondément l'expérience poétique dans sa vie même. Délaissant l'éloge de la race, le passé légendaire ou héroïque et l'élégie campagnarde, il se concentre entièrement sur des réalités qui l'obsèdent et qui sont liées à la mort, la mère, l'enfance, le rêve, la ville. Face au monde fermé de la bourgeoisie cultivée de Montréal qui, à mille lieues de ses préoccupations, critique sa poésie, Nelligan fuit dans l'écriture:

> Ah! comme la neige a neigé!
> Ma vitre est un jardin de givre,
> Ah! comme la neige a neigé!
> Qu'est-ce que le spasme de vivre
> À la douleur que j'ai, que j'ai!
> (Soir d'hiver)

Cette fuite devant l'opacité du monde se fait aussi dans la recherche d'une beauté lointaine et mystique:

> Elle a les yeux pareils à d'étranges flambeaux
> Et ses cheveux d'or faux sur ses maigres épaules,
> Dans des subtils frissons de feuillages de saules,
> L'habillent comme font les cyprès des tombeaux.
> (La Vierge noire)

À la limite, cet investissement total dans la poésie conduit aux eaux troubles de l'inconscient, à la folie appelée, désirée:

> Ce fut un Vaisseau d'Or dont les flancs diaphanes
> Révélaient des trésors que les marins profanes,
> Dégoût, Haine et Névrose, entre eux ont disputés.
>
> Que reste-t-il de lui dans la tempête brève?
> Qu'est devenu mon cœur, navire déserté?
> Hélas ! Il a sombré dans l'abîme du Rêve!
> (Le Vaisseau d'or)

Après son internement en 1899 et l'édition de son œuvre en 1903 par le critique Louis Dantin, Nelligan devient peu à peu une figure mythique, celle du poète enfant et du génie au destin tragique. Par son sens de l'image poétique et la profondeur vécue de sa thématique, l'auteur de «La Romance du vin» n'en demeure pas moins le premier poète moderne du Québec.

Mais l'œuvre de Nelligan ne peut se séparer des efforts littéraires de la bohème montréalaise rassemblée autour de l'École littéraire. Fascinés par les voix de Verlaine, de Rimbaud ou de Mallarmé, ces «fils

Émile Nelligan, 1879-1941. (ANQ, N277-77)

de marchands ou de cultivateurs enrichis», jeunes intellectuels marginaux, sont dénoncés par des anciens, dont Adjutor Rivard et Arthur Buies, ou encouragés par d'autres, dont Louis Fréchette, le vénérable poète national. Les Jean Charbonneau, Louvigny de Montigny, Henry Desjardins, Arthur de Bussières, Paul de Martigny et leurs confrères secouent pendant cette période la médiocrité conformiste de la vie intellectuelle montréalaise. En 1898, les deux séances publiques de l'École qui voient Nelligan, entouré de ses amis, lire triomphalement quelques-uns de ses poèmes, marquent l'apogée du mouvement. Qu'adviendra-t-il de cette génération? Le critique Paul Wyczynski fait l'inventaire de l'état désastreux des troupes en 1900: Nelligan a «sombré dans l'abîme du rêve», Hector Demers est menacé du même sort,

Alfred Desloges meurt en août 1899, suivi bientôt de Denys Lanctôt, alors qu'Henry Desjardins, souffrant de tuberculose, exerce péniblement à Hull ses fonctions de notaire; désemparés devant la réalité, Antonio Pelletier et Arthur de Bussières vivent au fil des jours; les autres croupissent dans un état voisin de l'inertie.

Sans qu'on puisse accuser quelque rappel à l'ordre de la part des forces conservatrices ou quelque réelle censure, cette génération des années 1890 disparaît donc aussi soudainement qu'elle est apparue. Avant-garde sans autre public qu'elle-même, son existence relève autant de la fascination d'une fraction cultivée de la bourgeoisie francophone de Montréal pour les nouvelles valeurs artistiques françaises que de l'accès à la vie intellectuelle de nouveaux groupes à qui la société industrielle permet d'occuper des fonctions comme celles de journaliste, fonctionnaire, professeur, artiste ou libraire. L'émergence des poètes de la fin du siècle marque bien aussi la difficulté qu'éprouvent les forces cléricales et conservatrices à contrôler tous les secteurs de la vie intellectuelle. S'il peut encore refuser les dons de la Fondation Carnegie et créer sa bibliothèque «publique», le clergé voit pendant un certain temps quelques brebis poétiques refuser sa houlette; le troupeau ne tardera pas à regagner la bergerie nationale.

Après une éclipse presque totale (1900-1907), l'École littéraire de Montréal reprend vie autour d'une revue dont le titre, *Le Terroir*, constitue déjà tout un programme. Répétant les poncifs régionalistes qui ont eu cours à l'École littéraire de Québec cinquante ans plus tôt, Charles Gill, Albert Ferland, Jean Charbonneau, Germain Beaulieu et leurs amis se lancent à la recherche de «l'âme du peuple au sein du paysage canadien». Archaïques dans leur retour au romantisme, isolés volontairement des grands mouvements littéraires d'Europe et des États-Unis, confondant souvent bonne volonté et pureté des sentiments nationaux avec l'inspiration poétique, ils ne laissent guère d'œuvres marquantes. *Le Cap Éternité* (1919) de Charles Gill, *Le Canada chanté* (1908-1910) d'Albert Ferland ou les *Visions gaspésiennes* (1913) de Blanche Lamontagne ne sont pas dénués de toute qualité, mais ne présentent guère plus qu'un intérêt historique. Elles illustrent bien l'isolement dans lequel le conservatisme clérical prétend maintenir la population. Outrés par les «atrocités» de la république laïque, encouragés dans leur parti pris réactionnaire par l'immigration de cohortes de religieux victimes des lois Combes, les clercs tentent de fermer le Québec aux influences culturelles néfastes venues de France. Pour beaucoup de

Québécois du début du siècle, la poésie française se limite souvent aux chansons du célèbre barde catholique breton, Théodore Botrel.

Plusieurs échappent cependant à cette vision réductrice. Filles et fils de riches bourgeois, ils n'ont qu'un rêve, visiter Paris et, si possible, y vivre. De la fin du 19e siècle jusqu'à la Première Guerre mondiale, des dizaines de jeunes, fascinés par le bouillonnement artistique et culturel, se retrouvent dans la Ville Lumière. Tantôt étudiants en médecine, élèves du Louvre, de certains artistes à la mode, de l'École des Beaux-Arts ou même de l'École normale supérieure de la rue d'Ulm, tantôt se fondant dans la bohème culturelle, ils vivent une expérience qui les marque profondément. Fréquentant souvent le Gardenia, cercle théâtral et culturel fondé par Paul Fabre, ils sont en contact avec des artistes venus de tous les horizons. Certains, comme Paul Morin et René Chopin, publient à Paris des recueils de poèmes. Plusieurs aspirent à s'y établir, le taux de change favorisant leurs projets, mais la guerre les force à rentrer au Canada.

Ces jeunes gens cultivés, «le clan des retours d'Europe», comme les désignera plus tard le polémiste Valdombre avec mépris, n'ont rien en commun avec les chantres du terroir de l'École littéraire deuxième manière. En 1918, après quelques années de rencontres régulières, ils se donnent un credo commun «l'art doit innover» — et fondent *Le Nigog*, revue littéraire et artistique d'avant-garde. La forme doit, selon eux, l'emporter sur le sujet et toute œuvre d'art tendre à l'universel. Des écrivains comme Jean-Aubert Loranger, Marcel Dugas et Robert de Roquebrune, le musicien Léo-Pol Morin, le sculpteur Henri Hébert, les peintres Adrien Hébert et Ozias Leduc, l'homme de science Louis Bourgoin, le critique d'art Jean Chauvin, le journaliste Eustache Letellier de Saint-Just et l'architecte Fernand Préfontaine fustigent les conceptions esthétiques dépassées de leurs compatriotes et s'attaquent aux tenants du régionalisme. Abolissant les distances entre le Québec et la France, *Le Nigog*, durant les derniers mois de la guerre, veut ouvrir les esprits aux conceptions littéraires et artistiques européennes les plus avancées.

L'œuvre de Paul Morin (1889-1963), qui, lorsqu'il jouissait d'une importante fortune, a fréquenté les salons les plus huppés de Paris et publié *Le paon d'émail* en 1911, offre un bon exemple de cette primauté de l'esthétisme sur la défense et l'illustration des sujets locaux. Maniant un vers précieux avec une remarquable dextérité, il recourt à une écriture ultra-parnassienne, qui néanmoins lasse un peu par sa perfection et sa froideur. Plus originale, mais tout aussi parnassienne et symboliste, la poésie de René Chopin (1885-1953) est d'une remarquable beauté. Ces vers du poème «Je contemple mon rêve», extrait du recueil *Le cœur en exil* (1913), en font foi:

Je contemple mon rêve ainsi qu'une ruine
Où pierre à pierre coule un somptueux palais
Chaque jour, sur le mur qui plus vétuste incline
Par touffes rampe et croît le lichen, plus épais.

La porte se lézarde où de l'ombre est entrée,
Le plâtre s'en effrite et le marbre y noircit;
Une fenêtre à jour et de lierre encadrée
Dans une vieille tour se fronce, haut sourcil
Au château de mon rêve, invasion brutale
À leurs points lourds portent la pique et le flambeau
Ils ont passé le cœur aigri, de salle en salle;
De chaque sanctuaire ils ont fait un tombeau

Ayant séjourné à Paris pour des études médicales, le poète Guy Delahaye (1888-1969) se trouve à la fine pointe des recherches formelles. Le critique André-G. Bourassa voit dans ses poèmes de nettes similitudes avec les tentatives futuristes de l'Italien Marinetti et même des influences dadaïste: écriture énigmatique, humour féroce, «vers ordonnances». Mais, désabusé par l'indifférence du milieu, Delahaye abandonne bientôt les sentiers de la poésie avancée pour la recherche psychiatrique et les certitudes religieuses. Marcel Dugas (1883-1947), membre avec René Chopin et Guy Delahaye du club littéraire «Le Soc», séjourne lui aussi en France et compose de très beaux poèmes en prose. Membre actif de l'équipe du *Nigog* et parisianiste convaincu, Jean-Aubert Loranger (1896-1942), après avoir été symboliste, suit Jules Romains dans le sillage de l'unanimisme.

Il est d'ailleurs intéressant de voir Loranger, tout comme le jeune Victor Barbeau, virulent dénonciateur de la littérature du terroir, rejoindre au cours des années 1920 les régionalistes moins sectaires de l'École littéraire troisième manière. Cette cohabitation de régionalistes et d'«exotiques» ne produit cependant aucune œuvre importante. En 1930, l'École littéraire de Montréal n'est plus qu'un souvenir.

Le roman

Le roman historique, tel qu'il s'est développé dans le dernier tiers du 19ᵉ siècle, continue à prospérer, atteignant un sommet avec l'œuvre de Laure Conan (1845-1924). Celle-ci met au service de ses peintures édifiantes d'un passé religieux et national des techniques d'analyse raffinées qu'elle exploite surtout dans *À l'œuvre et à l'épreuve* (1891) et *L'oublié* (1900). Bon romancier, Robert de Roquebrune publie, en s'inspirant lui aussi de la Nouvelle-France, des ouvrages de bonne qualité, dégagés des exigences simplificatrices de la démonstration partisane. Le souci de convaincre est par contre au premier plan des deux romans patriotiques de l'historien Lionel Groulx. Ces fictions littéraires que sont *L'appel de la race* (1922) et *Au Cap Blomidon* (1932), publiés sous le pseudonyme d'Alonié de Lestres, lui permettent d'illustrer par le roman les grandes leçons nationalistes que l'historien a tirées du passé.

Mais, plus que le roman historique, le roman paysan est vraiment caractéristique de cette période. L'idéalisation de la vie campagnarde, posée comme modèle à atteindre, demeure l'objectif premier de la plupart des romanciers. Artisans plus qu'artistes, les auteurs de ces nombreuses scènes typiques de la vie québécoise traditionnelle façonnent patiemment leurs œuvres simples et robustes et se font les chantres d'un Québec qu'ils voient destiné à demeurer rural. Ainsi les romans d'Ernest Choquette, de Damase Potvin, d'Harry Bernard et d'Adélard Dugré, pour ne nommer que ceux-là, ont pour but premier d'édifier le lecteur par la description d'un monde simple et idéal.

La grande réussite littéraire de cette époque est due à la plume du Français Louis Hémon (1880-1913), dont paraît en 1916 à Montréal, puis en 1921 à Paris, le roman *Maria Chapdelaine*. Pour la première fois, la nature du Québec n'est pas réduite au rôle d'arrière-plan décoratif. Des personnages simples, mais à la vie intérieure intense, vivent en symbiose complète avec les forces premières de la forêt, des lacs, des rivières. Totalement enracinés dans le terroir, même si la tentation de la ville est près de les emporter, les Chapdelaine se situent dans le déterminisme d'une continuité historique: «Nous sommes venus il y a trois cents ans et nous sommes restés.»

Hémon, en observateur attentif et fidèle de la réalité paysanne, reprend les grands thèmes qui ont inspiré la tradition romanesque québécoise avant lui. Chez lui aussi, les personnages sont les représentants d'options précises: François Paradis incarne l'homme libre, le coureur des bois, Lorenzo Surprenant exprime les séductions de la ville, alors que la continuité terrienne trouve en Eutrope Gagnon son champion. Tour à tour fascinée par l'évasion que lui proposent ses deux premiers prétendants, Maria, profondément bouleversée par la mort de François Paradis et celle de sa mère, s'élève à la dimension d'une figure épique en choisissant la dure nécessité de la continuité nationale.

Mais Louis Hémon n'en reste pas là: sa thématique traditionnelle s'intègre parfaitement, contrairement à celle de ses prédécesseurs, dans une esthétique à la fois romanesque et lyrique. Utilisant les procédés classiques du roman balzacien, Hémon réalise ce à quoi n'est parvenu aucun romancier québécois avant lui: faire vivre dans une histoire simple mais juste des personnages vraisemblables. Les intégrant avec tendresse dans leur univers spatio-temporel, respectant le rythme des saisons et la difficulté des travaux paysans, Louis Hémon donne à ses personnages un véritable sens de la nature. Observateur minutieux et sympathique, mais distancié aussi de ses modèles, il sait conférer à son livre un ton et une couleur locale qui n'ont rien à voir avec l'exotisme facile. L'immense succès de ce roman, qui reste un classique de la littérature française, ne doit pas être réduit, comme l'ont fait les premiers critiques québécois, aux vertus du dépaysement et de la saveur locale. Il faudra attendre *Menaud, maître-draveur* de Félix-Antoine Savard et *Le survenant* de Germaine Guèvremont pour retrouver une qualité similaire.

Au même moment, quelques romans d'auteurs québécois annoncent la fin du mythe rural. Rodolphe Girard, dans *Marie Calumet* (1904), et surtout Albert Laberge, dans *La Scouine* (1918), s'écartent des sentiers de l'idyllisation du terroir. Le critique André Renaud souligne à quel point ces œuvres se distinguent du «chant sentimental de la terre», de «l'ode en prose au paysan heureux et paisible, dispensateur du pain quotidien, conservateur des traditions familiales, promoteur [...] de la survivance de la race». Alors que Rodolphe Girard évoque une campagne où la grivoiserie et la volupté occupent une place importante, *La Scouine* présente une vision naturaliste de la médiocrité intellectuelle et de la misère physique de la vie rurale québécoise. Paru au moment où le roman du terroir atteint son zénith, le livre de Laberge se détache nettement de la littérature courante. Il faudra toutefois attendre vingt ans et la parution de *Trente arpents* de Ringuet pour voir la fin du mythe rural dans le roman québécois.

Le théâtre

Comme le dit l'historien John Hare, le développement d'une dramaturgie québécoise n'est guère possible sans l'établissement d'un réseau d'activités reliées au théâtre, sans l'existence de troupes, de salles et d'un public d'amateurs. Or sur ce plan, des progrès notables surviennent entre les dernières années du 19e siècle et la Première Guerre mondiale. L'inauguration en 1894 du Monument national, l'émergence du Théâtre des Variétés et des «Soirées de famille» et l'existence de nombreuses troupes d'amateurs marquent le début d'une période d'activité intense: le tout Montréal peut désormais assister régulièrement à des représentations théâtrales. Plusieurs troupes professionnelles francophones, le Théâtre des Nouveautés et le National offrent au public bon enfant et porté vers le spectacle morbide les boulevards et mélodrames qui savent arracher rires et pleurs. Jouant dans des conditions très pénibles pour un salaire misérable, les comédiens n'ont que quelques jours pour apprendre et répéter les nouvelles pièces qu'exige un public assoiffé de drames, comédies, vaudevilles et opérettes. Le répertoire est essentiellement composé de pièces françaises adaptées, triturées, transformées pour répondre aux exigences du clergé et au climat de moralité publique de l'époque.

Par ailleurs, toutes les salles d'importance, y compris le tout nouveau et prestigieux *Her Majesty's*, dépendent des agents et organismes newyorkais, et Montréal n'est que l'un des points d'un circuit de tournées américaines de second niveau. La guerre et l'avènement du cinéma ralentissent bientôt considérablement cette activité théâtrale. Après 1918, il n'y a que les spectacles de vaudeville, le burlesque avec danseuses et chansons, qui continuent à attirer un certain public. Les classiques sont presque absents et le seul répertoire rentable est celui du théâtre de boulevard parisien. Les quelques piécettes québécoises à sujets historiques ou religieux, si l'on excepte le drame *Véronica* de Fréchette en 1903, ne forment pas un répertoire digne de mention, et ce, malgré de louables tentatives, notamment au Théâtre national au début du siècle. Que ce soit, comme l'affirment les critiques Godin et Mailhot, pour des raisons de moralité et de conservatisme, ou parce que le public populaire ou bourgeois francophone de Montréal ne possède ni la culture théâtrale ni les moyens de faire vivre un véritable théâtre, celui-ci au Québec, et particulièrement à Montréal, oscille entre l'influence déterminante des genres populaires américains et les textes des scènes populaires parisiennes.

L'essai

L'arrivée de centaines de milliers d'immigrants européens dans l'Ouest met fin au grand rêve des Canadiens français de devenir un jour majoritaires au Canada. Alors que la Grande-Bretagne cherche à intégrer par divers liens — militaires, économiques et politiques — les colonies de l'Empire, un sentiment nationaliste procanadien puis autonomiste se développe au Québec, sentiment exacerbé par les mesures vexatoires dont sont victimes les francophones au Manitoba, au Nouveau-Brunswick et en Ontario. Ces questions préoccupent les essayistes du début du 20e siècle et les amènent à reformuler ce qu'ils considèrent comme les grands axes de la pensée canadienne-française. Du refus de l'industrialisation exprimé par un Mgr Paquet en 1902 au modèle de société rurale proposé par Groulx, en passant par l'appel au nationalisme économique et à la formation d'une bourgeoisie nationale lancé par Esdras Minville et Édouard Montpetit, la société rurale et l'agriculture continuent d'être présentées comme l'un des fondements économiques et idéologiques de la nation.

L'œuvre, aujourd'hui presque complètement oubliée, d'Edmond de Nevers (1862-1906) est l'une des plus originales de l'époque. C'est une vision idéaliste, bien conforme à l'idéologie clérico-nationaliste que propose Nevers dans son premier essai, *L'avenir du peuple canadien-français* (1896). Les Canadiens français doivent apporter un message original à l'Amérique; jouant le rôle de la France en Europe, ils seront les détenteurs d'une culture et d'une civilisation supérieures. Axée sur l'art et les valeurs spirituelles, cette société se consacrera aux choses de l'esprit, méprisant la richesse et le développement économique. Retrouvant l'esprit héroïque et désintéressé des colons de la Nouvelle-France, abandonnant les stériles luttes partisanes, les Canadiens français se voueront entièrement à l'éducation, à l'art et à la culture du sol, occupation que l'essayiste assimile à l'un des beaux-arts:

> J'aime à me figurer qu'un jour, quand la science, fauchant les préjugés et ouvrant les âmes, aura accompli une partie de sa mission, chaque cultivateur fera à l'art une place dans sa vie, chaque champ, chaque prairie, sera comme une toile où l'homme avec la collaboration de la pluie et du soleil, cherchera non seulement à produire les biens de la terre, mais aussi à réaliser la beauté, ce rêve éternel de tout organisme supérieur. Il fera bon alors s'en aller, joyeux pélerin,

par les monts et les vallées, le long des routes ombreuses comme dans un musée où tout sera réuni pour plaire, où tous les sens seront charmés.

Puis, dans la lignée des ouvrages classiques de Tocqueville et James Bryce, Nevers publie *L'âme américaine* en 1900, où il tente d'expliquer l'une des combinaisons sociologiques et psychologiques les plus complexes des derniers siècles. Dans une longue étude qu'il lui consacre dans la prestigieuse *Revue des Deux-Mondes*, le critique parisien Ferdinand Brunetière, malgré son désaccord avec l'essentiel de la thèse qui y est soutenue, reconnaît en cet ouvrage «l'un des plus importants que l'on ait publiés depuis longtemps sur l'Amérique».

Utilisant des concepts raciaux, abdiquant parfois sa rationalité dans la défense de l'intégrité de la race contre l'influence américaine, Nevers y fait preuve d'une capacité d'analyse et d'une intelligence critique qui font de cet ouvrage l'un des meilleurs essais littéraires de son époque. Mais surtout, dépassé par l'insurmontable contradiction entre son exil culturel et le désir de définir les contours de l'avenir de son peuple, Nevers expose dans l'éclatement de la logique du texte ce que le critique François Ricard a vu comme l'expérience littéraire fondamentale d'une «subjectivité tourmentée».

D'essayistes véritables, il y en a d'ailleurs fort peu. Dans les premières décennies du 20e siècle, c'est du côté de Jules Fournier et d'Olivar Asselin, journalistes et polémistes, de Wilfrid Laurier, Henri Bourassa et Armand Lavergne, orateurs politiques très populaires, de Thomas Chapais et Lionel Groulx, historiens engagés, de Camille Roy et Louis Dantin, critiques littéraires, que l'on peut trouver des textes à la fois préoccupés de questions culturelles fondamentales et soucieux d'une forme littéraire qui se dégage de la médiocrité que presque tous reconnaissent chez leurs contemporains.

C'est d'ailleurs à cette chasse à l'abaissement et à la vulgarité dans le comportement et dans l'expression que s'adonnent en priorité Olivar Asselin (1874-1937) et Jules Fournier (1884-1918). Nationalistes ardents, ils tentent de soulever la colère de leurs lecteurs contre ces gouvernements qui abandonnent aux étrangers l'exploitation des grandes ressources naturelles du Québec. Opposés à l'impérialisme anglais, ils s'inscrivent, par la défense des minorités hors Québec, à l'intérieur du cadre nationaliste pancanadien, attachés avant tout à la survivance de la «race» canadienne-française. Leur antiparlementarisme les amène à dénoncer quotidiennement la vénalité et l'impuissance de la députation francophone à Ottawa. Leur nationalisme les conduit dans le sillage des politiques du fondateur du *Devoir*, Henri Bourassa.

Il a été longtemps de bon ton de renvoyer l'œuvre de Camille Roy (1870-1943) aux chromos traditionnels de la critique bénisseuse et «nationale». On a heureusement, depuis quelques années, situé les écrits du critique québécois dans leur perspective historique et compris quel progrès majeur il fait accomplir à la critique littéraire canadienne-française. À la propagande louangeuse ou haineuse qui remplit les pages littéraires des journaux, il substitue une vision critique résolument moderne. Formé auprès des meilleurs maîtres à la Sorbonne et à l'Institut catholique de Paris, Camille Roy adopte pleinement ces conceptions de la littérature axées sur des notions nouvelles d'homme, d'histoire et de nation. Aussi son texte le plus célèbre, «La nationalisation de la littérature canadienne» (1904), pose-t-il le problème de la littérature dans le contexte colonial, une littérature qui doit acquérir son autonomie en se distinguant de la littérature française contemporaine. Tout en restant fidèles au génie qu'expriment les traditions classiques de la France, les écrivains canadiens doivent traiter de sujets canadiens, de façon canadienne. Selon Lucie Robert, il ne s'agit pas là d'un protectionnisme étroit, mais d'une préférence que Roy marque tout au long de son œuvre critique pour les écrivains qui «traitent des choses du pays» et qui débordent de vie française et catholique. Si l'on peut juger sévèrement aujourd'hui une œuvre critique qui préfère Pamphile Le May à Émile Nelligan, il convient de rappeler que les centaines de textes qui jugent, rappellent les règles d'écriture, édictent les préceptes du bon goût littéraire et tentent d'orienter autant les lecteurs que les auteurs sont toujours basés sur de solides analyses qui contribuent à hausser le débat littéraire.

C'est une tout autre conception de la littérature que défend Louis Dantin (1865-1945), celui-là même qui réunit et publie le premier les poèmes d'Émile Nelligan. Peu sensible aux arguments des promoteurs d'une littérature nationale, Dantin est un défenseur de la liberté d'inspiration de l'écrivain. Ennemi de tout régionalisme linguistique, il se veut réceptif à l'œuvre littéraire, lieu de la sincérité de l'écrivain, d'une vérité à la base de tout art. Ouvert aux diverses écoles esthétiques modernes, son éclectisme lui permet d'apprécier à leur juste valeur des écrivains aussi différents qu'Alfred Desrochers et Paul Morin. Le portrait qu'il trace d'Émile Nelligan, dans la préface à l'édition de son œuvre (1903) reste aujourd'hui encore celui qui définit le mieux le mythe du jeune poète maudit: «Une vraie physionomie d'esthète: une tête d'Apollon rêveur et tourmenté, où la pâleur accentuait le trait net, taillé comme au ciseau dans un marbre. Des yeux très noirs, très intelligents, où rutilait l'enthousiasme; et des cheveux, oh! des cheveux à faire rêver, dressant superbement leur broussaille d'ébène, capricieuse et massive, avec des airs de crinière et d'auréole...»

En réaction à la vision conciliatrice et anglophile exprimée par Thomas Chapais dans son *Cours d'histoire du Canada* (1919-1933), Lionel Groulx (1878-1967), dans ses écrits historiques autant que dans ses romans et essais, entreprend une carrière tout entière engagée dans la définition d'une doctrine nationale qui puisse assurer le salut de ses compatriotes. S'inspirant largement des courants nationalistes européens et surtout de la droite française, l'auteur de *Notre maître, le passé* (1924) tente de provoquer une prise de conscience débouchant sur un nationalisme territorial dynamique. Éveilleur de conscience sans cesse tourné vers une jeunesse qu'il veut voir réagir à l'indifférence générale, Groulx sème une doctrine nationale dont l'influence s'étendra à la faveur de la crise des années 1930.

Ce rapide panorama du développement de la littérature au cours de la première partie du siècle est très incomplet. Son étude est d'ailleurs encore embryonnaire; on ne sait presque rien, par exemple, sur la diffusion de la littérature populaire et son contenu, que l'on suppose beaucoup plus proche de la réalité idéologique et économique libérale que de la littérature des élites.

Si le Montréal anglophone semble féru de culture, faisant vivre et prospérer journaux, bibliothèques, associations culturelles, musées et maisons de haut savoir, la métropole semble avoir été une terre aride pour les écrivains. Après avoir traduit les écrivains canadiens-français et s'en être inspirés dans des dizaines de descriptions de la vie rurale au Canada français, les écrivains canadiens-anglais, au début du siècle, semblent déserter Montréal pour Toronto, New York ou Londres. Il faut attendre l'arrivée de Stephen Leacock, venu enseigner la science politique à McGill, pour assister à un véritable phénomène de création littéraire montréalais. Auteur de dizaines de portraits et croquis humoristiques, Leacock utilise, dans la tradition de Mark Twain, toutes les ressources de l'absurde et de l'ironie pour peindre de petites tranches de la vie quotidienne au Canada. Avec un sens très particulier de l'incongruité, alliant parfait non-sens à une sagesse profonde, Leacock semble occuper presque à lui seul la scène littéraire anglaise à Montréal.

Ce rapide survol de la production littéraire dans le Québec du début du siècle permet de constater à la fois les grandeurs et les faiblesses de cette littérature, plutôt reflet d'une vision traditionnelle du monde que phare d'une société en transformation.

La peinture*

L'influence de l'école de La Haye

Avec la toute fin du siècle se développe chez les grands collectionneurs montréalais un engouement nouveau. L'école de Barbizon et ses émules canadiens finissent par les lasser et ce sont les peintres de La Haye qui reçoivent toute leur faveur. Cette école hollandaise s'est développée durant les années 1870 en réaction contre l'académisme régnant. Puisant aux mêmes sources que les impressionnistes, à savoir Corot, Théodore Rousseau et Millet, ils sont arrivés à une peinture passablement différente de la leur. Au lieu d'analyser la lumière en ses composantes colorées, les peintres de l'école de La Haye se spécialisent dans l'expression des atmosphères. Souvent monochromes et assez sombres sinon lugubres, leurs peintures explorent surtout la richesse des variations tonales et, par ce biais, les divers climats émotifs que ces atmosphères peuvent suggérer. On a à leur propos parlé de peinture «subjective». Ce genre semble attirer tout spécialement la bourgeoisie anglo-saxonne de Montréal, beaucoup plus en tout cas que le caractère vivement coloré des tableaux issus de l'impressionnisme français. On peut mesurer l'importance de ces peintres hollandais aux yeux des collectionneurs montréalais en apprenant que les premiers livres d'art publiés au Canada sont les ouvrages de E.B. Greenshields (1906 et 1914) portant sur cette école et spécialement sur l'un de ses membres, Johannes Weissenbruck, peintre bien oublié maintenant.

On peut voir un autre signe de la vogue de cette peinture dans le fait que, lors de son premier séjour en Europe, le jeune James Wilson Morrice (1865-1924) passe une partie de l'été à Dordrecht, petite ville hollandaise pittoresque, qu'il rêve de peindre depuis toujours, pour en avoir vu souvent des représentations dans les tableaux collectionnés par

---

* Cette section a été rédigée par François-Marc Gagnon.

Edmund M. Morris, 1871-1913: *The St. Lawrence near Quebec*, 1905. (Musée des beaux-arts du Canada, 3656)

son père, David Morrice, et leur voisin de la rue Redpath à Montréal, William Van Horne.

Les collectionneurs qui achètent les tableaux de Watson et de Walker s'intéressent aux tableaux canadiens dans le style de l'école de La Haye, comme ceux du peintre ontarien Edmund Morris (1871-1913) et, à un degré moindre, ceux de Curtis Williamson (1867-1944), dont le succès est plus exclusivement torontois.

Pourquoi cette nouvelle vogue? Faudrait-il la rapprocher purement et simplement de l'engouement général pour le paysage? Au contraire des paysages de O'Brien et de Fraser, ceux des peintres canadiens influencés par l'école de La Haye ne recouraient pas du tout à la notion de pittoresque. Un tableau comme *The St. Lawrence near Quebec* d'Edmund M. Morris y est même tout à fait étranger. Rien n'attire le regard sur ces côtes basses et grises, sinon la tour Martello sur la droite mais qui tend à se fondre dans l'arrière-plan. L'élément principal du tableau est le ciel gris visité au centre d'une sorte d'éclaircie. Mieux, l'essentiel ici est le sentiment oppressif dégagé par ce ciel suspendu au-dessus de Québec. Peinture de sentiment, l'œuvre d'Edmund Morris pouvait bien être qualifiée de «subjective», puisque le sentiment du peintre l'emporte sur le rendu des apparences. C'est cette idée d'une marque subjective imprimée à l'espace qui en définitive rejoint en profondeur le point de vue des entrepreneurs qui achètent cette peinture. Leur entreprise n'est-elle pas du même ordre: transformer la nature brute en fonction d'une vision subjective (sinon collective)?

Quoi qu'il en soit, en accueillant cette nouvelle tendance, les collectionneurs de Montréal ouvrent la porte à un art qui donne encore plus de place à la subjectivité. James Wilson Morrice va bientôt leur proposer une peinture proche de celle des Fauves et de Matisse en particulier. Enfin, cette peinture est importante dans l'évolution du goût à Montréal, à la fin du 19e et au début du 20e siècle. On sera porté plus tard à la dénoncer — A.Y. Jackson n'y manquera pas dans les années 1920 — mais en oubliant que par cette peinture le «subjectivisme» participe de plein droit au développement de l'art contemporain au Québec. En s'y opposant au nom d'un certain «objectivisme nationaliste», le Groupe des Sept se montrera au moins partiellement rétrograde.

Ozias Leduc

Une partie importante de la carrière d'Ozias Leduc (1864-1955) coïncide avec ce développement. Leduc est à peu près contemporain d'Homer Watson, de neuf ans son aîné et avec qui on l'a comparé. Une légende tenace le présente comme une sorte de reclus, «l'ermite de Saint-Hilaire»; parce que canadien-français, Leduc n'aurait pas eu la notoriété qu'il méritait et aurait été marginalisé dans son propre milieu. Cette légende est née au début des années 1930. Leduc, ayant dépassé la soixantaine et subissant les contrecoups de la crise économique, donne alors l'image d'une personne peu active, d'un vieux sage distillant des aphorismes dans le calme de son atelier ou à l'ombre de ses pommiers, alors qu'il est contraint à cette oisiveté par les misères du temps. Mais qu'on étudie quelque peu la carrière de Leduc durant ses années actives, et l'impression est tout autre. Cette carrière est en effet dominée par les grands contrats de décoration religieuse. Laurier Lacroix en a dressé une liste plutôt impressionnante: de 1893 à 1927, Leduc exécute pas moins de vingt-trois de ces contrats. Loin d'être un reclus, il est un des plus importants décorateurs d'églises de l'époque,

Ozias Leduc, 1864-1955: *Pommes vertes*, 1914-1915. (Musée des beaux-arts du Canada, 1154)

pour ne pas dire un des plus importants entrepreneurs en ce domaine. Même pendant les années difficiles de la crise, il réussira à décrocher des contrats à Lachine et à Rougemont.

Le milieu des commanditaires ecclésiastiques au sein duquel œuvre Leduc lui impose un programme iconographique défini, qui semble à première vue avoir peu de rapport avec la thématique des peintres de la période. Toutefois, outre le fait que Leduc fait souvent preuve d'une grande faculté d'invention à l'intérieur de la tradition iconographique qu'on lui impose, il manifeste, encore plus souvent dans les parties du décor qui dépendent moins directement de cette iconographie, sa grande maîtrise des principes décoratifs de l'Art nouveau.

La légende veut aussi que Leduc n'exposait jamais et que, par conséquent, ses tableaux ne trouvaient pas preneurs. Encore une fois, la vérité est tout autre. Comme le signale Jean-René Ostiguy, Leduc expose dès 1890 à la salle Cavallo sur la rue Saint-Dominique à Montréal. L'année suivante commencent ses participations régulières au Salon du Printemps de l'Art Association of Montreal. Entre 1891 et 1922, Leduc expose quatorze fois à cet endroit et onze fois à la Royal

Ozias Leduc: *L'enfant au pain*, 1892. (Musée des beaux-arts du Canada, 15793)

Canadian Academy. Seuls ses envois à la Canadian National Exhibition sont moins nombreux: trois entre 1914 et 1917. Quand, en 1916, la bibliothèque Saint-Sulpice lui donne l'occasion d'exposer une quarantaine de ses œuvres, on peut dire qu'elle consacre un talent déjà reconnu. Autrement dit, compte tenu du réseau de diffusion de l'époque, Leduc n'expose ni plus ni moins que la plupart de ses confrères. Bien plus, ses participations lui méritent des prix (comme sa *Nature morte*, au Salon de 1895) ou lui attirent des ventes (son tableau *Pommes vertes* est acquis par la Galerie nationale à la suite de sa présentation au Salon de 1915). Il faudrait ajouter à cela les nombreuses commandes de portraits qui l'occupent sporadiquement durant la même période. En somme, l'image d'un Leduc n'ayant connu que l'insuccès et ayant été tenu à l'écart de la scène artistique de son temps ne résiste pas aux faits.

Sans proposer une analyse détaillée de l'œuvre de Leduc, on peut dire, avec Jean-René Ostiguy, qu'elle se situe dans le courant symboliste et témoigne de la grande ouverture de Leduc à la sensibilité fin de siècle. Ses natures mortes véhiculent toujours quelques messages cryptiques, comme cette *Phrénologie* peinte en 1892, qui est en réalité une sorte d'allégorie de la peinture, ou cet *Enfant au pain* (1892-1899) dont l'esquisse préparatoire porte la devise latine *Multum in parvo*. Les paysages qui l'occupent en 1913 (l'année du *Cumulus bleu*) et 1921 (celle de *L'heure mauve*) explorent tous diverses illuminations atmosphériques suggérant le passage de la lumière aux ténèbres, de la vie à la mort.

Si l'école de La Haye a ouvert les peintres à une forme de subjectivisme, on peut dire que les sources symbolistes de Leduc en font autant. Une fois de plus, aux apparences est préférée l'interprétation subjective de la réalité. En cela, Leduc rejoint le goût de son entourage immédiat, en particulier du groupe de la revue *Le Nigog*.

Les artistes canadiens-français

La carrière d'Ozias Leduc est représentative de celle de plusieurs artistes canadiens-français de son temps. Non seulement leur origine ethnique ne leur nuit pas, mais elle leur ouvre souvent des portes interdites à leurs collègues anglophones. La décoration religieuse n'est d'ailleurs pas le seul domaine qui leur soit réservé. Déjà, au cours de la période précédente, Louis-Philippe Hébert a lancé la vogue des monuments historiques. Ce genre demeure florissant entre 1896 et 1929. Entre-temps les styles ont changé et on voit des sculpteurs adopter la sensibilité fin de siècle où la mode est au symbolisme et à l'Art nouveau. Le plus représentatif de la tendance est Alfred Laliberté (1878-1953), auteur du monument à *Dollard des Ormeaux* (1920) au Parc Lafontaine de Montréal, où une figure symbolique couronne le «héros» du Long-Sault. Laliberté a étudié en 1898 sous Thomas et Injalbert à Paris et les Salons de la Société des artistes français exposent certaines de ses œuvres en 1905 et 1912. Une sculpture représentant des *Jeunes Indiens chassant* le fait remarquer. De retour au Canada, il poursuit sa carrière, menant en parallèle une œuvre de sculpteur officiel et une œuvre personnelle souvent beaucoup plus audacieuse.

Le projet collectif qui montre le mieux comment les grandes entreprises architecturales de la période créent des ouvertures pour les peintres et les sculpteurs canadiens-français est probablement le

Alfred Laliberté, 1878-1953: le monument à Dollard, au parc Lafontaine, à Montréal.

programme de décoration du Palais législatif de Québec, amorcé dès 1883 et qui s'étend au-delà de la Première Guerre mondiale. Comme l'a très bien montré Robert Derome, ce projet touche d'une manière ou d'une autre tous les artistes canadiens-français de quelque conséquence durant cette période. Dû à l'architecte nationaliste Eugène-Étienne Taché — à qui on attribue par ailleurs la devise du Québec: «Je me souviens» — le Palais législatif de Québec est d'abord orné en façade par une dizaine de sculptures de Louis-Philippe Hébert. La décoration intérieure pose plus de problèmes. Pratiquement tous les peintres importants présentent des projets, depuis Napoléon Bourassa (1827-1916), qui tente en vain d'y placer son énorme *Apothéose de Christophe Colomb*, jusqu'à Charles Huot (1855-1930), qui finit par décrocher en 1910 le contrat de trois murales, en passant par Joseph Arthur, Eugène Hamel (1845-1932), Marc-Aurèle de Foy Suzor-Coté (1869-1937), Henri Beau (1863-1949) et Joseph Saint-Charles (1868-1956).

Le projet retenu, celui de Charles Huot, comporte trois éléments: deux grands tableaux et un décor pour le plafond. On peut voir encore dans la salle de l'ancien Conseil législatif, à l'Assemblée nationale, son interprétation du *Conseil souverain* (1926-1931) et, dans la salle de l'Assemblée nationale, celle du *Débat sur les langues : séance de l'Assemblée législative du Bas-Canada, le 21 janvier 1793* (1910-1913). Le plafond de cette dernière salle est occupé par une grande toile marouflée sur le thème patriotique *Je me souviens* (1914-1920). C'est dire que Charles Huot a dû se plier à l'idéologie nationaliste de ses commanditaires. Sous ce rapport, il n'est pas dans une position différente de celle d'un peintre travaillant pour l'Église. Comme lui, il est soumis à un programme iconographique précis et peut bénéficier de grandes surfaces pour exercer son talent.

On peut vérifier, dans ce cas, comment se manifestent les pressions idéologiques en notant, toujours à la suite de Derome, les raisons qui amènent au rejet de certains projets. Celui de Bourassa, *L'apothéose de Christophe Colomb*, paraît trop général et «somme toute assez peu nationaliste». Celui de Charles Alexander Smith, *L'Assemblée des six comtés* (1890), est jugé «trop révolutionnaire» par le premier ministre, Charles Boucher de Boucherville. Les sujets traités par Huot représentent le juste milieu, ni trop à droite, ni trop à gauche, et paraissent correspondre de plus près au conservatisme des politiciens.

Donc, pour porter un jugement équitable sur la fortune des artistes canadiens-français de l'époque, il faut prendre en considération les commandes de peintures religieuses et de peintures historiques. On est maintenant porté à juger sévèrement cette production académique, mais ces grandes commandes étaient perçues comme l'occasion pour un artiste de donner la pleine mesure de son talent.

James Wilson Morrice

Peu après 1900, la peinture au Québec subit une mutation importante. La veine du paysage et celle des tableaux inspirés par l'école de Barbizon ou par l'école de La Haye s'épuisent et on cherche à s'ouvrir à une forme plus moderne d'inspiration. James Wilson Morrice est le grand peintre de la période. Mais Morrice ne serait pas ce qu'il est sans une audience au Canada. Il existe à son propos un mythe tout aussi tenace qu'à propos de Leduc: Morrice, incompris dans son pays, n'aurait connu le succès que sur la scène internationale. En réalité, on a beaucoup exagéré ce succès international et, conséquemment, on n'a que très mal perçu l'appui qu'il a reçu dans son propre pays. En fait, Morrice doit son succès à une institution qui apparaît peu après le tournant du siècle, le Canadian Art Club, fondé en 1907, à l'initiative de Edmund M. Morris et Curtis Williamson, les deux disciples canadiens de l'école de La Haye. Destiné à encourager les artistes de tendance «subjective» et recrutant d'abord ses membres parmi les artistes et les collectionneurs torontois — dont le banquier D.R. Wilkie —, le Club se fait le champion de l'art d'avant-garde et constitue le forum le plus ouvert aux audaces picturales de Morrice.

Certes, dans les débuts, le Club était presque exclusivement torontois. Son premier président n'est nul autre qu'Homer Watson. Mais ni Morris, ni Williamson n'entendent que les choses en restent là. Ils tiennent à une représentation montréalaise, que leur apporte William Brymner (1855-1925). Devenu une des recrues les plus importantes du Club, celui-ci y attire son ami Maurice Cullen (1866-1934), et ses anciens élèves Clarence Gagnon (1881-1942) et W.H. Clapp (1879-1954). La participation au Canadian Art Club ouvre le marché torontois à ces peintres du Québec et contribue certainement à leur succès. En retour, elle initie les collectionneurs canadiens à une autre forme de peinture, moins dépendante de l'école de La Haye et plus ouverte à l'impressionnisme et au fauvisme. Suzor-Côté participe à une exposition du Club en 1913. Comme Maurice Cullen, il est attiré lors de ses séjours en France par l'impressionnisme et en applique les formules à des sujets canadiens, comme son *Paysage d'hiver* (1909). Ce tableau dépeint au premier plan la petite rivière Nicolet, dans le comté d'Arthabaska, déjà dégagée de ses glaces. Dans le fond, on aperçoit les arcades d'un pont et quelques maisons à la lisière d'un bois. Peint en blanc, bleu pâle et or, ce tableau est un hymne aux forces de la vie

Aurèle de Foy Suzor-Côté, 1869-1937: *Scènes d'hiver*, 1909. (Musée des beaux-arts du Canada, 4574)

triomphant du gel et de la mort. Suzor-Côté ajoutait ainsi une dimension symbolique inattendue aux modèles impressionnistes qui l'ont inspiré.

Mais le peintre montréalais le plus prisé des membres du Canadian Art Club fut James Wilson Morrice. Lié d'amitié avec Cullen, Brymner, Williamson et Morris, il est l'idole de peintres plus jeunes, dont Clarence Gagnon, A.Y. Jackson (1882-1974) et Lawrence S. Harris (1885-1970), voire même de John G. Lyman (1886-1967) et de Paul-Émile Borduas (1905-1960). Sa carrière révèle une volonté soutenue d'assimiler les courants nouveaux de la peinture française de son temps. Peu après ses déboires dans les académies parisiennes — il quitte l'Académie Jullian après quelques semaines en 1891 —, Morrice cherche conseil auprès d'Henri Harpignies (1819-1916) à Bois-le-Roi. C'est dire qu'il va là où le goût de ses clients montréalais l'a amené, car Harpignies, c'est encore l'école de Barbizon. Ce choix est prudent. Ce qui fait rage à Paris à l'époque, c'est le « mouvement esthétique »

James Wilson Morrice, 1865-1924: *Les environs de Tanger*, vers 1911-1912. (Musée des beaux-arts du Canada, 6108)

anglais: Oscar Wilde, Whistler, Beardsley... Morrice finit par le comprendre et s'entiche à son tour de Whistler. Cet engouement l'amène à Venise, qu'il visite en 1896 en compagnie de Maurice Cullen. Puis, de concert, les deux amis s'ouvrent à l'impressionnisme. Peignant sur la côte de Beaupré, durant l'hiver 1896-1897, l'un et l'autre éclaircissent leurs palettes et tentent de traiter des scènes d'hiver québécois en couleurs claires. *On Shipboard*, qu'on date de 1900-1903, montre comment Morrice en est arrivé à se détacher des atmosphères brumeuses à la Whistler pour leur préférer les couleurs brillantes de l'impressionnisme. En 1900, Morrice s'installe au 45, Quai des Grands-Augustins, à Paris; c'est le début d'une des meilleures périodes de sa production. Sujets parisiens et canadiens alternent, révélant une compréhension de plus en plus profonde de la peinture pure. Le grand choc de la peinture de Matisse l'amène enfin à une dernière mutation. Il est possible que Morrice ait rencontré Matisse dès 1908, mais il connaissait déjà sa peinture avant cette date. L'œuvre de Matisse l'intéresse tellement qu'il décide de suivre le maître à Tanger et passe peut-être l'hiver 1911-1912 (ou 1912-1913 ou les deux?) à ses côtés. *Les environs de Tanger* (c. 1911-1912) révèle déjà l'impact de la peinture de Matisse sur lui. Dans ce paysage, la perspective est malmenée au profit d'une organisation décorative de la surface. La couleur est posée en grand aplat plutôt qu'en touches légères comme dans ses tableaux les plus impressionnistes de la période précédente. À partir de ce moment, Morrice continue dans la même direction jusqu'à sa mort à Tunis, en 1924.

Résumée ainsi à grands traits, l'évolution de Morrice ne donne qu'une faible idée de son influence sur la peinture au Québec. Mais l'on peut dire que c'est grâce à lui que les peintres québécois s'ouvrent au langage pictural contemporain. Pour la première fois, le sujet à traiter passe au second plan et la peinture elle-même devient son propre objet. La vogue du Groupe des Sept brouille quelque peu cette prise de conscience, mais elle intéresse moins directement la scène artistique du Québec. John Lyman, dans un petit livre sur Morrice, rétablira l'importance de ce peintre en faisant de lui le précurseur de l'art moderne au Québec.

ORIENTATIONS BIBLIOGRAPHIQUES

BOURASSA, André-G. *Surréalisme et littérature québécoise.* Montréal, Les Herbes rouges, nouvelle édition, 1986, 623 p.

CLOUTIER, N. *James Wilson Morrice, 1865-1924.* Montréal, Musée des beaux-arts, 1986, 262 p.

GODIN, Jean-Cléo et Laurent MAILHOT. *Le théâtre québécois.* Montréal, Hurtubise HMH, 1970, p. 19-28.

GRANDPRÉ, Pierre de, dir. *Histoire de la littérature française du Québec*, t. II: *1900-1945.* Montréal, Beauchemin, 1968, 390 p.

HARE, John E. «Le théâtre professionnel à Montréal de 1898 à 1937», WYCZYNSKI, Paul, Bernard JULIEN et Hélène BEAUCHAMP-RANK, *Archives des lettres canadiennes*, t. V: *Le théâtre canadien-français.* Montréal, Fides, 1976, p. 239-248.

HARPER, J.R. *La peinture au Canada des origines à nos jours.* Québec, Presses de l'Université Laval, 1966, 442 p.

HAYWARD, Annette. *Le conflit entre les régionalistes et les «exotiques» au Québec (1900-1920).* Thèse de doctorat (lettres), Montréal, Université McGill, 1980.

KLINCK, Carl F., dir. *Histoire littéraire du Canada: littérature canadienne de langue anglaise.* Québec, Presses de l'Université Laval, 1970, 1105 p.

LACROIX, L. *et al. Dessins inédits d'Ozias Leduc.* Montréal, Galerie d'art Sir George Williams de l'Université Concordia, 1978, 16 p.

LEMIRE, Maurice, dir. *Dictionnaire des œuvres littéraires du Québec*, t. II: *1900 à 1939*. Montréal, Fides, 1980, 1363 p.

LEMIRE, Maurice et Michel LORD, dir. *L'institution littéraire*. Québec, Institut québécois de recherche sur la culture, 1986, 211 p.

MAILHOT, Laurent. *La littérature québécoise*. Paris, Presses universitaires de France, 1974 («Que sais-je?» n° 1579), 127 p.

OSTIGUY, J.-R. *Ozias Leduc: peinture symbolique et religieuse*. Ottawa, Galerie nationale du Canada, 1974, 224 p.

REID, Dennis. *A Concise History of Canadian Painting*. Toronto, Oxford University Press, 1973, 319 p.

RICARD, François. «Edmond de Nevers: essai de biographie conjecturale», WYCZYNSKI, Paul, François GALLAYS et Sylvain SIMARD, dir. *Archives des lettres canadiennes*, t. VI: *L'essai et la prose d'idées au Québec*. Montréal, Fides, 1985, p. 347-366.

ROBERT, Lucie. *Discours critique et discours historique dans le Manuel d'histoire de la littérature canadienne de langue française de Mgr Camille Roy*. Québec, Institut québécois de recherche sur la culture, 1982, 196 p.

WYCZYNSKI, Paul, Bernard JULIEN et Jean MÉNARD, dir. *Archives des lettres canadiennes*, t. II: *L'École littéraire de Montréal*. Montréal, Fides, 2e édition, 1972, 701 p.

WYCZYNSKI, Paul, Bernard JULIEN, Jean MÉNARD et Réjean ROBIDOUX, dir. *Archives des lettres canadiennes*, t. III: *Le roman canadien-français*. Montréal, Fides, 3e édition, 1977, 514 p.

WYCZYNSKI, Paul, Bernard JULIEN, Jean MÉNARD et Réjean ROBIDOUX, dir. *Archives des lettres canadiennes*, t. IV: *La poésie canadienne-française*. Montréal, Fides, 1969, 701 p.

WYCZYNSKI, Paul, François GALLAYS et Sylvain SIMARD, dir. *Archives des lettres canadiennes*, t. VII: *Le Nigog*. Montréal, Fides, 1987, 390 p.

INDEX
Tome I

— A —

— D —

— I —

— J —

— L —

— M —

— N —

— O —

Sigles

ANC: Archives nationales du Canada

ANQ: Archives nationales du Québec

TABLE DES MATIÈRES

PREMIÈRE PARTIE
AJUSTEMENTS ET TENSIONS
1867-1896

Deuxième partie
UNE ÈRE DE CROISSANCE
1896-1929

Dans la collection «Boréal compact»

Typographie et mise en pages sur micro-ordinateur: MacGRAPH, Montréal.

Achevé d'imprimer en septembre 1989
sur les presses de l'Imprimerie Gagné,
Louiseville, Québec.